BOSNIA-HERCEGOVINA

E65

MER ADRIATIQUE

ISOLE TREMITI

Termoli

PARCO NAZIONALE DEL GARGANO

San Severo

Vieste

Manfredonia

GOLFO DI MANFREDONIA

Foggia

CERVARO

Benevento

A16

OFANTO

A14

Les Pouilles

Bari

Avellino

MONTE CERVIALTO 1809 M

Potenza

ALBEROBELLO ★

LE MURGE

OSTUNI ★

Salerno

MATERA ★

Brindisi

Taranto

S379

PARCO NAZIONALE DEL CILENTO

MONTE CERVATI 1 899 M

La Basilicate

APPENNINO LUCANO

S 401

AGRI

LE SALENTO ★

Lecce

S101

MARATEA ★

GOLFO DI POLICASTRO

PARCO NAZIONALE DEL POLLINO

S106

GOLFO DI TARANTO

CAPO SPULICO

PENISOLA SALENTINA

MONTE POLLINO 2 248 M

A3

CRATI

CAPO SANTA MARIA DI LEUCA

CAPO BONIFATI

S18

MONTE BOTTE DONATO 1 928 M

Cosenza

PUNTA ALICE

La Calabre

LA SILA

Catanzaro

Crotone

GOLFO DI SANT'EUFEMIA

S280

CAPO COLONNA

CAPO RIZZUTI

Vibo Valentia

TROPEA ★

A3

APPENNINO CALABRESE

GOLFO DI SQUILLACE

Messina

M. PECORARO 1 423 M

PUNTA STILO

A20

PARCO NAZIONALE DELL'ASPROMONTE

★ GERACE

MONTALTO 1 955 M

Reggio di Calabria

CAPO SPARTIVENTO

MER IONIENNE

N

100 km

Fontaine de Trevi, Rome. Immortalisé par le film *La Dolce Vita*, ce chef-d'œuvre de l'art baroque, édifié en 1732, doit son nom aux trois rues (*tre vie*) qui y menaient.

Panorama depuis la Villa Rufolo, Ravello. À flanc de montagne, les jardins de la villa, conçus au XIXe siècle par un botaniste écossais, surplombent le golfe de Salerne.

CUN A

GEO**GUIDE**

Italie du Sud
2004/2005

Carole Saturno
Maud Pascali

France

Bretagne Nord	Périgord Quercy
Bretagne Sud	Provence
Corse	La Réunion
Guadeloupe	
Languedoc-	
Roussillon	
Martinique	

Étranger

Andalousie	Irlande
Athènes et	Italie du Sud
les Cyclades	Maroc
Crète	Portugal
Égypte	Sicile
Espagne, côte est	Toscane Ombrie
Île Maurice	

Sommaire

Edito

Les éditeurs de GEO et des Guides Gallimard ont mis
en commun leur double expertise : GEO, un magazine
de référence, véritable initiation au voyage par l'évasion,
la connaissance et l'ouverture au monde ; Gallimard,
des guides pour chaque type de voyage, sérieux dans leurs
enquêtes de terrain, rigoureux dans la sélection des adresses
et irremplaçables dans la connaissance intime des lieux
et des peuples.

De cette alliance est née GEOGuide : une collection qui répond
aux attentes du voyageur d'aujourd'hui, désireux d'aller au
cœur des choses, de vivre pleinement ses vacances pour
deux jours ou un mois, seul, en couple ou en famille...
Partez l'esprit libre : libre de profiter, à peine descendu
de l'avion, de la seule crique déserte, libre de comprendre,
à peine passées les portes de la ville, ce qui en fait l'identité,
libre de découvrir, à peine débarqué, les paysages les plus
surprenants de la région...

Ne perdez plus de temps ! Adresses, conseils, mises en
garde : GEOGuide vous libère de toute contrainte pour ne
laisser place qu'au plaisir du voyage. Complice de vos envies
et de vos émotions, GEOGuide vous fait entrer dans l'univers
du GEOVoyageur.

Nicole Jusserand,
direction éditoriale
des Guides Gallimard.

Jean-Luc Marty,
direction éditoriale
du magazine GEO.

GEO**GUIDE** s'engage...

Pas de mauvaises surprises, rien que de bonnes infos ! GEOGuide s'engage à vous donner, quelle que soit votre destination, une information fiable, claire et précise. Des auteurs sur le terrain en toutes saisons, des adresses triées sur le volet, des actualisations régulières et des conseils avisés : autant d'exigences indispensables pour vous assurer un voyage réussi.

DES PROFESSIONNELS DU VOYAGE SUR LE TERRAIN

Responsables de la collecte d'information sur le terrain et de la rédaction des textes, les auteurs GEOGuide sont choisis pour leur connaissance du voyage, leur capacité à sélectionner l'information sur place et pour leurs qualités rédactionnelles. Un GEOGuide peut mobiliser jusqu'à cinq auteurs différents.

UNE EXPÉRIENCE DES QUATRE SAISONS

Nos auteurs travaillent sur le terrain plusieurs mois durant, en quatre à six voyages dans une année, répartis au fil des saisons. Ils vous transmettent une expérience du pays solide et sûre, quelle que soit la date de votre départ.

UNE VISITE SYSTÉMATIQUE DE CHAQUE LIEU PRÉSENTÉ

Aucune adresse GEOGuide n'est une adresse de seconde main : toutes, sans exception, sont visitées. Nos "envoyés spéciaux" se rendent en personne sur chaque site et dans chaque établissement proposés dans le guide.

UN CONTRÔLE QUALITÉ RIGOUREUX

Nous confrontons toujours nos points de vue avec ceux de nos correspondants locaux et des nombreux voyageurs rencontrés au cours de plusieurs mois de repérages. Cette multiplicité d'avis et ce "contrôle qualité" sont essentiels pour vous épargner toute déconvenue au cours de votre voyage.

UNE SÉLECTION EN DEUX TEMPS

Après une première sélection sur place, une seconde sélection, éditoriale, élimine les adresses les moins intéressantes : sites renommés à tort, établissements finalement peu exceptionnels ou figurant déjà dans trop de guides, adresses soi-disant "typiques" mais qui ne reflètent pas l'identité profonde du pays.

UNE SÉLECTION IMPARTIALE

Aucun "copinage", aucun compromis n'infléchissent nos choix ni n'influencent nos commentaires. Quand nous voulons vraiment attirer votre attention sur une bonne adresse, nous lui attribuons un "coup de cœur" ☺. Et quand l'une d'entre elles nous paraît vraiment décevante ou surévaluée, nous vous la signalons d'un "coup de gueule" ☺ pour vous éviter tout désagrément.

Bonnes vacances !

Vous voyagez en couple ? Vous voulez éviter les hordes de touristes ? Vous préparez des vacances en famille ? Vous êtes un fin gourmet ? Vous avez un petit budget ? En deux mots, voilà comment l'Italie du Sud peut répondre à toutes vos attentes. À votre service et bonnes vacances !

L'ITALIE DU SUD EN AMOUREUX

Rejouez *La Dolce Vita* à Rome et faites un vœu en jetant une pièce dans la fontaine de Trevi, flânez dans les jardins romantiques de la Villa Rufolo à Ravello, qui offre l'un des plus beaux panoramas qui soit sur la côte amalfitaine, accordez-vous une nuit de rêve dans une grotte du Sassi Hotel à Matera.

L'ITALIE DU SUD AVEC DES ENFANTS

Racontez l'histoire de Remus et Romulus allaités par la louve sur la colline du Palatin, organisez une partie de cache-cache dans les jardins de la Villa Lante à Viterbe, et touchez du doigt le quotidien des Anciens à Pompéi. Émerveillez-vous avec eux devant les crèches de la chartreuse San Martino, puis entraînez les gourmands chez Otranto, célèbre glacier de Naples. Et, pourquoi pas, séjournez dans un *trullo*, l'une des "maisons-champignons" de la région d'Alberobello...

L'ITALIE DU SUD POUR UN LONG WEEK-END

Deux villes fascinantes à seulement 2h de vol de Paris ! Plongez au cœur de la Ville éternelle, du Capitole à la piazza di Spagna ; échappez-vous une journée à Tivoli pour découvrir les figures étranges des jardins de la Villa d'Este et la fabuleuse collection de monuments antiques de la Villa Adriana. Quelques jours à Naples ? Engouffrez-vous dans les ruelles de Spaccanapoli, véritable musée à ciel ouvert, et dégustez une pizza chez Michele ; préférez Herculanum à Pompéi, plus petite mais plus noble, et faites une excursion à Capri le temps d'une baignade face aux Faraglioni, rochers emblématiques de l'île.

L'ITALIE DU SUD SANS UN SOU

Profitez des vols charters ou des tarifs attractifs des voyagistes, séjournez dans une auberge de jeunesse ou un couvent à Rome, dans une *pensione* à Naples, ou réservez une place de camping à Tropea... Pour quelques euros seulement, pizzas, panini et beignets combleront toutes les faims ; ne manquez pas non plus les *trattorie* pour l'ambiance, la cuisine généreuse et bien sûr les petits prix !

L'ITALIE DU SUD HORS DES SENTIERS BATTUS

Cap sur Lecce, merveille baroque surnommée la "Florence du Sud" ; prenez un verre sur la place de Civita, village au nord de Cosenza, et écoutez l'étrange dialecte local, mélange d'albanais et de calabrais ; faites escale à Maratea, sur le littoral tyrrhénien, port pittoresque encore préservé, ou gagnez Procida, île du golfe napolitain sur laquelle le temps ne semble pas avoir de prise...

L'ITALIE DU SUD CÔTÉ PLAGE

La péninsule est ourlée de criques et de grèves paradisiaques : côté mer Tyrrhénienne, le golfe de Policastro, les grottes de Palinuro et le site de Punta Licosa et, plus au sud, le sable blanc de Tropea qui évoque les Caraïbes ; dans le talon de la botte, la mer Ionienne baigne la côte sauvage du Salento, entre Otrante et Marina di Leuca ; enfin, la côte Adriatique recèle, de Vieste à Monte Sant'Angelo, de belles plages au pied des falaises. Une seule recommandation : évitez le mois d'août, pour la chaleur et la foule !

L'ITALIE DU SUD GOURMANDE

Vous pensez que l'Italie se résume à la *pasta* et à la pizza ? Vous serez surpris : la cuisine du Sud est aussi riche et variée que ses paysages. Pour preuve, la *mozzarella di bufala* de Vannulo, à côté de Paestum ; les pâtes artisanales de Gragnano près de Sorrente ; l'huile d'olive du Cilento ; les recettes à base d'abats dans le Testaccio, au cœur de Rome ; les *sfogliatelle* de Scaturchio et les beignets de fleurs de courgette à Naples ; la purée de fèves et la chicorée amère dans les Pouilles ; l'espadon grillé à Scilla et les cèpes de la Sila en Calabre... À déguster sur place ou à rapporter dans ses valises.

L'ITALIE DU SUD ARCHÉOLOGIQUE

Remontez le temps et suivez les traces des civilisations anciennes à Ostia Antica, ancien port de l'Empire romain, à Pompéi et Herculanum, cités ensevelies sous la lave du Vésuve, à Paestum ou Metaponto, témoignages de la Grande-Grèce, ou dans les nécropoles étrusques de Tarquinia et de Cerveteri. Et pour en savoir plus, n'oubliez pas les collections exposées dans les musées de Rome, de Naples ou de Reggio di Calabria.

L'ITALIE DU SUD DE L'ART RELIGIEUX

Jamais le religieux n'aura été aussi exalté qu'en Italie, à toutes les époques et dans tous les styles architecturaux. Faites votre propre collection d'églises, des modèles romans aux mises en scène baroques les plus exubérantes. Au-delà des visites incontournables, telle la basilique Saint-Pierre de Rome, pensez à la petite basilique byzantine de Stilo, au circuit des églises romanes des Pouilles, à la basilique de Santa Croce à Lecce et aux innombrables clochers de Rome...

☺ L'ITALIE DU SUD COUPS DE CŒUR DE L'AUTEUR

Terre rouge, pierre blanche dorée par le soleil, eaux turquoise... le Salento, petit pays encore méconnu des Pouilles, et Ostuni "la blanche", mirage posé sur une colline en surplomb d'une plaine d'oliviers face à la mer, procurent à coup sûr des émotions magiques. Avant qu'elle ne devienne trop touristique, faites une halte à Matera, capitale du pays des *sassi*. Enchanteur ! Après mille et une visites dans Naples ou Rome, passez une soirée au Teatro San Carlo, l'antre napolitain du *bel canto*, ou attablez-vous chez Enzo, à Trastevere, pour un vrai festin à la romaine !

*Un ciel lumineux, une mer d'un bleu
intense, un soleil ardent caressant vignes,
oliviers et citronniers... Grâce à cette image
de carte postale, l'Italie du Sud attire
chaque année des millions de touristes.
Cette **nature généreuse** a aussi donné
rendez-vous à l'histoire. À commencer par
les Grecs, qui implantèrent leur première
colonie à Cumes, ou les Romains, dont
l'empire rayonna sur l'Occident des siècles
durant. Les édifices qu'ils bâtirent lancent
encore aujourd'hui un véritable défi au
temps. Mais le Sud cultive également les
paradoxes : aux palais Renaissance et
baroques qui fleurirent sous l'égide des
papes répondent les modestes "sassi",
habitations troglodytiques de la Basilicate,
les "trulli" des Pouilles et les quartiers
populaires de Naples. S'il concentre
les **richesses artistiques** de l'Italie, le
Mezzogiorno souffre pourtant de la misère,
du chômage, des mafias, et doit supporter
les violences d'une nature souvent
capricieuse (tremblements de terre,
éruptions). Le voyage vers le Sud promet
assurément un fort dépaysement d'autant
que l'**art de vivre**, si bien exprimé dans
la chanson, le cinéma ou la gastronomie,
y est toujours festif...*

GEOPANORAMA

Comprendre l'Italie du Sud

Géographie et environnement

Selon une comparaison très imagée chère aux pédagogues du XIXᵉ siècle, l'Italie est une "botte", dont les Pouilles seraient le talon – avec son célèbre Gargano comme éperon – et la Calabre le pied. Bordée par quatre mers (Ligure, Tyrrhénienne, Ionienne et Adriatique), la péninsule italienne s'étend sur 1 500 km de long et n'atteint guère plus de 500 km de large. Solidement ancrée à l'Europe continentale, dont elle occupe la partie méridionale de la chaîne alpine, l'Italie s'étire dans la Méditerranée, touchant presque l'Afrique, qui n'est qu'à 150 km de ses côtes les plus proches. L'Apennin toscano-émilien représente la charnière entre les deux grandes zones qui composent le pays : l'Italie continentale, constituée par les Alpes et la plaine du Pô, et la péninsule parcourue sur toute sa longueur par la chaîne apennine et caractérisée par des milieux méditerranéens.

le Mezzogiorno

Le Mezzogiorno – le "Midi" – est, jusqu'en 1860, un royaume situé au sud de Rome et des États pontificaux, dirigé au fil du temps par les Normands, les Anjou, les Aragons de Naples, les Espagnols et les Bourbons. Par-delà l'histoire, ce sont les conditions climatiques, et surtout le soleil éclatant du Sud et les modes de vie qu'il impose, qui ont forgé l'identité de cette zone. Le Mezzogiorno comprend six régions (Abruzzes, Molise, Campanie, Pouilles, Basilicate, Calabre) et deux des plus grandes îles italiennes (Sicile et Sardaigne). Le Latium (*Lazio*), la région de Rome, capitale politique et religieuse de la péninsule italienne, forme ainsi une sorte d'articulation "centrale" entre Nord et Sud.

l'épine dorsale des Apennins

Le Midi est partagé entre un versant tyrrhénien et un versant adriatique. Entre les deux, l'épine dorsale des Apennins – plus jeunes que les Alpes (30 millions d'années) – forme une arrête continue au tracé arqué qui s'étire sur 1 200 km. L'altitude y dépasse rarement 2 000 m et les reliefs, constitués en grande partie de roches sédimentaires plus sensibles à l'érosion, sont moins découpés que dans la chaîne alpine. Coincés entre la plaque africaine et la plaque européenne, les Apennins ont continué à se soulever et à se déplacer vers le nord-est... et les mouvements tectoniques sont loin d'être terminés.

Paysages et milieux naturels

Il n'existe pas un Sud, mais une multitude de paysages contrastés : des collines du Latium aux campagnes de la Basilicate, singularisées par la terre brûlée et les frondaisons argentées des oliviers ; de la côte amalfitaine où les villages s'accrochent aux parois calcaires, et du littoral abrupt de la Calabre, baigné par la mer Tyrrhénienne, aux falaises blanches du Gargano, dans les Pouilles, criblées de grottes surplombant l'Adriatique.

LE LATIUM. Entre la mer Tyrrhénienne, à l'ouest, et les Apennins, à l'est, le Latium (17 227 km²) occupe une position centrale à mi-chemin de l'Italie du

Nord et de celle du Sud. Administrativement, il est formé de cinq provinces (Rome, capitale régionale et nationale, Frosinone, Latina, Rieti et Viterbe). C'est, en nombre d'habitants, la troisième région d'Italie, après la Lombardie et la Campanie. Côté mer Tyrrhénienne, le Latium déroule une longue côte, volcanique à l'extrême nord, puis sableuse, enrichie par le lit du Tibre, à Ostie, jusqu'à Latina, au sud, où existait jadis une vaste zone marécageuse et insalubre (les marais Pontins) qui fut asséchée à l'époque du régime fasciste. Entre le rivage et l'Apennin central, le relief est doucement vallonné (monts Albains, Lepini et Aurunci).

LA CAMPANIE. La Campanie s'étend sur 13 595km² et compte cinq provinces administratives : Naples, bouillonnant chef-lieu de province et troisième ville d'Italie où se serrent plus d'un million d'habitants – la plus forte densité italienne (1 000 hab./km²) –, Avellino, Bénévent, Caserta et Salerne. La partie littorale, du golfe de Gaeta au golfe de Salerne, se caractérise par une côte rocheuse et escarpée, dont la péninsule sorrentine constitue avec la côte amalfitaine ou l'île de Capri l'un des plus beaux paysages. Cette côte est marquée par la présence d'une chaîne de volcans, de Roccamonfina, au nord, au Vésuve, au sud, en passant par les champs Phlégréens, les îles d'Ischia et de Procida qui clôturent le golfe de Naples. Au quaternaire, il n'existait alors qu'un vaste golfe s'ouvrant sur la mer Tyrrhénienne. Le soulèvement des fonds marins – qui engendra aussi les volcans – et l'accumulation d'un matériel alluvionnaire apporté par les fleuves transformèrent l'ample golfe en plaine. Mais la Campanie possède également un visage plus calme : au nord de Naples, autour de Caserta, la Terra di Lavoro n'est-elle pas cette région fertile que les Anciens dénommaient *Campania Felix* ? Dépôts éruptifs, douceur du climat et fertilité de la vallée du Volturno y ont de tout temps favorisé les cultures, tout comme les dépôts de sédiments du Sele ont enrichi la plaine de Paestum, dans le sud de la région. À l'ouest, enfin, dans la province de Bénévent et dans l'Irpinia, le paysage s'arrondit, les collines cultivées faisant place aux flancs boisés des Apennins.

LES POUILLES. Riche et verdoyante, la région des Pouilles (19 357km²) forme une bande qui longe l'Adriatique et vient occuper le talon de la "botte". Elle est composée de cinq provinces dont les chefs-lieux sont Bari (la plus importante ville du Sud après Naples), Brindisi, Foggia, Lecce et Tarente. Au nord, le promontoire rocheux du Gargano (dont le plus haut sommet – le Monte Calvo – atteint 1 056m) s'avance dans la mer : ce haut plateau calcaire, découpé de falaises blanches sur les côtes, parsemé de grottes et de dolines à l'intérieur, est recouvert par la vaste forêt d'Umbra. Au pied du massif, des plages bordées de pinèdes s'allongent sur des kilomètres et au large apparaissent les scintillantes îles Tremiti, blancs rochers de calcaire. Plus bas s'ouvre la plaine de Foggia, avec ses immenses étendues de blé, la plus importante après celle du Pô ; puis les Murge, plateau karstique fissuré, percé de grottes et de gouffres ; et enfin la péninsule du Salento, où s'épanouissent fruits et légumes, et surtout oliviers, vignes et amandiers. Les Pouilles sont la région la plus plane du Mezzogiorno (entre 200m et 700m), puisque plus de 53% du territoire sont des plaines baignées par 762km de côtes : sableuses côté Adriatique, à l'exception du Gargano et d'Otranto ; plus rocheuses et moins faciles d'accès côté Ionienne, notamment à partir du cap Santa Maria di Leuca, extrémité est de la "botte".

LA BASILICATE. Nichée dans la cambrure de la "botte", la Basilicate (9 992km²), ou Lucanie, est bordée par les deux mers, Tyrrhénienne dans le golfe de Policastro (au sud-est) et Ionienne dans le golfe de Tarente (au sud-ouest). C'est une terre sauvage, difficile d'accès et très peu touchée par le tourisme. Elle se compose de deux provinces (Potenza et Matera). Montagnes pelées (dues aux ravages de l'érosion sur des roches tendres), chaos de rochers, paysages ravinés ressemblant à la Cappadoce, plateau karstique à la beauté lunaire : la région est essentiellement montagneuse (70%) et s'aplanit de collines (20%) en plaines (10%) vers l'ouest. Elle est dominée au nord par le mont Vulture, un ancien volcan qui, avec ses 1 326m d'altitude, fait presque pâle figure face au massif du Pollino, au sud, culminant à plus de 2 000m. Les plaines alluviales, le long du littoral ionien, jadis marécageuses, ont été asséchées et se couvrent aujourd'hui de plantations de fruits (agrumes) et de légumes. Sans oublier les côtes : 30km le long de la mer Tyrrhénienne, où la montagne se précipite dans une eau limpide ; 35km de sable doré ou de galets le long de la côte ionienne. La Basilicate est indéniablement la région la plus pauvre, symbole de la misère du Sud et ce malgré la découverte de pétrole dans les zones du val d'Agri, du Lagonegrese et du Pollino (le "Texas italien"). Enfin, la région est soumise à une forte activité sismique. Le tremblement de terre de novembre 1980 est resté dans les mémoires et a laissé de nombreuses traces dans le paysage. Entre la Campanie (région d'Irpinia) et la Basilicate, le séisme fit plus de 4 000 victimes, 50 000 blessés et 150 000 sans-abri.

LA CALABRE. À l'extrémité occidentale de la "botte", cette "péninsule dans la péninsule" (15 080km²) s'étire sur presque 250km de long pour une largeur variant de 32km, dans l'isthme de Squillace, à 111km entre la Punta della Alice et le cap Bonifati sur la mer Tyrrhénienne. Dans ses cinq provinces (Catanzaro, Cosenza, Crotone, Reggio di Calabria et Vibo Valentia), elle est dominée par des montagnes (la plaine ne représente pas 10% de son territoire) et reste isolée du reste du pays. Si, à l'extrême nord, la montagne est calcaire, le reste du relief calabrais est en revanche formé de roches cristallines éruptives ou schisteuses (ère primaire), fortement soumises à l'action atmosphérique qui l'a modelé et arrondi, donnant naissance à des formes tabulaires. Le massif de la Sila, aux portes de Cosenza, culminant au mont Botte Donato (1 928m), affiche de hauts plateaux granitiques, couverts de forêts de hêtres et de pins, très arrosés et battus par le vents ; celui de l'Aspromonte au fin fond de la pointe de l'Italie, dont le plus haut sommet s'élève à 1 956m, est formé de gneiss et de micaschistes. La Calabre offre 780km de côtes : d'une part sur la mer Tyrrhénienne, de la Punta di Castrocucco au détroit de Messine, un littoral découpé où les contreforts apennins viennent mourir dans une eau d'azur ; d'autre part de la Punta Pezzo à la plaine de Metaponto, le long des golfes de Squillace et de Tarente, une côte alluvionnaire plus ample, s'élargissant de temps à autre jusqu'à former de véritables plaines.

LE LITTORAL. La forme des côtes est sans cesse remodelée au gré des phénomènes géologiques, de l'avancée des embouchures des fleuves et de l'action de la mer. L'élévation du niveau de la mer (1,5mm par an) est telle que plus d'un tiers des plages de la péninsule italienne sont soumises à l'érosion ou reculent… Les côtes rocheuses dentelées, qui plongent vertigineusement dans la mer, sont caractéristiques des zones sujettes au soulèvement telles la Campanie et la Calabre. Les côtes sablonneuses, plus basses, sont en revanche typiques du littoral adriatique (Pouilles) ou du littoral ionien (Basilicate).

Terre de volcans

Le Mezzogiorno est instable du point de vue géologique : glissements de terrain, éruptions volcaniques, séismes à répétition (on a dénombré près de 5 000 tremblements de terre en Italie depuis le début de l'ère chrétienne). Du nord de la Campanie à la Sicile, du Vésuve à l'Etna, la côte Tyrrhénienne égrène de jeunes volcans pour certains encore actifs, dus à la formation de l'espace océanique et de la chaîne des Apennins.

LE VÉSUVE. C'est l'un des quatre volcans actifs d'Italie. Ce monstre qui, il y a près de deux mille ans, figea en un instant la vie des cités d'Herculanum et de Pompéi semble aujourd'hui avoir pris sa retraite, ou du moins s'être assoupi. Depuis mars 1944, le Vésuve ne s'est plus manifesté, mettant fin à une série de 41 éruptions. Malgré le risque, la région est fortement peuplée : 700 000 personnes installées dans un rayon de 7km et plus de 3 millions vivant dans l'un des sites naturels les plus dangereux d'Europe. Et la découverte en 2001 d'une poche magmatique de 400km^2 sous Naples n'est pas pour rassurer ! Géologiquement le Vésuve est formé de deux volcans : le Vésuve proprement dit (1 281m), encastré dans un volcan plus ancien, la Somma (1 132m), apparu il y a 35 000 ans et qui s'effondra peu à peu (notamment en 1906 et 1944), donnant naissance à une caldeira (vaste dépression) dans laquelle se développa le cône du Vésuve.

LES CHAMPS PHLÉGRÉENS. Au nord-ouest de Naples, ces "champs ardents" cachent dans leurs entrailles, sur plus de 150km^2, de curieux phénomènes géologiques : d'un sol criblé de cratères et agité par les bouillonnements de boue s'échappent des fumerolles blanches (émanations sulfureuses). On compte aujourd'hui une cinquantaine de centres éruptifs. Pour comprendre ce phénomène, il faut savoir que l'activité volcanique commença par une énorme éruption il y a 35 000 ans. Un magma arriva brusquement en surface et un mélange de gaz et de fragments de lave s'écoula à grande vitesse. Après l'éruption, un effondrement circulaire de 14km de diamètre donna naissance à une grande caldeira dont une partie est désormais sous la mer. L'activité volcanique entraîna ensuite la formation de petits volcans et d'autres caldeiras, avec un dynamisme explosif et de modestes émissions de laves.

PROCIDA ET ISCHIA. L'île de Procida et sa voisine Ischia, portant le cône du mont Epomeo, sont les enfants volcaniques des champs Phlégréens, qui s'en séparèrent lors de la remontée de la mer à l'holocène. Une couronne de cratères en éruption jaillissait il y a des millions d'années des eaux d'un golfe beaucoup plus large qu'il ne l'est aujourd'hui puisqu'il allait des monts Aurunci (Latium) jusqu'à la presqu'île de Sorrente. Les volcans les plus actifs et les plus proches de la côte se sont ensuite soudés à la terre ferme grâce à l'abondance des matériaux éruptifs. Un réveil de la région pourrait entraîner un vaste raz-de-marée qui toucherait le golfe de Naples tout entier !

GEOPANORAMA

LE BRADYSÉISME. Le Sud est également marqué par un étrange phénomène de déplacements du sol : le bradyséisme. Le "temple de Sérapis" à Pouzzoles (Campanie) permet de mesurer ce lent mais perpétuel mouvement de montée et d'affaissement du sol mû par le magma souterrain en fusion : trois des colonnes de cet ancien marché portent sur leur base des perforations pratiquées par des mollusques marins, signes d'un affaissement du terrain au-dessous du niveau de la mer. Après un abaissement de 5,70m, le sol est remonté et redescendu plusieurs fois. Autre témoin du bradyséisme et des éruptions, la cité engloutie sous les eaux, qui s'étire du cap Pausilippe au cap Misène, sur la côte calabraise.

Parcs nationaux

Moins de 7% du territoire national est protégé, même si la création des premiers Parcs nationaux remonte aux années 1920 (la Vanoise, premier Parc national français, ne sera créé qu'en 1963...) ! Plus sauvage, le Mezzogiorno accueille tout naturellement le plus grand nombre d'aires protégées de la péninsule. Le Gran Sasso (150 000ha entre Abruzzes, Marches et Latium), le **Pollino** (200 000ha entre Calabre et Basilicate), ou encore l'**Aspromonte** (Calabre) sont les parcs apennins. Le premier, institué en 1991, accueille notamment une cinquantaine de chamois d'Abruzzes, au cou tacheté de noir et de blanc. Dans le Pollino, au cœur du massif de la Sila, règne le pin, dont les formes tourmentées sont le témoin des dures conditions climatiques (vent et gel) qui sévissent de 1 500m à 2 000m. Côté littoral, on citera le Parc national du **Circeo** (Latium), fondé en 1934, où les forêts qui couvrent les pentes du mont Circeo offrent un contraste saisissant avec le paysage sablonneux de la plaine Pontine, et celui du **Gargano** (Pouilles), avec sa mosaïque de milieux (côtes rocheuses, criques de sable, forêts de pins d'Alep, de hêtres, lacs côtiers). On y ajoutera le Parc national du **Cilento** et du Vallo di Diano (Campanie), inscrit par l'Unesco au nombre des Réserves de la biosphère, qui allie milieux côtiers (mer Tyrrhénienne) et milieux montagneux (Apennins).

Histoire

la Grande-Grèce, ou *Magna Græcia*

Les premières traces humaines en Italie sont attestées vers 40 000 ans av. J.-C. en Calabre. On connaît mal l'histoire du peuplement de la péninsule, mais il semble qu'il se soit fait par infiltrations progressives et pacifiques plutôt que par vagues d'envahisseurs. Les peuples italiques sont d'origine indo-européenne. Dès le XIIᵉ siècle av. J.-C., les Latins occupent la vallée du Tibre ; un siècle plus tard, les tribus sabelliennes gagnent le sud des Apennins, tandis que Lucaniens et Brutiens s'installent à la pointe de la botte. C'est donc un damier assez complexe que rencontrent les Grecs au VIIIᵉ siècle av. J.-C., quand ils fondent les puissantes colonies de la *Magna Græcia* : Rhêgion (l'actuelle Reggio di Calabria), Cumes, Crotone, Tarente... Des territoires où ils introduisent leur culture et leurs institutions, mais qu'ils devront disputer aux Carthaginois, puis aux mystérieux Étrusques, des Orientaux de langue non indo-européenne, qui déploient à cette époque une remarquable civilisation dans la vallée du Pô et dans celle du Tibre.

naissance et ascension de Rome

En 753 av. J.-C., ainsi que le rapporte la légende, **Remus et Romulus**, jumeaux d'ascendance divine, tracent le sillon de la ville sacrée. En fait, Rome n'est alors qu'un regroupement de cabanes de bergers latins, commodément situé à la croisée des chemins. Le mythe des jumeaux divins sera forgé sous l'Empire romain, en quête de symboles fondateurs. C'est grâce aux Étrusques, devenus maîtres du territoire, que le hameau devient une ville digne de ce nom – pourvue d'une enceinte, découpée en quartiers, possédant des monuments et des égouts – au VIIe siècle av. J.-C. Mais leur roi Tarquin en est chassé en 510, sans doute par une coalition militaire latine, laissant place à une république dirigée par une classe de riches propriétaires, les patriciens. Par nécessité d'autodéfense d'abord, par goût du pouvoir ensuite, Rome part alors à la conquête de l'Italie, puis de la Méditerranée, soumise après trois guerres féroces contre les Carthaginois. Les conquêtes extérieures s'accompagnent de conflits intérieurs de plus en plus aigus, entre clans patriciens, entre patriciens et plébéiens, entre conquérants et populations assujetties. Jules César tentera de mettre de l'ordre en se faisant nommer dictateur, mais il sera assassiné en 44 av. J.-C.

l'Empire romain

Octave, petit-neveu et fils adoptif de César, reprend alors le flambeau : il écrase le parti républicain, qui a fomenté l'assassinat de son mentor, et se débarrasse de ses concurrents, Lépide et Marc Antoine. Il ne reste plus au Sénat qu'à entériner son pouvoir, ce qu'il fait en lui décernant le 16 janvier de l'an 27 av. J.-C. le titre d'*augustus*, terme religieux qui consacre sa mission et son caractère divins. Auguste consolide, plus qu'il ne bouleverse, la constitution précédente, tout en réorganisant l'administration des provinces et en sécurisant les frontières. Sa compétence et son sens de la mesure inaugurent une période de prospérité et de relative stabilité : la **Pax Romana**, qui régnera pendant deux cents ans sur un empire de plus en plus vaste, s'étirant sous Hadrien (117-138 ap. J.-C.) de la Méditerranée à l'Atlantique. Le Latium et la Campanie profitent des richesses venues des quatre coins de son territoire et se couvrent de villes magnifiques. Mais, trop immense, du moins pour les moyens de contrôle de l'époque, rigidifié par une bureaucratie centralisatrice et appauvri par une économie de guerre, l'empire se fissure au IIIe siècle, rongé à ses frontières par des attaques barbares et à l'intérieur par des troubles sociaux. En 324, l'empereur Constantin, converti au christianisme, installe sa capitale à Byzance, rebaptisée Constantinople. En 395, après des querelles dynastiques, l'empire est divisé entre Orient et Occident. Rome, capitale de l'empire d'Occident, dépérit, mise à sac par les Wisigoths en 410, et par les Vandales en 455. Le dernier empereur romain, Romulus Augustule, est déposé en 476 par le Germain Odoacre, lui-même exécuté en 496 par le conquérant ostrogoth Théodoric, devenu maître absolu de l'Italie sous l'autorité théorique de l'empereur d'Orient.

les invasions des Lombards et des Sarrasins

Au VIe siècle, une autre population germanique entame la conquête de l'Italie : les Lombards, qui descendent jusque dans les Pouilles et la Campanie, où ils fondent le puissant duché de Bénévent. S'ouvre alors une période de grande confusion pour l'Italie du Sud, soumise aux luttes d'influence entre Lombards, Byzantins et de nouveaux venus qui occupent une partie de la Sicile et lancent des attaques dans la péninsule, les Sarrasins. Au Xe siècle, Lombards et Byzantins s'allient contre ces derniers, et la région connaît une relative stabilité, divisée en deux provinces, ou "thèmes" : la Longobardie (Pouilles) et la Calabre, gouvernées chacune par un stratège.

l'influence croissante de l'Église

Le christianisme s'est répandu dès le Ier siècle dans tout le monde gréco-romain. Il conquiert les institutions romaines au IVe siècle sous Constantin, et même les Barbares puisque les Goths se convertissent plus ou moins à la même époque. L'apôtre Pierre ayant été, selon la tradition, le premier évêque de Rome, l'évêché de cette dernière est rapidement considéré comme le plus important de la chrétienté. Sous Léon Ier le Grand (440-461), la **doctrine de la primauté de l'évêque "universel" de Rome** sur le patriarche de Constantinople l'emporte définitivement. Au VIIIe siècle, pour asseoir son pouvoir et se protéger des Lombards, l'Église romaine conclut un pacte avec le roi franc Pépin : en échange de la reconnaissance de la dynastie des Carolingiens, ces derniers garantissent à la papauté un État placé sous sa souveraineté directe. Charlemagne renouvelle le pacte en se faisant sacrer empereur par le pape Léon III. Mais l'intention est autant de contrôler le pontife que de le promouvoir. Dès lors la papauté devra louvoyer pour conserver ses territoires et son autonomie. Le sac de Rome en 1527 par les troupes de Charles Quint lui fait mesurer sa fragilité. Après la proclamation par Bonaparte en 1798 de la première République romaine, elle conclut sous Pie VII un concordat avec la France afin de pouvoir se réinstaller à Rome, tout en s'efforçant d'accélérer la chute de l'empereur qu'elle a elle-même couronné. Jusqu'à l'Unité italienne, au XIXe siècle, elle protégera jalousement ses frontières et fonctionnera comme un État tampon, isolant de fait le Sud du Nord de la péninsule, et la Ville éternelle du reste du pays.

la dynastie des princes du Nord

Profitant des rivalités entre Byzantins, Lombards et Sarrasins, des guerriers normands pénètrent dans le sud de l'Italie : en 1058, Robert Guiscard s'attaque à la Calabre, aux Pouilles et à la Campanie, tandis que son frère Roger conquiert la Sicile. En 1140, le royaume normand est unifié sous la couronne de Sicile et inaugure une période de prospérité. Tandis que, dans le Nord, le mouvement communal permet aux villes de s'affranchir de la mainmise féodale du Saint Empire romain germanique, dans le Sud, le système perdure et se durcit, inhibant l'esprit d'initiative qui favorisera tant la Renaissance dans le reste de la péninsule. L'Empire germanique récupère le royaume de Sicile en 1194 à la suite du mariage de Constance de Hauteville, dernière héritière des Normands, avec Henri Hohenstaufen. S'ouvre une nouvelle période faste pour l'Italie méridionale sous le règne de son fils, Frédéric II, monarque absolu, mais éclairé, auquel les Pouilles et la Calabre doivent de magnifiques monuments, mélange des traditions romane et arabe. Son successeur, Manfred, faisant montre d'un appétit inconsidéré pour les États du pape, ce dernier demande l'aide de Charles d'Anjou, frère de Saint Louis. Charles bat Manfred à Bénévent en 1266 et installe sa capitale à Naples. Mais intervient alors l'Espagnol Pierre d'Aragon, qui a épousé la fille de Manfred et prétend au trône du royaume de Sicile. L'île est conquise par les Aragonais en 1302, et les territoires continentaux en 1442.

la main de fer de l'Espagne

La rivalité franco-espagnole secoue la péninsule tout entière aux xve et xvie siècles. Le traité du Cateau-Cambrésis y met fin en 1559 en consacrant la domination de Philippe II d'Espagne qui conquiert Milan, une partie de la Toscane et la Sardaigne, tandis que la France perd la Savoie et les grandes villes du Piémont. Mais les conséquences de cette hégémonie seront différentes selon les régions : alors que la Renaissance, née à Florence au *Quattrocento*, gagne Rome dès la fin du siècle grâce à deux papes érudits, originaires de Ligurie, Sixte IV et Jules II, l'Italie méridionale est à peine effleurée par ce mouvement, bridée comme elle est sous l'emprise espagnole. Le pouvoir très centralisé, représenté par des vice-rois, et une politique fiscale ruineuse pour le peuple provoqueront plusieurs révoltes aux xvie et xviie siècles. Aux Aragonais succèdent les Bourbons, en 1734, au terme de la guerre de la Succession de Pologne, en la personne de Charles, fils de Philippe V d'Espagne. Avec un roi à demeure, le royaume de Naples fleurit jusqu'à ce que les troupes de Bonaparte entrent dans la ville en 1799 et déclarent la République parthénopéenne – vite remplacée, toutefois, par une monarchie, dirigée en 1806 par Joseph, frère de Napoléon, puis en 1808 par Joachim Murat. Le régime abolit la féodalité, mais ne peut se maintenir qu'avec l'armée, d'autant que les partisans des Bourbons, soutenus par les Anglais, résistent en Calabre. Les Bourbons se réinstallent sur le trône en 1815, mais sont contraints d'accorder une constitution plus libérale sous la pression des élites napolitaines, désireuses de conserver les avantages acquis durant cette période agitée.

l'unification de l'Italie

La Révolution française a soufflé un vent nouveau dans toute la péninsule, où le désir de plus de démocratie se lie au patriotisme. Ce mouvement, le **Risorgimento**, porté par des sociétés secrètes très actives telles que le "carbonarisme", vise à chasser Autrichiens et Espagnols pour construire l'unité nationale. Royalistes – autour de la maison piémontaise de Savoie –, papistes ou républicains, tous se rassemblent autour de cet objectif. Une première grande révolte éclate en 1848 : Rome et la Sicile, en particulier, se rebellent, mais en vain. Les Piémontais, aidés par Napoléon III, auront plus de chance en 1860, malgré la trahison de la France : le centre du pays se rattache au royaume par plébiscite tandis que Garibaldi et Cattaneo conquièrent la Sicile, puis Naples. En février 1861, le premier Parlement italien se réunit à Turin. La Vénétie est soumise en 1866. Reste la papauté qui ne veut pas perdre Rome et qui résiste avec l'aide des troupes françaises jusqu'en 1870. La Ville éternelle devient alors la capitale de la monarchie parlementaire italienne. Le pape s'enferme au Vatican, où lui et ses successeurs se considéreront comme prisonniers jusqu'au concordat signé avec Mussolini en 1929, instituant le petit État du

Vatican. Plutôt que d'aplanir la différence entre Nord et Sud, l'Unité de l'Italie la rend plus visible. Tandis que le Nord s'industrialise, le Mezzogiorno continue d'opposer les grandes propriétés rurales aux petits lopins trop faiblement productifs pour nourrir ceux qui les exploitent. Chômage et misère poussent massivement à l'émigration. De plus, la crise de l'État libéral (chutes à répétition des gouvernements) contribue à créer les conditions du déclin de la démocratie et l'avènement de la dictature fasciste (1922).

le fascisme, ou l'Unité manquée

La faiblesse de l'État novice, la peur des milieux d'affaires face à la crise sociale qui suit la Grande Guerre, la déception de n'avoir récupéré au traité de Versailles qu'une partie des territoires soumis à l'Autriche favorisent l'ascension de **Benito Mussolini (1883-1945)**, fondateur musclé des "Faisceaux de combat". Ce dernier marche sur Rome en 1922, où le roi lui demande de former un gouvernement. Dès 1925, la dictature est en place, qui veut contrôler jusqu'aux esprits. Le fascisme entreprend le morcellement des *latifundia* pour redistribuer les terres, mais cette mesure ne profite qu'à un nombre restreint de paysans des couches moyennes. Les ouvriers agricoles et les petits paysans voient leur condition empirer. Dénoncé par la SDN, le régime s'allie avec Hilter et prend un fort tournant antisémite. Son entrée dans la guerre, aux côtés de l'Allemagne nazie en juin 1940, conduira à sa chute en 1945. Le débarquement allié, en 1943, en Sicile, puis dans le sud de la péninsule, s'accompagne de combats et de bombardements violents qui frappent lourdement les populations civiles et accroissent la pénurie alimentaire. Après la guerre, on crée un fonds destiné aux travaux publics et à l'équipement agricole, la *Cassa per il Mezzogiorno*, tandis que des lois favorisent les implantations industrielles dans le Sud. Mais c'est sans compter le poids des résistances culturelles et surtout des mafias, auquel s'ajoute la dérive clientéliste d'une bonne partie de la classe politique, au fur et à mesure que s'estompe l'élan idéal qui a suivi la déclaration de la République en 1946. La corruption est telle qu'au début des années 1990 un groupe de juges, dont le plus connu est Antonio Di Pietro, lance une campagne de mises en examen, dite **"Mains propres"**, qui fait trembler les états-majors des partis dans la capitale. Parallèlement, de petits entrepreneurs du Nord, oublieux du rôle fondamental joué par l'immigration méridionale dans la reconstruction de leur région après la guerre (2 millions de Méridionaux ont emprunté le *Treno del Sole* en direction du Nord entre 1955 et 1963), se coalisent en une **Ligue du Nord séparatiste**. Ils refusent de contribuer ultérieurement au développement du Mezzogiorno, inutilement soutenu, à leurs yeux, par l'injection de crédits indus, et militent pour une confédération des seuls États d'une "Padanie" inventée pour l'occasion, où l'immigration étrangère serait par ailleurs strictement contrôlée. Ils nient par là même la nécessité de l'immigration pour le bon fonctionnement de l'industrie du Nord : comme l'a révélé le rapport triennal du gouvernement de 2000, 19 millions d'immigrés seraient nécessaires dans les cinquante prochaines années (soit près de 380 000 personnes par an) pour garantir la survie de l'économie. Neutralisée durant les années du gouvernement de centre gauche (1996-2001), la Ligue du Nord fait aujourd'hui partie de la coalition de droite du gouvernement, dirigée par **Silvio Berlusconi**. Ce qui n'est pas pour favoriser le comblement du fossé entre les deux Italie.

Mafias

La mafia originelle, la plus puissante, est sicilienne. Mais le sud de la péninsule a également ses *cosche*, ses "bandes", tout aussi organisées, ritualisées et féroces : la **Camorra** en Campanie, la **Sacra Corona Unita** dans les Pouilles, la **N'Drangheta** en Calabre. La **Cosa Nostra** sicilienne, toutefois, s'avère plus "professionnelle" dans le blanchiment et le recyclage de l'argent sale dans le milieu des affaires que les autres mafias, plus proches du grand banditisme traditionnel. Longtemps, ces organisations ont prospéré grâce à la passivité des gouvernants, voire à leur complicité en échange d'appuis électoraux. Témoignages et documents montrent la collusion de la Démocratie chrétienne (DC) avec les parrains depuis la fin de la Seconde Guerre mondiale ; le procès contre l'un des plus éminents représentants de la DC, Giulio Andreotti, en 1999, semblait sur le point d'en apporter la preuve officielle... jusqu'à son acquittement ! Certains personnages courageux ont toutefois déclaré la guerre à la mafia : le général des carabiniers Carlo Alberto Dalla Chiesa, assassiné en 1982, puis les juges Falcone et Borsellino, abattus en 1992. Aidée par une loi qui favorisait le "repentir", créée au départ pour contrer le terrorisme des "années de plomb" (1970-1980), la lutte contre les *cosche* a marqué des points : 1998 fut une année particulièrement fructueuse, avec 760 arrestations, dont 452 pour les trois grandes organisations continentales. L'efficacité accrue de la répression a poussé les parrains à miser un peu moins sur le trafic de drogue et à se recentrer sur les extorsions de fonds et la mainmise sur les entreprises et les marchés publics. Le trafic des cigarettes, moins sévèrement réprimé, s'est développé ; celui de la prostitution également, acquérant une dimension internationale avec l'importation en Europe de jeunes filles de l'Est, en collaboration avec des trafiquants turcs et albanais. Autre conséquence des arrestations massives de la fin des années 1990 : la féminisation de la criminalité mafieuse ; sœurs ou épouses reprennent le flambeau sanglant, surtout dans la Camorra. Elles tombent de plus en plus souvent sous les coups des guerres entre bandes, mais ne sont guère jusqu'à présent portées au repentir. La mafia, ce mal endémique qui ronge le Mezzogiorno depuis le milieu du XIXᵉ siècle, est donc loin d'être éliminée, d'autant qu'elle sait profiter du moindre relâchement de l'État et qu'elle a entendu le ministre de l'Équipement déclarer fin 2001 qu'il fallait "apprendre à vivre avec" !

Population et économie

la population active

Si l'Italie est devenue l'une des grandes puissances d'Europe, elle n'a pas encore réussi à réduire l'écart entre le Nord et le Sud. Le taux de chômage suffit à lui seul à le mesurer : plus de 21% dans le Sud contre 4% dans le Nord. Les 8 millions de pauvres comptés en 2001 par l'Istat (Institut national de statistiques) résident presque tous dans le Mezzogiorno ; 43% des jeunes n'y trouvent pas d'emploi (52,8% en Campanie), plus du double de la moyenne nationale. Le tissu économique du Sud se compose essentiellement de petites ou très petites entreprises où les syndicats sont faibles, voire inexistants, et le travail au noir est une vieille habitude – on estime que l'économie souterraine représente dans le pays 27% du PIB. Ce qui corrige d'ailleurs partiellement l'inquiétant chiffre officiel du chômage. Mais la situation s'est améliorée, ces dernières années : dans les Abruzzes, par exemple, l'emploi a grimpé de 4,9% entre 1999 et 2001. Les femmes surtout entrent sur le marché du travail, suivant en cela le mouvement national. Mais en faible proportion tout de même (seule 1 sur 3 travaille) et aux bas échelons. Les créatrices d'entreprise ne représentent dans le Mezzogiorno que 3,5% de l'ensemble des entrepreneurs et les dirigeantes 0,4% du total des dirigeants !

la démographie

Malgré le fort taux de chômage, les Italiens du Sud n'émigrent presque plus vers le Nord, d'autant que la natalité a fortement chuté dans la péninsule tout entière depuis les années 1970. Les habitants du Mezzogiorno préfèrent aujourd'hui vivre au pays, où la structure familiale sert encore de réseau de solidarité et freine pour les plus fragiles les risques de misère et de désocialisation. Bien sûr, les couples se séparent plus qu'avant, indice d'une plus grande émancipation féminine, mais on ne compte que 1,4% de divorces (contre 3,4% dans le Nord), les taux les plus bas étant ceux de la Calabre et de la Basilicate. En tout cas, on sait mieux entretenir le lien social et se divertir dans le Sud que dans le Nord puisqu'on y dépense plus d'argent pour la culture, le restaurant et les spectacles.

le développement économique

Quoi qu'il en soit, le Mezzogiorno a fait des progrès et entrepris son développement : il s'efforce de mieux protéger et de faire fructifier son patrimoine culturel (60% du Patrimoine mondial, selon l'Unesco, se concentre en Italie, dont la majeure partie dans les régions du Sud), même si la **lutte contre l'*abusivismo*** – les constructions sans permis dans des sites classés – connaît des hauts et des bas. Des mesures originales, telle l'adoption des monuments par des écoliers ou des citoyens, ont permis à des villes comme Naples de se refaire une beauté ; les travaux de voirie, notamment, entrepris pour le jubilé de l'an 2000 ont aidé Rome à découvrir de nouveaux trésors archéologiques. Le Sud défend mieux qu'avant l'authenticité et la qualité de sa production agricole et de sa gastronomie, redonnant une seconde vie à l'artisanat et se protégeant grâce aux **étiquettes DOC (appellations d'origine contrôlée)**. Il a su aussi prendre le train de la **Netéconomie**, au point qu'en 2000 les exportations croissaient de 23,7% dans le Sud, contre 14% dans le Nord. On parle de "Vesuvio Valley", à l'instar de la Californie, au pied du volcan où plus de 600 entreprises (et 80 000 emplois) ont été créées en six ans. Ce réveil est d'autant plus important que la province de Naples est la plus densément habitée du Mezzogiorno. Quant à Rome, si elle a longtemps été une capitale du Sud, souffrant du même clientélisme, de la même incurie et de la même faiblesse du tissu industriel, elle a trouvé un second souffle avec l'entrée du pays dans l'euro. La culture, les industries électroniques, le tourisme se sont développés, le patrimoine est mieux protégé et mis en valeur, la qualité de la vie s'est améliorée. Ville encore provinciale, mais déjà pour partie européenne, elle conserve une dimension humaine qui la rend très attractive.

Architecture et habitat

Migrations, échanges, conquêtes, l'histoire mouvementée de l'Italie du Sud a produit des monuments aussi beaux que variés. S'il ne reste de la période étrusque que de magnifiques sarcophages et la *Cloaca Maxima* – les canalisations romaines creusées par les rois étrusques –, le classicisme grec brille dans les temples de Paestum ainsi que dans la statuaire romaine, copie d'originaux hellénistiques, dont les pièces les plus belles se trouvent aux musées du Vatican et au Musée archéologique de Naples, sans parler des deux extraordinaires guerriers de bronze grecs de Riace (ve siècle av. J.-C.), sortis des flots à quelques centaines de mètres des côtes de Calabre en 1972 et conservés à Reggio.

l'architecture romaine

L'architecture romaine d'époque républicaine est rare, mais l'époque impériale déborde de merveilles à Rome, Ostie et Tivoli (Villa Hadriana), et dans les colonies romaines de Campanie : Capri, Cumes, Herculanum, Pompéi, Pouzzoles. Bien qu'inspirées par la Grèce, les constructions romaines sont plus monumentales, utilisent le tuf ou la pouzzolane dans les régions volcaniques, et la brique recouverte de marbre ou d'autres matériaux précieux. Elles s'arrondissent en coupoles vertigineuses, dont le **Panthéon** de Rome est le plus bel exemple.

l'art médiéval

L'art médiéval s'exprime dans toute sa diversité en Italie du Sud, des **basiliques byzantines**, premières églises chrétiennes de Rome souvent construites sur des temples antiques, aux grandes **cathédrales ou basiliques romanes** des Pouilles (Bari, Bitonto, Trani) dont le style original mélange des motifs lombards et normands, ainsi qu'aux **églises normandes** (Tropea, Gerace) ou byzantines (Stilo) de Calabre ou encore aux solennelles **abbayes bénédictines** du Latium (Casamari, Fossanova, Subiaco), chefs-d'œuvre du gothique cistercien. À Naples, ce sont les Anjou qui introduisent le gothique mais, comme les Normands pour le style roman, en le mâtinant d'influences arabes et byzantines. Ce melting-pot culturel continuera sous Frédéric II de Souabe, auquel on doit la **forteresse de Castel del Monte**, dans la province de Bari, dont l'octogone parfait symbolise le passage du fini à l'infini et dont le gothique emprunte aux registres orientaux, mais aussi classiques, annonçant ainsi l'art de la Renaissance.

la Renaissance italienne

Cette dernière pénètre à Naples avec les Aragonais qui introduisent les motifs classiques dans l'architecture civile (arc de triomphe du Castel Nuovo). À Rome, la Renaissance fleurit dans les églises de l'époque de Sixte IV (Sant'Agostino, Santa Maria del Popolo et le Tempietto de San Pietro in Montorio, dû à Bramante) et dans de nombreuses résidences, dont le **palais Farnèse** est l'expression la plus réussie. Au Vatican, Michel-Ange, appelé par Paul III, travaille à la **coupole de la basilique Saint-Pierre**, primitivement dessinée par Bramante.

GEOPANORAMA

l'art baroque

Paul III est aussi le pape de la Contre-Réforme, réponse du catholicisme à la montée du protestantisme. Il a besoin pour cette reconquête spirituelle d'un art moins raisonnable que celui de la Renaissance, qui émeuve et qui donne à voir la splendeur de l'Église : ce sera l'art baroque, qui trouvera dans l'Italie du Sud aux XVIIe et XVIIIe siècles son expression la plus fulgurante, la plus débridée et la plus variée. À Rome, le baroque est essentiellement incarné par **le Bernin (1598-1680)**, par ailleurs extraordinaire sculpteur (*Extase de sainte Thérèse*, fontaine des Quatre-Fleuves, piazza Navona), qui dessine la théâtrale colonnade de la place Saint-Pierre et crée l'unité architecturale de la basilique. Son frère ennemi, **Francesco Borromini (1599-1677)**, préfère se servir de la courbe et de la ligne brisée (San Carlo alle Quattro Fontane, San Ivo alla Sapienza, intérieur de Saint-Jean-de-Latran) plutôt que de faire appel à l'exaltation scénographique, caractéristique du Bernin. À Naples, le baroque sait se faire modeste à l'extérieur, conservant souvent les façades ou des éléments de façade gothiques ou Renaissance, pour mieux éclater à l'intérieur (Gesù Nuovo, cloître de majoliques de Santa Chiara, San Gregorio Armeno, chapelle San Gennaro du Duomo). On retrouve ce même contraste entre la relative austérité de l'extérieur, où la priorité est donnée à la scénographie, et la richesse de la décoration intérieure, dans le palais de Caserte, imaginé par Luigi Vanvitelli pour Charles de Bourbon en 1752. Dans les Pouilles, au contraire, à Lecce en particulier, le baroque s'en donne à cœur joie, exubérant à l'extérieur comme à l'intérieur, compliquant les dessins des frontons, multipliant colonnes torses, guirlandes et statues (Santa Croce, œuvre de Giuseppe Zimbalo, 1646).

néoclassicisme, Liberty et architecture contemporaine

Après cet âge d'or, l'Italie du Sud ne produit guère d'œuvres originales, suivant les grands mouvements européens, bien que le néoclassicisme soit assez bien représenté à Rome et à Naples. Le Liberty, Art nouveau italien, est avant tout un art décoratif qui n'a duré qu'une vingtaine d'années. Peu répandu, il donne cependant naissance à de belles réalisations qui ont su s'insérer dans un cadre plus ancien comme le **Palazzo di Montecitorio** à Rome qui présente une façade baroque et une façade Liberty. Quant au fascisme, il impose un classicisme militaire et grandiloquent, nourri d'Art nouveau, où domine la froideur. Il faut signaler toutefois la réussite du **palais de la Civilisation du travail** de Guerrini, Padula et Romano (1938), dans le quartier de l'EUR, à Rome, immense cube rythmé par des rangées d'arcs, entré dans l'iconographie "métaphysique" des toiles de Giorgio De Chirico. En 2002, Rome renoue avec la créativité en intégrant dans ses murs vénérables un gigantesque auditorium en forme de souris d'ordinateur, légère et protectrice à la fois, œuvre de l'enfant terrible de l'architecture européenne, le Génois Renzo Piano.

l'architecture rurale

Les *sassi* ("cailloux") de Matera (en Basilicate, au cœur d'un haut plateau karstique), habitations creusées à même la roche, et dont le toit de l'une sert de plancher à sa voisine, ont longtemps été synonymes de la misère et de la paupérisation du Sud jusqu'à leur évacuation en 1952 et 1977. Aujourd'hui, ils ont été restaurés – quelques-uns réhabités ! – et même classés au Patrimoine mondial de l'Unesco. Également protégés par l'Unesco, les ***trulli*** sont ces habitations en pierres sèches chaulées accolées les unes aux autres, typiques des Pouilles (vallée d'Itria, Alberobello). Apparues à l'époque baroque, elles portent sur leurs toitures coniques d'étranges signes peints dont on ignore souvent la signification. En Basilicate et en Calabre, on croisera aussi des ***masserie***, belles fermes fortifiées censées résister aux incursions des Sarrasins et aux razzias des brigands, fréquentes dans ces régions.

Peinture

L'Italie du Sud héberge des œuvres notoires des grandes périodes de l'histoire de l'art pictural. La **peinture grecque** est présente à Paestum, dans les remarquables fresques funéraires du *Plongeur* et du *Banquet*, du Vᵉ siècle av. J.-C. L'**art étrusque** brille dans les nécropoles du Latium, comme à Tarquinia. La **peinture romaine** est à son plus haut niveau dans la villa des Mystères de Pompéi, probable copie d'un artiste campanien du Iᵉʳ siècle d'une œuvre hellénistique des IVᵉ-IIIᵉ siècles av. J.-C., figurant des rites dionysiaques. Au Moyen Âge, l'**art de la miniature** s'élabore dans les centres bénédictins tels que Subiaco et Montecassino. Les **mosaïques**, plus que les fresques, triomphent alors dans les basiliques romaines, comme celle de l'abside de San Clemente ou celle du chœur de Santa Maria in Trastevere, due à Pietro Cavallini. La **Renaissance** est importée à Rome par les papes humanistes : Michel-Ange et Raphaël donnent le meilleur d'eux-mêmes pour la papauté, le premier dans les fresques des voûtes de la chapelle Sixtine puis avec le *Jugement dernier*, le second sur les murs des "Chambres" du Vatican. Et si l'élève de Raphaël et maître du **maniérisme**, Jules Romain, natif de la Ville éternelle, comme son nom l'indique, émigre à Mantoue, Rome récupère vers 1589 un grand artiste lombard issu de la tradition maniériste, le Caravage, dont l'œuvre originale et puissante, exploitant la tension dramatique du clair-obscur, donnera naissance à un vaste mouvement européen, le "ténébrisme", ou **caravagisme**. Le Caravage laisse également une quantité de chefs-d'œuvre à Naples, où il se réfugie en 1606. De Naples vient également une disciple du Caravage, rarissime femme peintre, Artemisia Gentileschi, fille d'Orazio, qui travaille à Rome. L'**art baroque**, qui éclate à la même époque, fait des merveilles en architecture et en sculpture, plus que dans la peinture ; les vertigineuses perspectives d'Andrea Pozzo (voûte de Saint-Ignace à Rome) méritent toutefois d'être citées. Les XVIIIᵉ et XIXᵉ siècles n'innovent guère en Italie du Sud, même si Naples connaît au début du XIXᵉ siècle une **école originale de paysagistes naturalistes**, dite l'école de Pausilippe. Enfin, on reparle de Rome en 1914 lorsque le peintre Giacomo Balla, Romain d'adoption, signe le *Manifeste de la reconstruction futuriste de l'univers*, et cherche à représenter le mouvement et la vitesse.

Littérature

Y a-t-il une spécificité de la littérature du sud de l'Italie et de ses écrivains ? On peut en tout cas estimer que l'expérience historique du Sud le distingue du reste de l'Italie, les écrivains, provenant ou non de la région, trouvant leur inspiration dans une interrogation méridionaliste. On sait que, au XXe siècle, le plus grand vivier littéraire du Mezzogiorno est, sans conteste, la Sicile (Verga, Pirandello, Tomasi di Lampedusa, Vittorini, Brancati, Sciascia, Bufalino, et plus récemment Camilleri...). La "sicilianité" – une culture mais aussi des expériences historiques et sociales particulières – est au cœur de ces œuvres. Au fond, ce sont ces mêmes interrogations qui permettent de parler d'une littérature du sud de la péninsule : que sont ces paysans qui ont vécu dans une situation féodale jusqu'à la fin du XIXe siècle ? Que sont Rome et Naples, villes étranges qui furent pendant des siècles la capitale du siège apostolique pour l'une, celle d'un royaume anachronique pour l'autre ? Quels peuples se sont forgés dans ces expériences bizarres, dans ces solidarités ambiguës frisant parfois la criminalité ? Ce sont le plus souvent ces questionnements qui donnent leur ossature aux écritures du Sud, et sur le Sud, au cours du XXe siècle : peu importe dès lors que les écrivains qui se posent ces questions soient ou non "des gens du Sud".

les "paysans du Sud"

Symboliquement nous empruntons ce titre, *Contadini del Sud* (1954), à l'enquête menée et publiée par **Rocco Scotellaro**, maire de Tricarico (province de Matera) et poète (*L'Uva puttanella*, 1955) : les questions qu'il se pose, l'écriture poétique qui tente de donner voix à la civilisation paysanne dont il est issu sont un des thèmes de la littérature du Sud. Il n'est pas étonnant qu'il ait été l'ami de **Carlo Levi**, auteur turinois d'un livre qui fit date : *Le Christ s'est arrêté à Eboli* (1945), récit de son séjour forcé pour activités antifascistes dans ce village de Campanie, emblématique de la pauvreté du Sud. Avant la guerre, **Ignacio Silone** (1900-1978), originaire des Abruzzes, militant communiste, évoquait déjà, avec un réalisme violent et poétique, la dure vie des paysans de sa région dans *Fontamara* (1930), *Pain et vin* (1937) ou *Le Grain sous la neige* (1940). Autre peintre du monde agricole des Abruzzes, son compatriote **Francesco Jovine** atteint la maturité avec le beau *Terre del Sacramento* (1950), couronné par le prix Viareggio. Enfin, **Raffaele Nigro** (né en 1947), originaire de Basilicate, livre dans *Les Feux du Basento* (récompensé par le prix Campiello) une fresque épique parcourue par le rêve d'une république paysanne.

Naples, une "ville énigmatique" ?

L'expression est tirée de *Mère Méditerranée* (1965) du Français Dominique Fernandez, qui fait de Naples une ville mystérieuse et fascinante. Naples, cité admirable et pouilleuse, misérable et belle de cette misère extrême, corrompue et capable des plus grands héroïsmes. Malaparte, avec *La Peau*, qui se déroule dans la Naples dévastée des dernières années de la guerre, avait, le premier peut-être, forgé ces lieux communs. Avant lui, au début du XXe siècle, **Matilde Serao** (1856-1927), figure de proue de l'école vériste napolitaine, met en scène la petite bourgeoisie et le peuple napolitains : on retiendra son *Ventre de Naples*, enquête établie pour le journal *Fracassa*, éditée ensuite en 1884. Dans les années 1930, **Carlo Bernari**, précurseur du néoréalisme, fait parler de jeunes ouvriers du Sud – l'action se déroule entre Naples, Tarente et Crotone après la Première Guerre : *Tre operai* (1934) a inspiré en 1981 le film de Francesco Rosi *Trois frères*. Dans les années 1950-1960, plusieurs auteurs importants s'interrogent encore sur l'identité de Naples et de son peuple. **Domenico Rea** (1921-1994) met au centre de ses récits – le plus célèbre étant *Spaccanapoli* (1947) – la vie tumultueuse du peuple napolitain, sans jamais céder au folklore, ce que fait en revanche **Giuseppe Marotta**, avec *L'Or de Naples* (1947) qui inspira le célèbre film homonyme de Vittorio De Sica. La Romaine **Anna Maria Ortese** (né en 1915) qui séjourna longtemps à Naples donne avec *La mer ne baigne pas Naples* (1953) un livre clé pour comprendre l'âme et la nature de cette ville, loin des clichés de la "ville solaire". **Raffaele La Capria** (né en 1922) s'interroge, notamment dans *Blessé à mort* (1963), sur la contradiction entre la liberté des individus et les conditionnements que lui impose la ville. Enfin, plus près de nous, **Erri de Luca** brosse dans *Montedidio* (2001) le tableau d'une enfance napolitaine où l'amour le plus pur parvient à naître malgré la plus grande corruption.

Rome, ville du Sud

Le poète **Giuseppe Gioacchino Belli** (1791-1863), si méconnu, écrivait en romain des sonnets désopilants ou émouvants dont le petit peuple de ce qui était encore la capitale des États de l'Église est le protagoniste. Étrangement, les chantres du peuple de Rome au xxe siècle sont des gens d'ailleurs, un Milanais, **Carlo Emilio Gadda**, et un Bolonais qui a passé une bonne part de sa jeunesse dans le Frioul, **Pier Paolo Pasolini**. Le premier – inventeur de l'une des écritures les plus originales du siècle – avec *L'Affreux Pastis de la rue des Merles* (1957), donne une évocation savoureuse et humoristique de l'univers populaire romain sous le fascisme. Pasolini fait des jeunes de la périphérie romaine des héros mythiques dignes d'intérêt dans son récit *Ragazzi di vita* (1955), puis dans ses tout premiers films, *Accattone*, *Mamma Roma*, sans doute mieux que dans le roman *Una vita violenta* (1959). Dans la seconde moitié du xxe siècle, on citera **Alberto Moravia** (1907-1990), un des plus grands interprètes du malaise de l'individu moderne, dont plusieurs romans ou nouvelles (*La Ciociara*, *Le Conformiste*, *Le Mépris*, *L'Ennui*) ont donné lieu à des adaptations cinématographiques ; et **Elsa Morante** (1912-1985), qui fut sa compagne jusqu'en 1962, auteur de deux chefs-d'œuvre, *L'Île d'Arturo* (1957) et *La Storia* (1974), romans de l'adolescence remplis des bruits et de la fureur du monde.

Cinéma

Rome est sans conteste la capitale italienne du cinéma : d'abord parce que les studios de Cinecittà (la "ville-cinéma"), créés par Mussolini en 1937, accueillent 90% de la production italienne (films et téléfilms) actuelle, ensuite parce que c'est dans la Ville éternelle qu'est né le néoréalisme avec *Rome, ville ouverte* (1945) de Roberto Rossellini. Une référence pour découvrir le cinéma italien : *Un Voyage avec Martin Scorsese à travers le cinéma italien*, film réalisé par Martin Scorsese (2001 ; DVD Arte Vidéo 2002).

le néoréalisme, ou le cinéma social

Désireux de rompre avec le cinéma de propagande de la période fasciste et celui des "téléphones blancs" (films de divertissement "hollywoodiens"), ce mouvement prône un retour au concret dans la veine d'un certain cinéma naturaliste français des années 1930. Au sortir de la guerre, il ne peut que se nourrir de la souffrance quotidienne de la population, du combat pour la survie des non-héros. Il naît donc comme un cinéma social, qui souhaite montrer sans artifices les réalités d'une Italie dévastée par la guerre. La situation particulièrement dramatique du Sud est alors un terrain d'enquête idéal. *Paisà* (1946) de **Rossellini**, *Sciuscià* (1946), *Le Voleur de bicyclette* (1948) ou *Umberto D* (1952) de **Vittorio De Sica** parlent de la guerre et de la résistance, de la misère, du chômage ou de la crise du logement.

le réalisme critique et ses héritiers

C'est à trois cinéastes, tous originaires du Nord, que l'on doit, au début des années 1960, les plus intéressantes réflexions sur l'Italie en plein boom économique. **Luchino Visconti** qui en 1948 avait apporté sa contribution au néoréalisme en adaptant avec *La terra trema* (*La terre tremble*) le roman du chef de file du vérisme sicilien, Giovanni Verga, aborde dans *Rocco et ses frères* (1960) le problème de l'émigration intérieure du Mezzogiorno rural vers le Nord industriel et urbain. La même année, **Fellini** livre le portrait d'une bourgeoisie romaine insouciante et désenchantée dans *La Dolce Vita* (Palme d'or à Cannes en 1960) ; tandis que **Pasolini** peint des fresques déchirantes des bidonvilles de la périphérie et des bas-fonds romains (*Accattone*, 1961 ; *Mamma Roma*, 1962). Au fil des ans, un thème récurrent occupe le "cinéma méridional" : la mafia. *Main basse sur la ville* du Napolitain **Francesco Rosi** (1963) dénonce ainsi la collusion entre la mafia des promoteurs napolitains et les politiciens ou encore, bien des années plus tard, *Camorra* de **Lina Wertmüller** (1985). Le Calabrais **Gianni Amelio** (né en 1945) est l'un des principaux héritiers du néoréalisme de l'après-guerre. Salué par le Grand Prix du jury à Cannes en 1992 pour *Ladro di bambini* (*Les Enfants volés*, évident clin d'œil à *Ladri di biciclette*), il est récompensé par le Lion d'or de Venise en 1998 pour *Così ridevano* (*Mon frère*), qui évoque la destinée de deux frères émigrés du Sud dans le Turin des années 1950-1960. Son film *Lamerica* (1994) témoignait déjà du déplacement des repères et des problèmes dans l'Italie actuelle : désormais le Sud d'où l'on émigre, c'est l'Albanie. L'Italie est devenue une terre d'immigration pour des populations plus démunies et plus au sud qu'elle. Depuis quarante ans, **Nanni Moretti** occupe, à Rome, le devant de la scène cinématographique italienne. Peintre doux-amer de la jeunesse rebelle des années 1970 (*Ecce Bombo*), il continue de s'interroger sur la façon de rester "de gauche", qui devrait être pour lui la forme suprême de l'intelligence et de la lucidité. *Caro diario* (*Journal intime*) remporte la Palme de la meilleure mise en scène à Cannes en 1994 et son film *La Chambre du fils* a bouleversé le jury de Cannes en 2001 et obtenu la Palme d'or.

comédie de mœurs et comédie "à l'italienne"

Boudée par les spectateurs (hormis *Rome, ville ouverte*, les films néoréalistes sont loin de faire recette !), étouffée par la censure démocrate-chrétienne pour qui ce cinéma "rend un très mauvais service à l'Italie", la veine sociale du néoréalisme se dilue dans les années 1950-1960. Et l'Italie voit se multiplier un cinéma populaire, dominé par des acteurs tels **Totò** (cf. Les "étoiles" du Sud), brillamment dirigé par **De Sica** dans *L'Or de Naples* (1954) ou par **Monicelli** dans *Le Pigeon* (1958), ou **Alberto Sordi** qui interprète, notamment dans *L'Arte di arranggiarsi*, de **Luigi Zampa** (1955), le rôle du petit-bourgeois romain vil et pleurnichard, fils à maman et homme à femmes, qui n'a guère envie de travailler. Côté féminin, les sensuelles **Sophia Loren** et **Gina Lollobrigida** crèvent l'écran. Cette dernière s'illustrera dans *Pain, amour et fantaisie*, de **Luigi Comencini** (1953), où les stéréotypes de l'homme du Sud sont mis en relief. Les années 1960, l'âge d'or de la "comédie à l'italienne", abordent les thèmes du cinéma de l'après-guerre de manière grotesque ou exacerbée, notamment chez **Dino Risi** (*Una vita difficile – Une vie difficile*, 1961). Dans les années 1970, le Romain **Ettore Scola** préfère la comédie grinçante (*Nous nous sommes tant aimés*, 1974 ; *Affreux, sales et méchants*, 1976, sur un bidonville ; *La Terrasse*, 1979, sur la bourgeoisie romaine de gauche) pour raconter les maux de l'Italie contemporaine. Naples trouve, quant à elle, une voix originale en 1980 avec **Massimo Troisi**, mort prématurément en 1994, qui, dans *Ricomincio da tre*, choisit le rire tendre et désespéré pour décrire la difficulté des jeunes gens du Sud de s'insérer dans la modernité.

l'"école napolitaine"

À la fin des années 1990, les Napolitains **Mario Martone** (*Morte di un matematico napoletano – Mort d'un mathématicien napolitain*, 1992 ; *Teatro di guerra – Théâtre de guerre*, 1995 ; *L'Amore molesto – L'Amour meurtri*, 1995) et **Pappi Corsicato** (*Chimera*, 2001) font du film collectif à épisodes, *I Vesuviani*, le manifeste du nouveau cinéma napolitain. On parle alors d'une "école napolitaine". Sur la scène napolitaine, il convient aussi de citer **Antonio Capuano** (*Luna rossa*, 2001) et **Vincenzo Marra** (*Tornando a casa*, récompensé à Venise en 2001 par le prix de la Semaine de la critique), de veines très différentes, mais unis par leur regard acéré sur le Sud. Ce rapide panorama serait incomplet si l'on ne citait aussi, pour conclure, trois jeunes cinéastes prometteurs, originaires des Pouilles, préoccupés par le contraste particulièrement douloureux dans le Mezzogiorno entre la tradition et le changement : **Edoardo Winspeare** (*Pizzicata*, 1996 ; *Sangue vivo*, 2001), **Alessandro Piva** (*La Capagira*, 2001) et **Sergio Rubini** (*Tutto l'amore che c'è*, 2000).

Musique

la musique sacrée

Rome est le creuset de la musique sacrée. En simplifiant et unifiant la liturgie, le pape Grégoire le Grand crée au VIe siècle le cadre dans lequel naîtra au siècle suivant le fameux **"chant grégorien"**. Au XVIe siècle, **Giovanni Pierlugi da Palestrina (1525 ?-1594)**, originaire de la campagne romaine, donne ses lettres de noblesse à la musique polyphonique. Ses messes de 4 à 8 voix sont souvent chantées *a capella*, c'est-à-dire sans accompagnement instrumental. C'est encore un Romain, **Giacomo Carissimi (1605-1674)**, qui, au XVIIe siècle, fait de l'*oratorio*, drame lyrique où le chant dialogue avec l'orchestre, un genre à part entière.

l'opéra

Outre la musique sacrée, le grand apport de l'Italie aux mélomanes du globe est, bien sûr, l'opéra, genre classique aujourd'hui qui fut pourtant jusqu'à la moitié du xxᵉ siècle extrêmement populaire dans la péninsule. Il nacquit à Florence avec **Jacopo Peri** à la fin du xviᵉ siècle et trouva son public à Venise, où s'ouvrit en 1637 le premier théâtre d'opéra. Le succès du genre fut tel que le reste du pays ne tarda pas à se couvrir de salles. Le grand théâtre du Sud, qui faisait et défaisait les réputations à l'instar de la Scala de Milan, fut – et reste – le théâtre San Carlo de Naples, inauguré en 1737 par Charles de Bourbon, le plus beau et le plus vaste du monde à cette époque. Des chefs-d'œuvre y furent créés tels que *La Dame du lac* de **Rossini** ou *Lucie de Lammermoor* de **Donizetti**. La chanson napolitaine du xixᵉ siècle, dont le romantisme ensoleillé a fait fureur dans le monde entier, est issue de l'opéra puisque son premier succès, *Te voglio bene assaje* (1839), de **Raffaele Sacco**, s'inspirait d'une musique de Donizetti, et qu'elle fut et reste véhiculée par des ténors tels que le Napolitain **Enrico Caruso** (1873-1921) ou aujourd'hui **Luciano Pavarotti**.

la variété italienne

C'est un jeune musicien du Latium, **Lucio Battisti** (1943-1998), né près de Rieti, qui va dépoussiérer la chanson italienne dans les années 1970 : si la mélodie reste pour lui fondamentale, le son et le rythme se modernisent pour raconter les émotions adolescentes d'une belle voix acide. Derrière lui fleurit une génération de chanteurs-auteurs-compositeurs, plus intéressés par les thèmes sociaux et pour certains plus engagés, dont Rome est le principal vivier : **Antonello Venditti**, **Renato Zero**, **Claudio Baglioni**, **Francesco de Gregori** remplissent des stades entiers dans les années 1970-1980. Le Calabrais **Rino Gaetano** traverse également ce firmament, conjuguant l'ironie et le romantisme jusqu'à sa mort à 31 ans, en 1981. De Naples proviennent deux voix originales qui ont donné à la musique méridionale une ampleur nationale en colorant le rock et le blues de lignes mélodiques et de sons méditerranéens : **Edoardo Bennato** et **Pino Daniele**. Deux références essentielles pour découvrir la musique populaire : *Bella Ciao, chansons du peuple en Italie*, Harmonia Mundi (1975, 2000) ; Francesco De Gregori et Giovanna Marini, *Il Fischio del Vapore*, Caravan (2002).

Fêtes et traditions

Les Italiens sont attachés à leurs traditions même si cet attachement, comme partout ailleurs, n'a cessé d'évoluer avec le temps : certains rites – tel le "carnaval" de la Nativité de Piedigrotta à Naples – se sont perdus tandis que d'autres ont été redécouverts, voire inventés – ainsi, les régates historiques des Républiques maritimes, dont Amalfi est la fière représentante du Sud.

les fêtes religieuses

La grande majorité des fêtes religieuses perdure dans le Mezzogiorno et la ferveur révèle l'intensité du rapport au sacré dans de larges couches de la population ; une ferveur qui se nourrit de pratiques magiques très anciennes, dont la **superstition** quotidienne (on "fait les cornes" avec l'index et l'auriculaire ou bien l'on caresse une corne portée en pendentif contre le *malocchio*, le "mauvais œil", ou le *jettatore*, le "jeteur de sort") est une forme dérivée. La danse la plus populaire du Sud, la **tarentelle**, pourrait elle aussi se rattacher aux rites de possession primitifs, selon certains ethnologues qui la croient associée à la tarentule, dont la piqûre provoque des convulsions. Rite qui se serait inversé dans la façon de soigner le tarentulé puisqu'on accompagnait ses spasmes de musique de plus en plus rapide pour le pousser à danser jusqu'à l'épuisement, expurgeant ainsi les effets du venin. À écouter pour découvrir la tarentelle : *Terra* (1996) et *Sangue vivo* (2000) de Zoe', l'excellente sélection compilée par Tarantula Rubra, *Pizzica la Tarantula* (2001), ainsi que les disques du napolitain Daniele Sepe. On peut voir également dans la popularité des **saints patrons locaux** un prolongement de l'attachement païen aux dieux et génies tutélaires. Leur célébration s'accompagne d'ailleurs presque toujours de rituels profanes : ainsi, à Viterbe, dans le Latium, sainte Rose est-elle honorée par l'épreuve de force des 90 porteurs d'une "machine" de 30m de haut. En Campanie, les anciens **rites de fécondité** se perpétuent dans les *ndrezzate*, chants exécutés par des hommes munis de bâtons et d'épées. Celui d'Ischia a lieu au début de la semaine de Pâques. Cette Semaine sainte est dans tout le Sud l'occasion de réprésentations sacrées et de chemins de croix très expressifs, ainsi que de grandes processions colorées en costumes fastueux, accompagnées quelquefois de mannequins géants, comme en Calabre. Cette théâtralité se retrouve lors de la fête de saint Janvier à Naples, dont le sang conservé dans une ampoule doit se liquéfier chaque 19 septembre devant la foule en liesse, sous peine d'un terrible malheur. C'est à un rituel tout aussi populaire qu'invite le Vatican aux grandes fêtes catholiques, avec la **bénédiction papale** *urbi et orbi*.

les fêtes profanes

Quant aux fêtes profanes, la plupart tournent autour des **produits de la terre et de la mer** : foires de la morue, de l'espadon ou du poisson bleu en Calabre, fêtes du vin des Castelli Romani ou de Benevento, fête folklorique et gastronomique de la *chincolata* à Alberobello, dans la Pouille... On y mange et on y boit beaucoup comme lors de la fête de Noantri, à la mi-juillet, dans le quartier du Trastevere à Rome, où l'on ne célèbre que *no'antri*, contraction de *noi altri*, "nous autres", avec de la *porchetta* et du vin de Frascati !

Les "étoiles" du Sud

intellectuels et religieux

GIORDANO BRUNO (1548-1600). Né à Nola, en Campanie, ce dominicain féru de philosophie doit prendre la route pour fuir l'Inquisition qui l'accuse d'hérésie : il est vrai que Bruno préfère Copernic à Aristote et qu'il croit à l'infinité de l'univers, à la pluralité des mondes et à l'unité de la substance. Cette incroyable modernité lui coûtera la vie : de retour en Italie après des années d'errance, il est arrêté à Venise et brûlé vif à Rome en 1600.

GEOPANORAMA

GIAMBATTISTA VICO (1668-1744). Ce Napolitain de toujours, professeur à l'université de Naples, acquiert une aura internationale avec sa tentative d'analyse globale de l'histoire (*Scienza nuova*). Il la divise en trois grands cycles : l'âge des dieux, des héros et des hommes. Considéré comme le fondateur de l'historiographie et de la philosophie de l'histoire, il trouvera en Michelet un grand admirateur et traducteur.

BENEDETTO CROCE (1866-1952). Né à Pescasseroli, dans les Abruzzes, Croce a beaucoup de cordes à son arc puisqu'il est à la fois historien, philosophe et critique littéraire. Il emprunte au marxisme son sens de l'action, mais dénonce son utilitarisme, tout comme le moralisme abstrait de Kant. Il juge nécessaire de penser l'histoire, chemin de la liberté à ses yeux, mais aussi de s'y engager en participant à la vie politique. Sénateur en 1910, ministre de l'Instruction en 1920, il dénonce le fascisme sans toutefois entrer vraiment dans le combat. En 1944, le voici président du parti libéral. Il reprend ses activités parlementaires jusqu'à sa mort, en 1952. Son "historicisme" a fait école en Europe et aux États-Unis.

PADRE PIO (1887-1968). Francesco Forgione naît dans une modeste famille de Pietralcina, près de Bénévent, en mai 1887. Devenu moine capucin sous le nom de Padre Pio, il reçoit les stigmates en 1918. Outre sa dévotion aux souffrants, on lui prête toutes sortes de miracles : le don de guérir, le don d'ubiquité, le pouvoir de se faire comprendre par des étrangers dont il ne parle pas la langue... On dit même qu'il s'est envolé dans les airs pour arrêter un avion ennemi pendant la guerre. Il meurt en 1968 et ses fidèles entament une longue bataille pour sa canonisation. Chose faite le 16 juin 2002, dans une ferveur mystique qui secoua toute l'Italie, y compris la presse laïque, séduite par l'abnégation, si rare aujourd'hui, du saint homme.

les artistes

TOTÒ (1898-1967). Le prince napolitain Antonio De Curtis fut le roi du cinéma comique italien de l'après-guerre. Avec son menton en galoche, ses mimiques expressives (grimaces, rotation des pupilles), ses allures de pantin désarticulé et son débit saccadé, il a fait rire par sa seule présence les milliers de spectateurs de ses plus de 120 films. S'il a souvent joué des rôles stéréotypés, il a trouvé auprès de réalisateurs tels que Lattuada, Monicelli ou Pasolini l'occasion de révéler pleinement la finesse de son talent. Il est inoubliable dans l'une des plus belles comédies sociales de Mario Monicelli : *I Soliti Ignoti* (*Le Pigeon*, 1958).

EDUARDO DE FILIPPO (1900-1984). Il fut l'incarnation du théâtre napolitain au XXᵉ siècle, renouant avec la grande tradition des *sceneggiate* du siècle précédent, nourries de l'âme tragi-comique de la culture populaire. De Filippo, auteur, acteur et directeur de troupe, a fait entrer le spectateur dans le monde de la petite bourgeoisie parthénopéenne, arrachant rires et larmes à la fois. Son premier succès, *Sik Sik*, date de 1929. *Filumena Marturano* (1946) a franchi les frontières, traduite en huit langues en 1949.

SOPHIA LOREN. Sofia Scicolone, de son vrai nom, naît à Rome, le 20 septembre 1934. Un concours de beauté à Pouzzoles lui permet en 1949 de conquérir de petits rôles au cinéma. Mais il faut attendre *La Traite des blanches* de Luigi Comencini, en 1954, pour que le producteur Carlo Ponti la remarque, l'embarque pour un destin hollywoodien et l'épouse (deux fois, en 1957 et 1966 !). Oscar de la meilleure actrice pour *La Ciociara* en 1962, elle voit sa carrière se bonifier avec l'âge, comme le montre *Une journée particulière* (Ettore Scola, 1977). Un César d'honneur en 1991 confirme la figure emblématique de Sophia Loren à l'époque glorieuse des divas.

Gastronomie

La cuisine de l'Italie du Sud offre tous les ingrédients de la "diète méditerranéenne" : blé, huile d'olive (celle des Pouilles est particulièrement douce et onctueuse), fromages, légumes, agrumes, fruits secs. La tomate est reine, bien sûr : en sauce dense pour la *pastasciutta*, comme garniture de la pizza, dans les ragoûts ou en hors-d'œuvre, séchée au soleil des Pouilles ou de la Calabre et baignée d'huile d'olive. L'ail est presque de tous les plats, relevés également de câpres, d'olives, de fines herbes (cf. GEOPlus, Glossaire).

les pâtes

On ne sait d'où vient la *pastasciutta*, les pâtes sèches au blé dur – de Sicile, de Chine ou d'ailleurs... –, mais c'est dans le Mezzogiorno qu'elle a fleuri, le long des côtes où le soleil et l'air assuraient un séchage idéal. Si le séchage industriel en a déplacé sa fabrication dans les usines du Nord, la production artisanale du Sud, avec son incroyable variété de formes et de formats, a aujourd'hui repris ses droits auprès des gourmets et conquis le marché international de la gastronomie de luxe.

la pizza

L'origine de la pizza est tout aussi incertaine, mais c'est à Naples qu'elle s'est imposée (la légende veut qu'elle ait été créée en 1889 pour la reine Marguerite). L'air, la qualité de la farine, le coup de main ? Toujours est-il que le plat le plus répandu du monde a conservé ici sa simplicité première et, avec elle, une saveur inimitable. La pizza se décline aussi en version fermée avec un œuf à l'intérieur (*calzone*) ou en *pizze dolci*, sucrées, que l'on retrouve également dans le Latium, les Abruzzes et la Molise.

viandes et poissons

Les *vongole* (clovisses), les moules et le poulpe se dégustent avec des pâtes ou en marmite à Rome et à Naples ; le thon, l'espadon, les anchois et les sardines se consomment grillés ou en sauce en Calabre et dans les Pouilles ; la morue se prépare sautée ou au four en Basilicate. Sur ces terres d'ovins, on célèbre l'agneau : *abbacchio* (agneau de lait) rôti ou au romarin dans le Latium, agneau au vin blanc ou aux olives dans les Abruzzes, aigre-doux dans les Pouilles, à la sauce tomate un peu partout. La Calabre préfère le porc, dont toutes les parties sont utilisées. Le sang sert à fabriquer le dessert typique, le *sanguinaccio* (boudin) au chocolat ou au riz sucré. La charcuterie des Pouilles est également réputée pour sa célèbre *luganiga* (saucisse parfumée). Le sanglier des forêts du Latium et de l'Aspromonte calabrais est cuisiné à l'aigre-doux. À Rome et dans les Abruzzes, les *frattaglie* (abats de bœuf, agneau ou cochon) font le régal des *trattorie* populaires.

les légumes

Les aubergines grillées ou à la tomate, rapportée du Mexique par Cortés et baptisée *pomod'oro* – "pomme d'or" – par les Italiens, régalent les Campaniens et les Calabrais. Les artichauts n'ont jamais été aussi excellents qu'à Rome : *fritti* après avoir été trempés dans l'œuf et la farine, *alla romana* aux herbes et sous huile, *alla giudia*, frits entiers dans un bain d'huile bouillante.

les fromages

Dans le Sud, le fromage est essentiellement de brebis : ricotta fraîche, dont on farcit les raviolis ou les gâteaux (mélangée à des fruits confits comme dans la *pastiera* napolitaine ou la *pizza di ricotta* des Abruzzes) ; ou vieillie et salée, à râper sur les pâtes ; *pecorino* romain, à pâte dure plus ou moins affinée et très goûteuse ; *burrata* des Pouilles, des Abruzzes ou de la Calabre, tendre brebis frais farci d'une boulette de beurre doux. En Campanie, le lait de bufflonne sert à fabriquer la mozzarella (qui n'a rien à voir avec les boules fades des supermarchés français) et la *provola*, naturelle ou fumée. Un peu partout, la *scamorza*, aux laits de vache et de chèvre mélangés, se consomme souvent grillée.

les boissons

LE CAFÉ. Contrairement aux idées reçues, l'Italien ne consomme pas beaucoup de café, mais il se vante de savoir à la fois le préparer et le savourer. Quelques indices pour reconnaître un bon café : la crème doit être couleur noisette, striée, dense ; le sucre en poudre doit descendre lentement et la crème se reformer après qu'on a remué. Trois familles se partagent le marché : Lavazza, le n°1, Illy et Segafredo Zanetti.

LES *GRANITE*. Elles ressemblent au sorbet, mais n'en ont pas la texture. Spécialités désaltérantes du sud de l'Italie, elles hésitent entre la boisson et le dessert glacé : glace pilée, sucre et, habituellement, jus de citron frais, tels sont les ingrédients de base. Mais la *granita* peut aussi être préparée avec du café ou d'autres jus de fruits. À Rome, on déguste aussi la *grattachecca*, une variante traditionnelle à base de glace râpée et de sirops ou de jus de fruits (elle est alors appelée *cremolata*).

LES VINS. Les vignes abondent dans le Mezzogiorno, où cette culture remonte à la Grèce antique. Mais les bons vins se comptent sur les doigts de la main par manque d'attention à la vinification. Dans les Pouilles, véritable "usine à raisin" de l'Italie où les rendements sont beaucoup plus élevés qu'ailleurs, le Castel del Monte offre des blancs, rouges et rosés plaisants. L'**aleatico**, le vin rouge doux typique de la région, se marie superbement avec les figues sèches farcies aux amandes, parfumées aux grains de fenouil et cuites au four. Le Latium se distingue par les blancs secs et frais des Castelli Romani et le **frascati** des monts Albains qui accompagne parfaitement le poisson. La Campanie s'enorgueillit d'un bon **greco di tufo** blanc, à l'arôme fruité et au goût d'amande, et un **taurasi** rouge, parfait vin de garde qui prend des reflets orangés avec l'âge ; le **lacrima-christi** du Vésuve est surtout connu dans sa version sucrée. Les petits vins blancs de Ravello ou d'Ischia se marient bien avec le poisson. La Basilicate produit sur les pentes d'un volcan éteint l'**aglianico del vulture,** un rouge, d'une robe rubis, qui peut atteindre un excellent niveau. Ses blancs doux de Moscato sont agréables. Dans les Abruzzes, enfin, le **montepulciano** rouge et le **trebbiano** blanc ont du caractère.

LES SPIRITUEUX. Si la *grappa*, terme générique pour l'eau-de-vie, clôt traditionnellement le repas, elle prend différentes formes selon les régions. À Rome, c'est la *sambuca*, parfumée à l'anis, qui est souvent servie avec un grain de café au fond du verre. La *centerbe* est distillée dans les Abruzzes et, même si rien ne prouve qu'il y ait effectivement 100 herbes dans ce breuvage verdâtre, elle est réputée pour ses vertus thérapeutiques. La *Strega di Benevento*, de Basilicate, véritable pousse-café de sorcière (*strega*), a donné son nom au prix littéraire le plus prestigieux d'Italie (l'équivalent du Goncourt). Moins brutal pour l'estomac, le *limoncello*, liqueur jaune et sucrée à base de citrons, est, quant à lui, l'emblème de la côte amalfitaine.

GEOPANORAMA

Quand partir ? *L'Italie du Sud recèle tant de trésors et de beautés méconnus que l'on trouve une destination idéale à tout moment de l'année. Si les villes de Rome et de Naples, aisément accessibles en avion ou en train de nuit, sont prisées pour les longs week-ends, elles s'avèrent particulièrement agréables au* **printemps** *et à l'***automne***, loin de la canicule estivale et de la foule drainée par les fêtes religieuses. L'***été***, privilégiez ainsi le littoral accueillant du Salento, du golfe de Policastro et celui de la Calabre, ou rejoignez l'ombre salvatrice des pins du Gargano. L'***hiver***, s'il peut être très froid, offre indéniablement les meilleurs tarifs et un calme bienfaisant. Hormis la saison du ski, pratiqué sur les pentes de la Sila ou de l'Aspromonte, les premiers frimas annoncent également les préparatifs des fêtes de Noël : à Naples, par exemple, vous aurez peut-être la chance de voir les familles se presser via San Gregorio Armeno pour composer les plus belles crèches.*

GÉOVOYAGE

Se rendre en Italie du Sud

Se rendre en Italie du Sud en avion

Les vols réguliers et directs vers le sud de l'Italie sont assurés par toutes les grandes compagnies aériennes nationales françaises et européennes et la compagnie nationale italienne, Alitalia. En été, de nombreux charters viennent compléter ces liaisons. Des trajets directs sont également programmés depuis le Canada.

de France

Alitalia. La compagnie nationale italienne propose des vols réguliers vers toutes les grandes destinations de l'Italie du Sud : Rome, Naples, Bari, Brindisi, Lamezia Terme et Reggio di Calabria. Départs possibles depuis Paris, Nantes, Clermont-Ferrand, Lyon, Toulouse, Marseille et Nice. Depuis Paris, une dizaine de vols directs AR/jour pour Rome ; un vol direct AR/jour pour Naples (2h de vol). Billet AR à env. 350€. Clubs de fidélité (points miles) : MilleMiglia, Ulisse et Freccia Alata. Possibilité de réserver un billet en ligne. *Rens. relazioni. clientela@alitalia.it www.alitalia.com France 69, bd Haussmann 75008 Paris Tél. 01 44 94 44 20 (autres points de vente à Nantes, Clermont-Ferrand, Lyon, Toulouse, Marseille et Nice) Tél. info. 0802 315 315 infos.clients@alitalia.fr www.alitalia.fr Belgique Rue Capitaine-Crespel, 2-4 1050 Bruxelles Tél. 02 551 11 22 info.upbru@alitalia.it www.alitalia.be Suisse Route de l'aéroport, 31 1215 Genève-Aéroport Tél. (022) 799 51 70 Canada 2055, rue Peel, suite 960, Montréal Québec H3A 1V8 Tél. 514 842 8241 et 5915, Airport Road, suite 712, Mississauga Ontario L4V 1T1 Tél. 905 673 2442 Tél. info. 1800 361 8336 www.alitalia.ca*

Air France. Air France assure un grand nombre de liaisons vers Rome (12/jour) et Naples (2/jour) depuis Paris (env. 2h de vol). Comptez env. 300€ pour un vol direct AR. Autres départs possibles depuis les grandes villes de province. Renseignez-vous bien sur les tarifs appliqués par Air France : gamme "Tempo" avec des niveaux de prix en fonction de la date d'achat (au plus tard 30 jours avant le départ, valable sur un AR inférieur à 14 jours avec une nuit du samedi à dimanche sur place) ; "Évasion week-end" avec des départs et des retours le samedi et le dimanche. Promotions en ligne et enchères un jeudi sur deux (12h-22h). Possibilité de réserver un billet sur le site Internet. *Rens. www.airfrance.com France 49, av. de l'Opéra 75001 Paris Tél. info. 0820 820 820 www.airfrance.fr Minitel 3615 ou 3616 AF Belgique Av. Louise, 149, boîte 31, 1050 Bruxelles Tél. info. 070 22 24 66 www.airfrance.be Suisse Route de l'aéroport, 15, case postale 32, 1215 Genève 15 Tél. info. (022) 827 87 87 www.airfrance.ch Canada 2000, rue Mansfield, 15e étage, Montréal 151, Bloor Street West, suite 810, Toronto Tél. info. 1800 667 2747 www.airfrance.ca*

Air Littoral. "La compagnie des gens du Sud" est la 1re compagnie régionale française privée (attention son existence est menacée à la date où nous imprimons, se renseigner). Elle dessert les aéroports de Rome et de Naples depuis les grandes villes de province : Bordeaux, Montpellier, Nantes, Strasbourg, Toulouse, Figari et Calvi (Corse). Env. 3 vols AR/jour avec escale à Nice.

GEOVOYAGE

AR Nice-Rome de 270€ à 800€ (1h30 de vol). Vous pouvez profiter des tarifs spéciaux Illicos réservables en ligne, et valables sur tout billet AR adulte pour un séjour sur place entre 3 et 7 jours. Vous pourrez ainsi partir à petit prix du lendemain à la semaine qui suit votre demande de réservation. **Rens.** *www.air-littoral.fr* **France** *Aéroport Montpellier Méditerranée Tél. info. 0825 834 834 information@air-littoral.fr Minitel 3615 AIR LITTORAL*

de Belgique

SN Brussel Airlines. La compagnie belge effectue plusieurs liaisons directes entre la Belgique et l'Italie du Sud. 5 vols AR/jour Bruxelles-Rome (2h15 de vol) : billet AR à env. 190€. **Rens.** *www.flysn.fr* **France** *12, rond-point des Champs-Élysées 75008 Paris Tél. info. 0826 10 18 18* **Belgique** *Aéroport Bruxelles National 1930 Zaventem www.brusselsairport.be Tél. info. 0826 10 18 18* **Suisse** *Tél. info. 0848 41 41 11*

Ryanair. Cette société irlandaise *low cost* ("à bas coût") propose également un vol direct Bruxelles-Charleroi à Rome-Ciamprino à partir de 19€99 l'aller simple. Seuls inconvénients : départ et arrivée dans des aéroports secondaires, services annexes minimaux et tout payant. **Rens.** *www.ryanair.com* **Belgique** *Aéroport Beauvais-Tille 60000 Beauvais Tél. 03 44 11 41 41*

Virgin Express. Sur le même principe des vols à très bas prix, Virgin Express programme des vols directs AR de Bruxelles vers Rome à partir de 146€. Tarifs intéressants si au moins une nuit sam.-dim. pendant le séjour et offres de promotions *via* internet. **Rens.** *resa@virgin-exp.com www.virgin-express.com* **France** *Tél. info. 0800 528 528 et 0821 230 202* **Belgique** *Aéroport Bruxelles International Immeuble 116 B-1820 Melsbroek Tél. 02 752 05 11 Tél. info. 070 35 36 37* **Suisse** *Tél. (022) 732 57 57*

de Suisse

Swiss International Air Lines. La compagnie nationale suisse programme des vols directs vers Rome depuis Genève, Zurich et Bâle, à raison de 5 à 6 départs/jour (1h30 de vol). Billet AR Genève-Rome entre 112€ et 500€. Une correspondance est également possible de Rome pour Naples. **Rens.** *contact@swiss.com www.swiss.com* **France** *Aéroport Roissy Charles-de-Gaulle, terminal 2B, Paris Tél. info. 0820 04 05 06* **Belgique** *Aéroport Bruxelles National 1930 Zaventem Tél. info. 07 815 53 19* **Suisse** *Aéroport, aérodrome 1215 Genève 15 Tél. info. 0848 85 2000*

du Canada

Air Canada. La compagnie canadienne ne propose aucune liaison directe régulière entre le Canada et l'Italie du Sud. Se renseigner pour un vol pour Paris et une correspondance vers Rome ou Naples (cf. Se rendre en Italie du Sud en avion, de France). Vous pouvez aussi contacter la compagnie Alitalia, qui programme chaque jour plusieurs vols directs entre Toronto et Rome (durée 8h40) et Naples (avec escale, durée 11h45 minimum). Billet AR Toronto-Rome à env. 880€. **Rens.** *www.aircanada.com* **France** *106, bd Haussmann 75008 Paris Tél. info. 0825 880 881* **Belgique** *Lufthansa Rue de Trone, 130 1050 Bruxelles Tél. 02 627 40 88* **Suisse** *Tél. info. 0848 247 226* **Canada** *979, bd de Maisonneuve Ouest Montréal Québec H3A 1M4 Tél. info. 1888 247 2262 www.aircanada.ca*

Se rendre en Italie du Sud en train

de France

Deux trains **Palatino** partent tous les soirs de Paris-Bercy à destination de Rome (départs 18h et 19h09 ; arrivées le lendemain 9h09 et 10h42). De province, des correspondances sont possibles à Dijon et Chambéry. Billet AS Paris-Rome (place en 2ᵉ classe avec le tarif "Découverte") à 190€ (en couchette). Des correspondances sont également programmées pour Naples depuis Rome (départs 0h45 et 11h27 ; arrivées 11h30 et 13h24). Pour un trajet de luxe, optez pour la formule de train de nuit baptisée "**Artesia**" proposant confort haut de gamme et conférences culturelles avec projection. Env. 450€ en cabine double "Excelsior" et 210€ en classe "Comfort". **France** *Tél. info. 0892 35 35 35 www.voyages-sncf.fr Minitel 3615 ou 3616 ou 3623 SNCF*

de Belgique

L'auto-train **Freccia del Tirreno** quitte chaque dimanche Bruxelles-Midi à 14h44 pour rejoindre Rome le lendemain à 11h (21h de trajet). Billet AS (place en 2ᵉ classe avec le tarif "Découverte") à 150€. **Belgique** *Tél. info. 02 528 28 28 www.b-rail.be*

de Suisse

Les liaisons sont nombreuses pour Rome, Bari et Naples depuis Genève, Zurich, Bâle, Berne et Lausanne. Une quinzaine de trains partent quotidiennement de Genève pour Rome, à raison d'un départ toutes les heures entre 9h et 14h. Seul le train de 21h18 est direct avec une arrivée à Rome le lendemain à 9h35 (env. 10h de trajet). Pour Rome, un train direct part également chaque soir de Bâle (21h04), Berne (22h22), Lausanne (22h06) et Zurich (22h07) pour une arrivée le lendemain à 9h35. Enfin, si d'autres liaisons (avec changements) restent possibles entre la Suisse et l'Italie, sachez que vous pourrez rejoindre la ville de Bari depuis la gare de Zurich, avec un seul changement à Bologne (départ 7h04 ; arrivée à 19h). Billet AS Genève-Rome (place en 2ᵉ classe avec le tarif "Découverte") à 170€. **Suisse** *Tél. info. 0900 300 300 www.cff.ch*

pass

Vous pouvez également vous procurer le pass **Inter Rail** pour voyager en 2ᵉ classe dans 29 pays d'Europe et d'Afrique du Nord (hors pays de résidence), cela pendant 12 jours, 22 jours ou 1 mois. Ainsi, de France et de Belgique, vous pourrez circuler dans la zone G (Grèce, Italie, Slovénie, Turquie) entre 12, 22 et 30 jours, sans limite de trajets. Pass plein tarif à 248€ (12 jours) ou

GEOVOYAGE

GEOVOYAGE

300€ (22 jours) ; pass moins de 26 ans à 169€ (12 jours) ou 206€ (22 jours). Autre possibilité : le pass **Eurodomino** vous permet de voyager librement dans un des 30 pays européens partenaires (hors pays de résidence) en 1re ou 2e classe (option unique pour les moins de 26 ans), suivant une durée de 3 à 8 jours consécutifs à choisir dans une période d'1 mois. Eurodomino Italie, pass plein tarif en 2e classe à 173€ (3 jours), 193€ (4 jours), 213€ (5 jours), 233€ (6 jours), 253€ (7 jours), 273€ (8 jours) ; pass moins de 26 ans à 130€ (3 jours), 145€ (4 jours), 160€ (5 jours), 175€ (6 jours), 190€ (7 jours), 205€ (8 jours).

réductions

Pour les **voyageurs occasionnels**, il existe des tarifs "Découverte", accordant une remise de 25% selon les trajets : "12-25", "Senior" (plus de 60 ans), "Séjour" (AR 200km minimum, nuit de samedi à dimanche sur place) (réservation entre 2 mois, 30 et/ou 8 jours avant le départ). Pour les **voyageurs réguliers**, la SNCF propose une série de cartes commerciales attribuant une réduction de 25% à 50% : carte "Enfant +" (55€), carte "12-25" (43€), carte "Senior" (45€), toutes trois valables un an, et la carte "Grand Voyageur" (15€), valable trois ans. À savoir : vous pouvez commander vos billets en ligne, et vous les faire envoyer gratuitement à domicile.

Se rendre en Italie du Sud en bus

de France

La compagnie de bus Eurolines relie les principales villes de France à 1 500 villes d'Europe et d'Afrique du Nord. Si vous souhaitez vous rendre directement en bus en Italie du Sud, sachez que Rome et Naples sont desservies de façon régulière. Ainsi, un bus part tous les jours de Paris-Gallieni vers la capitale italienne (départ 19h ; arrivée le lendemain 18h). Plein tarif AS à 84€ ; moins de 26 ans 76€. Naples n'est, elle, accessible que depuis une dizaine de grandes villes de province, telle Marseille (départ 21h40 ; arrivée le lendemain 13h). Plein tarif AS à 76€ ; moins de 26 ans 69€. *France 55, rue Saint-Jacques 75005 Tél. 01 43 54 11 99 Gare routière internationale de Paris-Gallieni 28, av. du Général-de-Gaulle BP 313 93541 Bagnolet cedex 2 Tél. 0836 69 52 52 info@eurolines.fr www.eurolines.fr Minitel 3615 EUROLINES*

de Belgique

Un bus part quotidiennement de Bruxelles-Coach Station CCN vers Rome et Naples (départ 13h ; arrivée le lendemain à Rome 18h, à Naples 20h30), *via* Milan, Parme, Bologne et Florence. Plein tarif AS Bruxelles-Rome à 92€ ; moins de 26 ans 83€. Un second bus Eurolines quitte chaque jour la gare routière de Bruxelles à destination de Naples (départ 17h15 ; arrivée 20h30) *via* Milan. *Belgique Coach Station CCN Gare routière Rue du Progrès, 80 1000 Bruxelles Tél. 02 203 07 07 Midi/Zuid-Gare du Midi Av. Fonsnylaan, 13 1000 Bruxelles Tél. 02 538 20 49 Pl. Solvay, 4 1000 Brussels Tél. 02 274 13 50 info@ eurolines.be www.eurolines.be*

pass

Vous pouvez également acheter un pass à prix fixe, valable 15, 30 ou 60 jours dans les 32 villes européennes desservies par le réseau Eurolines (dont Florence, Milan, Naples, Venise et Rome). Pass à 185€ (15 jours), 250€ (30 jours) et 310€ (60 jours) minimum (tarifs basse saison, moins de 26 ans).

Se rendre en Italie du Sud en voiture

de France

L'itinéraire le plus simple relie Paris à Rome (14h de trajet) : prendre l'A6 jusqu'à Mâcon, puis l'A40 vous menant jusqu'au tunnel du Mont-Blanc. Après la traversée des Alpes, l'autoroute dépasse Turin (A5), pour rejoindre Florence (A121-A11), puis Rome (A1). De Lyon, prendre l'A43 puis la N6 jusqu'au tunnel de Fréjus. À la sortie, l'autoroute A32 vous conduit jusqu'à Turin.

de Belgique

Depuis la Belgique, le plus simple est de passer par Paris. De Bruxelles, descendre jusqu'à Lille (A8), puis prendre l'"autoroute du Nord" vers Paris. Pour rejoindre Rome (15h de trajet), passer de préférence par le tunnel de Saint-Gothard (cf. de Suisse).

de Suisse

Depuis la Suisse, plusieurs itinéraires s'offrent à vous : de Lausanne et sa région, emprunter le tunnel du Grand-Saint-Bernard après avoir suivi les routes N9 et S27. Reprendre ensuite la A5 jusqu'à Turin. Du centre et de l'est (Bern, Zurich), rejoindre la N2 et prendre le tunnel du Saint-Gothard. La N2 continue sur Milan, pour atteindre Turin (A9-A8-A4).

formalités

Pour circuler sans souci dans l'Union européenne, n'oubliez pas de vous munir de tous les papiers requis : documents du véhicule, assurance de responsabilité civile, permis de conduire et carte d'identité nationale ou passeport.

Voyagistes et centrales de réservation

Séjour, circuit, croisière ou aventure : à vous de définir les critères de votre voyage suivant votre budget. Ensuite, deux options s'ouvrent à vous : commander une formule sur Internet auprès d'une centrale de réservation ou contacter une agence de voyages à même de vous aider dans votre recherche. Ainsi, plusieurs voyagistes sont spécialisés sur l'Italie tels : **Bravo Voyages**, **CIT France**, **Donatello**, **Italiatour** et **Linea Italia / Toscana à la carte**.

ABCroisiere. Voyages classiques sur océans et sur mers (Europe, Amérique, Pacifique), croisières inédites (fjords, pôle Nord) ou sur fleuves (Nil, Danube, Venise, Volga, Rhin, Dniepr, Yang-Tse-Kiang). *Rens. info@abcroisiere.com www.abcroisiere.com* **France** *2, route de Bellet 06200 Nice Tél. 04 97 07 20 61 Tél. info. 0800 666 445*

ABCVoyage. "Avion, Bateau, Car" : tous les soldes des voyagistes présentés avec un descriptif complet. *Rens. contact@abcvoyage.com www.abcvoyage.com www.airway.net* **France** *Octopus Voyages 2, rue d'Alleray 75015 Paris Tél. info. 0820 000 714 Minitel 3615 ABCVOYAGE ou 3615 AIRWAY*

Accor Vacances. Vols vers la Méditerranée et vers le Moyen-Orient, séjours en hôtels de luxe en Corse, en Égypte, en Martinique, au Maroc et au sein des Coralia Clubs, et vacances détente avec Thalasso International. Parc hôtelier aux gammes de prix variées (Novotel, Ibis, Formule 1). *Rens. www.accortravel.com* **France** *3-3 bis, villa Thoréton 75015 Paris Tél. 01 40 60 36 00 ou 01 56 82 60 00 Tél. info. 0826 825 639*

Adventure Center. Safaris, expéditions, mais aussi voyages de trekking, de voile, de rafting et de VTT à travers plus de 300 itinéraires dans le monde. *Rens. tripinfo@adventure-center.com www.adventure-center.com* **Canada** *1311, rue 63, suite 200, 94608 Emeryville Tél. 510 654 1879 Fax 510 654 4200*

AFAT Voyages. Séjours, week-ends, circuits et croisières toutes destinations. Comparaison en ligne des prix des billets d'avion, des hôtels ou des agences de location de voitures. *France 12, rue d'Odessa 75014 Paris Tél. 01 43 20 69 69 et 17, av. Honoré-Serres 31000 Toulouse Tél. 05 61 12 61 61 Fax 05 61 12 61 60 fat@afatvoyages.fr www.afatvoyages.fr*

Airstop / Taxistop. "Faire plus avec moins". Taxistop s'efforce de compléter les places vides dans les voitures (co-voiturage, eurostop) ou les logements (échange de maisons, bed & breakfast). Airstop s'est spécialisé dans la vente de billets de dernière minute et autres tickets à bon marché, vers n'importe quelle destination. *Airstop Tél. info. 07 023 31 88 lun.-ven. 10h-17h30 air@airstop.be www.airstop.be Taxistop Tél. info. 07 02 22 92 lun.-ven. 9h30-17h30 info@taxistop.be www.taxistop.be*

Allibert. Spécialiste des randonnées à pied, à skis ou à VTT dans les montagnes et les déserts du monde. Circuits pour tous niveaux. *Rens. info@allibert-voyages.com www.allibert-voyages.com France 37, bd Beaumarchais 75003 Paris Tél. 01 44 59 35 35 Tél. info. 0825 090 190 Minitel 3615 ALLIBERT*

Anyway. Centrale de réservation en ligne auprès de 420 compagnies aériennes et 6 000 hôtels vers plus de 1 000 destinations. *Rens. www.anyway.com France Tél. info. 0892 893 892 serviceclient@anyway.fr Minitel 3615 ANYWAY*

Arts et Vie. Circuits, week-ends et forums culturels (approche des arts et des civilisations) dans le monde entier. *Rens. www.artsetvie.com France 39, rue des Favorites 75738 Paris cedex 15 Tél. 01 40 43 20 21 (autres points de vente à Marseille, Lyon, Nice et Grenoble) information@artsvie.asso.fr*

Atalante. Spécialiste de la randonnée aux quatre coins du monde, avec une philosophie du voyage fondée sur le respect de la nature et de l'autre. Itinéraires à la carte selon trois niveaux de difficultés : Épicure (*), Apollon (**), Hercule (***). *France 10, rue des Carmes 75005 Paris Tél. 01 55 42 81 00 atalante@atalante.fr www.atalante.fr Suisse 100% Nature Bd d'Yvoy, 15 1205 Genève Tél. (022) 320 17 25 100p100nature@bluewin.ch*

Auchan Voyages. Séjours et circuits à petits prix, promotions sur les billets d'avion et chambres d'hôtel (jusqu'à 65% sur 3 500 hôtels dans le monde). *Rens. voyages@auchan.com www.auchan-voyages.com France Tél. info. 0825 015 115 (points de vente dans les magasins Auchan)*

Austro Pauli / Euro Pauli. Spécialiste alsacien de l'Autriche et de Madère, mais aussi des grandes capitales d'Europe : séjours en famille, formules découvertes en voiture, week-ends, circuits et voyages spécial événements. *France 34, rue Faÿs 94306 Vincennes cedex Tél. 01 58 64 50 00 (autres points de vente à Colmar, Kaysersberg, Mulhouse et Wittelsheim) Tél. info. 0826 803 303 info@pauli.fr www.pauli.fr*

BHV / Lafayette Voyages. Billetterie air-fer, réservations d'hôtels et location de voitures, circuits, séjours, croisières, week-ends et location d'hébergements.

GEOVOYAGE

Avantages exclusifs avec la carte Galeries ou BHV. *Rens.* *www.lafayette voyages.com BHV 9, rue des Archives 75004 Paris Tél. 01 42 78 38 91 Galeries Lafayette 40, bd Haussmann 75009 Paris Tél. 01 42 82 36 36 Galeries Lafayette 22, rue du Départ 75015 Paris Tél. 01 45 38 04 46 BHV 119, rue de Flandre 75019 Paris Tél. 01 44 65 19 20 (points de vente en province dans les BHV et Galeries Lafayette) Tél. info. 0825 85 4000*

Bicyclette Gourmande. Séjours gastronomiques à vélo en France (Alsace, Bourgogne, Normandie, Provence), en Suisse ou en Italie. Trois formules : "Gourmet" (voyages guidés), "Délicieux" (non accompagnés) ou "À la carte" (sur mesure pour groupe). *Rens.* *mail@bicyclettegourmande.com www.bicyclettegourmande.com* **France** *12, rue Pfaffenheim 68420 Gueberschwihr Tél. 03 89 49 28 67*

Boomerang Voyages. Séjours et circuits sur mesure haut de gamme. États-Unis/Canada, Asie/Amérique du Sud, Monaco, vols secs et courts séjours en Europe, Proche-Orient et bassin méditerranéen. *Rens.* *www.boomerang-voyages.com 6, quai Saint-Antoine 69002 Lyon cedex 02 Tél. 04 72 40 92 02*

Bourse des Vols / Bourse des Voyages. Centrale de réservation en ligne. Vols secs et tarifs dégriffés auprès de 40 voyagistes et 80 compagnies aériennes. *Rens.* *bdv@bourse-des-vols.com www.bourse-des-vols.com www.bourse-des-voyages.com* **France** *Tél. info. 0892 888 949 Minitel 3617 BDV*

Bravo Voyages. Spécialiste des séjours en Italie, y compris en Sicile, en Sardaigne et dans les îles Éoliennes. Locations de villas et d'appartements. **France** *16, rue des Cordelières 75013 Paris Tél. 01 45 35 43 00 info@ bravovoyages.fr www.bravovoyages.fr*

BVJ International (Budget vacances jeunes). Voyages pour les jeunes en France et à l'étranger : séjours, excursions et week-ends. **France** *20 bis, rue Jean-Jacques-Rousseau 75001 Paris Tél. 01 53 00 90 90 bvj@wanadoo.fr Minitel 3615 BVJ*

Carlson Wagonlit Travel / Travelonweb. Billets d'avion à prix négociés, hôtels, voitures, cabarets et spectacles, mais aussi séjours, croisières et week-ends dans le monde entier. *Rens.* *resa@travelonweb.com www.travelonweb.com* **France** *142, bd du Montparnasse 75014 Paris Tél. 01 40 47 46 04 Tél. info. 0826 828 824*

Casino Vacances / C-mesvacances. Week-ends et courts séjours, logements à louer dans l'Hexagone, séjours en France et à l'étranger, location de voiture, billets d'avion, hôtels. **France** *(points de vente dans les magasins Casino) Tél. info. 0825 803 804 webmaster@c-mesvacances.fr www.c-mesvacances.fr*

CIT France (Compagnie italienne de tourisme). Séjours, circuits et week-ends dans les grandes villes d'art italiennes (Rome, Venise, Florence), en Sicile et en Sardaigne. *Rens.* *www.citevasion.com* **France** *3, bd des Capucines 75002 Paris Tél. 01 44 51 39 51 citfra@club-internet.fr Minitel 3615 CITEVASION*

GEOVOYAGE

Clio. Itinéraires culturels classiques (animés par un conférencier) ou thématiques (festivals musicaux ou expositions dans les capitales du monde). Près de 200 voyages dans 80 pays. *France 27, rue du Hameau 75015 Paris Tél. 01 53 68 82 82 information@clio.fr www.clio.fr*

Club Aventure. Séjours sportifs : trekking, 4x4, pirogue ou chameau, 260 itinéraires dans 90 pays. *France 18, rue Séguier 75006 Paris Tél. 01 44 32 09 30 et Le Néreïs Av. André-Roussin, Saunaty-Séon 13016 Marseille Tél. info. 0825 306 032 info@clubaventure.fr www.clubaventure.fr Minitel 3615 CLUBAVT Suisse Rue Prévot-Martin, 51 1205 Genève Tél. (022) 320 59 10 club.aventure@bluewin.ch*

Club Med Voyages. Vacances farniente au Club, "Séjours et Aventures", croisières (Club Med Croisières), circuits découvertes à partir des villages (Club Med Découverte), villas à louer (Mexique, Égypte,...) et clubs en ville (Club Med World). *Rens. www.clubmed.com France 11, rue de Cambrai 75957 Paris cedex 19 Tél. 01 53 35 35 53 (autres points de vente en Île-de-France et en province) Tél. info. 0810 810 810 Minitel 3615 CLUB MED*

Comptoir des Voyages. Formules sur mesure (randonnées en 4x4, autotours, circuits accompagnés) et neuf comptoirs à son actif : États-Unis, Canada, Islande, Afrique, Maroc, Déserts, Groenland, Pays celtes et Amérique latine. *France 344, rue Saint-Jacques 75005 Paris Tél. 01 53 10 21 50 comptoir@comptoir.fr www.comptoir.fr Minitel 3615 COMPTOIRS*

Connaisseurs du Voyage / Tour du Monde. Tours du monde personnalisés, traversées en paquebot et itinéraires dans les villes du monde. Fonction de vos escales, devis gratuit en ligne. *France 10, rue Beaugrenelle 75015 Paris Tél. 01 53 95 27 00 connaisseursvoyage@wanadoo.fr www.connaisseursvoyage.fr*

Contacts. Stages de langues, jobs et séjours de perfectionnement en Europe, aux États-Unis et au Canada pour les 18-30 ans. Hébergement en famille d'accueil ou en résidence d'étudiants. *Rens. info@contacts.org www.contacts.org France 27, rue de Lisbonne 75008 Paris Tél. 01 45 63 35 53*

Continents Insolites. Voyages en groupes ou sur mesure en dehors des grands flux touristiques sur les cinq continents. *Rens. www.continentsinsolites.com France Association des Grands Voyageurs 25, rue de l'Église 08230 Sévigny-la-Forêt Tél. 03 24 54 63 68 Belgique Rue César-Franck, 44 1050 Bruxelles Tél. 02 218 24 84 Suisse APN Voyages Rue Saint-Victor, 3 1227 Carouge Tél. (022) 301 04 10*

Costa Croisières. Cette compagnie italienne organise des croisières vers les Caraïbes, la Méditerranée, l'Europe du Nord et l'Amérique du Sud et transatlantiques. *France 2, rue Joseph-Monier, bâtiment C 92859 Rueil-Malmaison Tél. 01 55 47 55 00 client.service@fr.costa.it www.costacroisieres.fr*

Council Exchanges. Cette association aide les étudiants dans leurs projets de stages ou d'emplois aux États-Unis, Canada, Royaume-Uni, Irlande, Malte,

GEOVOYAGE

Australie, Afrique du Sud, Espagne, Cuba, Mexique, Allemagne et Italie. *Rens.* www.ciee.org *France 112 ter, rue Cardinet 75017 Paris Tél. 01 58 57 20 50* info@councilexchanges-fr.org www.councilexchanges-fr.org

Croisières MSC (Mediterranean Shipping Cruises). Montez à bord d'un paquebot de luxe et voguez vers la Méditerranée et l'Atlantique, les Caraïbes, l'Amérique latine ou l'Afrique du Sud. *France 59, rue Beaubourg 75003 Paris Tél. 01 48 04 76 20 Tél. info. 0800 506 500* infos@croisieres-msc.fr www.croisieres-msc.fr

Décathlon Voyages / ATAOS. Voyages sportifs et familiaux. Quatre univers sont déclinés au catalogue : "Eau" (plongée, voile, thalasso), "Montagne" (randonnée, canyoning), "Nature" (équitation, pêche) et "Neige" (chiens de traîneau, ski). *Rens.* www.decathlon-voyages.com *France 2, rue Archimède 59658 Villeneuve-d'Ascq (autres points de vente dans les magasins Décathlon à Toulouse, Bouc-Bel-Air, Aubagne, Bron et Herblay) Tél. info. 0810 08 08 08*

Dégriftour / Réductour / Lastminute.com. Centrale de réservation en ligne de 11 mois à 1 jour avant votre départ. *France Tél. 0892 70 50 00 www. degriftour.fr www.lastminute.fr www.reductour.fr Minitel 3615 DT ou 3615 RT*

Directours. Voyagiste sans intermédiaire : séjours, circuits et vols secs vers les destinations soleil (Amérique-Caraïbes, Asie, Afrique, Méditerranée, Moyen-Orient) à bas prix. *Rens.* directours@directours.com www.directours.com *France 90, av. des Champs-Élysées 75008 Paris Tél. 01 45 62 62 62 et 106, rue du Prés.-Édouard-Herriot 69002 Lyon Tél. 04 72 40 90 40 Tél. info. 0811 90 62 62 Minitel 3615 DIRECTOURS*

Donatello. Voyages sur mesure en Italie ou dans ses îles et découverte des grandes villes d'art européennes. *France 10, rue Daunou 75002 Tél. 01 44 58 30 81 et 7, rue du Prés.-Carnot 69002 Lyon Tél. 04 72 41 26 78 et 31, cours Honoré-d'Estienne-d'Orves 13001 Marseille Tél. 04 96 11 25 70* donatello@donatello.fr www.donatello.fr Minitel 3615 DONATELLO

Easy Voyage. Centrale de réservation réunissant les offres de 80 tour-opérateurs. Étude comparative de 1 200 hôtels dans le monde et carnets de voyage vers 255 destinations (Europe, Afrique, Asie, Amérique, Océanie, Caraïbes, océans Indien et Pacifique, Moyen-Orient). *Rens.* client@ easyvoyage.com www.easyvoyage.com *France 2 ter, villa Thoréton 75015 Paris Tél. 01 44 25 94 00 Tél. info. 0891 803 891*

Ebookers.com / La Compagnie des Voyages. Centrale de réservation sur Internet : 900 destinations et offres de 70 compagnies aériennes. *Rens.* www.ebookers.com www.lcdv.com *France Tél. info. 0820 00 00 11*

Échappée Belle. Randonnées sur les plus belles montagnes du monde. *Rens.* info@lechappeebelle.com www.lechappeebelle.com *Canada CP 382, succ. Ahuntsic, Montréal, Québec H3L-3N9Tél. 514 777 2374*

Eurolines Travel. Formules car et hébergement, depuis les principales villes françaises vers plus de 20 grandes métropoles européennes. Deux types de formules : séjours et week-ends, semaines en pension complète (Espagne uniquement). *Rens. www.eurolines.com **France** 55, rue Saint-Jacques 75005 Paris Tél. 01 43 54 11 99 Tél. info. 0836 69 52 52 info@eurolines.fr www.eurolines.fr Minitel 3615 EUROLINES **Belgique** Coach Station CCN-Gare routière Rue du Progrès, 80 1000 Bruxelles Tél. 02 203 07 07 Midi/Zuid-Gare du Midi Av. Fonsnylaan, 13 1000 Bruxelles Tél. 02 538 20 49 Pl. Solvay, 4 1000 Bruxelles Tél. 02 274 13 50 info@eurolines.be www.eurolines.be*

Experiment. Pour les jeunes voyageurs souhaitant apprendre l'anglais, l'espagnol, l'allemand ou l'italien, séjourner au pair chez l'habitant ou travailler (stage, emploi, bénévolat). Ouvert également aux adultes (cours de langues). *Rens. www.experiment-france.org **France** 89, rue de Turbigo 75003 Tél. 01 44 54 58 00*

Festival Croisières. Croisières en Méditerranée, aux Caraïbes et en mer du Nord ou sur l'Atlantique. *Rens. www.festivalcroisieres.com **France** 3, rue Meyerbeer 75009 Paris Tél. 01 47 42 68 68*

Fnac Voyages. Des milliers de billets d'avion, week-ends, séjours combinés, thématiques et sportifs, circuits et autotours, croisières. Offres spéciales pour les adhérents Fnac. *Rens. www.fnac.com Fnac Forum des Halles 1, rue Pierre-Lescot 75001 Paris Tél. 01 40 41 40 78 Fnac Montparnasse 136, rue de Rennes 75006 Paris Tél. 01 49 54 30 72 (autres points de vente en Île-de-France, à Grenoble, Lille, Lyon et Marseille) Tél. info. 0825 09 06 06*

FRAM. Le leader des voyages organisés : courts, moyens et longs séjours, circuits, autotours, croisières, combinés… et clubs Framissima. *France 128, rue de Rivoli 75001 Paris Tél. 01 40 26 20 00 (autres points de vente à Marseille, Nantes, Toulouse et Strasbourg) www.fram.fr Minitel 3616 FRAM*

FUAJ (Fédération unie des auberges de jeunesse). 200 auberges de jeunesse en France et près de 6 000 dans le monde, ainsi que des activités sportives, culturelles et éducatives. Carte de membre obligatoire. *Rens. www.fuaj.org **France** 27, rue Pajol 75018 Paris Tél. 01 44 89 87 27*

Géant Vacances. Généraliste toutes destinations. *France 67, rue Richelieu 75002 Paris (autres points de vente en Île-de-France et en province dans les magasins Géant) Tél. info. 0820 21 21 21 www.geant.fr*

Go Voyages. Spécialiste du vol sec, Go Voyages vous trouve le billet au plus bas prix vers 1 000 destinations. Réduction de 20€ par billet si vous réservez sur Internet, et remboursement du double de la différence si vous trouvez une offre en ligne équivalente sous les 24h après l'achat. *Rens. go@govoyages.com www.govoyages.com **France** Tél. info. 0825 825 747 Minitel 3615 GO*

GEOVOYAGE

Havas Voyages Vacances / Thomas Cook France. Généraliste. Gamme complète de voyages dans le monde entier selon une quinzaine de thématiques : "Mer", "Soleil", "Montagne", "Balnéo-Thalasso", "Circuits", "Croisières", "Découvertes", "Famille", "Hôtels Clubs", "Location", "Courts séjours", "Week-ends", "Voyages de noces", "Marathon", "Prestige". *France 17, rue du Colisée 75008 Paris Tél. info. 0826 08 27 04 et 0826 82 67 77 www.havasvoyages.fr Minitel 3615 HAVAS VOYAGES*

Idée Nomade. Vacances à vocation culturelle : parcs à thème, grandes manifestations... Formule autocar / hébergement en hôtel ou auberge de jeunesse, et départs depuis les grandes villes de province. *France 58, rue des Cordeliers 13100 Aix-en-Provence Tél. 04 42 99 09 90 agence@ ideenomade.fr www.ideenomade.fr*

Îles du Monde. Circuits, croisières et séjours dans les îles des océans Indien, Pacifique et Atlantique, et de la Méditerranée. *Rens. info@ilesdumonde.com www.ilesdumonde.com France 7, rue Cochin 75005 Paris Tél. 01 43 26 68 68*

Images du Monde. Ce spécialiste du monde latin (Europe, Amérique, îles néer-landaises des Caraïbes) crée des itinéraires sur mesure pour individuels (voyage en avion, arrivée sur place, location de voiture, de maison...). *France 14, rue Lahire 75013 Paris Tél. 01 44 24 87 88 images.du.monde@wanadoo.fr*

Intermèdes. Voyages culturels : 400 séjours, circuits, expositions et croisières accompagnés par des conférenciers historiens ou historiens d'art. *Rens. www.intermedes.com France 60, rue La Boétie 75008 Paris Tél. 01 45 61 90 90*

Inter-Résa. Réservation de voyages sur Internet : chambres d'hôtel, voitures... *Rens. www.inter-resa.com France Tél. info. 0892 699 370*

Inter Voyage. Réservation de billets d'avion, forfaits, croisières, hôtels et loca-tion de voitures à travers le monde. Possibilité de comparer en ligne les tarifs de 440 compagnies aériennes, 47 000 hôtels et 50 agences de location de voitures. *Rens. info@inter-voyage.com www.inter-voyage.com www.reseau-clubvoyages.com Canada Centre Métrobec, Jean-Perrin 2700, bureau 221, Québec G2C 1S9 Tél. 418 847 0007*

Italiatour. Spécialiste de la péninsule italienne : week-ends, "L'Italie méconnue", "Lacs italiens", voyages à thèmes et séjours balnéaires. *Rens. www. italiatour.fr France 126, bd Haussmann 75008 Paris Tél. 01 53 42 37 90 Tél. info. 0810 24 05 44 italiatour@wanadoo.fr*

Jefixe.com. Vous fixez le prix de votre chambre d'hôtel, de la location de votre voiture ou de votre billet d'avion, et Jefixe.com se charge de vous trouver toutes les offres correspondantes en ligne. *Rens. contact@jefixe.com www.jefixe.com France Tél. info. 0820 90 23 45*

Jet Tours. Week-ends, séjours et circuits en France et à l'étranger, thalasso, Relais&Châteaux, vacances détente en Club Eldorador et Baby Eldo. *Rens. infos@jettours.com www.jettours.com **France** (4 500 points de vente sur toute la France) Tél. info. 05 61 23 35 12 Minitel 3615 JETTOURS*

Jeunesse et Reconstruction. Stages linguistiques mais aussi chantiers internationaux : chantiers de construction, à thème (festivals), animations (aide aux handicapés), etc. dès 17 ans. *Rens. www.volontariat.org **France** 8-10, rue Trévise 75009 Paris Tél. 01 47 70 15 88 lun.-ven. 9h30-13h et 14h-18h (sam. de juin à sept)*

Karavel. Agence de conseil en voyage à distance (téléphone et Internet) proposant près de 60 000 offres de vacances toutes combinaisons. *Rens. info@ karavel.com www.karavel.com **France** Tél. info. 0892 23 27 27*

Kuoni. Généraliste tous pays : circuits, croisières, autotours, week-ends et formules à la carte vers toutes les destinations sable, neige et soleil. *France 95, rue d'Amsterdam 75008 Paris Tél. 01 42 85 71 22 (autres points de vente dans 17 villes de province) Tél. info. 0820 05 15 15 vacancesenligne@kuoni.fr www.kuoni.fr Minitel 3615 KUONI*

Leclerc Voyages. Toutes prestations et destinations. *Rens. (115 points de vente en Île-de-France et en province) www.leclerc-voyages.com*

Linea Italia / Toscana à la Carte. Hôtels et résidences, mais aussi villas et appartements à louer en Italie. Cette agence propose également des circuits individuels. *France Agence KTO 15, rue du Surmelin 75020 Paris Tél. 01 43 61 10 00*

Look Voyages. Spécialiste du vol sec vers plus de 1 000 destinations. Circuits, séjours, croisières, combinés et hôtels clubs Lookéa. *Rens. www.look-voyages.fr France 12, rue Truillot 94204 Ivry Cedex (autres points de vente en Île-de-France et en province) Tél. 01 45 15 15 00 infos@look-voyages.fr Minitel 3615 LOOK VOYAGES*

Magiclub Voyages. Thalassothérapie, circuits, golf, lune de miel, ski, croisières, mais aussi une sélection de séjours et d'hôtels dans le monde entier, des vols réguliers et charters... *Rens. www.magiclub.com **France** 33 bis, rue Saint-Amand 75015 Paris Tél. 01 48 56 20 00 Minitel 3617 MAGICLUB*

Maxireduc. Centrale de réservation uniquement sur Minitel. *France Minitr 3615 MAXIREDUC*

Monoprix Voyages. Généraliste toutes prestations. *France 67, rue de Ri 75001 Paris (autres points de vente dans les magasins M Tél. info. 0820 834 834*

Mousquetaires Vacances Voyages. Séjours en France et à l'é clubs, circuits, croisières), location de chalets, de bungalov.

GEOVOYAGE

homes à la campagne et de péniches en France. **Rens.** *intermarche@ mousquetaires.com www.groupedesmousquetaires.com* **France** *(points de vente dans les magasins Mousquetaires) Tél. info. 0826 10 11 10*

National Tours. Ce voyagiste breton propose vols secs, voyages autocars et avions, promotions et coups de cœur vers le monde entier. **France** *20, rue d'Isly 35005 Rennes Tél. 02 99 85 87 87 reservation@national-tours.com www.national-tours.com*

Nomade Aventure. 300 aventures à pied ou en 4x4, en famille ou en liberté sur tous les continents. **Rens.** *infos@nomade-aventure.com www.nomade-aventure.com* **France** *40, rue de la Montagne-Sainte-Geneviève 75005 Paris Tél. 01 46 33 71 71 et 21, pl. du Salin 31000 Toulouse Tél. 06 07 14 02 68 ou 05 61 55 49 22 Tél. info. 0826 100 326 Minitel 3615 NOMADAV*

Nouveau Monde. Spécialiste des tours du monde à bas prix. **Rens.** *www.nouveaumonde-voyages.com* **France** *Cadrat Association 39, rue du Cherche-Midi 75006 Paris Tél. 01 45 49 96 60 (autres points de vente à Nantes, Marseille et Bordeaux) rene.huze@wanadoo.fr*

Nouvelles Frontières. Vols secs (en particulier avec Corsair), séjours en hôtels, hôtels clubs, week-ends, excursions, circuits, croisières, location de voiliers, séjours neige et spécial groupes. Enchères virtuelles tous les mardis sur le site Internet. **France** *Points de vente à Paris 1er Opéra, 6e Saint-Germain, 6e Saint-Michel, 7e, 8e, 9e, 15e (autres points de vente en Île-de-France et en province) Tél. info. 0825 000 747 www.nouvelles-frontieres.fr Minitel 3615 NF* **Belgique** *Bruxelles, Flandre, Wallonie Tél. info. 02 575 44 22 callcenter@nouvelles-frontieres.be www.nouvelles-frontieres.be* **Suisse** *Genève Tél. info. (022) 906 80 80 geneve@nouvelles-frontieres.ch Lausanne Tél. info. (021) 616 88 91 lausanne@nouvelles-frontieres.ch www.nouvelles-frontieres.ch* **Canada** *1080, rue Drummond Montréal Québec Tél. 514 871 30 60*

Océanes. Séjours et croisières de plongée sur tous les océans. **Rens.** *oceanes@oceanes.com www.oceanes.com* **France** *189, rue Aubervilliers 75018 Paris Tél. 01 44 89 83 83*

Odyssée Snow and Sea. Voyages sportifs neige ou eau. **Belgique** *Av. Brugmann, 250 1180 Uccle Tél. 02 340 08 02 Rue Saint-Gilles, 45 4000 Liège Tél. 04 222 22 60 info@odyssee-snowandsea.be www.odysee-snowandsea.be*

On va partir. Centrale de réservation en ligne. **Rens.** *www.onvapartir.com* **France** *Tél. info. 0810 69 00 69*

Opodo. Tout pour programmer vos vacances en ligne : guides touristiques, ...raires des vols, cartes interactives, guides des aéroports... **France** *...info. 0826 10 16 20 mail@opodo.fr www.opodo.fr*

OTU Voyages (Office de tourisme universitaire). Voyages pour étudiants : séjours, circuits, week-ends, billets d'avion, bus, hôtels, assurances voyage... L'OTU délivre la carte d'étudiants internationale ISIC, donnant droit à de multiples réductions à travers le monde. OTU Villages à Porticcio, à Lacanau et à Canet Plage. *France 119, rue Saint-Martin 75004 Paris Tél. 01 40 29 12 22 et 39, av. Georges-Bernanos 75005 Paris Tél. 01 44 41 38 50 1, place de Lattre de Tassigny 75016 Paris Tél.0825 004 062 (28 autres points de vente en province) Tél. info. 0820 817 817 www.otu.fr www.carteisic.com*

Pampa Explor. Voyages sur mesure sur près de 70% de la planète, en individuel ou en petits groupes. *Belgique Av. Brugmann, 250 1180 Bruxelles Tél. 02 340 09 09 pampa@arcadis.be*

Printemps Voyages. Week-ends, courts séjours, parcours découvertes et voyages de noces. *Rens.* www.printempsvoyages.com *France Haussmann, Printemps de la Mode 64, bd Haussmann 75009 Tél. 01 42 82 40 40 Italie Espaces Services, Niveau haut, Centre commercial Italie 2-30, av. d'Italie 75644 Paris cedex 13 Tél. 01 45 88 35 14 Nation Niveau 5, 21-25, cours de Vincennes 75020 Paris Tél. 01 43 71 20 92 (autres points de vente en province)*

Procure Terre Entière. Vacances culturelles sur mesure pour groupes et haut de gamme (séjours, croisières, pèlerinages...). *Rens.* info@laprocureterreentiere.com www.lpte.com *France 10, rue de Mézières 75006 Paris Tél. 01 44 39 03 03 et 4, rue Madame 75006 Paris Minitel 3615 LA PROCURE*

Promo Vacances. 4 000 offres de voyages en ligne toutes destinations : circuits, séjours, croisières ou week-ends, voyages sportifs et thalassothérapies. *Rens.* www.promovacances.com *France Tél. info. 0892 23 26 26*

Républic Tours. Spécialiste des week-ends en Europe. Également une sélection de destinations soleil, moyen-courriers ou long-courriers, tels le bassin méditerranéen ou le Sénégal. Séjours et circuits classiques ou insolites (4x4, roulotte). *Rens.* info@republictours.com www.republictours.com *France 1 bis, av. de la République 75541 Paris cedex 11 Tél. 01 53 36 55 55 et 4, rue du Général-Plessier 69002 Lyon Tél. 04 78 42 33 33 Minitel 3615 REPUBLIC*

Rev'Vacances. Safaris, croisières, circuits, séjours et autotours sur les cinq continents. *Rens.* www.rev-vacances.com *France 12, rue Godot-de-Mauroy 75009 Paris Tél. 01 40 06 87 77*

Royal Olympic Cruises. Croisières, séjours et excursions en escale en Méditerranée, en Amérique latine, en Afrique et aux Caraïbes. Gratuit pour les moins de 18 ans accompagnés, et réduction de 5% sur les excursions en voyage à la carte pour toute réservation avant le départ. *Rens.* royal.olympic@goffornet.com www.royalolympiccruises.com *France Eurocroisières 5, bd des Capucines 75002 Paris Tél. 01 42 66 97 25*

GEOVOYAGE

Selectour Voyages. Vols secs, séjours, circuits, week-ends, thalasso et balnéothérapies, lunes de miel, voyages spécial seniors ou enfants. *Rens.* *www.selectour.com* **France** *6-6 bis, rue Lafferière 75009 Paris (520 points de vente sur toute la France) Tél. info. 0825 099 010*

Sicilissimo. Spécialiste de la Sicile à travers trois types de circuits : "Sicilclassic" (visite des sites archéologiques et géographiques incontournables), "Sicilhistorique" (connaître l'histoire de l'île) et "Siciléoliennes" (visite des îles mineures). Formule "Agritourisme" : séjours dans d'anciennes fermes ou auberges. *France 6, rue Sadi-Carnot 93170 Bagnolet Tél. 01 43 62 33 88 contact@sicilissimo.fr www.sicilissimo.fr*

Sport Away Voyages / Subexplor. Séjours sportifs toutes destinations (golf, voile, plongée, windsurf). *Rens. info@sport-away.com www.subexplor.com www.sport-away.com* **France** *2, av. André-Roussin BP 109 13321 Marseille cedex 16 Tél. 04 95 06 12 20 Tél. info. 0826 88 10 20*

SSR Voyages. Voyages pour étudiants dans le monde : billets Euro Train, vols secs, location de voitures... cartes jeunes ISIC (étudiants) et GO 25 (moins de 25 ans). *Suisse Rue Vignier, 3 1205 Genève Tél. (022) 329 97 34 (autres points de vente dans les grandes villes de Suisse) stagevignier@statravel.ch www.ssr.ch*

Tamera. Voyages d'aventure sur mesure en Afrique, Asie, Amérique et dans le bassin méditerranéen. *France 26, rue du Bœuf 69005 Lyon Tél. 04 78 37 88 88 tamera@tamera.fr www.tamera.fr*

Tati Vacances. Séjours et vols à petits prix. En plus : des offres spéciales chaque mois dans le *Tati Magazine. Rens. www.tativacances.com* **France** *(points de vente dans les magasins Tati) Tél. info. 0829 238 248 jennifer@tati-vacances.com*

Terra Incognita. Voyages culturels, d'observation et de découverte de la terre, de la nature, des hommes et de leurs traditions. Hébergement en lodges, en camps, chez l'habitant ou à l'hôtel. *France 10, rue des Carmes 75005 Paris Tél. 01 55 42 81 00 et 36, quai Arloing CP701 69256 Lyon Cedex 09 Tél. 04 72 53 24 90 ti@terra-incognita.fr www.terra-incognita.fr Suisse 100% Nature Bd d'Yvoy, 15 1205 Genève Tél. (022) 320 17 25*

Terres d'Aventure. Spécialiste du voyage à pied : trekkings, ascensions, 4x4, bateau, cheval ou vélo... 400 circuits toutes destinations : "Voyages à pied", "Découvertes et explorations", "Désert d'aventure", "Neige d'aventure", "Famille". *Rens. info@terdav.com www.terdav.com* **France** *6, rue Saint-Victor 75005 Paris Tél. 01 53 73 76 76 (autres points de vente à Toulouse, Marseille, Nice et Lyon) Tél. info. 0825 847 800 Minitel 3615 TERDAV*

Terres de Charme. Séjours et circuits rares et haut de gamme pour groupes pré-constitués. Cinq catégories : "Charme de la mer", "Charme et aventure", "Week-ends et escapades", "L'Afrique à la manière des pionniers" et "Sur les chemins

de la sagesse". **Rens.** *infos@terresdecharme.com www.terresdecharme.com*
France *10, avenue Franklin-Rossevelt 75008 Paris Tél. 01 55 42 47 10*

Tours Chanteclerc. Tour-opérateur canadien spécialiste de l'Europe et plus
particulièrement de Paris et de la Méditerranée. Voyages également en
Amérique du Nord, Inde-Asie et Pacifique Sud. **Rens.** *www.capvoyages.com
www.tourschanteclerc.com* **Canada** *CAP Voyages 2348, rue Bélanger Est,
Montréal Québec H2G 1C8 Tél. 514 728-4553 Tél. info. 1800 300 0851
lun.-ven. 9h-18h cap@videotron.ca*

Tradition et Civilisation. Voyages culturels : découvertes ethno-historiques,
circuits archéologiques au Proche-Orient et au Moyen-Orient, séjours en Europe
à l'occasion de grandes expositions, long-courriers vers l'Asie et vers l'Extrême-
Orient. Tous les guides accompagnateurs sont conférenciers ou diplômés de
grandes écoles. **France** *Koré Voyages 86, boulevard des Batignolles 75017
Paris Tél. 01 53 42 12 25 contact@korevoyages.com www.korevoyages.com*

Travel Connection. **France** *85, bd Saint-Michel 75005 Paris et 31 bis, rue
Linné 75005 Paris Tél. 01 44 08 71 20 www.travelclub-voyages.fr*

Travel Price. Centrale de réservation en ligne de billets d'avion, séjours, circuits,
croisières et promos vers les quatre coins du monde. **Rens.** *www.travelprice.
com* **France** *Tél. info. 0892 350 500*

UCPA (Union nationale des centres sportifs de plein air). Organisateur de
voyages sportifs en France et à l'étranger. Une soixantaine d'activités, selon
votre élément : "Air" (parachutisme, planeur), "Neige" (ski, raquettes), "Eau"
(surf, rafting) ou "Terre" (escalade, équitation). **Rens.** *www.ucpa.com* **France**
*28, bd Sébastopol 75180 cedex 4 Service inscriptions 62, rue de la Glacière
BP 415 75626 Paris cedex 13 (autres points de vente en province) Tél. info.
0825 820 830 web@ucpa.asso.fr Minitel 3615 UCPA*

Ultramarina. Voyagiste de plongée sous-marine : Méditerranée, Atlantique,
Moyen-Orient, Caraïbes, Amériques, Asie, océans Indien et Pacifique.
Rens. *info@ultramarina.com www.ultramarina.com* **France** *25, rue
Thiboumery 75015 Paris (autres points de vente à Nantes, Lyon et Marseille)
Tél. info. 0825 02 98 02* **Suisse** *Rue des Eaux-Vives, 76 1207 Genève
Tél. (022) 786 14 86*

VIP Tours. Vols secs, circuits, séjours et location de voitures en ligne.
Rens. *Tél. 01 41 21 40 00 www.viptourisme.com* **France** *viptours@wanadoo.fr*

Visit Europe / Visit France. Séjours, location de voitures, week-ends et circuits
vers la France ou ses pays frontaliers. **France** *8, rue Daunou 75002 Paris
Tél. 01 42 86 97 04 (autres points de vente à Vincennes, Colmar,
Kaysersberg, Mulhouse et Wittelsheim) Tél. info. 0826 802 202 info@pauli.fr
www.visitfrance.fr*

GEOVOYAGE

Vivavacances.com. Plate-forme virtuelle de réservation toutes prestations et destinations. ***Rens.*** *Tél. 0892 350 340 ww.vivavacances.com*

Voyage Campus. Voyages économiques pour étudiants : voyage-étude pour apprendre une langue, PVT (Programme-Vacances-Travail), bénévolat... ***Rens.*** *www.travelcuts.com Canada 1613, rue Saint-Denis QC H2X 3K Montréal Québec Tél. 514 843 8511 Université Laval, pavillon Maurice-Pollack L-1258, QC G1K 7P4 Sainte-Foy Tél. 418 654 0224*

Voyages Carrefour. Toutes formules et destinations : autotours, safaris, thalasso, croisières... ***Rens.*** *contactez-nous@vacances-carrefour.com www.vacances-carrefour.com France 126, bd Saint-Germain 75006 Paris Tél. 0826 880 948 Av. du Général-Sarrail 75016 Paris Tél. 0826 880 928 (autres points de vente à Paris et en province) Tél. info. 0826 826 825*

Voyages SNCF. Agence de voyages en ligne : billets (train, avion), location de voitures, séjours, week-ends et hôtels. Tarifs préférentiels. ***Rens.*** *www.voyages-sncf.com France Tél. info. 0892 892 898 Minitel 3615 SNCF ou 3616 SNCF*

Voyages Wasteels / Jeunes sans Frontière. Spécialiste des vols et des séjours à petits prix en Europe pour les étudiants : Angleterre, Italie, Espagne, Grèce... *France Points de vente à Paris 2ᵉ, 5ᵉ (3 adresses), 6ᵉ, 9ᵉ (autres points de vente en Île-de-France et en province) Tél. info. 0825 88 70 70 Pour connaître l'agence la plus proche 0836 68 22 06 ou 01 43 62 30 00 callcenter@wasteels.fr www.wasteels.fr Minitel 3615 WASTEELS*

Voyageurs du Monde. Spécialiste du voyage individuel sur mesure dans 70 pays sur les cinq continents. À Paris, la Cité des Voyageurs vous accueille dans un espace de 1 800m² entièrement dédié aux voyages. ***Rens.*** *www.vdm.com France Cité des Voyageurs 55, rue Sainte-Anne 75002 Paris Tél. 01 42 86 16 00 (autres points de vente à Toulouse, Lyon, Fougères, Rennes, Saint-Malo, Marseille et Nice)*

VVF (Villages vacances famille). Ce spécialiste des vacances en France (location de résidences, gîtes ; hôtels, villages clubs) propose également des circuits et voyages à l'étranger (bassin méditerranéen, Caraïbes, îles australes, Canada). Prix enfants. *France 115, rue de Rennes 75006 Paris Tél. 01 49 54 70 70 (autres points de vente à Lille, Lyon, Marseille, Rouen, Strasbourg et Toulouse) Tél. info. 0825 808 808 Spécial promos 01 60 81 60 84 www.vvf-vacances.fr Minitel 3615 VVF-VACANCES*

GEOVOYAGE

LES ENCYCLOPÉDIES DU VOYAGE
Une autre façon de découvrir la France et le monde

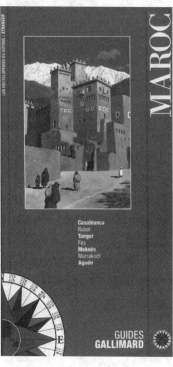

Des guides culturels richement illustrés, pour mieux comprendre un pays, une région, une ville : son histoire, ses arts et traditions, sa faune et sa flore, sa gastronomie, son architecture... et pour réussir son voyage, des itinéraires et des informations pratiques

*Dénicher une chambre d'hôte dans la campagne romaine, louer une Vespa, adopter le rythme italien : de **A** comme Ambassades à **V** comme Visa, en passant par **F** comme Fêtes, **H** comme Hébergement ou **S** comme Shopping et Sports, toutes les réponses à vos questions avant de partir et sur place.*

GEO**PRATIQUE**

Informations utiles de A à Z

Ambassades et consulats

Pour les représentations diplomatiques des pays francophones sur place, se reporter à la rubrique Mode d'emploi de Rome et de Naples.

en France

Ambassade d'Italie. *51, rue de Varenne 75007 Paris Tél. 01 49 54 03 00 Fax 01 45 49 35 81*
Consulat d'Italie à Paris. *5, bd Émile-Augier 75016 Paris Tél. 01 44 30 47 00 Fax 01 45 25 87 50 Ouvert lun.-mar., jeu.-ven. 9h-12h, mer. 9h-12h et 14h30-16h30*
Consulat d'Italie à Bordeaux. *164, rue Frère 33000 Bordeaux Tél./fax 05 56 79 37 27 Ouvert mar. et ven. 10h30-13h, jeu. 15h-17h*
Consulat d'Italie à Lyon. *5, rue du Commandant-Faurax 69452 Lyon Cedex 06 Tél. 04 78 93 00 17 Ouvert lun., mer.-ven. 9h-12h, mar. 9h-12h et 15h-16h30*
Consulat d'Italie à Marseille. *56, rue d'Alger 13005 Marseille Tél. 04 91 18 49 18 Ouvert lun., mer. et ven. 9h-12h, mar. et jeu. 9h-12h et 15h-17h*
Consulat d'Italie à Metz. *7, bd Georges-Clemenceau 57000 Metz Tél. 03 87 38 58 70 Ouvert lun.-mar., jeu.-ven. 9h-13h, mer. 9h-13h et 14h30-17h*
Consulat d'Italie à Nice. *72, bd Gambetta 06048 Nice Cedex 1 Tél. 04 92 14 40 90 Ouvert lun., mer.-ven. 9h-12h30, mar. 9h-12h30 et 15h-17h*
Consulat d'Italie à Toulouse. *13, rue Alsace-Lorraine 31000 Toulouse Tél. 05 34 45 48 48 Ouvert lun.-mar., jeu.-ven. 9h-12h30, mer. 9h-12h30 et 15h-17h*

en Belgique

Ambassade d'Italie. *28, rue Émile-Claus 1050 Bruxelles Tél. (02) 643 38 50 Fax (02) 648 54 85*
Consulat d'Italie à Bruxelles. *38, rue de Livourne 1000 Bruxelles Tél. (02) 543 15 50 Fax (02) 537 57 56*
Consulat d'Italie à Liège. *31, pl. Xavier-Neujean 4000 Liège Tél. (04) 230 28 00 Fax (04) 222 49 72*

en Suisse

Ambassade d'Italie. *Elfenstrasse, 14 3006 Berne Tél. (031) 350 07 77*
Consulat d'Italie à Genève. *Rue Charles-Galland, 14 1206 Genève Tél. (022) 839 67 44*
Consulat d'Italie à Neuchâtel. *Faubourg de l'Hôpital, 3 2000 Neuchâtel Tél. (032) 724 31 00 Fax (032) 725 87 22*
Consulat d'Italie à Lausanne. *Rue Centrale, 12 1003 Lausanne Tél. (021) 341 12 91 Fax (021) 312 13 77*

au Canada

Ambassade d'Italie. *275 Slater Street 21th floor Ottawa K1P 5H9 Tél. (613) 232 24 01 Fax (613) 233 14 84*

Argent, banques et change

monnaie

L'Italie fait partie de la zone euro. Depuis le 1er janvier 2002, l'ancienne monnaie nationale, la lire, a donc été remplacée par l'euro (1€=1936,27 lires). Les chèques français libellés en euros sont acceptés en Italie mais, attention, leur encaissement est facturé à l'émetteur.

change

Les non-résidants de la zone euro changeront leurs devises dans les banques ou les bureaux de change (dans les aéroports, les grandes gares, à proximité des monuments importants...). Attention, la commission varie selon les établissements et, pour les bureaux de change ne facturant pas de commission, veillez à ce que le taux de change ne soit pas trop désavantageux. Il peut être utile de vous munir d'un document officiel (carte d'identité ou passeport) exigé dans certaines banques, notamment pour changer des chèques de voyage ou retirer des espèces au guichet à partir d'une carte de crédit.

cartes bancaires

C'est une solution avantageuse pour ne pas avoir à emporter une grande quantité d'argent liquide, mais il faut être vigilant : en Italie, une carte volée peut facilement être utilisée puisque, lors du paiement, on ne compose pas de code, on signe seulement un reçu. Au cas où, faire opposition immédiatement. Depuis le 1er juillet 2002, sur décision de la Communauté européenne, les paiements et retraits avec une carte de crédit effectués dans toute la zone euro ne peuvent plus être commissionnés par les banques. Cependant, pour pallier cette soudaine disparition de gains, certains établissements facturent désormais 1€ chaque retrait effectué à d'autres guichets qu'aux leurs. Renseignez-vous auprès de votre conseiller. La plupart des restaurants, hôtels, grands magasins, stations-service acceptent le paiement par carte. Seuls quelques irréductibles commerçants ne transigeront pas : prévoir un minimum d'argent liquide.
En cas de perte ou de vol, contacter les numéros suivants.
Visa. *800 819 014 (Italie) 0800 183 97 (Belgique) 1800 847 29 11 (Canada), 0800 90 11 79 (France) 0800 89 47 32 (Suisse) www.Visa.com*
Mastercard. *800 870 866 (Italie) 0800 150 96 (Belgique) 1800 307 73 09 (Canada) 0800 90 13 87 (France) 0800 89 70 92 (Suisse) www.mastercard.com*
Diners Club. *800 864 064 (Italie) (32) 2 206 98 00 (Belgique) 1416 369 63 13 (Canada) (33) 1 40 23 58 31 (France) (41) 1 83 545 45 (Suisse) www.dinersclub.com*
American Express. Les numéros d'appel varient en fonction de votre type de carte et de votre pays de résidence. *Rens. www.americanexpress.com*

DISTRIBUTEURS. On trouve des Bancomat (distributeurs automatiques) partout, même dans les petites villes. S'informer auprès de sa banque sur le plafond de retrait autorisé par semaine afin de ne pas rester en panne.

GEOPRATIQUE

chèques de voyage

La meilleure solution – et la plus sûre pour ceux qui ne résident pas dans la zone euro. Veillez toutefois à bien séparer les talons des chèques (laissez-les dans un endroit sûr) et préférez les banques aux bureaux de change qui prélèvent une commission trop élevée pour ce genre de transaction. Les postes italiennes, qui disposent parfois d'un bureau de change, se refusent cependant à changer les chèques de voyage.

Assurance

assurance maladie

Pour conserver vos droits pendant votre séjour en Italie, il suffit de vous procurer (avant le départ) un formulaire E111, auprès de votre centre de sécurité sociale. Sur place, il faudra échanger ce formulaire contre un livret de santé à l'Unità Sanitaria locale (USL), la caisse de sécurité sociale italienne.
Caisse nationale d'assurance maladie. Tous les détails sur les modalités de prise en charge. *Tél. 0820 904 175 www.ameli.fr*

assurance voyage

Indispensable pour couvrir toutes les dépenses médicales, la perte ou le vol des bagages, l'assistance rapatriement. Avant de signer le contrat, vérifiez qu'un tel service d'assurance n'est pas déjà inclus ou proposé à moindre coût par votre carte bancaire, votre mutuelle ou l'assurance de votre voiture. Ainsi les détenteurs de cartes de crédit **Visa** ou **Eurocard-Mastercard** bénéficient automatiquement d'une assistance rapatriement et les personnes qui ont réglé leur voyage avec la carte **Visa Premier** ou **Gold Mastercard** profitent gratuitement d'une assurance annulation, décès-invalidité, perte ou vol des bagages. Vérifiez toutefois l'étendue de la couverture notamment aux sports à risque comme la plongée. Pour que la Caisse nationale d'assurance maladie française rembourse les frais de santé engagés sur place, il faut remplir, au retour, le formulaire "soins à l'étranger", disponible dans son centre.
Principaux organismes.
Mondial Assistance. *2, rue Fragonard 75017 Paris Tél. 01 40 25 52 55*
Europ Assistance. *1, promenade de Bonnette 92633 Gennevilliers Tél. 01 41 85 85 85*
Caisse nationale d'assurance maladie. Tous les détails sur les modalités de prise en charge. *Tél. 0820 904 175 www.ameli.fr*

Budget et prix

budget journalier

Carissimo ! Ces dernières années, les efforts mis en œuvre par l'Italie pour s'aligner sur les critères économiques de l'Union européenne ont eu pour conséquence une hausse du coût de la vie. Cela dit, le budget n'est évidemment pas le même quand on séjourne à Rome, à Capri ou en Calabre mais, d'une façon générale, l'**hébergement** s'avère assez cher. Difficile de trouver une chambre correcte pour moins de 30€, en particulier à Rome, à moins de loger en auberge de jeunesse ou dans un couvent... Il vous faudra compter environ 100€ pour une chambre double sans prétention. Cependant, vous pourrez faire quelques économies sur vos **repas**, en particulier à l'écart des sites très touristiques. Un panino ou une portion de pizza *al taglio* peut faire office de déjeuner léger pour quelques euros seulement. Il est également courant, dans les épiceries, de choisir sa charcuterie ou sa mozzarella pour composer son sandwich. Au restaurant, un *primo piatto*, souvent un plat de pâtes ou un risotto, constitue une alternative bon marché (entre 5€ et 10€). Ne pas oublier cependant que, au prix du plat, s'ajoute celui du couvert (entre 1€ et 2€). Un repas complet dans une *trattoria* simple peut tourner autour de 15€ mais, la plupart du temps, il faudra compter au moins le double. Un espresso coûte environ 0,70€, le double si on le prend en salle ; le prix d'un cappuccino tourne autour de 1€ et celui d'un verre de vin de 2€. Enfin, vous débourserez de 2€ à 10€ pour visiter un **musée**.

gammes de prix

Les fourchettes de prix des hébergements s'entendent pour une chambre double en haute saison. Celles des restaurants sont établies sur la base de deux plats ou du premier menu, sans boisson.

	Dormir	Manger
Très petits prix	inférieur à 30€	inférieur à 10€
Petits prix	de 30€ à 50€	de 10€ à 20€
Prix moyens	de 50€ à 75€	de 20€ à 35€
Prix élevés	de 75€ à 110€	de 35€ à 50€
Grand luxe	supérieur à 110€	supérieur à 50€

lo scontrino

C'est le ticket de caisse, la facture. En Italie, on fonctionne à l'inverse de la France. On commence par acheter à la caisse son café ou sa pâtisserie et, muni du ticket, on va réclamer son dû au comptoir ou au garçon. On vous donnera une facture pour n'importe quel achat, même mineur : en fait, l'État a imposé cette mesure à tous les commerçants (et aux clients qui, sous peine d'amende, doivent le réclamer s'il n'est pas donné) afin d'éviter les fraudes fiscales.

Carte d'étudiant

La carte internationale d'étudiant (*International Student Identity Card*) permet d'obtenir des réductions (entrée dans les musées, transports, accès aux auberges de jeunesse...). Se munir d'un certificat de scolarité, d'une photo d'identité et de 10€ et se rendre auprès d'une des agences agréées.

en France

CROUS. 39, av. Georges-Bernanos 75005 Paris Tél. 01 40 51 37 13 www.crous.fr (centre national www.cnous.fr)

GEOPRATIQUE

CTS. *20, rue des Carmes 75005 Paris Tél. 01 43 25 00 76 Fax 01 43 54 48 98 info@ctsvoyages.fr www.ctsvoyages.fr*
Forum Voyages. *1, rue Cassette 75006 Paris Tél. 01 45 44 38 61 www.forum-voyages.com*
FUAJ. *27, rue Pajol 75018 Paris Tél. 01 44 89 87 27 Fax 01 44 89 87 10 info.fuaj@fuaj.org www.fuaj.org*
ISIC. *www.isic.tm.fr*
OTU Voyages. *119, rue Saint-Martin 75004 Paris Tél. 01 40 29 12 22 et 39, av. Georges-Bernanos 75005 Paris Tél. 01 44 41 38 50/0820 817 817 www.otu.fr*

en Belgique

CJB L'Autre Voyage. *216, chaussée d'Ixelles 1050 Bruxelles Tél. (02) 640 97 85 Fax 646 35 95 info@cjb-to.be www.cjb-to.be*
Université libre de Belgique, service "Voyages". *22, av. Paul-Héger, 22 CP 166 1000 Bruxelles Tél. (02) 650 37 72 www.ulb.ac.be*

en Suisse

SSR. *Rue Vignier, 3 1205 Genève Tél. (22) 329 97 65*

Cartes routières

Indispensables, les cartes Michelin n°431 *Italie du Sud* et, pour le Latium, n°430 *Italie Centre*. Sur place, vous pouvez vous procurer l'*Atlante Stradale d'Italia-Centro* et l'*Atlante Stradale d'Italia del Sud* (18€) édités par le Touring Club Italiano en 2000. De bons plans de ville (Naples, Rome) sont aussi disponibles sur place.

Décalage horaire

L'Italie compte une heure de décalage par rapport à l'heure GMT en hiver (GMT + 1), 2 heures en été (GMT + 2). L'heure est donc la même qu'à Paris, Bruxelles ou Berne, et en avance de 6 heures par rapport à Montréal.

Douanes

La **Belgique**, la **France** et l'Italie appartiennent à l'espace douanier européen dit de Schengen. Espace où la circulation des marchandises n'est soumise à aucune taxe, ni restriction de quantité tant qu'il s'agit de consommation personnelle. En vertu d'accords bilatéraux entre la **Suisse** et l'Italie, les citoyens suisses n'auront pas à déclarer les produits les plus courants. Quant au **Canada**, extérieur à l'espace de Schengen, ses échanges avec l'Italie se caractérisent par les règles suivantes : chaque visiteur pourra emporter avec lui, sans payer de taxes en douane (duty-free), un maximum de 200 cigarettes (ou 50 cigares), 2l de vin ou 1l d'alcool fort, 60ml de parfum, ses effets personnels (rubrique incluant matériel de camping, appareil photo avec 10 pellicules, caméscope, appareil audio, instrument de musique). Pour les amateurs de sports et de loisirs, peuvent également être importés sans frais de douane : une canne à pêche, un vélo, une paire de skis, une raquette de tennis ou encore un équipement de golf. Quant aux devises étrangères émises sous formes de pièces, billets ou encore chèques de voyage, aucune limite n'est fixée.

MISE EN GARDE : LA CONTREFAÇON. L'Italie est le premier pays d'Europe en termes de consommation et de production de contrefaçons. Rome, Naples... les grandes villes sont les repaires privilégiés des vendeurs à la sauvette qui installent leur marchandise à proximité des sites touristiques. Ce fléau inquiétant touche principalement les grandes marques de luxe de l'industrie du cuir (Vuitton, Yves Saint-Laurent) et du textile (Versace, Armani). Attention, donc, si vous vous laissez tenter. Malgré votre bonne foi, vous êtes passible de sanctions douanières et pénales (confiscation de l'objet copié, amende pouvant atteindre deux fois la valeur du produit authentique...). Soyez toujours prudent !

Électricité

De même type qu'en France (220V, 50HZ, prises mâles à deux fiches circulaires). Cette conformité ne devrait embarrasser que les ressortissants d'Amérique du Nord qui devront se munir d'un adaptateur et d'un transformateur.

Fêtes et jours fériés

FÊTES POPULAIRES ET RELIGIEUSES. Il est impossible d'oublier que l'on se trouve ici en terre papale ! Le moindre village a son saint patron, fêté dans la liesse une fois par an, donnant lieu à des retrouvailles entre les autochtones et les "expatriés". Dans le Sud, la ferveur religieuse s'exprime avec exubérance, dans des rituels parfois proches de la magie (processions pour la Semaine sainte, crèches vivantes, etc.). D'autres fêtes, carnavals ou *sagre* (sortes de kermesses à thème) jalonnent l'année selon les saisons et les travaux des champs, faisant souvent la part belle aux spécialités régionales : fête du jambon et du melon, fête des pâtes... Renseignements en France auprès de l'ENIT (cf. Offices de tourisme) ou, sur place, dans les différents points d'accueil.

Janvier	Italie	Arrivée de la *Befana*, équivalent du Père Noël (6)
	Rutigliano	Fête des *fischietti* (sifflets) en l'honneur de saint Antoine (17)
Février	Italie	Carnaval de Mardi gras
Mars	Rome	Marathon (3ᵉ dimanche)
	Rome	Fête de la Saint-Joseph dans le quartier de Trionfale (19)
Avril	Vatican	Dimanche de Pâques à 12h, bénédiction *urbi et orbi* du pape
	Rome	Commémoration de la fondation de Rome près du Capitole (21)
Mai	Naples	Miracle de la liquéfaction du sang de saint Janvier (1ᵉʳ samedi)
	Naples	*Maggio dei Monumenti*, accès à des monuments fermés le reste de l'année, concerts dans des lieux insolites, expositions
Juin	Rome	*Cannes a Roma*, festival de cinéma
	Genzano di Roma	*Infiorata*, un tapis de fleurs recouvre la ville
	Nemi	*Sagra delle fragole* (fraises)

GEOPRATIQUE

Juin	Rome	Fête de la Saint-Jean : grand banquet à base de cochon de lait rôti et d'escargots, à Saint-Jean-de-Latran (21)
	Galatina	Fête de saint Paul, patron des "tarentulés" qu'on soignait en dansant la tarentelle (29)
Juillet	Rome	Fête de *Noantri* (nous autres) dans Trastevere
	Tropea	*Sagra della cipolla rossa* (oignon rouge), 1ʳᵉ semaine
	Brindisi	Concerts de jazz (juillet-août)
	Rome	Manifestations de l'*Estate Romana* : théâtre en plein air, cinéma, musique baroque, opéra... (juillet-août)
	Martina Franca	Festival de musique lyrique de la vallée d'Itria (juillet-août)
Août	Bagnara Calabra	*Sagra del pesce-spada* (espadon), 1ᵉʳ dimanche
	Mammola	*Sagra del pesco-stocco* (stockfisch, cabillaud séché)
	Italie	*Ferragosto*, l'Assomption, très fêtée dans tout le pays (15)
	Torre Paduli, près de Ruffano	Fête de saint Roch, dans la nuit du 15 au 16 août (tarentelle dansée avec des couteaux)
Septembre	Rome	*Venezia a Roma*, festival de cinéma
	Ariccia	*Sagra della porchetta* (viande de porc rôtie aux herbes)
Décembre	Rome	Grande foire sur la piazza Navona (mi-décembre-mi-janvier)
	Naples	Saison lyrique et concerts de San Carlo (décembre-juin)

JOURS FÉRIÉS. Les jours fériés italiens (*giorni festivi*) suivent pratiquement le calendrier français.

1ᵉʳ janvier	Jour de l'an (Capodanno)
6 janvier	Épiphanie (Epifania)
12 avril	Lundi de Pâques (Lunedì di Pasqua)
25 avril	Libération (Liberazione di 1945)
1ᵉʳ mai	Fête du Travail (Festa del Lavoro)
15 août	Assomption (Festa dell'Assunta, Ferragosto)
1ᵉʳ novembre	Toussaint (Ognissanti)
8 décembre	Immaculée Conception
25 décembre	Noël (Natale)
26 décembre	Saint-Étienne (San Stefano)

Handicapés

Il semblerait que nos voisins transalpins aient fait des efforts pour les personnes handicapées, même dans les petites villes : trottoirs inclinés, panneaux historiques en braille, téléphones publics à niveau... Cependant, les rues pavées et étroites, les immeubles aux couloirs minuscules, souvent sans ascenseur, compliquent le quotidien des personnes non valides. À Rome, un guide spécifique, *Roma accessibile*, présentant musées, restaurants, magasins, théâtres, gares et hôtels bien équipés, est disponible auprès de l'APT (Azienda per il Turismo) ou peut s'obtenir gratuitement auprès de CO.IN (Cooperative Integrate Onlus).

APT. *Sede Centrale via Parigi, 11 (Esquilin) Tél. 06 48 89 91 Fax 06 48 19 316 info@aptroma.com www.romaturismo.com*

CO.IN. Cette coopérative d'associations a mis à disposition des usagers un Numéro vert qui répond à toutes les questions concernant l'accessibilité en

Italie. *Via Enrico Giglioli, 54/a Numéro vert 800 27 10 27 www.coinsociale.it/ turismo/default.htm*

Hébergement

C'est sans aucun doute ce qui coûte le plus cher en Italie. Si vous pouvez faire quelques économies sur les repas (cf. Budget et prix), il vous faudra probablement consacrer une large partie de votre budget à payer votre chambre d'hôtel. Cependant, des solutions existent pour les petits budgets : *pensioni*, chambres d'hôte, auberges de jeunesse, couvents, appartements à louer et campings.

hôtels

TARIFICATION. Obéissant à un système de classement international (de 1 à 5 étoiles) mis en place et contrôlé par l'APT (Azienda per il Turismo), l'hôtellerie italienne n'échappe pourtant pas aux dangers de l'arnaque et des mauvaises surprises. C'est surtout le cas dans les grandes villes, en particulier à Rome, où l'afflux constant des touristes autorise les plus grands écarts de prix ! Sont considérées comme haute saison les périodes autour de Noël et de Pâques dans tout le pays, juillet et août sur la côte, et du printemps à l'automne pour Rome et Naples. Cependant, il existe des tarifs "week-end" ou des réductions consenties à certains tour-opérateurs : se renseigner avant le départ. Ne pas oublier que les hôteliers sont obligés d'apposer leurs tarifs dans les chambres et que le petit déjeuner est souvent en sus (prenez-le alors plutôt au café du coin).

SE LOGER À ROME. Si les Romains ont redouté l'affluence des pèlerins l'année du jubilé (2000), la plupart s'accordent aujourd'hui à reconnaître les effets bénéfiques d'un tel événement : les édifices ont été rénovés, la ville embellie et, en termes d'hôtellerie, les résultats sont plus que probants. Les chambres ont été entièrement refaites, la plomberie défaillante réparée, l'accueil amélioré, bien que les chambres restent souvent petites et sans vue. Voilà la raison pour laquelle il est difficile ici de dormir dans une chambre correcte à moins de 80€. Vous pouvez essayer de négocier les prix si vous passez plusieurs nuits dans le même établissement. Quelques recommandations : consultez la liste des hôtels mise à disposition par l'APT (qui n'effectue aucune réservation) ou faites, par exemple, appel aux services de l'agence touristique Enjoy Roma.
APT. *Via Parigi, 5 (Esquilin) Tél. 06 36 00 43 99 www.romaturismo.com*
Enjoy Roma. *Via Marghera, 8/a (Esquilin) Tél. 06 445 18 43 info@enjoy rome.com www.enjoyrome.com Ouvert lun.-ven. 8h30-19h, sam. 8h30-14h*

RÉSERVATION. Si vous réservez votre chambre longtemps à l'avance, il sera souvent exigé une confirmation par fax (ou par e-mail) et le dépôt d'une caution (souvent *via* votre numéro de carte de crédit). Si vous pouvez passer à votre hôtel avant de réserver, n'hésitez pas à demander à voir les chambres.

pensioni

La *pensione* est en général plus petite et plus modeste que l'hôtel mais elle a plus de chambres qu'un bed & breakfast. C'est une formule très courue en

GEOPRATIQUE

Italie : bon marché et populaire, elle est souvent familiale, ce qui rend les contacts très chaleureux. Attention toutefois aux tarifs pratiqués : certains propriétaires n'ont guère de scrupules à duper les touristes étrangers, d'autant que les pensions illégales (à Rome, autour de la gare de Termini notamment) ne sont pas soumises au contrôle de l'APT. Il est donc préférable de se munir d'une liste agréée auprès de l'office de tourisme.

chambres d'hôte

L'*agriturismo*, ou "tourisme vert", connaît un véritable succès en Italie : les chambres et les tables d'hôte à la campagne permettent en général d'être à l'abri de l'hôtellerie touristique sans âme. De plus, les prix sont souvent plus attractifs que ceux des hôtels classiques et la cuisine vaut le détour. Selon l'offre (confort, charme, environnement, chambre seule, demi-pension, etc.), compter de 35€ à 100€ par personne.

Agriturist. Pour obtenir le guide des établissements concernés, classés par région et particulièrement bien détaillés (spécialités gastronomiques, accessibilité pour handicapés, proximité de la mer, activités sportives) : *Guida dell'ospitalita rurale, agriturismo e vacanze verdi. Corso Vittorio Emanuele, 101 00186 Roma Tél. 06 685 23 37 Fax 06 685 24 24 www.agriturist.it*

Bed & Breakfast Italia. L'association Bed & Breakfast Italia propose de loger dans le centre historique des villes ou à proximité. Compter de 80€ à 100€ pour une chambre double, avec salle de bains et petit déjeuner, ou près de 100€ pour un appartement pour 2 personnes. *Tél. 065 960 63 95 / 065 963 35 67 Fax 065 40 88 77 res@bbitalia.com www.bbitalia.com*

auberges de jeunesse

Contrairement aux idées reçues, aucune limite d'âge n'interdit de séjourner en auberge de jeunesse : il suffit d'être adhérent. Le sud de l'Italie compte ainsi une cinquantaine d'auberges bien tenues, mais il est indispensable de s'y prendre tôt dans la saison pour espérer y loger. Compter en moyenne 16€ par nuit et par personne (13€ en dortoir).

Associazione Italiana Alberghi per la Gioventù. *Via Cavour, 44 00184 Roma Tél. 06 487 11 52 Fax 06 488 04 92 info@ostellionline.org www.ostellion line.org*

FUAJ. *27, rue Pajol 75018 Paris Tél. 01 44 89 97 27 Fax 01 44 89 87 49 www.fuaj.org*

LAJ. *28, rue de la Sablonnière 1000 Bruxelles Tél. (02) 219 56 76 Fax (02) 219 14 51 info@laj.be*

Schweizer Jugendherbergen. *Schaffhauserstr., 14 PO Box 161 CH 8042 Zurich Tél. (01) 360 14 14 Fax (01) 360 14 60*

Canadian Hostelling Association. *Suite 400, 205 Sainte-Catherine Ottawa K2P 1C3 Tél. (800) 663 577 www.hostellingintl.ca*

couvents

Il y a des avantages et des inconvénients à loger dans un couvent : c'est une formule plutôt bon marché (à partir de 35€ par personne), qui permet de profiter d'un cadre souvent très agréable (site historique où le silence et la propreté sont les maîtres mots), mais qui impose certaines règles strictes. En effet, sachez que les couples non mariés sont séparés et que les portes ferment assez tôt (22h ou 23h au plus tard, les retardataires n'ayant alors aucune chance de passer l'entrée !). Quelques exceptions existent néanmoins : au moment de la réservation, précisez gentiment que vous préféreriez une chambre mixte et un couvent qui n'impose pas de couvre-feu ou un couvre-feu tardif (minuit). Le centre pastoral de Rome dispose aussi de quelques adresses de *pensioni* dans ces prix, qui ne sont pas aussi sourcilleuses sur les règles.

Centre pastoral d'accueil des pèlerins français. *Via Santa Giovanna d'Arco, 12 Roma Tél. 06 68 80 38 15 Fax 06 683 23 24 centpastrome@hotmail.com*

location d'appartements

Plusieurs agences ou associations proposent cette formule qui peut se révéler économique et très confortable si l'on séjourne longtemps en Italie.

Italie Loc'appart. À Paris, Italie Loc'appart propose appartements ou villas à louer à Rome, Naples... de 3 jours (minimum) à 3 mois (maximum). Selon les appartements, comptez, par nuit, de 60€ (pour un studio) à 135€ (pour un 3 pièces). *125, av. Mozart 75016 Paris Tél. 01 45 27 56 41 Fax 01 42 88 38 89 italielocappart@wanadoo.fr www.italielocappart.fr*

Rome Sweet Home. Cette agence gère près de 500 appartements dans toute l'Italie. *Via della Vite, 32 (Piazza di Spagna) Rome Tél./fax 06 69 92 48 33 www.romesweethome.it*

campings

Plutôt bon marché (bien qu'en Italie les tarifs soient deux fois plus élevés qu'en France : selon les catégories, compter de 15€ à 35€ la nuit pour 2 personnes et une tente), le camping permet de se ressourcer en pleine nature, à l'écart du tourisme de masse. En effet, les terrains sont plutôt situés aux abords des grandes villes. Généralement ouverts de Pâques à octobre, les terrains de camping se voient attribuer 1 à 5 étoiles selon la qualité de leurs équipements et leur emplacement. Le camping sauvage est déconseillé sinon proscrit (notamment dans les parcs naturels), à moins de s'adresser au préalable à la mairie ou au propriétaire (s'il s'agit d'un terrain privé) pour obtenir une autorisation. Le guide *Campeggi e villaggi turistici* (Touring Club Italiano, 20€) fournit l'ensemble des informations utiles. Vous le trouverez sur place et dans toutes les librairies italiennes de France qui peuvent le commander. Renseignements par Internet sur www.tuttocampeggio.it, www.camping-italy.net ou www.campeggio.it

Horaires

Aussi imprévisibles que fantasques : difficile d'indiquer les horaires d'ouverture des établissements sans rester flou sur leur application !

le rythme italien

L'Italie change progressivement ses horaires de travail, s'alignant sur les temps européens. La sieste, encore en vigueur, surtout l'été, est de moins en moins

GEOPRATIQUE

possible. La longue coupure de midi (de 13h à 16h30 en général) n'est plus suivie dans les grandes villes et nombre de commerces sont désormais ouverts en continu. Les horaires des repas sont presque les mêmes qu'en France, à une demi-heure près. Moins fêtards et noctambules que les Espagnols, les Italiens affichent toute de même une bonne moyenne en termes de sorties : on sort évidemment le week-end et plus facilement à la belle saison mais, du fait d'un certain nombre de rituels, les Italiens se retrouvent souvent dehors, au café ou simplement dans les rues. À ce titre, la *passeggiata* (la promenade le long du principal boulevard des villes) de la fin d'après-midi est essentielle : on s'habille et on se montre. Suit un apéritif avant le dîner, qui voit bars et terrasses pris d'assaut. Idem pour les pizzerias, encore bon marché, souvent envahies par des groupes de jeunes. Les boîtes ouvrent vers 23h mais c'est après minuit-1h que l'ambiance décolle jusqu'au petit matin. L'été, dans les villes de bord de mer, de nombreux bars du centre-ville déménagent et s'installent sur la plage (comme à Bagnoli, juste à côté de Naples). Bon à savoir : vous ne serez jamais trop sophistiqué. Quand ils sortent, les Italiens s'habillent, se pomponnent, se gominent !

banques

Les banques sont ouvertes du lundi au vendredi de 8h30 à 13h30 et de 14h45 à 15h45 et, pour certaines, le samedi matin. Selon les agences, ces horaires varient. Les bureaux de change ouvrent de 9h à 13h et de 15h30 à 19h.

postes

Les postes sont ouvertes du lundi au vendredi de 8h30 à 18h (fermeture à 14h en août) et de 8h30 à 12h le samedi et les veilles de jours fériés.

restaurants

Les restaurants ouvrent de 12h30 à 15h et de 20h à 23h (plus tard dans les endroits touristiques ou en été). Ils sont souvent fermés le dimanche et en août.

magasins

Les magasins sont ouverts en moyenne de 9h à 13h et de 16h à 20h, souvent sans interruption dans le centre historique. Ils sont généralement fermés le dimanche ainsi qu'une demi-journée dans la semaine (lundi matin ou jeudi après-midi pour les magasins d'alimentation).

lieux de visite

Quant aux musées, églises et autres lieux de visite, les horaires varient selon les régions, bien qu'un réel effort ait été fait ces dernières années pour étendre les heures d'ouverture. Les musées nationaux ferment en principe leurs portes le lundi. Si les grandes institutions sont souvent ouvertes en continu (9h-22h), un certain nombre de lieux de visite continuent de clore les entrées à l'heure du déjeuner (vers 13h ou 14h). Quant aux églises, elles sont ouvertes tôt le matin (7h ou 8h) mais ferment généralement entre 12h et 15h.

Internet et e-mail

se connecter en Italie

Il est de plus en plus facile de se connecter à Internet en Italie. Les cybercafés se sont multipliés dans les grandes villes et même les hôtels les plus simples offrent aujourd'hui une connexion. Plusieurs fournisseurs d'accès italiens permettent de configurer son ordinateur et d'obtenir une connexion par téléphone sans abonnement (prix d'une communication locale). Renseignez-vous sur leurs sites : www.tiscalinet.it, www.libero.it, www.kataweb.it ou www.tin.it. Le prix moyen d'une connexion varie selon les villes, à partir de 0,55€ l'heure.

l'Italie en ligne

www.enit.it Portail de l'office de tourisme, en 6 langues, qui comprend tous les liens vers les offices régionaux.
www.primitaly.it Portail sur l'Italie.
www.museionline.it Sur les musées italiens (informations pratiques, expositions temporaires…).
www.pizzait.com Sur la pizza.
www.cucinait.com Sur la cuisine italienne.
www.parks.it Sur les parcs nationaux.
www.palazzochigi.it Le président du Conseil vit au Palazzo Chigi. Il s'agit donc du site du gouvernement italien, pour suivre la politique intérieure.

L'Italie en France

Centre de langue et de culture italiennes. *4, rue des Prêtres-Saint-Séverin 75005 Paris Tél. 01 46 34 27 00/01 40 46 82 52 Ouvert lun.-jeu. 9h30-12h30 et 14h30-19h, ven. et sam. 9h30-13h30 www.centrital.com*
Institut culturel italien. Bibliothèque de consultation. *50, rue de Varenne et 73, rue de Grenelle 75007 Paris Tél. 01 44 39 49 39 Fax 01 42 22 37 88 Ouvert lun.-ven. 10h-13h (rue de Varenne) et 15h-18h (rue de Grenelle)*
Librairie italienne La Tour de Babel. *10, rue du Roi-de-Sicile 75004 Paris Tél. 01 42 77 32 40 Ouvert mar.-sam. 10h-13h et 14h-19h*
Leggere per 2. La librairie-café italienne de Paris. *5, rue Beautreillis 75004 Paris Tél./fax 01 42 72 86 16 www.leggereper2.com Ouvert lun. 14h-19h, mar.-sam. 12h-19h*
L'Accatone. Baptisée du nom d'un film de Pasolini, ce cinéma d'art et essai programme très régulièrement des classiques du cinéma italien : Fellini, Pasolini, De Sica, Visconti… *20, rue Cujas 75005 Paris Tél. 01 46 33 86 86*

Médias

presse écrite

QUOTIDIENS NATIONAUX. Dans les grandes villes, la presse française et étrangère arrive avec 24h de retard dans les *edicole* (kiosques à journaux), mais ceux qui parlent la langue de Dante trouveront dans les grands quotidiens italiens de quoi confronter leurs idées. Le *Corriere della Sera* (centre-droit) est peut-être un peu austère mais s'avère très sérieux sur les questions de politique internationale (www.rcs.it). *Il Manifesto*, quotidien communiste, parvient à convaincre un lectorat politiquement hétérogène et plutôt intellectuel (www.ilmanifesto.it). *La Repubblica* (centre-gauche) est un bon quotidien basé à Rome, le supplément du jeudi *Tutta Roma* propose une sélection de sorties (www.repubblica.it). *Il Sole 24 Ore*, quotidien économique, offre un excellent supplément culturel le dimanche.

HEBDOMADAIRES. En dépit de unes souvent érotiques, *L'Espresso* et *Panorama* sont de bons hebdomadaires généralistes. Ceux que l'engagement *no-global* et la politique internationale intéressent liront *Diaro* (culturel), *Carta* (anti-mondialiste militant) et *Internazionale* (sélection de la presse internationale). Et, pour être au courant des derniers potins mondains, *Gente* et *Oggi* se chargent du format tabloïd.

télévision

Difficile de parler de la télévision italienne sans entrer dans de houleux débats sur la liberté de l'information et le monopole écrasant du Cavaliere Berlusconi. Devenu président du Conseil en mai 2001, ce dernier contrôle désormais l'ensemble des chaînes italiennes : le réseau public des trois chaînes de la **RAI (1, 2, 3)** et les trois chaînes de son groupe Mediaset (**Italia 1**, **Rete 4** et **Canale 5**), sans compter sa participation au sein d'une immense holding mêlant édition, presse, réseaux câblés, publicité, etc. Au moment de son élection, la question du conflit d'intérêt avait agité l'opinion publique européenne, suscitant pourtant chez les Italiens assez peu de controverse. À l'heure actuelle, ce sujet sensible est loin d'être réglé et le niveau culturel de la télévision italienne loin d'évoluer. Concrètement : talk-shows, jeux, séries américaines ou italiennes et journaux télévisés préférant le fait divers à la politique internationale. De plus, chaque région dispose d'un nombre incalculable de chaînes locales quasi artisanales. Zapping de rigueur... Pour les nostalgiques, sachez qu'il est possible de capter France 2 ou TV5 (la chaîne francophone) dans un bon nombre d'hôtels de la péninsule *via* le câble.

radio

La télévision publique a son pendant radiophonique avec la **RAI 1** (généraliste), la **RAI 2** (plutôt musicale) et la **RAI 3** (culturelle). Toutes les heures, **Radio Vatican** émet des bulletins d'informations dans une langue différente (italien, anglais, français, espagnol, etc.). Sur grandes ondes, on peut capter des radios francophones : **Inter** sur 162Khz, **RTL** sur 234Khz, **Europe 1** sur 3Khz.

Offices de tourisme

en Italie du Sud

On compte un office de tourisme dans chaque grande ville et une *Pro Loco* (association locale) dans les plus petites. Malheureusement les bureaux sont en général peu approvisionnés et les horaires d'ouverture, aléatoires, en dépit d'un minimum qui se résume aux matinées du lundi au vendredi. Une exception remarquable : le réseau campanien, notamment la ville de Naples, très bien équipée et dotée d'un mensuel gratuit très efficace et complet, *Qui Napoli*. Pour avoir les coordonnées de tous les offices de tourisme, consultez le site Internet très complet de l'Enit sur www.enit.it ou renseignez-vous directement auprès de l'Enit de votre pays d'origine (cf. à l'étranger).

à l'étranger

ENIT (Office national italien de tourisme) en France. *23, rue de la Paix 75002 Paris Tél. 01 42 66 03 96 Fax 01 47 42 19 74 www.italiantourism.com www.enit.it Minitel 3615 INFOITALIE Ouvert lun.-ven. 9h-13h et 14h-17h*
ENIT en Belgique. *176, av. Louise 1050 Bruxelles Tél. (02) 647 11 54 Fax (02) 640 56 03 Ouvert lun.-ven. 9h-17h*
ENIT en Suisse. *Uraniastrasse, 32 8001 Zurich Tél. (01) 211 79 17 Fax (01) 211 38 85 Ouvert lun.-ven. 9h-17h*
ENIT au Canada. *Québec Store 1, pl. Ville-Marie Suite 1914 Montréal H3B 2C3 Tél. 866 76 67 Fax 392 14 29*

Photographie et vidéo

photographie

Quelques précautions à prendre : veiller à acheter ses pellicules à l'écart des grands lieux touristiques, assurer son matériel et le protéger de la chaleur. Aux heures chaudes de la journée, surtout en été, la lumière éclatante du sud de l'Italie écrase les contrastes et les perspectives. Mieux vaut utiliser des films à faible sensibilité (100 ISO), et ne sortir son appareil qu'en début de matinée et en fin de journée, quand la lumière est plus favorable. La législation concernant la prise de photos ou la vidéo dans les musées varie selon les lieux, le flash étant parfois le seul interdit.

vidéo

Pour les vidéos, l'Italie utilise le système PAL, comme la plupart des pays européens. La France a choisi le format SECAM, l'Amérique du Nord et le Japon le NTSC, tous deux incompatibles avec le PAL. On trouve cependant tous les formats de cassettes et de minicassettes vidéo dans les magasins spécialisés.

Poste

Si la poste italienne est réputée pour sa lenteur, vous pouvez toutefois utiliser le service de **posta prioritaria**, qui assure l'expédition de votre courrier en 24 heures dans la péninsule, sous 3 jours en Europe et 4 ou 5 dans le reste du monde. Comptez 0,62€ pour une lettre de 20g à envoyer en Italie, en Europe et pour le reste du monde (contre 0,41€ pour une lettre au tarif normal dit *posta ordinaria*). Hormis aux guichets de poste, il est également possible d'acheter des timbres dans tous les bureaux de tabac (repérables au "T" qui orne leur

GEOPRATIQUE

boutique). En outre, si vous passez par le Vatican, les postes pontificales s'avèrent assez efficaces et leurs timbres raviront les collectionneurs.

Pourboire

On attend des touristes qu'ils soient plus généreux que les Italiens bien que les 10% d'usage dans de nombreux pays paraîtraient ici comme un cadeau inestimable. De plus en plus, le service est compris dans les restaurants (10%-15%) mais, au comptoir d'un bar ou dans une *trattoria*, quelques centimes feront l'affaire. Quant aux taxis, il convient d'arrondir la somme à 0,50€ au-dessus.

Restauration

C'est une des dimensions réjouissantes du voyage : rien de plus facile que de manger en Italie. Vous n'aurez aucune difficulté à vous restaurer pour quelques euros seulement, que ce soit avec de la pizza *al taglio* (une part de pizza), des pâtes, des beignets (cf. Budget et prix). Voir par ailleurs la rubrique Gastronomie dans GEOPanorama et le Glossaire culinaire dans GEOPlus.

repas

Les Italiens ne déjeunent pas le matin mais prennent un café serré (espresso) au comptoir, éventuellement agrémenté d'une *brioche* (viennoiserie). Rappelez-vous que la composition d'un repas est différente en Italie : pas de trilogie "entrée-plat-dessert" mais plutôt ***primi-secondo-frutta***, soit une assiette de pâtes la plupart du temps, suivie d'une viande ou d'un poisson accompagné de légumes ou de salade (*contorno*). Le tout est parfois précédé d'***antipasti***, hors-d'œuvre qui peuvent être assez copieux. Pour un mangeur non italien, cela peut avoir l'air pantagruélique mais vous prendrez vite le pli d'autant que les assiettes de pâtes ne sont plus ce qu'elles étaient. Au restaurant, on compte 125g par personne en moyenne. En général, le dessert se résume à un fruit et le repas se termine par un café, parfois accompagné d'un digestif.

restaurants

La palette des lieux où l'on mange en Italie est sans doute aussi variée que la cuisine. Outre les restaurants classiques (***ristoranti***), qui s'apparentent à la gamme internationale, on trouve les ***trattorie***, plus rustiques et populaires, servant une cuisine de saison authentique, plutôt bon marché. Vient ensuite l'incontournable **pizzeria**, ouverte en général le soir (sauf à Naples, où les pizzerias ouvrent dès midi), encore plus informelle. L'***enoteca*** est un bar à vins où l'on peut parfois grignoter. À Naples, les ***friggitorie*** proposent toutes sortes de fritures, à manger sur place ou à emporter. Présents dans le moindre village, les ***alimentari***, l'équivalent de nos épiceries, assurent pour la plupart un service de restauration rapide en préparant des panini au choix. En général, sauf pour certains lieux sélects, aucune tenue vestimentaire n'est exigée. Mais attendez-vous à être entouré d'Italiens plutôt soignés. À Rome, Naples et dans les grandes villes, réserver est presque obligatoire le soir et le week-end, sachant qu'au mois d'août de nombreux restaurants ferment. Depuis janvier 2002, les restaurants sont contraints d'appliquer plus sérieusement la législation non-fumeur et on pourra vous demander d'éteindre votre cigarette.

cafés

Si les Français peuvent se vanter d'être à l'origine de la sociabilité du café au point que les étrangers nous envient nos terrasses bondées et nos salles enfumées, les Italiens ne sont pas en reste. Leur espresso ne soutient la comparaison avec aucun autre breuvage au monde qui prétendrait ressembler au café : ici, c'est un jus dense, parfumé à l'extrême, relevant presque de la sorcellerie tant il est chargé de rituels. Tandis que le Français paresse volontiers au café, l'Italien, lui, ne fait que passer, consommant souvent debout.

Santé et désagréments

La réputation des hôpitaux italiens est désastreuse et découragerait quiconque de s'y faire soigner. Néanmoins, les services se sont considérablement améliorés ces dernières années. Les quotidiens de chaque ville recensent en général les coordonnées des pharmacies de garde et des médecins de permanence. Au moindre doute, n'hésitez pas à vous rendre aux urgences (*pronto soccorso*). Ayez en tête les numéros d'urgence valables partout en Italie.
Police Secours. *Tél. 112 (Carabinieri) ou 113 (Polizia di Stato)*
Pompiers (Vigili del Fuoco). *Tél. 115*
Samu (Pronto Soccorso). *Tél. 118*

Sécurité et dangers

L'image du sud de l'Italie comme une région mafieuse et dangereuse est presque en train de disparaître. Non que cette réalité en tant que telle n'existe plus mais l'ouverture au tourisme a considérablement changé la donne, circonscrivant les enjeux entre clans. La plaie, de manière générale, de Rome à la Calabre, reste le **vol à l'arraché**, le *scippo*. Pour vous consoler, dites-vous que les *scippatori* s'en prennent indistinctement aux autochtones et aux touristes. Précautions à prendre : emporter avec soi le moins de choses possible, laisser les pièces de valeur à l'abri (clés, papiers d'identité, billets de transport, chèques de voyage…) et se fondre discrètement dans la ville, en évitant de se faire remarquer (pas de caméra numérique en bandoulière…). Nouvelle mode, les **vols en voiture** : aux feux, on repère votre sac à main posé sur la banquette arrière et, à la première occasion, on ouvre la porte et… directionle commissariat le plus proche. Sans aboutir à un sentiment de paranoïa, on vous conseille (parole de victime) de vous barricader en voiture, surtout si vous voyagez seul. En dehors de ces vols à la tire, on ne peut pas dire que l'Italie soit dangereuse. Même dans les grandes villes, à moins de vous hasarder dans des quartiers malfamés, vous n'irez pas vraiment au-devant de difficultés particulières.

Shopping et achats

Les vitrines de Rome et Naples n'ont pas encore été conquises par l'uniformisation galopante des mœurs de consommation. C'est pourquoi il est encore possible de faire de bonnes affaires, notamment en période de soldes (*saldi*) en janvier et en juillet. N'hésitez pas à faire du shopping sur les **marchés** ; certains (comme celui de Posillipo à Naples) sont de véritables mines d'or : vêtements haut de gamme dégriffés, chaussures, cosmétiques. Mais un voyage en Italie est aussi l'occasion de faire le plein de délicieuses **spécialités gastronomiques** : huile d'olive (du Cilento par exemple), pâtes artisanales de toute forme (de Gragnano ou des Pouilles), charcuterie (dans toutes les régions, vous trouverez de bons salamis, jambons...), fromages secs (pecorino, de brebis), vins (du blanc des Castelli Romani, un rouge de Salice Salentino dans les Pouilles ou le fameux lacrima-christi de Campanie)... Les amateurs de **céramique** iront à Vietri sul Mare, près de Salerne, ou à Grottaglie, près de Tarente, renouveler leur service de table (en terre cuite, pas en porcelaine !).

Sports et loisirs

Club Alpino Italiano. Les randonneurs prendront contact avec le Club alpin qui dispose de plusieurs antennes régionales, référencées sur son site. *Via Galvani, 10 Rome Tél. 06 57 28 71 43 www.cai.it*

Lega Navale Italiana. Amateurs de voile, la Ligue navale italienne a plus de 200 antennes dans tout le pays qui organisent des cours, des stages intensifs, des régates... *Via Guidubaldo Del Monte, 54 Rome Tél. 06 80 91 37 01/06 80 91 37 02/06 80 91 37 03 www.leganavale.it*

Fisasub (Federazione Italian Sport Acquatici-Centro Nazionale Attività Subacquee). Pour avoir des informations sur les sports nautiques et notamment la plongée sous-marine. Consulter aussi www.diveitaly.com et www.bloob.it (guide virtuel des centres de plongée en Italie). *Via Pescosolido, 76 Rome Tél. 06 451 17 04 Fax 06 451 17 47 fisasubitalia@tin.it*

Fipsas (Federazione Italiana Pesca Sportiva e Attività Subacquee). Pour les amateurs de pêche. *Viale Tiziano, 70 Rome Tél. 06 36 85 82 20/06 36 85 84 27 Fax 06 36 85 81 09 segreteria@fipsas.it*

Federazione Italiana Turismo Equestre. Pour avoir des renseignements sur le tourisme à cheval, les manifestations, les cours, etc. *Piazza A. Mancini, 4 Rome Tél./fax 06 32 65 02 30/06 32 65 02 31 www.fiteec-ante.it*

Federazione Italiana Amici della Bicicletta. Pour ceux qui préfèrent le cyclotourisme : des propositions d'itinéraires, de balades... *Via Col Moschini, 1 30171 Mestre Tél./fax 041 92 15 15 segreteria@fiab-onlus.it Ouvert mar. et ven. 15h-18h, jeu. 18h-20h www.fiab-onlus.it*

Téléphone et fax

Les cabines téléphoniques fonctionnent avec des cartes que vous trouverez dans les bureaux de tabac, les kiosques à journaux, les cafés... (2,50€, 5€, 10€). Attention, ne soyez pas désarçonnés par le manque de clarté des numéros de téléphone italiens. La seule chose qui soit stable est le préfixe (06 pour Rome, 081 pour Naples, etc.). Ensuite, le numéro comporte entre 5 et 8 chiffres ! Les numéros de téléphone portable commencent tous par 3, les 2 chiffres suivant dépendent de la compagnie.

appels internationaux

Pour appeler l'étranger depuis l'Italie, composer le 00 (international) puis l'indicatif du pays (33 pour la France, 32 pour la Belgique, 41 pour la Suisse, 1 pour le Canada) puis le numéro du correspondant (sans le 0 pour la France). En revanche, **pour appeler l'Italie depuis l'étranger**, il faut composer le 0039 suivi du numéro du correspondant avec le 0 inclus. Seuls les numéros de portable ne sont pas précédés du 0. Muni de la **carte France Télécom**, vous pouvez appeler d'Italie et être directement débité sur votre compte en France (0,40€ la minute). Sur place, il vous faudra composer le Numéro vert 800 172 236 et vous laisser guider par la boîte vocale. Renseignements sur le site www.cartefrancetelecom.tm.fr

Transports intérieurs

train

S'il est un préjugé qui a la dent dure, c'est bien celui soutenant que les trains italiens sont toujours en retard. Pourtant les **Ferrovie dello Stato**, les chemins de fer italiens, ont fait beaucoup d'efforts ces dernières années. Oui, les trains partent et arrivent à l'heure, surtout s'il s'agit des lignes rapides (Intercity ou Eurostar) qui desservent les grandes villes. Les petites lignes régionales sont moins fiables. Cela dit, le confort n'a pas encore atteint les normes internationales (surtout dans les trains desservant l'extrême Sud).
FS. *Tél. 89 20 21 (numéro valable dans tout le pays) www.trenitalia.it*

bus

Il n'y a pas de compagnie nationale mais plusieurs compagnies privées qui relient les grandes villes entre elles. Le plus souvent, les bus partent depuis la place de la gare. Les offices de tourisme sauront vous renseigner précisément sur les dessertes effectuées au départ de telle ou telle ville. Quant au prix, même s'il est raisonnable, il est souvent majoré en raison du manque de concurrence des transports ferroviaires (quasi inexistants notamment en Calabre, en Basilicate et dans les Pouilles). À moins de voyager à une période de pointe (le week-end ou à l'occasion d'une fête), il n'est pas nécessaire de réserver à l'avance ; on peut très bien acheter son billet au moment du départ.

voiture

Là encore, la réputation des Italiens en termes de conduite *sportiva* n'est plus à faire. Et pourtant, en dehors de Naples, qui peut effectivement plonger le visiteur de passage dans la panique, la conduite sur autoroute n'a rien de bien spectaculaire. On s'en tiendra à quelques poncifs : en raison du caractère latin de nos voisins transalpins, on vous pressera aux feux rouges, vous fera des appels de phares pour que vous libériez la voie, etc. Le tout est de garder son calme et de suivre son chemin à son rythme. Quant à la qualité des routes, elle laisse à désirer sur certains tronçons (par exemple, l'autoroute du soleil A3 entre Naples et Reggio di Calabria, gratuite mais en travaux depuis des années…).

GEOPRATIQUE

STATIONNEMENT. La mauvaise surprise concerne la sécurité de votre véhicule : si vous voulez être sûr de le retrouver au petit matin, mieux vaut le confier à un parking gardé. Renseignez-vous auprès de l'hôtel où vous séjournez. À Naples, c'est indispensable (notamment pour les petites voitures neuves, comme les Punto, Ka, Corsa, etc.). Démontées en quelques heures, elles finissent en pièces détachées sur quelque marché. Dans les sites où il n'y a pas de dangers particuliers (en la matière, fiez-vous à l'opinion de vos hôtes), vous pouvez stationner votre véhicule dans la rue. Veillez aux couleurs qui encadrent la place de stationnement : jaune, c'est interdit ; bleu, c'est payant ; blanc, c'est gratuit. Pour les places "bleues", il vous faudra vous munir de tickets à gratter dans les kiosques, bureaux de tabac ou auprès des agents. On peut cumuler les tickets pour un stationnement de longue durée.

LOCATION. Il est indispensable d'être âgé de plus de 21 ans (voire 23 pour certains loueurs) et d'avoir son permis depuis plus d'un an. Une caution est exigée (numéro de carte de crédit ou dépôt en espèces). Renseignez-vous précisément sur les conditions de location, notamment sur les assurances comprises et celles conseillées : il n'est pas inutile de songer à une assurance supplémentaire qui vous couvrirait en cas de vol ou d'accident. Les prix varient d'une agence à l'autre, selon le type de location et la formule choisie.

deux-roues

La **Vespa** est aussi emblématique de l'Italie que le Colisée ou la *pasta*. Dans les grandes villes, vous pourrez aisément louer des scooters mais veillez à ce que les assurances (vol, sécurité) soient comprises dans le prix de location. N'imitez pas la plupart des Italiens qui filent au vent sans casque (bien que la législation soit désormais plus sévère) et, à moins d'aimer les émotions fortes, évitez d'emprunter ce moyen de transport à Naples. Idem pour les **vélos** : c'est agréable le dimanche, à Rome, dans les jardins de la Villa Borghese ou le long du Tibre mais ailleurs, c'est plus difficile.

transports urbains

Le **métro**, à Naples et Rome, est surtout utile pour relier la gare au centre historique (de Termini à Piazza di Spagna par exemple à Rome, ou de Garibaldi à Piazza Dante à Naples). Dans ces deux villes, **tramways** et **bus** quadrillent tous les quartiers. Muni de tickets achetés au préalable dans les kiosques, bureaux de tabac ou stations de métro mais pas auprès du conducteur (valables pour tous les transports en commun), vous profiterez agréablement de la ville et en surface. Idem pour le **funiculaire**, à Naples, qui grimpe jusqu'à la colline du Vomero et vous épargnera bien des efforts. Cela dit, les centres des villes italiennes se parcourent aisément à pied. À Rome et Naples, un bon marcheur ne mettra pas plus d'une demi-heure pour aller du Vatican à la piazza Venezia ou pour gagner le Castel dell'Ovo depuis le Musée archéologique…

Valise

Quelques essentiels à emporter dans votre valise : une **petite laine**, même pour l'été, car les nuits peuvent être fraîches et, de manière générale, des vêtements qui permettent de supporter aussi bien les grosses chaleurs (**short**, **tee-shirts** en coton...) que les écarts de température la nuit ou en montagne. Dans le Sud, à Naples notamment, on sera particulièrement regardant sur votre tenue dans les lieux de culte : pas d'épaules dénudées, pas de short, ni de minijupe. Veillez à emporter une paire de chaussures confortables, voire des baskets ou des **chaussures de marche** pour supporter les pavés. Un **maillot de bain** ne sera pas de trop, même pour ceux qui visitent les villes (la mer n'est jamais très loin – à 30min du centre de Rome). Enfin, la plupart des **médicaments** génériques sont disponibles dans les pharmacies italiennes mais, par sécurité, vous pouvez vous munir d'un minimum (aspirine, paracétamol ou ibuprofène, anti-diarrhéique, pansements contre les ampoules, etc.).

Visa et passeport

Dans le cadre d'un séjour touristique d'une **durée maximale de trois mois**, aucun visa n'est nécessaire pour les citoyens des pays membres de l'Union européenne, les Canadiens, et pour les détenteurs d'un passeport américain (USA). La présentation d'une carte d'identité nationale, ou d'un passeport périmé depuis moins de cinq ans, est suffisante pour les citoyens des États membres de l'Union européenne, de la Suisse et des principautés d'Andorre, de Monaco et du Liechtenstein. Pour les **séjours excédant trois mois**, ils devront faire, au cours du premier mois, une demande de carte de résident (*permesso di soggiorno*) au commissariat le plus proche ou à la Questura Centrale (commissariat central). On vous réclamera votre passeport ainsi qu'un certain nombre de garanties financières notamment et, si possible, une lettre témoignant des raisons qui vous poussent à rester (embauche, études...). Les dernières lois Bossi-Fini sur l'immigration visent à rendre particulièrement ardues les démarches à entreprendre pour obtenir ce permis. Il est conseillé aux voyageurs canadiens de faire tamponner leur passeport au moment de franchir la frontière externe de l'espace Schengen (à l'entrée et à la sortie) : le tampon apposé constitue une preuve de la durée de séjour du voyageur dans l'espace Schengen.

GEOPRATIQUE

*La position stratégique du Latium,
à mi-chemin entre le nord et le sud
de la péninsule italienne, en fait une région
incontournable et, paradoxalement,
négligée. C'est que **Rome**, avec ses quelque
3 000 ans d'histoire, Caput mundi (centre
du monde) avant d'être la capitale du pays,
prend beaucoup de place.Mieux vaut être
modeste d'emblée : une solution sage
consiste à s'échapper dans les environs,
découvrir l'archéologie romaine sous
d'autres latitudes que celle du Colisée,
à **Ostia Antica** ou à **Tivoli**, sous les oliviers
et les cyprès de la Villa Adriana.
À y regarder de plus près, il faudrait
considérer le Latium pour autre chose
qu'une région de transit, se laisser aller
au flottement qu'inspire sa campagne
douce et vallonnée. Le nord, berceau
des Étrusques dont le royaume a prospéré
du VIIe au IIIe siècle av. J.-C., est constellé de
témoignages de cette civilisation au sourire
énigmatique, tels les sites de **Tarquinia**
ou de **Cerveteri** non loin de **Viterbe**.
Le sud est plus sauvage, avec le **Parc
national du Circeo**, et des plaines adossées
à de petites montagnes où les Bénédictins,
à la recherche de beauté et d'isolement,
ont élu domicile dès le XIIe siècle.*

GEO**REGION**

Rome et le Latium

Légendes des cartes

Cartes régionales

- ▰▰▰ Autoroute et 2x2 voies
- ══ Route principale
- ── Route secondaire
- ── Autre route
- ▰ Zone urbaine
- ✕ Aéroport
- ······ Limite de province
- ● Site remarquable
- ▲ Sommet
- ⇌ Tunnel
- ─·─·─ Limite de Parc naturel
- ------ Liaison maritime

Plans de villes

- ▰▰▰ Axe principal
- ▰ Tunnel
- ══ Voie ferrée
- ▱ Espace vert
- ✝ Église
- ✡ Synagogue
- ▰ Cimetière
- ▰ Stade
- Ⓜ Métro
- Ⓕ Funiculaire

Rome

La Ville éternelle, le *Caput Mundi*, centre du monde de l'Occident chrétien, le passage obligé de tout parcours culturel... et puis *La Dolce Vita*, la Vespa de Nanni Moretti dans *Caro Diario*, qui file à vive allure entre les pins parasols, le petit Useppe de *La Storia* d'Elsa Morante... Difficile d'arriver à Rome sans subir les mythes qui lui sont attachés ! Les Romains, eux, ont l'air d'oublier le décor qui les entoure, indifférents à cette beauté confuse dont l'origine remonte à plus de 2 500 ans. La cité livre son passé dans ses murs, ses couches superposées, ses ruptures consommées, ses vestiges et ses monuments qui émergent comme la seule partie visible de l'iceberg. L'incroyable magie de Rome tient justement à cette tension entre une histoire qui s'enracine plusieurs mètres dans le sous-sol, universelle, et une nonchalance locale, une identité forte, un provincialisme qui font presque oublier sa splendeur. Cent quarante ans après l'unité de l'Italie, on dirait que Rome n'en revient toujours pas d'avoir été désignée capitale et, dans un pays qui ne se départ pas de l'esprit de clocher, ce doute est alimenté par les autres grandes villes italiennes qui s'interrogent encore sur sa toute-puissance politique. Comment dire mieux que Fellini que Rome est bonne mère, "une mère idéale car indifférente, qui t'accueille quand tu arrives et te laisse partir quand tu t'en vas" ? Elle a su s'adapter à tous les pouvoirs : à celui des empereurs, des papes ou des rois, et aujourd'hui à celui de la nouvelle classe politique issue du Nord. Elle donne l'impression de se laisser conquérir mais c'est elle qui conquiert. D'où, peut-être, le rituel cent fois répété des étrangers jetant des pièces dans la fontaine de Trevi dans l'espoir de revenir un jour... Combien sont-ils, depuis des siècles, à faire le pèlerinage à Saint-Pierre ? Combien de "Grands Touristes" depuis le XVIIIᵉ siècle ? Imperturbables devant ce va-et-vient continu, les Romains s'appesantissent un peu plus dans leur accent et leurs traditions. Jusqu'au jubilé 2000, on disait que le chaos et la confusion étaient un art de vivre à Rome. Depuis, la ville s'émancipe, sait mieux conjuguer le poids architectural et culturel qui l'écrase et les exigences d'une métropole mondialisée qui veut s'ouvrir. Les transports en commun sont plus efficaces, les hôtels sont chers mais propres, les musées sont ouverts plus longtemps. En contrepartie de cet effort, les Romains n'ont pas cédé sur leur cuisine. Les *trattorie* servent encore les plats les plus représentatifs de la romanité : pâtes *all'amatriciana* ou *alla carbonara*, artichauts, abats à toutes les sauces, agneau de lait rôti... Ainsi, la force des contrastes n'a été en rien entamée. Les religieux en soutane côtoient des hordes de touristes, certains quartiers ouvriers s'improvisent laboratoire artistique tandis que les voitures et les tramways modernes longent, impassibles, les vestiges antiques.

Rome, mode d'emploi

accès en avion

Aeroporto Leonardo Da Vinci-Fiumicino. Situé à une trentaine de kilomètres au sud-ouest du centre-ville, le principal aéroport de Rome accueille les vols réguliers. *Tél. 06 65 95 36 40/44 55 www.adr.it*

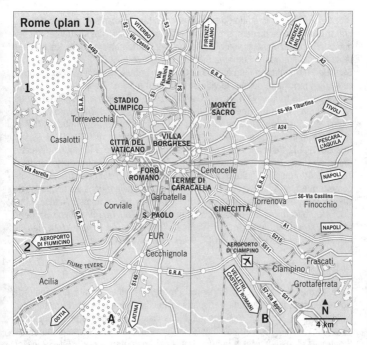

Rome (plan 1)

Aeroporto Ciampino. À 15 km au sud-est de Rome, ce second aéroport de Rome est desservi par les vols charters. *Tél. 06 79 49 41 www.adr.it*

LIAISONS AÉROPORTS-CENTRE-VILLE
Taxis. C'est la solution la plus onéreuse (comptez de 40 à 50€ pour la liaison avec l'aéroport de Fiumicino et 35€ pour Ciampino). Les "rabatteurs" qui vous proposent une course à un prix moindre ne sont pas tous forcément des escrocs : comptez 15€/pers. en minibus, à partir de 4 ou 5 personnes. On ne se porte pas garant mais, à partir du moment où vous connaissez les tarifs, c'est à vous de jouer et de négocier… Selon le trafic et la destination, la course prend environ 40 à 50min de Fiumicino, et 30min de Ciampino.
Airport Shuttle. Ce service privé qui fonctionne 24h/24 assure le transport du centre-ville à l'aéroport pour un tarif qui varie selon le nombre de personnes. Plus vous serez nombreux, moins la course sera chère : 39,50€ pour 1 ou 2 personnes, 5€ pour les autres. Réservation recommandée. *Tél. 06 42 01 45 07 www.airportshuttle.it*
Navette ferroviaire gare Termini-aéroport Fiumicino. À moins que vous ne soyez très chargés, c'est vraiment la solution la plus pratique. Départs toutes les 30min de 5h51 à 22h51 de Termini et de 6h37 à 23h37 de la gare de l'aéroport. Le trajet se fait en 32min. Attention, le quai de départ des navettes à Termini est situé en retrait par rapport aux principales têtes de quais. En sous-sol, un tapis roulant vous rapprochera considérablement mais prévoyez quelques minutes de plus pour parvenir au train. À l'aéroport, les terminaux A,

B et C sont reliés à la station de trains par des tapis roulants et des ascenseurs. Enfin, pour gagner du temps et éviter les interminables files d'attente, sachez que vous pourrez acheter vos billets auprès des automates ou dans les bureaux de tabac de l'aéroport. Comptez 8,80€. *Numéro vert 89 20 21*

Servizio Metropolitano Fiumicino à Orte. Selon votre adresse de séjour à Rome, ce service ferroviaire dessert la ville en s'arrêtant à Roma Trastevere (correspondance avec le tramway 8), Roma Ostiense (métro B), Roma Tuscolana (métro A) et Roma Tiburtina (métro B). Il fonctionne de 6h à 23h environ, départ toutes les 15min en semaine et toutes les 30 min le dim.) Comptez 4,70€ et environ 45min pour gagner la gare de Tiburtina. *Numéro vert 89 20 21*

Bus CO.TRA.L. Ce service de bus relie l'aéroport Ciampino à la station de métro Anagnina (ligne A) ou à la gare de Ciampino d'où il est possible de se rendre à Termini. Attention, à moins d'arriver au bon moment, sachez que les bus ne passent que toutes les 30 ou 40min. Les billets s'achètent dans les boutiques de l'aéroport ou auprès des automates. Si vous deviez arriver après minuit, un bus CO.TRA.L effectue la liaison aéroport Fiumicino-station Tiburtina (ligne B). Cette solution se révèle bon marché (5€), mais les abords de la gare n'ont rien de réjouissant. *Tél. 800 15 00 08/06 79 49 41 www.adr.it Ouvert 6h50-23h40*

accès en train

Gare Termini (plan 3, C2). Située au cœur de la ville, la gare principale de Rome, un véritable nœud de transports, accueille trains rapides (Eurostar pour Naples, Milan, Florence et Bologne), trains classiques, métro, bus et navette-aéroport. Rénovée récemment, elle est devenue un immense centre commercial (boutiques et restaurants) et culturel (musée d'Art contemporain). *Tél. 89 20 21 (sans préfixe, numéro valable dans l'Italie entière pour n'importe quel type d'informations) www.trenitalia.it*

Les autres gares de Rome (Tiburtina, Trastevere, Ostiense, Piazzale Flaminio) desservent les environs et quelques villes du Nord par des trains moins rapides.

orientation

On ne peut pas vous promettre que vous ne serez jamais perdu à Rome mais, tout de même, sept collines, un fleuve, des coupoles et des places qui sont autant de signaux dans la ville devraient vous aider à retrouver aisément votre chemin. Les collines d'abord, qui donnent leur nom à certains quartiers (Esquilin, Aventin, Quirinal…) et qui sont utiles pour avoir une idée claire du paysage et repérer les principaux monuments. Le **Tibre** est l'autre point de repère, qui sépare la ville en deux et structure efficacement les quartiers qui le longent. À l'ouest du fleuve se trouvent les quartiers de **Prati**, du **Vatican** et du **Trastevere**. L'Est, plus étendu, est marqué par l'immense espace vert de la **Villa Borghese**, le **Tridente** (les trois artères qui partent de la piazza del Popolo), le **centre historique** (Piazza Navona, Panthéon, Campo dei Fiori), le **Capitole** et le **Forum romain**, l'**Aventin** et, au sud, le **Testaccio**. Plus à l'est encore s'étendent les quartiers du **Quirinal**, de **Monti**, de l'**Esquilin** (incluant la gare Termini) et du **Celio**. La ville est divisée en 22 *rioni* (districts) mais la proximité d'un monument ou d'une colline fait souvent office de toponymie. En dehors de ces repères géographiques, certaines places sont de véritables carrefours touristiques : la **piazza Venezia** avant tout,

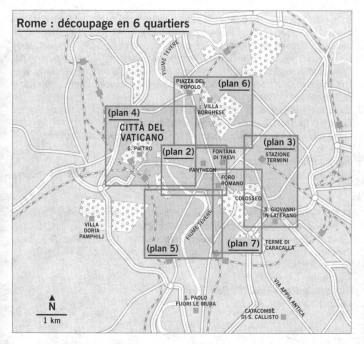

Rome : découpage en 6 quartiers

N
1 km

avec l'encombrant monument à Victor-Emmanuel II, reliée directement à la piazza del Popolo par la via del Corso, mais aussi les **piazza Navona**, **piazza di Spagna** ou la **place Saint-Pierre**.

CARTE. Procurez-vous dans les kiosques de l'office de tourisme le plan *Charta Roma*. Gratuit, il est assez clair, même s'il ne dispose pas d'un index des rues.

transports urbains

MÉTRO (cf. plan du métro). Parmi les transports en commun, seul le métro est facile à emprunter, sans doute parce qu'il n'y a que 2 lignes, qui se croisent à Termini. Mais sachez qu'il ne dessert qu'une partie réduite du **centre historique** et qu'il est surtout utile pour relier les longues distances (aller du Vatican à la piazza di Spagna ou de Termini à Garbatella).
La **ligne A** (rouge) traverse Rome du nord-ouest au sud-est, et la **ligne B** (bleue), du nord-est au sud, à l'EUR. Le trafic fonctionne de 5h30 à minuit. Un système de billet unique (0,77 €) vous permet de voyager sur l'ensemble du réseau (métro, bus, tram) pendant 75min. Faites vos comptes, d'autres abonnements sont disponibles (journalier à 3,10€, hebdomadaire, mensuel). *ATAC Via Volturno, 59 Tél. 800 431 784 www.atac.roma.it Ouvert lun.-ven. 6h30-17h*

BUS ET TRAMWAYS. Il est assez facile de repérer les parcours des bus ou des tramways qui se trouvent détaillés sur les panneaux des stations. Les bus sont en général orange et les tramways vert bouteille. Les tickets s'achètent dans les bureaux de tabac ou dans les kiosques de vente ATAC. Il vaut mieux éviter la fraude (chèrement sanctionnée). Les bus fonctionnent de 5h30 à minuit. Vous pouvez vous procurer le plan ATAC (Agenzia per i Trasporti Autoferrotranviari del Comune di Roma) disponible uniquement au siège de la compagnie. Soyez vigilant : c'est souvent dans les bus bondés que sévissent les *scippatori* (pickpockets). Quelques lignes utiles :

Ligne 8. Relie Largo Argentina à Trastevere et aux quartiers de l'ouest de Rome).

Ligne 40 Express. Termini/Piazza Venezia/Saint-Pierre.

Ligne 64. Presque le même trajet que le 40 mais plus lent et plus bondé.

Ligne H. Termini/Piazza Venezia/Trastevere.

Ligne 170. Termini/Piazza Venezia/Testaccio/EUR.

Ligne 492. Stazione Tiburtina / San Lorenzo / Termini / Piazza Venezia / Piazza Cavour / Piazza Risorgimento / Cipra / Musei Vaticani

TAXIS. Repérables à leur couleur blanche. Inutile de négocier le prix à l'avance : en général, le taximètre fonctionne. Suppléments la nuit (10h-7h), dim. et jours fériés et pour les bagages. Plusieurs stations dans Rome (Largo Argentina, Panthéon, Piazza Venezia, Piazza San Silvestro (à proximité de la Via del Corso), dans le Trastevere (Piazza Sonnino).

Taxi Roma. *Tél. 06 35 70*

La Capitale Radio Taxi. *Tél. 06 49 94*

Cosmos Radio Taxi. *Tél. 06 88 22/177*

circuler en voiture

Conduite rapide, quartiers réservés aux riverains, places de parking rares… Armez-vous de patience et respectez ces quelques principes.

ZONES D'ACCÈS LIMITÉ. Soyez attentif aux panneaux d'accès limité à certaines zones de la ville. Si vous êtes pris en flagrant délit dans un quartier qui vous est interdit, vous risquez une sérieuse amende. ***Fourrière*** *Tél. 06 676 91 Accès interdit lun.-ven. 6h30-18h, sam. 14h-18h*

PARKINGS. Seules les lignes blanches ou bleues indiquent une autorisation de se garer : si la place de parking est bleue, il faut acheter un coupon dans un bureau de tabac ou un kiosque à journaux ; si elle est blanche (places rares !), c'est gratuit. Vous pouvez laisser votre auto dans un parking gardé (comptez au moins 15€ pour 24h).

ParkSì Villa Borghese. Immense parking situé dans le parc de la Villa Borghese. *Viale del Galoppatoio, 33 Tél. 06 322 59 34*

location de voiture

Vous trouverez de nombreuses agences internationales dans les aéroport ou à la gare Termini (plan 3, C2)

Maggiore. *Gare Termini Tél. 06 488 00 49 Aéroport Fiumicino Tél. 06 650 106 78 Aéroport Ciampino Tél. 06 793 403 68 www.maggiore.it*

Hertz. *Gare Termini Tél. 06 488 00 49/37 15 Aéroport Fiumicino Tél. 06 659*

547 01 **Aéroport Ciampino** Tél. 06 793 400 95 www.hertz.fr
Avis (plan 3, C2). Gare Termini Tél. 06 481 43 73 **Aéroport Fiumicino** Numéro
vert 199 100 133 **Aéroport Ciampino** Tél. 06 793 401 95 www.avis.fr
Europcar (plan 3, C2). Gare Termini Tél. 06 488 28 54 **Aéroport Fiumicino** 06
488 28 54 **Aéroport Ciampino** Tél. 06 65 01 08 79 www.europcar.fr

location de deux-roues

VÉLOS. En dehors du dimanche, rouler à vélo à Rome n'est pas facile, à cause
du danger que représentent les automobilistes, peu habitués aux cyclistes (il n'y
a pas de pistes cyclables) et parce que les pavés ne sont pas très confortables !
Cela dit, à vélo, vous vous rendrez compte que les distances ne sont pas si grandes mais qu'il y a bien sept collines à Rome. On vous demandera de laisser une
pièce d'identité au moment de la location. Il y a plusieurs loueurs, notamment
dans le parc de la Villa Borghese, piazza del Popolo (du côté du café Rosati) ou
près de la gare Termini. Comptez de 11€ à 37€/jour pour un vélo.
Eco Move Rent (plan 3, C2). Via Marghera, 47/d Tél. 06 44 70 45 18 Ouvert
tlj. 8h30-19h30
I Bike Rome (plan 6, E4). VTC, VTT, tandems, scooters. Dans le parking souterrain de la Villa Borghese (secteur III) Tél. 06 322 52 40 Ouvert lun.-ven. 9h-13h
et 15h-19h, sam.-dim. et jours fériés 9h-20h
Collalti (plan 2, C4). VTC, VTT, tandems. Via del Pellegrino, 82 Tél. 06 68 80
10 84 Ouvert mar.-sam. 9h-13h30 et 15h30-19h30, dim. 9h-19h

SCOOTERS. Pour ceux qui veulent s'illustrer en Vespa, comme Nanni Moretti
dans Caro Diario ou Gregory Peck et Audrey Hepburn dans Vacances romaines,
il est possible d'en louer (casque, assurance et cadenas compris) mais il vous
faudra laisser une pièce d'identité et une caution. Inutile de préciser qu'il vous
faudra être habile et déborder de prudence...
Happy Rent (plan 3, B2). Via Farini, 3 Tél. 06 481 81 85 Ouvert tlj. 9h-19h
Rent a Scooter (plan 3, B2). Via Filippo Turati, 50 Tél. 06 446 92 22 et corso
Vittorio Emanuele II, 204 (plan 2 B3) Tél. 06 687 69 22
Scoot a Long (plan 3, A3). Via Cavour, 302 Tél. 06 678 02 06 Ouvert tlj.
9h30-19h30
Scooters for Rent (plan 3, A1). Via della Purificazione, 84 Tél. 06 488 54 85
Ouvert tlj. 9h-19h

informations touristiques

APT (Azienda di Promozione Turistica) (plan 3, B1). Le siège de l'APT propose
des services assez complets d'informations sur la ville (visites, manifestations,
plan) et de réservation d'hôtel. Via Parigi, 5 (à deux pas de la piazza della
Repubblica et de la gare Termini) Tél. 06 36 00 43 99 www.romaturismo.com
Ouvert lun.-sam. 8h30-19h **Tourist Call Center** Tél. 06 36 00 43 99

KIOSQUES. Depuis le jubilé, des dizaines de kiosques verts PIT (Punti
Informazione Turistica) ont été ouverts dans presque tous les quartiers de la
ville. Vous y trouverez essentiellement le plan officiel de Rome et des dépliants
sur les musées ou les événements culturels en cours. Ouvert tlj. 9h-18h

Rome (Métro)

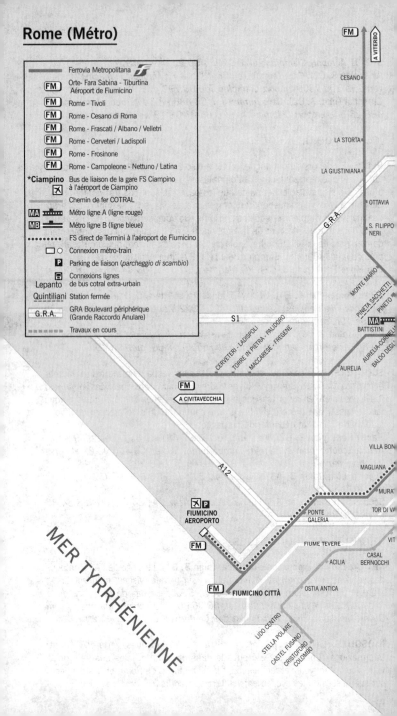

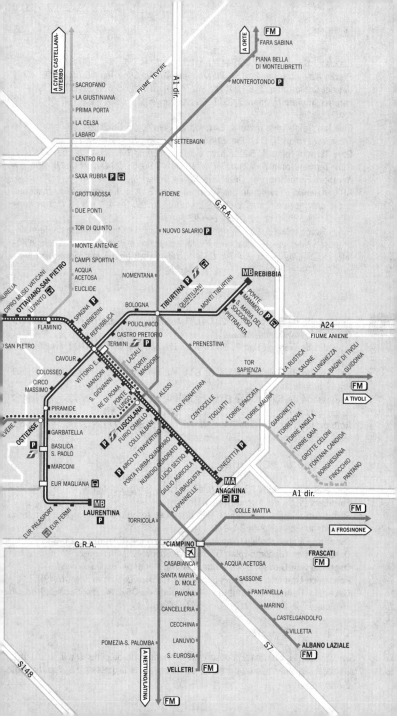

Piazza di Spagna (plan 2, F1). *Largo Goldoni Tél. 06 68 13 60 61*
Piazza Navona (plan 2, C3). *Piazza delle Cinque Lune Tél. 06 68 80 92 40*
Via del Corso (plan 2, E3). *Angle via Minghetti Tél. 06 678 29 88*
Forums impériaux (plan 7, B1). *Piazza del Tempio della Pace Tél. 06 69 92 43 07*
Château Saint-Ange (plan 4, E4). *Piazza Pia Tél. 06 68 80 97 07*
Trastevere (plan 5, D1). *Piazza Sonnino Tél. 06 58 33 34 57*
Gare Termini (plan 3, B2). *Piazza dei Cinquecento Tél. 06 47 82 51 94*
Gare Termini (plan 3, B2). *Quai 4 Tél. 06 48 90 63 00 Ouvert tlj. 9h-20h*
Aéroport Fiumicino. *Tél. 06 65 95 60 74 Ouvert tlj. 8h15-19h*
APT (Azienda Provinciale del Turismo) (plan 3, A1). Informations touristiques sur la province de Rome. *Via XX Settembre, 26 Tél. 06 421 38 21 Ouvert lun.-ven. 9h30-12h30 et lun., jeu. 14h30-16h30*
Enjoy Rome (plan 3, C1). Pour ceux qui voudraient se faire prendre par la main, propose visites guidées, balades à vélo, excursions à Pompéi, réservations d'hôtels, etc. *Via Marghera, 8/A Tél. 06 445 18 43 www.enjoyrome.com Ouvert lun.-ven. 9h-13h et 15h-19h*

représentations diplomatiques

Ambassade de France (plan 2, C4). *Palais Farnèse Piazza Farnese, 67 Tél. 06 68 60 11 www.france-italia.it*
Consulat de France (plan 2, B4). *Via Giulia, 251 Tél. 06 68 60 11 www.france-italia.it*
Ambassade de Belgique (plan 6, B1). *Via dei Monti Parioli, 49 Tél. 06 360 95 11 ambelrom@tin.it*
Ambassade de Suisse. *Via Barnaba Oriani, 61 Tél. 06 80 95 71 verterung@rom.rep.admin.ch*
Ambassade du Canada. *Via G. B. de Rossi, 27 Tél. 06 445 981 rome-im@dfait-marci.gc.ca www.canada.it*

urgences et hôpitaux

Police Secours. *Tél. 112 (Carabinieri) ou 113 (Polizia di Stato)*
Pompiers (Vigili del Fuoco). *Tél. 115*
Samu Ambulanza. Le service des urgences (*pronto soccorso*) des hôpitaux romains fonctionne 24h/24. *Tél. 118*
Ospedale Fatebenefratelli (plan 2, D5). *Isola Tiberina (Ghetto) Tél. 06 683 72 99*
Ospedale San Giacomo (plan 6, B5). *Via Canova, 29 (Tridente) Tél. 06 362 61*
Ospedale San Giovanni. *Via Amba Aradam, 9 (Celio) Tél. 06 770 51*
Policlinico Umberto I. *Viale Policlinico, 155 (nord de Rome) Tél. 06 499 71*
Ospedale Pediatrico Bambino Gesù (plan 4, D5). *Piazza Sant'Onofrio, 4 (Janicule) Tél. 06 685 91*

pharmacies

En général, les pharmacies observent la coupure du déjeuner (de 13h à 16h). La liste des pharmacies de garde se trouve dans la presse (*La Repubblica*, *Il Messaggero*).

Farmacia del Vaticano (plan 4, C3). La mieux fournie. *Porta Sant'Anna Tél. 06 69 88 34 22 Ouvert lun.-ven. 8h30-18h, sam. 7h30-13h*
Farmacia Piram (plan 3, A2). *Via Nazionale, 228 Tél. 06 488 07 54 Ouvert 24h/24*
Farmacia della Stazione (plan 3, B2). Devant la gare Termini. *Piazza dei Cinquecento (angle via Cavour) Tél. 06 488 00 19 Ouvert 24h/24*

banques

Sachez que la plupart des banques sont ouvertes du lundi au vendredi de 8h30 à 13h30 et de 15h à 16h30. Certaines étendent désormais leurs horaires et ouvrent même le samedi matin. Quant aux distributeurs, vous en trouverez quasiment partout à Rome qui acceptent les principales cartes de crédit.
American Express (plan 2, F1). Chèques de voyage, poste restante. *Piazza di Spagna, 38 Tél. 06 676 41 Ouvert lun.-ven. 9h-17h30, sam. 9h-12h30*
Thomas Cook (plan 3, A1). Bien pratique pour changer les chèques de voyage (ouvert même le dimanche). *Piazza Barberini, 21 Tél. 06 42 02 01 50 Ouvert lun.-sam. 9h-19h, dim. 9h30-17h **Succursales** Via del Corso, 23 et via della Conciliazione, 23/25 (près de Saint-Pierre)*

poste

Posta Centrale (plan 2, E2). *Piazza San Silvestro, 18/20 Tél. 06 697 663 02 Ouvert lun.-ven. 8h30-18h30, sam. 8h30-13h*
Poste Vaticane (plan 4, C4). Pour les philatélistes (très beaux timbres) et pour ceux qui doutent encore de l'efficacité de la poste italienne ! *Piazza San Pietro Tél. 06 69 88 34 06*

laveries

Elles se suivent et se ressemblent aux abords de la gare Termini : comptez 6€ pour laver et sécher votre linge en 1h. Pendant ce temps, vous pourrez vous connecter à Internet (2 ou 3€/h).
Lavanderia Bolle Blu (plan 3, C1). *Via Milazzo, 20/b Tél. 06 44 70 30 96 Ouvert tlj. 8h-0h*
Acqua & Sapone. *Via Montebello, 66 Tél. 06 488 32 09 Ouvert tlj. 8h-22h*

Internet

Outre les laveries qui jouent la modernité et proposent une connexion Internet, vous trouverez des cybercafés un peu partout dans Rome. Comptez de 1,50€ à 5€/h. Sachez également que de plus en plus d'hôtels sont équipés ou permettent la connexion Internet dans les chambres.
EasyEverything (plan 3, A1). Cybercafé géant, sans aucun charme mais très performant. Plus de 300 ordinateurs et un tarif qui défie toute concurrence : un forfait de 1,55€, réutilisable dans le mois et qui, selon l'affluence, vaut pour au moins 1h de connexion (dans l'après-midi par exemple) ou plusieurs heures (la nuit). Cafétéria. *Via Barberini, 2 www.easyeverything.com Ouvert 24h/24*

ROME ET LE LATIUM

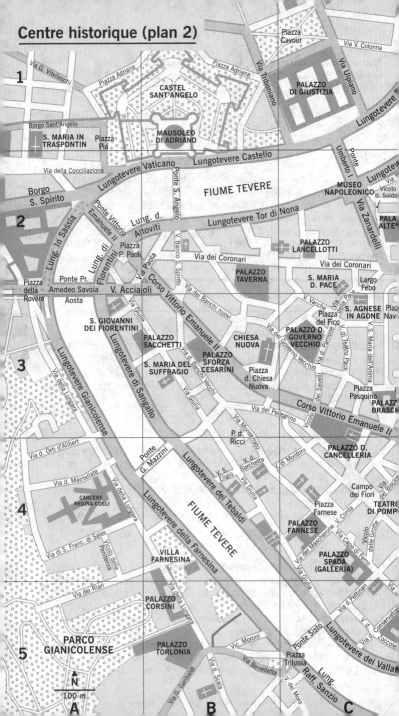

Centre historique (plan 2)

1

Via G. Vitelleschi
Piazza Adriana
Piazza Adriana
Piazza Cavour
Via V. Colonna
Via Ulpiano

CASTEL SANT'ANGELO

Via Tribuniano

PALAZZO DI GIUSTIZIA

Lungotevere

Borgo Sant'Angelo

S. MARIA IN TRASPONTIN

Piazza Pia

MAUSOLEO DI ADRIANO

Ponte Umberto

2

Via della Conciliazione
Lungotevere Vaticano
Lungotevere Castello

FIUME TEVERE

Ponte S. Angelo

MUSEO NAPOLEONICO
Lungotev
Vicolo d. Solda
PALA
ALTE

Via Zanardelli

Borgo S. Spirito

Ponte Vittorio Emanuele II
Lung. d. Altoviti
Lung. di Florentini

Lungotevere Tor di Nona

Lung. In Sassia

Via Paola

V. Banco di S. Spirito

Via dei Coronari

PALAZZO LANCELLOTTI

Piazza P. Paoli

Via dei Coronari

Piazza della Rovere

Ponte Pr. Amedeo Savoia Aosta

V. Acciaioli

Corso Vittorio Emanuele II

Via dei Banchi nuovi

PALAZZO TAVERNA

S. MARIA D. PACE

Largo Febo

3

Via Giulia

S. GIOVANNI DEI FIORENTINI

PALAZZO SACCHETTI

S. MARIA DEL SUFFRAGIO

Via d. Banchi vecchi

PALAZZO SFORZA CESARINI

Via Giulia

CHIESA NUOVA

Piazza d. Chiesa Nuova

V. Vacche
V. della Pace
Piazza del Fico

PALAZZO D. GOVERNO VECCHIO

Via del Governo Vecchio

V. di Parione

V. di Teatro Pace

S. AGNESE IN AGONE
Piazza Nav
V. S. Maria dell'Anima

Lungotevere di Sangallo

Lungotevere Gianicolense

Via del Pellegrino

Corso Vittorio Emanuele II

Vicolo del Savelli

Piazza Pasquino

PALAZZO BRASCI

4

Via d. Orti d'Albert

Via d. Mantellate

CARCERE REGINA COELI

Via di S. Franc. di Sales

Vicolo della Penitenza

Via della Lungara

Ponte G. Mazzini

Lungotevere dei Tebaldi

FIUME TEVERE

Lungotevere della Farnesina

P. d. Ricci

Via Monserrato

V. S. Eligio
V. d. Barchetta
Via Giulia

V. di Montoro

PALAZZO D. CANCELLERIA

Campo dei Fiori

Via del Biscio

TEATRO DI POMP

Piazza Farnese

PALAZZO FARNESE

Via del Mascherone
Via Capo di Ferro
Via Giulia

Vicolo delle Grotte

PALAZZO SPADA (GALLERIA)

V. d. Pettinari

VILLA FARNESINA

5

Via dei Riari

PALAZZO CORSINI

Via della Lungara

PARCO GIANICOLENSE

PALAZZO TORLIONIA

Vic. Moroni

Via d. Scala

Via G. Garibaldi

Ponte Sisto

Lungotevere dei Vall

Piazza Trilussa

Lung. Raff. Sanzio

V. del Moro

Via Benedetta

Corso Vittorio Emanuele II

V. d. Conservator
V. d. Zoccole

N
100 m

A   **B**   **C**

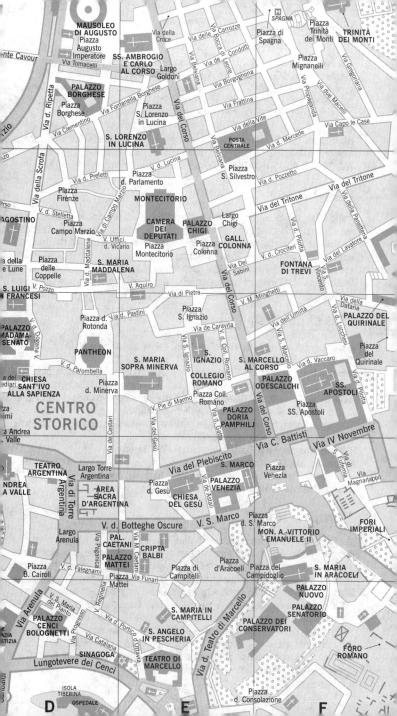

The Netgate (plan 2, E2). Efficace et fonctionnel. 3€/h ou forfait 10h pour 25€. *Piazza Firenze, 25 (Tridente) Tél. 06 68 79 098 www.thenetgate.it Ouvert lun.-sam. 10h30-21h, dim. 16h-20h* **Succursale** *au sous-sol de la gare Termini Tél. 06 87 40 60 08 Mêmes horaires, Via Cluniacensi, 26 Tél. 06 435 352 14 Via delle Gracie, 4 Tél. 06 681 932 38*

Bibli (plan 5, D2). Une librairie pas comme les autres qui fait café, point-Internet... Comptez 6€/h ou 31€ pour 10h. *Via dei Fienaroli, 28 (Trastevere) Tél. 06 588 40 97 www.bibli.it Ouvert lun. 17h30-minuit, mar.-dim. 11h-0h*

presse

Toute la presse locale, nationale et internationale est disponible à Rome, dans les nombreux kiosques installés notamment près des sites touristiques. Du point de vue de l'information culturelle (expos, visites guidées, cinéma, théâtre, concerts...) ou pratique (petites annonces) sont à consulter *Il Messaggero* (quotidien romain), *La Repubblica*, *Il Manifesto* et le *Corriere della Sera*. Guettez le supplément du jeudi de *La Repubblica*, "Tutta Roma", qui présente une sélection de sorties, ou rabattez-vous sur *Roma c'è*, équivalent romain de *Pariscope*.

fêtes et manifestations

Befana. Arrivée de la *Befana*, le "Père Noël" italien, une sorcière en fait (6 janvier).
Carnaval de Mardi gras. En mars.
Bénédiction "urbi et orbi". Le dimanche de Pâques, à 12h sur la place du Vatican le pape prononce sa traditionnelle bénédiction au monde entier.
Fête de la Saint-Jean à Rome. Grand banquet à base de cochon de lait rôti et d'escargots qui se déroule à Saint-Jean-de-Latran (24 juin).
Cannes a Roma. En juin, festival de cinéma ; la sélection cannoise est présentée dans les cinémas romains (cf. Où aller au cinéma).
Fête de Noantri. En juillet, fête du quartier du Trastevere.
Estate Romana. En juillet-août, festival culturel qui donne lieu à des spectacles : théâtre en plein air, cinéma, musique baroque, opéra...
Grande foire de la piazza Navona. De la mi-décembre à la mi-janvier.

Dormir à Rome

Aïe, aïe, aïe ! Voilà un sujet sensible... Trouver "la" bonne adresse n'est pas toujours facile. En effet, comment rester de marbre devant les prix exorbitants pratiqués par les hôteliers à Rome ? Il est vrai que le jubilé a vraiment été synonyme de rénovation énergique et si à cette occasion les chambres n'ont pas été réaménagées de fond en comble, elles ont au moins bénéficié d'un petit effort : on a changé la moquette ou la tapisserie, refait les salles de bains, installé la climatisation... Le revers de la médaille, c'est que sous couvert de ces bonnes initiatives – devenues indispensables – on vous facturera souvent la prétendue différence de standing ! Pour ceux qui comptent séjourner plusieurs jours, la location d'un appartement peut se révéler une option intéressante financièrement (cf. GEOPratique, Hébergement).

CONSEILS. Pensez à réserver le plus tôt possible. On vous demandera parfois une caution et, comme vous ne serez jamais assez paranoïaque, il faudra abuser de prudence en appelant quelques jours avant votre arrivée pour vous assurer que votre réservation est bien notée. Sachez également qu'il y a deux **saisons touristiques** (basse, de novembre à février et en août, et haute, de mars à octobre, ainsi qu'à l'occasion des fêtes de fin d'année) et que cette distinction s'exprime en pièces sonnantes et trébuchantes : le prix de la chambre peut passer du simple au double. Vous pouvez aussi négocier selon le nombre de nuits et considérer que le petit déjeuner (inclus ou non) n'est pas essentiel pour départager deux adresses. Il y a des bars à tous les coins de rue où prendre un délicieux cappuccino avec une brioche pour quelques euros à peine.

CHOISIR UN QUARTIER. L'essentiel de l'hôtellerie romaine se concentre autour de quelques noyaux traditionnels : la gare Termini, le centre historique, le Vatican. Le quartier autour de la **gare Termini** (plan 3) a la réputation d'aligner les hôtels les moins chers de la capitale. Ça n'est pas faux mais il faut aussi savoir que la publicité est souvent mensongère et que, derrière la mention "rénové", on ne trouve parfois qu'un mur repeint. Tirer son épingle du jeu, quand les enseignes se multiplient, tient du casse-tête chinois ! En dehors de ces particularités, c'est un quartier bien desservi par les transports en commun (métro et bus), idéal pour ceux qui ne font que passer dans la capitale et sillonnent la péninsule en train. Ceux qui recherchent le calme choisiront en revanche un autre quartier. **Viminale** (plan 3), qui fait la jonction entre les alentours effervescents de la gare et le quartier plus traditionnel de Monti, est un peu moins touristique que le centre historique, un peu plus calme, entouré de théâtres et de bureaux. **Le centre historique** (plan 2, de la piazza di Spagna à la piazza Navona, le Panthéon et Campo dei Fiori) attirera ceux qui veulent se retrouver dans le feu de l'action. Mais sachez que les prix sont élevés et que les bonnes petites adresses, plutôt rares, sont souvent complètes. **Prati** (plan 4), quartier proche du Vatican, a l'avantage de proposer tout un éventail de solutions, des auberges de jeunesse bon marché aux hôtels de luxe. Hormis autour de Saint-Pierre, c'est moins fréquenté qu'ailleurs mais, du coup, on est aussi un peu à l'écart de la "carte postale" romaine. Le **Trastevere** (plan 5), très agréable, est, malheureusement, moins riche en hôtellerie. Cependant et à condition d'accepter le couvre-feu de 22h30, des institutions religieuses ouvrent leur portes aux touristes (cf. prix moyens, Centre pastoral d'accueil). **Monti** et l'**Aventin** sont nos quartiers préférés. Le premier parce qu'il dégage un charme fou. Populaire et chaleureux, c'est le repaire de *Romanisti* (supporters de l'AS Roma), d'artisans et de patrons de *trattorie*. Les hôtels y sont relativement peu nombreux mais on en trouve dans toutes les gammes de prix. Quant à l'Aventin, son côté "campagne en ville" vous enchantera à coup sûr. Certes, on est un peu à l'écart mais qu'importe, si c'est pour se retrouver sur une des plus belles collines ! C'est cher mais, pour ceux qui peuvent se faire plaisir, c'est le paradis.

très petits prix

Associazione Cattolica Internazionale al Servizio della Giovane, Casa Alloggio "Santa Pudenziana" (plan 3, A2-3). Si vous voyagez entre amies, que votre budget est limité et que vous souhaitez néanmoins vivre de vraies vacances

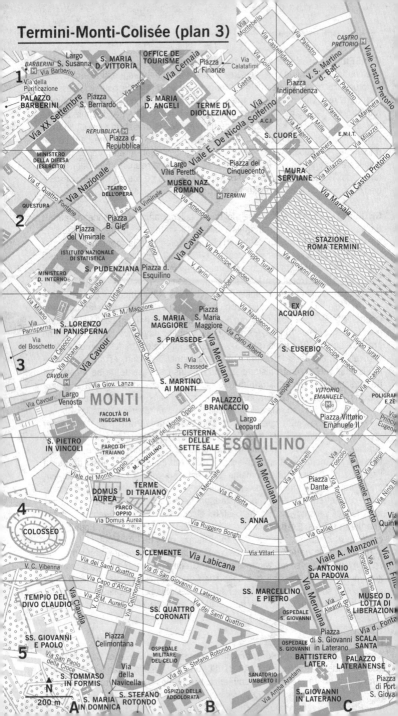

Termini-Monti-Colisée (plan 3)

romaines, tranquillisez vos proches en leur disant que vous irez loger chez des religieuses. Il ne s'agit pas d'un couvent mais d'une association catholique qui se charge de l'accueil des jeunes filles en théorie jusqu'à 25 ans (sans limite de séjour). Une règle de base : le couvre-feu établi à 22h (sauf exception...). De prime abord, l'atmosphère peut sembler austère mais, à voir les visages réjouis des résidantes et le magnifique jardin qui donne sur l'église voisine, on est vite rassuré. Pas de coin cuisine mais un frigo est mis à disposition. Possibilité de repas sur place (8€). Double ou triple 19€/pers., dortoir (5 ou 8 lits) 16€/pers. Réserver assez tôt car il n'y a que 46 places. *Via Urbana, 158 (Monti) Tél. 06 48 90 45 23 Fax 06 482 79 89 acisjf@virgilio.it*

petits prix

Ostello Marello (plan 3, A2-3). C'est la version masculine de l'adresse précédente. Sous l'autorité du père supérieur de l'église voisine, au cœur du quartier de Monti, cette auberge accueille les jeunes gens voyageant seuls ou en groupe, uniquement de juillet à septembre. L'ambiance y est très sympathique et les chambres (2 ou 3 pers.), ainsi que les sdb communes, sont bien tenues. Comptez environ 25€/pers. (tarif dégressif selon le nombre de nuits). Pas de couvre-feu. *Via Urbana, 50/a (Monti) Tél. 06 488 21 20 Fax 06 481 97 43*

M&J Place (plan 3, B1). On ne dira pas que c'est le grand luxe : portes grinçantes, mobilier de bric et de broc... mais c'est propre. Et à ce prix, on ne peut guère espérer plus ! Fraîchement repeintes, les chambres donnent soit sur la rue (très passante... et on ne peut pas compter sur la climatisation pour dormir fenêtres fermées) soit sur une cour peu attrayante. On peut se servir du frigo de la cuisine et utiliser l'ordinateur pour relever son courrier électronique (2€/h). Double avec sdb 26€/pers. et 22€/pers. sans sdb. *Via Solferino, 9 (Termini) Tél. 06 446 28 02 Fax 06 490 467 www.mejplacehotels.com*

prix moyens

YWCA (plan 3, A2). Cette auberge de jeunesse était autrefois exclusivement réservée aux jeunes filles. Aujourd'hui, la direction accepte de plus en plus les groupes de jeunes gens, filles et garçons. Le règlement est sévère (le "couvre-feu" fixé à minuit est néanmoins négociable) mais c'est un endroit idéal pour ceux qui partent à plusieurs et comptent leurs euros. Celles qui voyagent seules s'y sentiront en sécurité. Comptez de 47€ pour une simple à 37€/pers. en double et 26€/pers. en triple ou quadruple. *Via Cesare Balbo, 4 (Monti) Tél. 06 488 0460/06 488 39 17 Fax 06 487 10 28 www.ywca-ucdg.it*

Pensione Ottaviano (plan 4, C2). Six chambres seulement et 2 sdb pour cette auberge de jeunesse qui n'en est pas vraiment une : bien que la moyenne d'âge n'atteigne guère la trentaine, rien de vous empêche, si vous avez l'esprit jeune, de loger ici. Accessoirement, il vous sera utile de parler l'anglais puisque l'accueil est assuré dans la langue de Shakespeare. Pour le reste, il faut savoir que les chambres, très spacieuses, sont rigolotes (plafonds à caissons et fresques murales aux couleurs criardes). De plus elles sont équipées d'un petit frigo et d'un casier personnel que l'on peut verrouiller. Pour vous chauffer une tasse de lait ou de café vous pourrez compter sur le micro-ondes sinon, passez à l'incontournable épicerie-café Castroni à deux pas. Double 70€, triple 81€ et 18€/pers. en dortoir. *Via Ottaviano, 6 (Prati) Tél. 06 39 73 81 38 Fax 06 39 73 72 53 www.pensioneottaviano.com gi.costantini@agora.stm.it*

Pensione Di Rienzo (plan 3, C3). Chez les Di Rienzo, tout le monde donne un coup de main. Le père, la mère et les filles sont là pour vous rappeler qu'ici, pas de surprise, la gestion est familiale, ce qui est synonyme d'hospitalité – accueil chaleureux et efficace – et d'un service irréprochable. La quinzaine de chambres, simples et très propres, donne sur une cour fleurie bien abritée du bruit. Réservation conseillée. Double avec sdb à 70€, et à 60€ sans sdb. *Via Principe Amedeo, 79/a (Esquilin) Tél. 06 446 71 31 Fax 06 446 69 80*

Hotel Il Castello (plan 3, C4). Encastré entre une série d'immeubles plutôt bourgeois, le tout au fin fond de l'Esquilin, dans une petite rue tranquille, cet hôtel porte bien son nom ! Au cas où vous ignoreriez le sens de *castello* ("château"), la façade ne vous laissera plus aucun doute possible ! Cette bâtisse que vous ne risquez pas d'oublier tient en effet à la fois du château fort et du décor de cinéma. Les chambres sont immenses, presque vides, un peu austères, donnant pour celles situées à l'arrière du bâtiment sur un paysage bucolique. Plusieurs possibilités d'hébergement, petit déjeuner inclus : double sans sdb de 42€ à 72€, double avec baignoire de 72€ à 103€ et double avec douche de 52€ à 82€ selon la saison. *Via Vittorio Amedeo II, 9 (Esquilin) Tél. 06 77 20 40 36/06 77 20 60 51 Fax 06 70 49 00 68 www.ilcastello.com info@ilcastello.com*

Centre pastoral d'accueil (plan 2, D3). Si on vous dit que même les religieuses sont devenues modernes, le croirez-vous ? Les conditions requises autrefois (être mariés) n'ont plus cours. Cependant demeure l'obligation d'être de retour vers 22h30. Les avantages ? Des chambres et des sdb immaculées, une situation idéale (autour du Vatican ou dans le Trastevere), un accueil irréprochable et, selon le lieu, un accès au jardin, voire un parking. Le centre pastoral qui s'occupe (en français !) de réserver fera le maximum pour vous loger, parfois même si vous les contactez à la dernière minute. L'idéal est de préciser assez tôt vos prétentions (sdb privative, parking...). Si le couvre-feu vous pose problème, le centre est aussi en contact avec des pensions ou petits hôtels sympathiques. Comptez 35€/pers. en institution religieuse (petit déj. compris) et 78€ la double à l'hôtel. *Via Santa Giovanna d'Arco, 10 (Piazza Navona) Tél. 06 68 80 38 15 Fax 06 683 23 24 centpastrome@hotmail.com*

Papà Germano (plan 3, B1). Petits prix, propreté, accueil chaleureux : une équation qui tient la route depuis trente ans déjà. Le patron, fier de la réputation de son établissement, a d'ailleurs affiché tels des trophées toutes les couvertures de guides qui vantent ses qualités. Pas de mauvaises surprises : les chambres, pas toujours très gaies en dépit du papier peint fleuri ou des murs jaune citron, sont spacieuses et fonctionnelles. Régulièrement rénovées, elles sont toujours impeccablement tenues. Double avec sdb de 57€ à 90€ selon la saison ; double sans sdb de 47€ à 72€. *Via Calatafimi, 14/a (Termini) Tél. 06 48 69 19/06 47 88 12 81Fax 06 47 82 52 02 www.hotelpapagermano.com*

Pensione Tizi (plan 3, B1). Cette pension se distingue par un accueil plus que jamais familial et un cadre avenant (les jolis papiers peints vous rappelleront peut-être des souvenirs d'enfance). Les 24 chambres modernes et propres ont été quasiment toutes rénovées. Pour le petit déjeuner, le café à l'angle de la rue fera l'affaire. Double sans sdb à 55€, double avec sdb à 65€. *Via Collina, 48 (Termini) (au 1er étage de l'hôtel Ercoli) Tél. 06 482 01 28 Fax 06 474 32 66*

Hotel San Paolo (plan 3, A3). Vous ne risquez pas d'oublier les superbes fresques du San Paolo. Inspirées de la chapelle Sixtine ou de l'Antiquité romaine et revisitées façon néokitsch, elles décorent chacune des chambres, petites et sans caractère, mais propres et fraîchement repeintes. Celles de devant sont bruyantes, d'autres donnent sur une ruelle calme. Accueil très serviable. Double sans sdb 60€, 80€ avec sdb. *Via Panisperna, 95 (Monti) Tél. 06 474 52 13/474 52 17 Fax 06 474 52 18 www.hotelsanpaoloroma.com*

Colors Hotel & Hostel (plan 4, E3). Pourquoi une auberge de jeunesse ou une pension bon marché devrait nécessairement avoir l'air austère ? Il semble que l'agence Enjoy Rome, propriétaire de cet établissement, a eu la ferme volonté de mettre fin à cette idée reçue ! Les portes et les murs on été repeints de toutes les couleurs, on a choisi un mobilier gai et des efforts ont été faits pour que les espaces communs soient conviviaux et bien entretenus. Enfin on a veillé à ce que l'accueil soit chaleureux (non-anglophones s'abstenir… ou comptez sur vos mains pour vous expliquer). Cinq doubles de 65€ à 89€ selon la catégorie – sans sdb, avec douche, avec baignoire – et la saison et un dortoir de 5 lits à 20€/pers. *Via Boezio, 31 (Prati) Tél. 06 687 40 30 www.colorshotel.com*

Boccaccio (plan 2, F2). À deux pas de la piazza Barberini, une pension de famille comme on les rêve encore, où on a le sentiment d'être accueilli chez un proche parent. Le mobilier y est sans doute pour quelque chose ainsi que l'attention discrète que la maîtresse de maison porte à ses hôtes. Sept chambres donnent sur la rue, dont on n'a pas à craindre le bruit car elle est peu passante, et une seule sur la cour intérieure. Les deux salles de bains communes, pour les chambres qui ne sont pas équipées, sont impeccables. Double sans sdb 73€, avec sdb 93€. *Via del Boccaccio, 25 (Tridente) Tél./fax 06 488 59 62*

Hotel Galli (plan 3, C1). Autour de la gare Termini, les enseignes se succèdent et l'on serait tenté d'imaginer qu'elles se valent toutes, conformes à la mauvaise réputation du quartier. Cet hôtel qui sort du lot offre des chambres bien tenues et un confort tout à fait correct (TV et a/c). Le prix de la nuit n'inclut pas le petit déjeuner, mais n'ayez aucun regret : vous trouverez à proximité cafés et boulangeries pour combler vos envies. Double de 60€ à 90€. *Via Milazzo, 20 (Termini) Tél. 06 445 68 59 Fax 06 446 85 01 www.albergogalli.com*

prix élevés

Hotel Ercoli (plan 3, B1). Situé à l'abri de la foule, voici un hôtel confortable. Pour mieux aborder le IIIe millénaire, il a fait peau neuve et a équipé les 14 chambres d'une salle de bains étincelante. Double de 75€ à 105€. *Via Collina, 48 (Termini) Tél./fax 06 474 54 54/06 474 40 63 www.hotelercoli.com*

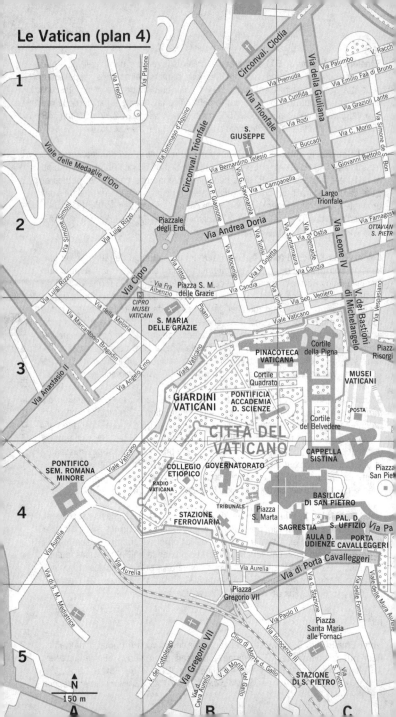

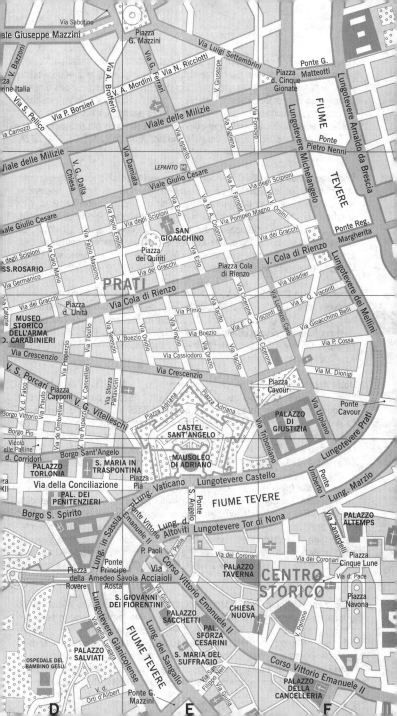

Perugia (plan 3, A4). Le point fort de cet établissement ? Sa situation : à deux pas du Colisée, dans une rue calme et bien reliée au centre historique. Pour le reste, le bâtiment aurait besoin d'un coup de neuf. Si l'on ne peut pas dire que ça manque de confort et de propreté, on note néanmoins que l'atmosphère vieillotte n'est pas des plus accueillantes. Sachez enfin que c'est une des adresses les moins chères du quartier et qu'en basse saison vous pourrez négocier les tarifs. Double de 80€ à 135€. *Via del Colosseo, 7 (Colisée) Tél. 06 679 72 00 Fax 06 678 46 35 www.hperugia.it*

Pensione Panda (plan 6, C5). Pour ceux qui veulent multiplier les rendez-vous romantiques sur les marches de la piazza di Spagna sans avoir à traverser la ville ou pour les inconditionnels du jogging qui iront s'entraîner à la Villa Borghese, on ne trouvera pas mieux, à ce prix en tout cas. Rénovées avec goût, les 20 chambres de cette pension donnent sur une cour intérieure agréable, plus calme que la via della Croce, très animée la journée. Chambre double de 68€ sans sdb à 98€ avec sdb, chambre simple sans sdb (48€) ou avec sdb (68€). *Via della Croce, 35 (Piazza di Spagna) Tél. 06 678 01 79 www.hotelpanda.it*

Pomezia (plan 2, D4). Sur les 25 chambres de cet hôtel, une quinzaine ont été rénovées ainsi que l'entrée et la salle du petit déjeuner. Parquet et mobilier de bois clair, déco un peu clinquante... l'ensemble n'a pas vraiment de cachet mais c'est confortable, propre et situé à deux pas du Campo dei Fiori, dans une rue agréable. Double à 125€. *Via dei Chiavari, 13 (Campo dei Fiori) Tél./fax 06 686 13 71 www.hotelpomezia.it*

Hotel Arenula (plan 2, D4). On vous annonce la couleur dès le seuil franchi : blanc immaculé. Cet hôtel de 50 chambres, situé juste au bord du Ghetto et à quelques pas du Campo dei Fiori, est aménagé dans un *palazzo* du XIXe siècle. Et si le charme manque... on finira par se convaincre qu'à ce prix et à cet endroit on ne peut pas trop tout avoir. Chambres doubles entre 98€ et 192€, petit déj. compris. *Via Santa Maria dei Calderari, 47 (Campo dei Fiori-Ghetto) Tél. 06 687 94 54 Fax 06 689 61 88 www.hotelarenula.com hotel.arenula@flashnet.it*

Hotel Florida (plan 4, E3). À votre droite, la piazza dell'Unità et le Vatican ; juste en face, Castroni et Franchi, une épicerie fine et un traiteur dont les délices donnent le tournis... le tout dans une rue très animée mais dont on n'entend pas le bruit une fois dans sa chambre puisque celle-ci donne sur la cour intérieure. Sdb, TV, téléphone : rien à redire sur le confort mais, comme souvent, c'est impersonnel. Double de 100€ à 120€ selon la saison. *Via Cola di Rienzo, 243 (Prati) Tél. 06 324 18 72/16 08 Fax 06 324 18 57 www.hotelfloridaroma.it*

Hotel Kennedy (plan 3, C3). Un des hôtels les plus fiables dans le quartier de l'Esquilin. La pension d'autrefois a été cédée à une famille qui a le sens des affaires mais n'a pas oublié pour autant les règles fondamentales de l'hospitalité. Tous les efforts ont été mis en œuvre pour rendre l'établissement le plus agréable possible : chaque année, on essaie de repeindre telle chambre, de refaire les salles de bains, d'aménager une salle de sport, de sorte qu'aujourd'hui, la rénovation est achevée. Si elles sont disponibles, demander une des chambres avec vue sur l'Aquarium romain et le parc voisin. Double de 90€ à 150€, petit déj. inclus. *Via Filippo Turati, 62/64 (Esquilin) Tél. 06 446 53 73 Fax 06 446 54 17 www.hotelkennedy.net*

☺ **Hotel Fiori (plan 3, A2).** Situé dans un *palazzo* élégant du côté de la piazza Venezia et du centre historique, cet hôtel propose 12 chambres confortables, bien réaménagées (tons pastel, joli mobilier) et avec vue sur des jardins. On ne craindra pas le bruit, le double vitrage est efficace et la climatisation aussi. Un bémol cependant : le prix de la chambre matrimoniale passe du simple au double en haute saison (de 80€ à 180€). *Via Nazionale, 163 (Monti) Tél. 06 679 72 12/06 679 55 25 Fax 06 679 54 33 www.travel.it/roma/hotelfiori*

Smeraldo (plan 2, C4). Cet hôtel est fréquenté aussi bien par des lycéens en séjour scolaire que par des familles. Les chambres, absolument impersonnelles, ressemblent à celles d'un hôtel international. Le petit déjeuner est en supplément (7€), ce qui vous laisse libre de goûter les brioches du *forno* voisin, via Chiavari, 34, juste à l'angle. Double de 100€ à 130€. *Vicolo dei Chiodaroli, 9 (Campo dei Fiori) Tél. 06 687 59 29/06 689 21 21 Fax 06 68 80 54 95 www.hotelsmeraldoroma.com*

Navona (plan 2, D3). Une des meilleures adresses du centre historique. Véritable lieu de mémoire, ce *palazzo* installé sur le site des thermes d'Agrippa a en effet hébergé Keats et Shelley. Les chambres sont toutes avenantes et calmes, même si elles donnent sur la rue. Double à 110€. *Via dei Sediari, 8 (Piazza Navona) Tél. 06 686 42 03 Fax 06 68 80 38 02 www.hotelnavona.com*

Antica Locanda (plan 3, A3). Rossini, Puccini, Verdi, Vivaldi, le Caravage... sont les heureux parrains des 9 chambres de cette auberge qui cultive la fibre nostalgique avec beaucoup de talent. Elles sont toutes différentes, meublées avec goût et confortables. Les hôtes ont accès à une terrasse romantique, idéale les soirs de pleine lune ou quand il fait trop chaud. Double de 119€ à 130€ selon la saison et 155€ à Pâques, Noël et Nouvel An. *Via del Boschetto, 84 (Monti) Tél. 06 47 88 17 29/06 47 88 10 57/06 474 22 05 Fax 06 487 11 64/06 47 82 34 00 www.antica-locanda.com*

Hotel Viminale (plan 3, A2-3). Cet hôtel de Viminale situé un peu en surplomb donne sur le campanile roman de l'église Santa Pudenziana et, plus loin, sur la basilique Santa Maria Maggiore. Les 55 chambres à la décoration élégante sont spacieuses et offrent un grand confort. Aux étages supérieurs, deux terrasses, et une autre au rdc où vous pourrez prendre le petit déjeuner à la belle saison. Accueil efficace. De 95€ à 180€ selon la saison. *Via Cesare Balbo, 31 (Viminale-Monti) Tél. 06 488 19 10 Fax 06 487 20 18 www.leonardihotels.com*

Hotel des Artistes (plan 3, B1). C'est sans doute un des meilleurs rapports qualité-prix du quartier : 70 chambres très confortables, meublées avec goût (tapis et tableaux), dans un immeuble qui sent bon les produits d'entretien. Pour les petits budgets, l'hôtel propose quelques dortoirs (jusqu'à 6 lits) ou chambres doubles plus ordinaires, avec sdb commune à l'étage (selon le type de chambre, de 16€ à 42,5€/pers.). N'hésitez à effectuer vos réservations par internet : la

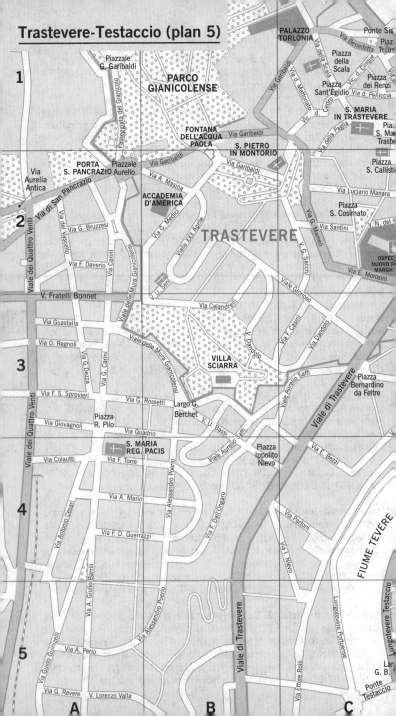

Trastevere-Testaccio (plan 5)

PALAZZO TORLONIA

Ponte Sis

Via Benedetta

Piaz
Triluss

Via della Scala

Via d. Cinque

Piazza
della Scala

Piazzale
G. Garibaldi

**PARCO
GIANICOLENSE**

Via Garibaldi

Vic. d. Cedro

Piazza
dei Renzi

Via Mattonato

Piazza
Sant'Egidio

Via d. Pelliccia

**S. MARIA
IN TRASTEVERE**

Vic. d. Atto

Via della Paglia

Pia
S. Ma
Traste

**FONTANA
DELL'ACQUA
PAOLA**

Via Garibaldi

**S. PIETRO
IN MONTORIO**

Via Garibaldi

Passeggiata del Gianicolo

Piazza
S. Callist

Via Garibaldi

**PORTA
S. PANCRAZIO**

Piazzale
Aurelio

Via Garibaldi

Via
Aurelia
Antica

Via A. Masina

Via Luciano Manara

Via di San Pancrazio

**ACCADEMIA
D'AMERICA**

Piazza
S. Cosimato

V. N. del

Via del Vascello

Via G. Bruzzesi

Via G. Medici

TRASTEVERE

Via G. Mameli

Via Santini

Viale dei Quattro Venti

Via F. Daverio

Via Carini

Viale XXX Aprile

V. G. Sacchi

OSPEE
NUOVO R
MARGH

Via E. Morosini

V. U. Serr

Viale Glorioso

V. Fratelli Bonnet

Viale delle Mura Gianicolensi

Via Calandrelli

Via F. Casini

Via Dandolo

Via Guastalla

V. Dandolo

Via G. Dezza

Via O. Regnoli

Via G. Carini

Viale delle Mura Gianicolensi

**VILLA
SCIARRA**

Via Aurelio Saffi

Viale di Trastevere

Piazza
Bernardino
da Feltre

Viale dei Quattro Venti

Via F. S. Sprovieri

Via G. Rossetti

Largo G.
Berchet

V. U. Bassi

Via E. Bezzi

Piazza
R. Pilo

Via Giovagnoli

Via Quadrio

Viale Aurelio Saffi

Piazza
Ippolito
Nievo

Via Colautti

**S. MARIA
REG. PACIS**

Via F. Torre

Via Alessandro Poerio

Via A. Mario

Via F. Dall'Ongaro

Via Partoni

Via Antonio Cesari

Via F. D. Guerrazzi

Via I. Nievo

FIUME TEVERE

Via A. Giulio Barilli

Via Alessandro Poerio

Lungotevere Portuense

Lungotevere Testaccio

Via A. Perio

Via Guido Guinizelli

Viale di Trastevere

Via Ettore Rolli

Lar
G. B.

Via G. Revere

V. Lorenzo Valla

Ponte
Testaccio

A   **B**   **C**

1

2

3

4

5

chambre double vous coûtera alors de 109€ à 159€ au lieu de 185,92€. *Via Villafranca, 20 (Termini) Tél. 06 445 43 65 Fax 06 446 23 68 www.hoteldesartistes.com*

Hotel Trastevere (plan 5, C2). Cet hôtel est une fenêtre sur la vie quotidienne du quartier du Travestere. Tous les matins vous pourrez donc assister au spectacle qui anime la piazza San Cosimato : vendeurs d'agrumes, de petites tomates cerises, de roquette sauvage, de charcuterie ou de fromages. L'intérieur manque un peu de caractère mais on ne peut faire aucun reproche sur l'effort qui a été fourni pour rendre les chambres propres et confortables. Spécial familles : les chambres doubles se transforment en triple ou quadruple grâce à des lits superposés qui surgissent d'un placard ! Double à 103€, triple à 130€, quadruple à 155€, petit déj. inclus. *Via Luciano Manara, 24/a-25 (Trastevere) Tél. 06 581 47 13 Fax 06 588 10 16 www.hoteltrastevere.com*

Pensione Barrett (plan 2, D4). Le lieu en impose, on est en plein centre historique, là où se croisent le passé et la modernité : d'un côté les vestiges de l'Area Sacra, de l'autre le nouveau tramway qui file vers le Trastevere. Une fois franchie la porte de cet élégant *palazzo*, laissez-vous séduire par cette pension : des plantes vertes, des tableaux et une atmosphère très chaleureuse. Les chambres, sont simples mais fonctionnelles (petit frigo et machine à espresso, TV). Choisissez de préférence celles qui donnent sur la cour, plus agréables et moins bruyantes que celles côté largo Torre Argentina. Double à 110€. *Largo Torre Argentina, 47 (Campo dei Fiori-Ghetto) Tél. 06 686 84 81 Fax 06 689 29 71*

grand luxe

Hotel Bolivar (plan 2, F4). Le grand atout de cet hôtel réside dans sa situation à l'intersection de deux quartiers et de deux axes très passants (le Forum impérial, la piazza Venezia en bas et la via Nazionale en haut) tout en donnant l'impression d'être isolé, bien à l'abri de l'effervescence. Attention ! Les chambres sont inégales, certaines quasiment luxueuses, vastes, décorées de tentures rouges et de tableaux, avec des salles de bains de rêve... et d'autres, plus ordinaires. Si c'est possible, demandez à les visiter en vous assurant du prix (de 130€ à 310€). *Via della Cordonata, 6 (Piazza Venezia) Tél. 06 679 16 14/06 699 16 66 Fax 06 679 10 25 www.travel.it/roma/bolivar bolivar@travel.it*

Abruzzi (plan 2, D3). Cette adresse ne fera pas de déçus : les 25 chambres de l'hôtel donnent toutes sur la place du Panthéon, sans doute l'un des plus beaux monuments de l'Antiquité romaine. On est donc en plein cœur de Rome, avec les avantages et les inconvénients que cela représente. Ceux qui veulent vivre la *dolce vita*, lézarder jusqu'à plus d'heure sur une des terrasses alentour, seront à la bonne enseigne. Les chambres ont été rénovées. Comptez de 175€ à 195€ pour une chambre double. *Piazza della Rotonda, 69 (Panthéon) Tél. 06 679 20 21 Fax 06 697 880 76 www.hotelabruzzi.it*

Campo de' Fiori (plan 2, C4). Les chambres ne vous laisseront peut-être pas un souvenir impérissable bien qu'elles soient plutôt accueillantes, propres... mais ce que vous n'oublierez certainement pas c'est la terrasse panoramique, ses transats pour faire bronzette et la vue sur le quartier. Doubles de 120€ à 150€, petit déj. inclus. L'hôtel loue aussi quelques appartements bien équipés, de 2 à 4 pers., comptez de 160€ à 230€ (petit déj. et ménage inclus). *Via del Biscione, 6 (Campo dei Fiori) Tél. 06 68 80 68 65/06 687 48 86 Fax 06 687 60 03 www.hotelcampodefiori.com campodefiori@inwind.it*

Albergo del Sole (plan 2, C4). De l'entrée, on a difficilement l'idée de ce qui se joue dans les étages de cet hôtel. Il faut donc s'engager dans l'escalier raide pour atteindre, au premier, la réception. On perçoit alors encore à peine ce que recèle cette vieille bâtisse, caractéristique du vieux Rome : des recoins, de petits balcons fleuris à chaque étage et une terrasse au dernier, donnant sur la coupole de l'église Sant'Andrea della Valle et sur les toits roses et ocre du quartier. Les 58 chambres ont toutes été rénovées, avec plus ou moins de bonheur, les plus jolies conservant leur plafond en bois à caissons. Double à 125€ sans petit déj. Garage. *Via del Biscione, 76 (Campo dei Fiori) Tél. 06 68 80 68 73/06 687 94 46 Fax 06 689 37 87 www.soleialbiscione.it*

Spring House Hotel (plan 4, B2). Situé dans une petite rue juste à l'arrière des musées du Vatican, cet hôtel moderne peut se vanter de répondre à toutes les normes de confort et vous épargnera les mauvaises surprises, mais il ne faut rien en attendre de plus. Sur les 51 chambres, une bonne partie disposent d'un joli balcon fleuri, les autres donnent sur une cour intérieure et 2 chambres, aménagées au tout dernier étage, offrent une vue imprenable sur la basilique Saint-Pierre. Double de 110€ à 200€ petit déj. inclus. *Via Mocenigo, 7 (Vatican) Tél. 06 39 72 09 48 Fax 06 39 72 10 47 www.hotelspringhouse.com*

Grifo (plan 3, A3). Ça n'est pas un hôtel de charme mais, si tout est complet dans le quartier, il sera difficile de faire la fine bouche. D'autant qu'il a le mérite d'être au cœur de l'action : via del Boschetto s'alignent ateliers d'artisans, antiquaires et *enoteche*, et la vue sur les toits depuis sa terrasse est splendide. Les chambres sont impeccables mais sans originalité. Double de 120€ à 140€. *Via del Boschetto, 144 (Monti) Tél. 06 487 13 95/06 482 75 96 Fax 06 474 23 23 www.hotelgrifo.com*

Hotel Parlamento (plan 2, E2). D'emblée vous serez ici pris en main, dorloté. On vous précise qu'il y a même du Nutella au petit déjeuner... c'est dire ! Cet hôtel a décidément tout pour plaire : aménagé dans un *palazzo* du XVIIᵉ siècle situé à deux pas de la piazza di Spagna et des rues commerçantes chic, il a été modernisé avec goût et ses chambres ont presque toutes un confort digne d'un 3 étoiles. Au dernier étage, 3 chambres ouvrent sur une terrasse fleurie. Double de 120€ à 157€ et de 145€ à 150€ pour celles avec terrasse. *Via delle Convertite, 5 (Tridente) Tél. 06 679 20 82/06 69 94 16 97 Fax 06 69 92 10 00*

Amalia (plan 4, D2). Il vous sera facile de retrouver votre chemin : la façade rouge et blanc de l'Amalia ne passe pas inaperçue. Dans ce *palazzo* de la fin du XIXᵉ siècle, les chambres ont été remises au goût du jour : les plus simples, moins chères, sont meublées sobrement (mobilier en bois clair et salle de bains sans trop de chichis) ; grand jeu du côté des "supérieures", plus spacieuses et décorées avec soin, elles possèdent des salles de bains hollywoodiennes. Pour

Tridente-Villa Borghese (plan 6)

1

Piazza Monte Grappa

Ponte del Risorgimento

Piazzale delle Belle Arti

Viale delle Belle Arti

Viale Bruno Buozzi

S. EUGENIO

SCUOLA SUP. DI ARCHITETTURA

ACCAD. AUSTRIACA

ACCAD. BRITAN

Piazzale W. Churchill

Piazzale S. Bolíva

Lungotevere delle Armi

FIUME TEVERE

Lungotevere delle Navi

Via G. Gravina

Via Flaminia

Via G. Filangeri

Piazza della Marina

MINISTERO DELLA DIFESA

MUSEO NAZ. ETRUSCO DI VILLA GIULIA

VILLA GIULIA

Piazza Thorvald

Viale delle Belle

ACCADEMIA DI ROMANIA

Piazza José de S. Martín

ISTITUTO STORICO OLANDESE

Piazza Firdusi

ACCADEMIA BELGA

Piazza Paolin Borghe

VILLA STROHL-FERN

2

Via d. A. Azuni

Ponte G. Matteotti

Via Pisanelli

Via P. S. Mancini

Via d. Scialoja

Via C. Beccaria

Via G. Romagnosi

Via Flaminia

VILLA RUFFO

Piazzale del Fiocco

FLAMINIO Ⓜ

Viale D. Lubin

Viale Washington

3

Lungotevere Michelangelo

Ponte P. Nenni

V. P. Magno

Lungotevere Arnaldo da Brescia

PORTA DEL POPOLO

Piazzale Flaminio

Viale del Muro Torto

Viale Valadier

Piazzale Napoleone I

PINCIO

V. L. di Savoia

S. MARIA D. POPOLO

Piazza del Popolo

Viale d. Obelisco

Casina Valadier

4

Via dei Gracchi

Piazza della Libertà

Ponte Reg. Margherita

Via F. di Savoia

Lungotevere in Augusta

S. M. DI MONTESANTO

S. M. DEI MIRACOLI

Via Angelo Brunetti

CASA DI GOETHE

PALAZZO RONDININI

Via del Corso

Viale Villa Medicis

Via Valadier

Via E. Q. Visconti

Via G. Belli

Via di Ripetta

OSPEDALE S. GIACOMO

Via di Gesù e Maria

GESÙ E MARIA

Via Margutta

V ME

Via S. Giacomo

5

Via F. Cesi

Via Lucrezio Caro

Via P. Cossa

Via Dionigi

Via V. Colonna

Piazza Cavour

Via P. Cavallini

FIUME TEVERE

Lungotevere in Augusta

Via di Ripetta

Ponte Cavour

ACCAD. DI BELLE ARTI

Via Canova

Via della Frezza

ARA PACIS AUGUSTÆ

MAUSOLEO DI AUGUSTO

Piazza Augusto Imperatore

Via Tomacelli

Via dei Greci

TRIDENTE

Via Vittoria

Via della Croce

Via del Corso

Via Belsiana

Via d. Carrozze

SS. AMBROGIO E CARLO AL CORSO

Via del Condotti

Via Borgo

SPAGN

N
200 m

A **B** **C**

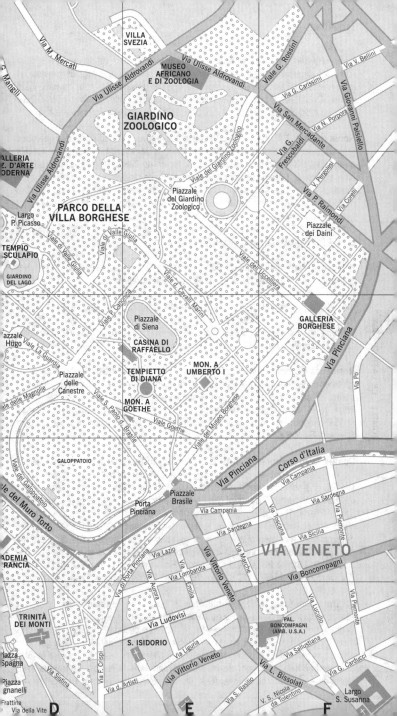

faire votre choix, demandez à les visiter, car la différence de prix entre les deux n'est pas excessive. Le petit déjeuner est inclus mais, pour les récidivistes ou les gourmands, une succursale de l'épicerie fine Castroni tient le haut du pavé juste à côté. Double de 116€ à 210€. *Via Germanico, 66 (Vatican-Prati) Tél. 06 39 72 33 54/06 39 72 33 56 Tél./fax 06 39 72 33 65 www.hotelamalia.com*

Nerva (plan 2, F4). Pas de vue dégagée sur le forum impérial, situé à quelques mètres… Au contraire, si l'on ouvre ses fenêtres, le regard bute sur un mur. Mais quel mur ! Il s'agit d'un pan de mur du forum de Nerva (97 ap. J.-C.), encore bien conservé. L'établissement a été entièrement rénové, sans perdre son âme (poutres apparentes ou plafonds à caissons). Sa position, au creux du quartier de Monti, fait rêver bien des hôteliers : d'un côté, les vestiges de l'Antiquité ; de l'autre, l'authenticité romaine dans toute sa splendeur, populaire et chaleureuse. Double de 118€ à 220€. *Via Tor de' Conti, 3 (Monti) Tél. 06 678 18 35/06 679 37 64 Fax 06 69 92 22 04 www.hotelnerva.com*

Residenza Zanardelli (plan 2, C2). À deux pas de la piazza Navona, cet hôtel ravira les amoureux du baroque italien : 6 chambres dans un splendide palais du XVIIIe siècle. Salles de bains de rêve et mobilier luxueux. Rien à craindre de la rue : double vitrage et air conditionné en été. Pour espérer y séjourner, il faudra réserver au plus tôt. Double de 115 à 140€. *Via G. Zanardelli, 7 (Piazza Navona) Tél. 06 68 21 13 92/06 68 80 97 60 Fax 06 68 80 38 02 www.residenzazanardelli.com*

Residenza Farnese (plan 2, C4). Chut ! Voici une adresse encore presque confidentielle. Adossée au Palazzo Farnese, cette grosse bâtisse du XVe siècle abrite 28 chambres donnant toutes sur les petites rues calmes des alentours. Pour un 4 étoiles, c'est le meilleur rapport qualité-prix qu'on connaisse (145€ la double), surtout à cet endroit. *Via del Mascherone, 59 (Piazza Farnese) Tél. 06 68 89 13 88 Fax 06 68 21 09 80 residenzafarnese@libero.it*

Domus Aventina (plan 7, A4). Cet hôtel est installé dans un ancien couvent du XVIIe siècle, dont les derniers étages sont encore occupés par des moines. Les 26 chambres, toutes spacieuses et très confortables (TV, moquette, salles de bains modernes), donnent sur la cour arborée de l'église paléochrétienne Santa Prisca. Rien d'austère dans tout ça, au contraire ! C'est absolument charmant et l'accueil qu'on vous réserve est plus que chaleureux. Le soir vous pourrez faire aux alentours plusieurs balades romantiques telles, à quelques pas, une roseraie où sont cultivées des centaines d'espèces et une orangeraie. Double de 130€ à 205€ selon la saison. *Piazza di Santa Prisca, 11/b (Aventin) Tél. 06 574 61 35/574 61 89 Fax 06 57 30 00 44 www.domus-aventina.com*

☺ **Bramante (plan 4, D3).** Situé dans le Borgo Pio, le quartier médiéval qui sépare la basilique Saint-Pierre du Castel Sant'Angelo, tout contre la muraille du Vatican, cet hôtel de 16 chambres fut la demeure de Domenico Fontana, architecte du pape Sixte V à la fin du XVIe siècle. Le moindre détail a été soigné afin de ne pas jurer avec l'atmosphère du lieu si bien qu'en regardant par la fenêtre on a vraiment le sentiment de faire un voyage dans le temps. Chambres avec plafonds à caissons ou mansardées, les premières donnant sur une petite rue pavée, les secondes sur une jolie terrasse ; chacun y trouvera son bonheur. Pour couronner le tout, vous serez dorloté comme un coq en pâte. De 150€ à 198€ la double, prix réduits en juillet et août. *Vicolo delle Palline, 24-25 (Vatican) Tél. 06 68 80 64 26 Fax 06 681 33 39 www.hotelbramante.com*

☺ **Villa San Pio (plan 5, E4).** Comment résister ? Des pins parasols et un décor champêtre au petit déjeuner, vue sur la ville et confort qui va au-delà des normes habituelles (connexion Internet dans la chambre, sdb en marbre, mobilier précieux et, pour certaines chambres, des terrasses privatives)... Sur le groupe d'hôtels gérés par la maison, le San Pio est le plus séduisant. Les 79 chambres sont réparties dans 3 magnifiques villas et, en plus, on a l'impression d'être en pleine campagne alors que le métro est à deux pas (Piramide ou Circo Massimo). Accueil sans faute ! Double de 155€ à 197€ selon la saison. *Via di Santa Melania, 19 (Aventin) Tél. 06 578 32 14/06 574 51 74/06 574 35 47 Fax 06 574 11 12 www.aventinohotels.com*

Hotel Celio (plan 3, B5). En jetant un premier coup d'œil à cette villa cossue, située à mi-chemin entre le Colisée et Saint-Jean-de-Latran, on se demande bien pourquoi on n'a eu de cesse de vous la recommander comme une véritable adresse de charme. Heureusement, dès le hall d'entrée, les doutes s'estompent rapidement : ici, c'est le triomphe de l'audace, un mélange de styles et de genres (rococo, néoclassique ou Art nouveau), sans jamais faillir à l'ordre du bon goût. Dix-neuf chambres luxueuses toutes différentes, habillées de miroirs, de fresques ou de mosaïques ! Et à proximité, plusieurs parcs très agréables. Comptez de 160€ à 310€ selon la saison et le confort. *Via dei Santi Quattro, 35/c (Celio) Tél. 06 70 49 53 33 Fax 06 709 63 77*

Teatro di Pompeo (plan 2, C4). La place qui occupe aujourd'hui le site de l'ancien théâtre de Pompée (55 av. J.-C.) est l'un des lieux les plus surprenants de Rome : arrondie, suivant les courbes du théâtre romain, elle donne clairement l'idée de ce qui exista ici autrefois. L'hôtel a gardé cet esprit, aménageant les vestiges au sous-sol pour le petit déjeuner (très bon buffet) ou le restaurant. L'ensemble est exceptionnel mais, pour en profiter, il faudra être vigilant et réserver assez tôt (il n'y a que 12 chambres, dont 6 donnent sur la place, les autres sur une cour intérieure). Double à 190€ (prix négociable en basse saison). *Largo del Pallaro, 8 (Campo dei Fiori) Tél. 06 687 28 12/06 68 30 01 70 Fax 06 68 80 55 31 www.hotelteatrodipompeo.it*

Hotel Raphael (plan 2, C2). Un des plus beaux hôtels de Rome ! Dissimulé derrière un rideau de lierre, vous découvrirez un cadre distingué qui ne pèche jamais par excès de luxe et en réserve néanmoins toutes les féeries. Ainsi la réception ressemble-t-elle à une collection privée qui ne raconterait pas l'histoire d'un art en particulier, mais plutôt les tentations du collectionneur : s'y trouvent côte à côte des antiquités et des céramiques de Picasso, tout un mélange de styles et de genres. Sur le toit, une terrasse avec une vue spectaculaire sur la ville où l'on peut déjeuner, boire un verre ou dîner. Dans les chambres : mobilier précieux, pièces d'art et salles de bains avec marbres et faïences donnent une touche vraiment originale. De 390€ à 420€ la double. *Largo Febo, 2 (Piazza Navona) Tél. 06 68 28 31 Fax 06 687 89 93 www.raphaelhotel.com*

Manger à Rome

Au même titre que les antiquités, les musées et le foot, la découverte de la gastronomie romaine est indispensable ! On dit d'ailleurs que Rome, berceau de la civilisation moderne, a la cuisine la plus "populaire" du monde, au sens propre du terme. La légende veut que, lorsque la Rome impériale ou pontificale se met à table, c'est dans le ghetto juif ou dans les ruelles de la ville plébéienne qu'elle va chercher des recettes. Ce qui ne veut pas dire qu'elle manque de goût mais qu'elle est incontestablement "rustique" ! Aujourd'hui, quelques *trattorie* perpétuent la tradition, héritières de ces savoir-faire. À côté de ces adresses, vous trouverez d'innombrables pizzerias, restaurants modernes ou repaires de spécialités régionales issues de toute la péninsule. Sachez également que la réservation est presque obligatoire le soir et le week-end, et qu'au mois d'août de nombreux restaurants sont fermés. En ce qui concerne les **enoteche** : nous n'avons retenu ici que celles qui se révélaient être une alternative aux restaurants traditionnels, où il était possible de déjeuner ou dîner.

Manger entre la piazza Navona et le Panthéon

Pour une fois, peut-être, vous aurez raison de vouloir déjeuner ou dîner à proximité des plus beaux monuments de Rome. La particularité presque exceptionnelle de ce quartier est d'avoir su conserver ses traditions et ses petits restaurants populaires sans se laisser perturber par la foule qui le traverse en toute saison, et d'offrir une gamme d'établissements qui satisfera tous les budgets.

très petits prix

Pizzeria Da Baffetto (plan 2, C3). Baffetto, "petite moustache", vous saurez vite le reconnaître : il est sur toutes les photos accrochées aux murs au côté de vedettes et il rôde autour des tables avec bienveillance. C'est la pizzeria la plus populaire de Rome, toujours bondée, qui rassemble touristes, jeunes Romains, hommes d'église en soutane, *tiffosi* de la Roma… tout un monde qui ne se croiserait peut-être pas ailleurs. Ne craignez pas la file qui se crée spontanément devant la porte car l'attente est rarement très longue. Quant à la pizza, elle est très fine, à la romaine, et commence à 7€. Éviter le vin, tout à fait ordinaire. *Via del Governo Vecchio, 114 Tél. 06 686 16 17 Ouvert tlj. 18h30-1h*

Pizzeria Montecarlo (plan 2, C3). C'est grand, animé et bruyant et les aficionados n'hésitent pas à faire la queue pour la pizza, très fine et très croquante. Pour changer de la margherita, on peut goûter les *fritti* ou les *bruschette*. *Vicolo dei Savelli, 12 Tél. 06 686 18 77 Ouvert mar.-dim. 19h-1h*

petits prix

Trattoria Da Tonino (plan 2, C3). Pas d'enseigne, des portes vitrées constamment embuées qui cachent l'intérieur, deux néons au plafond, une odeur chaude de brocoli quand on passe la porte et des personnages dignes d'une bande dessinée qui font à peine cas de vous… Tonino, c'est bien le genre d'adresse que seul un Romain peut vous conseiller car il est presque impossible d'y arriver par hasard. Les *primi* sont rustiques, un peu trop gras (*carbonara, amatriciana, rigatoni* aux brocolis, pâtes et haricots en minestrone), mais les *secondi* sont délicieux : *involtini alla romana* (paupiettes de bœuf farcies de petits légumes), agneau au four avec des pommes de terre, *straccetti con rucola* (bœuf fin sauté au vin blanc) ou saucisses-lentilles. *Via del Governo Vecchio, 18 Tél. 06 687 70 02 Ouvert lun.-ven. 12h-15h, 19h-0h, sam. 12h-15h*

☺ **Da Alfredo e Ada (plan 2, B3).** Imaginez que votre grand-mère habite Rome et qu'elle vous reçoive dans sa salle à manger. Ada tient sa *trattoria* avec une chaleur incomparable, et sert ses clients comme s'ils étaient ses petits-enfants, jugeant elle-même des quantités et de ce qu'il vous faut goûter : *rigatoni al sugo* (sauce tomate à la viande), *spezzatino in bianco con piselli* (sauté de veau aux petits pois) ou poulet aux fèves et romarin. D'office, le pichet de vin blanc *della casa* et la bouteille d'eau gazeuse sont posés sur la table et, si elle ouvre une bouteille de *spumante* pour des clients, elle ne fera pas de jaloux et viendra spontanément remplir vos verres. Évidemment, au moment de partir, elle n'oublie pas de vous raccompagner à la porte en vous disant de revenir la voir bientôt. *Via dei Banchi Nuovi, 14 Tél. 06 687 88 42 Ouvert lun.-ven. 12h-15h, 19h-22h30*

Da Francesco (plan 2, C3). Un classique. De même que le Bar del Fico, juste à côté, appartient au *Triangolo delle bevute* (cf. Où prendre un *aperitivo*), cette *trattoria* fait partie des restaurants que les Romains vous citeront spontanément. Le buffet d'*antipasti* est interminable : artichauts sous toutes les formes (marinés, à la romaine, à la juive), courgettes sautées au vinaigre balsamique, aubergines grillées ou marinées à l'huile d'olive, champignons... Pour les *primi* et *secondi*, pas d'originalité particulière dans le menu mais ils sont très corrects : *pasta cacio e pepe* (fromage et poivre), au *ragù* (sauce tomate à la viande), à l'*amatriciana*, suivis des tripes à la romaine, des saucisses de viande ou du poulet grillé. Le soir, la *trattoria* devient aussi pizzeria. *Piazza del Fico, 29 Tél. 06 686 40 09 Ouvert mar.-dim. 12h-15h, tlj. 19h-1h*

Maccheroni (plan 2, D2). Les députés du Parlement voisin n'ont que quelques pas à faire pour venir déjeuner ici mais ce n'est pas la seule raison qui les amène dans cette *trattoria*. Le cadre est agréable, "à l'américaine", avec une immense cuisine ouverte, trois salles en enfilade, une petite terrasse l'été et un service efficace. Quant aux spécialités, on a l'embarras du choix entre les *primi*, copieux et savoureux (*cacio e pepe, pesto, amatriciana, carbonara*), les délicieuses salades (roquette, poire et parmesan ou à base d'épeautre) et les *secondi*, classiques et réussis. *Piazza delle Coppelle, s/n Tél. 06 68 30 78 95 Ouvert lun.-sam. 13h-15h, 20h-0h*

☺ **Boccon Divino (plan 2, B3).** Le mystère qui entourait Boccon Divino a bien failli rester entier. Impossible à trouver... pas une enseigne, pas une fenêtre ouverte. Il faut dire que rien ne laisse présager ce qu'on découvre au n°28, sauf à insister, aller au-delà du portail et pousser la porte ! Il s'agit d'une association gastronomique, en tous points similaire à un restaurant sauf qu'on vous fera membre en vous remettant une carte. Peu importe ce que toutes ces cachotteries recouvrent, tant qu'on pourra revenir ici dîner, goûter ces magnifiques linguine aux langoustines et fleurs de courgette, ces *schiaffoni* au poulpe ou à la

chair de crabe et aux poireaux. En *secondi* : du gibier (cerf, faisan) ou du poisson (calamars au vin, mérou aux oranges) et en dessert, une *torta caprese*
(amandes et chocolat) moelleuse, juste à point, un tiramisù ou une *panna cotta*
maison. De la haute voltige pour des prix de *trattoria* ! Attention, il est impéra-
tif de réserver et de jouer profil bas – le patron fait tout pour ne pas attirer les
touristes ! *Via del Pavone, 28 Tél. 06 68 13 50 51 Ouvert 20h-0h*

prix moyens

Santa Lucia (plan 2, C2). Ce restaurant joue la carte de la séduction : le cadre,
très soigné – faïences aux murs de la salle du fond, spacieuse et lumineuse ;
collection de tableaux dans la première salle, plus intime – et surtout les spécialités puisant leur inspiration dans les traditions culinaires napolitaines. En
entrée, salade de poulpe, pommes de terre, haricots verts et tomates séchées,
petits gâteaux aux brocolis, potiron et noix, salade d'aubergines braisées...
Quand le menu romain a tendance à résumer les *primi* à la *carbonara* ou à
l'*amatriciana*, Santa Lucia vous réconcilie avec les pâtes : *tortellini* maison
farcis à la ricotta et aux noix ou *rigatoni* aux aubergines, à la *provola* et à la
ricotta salée (fromages fumés). En *secondi*, du mérou à l'*acqua pazza* (court-
bouillon épicé), des paupiettes de veau aux amandes et aux dattes ou de la
friture de poisson. Évidemment, les bonnes choses ont un prix, comptez
30€/pers. Adorable terrasse en été. Réservation conseillée. *Largo Febo, 12
Tél. 06 68 80 24 27 Ouvert mer.-lun. 20h-0h, sam.-dim. 13h-15h*

prix élevés

Boccondivino (plan 2, D2). Design et art contemporain servent de cadre à une
cuisine raffinée sans être prétentieuse : les raviolis d'aubergines à la sauce
tomate côtoient les raviolis de la mer à la crème d'asperge ; les *straccetti* aux
herbes (bœuf coupé fin et sauté) rivalisent avec la *tagliata*, tranche de bœuf
parfumée à la truffe... Toute la réussite de ce restaurant réside dans un habile
mélange de traditions et d'inventivité, une carte variant au gré des saisons et
des meilleurs produits du marché. *Piazza Campo Marzio, 6 Tél. 06 68 30 86 26
Ouvert lun.-sam. 12h30-15h, 19h30-23h*

grand luxe

Il Convivio Troiani (plan 2, C2). Un des fleurons des restaurants italiens,
aujourd'hui coté dans les guides gastronomiques européens. L'équation de base
est simple : recettes classiques revisitées et relevées d'un doigt de fantaisie et
produits de saison triés sur le volet. Ajoutons que la carte des vins ne laissera
personne indifférent (environ 1 000 références). Le cadre aussi est à la
hauteur : voûtes et fresques dans trois salles aussi agréables pour les dîners en
tête à tête que les tables d'amis. Comptez 75€/pers. mais ce n'est pas ce dont
vous vous souviendrez... *Vicolo dei Soldati, 31 Tél. 06 68 80 59 50/06 686 94
32 www.ilconviviotroiani.com Ouvert lun.-sam. 19h30-23h, mar.-sam. 12h-15h*

La Rosetta (plan 2, D3). "La" référence à Rome pour les amateurs de poisson et
de fruits de mer. Un accueil impeccable, des produits extra-frais, et surtout l'in-

croyable talent du chef pour marier les saveurs justifient cette mention. Du côté des spécialités saisonnières : splendides petits calamars avec trévise et vinaigre balsamique, spaghetti aux crevettes et fleurs de courgette, *tonnarelli* aux fruits de mer, beignets de langoustines, filet de thon grillé ou encore du loup de mer au gingembre et aux artichauts ! Comptez 110€/pers. le soir, 55€ à midi. *Via della Rosetta, 8/9 (à deux pas du Panthéon) Tél. 06 686 10 02/06 68 30 88 41 www.larosetta.com Ouvert lun.-ven. 12h45-14h45, lun.-sam. 19h45-23h30*

enoteche

Cul de Sac (plan 2, C3). Le premier-né des bars à vins romains. C'est toujours plein à craquer mais personne n'a l'air d'y prêter attention ; il suffit de se faire une petite place, de se laisser conseiller (la carte des vins interminable compte presque 1 000 références !) et de grignoter fromages et charcuteries. Évidemment, comme c'est à l'angle de la piazza Navona, vous ne serez pas le seul touriste... mais les Romains ne rechignent pas à se joindre à vous. *Piazza Pasquino, 73 Tél. 06 68 80 10 94 Ouvert mar.-dim. 12h-16h, 19h-0h30 et lun. 19h-0h30*

☺ **La Casa Bleve (plan 2, D3).** De nouveaux lieux pour ce bar à vins, tout près du Sénat et du Panthéon. C'est l'une des meilleures caves. L'œnothèque sélectionne ses bouteilles directement auprès des récoltants et sur les conseils du personnel, très aimable, on peut faire de belles découvertes. Quelques spécialités culinaires sont vendues à emporter mais c'est à table qu'on pourra le mieux profiter du vin, en composant soi-même des assiettes d'*antipasti* : *involtini* de jambon de Parme farcis de ricotta et de tomates séchées ou de *stracchino* (un fromage très crémeux) et d'asperges vertes, *bresaola* et roquette, jambon de sanglier, fleurs de courgette et parmesan, saumon fumé, ou encore de *misti de formaggi* (fromages mélangés)... Vous ne saurez plus où donner de la tête ! Comptez de 20€ à 25€. *Via del Teatro Valle, 49 Tél. 06 686 59 70 www. casablee.it Ouvert mer.-sam. 18h30-22h Fermé en août*

Manger dans les quartiers du Campo dei Fiori et du Ghetto

très petits prix

Dar Filettaro a Santa Barbara (plan 2, C4). Sur une des placettes les plus charmantes du centre historique, vraiment minuscule, avec sa petite église encastrée entre une suite de *palazzetti* qu'on dirait faits de carton-pâte, se niche l'une des adresses les plus populaires de Rome. Ça a tout du "fish & chips" mais c'est bien meilleur : des beignets de cabillaud que l'on mange avec les doigts accompagnés d'une salade de *puntarelle* (les cœurs de chicorée assaisonnés avec une sauce à l'ail et aux anchois). N'essayez pas de résister ou de vous raisonner, l'expérience tient du rite d'initiation et vous pourrez ensuite vous prétendre réellement romain. *Largo dei Librai, 88 Tél. 06 686 40 18 Ouvert lun.-sam. 17h-0h*

petits prix

Trattoria Da Sergio (plan 2, C4). Da Sergio, c'est la caricature de ce qui est romain et rustique, à croire que la proximité du Campo dei Fiori accentue le côté "carte postale" de la *trattoria* : on vous reçoit un peu nonchalamment, en faisant semblant de ne pas s'intéresser à vous. Au final, ça reste une bonne référence là où les Romains n'hésitent pas à se mêler aux touristes. Spaghetti *alla carbonara*, gnocchis *alla romana*, tripes et viande grillée, vins régionaux... *Vicolo delle Grotte, 27 Tél. 06 686 42 93 Ouvert lun.-sam. 12h30-15h30, 18h30-23h30*

prix moyens

Osteria Ar Galletto (plan 2, C4). La terrasse d'Ar Galletto, installée sur la piazza Farnese, fait face à l'ambassade de France et c'est une des meilleures raisons de venir y dîner, pour un coût à peine plus élevé que celui d'une bonne *trattoria*. Les autres bonnes raisons sont les *antipasti* et les viandes grillées. Accueil très chaleureux. *Vicolo del Gallo, 1/Piazza Farnese, 102 Tél. 06 686 17 14 Ouvert lun.-sam. 12h-15h, 19h-23h30*

Dal Pompiere (plan 2, D5). On vous raconterait bien l'histoire du Palazzo Cenci où s'est installé ce restaurant, la triste aventure de Beatrice Cenci, devenue célèbre en 1598 pour avoir mijoté en secret le meurtre de son père qui la violait, et condamnée à mort malgré le soutien populaire... mais ça n'est pas forcément ce qu'on retiendra du lieu. *Pajata, coda, trippa e animelle* (intestins, queue, tripes et ris), refrain habituel de la cuisine romaine, sont ici à la fête. Les végétariens se replieront sur les *fritti vegetali* (beignets de légumes), délicieux, et attendront impatiemment les desserts (tarte à la ricotta et aux griottes). Quant au cadre de ces agapes, il est sobre et convivial, autour de deux salles au plafond peint à fresque. *Via Santa Maria dei Calderari, 38 Tél. 06 686 83 77 Ouvert lun.-sam. 12h30-15h et 19h30-1h*

prix élevés

Piperno (plan 2, D5). Aller à la recherche de Piperno finira par vous conduire sur une des placettes tout à fait caractéristiques du Ghetto, avec de vieilles bâtisses dont les façades en disent long... Et la cuisine qu'on vient y savourer participe aussi à cette mémoire : artichauts à la juive et *fritti misti* (mélange de beignets), tarte juive à la ricotta sont les spécialités à ne pas manquer. Service impeccable, clientèle distinguée et cadre plaisant. *Via Monte dei Cenci, 9 Tél. 06 68 80 66 29 Ouvert mar.-sam. 12h30-15h et 19h-23h, dim. 12h30-15h Fermé Noël, Pâques, et août*

Manger dans le quartier du Testaccio

Ancien quartier des abattoirs, Testaccio reste associé aux spécialités à base d'abats, traditionnelles de Rome (*rigatoni alla pajata* – avec des intestins de veau de lait –, *coda alla vaccinara* – queue de bœuf – ou tripes).

ROME ET LE LATIUM

très petit prix

Pizzeria Remo (plan 5, D4). Dans le Testaccio, la pizza romaine – bien plus fine que la napolitaine – se mange chez Remo. On est pris en main par une armée de serveurs se chargeant de relever le menu que l'on aura soi-même complété : ainsi, on peut choisir de modifier les recettes proposées et demander, par exemple, une pizza aux aubergines sans sauce tomate mais avec de la chicorée. Pour commencer, ne ratez pas les *supplì* (croquettes de riz farcies de viande et de mozzarella) à peine sortis de la friteuse, ainsi que les délicieux *crostini* et les *bruschette*. *Piazza Santa Maria Liberatrice, 14 Tél. 06 574 62 70 Ouvert lun.-sam. 19h-1h*

petits prix

☺ **Trattoria Agustarello (plan 5, D4).** Une adresse que les Romains adorent et on comprend pourquoi : rien de plus "local" que ces posters et ces coupures de journaux sur les murs, vantant les succès de la Lazio, l'autre équipe de foot (même si ici, dans le Testaccio, bastion de *tiffosi* de l'AS Roma, cela relève presque de la provocation). Cela dit, on comprend aisément que tous fassent fi de leurs principes en échange d'un repas : *rigatoni alla pajata* (pâtes aux intestins de veau de lait – ou d'agneau, depuis que la Communauté européenne a légiféré contre la maladie de la vache folle), queue de bœuf *alla vaccinara* (en ragoût, agrémenté de raisins secs et pignons de pin) et *abbacchio* (agneau de lait) sont les spécialités. Pensez à réserver. *Via Giovanni Branca, 100 Tél. 06 574 65 85 Ouvert lun.-sam. 12h30-15h et 19h30-0h*

"Da Oio" a Casa Mia (plan 5, D5). Levons d'emblée le voile de mystère qui entoure ce nom : *Oio*, pour *olio*, l'"huile"… Outre les *tiffosi* de l'AS Roma qui sont toujours les bienvenus ici (les murs sont tapissés de posters aux couleurs de l'équipe, orange et grenat), viennent aussi les gastronomes parce qu'ils y retrouvent la cuisine de leur mère. D'ailleurs, c'est bien d'une histoire de famille qu'il s'agit : madame sert, toujours de bonne humeur et très active, monsieur est aux fourneaux et les enfants, eux, tapissent les murs de la seconde salle, avec des photos de leur communion. Dans les assiettes, les spécialités traditionnelles (*tonnarelli cacio e pepe*, *rigatoni alla pajata*) et de succulents *secondi* : la *porchetta di vitella* (veau rôti et farci d'aromates), les boulettes, les tripes ou les *straccetti* (bœuf sauté au vin blanc) accompagnés de roquette ou de *puntarelle* (cœurs de chicorée). *Via Galvani, 43/45 Tél. 06 578 26 80 Ouvert lun.-sam. 12h30-15h et 19h30-23h*

prix moyens

Checchino dal 1887 (plan 5, D5). C'est à ce restaurant historique, situé juste en face des anciens abattoirs, que revient la paternité de la recette de la *coda alla vaccinara* (queue de bœuf). Outre toute une série de plats à base d'abats, l'autre spécialité est désormais l'*abbacchio alla cacciatora* (agneau de lait chasseur au vin blanc au romarin et à l'ail). Sa cave est réputée, non seulement pour ses bouteilles, mais aussi parce qu'elle est creusée sous le mont Testaccio, formé par l'accumulation des tessons de 86 millions d'amphores ! *Via di Monte di*

Testaccio, 30 Tél. 06 574 63 18 Ouvert mar.-sam. 12h30-15h et 20h-0h Fermé Noël et août www.checchino-dal-1887.com

Manger dans le quartier du Trastevere

très petits prix

Pizzeria Panattoni-I Marmi (plan 5, D2). C'est le pendant, côté Trastevere, des pizzerias populaires et toujours aussi bondées de la piazza Navona. En été, on lézarderait volontiers en regardant le tramway passer et en mangeant un de ces *fritti* (olives farcies, croquettes de pommes de terre ou de riz…) avant d'enchaîner sur une pizza. Malheureusement, il y a souvent trop de monde pour qu'on puisse prendre son temps. Pour la petite histoire, cette pizzeria est aussi appelée l'*obitorio*, la "morgue", à cause de ses tables en marbre blanc… *Viale di Trastevere, 53 Ouvert jeu.-mar. 18h30-2h*

petits prix

☺ **Trattoria Da Enzo (plan 5, E2).** Il faut arriver tôt et avec un appétit gargantuesque pour profiter de cette adresse sensationnelle, toujours prise d'assaut par les habitués qui vous regarderont peut-être avec condescendance. Cadre typique de la *trattoria* romaine : aux murs, des dessins d'enfants, un calendrier, des photos d'Alberto Sordi et, au plafond, deux néons et un ventilateur. À table, les plats du jour qui ne manquent jamais de générosité : *primi* classiques (*cacio e pepe*, *carbonara*, *arrabiata*, gnocchis le jeudi, cannellonis maison…) et *secondi* absolument délicieux (paupiettes, queue de bœuf, agneau de lait, escalopes de veau au citron…). Le *vino della casa*, un blanc des Castelli, arrose le tout et si vous avez encore faim laissez-vous tenter par les fraises des bois au sucre. *Via dei Vascellari, 29 Tél. 06 581 83 55 Ouvert lun.-sam. 13h-15h et 20h-23h*

Trattoria Augusto (plan 5, C1). À première vue, cette *trattoria* répond à tous les critères d'authenticité : un décor absolument anodin et deux salles toujours bondées animées d'un joyeux vacarme. Une fois assis, ne reste qu'à mettre la cuisine à l'épreuve des apparences… et celle-ci se révèle délicieuse : portions mesurées de *rigatoni all'amatriciana* ou *cacio e pepe* (fromage de brebis et poivre), de raviolis farcis à la ricotta et aux épinards ; suivis de *secondi* succulents : agneau ou poulet au four accompagné de pommes de terre au romarin, *baccalà* (morue) le vendredi et tripes le samedi. En dessert, bon tiramisù. Pas de doute, c'est une vraie bonne *trattoria* ! *Piazza de' Renzi, 15 Tél. 06 580 37 98 Ouvert lun.-ven. 12h30-15h et 20h-23h, sam. 12h30-15h*

Da Lucia (plan 5, C1). Si vous faites chou blanc aux deux *trattorie* précédentes, rabattez-vous sur celle-ci, en tous points semblable aux autres : tresses d'ail et casseroles en cuivre font office de décor, une simplicité qui n'est pas démentie par la cuisine, toujours savoureuse. À table, les *primi* traditionnels (gnocchis le jeudi) et de bons *secondi* : paupiettes à la romaine, tripes, seiches aux petits pois et *baccalà in guazzetto* le vendredi (morue frite, accompagnée d'une sauce tomate aux anchois, raisins secs et pignons de pin). *Vicolo del Mattonato, 2 Tél. 06 580 36 01 Ouvert mar.-dim. 12h30-15h30, 19h30-0h30*

prix moyens

Osteria Gensola (plan 5, E1-2). Sa terrasse, presque timide, ose à peine empiéter sur la piazza in Piscinula, contiguë, dont l'atmosphère ravira les nostalgiques du vieux Rome. L'intérieur, en revanche, est quelconque. On se console largement en découvrant les spécialités siciliennes (mentionnées en rouge sur la carte), qui sont la seule raison de se mettre à table à la Gensola. *Caponata siciliana* en entrée (ratatouille où poivrons et aubergines sont d'abord grillés sur la braise, puis mélangés à des câpres, des olives, du céleri...), linguine aux sardines ou *fusilli* aux anchois et aux poivrons en *primi* et de délicieuses paupiettes d'espadon ou d'anchois (farcies avec des raisins secs, de la chapelure...) en *secondi*. Ceux ayant encore faim goûteront volontiers le *cannolo*, farci de crème à la ricotta, chocolat et fruits confits. Service aimable et compétent. *Piazza della Gensola, 15 Tél. 06 581 63 12 Ouvert lun. et mer.-sam. midi et soir, dim. midi*

Sabatini (plan 5, C1). Les touristes ne sont pas seuls à profiter de la terrasse qui s'étire juste en face de l'église Santa Maria in Trastevere, en plein cœur du quartier, les Romains eux-mêmes sont des habitués. C'est qu'en dehors de sa situation avantageuse ce restaurant est réputé pour ses spécialités romaines, sans surprise, mais toujours bonnes, et ses plats de poissons (spaghetti *alle vongole*, aux palourdes, vraiment exceptionnels). Évidemment, ces bonnes choses, à cet endroit précis, ont leur prix. *Piazza Santa Maria in Trastevere, 18 Tél. 06 581 20 26 Ouvert tlj. midi et soir www.sabatini-fratelli.com*

prix élevés

Alberto Ciarla (plan 5, C2). Au cas où vous ne l'auriez pas remarqué, le décor *seventies* vous rappelle que la renommée presque mythique de ce restaurant de poisson ne date pas d'hier. La *pasta e fagioli* (pâtes et haricots), plat rustique par excellence, se trouve ici associée aux calamars et aux moules. En *secondo*, selon l'arrivage, dégustez un délicieux loup de mer grillé aux herbes aromatiques ou des fruits de mer. *Piazza San Cosimato, 40 Tél. 06 581 86 68 Ouvert lun.-sam. 20h30-0h30*

enoteca

Enoteca Ferrara (plan 5, C2). Deux bibles caractérisent le lieu : celle dédiée aux vins blancs, l'autre aux rouges. Et si l'incroyable cave est la première bonne raison de venir jusqu'ici, les petits plats qui accompagneront vos verres finiront aussi de vous convaincre. Outre fromages et charcuterie, de bonnes idées qui remettent au goût du jour les laissés-pour-compte de la nouvelle cuisine : légumes secs et graines germées à toutes les sauces, en soupe, en salade, en mousse. Délicieux desserts. Attention, c'est un peu cher (comptez 40€). *Via del Moro, 1/a Tél. 06 58 33 39 20 Ouvert lun. et mer.-dim. 20h-2h www.enoteca-ferrara.com*

Manger dans le quartier de Prati

petits prix

☺ **Osteria dell'Angelo (plan 4, C2).** La règle est simple : vous déjeunez, vous choisissez ce que vous voulez parmi un bon nombre de spécialités romaines. Vous venez dîner, c'est le même tarif pour tout le monde, 23€ tout compris, des *antipasti* au dessert, le tout arrosé de vin blanc *della casa*. Mousse de thon, *crostini* accompagnés de saucisse et haricots blancs, *cannellini* en entrée, *tonnarelli cacio e pepe* ou gnocchis aux courgettes et à la tomate fraîche pour *primi*, et paupiettes avec des raisins secs et des pignons de pin ou queue de bœuf pour *secondi* et, au dessert, des biscuits avec du vin sucré. On se serre autour des grandes tables en bois et c'est à peine si on prête attention au cadre, étonnant musée sportif qui rassemble sur les murs photos de coureurs cyclistes, de formule 1, de boxeurs ou de rugbymen ! *Via Bettolo, 24 Tél. 06 372 94 70 Ouvert mar.-ven. 12h30-14h30 et lun.-sam. 20h-22h30*

Antico Falcone (plan 4, B1). Avez-vous en tête les relais de poste du Moyen Âge ou les auberges campagnardes ? Rescapé du XVIᵉ siècle, au cœur d'un quartier résidentiel moderne sans intérêt, ce *palazzetto* a le mérite de se faire remarquer. En dehors de son cadre pittoresque, la *trattoria* est renommée pour ses spécialités romaines (artichauts à la juive, plats d'abats...). À la sortie, juste en face, un des kiosques de *grattachecca* les plus connus de Rome. Une aubaine ! *Via Trionfale, 60 Tél. 06 39 73 64 04 Ouvert mer.-lun. 12h-15h, 19h30-23h15*

prix moyens

Dal Toscano (plan 4, D2). Véritable temple des amateurs de viande, Dal Toscano fait la part belle à la *fiorentina*, la côte de bœuf à la braise. Les morceaux rigoureusement choisis sont exposés à l'entrée, juste entre les deux salles, dont l'une donne sur la cheminée et la cuisine ouverte. Excellents *contorni* et spécialités toscanes. *Via Germanico, 58/60 Tél. 06 39 72 57 17/06 39 72 33 73 Ouvert mar.-dim. 12h30-15h, 20h-23h30*

Manger dans le quartier du Tridente

Les Romains vous diront qu'ils ne mangent jamais dans le quartier... bien que bon nombre y soient contraints puisqu'ils y travaillent. Perçus comme étant chers et trop touristiques, les alentours de la piazza di Spagna sont à plusieurs titres décourageants du point de vue gastronomique. On trouve cependant quelques bonnes adresses à l'abri de la foule et des boutiques de luxe...

petits prix

Pizza Ré (plan 6, B4). Une fois passée la porte, on est un peu pris de court par l'effervescence qui agite le lieu : garçons et serveuses aux gilets en vichy jaune soleil s'empressent de servir les *pizze napoletane* (pâte épaisse), dont le lieu s'est fait la spécialité. Service efficace avec une pointe de nonchalance joyeuse. Plus de 30 sortes de pizzas, des fritures et des salades. Le lundi soir, "pizza party" : toutes les pizzas sont à 5,50€. *Via di Ripetta, 13/15 Tél. 06 321 14 68* **Succursales** *Via Oslavia, 39/a (Piazza Mazzini, plan 4, E1) Tél. 06 37 21 173 Ouvert tlj. 12h45-15h30, 18h30-0h*

Margutta Vegetariano (plan 6, C4). Si l'on s'engage via Margutta par la piazza di Spagna, on parcourt la rue presque entièrement bordée de galeries d'art et d'antiquaires avant de parvenir au n°118, une institution à Rome qui compte peu de restaurants végétariens. L'immense espace blanc est rythmé un accrochage d'œuvres d'art contemporain et d'imposantes banquettes en cuir noir où l'on papote confortablement. À midi, "green brunch" à 15€ (boisson comprise) composé, au choix, d'*antipasti* (artichauts, aubergines, tomates séchées, champignons à l'huile...), de salades, fromages ou d'un plat chaud (cannellonis farcis à la ricotta et aux courgettes, polenta aux champignons et aux tomates cerises, légumes braisés...) et suivi d'un dessert (salade de fruits et tartes maison). Le soir, à la carte, plusieurs spécialités inventives (salade de riz sauvage, grenade et copeaux de parmesan, *tortelloni* au potiron avec des lamelles de truffe, soupe d'épeautre...). Le dimanche, "green brunch" à 25€, encore plus varié et servi à volonté. *Via Margutta, 118 Tél. 06 32 65 05 77 Ouvert tlj. 12h30-15h30 et 19h30-23h30 www.ilmargutta.it*

☺ **Fiaschetteria Beltramme (plan 6, C5).** Pas de chichis ! Ici, on partage souvent sa table avec les premiers venus, on vous demande de régler la note à peine avalée la dernière gorgée de *vino della casa* pour libérer la table et il est quasi impossible de réserver... mais une fois acceptées ces quelques règles de base, on peut compter sur la simplicité et la qualité de la cuisine de cette taverne. *Burrata e pomodorini* (une mozzarella gorgée de crème et de petites tomates cerises), les *primi* traditionnels (*rigatoni all'amatriciana, tonarelli cacio e pepe*...) et de bons *secondi* (*straccetti con rucola* – morceaux de bœuf sautés au vin blanc –, escalope de veau panée, tranche de bœuf grillée...) font qu'on se bouscule au portillon midi et soir. Autour de ces quelques tables inconnus et starlettes de la mode se régalent sous le regard du patron qui, selon l'humeur, programme musique techno ou standards de jazz. *Via della Croce, 39 Pas de tél. Ouvert tlj. 12h-15h et 20h-23h sauf juin-août, fermé dim.*

'Gusto (plan 6, B5). Ceux qui se seront lassés des tables en Formica et des lumières blafardes des *trattorie* apprécieront cette adresse presque new-yorkaise intallée juste en face du mausolée d'Auguste. Cet espace multidimensionnel (900m^2 !) s'ouvre à l'arrière-salle sur un bar à vins, un restaurant chic en mezzanine, une pizzeria géante au rdc, une boutique d'ustensiles de cuisine et une librairie sur le côté. Ce "restaurant-concept" qui a fait fureur dès son ouverture est pris d'assaut tous les soirs par des tribus de toutes sortes : yuppies trentenaires, couples d'amoureux, familles... À midi, c'est plus calme et vous pourrez y déjeuner en lisant tranquillement la presse. Quant à la cuisine, préférez plutôt les pizzas, *fritti* et *antipasti* que les plats sophistiqués – et chers. Si l'on n'a pas réservé, on peut toujours patienter au comptoir du bar à vins pour découvrir un de ces rouges italiens méconnus de l'autre côté des Alpes. *Piazza Augusto Imperatore, 9 Tél. 06 322 62 73* **Restaurant** *ouvert tlj. 13h-15h et 20h-0h* **Pizzeria** *tlj. 12h30-15h et 19h30-1h* **Bar à vins** *tlj. 11h-2h www.gusto.it*

Giuseppe al 59 (plan 6, B4). Au bout d'une petite rue qui relie la via del Corso au Tibre, tout contre la piazza del Popolo, ce restaurant honore la tradition qui veut que la cuisine d'Émilie-Romagne soit la meilleure de la péninsule. Les *primi* sont tous recommandables : *tortelli* savoureux (farcis à la ricotta, au potiron ou à la viande), tagliatelles *alla bolognese*… et suivis d'un *tiramisù-zabaione* hors du commun, ils suffisent souvent à faire un repas. Si le cadre chic-kitsch (tableaux aux couleurs criardes, colonnes à l'antique…) n'est pas des plus attrayants, la qualité de la cuisine et du service méritent le détour. *Via Angelo Brunetti, 59 Tél. 06 321 90 19 Ouvert lun.-sam. midi et soir*

Settimio all'Arancio (plan 6, B5). Autant annoncer la couleur : chez Settimio, les *primi* (pâtes et *risotti*) sont délicieux mais les *secondi* (viandes et poissons) décevants… Selon la règle qui veut qu'après une assiette de *tonnarelli* aux fruits de mer (pâtes fraîches aux œufs, sortes de spaghetti carrés), de *pappardelle* à la sauce de sanglier (tagliatelles très larges) ou de raviolis farcis à la ricotta et au zeste d'orange on n'ait plus très faim, on sera donc ravi d'avoir découvert cette adresse. *Via dell'Arancio, 50/52 Tél. 06 687 61 19 Ouvert lun.-sam. 12h30-15h30 et 19h30-23h30 Si c'est plein, essayer juste à côté, la rue à l'angle (via Monte d'Oro), l'Arancio d'Oro (même maison) Tél. 06 686 50 26 Fermé lun.*

prix moyens

☺ **Matricianella (plan 2, E1)**. La clientèle d'habitués vient ici pour les spécialités de toujours (*bucatini all'amatriciana, gnocchi alla romana*) ou pour les plats saisonniers plus délicats (risotto à l'artichaut et à la truffe, aux fleurs de courgette). Mais ne négligez pas pour autant les incontournables *fritti* (beignets de légumes ou de cervelle) et les succulentes spécialités de viande : *abbacchio* (agneau de lait) aux artichauts, *coda alla vaccinara* (queue de bœuf aux légumes) et *polpette alla romana* (boulettes). Tout cela sans compter sur les desserts : poires cuites au barolo (vin du Piémont), tarte juive à la ricotta et au chocolat ou celle de la *nonna*, à la crème et aux pignons de pin ! Service formel mais efficace, n'omettant jamais de suggérer le vin le plus approprié. *Via del Leone, 2/4 Tél. 06 683 21 00 Ouvert lun.-sam. 12h30-15h et 19h30-23h*

Mario (plan 6, C5). Les trophées de chasse qu'on aperçoit dès qu'on passe la porte annoncent la couleur : Mario est le roi du gibier ! Si le cadre d'auberge campagnarde contraste avec les alentours chic et snob, il n'a cependant pas repoussé les VIP – articles de presse et photos à l'appui. Charcuteries toscanes, très bonnes viandes et une cave à l'avenant. Comptez de 22€ à 27€. *Via della Vite, 55 Tél. 06 678 38 18 Ouvert lun.-sam. midi et soir*

enoteche

L'EnotecAntica di Via della Croce (plan 6, C5). Sur fond de variétés napolitaines, cette *enoteca* chaleureuse jure un peu avec les alentours guindés de la piazza di Spagna. Optez pour les tables décorées de céramique de la salle du fond, voûtée et ornée de fresques. Le décor du reste est fait de piles de bouteilles. *Bruschette*, bonnes salades et *antipasti* généreux. Comptez de 15€ à 20€. *Via della Croce, 76/b Tél. 06 679 08 96 www.enotecantica.com Ouvert tlj. 12h-1h*

Buccone (plan 6, B4). L'enseigne est irrésistible avec ses immenses lettres et ne peut que vous pousser à franchir le seuil de ce *negozio storico*. Des bouteilles du plancher au plafond et à l'arrière et, dans une salle contiguë, quelques tables pour déguster les crus autour de quelques spécialités : soupes, salades, tartes du jour et de délicieux *antipasti* (fromage de brebis, boutargues de thon au miel, paupiettes d'aubergines farcies...). *Via di Ripetta, 19/20 Tél. 06 361 21 54 Ouvert lun.-sam. midi, ven.-sam. soir Enoteca ouverte toute la journée*

Manger dans les quartiers de Monti et de l'Esquilin

petits prix

☺ **Taverna Romana (plan 3, A3-4).** Pour bien des Romains, une des meilleures tavernes dans cette catégorie de prix. Tous vantent la *pasta paglia e fieno* ("paille et foin", pâtes fraîches colorées aux épinards et servies avec des champignons ou de la sauce tomate), les *secondi*, tous meilleurs les uns que les autres (agneau de lait, tranche de veau, osso-buco, paupiettes à la sauce, saucisse et haricots, *straccetti* de bœuf et roquette...) et la patronne, qui joue les fortes femmes et peine à vous accorder un sourire avant de s'attendrir et de s'occuper de vous comme une mère. Demandez-lui de vous faire goûter les *coppiette*, jambon cru assaisonné de fenouil et de piments, autrefois à base de viande de cheval, une recette aujourd'hui tombée en désuétude. *Via Madonna dei Monti, 79 Tél. 06 474 53 25 Ouvert lun.-sam. 12h-14h30, 19h-22h30*

prix moyens

Taverna Sottovento (plan 3, A3-4). Que dire des fleurs de courgette farcies au poisson ? Des *fileja* aux coques, haricots et petits brocolis (prononcer "fileï" ; ce sont des pâtes faites à la main, qu'on roule autour d'un brin de paille pour les allonger) ? Des *linguine* aux boutargues, thon de Tonnara (filets conservés dans l'huile d'olive) et aux câpres ? Des poissons grillés en *secondo* ? Sans doute rien d'autre qu'un "bravo" enthousiaste pour cette cuisine méditerranéenne et marquée plus particulièrement par ses racines calabraises. De plus l'endroit est original : située en sous-sol, sorte de patio abrité, comme une immense véranda, cette taverne s'ouvre sur un petit jardin en été. *Via Ciancaleoni, 31 Tél. 06 474 22 65 Ouvert lun.-sam. 12h-14h30 et 19h-23h30*

grand luxe

Agata e Romeo (plan 3, B3). On n'aurait pas idée d'aller chercher un des meilleurs restaurants de Rome, voire d'Italie, dans ce quartier populaire de la gare Termini. Mais c'est mal connaître Agata et Romeo Caraccio qui se moquent des qu'en-dira-t-on. Sept tables seulement, 25 couverts, une déco simple mais tout en élégance et surtout une carte exceptionnelle qui accommode avec génie les recettes traditionnelles, passant ainsi de la *minestra d'arzilla* (bouillon de brocoli et de raie) à la queue de bœuf ou au sauté d'agneau à la truffe. En dessert, un millefeuille désormais vanté dans toute l'Europe. Pour les gourmets, un menu dégustation avec 8 plats (124€, vin compris). Réservation impérative. *Via Carlo Alberto, 45 Tél. 06 446 61 15 Ouvert lun.-ven. 13h-15h et 20h-23h*

enoteca

Cavour 313 (plan 3, A3). Située à proximité des Fori Imperiali et du Colisée, cette *enoteca* réputée a bien des atouts. Une cave bien garnie (faites-vous conseiller) et une série de gourmandises qui accompagnent à merveille les vins. Spécialités calabraises, sardes ou toscanes (olives, tomates séchées, charcuterie, fromage), salades, carpaccio et bons desserts (semi-froid au miel et aux pignons, sauce à l'orange). Comptez de 15€ à 20€. *Via Cavour, 313 Tél. 06 678 54 96 Ouvert lun.-sam. 12h30-14h30, tlj. 19h30-0h30*

Manger dans le quartier de San Lorenzo

Si l'ancienne enclave ouvrière est un peu à l'écart des itinéraires touristiques, elle n'est pas à négliger en matière de gastronomie. Outre l'atmosphère bohème, aujourd'hui en passe de concurrencer le Trastevere avec ses galeries, ses ateliers d'artistes et ses bars, vous y trouverez d'excellents restaurants.

très petits prix

Pizzeria Formula Uno. Il faut pousser jusqu'à San Lorenzo pour découvrir cette pizzeria absolument caricaturale : nichée au cœur du quartier populaire, elle accueille les *tiffosi* de l'AS Roma, qui fêtent encore aujourd'hui la victoire historique du championnat de 2001. La pizza est délicieuse, et qu'on soit amateur de *calcio* ou non, elle reste la meilleure raison de venir jusqu'ici. *Via degli Equi, 13 Tél. 06 445 38 66 Ouvert lun.-sam. 18h30-24h*

petits prix

Da Franco Ar Vicoletto. Ceux qui se sont privés de fruits de mer ou de poisson sous prétexte que leur budget était trop serré se rattraperont chez Franco : l'occasion ou jamais de se régaler de *vongoline* (petites coques), de salade de poulpe, de lasagne *di mare* ou de *pasta e fagioli con frutti di mare*, de poisson ou fruits de mer grillés (daurade, turbot, calamars, langoustines...) ou frits (anchois) pour le prix d'une *trattoria* (menus à 16€, 18,50€ et 22,50€). *Ci pensiamo noi* – "nous nous occupons de vous" – est le mot d'ordre, faites-leur donc confiance. Franco s'est installé fin 2000 dans ce qui était autrefois un *alimentari*, en face de son ancien restaurant devenu trop petit. Apparamment, le succès continue de lui sourire, l'endroit étant toujours aussi animé : repas de famille, d'entreprise, couples en tête à tête... Au plafond et sur les voûtes, vestiges de fresques du XIXe siècle. *Via dei Falisci, 2 Tél. 06 495 76 75 Ouvert mar.-dim. midi 13h-15h et 19h-23h30*

prix moyens

Tram-Tram. "Tram-tram" parce que le vieux tramway qui traverse San Lorenzo passe juste devant les portes de ce restaurant... À l'intérieur, deux salles animées d'un joyeux brouhaha, surtout les week-ends, quand on vient en famille. La cuisine est romaine ou plus largement méditerranéenne : *gnocchetti alla pescatora* (poulpe, calamars, moules, coques), risotto au crabe, agneau de lait, paupiettes d'espadon, tartelettes aux endives et aux anchois et de délicieux desserts maison (crème au citron, sabayon, *crostata* – tarte à la confiture). *Via dei Reti, 44-46 Tél. 06 49 04 16 Ouvert mar.-dim. 12h30-15h et 19h30-23h*

Uno e Bino. Un petit restaurant qui monte, qui monte... et qui fait de plus en plus parler de lui, au point qu'il ne faut pas s'attendre à pouvoir goûter ses spécialités sans avoir réservé. Quelques tables seulement, réparties dans deux salles sobres et intimes que viennent égayer les dizaines de bouteilles aux bouchons colorés entreposées. Du côté de la cuisine, on pourrait résumer les choses en évoquant la fantaisie (ballotins de feuilles de brick remplis de fèves et chicorée sur une fondue de poireaux), l'audace (*tonnarelli* – pâtes fraîches – à l'espadon, aux aubergines, câpres et olives) ou les valeurs sûres (filet de bœuf toscan servi avec des blettes et des oignons rouges)... mais ce serait oublier le fabuleux talent du jeune chef, notamment pour les desserts (parfait au sabayon et aux pignons de pin, crème brûlée à la cardamome, ballotin de ricotta et poires au safran...). Grande classe ! *Via degli Equi, 58 Tél. 06 446 07 02 Ouvert mar.-dim. 20h30-23h30*

Où manger sur le pouce ?

À Rome, vous ne risquez pas de mourir de faim. Quasiment tous les bars proposent des *tramezzini* (sandwichs au pain de mie), de la pizza blanche farcie ou des carrés de *pizza al taglio* (pizza à la coupe). Pour ceux qui préfèrent les panini préparés sur mesure, sachez que la plupart des *alimentari* (épiceries) consentiront à vous préparer le sandwich de vos rêves en coupant devant vous la charcuterie ou le fromage qui viendra garnir une *rosetta* (petit pain rond). Les traiteurs aussi font souvent de la restauration rapide et vous réchauffent sur place *antipasti* ou légumes (cf. Où acheter des souvenirs gourmands).

☺ **Forno La Renella (plan 5, D1).** Pour mesurer la différence de traditions et de savoir-faire qui sépare la France et l'Italie, il suffirait de mettre les pieds au Forno La Renella. Certes, c'est une "boulangerie" puisqu'on y vend du pain et des gâteaux. Mais ça n'a rien à voir avec les boulangeries françaises où trônent baguettes et croissants au beurre. Ici, une affichette vous précise d'emblée que tout est à base d'huile d'olive extra-vierge et de produits contrôlés (oui, oui, de l'huile d'olive, même pour les gâteaux). Quelques chaises hautes se serrent le long d'un comptoir où l'on déguste sa *pizza al taglio*, tout en bénissant le *pizzaiolo* – juste de l'autre côté de la vitre – pour tant de bonnes choses : trévise, épinards et saucisse, pommes de terre, oignons... Les aficionados viennent de loin pour le pain au levain ou au maïs, les gâteaux (*ciambella alla ricotta*, nature ou avec des pépites de chocolat...) et les biscuits secs. Armez-vous de patience car aux heures de pointe la queue est parfois décourageante. *Vicolo del Moro, 15/16 (Trastevere) Tél. 06 581 72 65 Ouvert tlj. 7h-21h*

La Casa del Tramezzino (plan 5, D2). Le *tramezzino* a quelque chose du club-sandwich, version italienne : pain de mie et ingrédients choisis avec soin (aubergines grillées, mozzarella fumée, gorgonzola, roquette, charcuterie...). Une bonne alternative pour ceux qui sont las des pizzas et des *rigatoni*. *Viale di Trastevere, 81 (Trastevere) Tél. 06 581 21 18 Ouvert tlj. 7h-0h*

Sisini (plan 5, C2). "Qui veut du poulet ? Qui prend des croquettes de pomme de terre ? On vous réchauffe la pizza ?" On fait la queue, ça se bouscule... Connu dans le quartier pour *la pizza al taglio* et pour le poulet rôti au romarin, Sisini rassemble les habitants du quartier, les employés qui mangent sur le pouce devant l'entrée auquels se mêlent quelques touristes. Une bonne solution pour un pique-nique improvisé. *Via San Francesco a Ripa, 137 (Trastevere) Tél. 06 589 71 10 Ouvert lun.-sam. 9h-22h*

Où boire un espresso, un cappuccino ?

Antico Caffè Greco (plan 6, C5). Artistes, intellectuels et têtes couronnées ont usé les banquettes de cuir de ce café ouvert en 1760. Aux murs sont accrochés portraits et photos de ces habitués d'un autre temps, de Goethe à Stendhal en passant par Elsa Morante, Alberto Moravia ou Orson Welles. À leur place aujourd'hui, bon nombre de touristes tandis que les Romains prennent d'assaut le bar, où l'espresso n'est pas plus cher qu'ailleurs (0,83€). *Via dei Condotti, 86 (Piazza di Spagna) Tél. 06 679 17 00 Ouvert tlj. 8h-21h*

Antico Caffè della Pace (plan 2, C2). Le plus parisien des cafés romains : boiseries, tables en marbre et banquettes rouges dans l'arrière-salle et clientèle intello chic et branchée. Les prix aussi sont parisiens : de 5 à 7€ pour un apéro (bière pression, Martini ou vin pétillant...). Très animé après 22h, débordant sur la terrasse en été mais complètement désert la journée, idéal pour lire son journal ou écrire son carnet de voyage. *Via della Pace, 3/7 (Piazza Navona) Tél. 06 686 12 16 Ouvert tlj. 9h-3h*

Caffè Rosati (plan 6, B4). Quand on atteint la piazza del Popolo par la via del Corso, Rosati est à gauche, Canova est à droite. Ces cafés tiennent le haut du pavé depuis un siècle et se sont partagé politiquement l'intelligentsia romaine (chez Rosati, la gauche ; chez Canova, la droite). Aujourd'hui, on dirait qu'il ne reste rien de cette division. Canova est peut être plus banal à l'intérieur, voilà pourquoi on préfère la déco Art nouveau de Rosati. En été, sa terrasse accueille les derniers rayons de soleil au crépuscule. Salon de thé, bonnes pâtisseries. *Piazza del Popolo, 4-5/a (Tridente) Tél. 06 322 58 59 Ouvert tlj. 7h30-23h30*

☺ **La Buvette (plan 6, C5).** Est-ce son petit nom français qui lui donne cette "french touch" un peu distinguée, voire un peu snob ? Aguerri aux apparences trompeuses, on ne se laissera convaincre que par l'expérience... et quel souvenir ! Boiseries et banquettes en cuir, certes, mais surtout un service chaleureux et impeccable. On se souviendra du cappuccino comme du meilleur de la ville sans la surcharge mythique des autres grands cafés romains : une mousse fine, aérienne et parfumée qui vous accompagne jusqu'au bout de la tasse ! La pâtisserie est à la hauteur, risquant la comparaison avec le savoir-faire français (gâteaux à la crème, *mini-sfogliatelle* dignes de Naples...) et les gourmandises salées changent de l'ordinaire (pizza *bianca*, *tramezzini*). *Via Vittoria, 44/47 (Piazza di Spagna) Tél. 06 679 03 83 Ouvert tlj. 7h30-20h*

Babington's (plan 6, D5). Pas d'émotions fortes, ici, tout est dans le flegme. On papote à voix basse, on lit le journal et on se tient bien. Pour ceux qui auraient la nostalgie des atmosphères britanniques, ce salon de thé joue le jeu à merveille depuis un siècle déjà, juste à côté des marches de la piazza di Spagna. Les plus réticents laisseront leurs préjugés au placard et viendront se reposer ici quand il seront étourdis de soleil, de rues pavées, de boutiques chic et de spécialités italiennes. *Piazza di Spagna, 23 Tél. 06 678 60 27 Ouvert lun. et mer.-sam. 9h-20h15, fermé juil.-août*

☺ **Caffè Sant'Eustachio (plan 2, D3).** On retrouverait presque le chemin de ce café aux effluves qu'il dégage dans les alentours. Laissez-vous porter par ce doux parfum, par la musique du percolateur et les chants des garçons qui passent commande (*"due gran' cappucci', due !"*). Le *gran caffè* de la maison est un espresso de haute voltige, très mousseux, particulièrement aromatisé et déjà sucré (à moins de préciser *"amaro"*). Bonnes brioches pour le petit déjeuner. Pour ceux qui veulent renouveler l'expérience à domicile, il est possible d'acheter le café de la maison. Évidemment, la volupté a son prix : 2,10€ le *gran caffè*, c'est bien plus cher qu'ailleurs, mais on ne le regrettera pas. *Piazza Sant'Eustachio, 82 (Panthéon) Tél. 06 686 13 09 Ouvert tlj. 8h-1h30*

☺ **Tazza d'Oro (plan 2, D3).** Si son espresso est renommé au point que la file d'attente pour le *scontrino* (ticket de caisse) atteint quasiment la place du Panthéon, les connaisseurs viennent aussi pour le café en grains, emballé dans ses paquets rouge vif reconnaissables à la "semeuse" de café, splendide jeune femme exotique. L'autre bonne raison, qui vous fera traverser la ville s'il le faut, c'est la *granita* de café : crème chantilly dessous, glace pilée au café au milieu et un nuage de crème dessus. *Magnifico !* Espresso 0,65€. *Via degli Orfani, 84-86 (Panthéon) Tél. 06 678 97 92 www.tazzadorocoffeeshop.com*

Vitti (plan 2, E1). Pour échapper à la foule gominée et bruyante de la via del Corso, rien de tel qu'une petite place ensoleillée, à l'abri de la fièvre commerçante, pour paresser à l'ombre des parasols. Ce bar-pâtisserie compte parmi les plus connus de la ville pour ses petits déjeuners gourmands, ses babas au rhum, ses *sfogliatelle* napolitaines ou ses *cannoli* siciliens (rouleaux fourrés à la crème et au chocolat). *Piazza San Lorenzo in Lucina, 33 Tél. 06 687 63 04 Ouvert tlj. 7h-1h, en hiver (oct.-fin mars) 7h-22h*

Où déguster une pâtisserie ?

Pasticceria Il Boccione (plan 2, E5). Cette pâtisserie installée au cœur du Ghetto s'est fait la spécialité des recettes sucrées juives. On vous dit que la recette de la *pizza ebraica* est vieille comme le monde. Une chose est sûre en tout cas : c'est délicieux et riche (fruits confits, amandes, pignons). L'autre régal, moins sucré, c'est la *tarta alla ricotta*, traditionnellement farcie avec des griottes. Ne manquez pas non plus les biscuits secs (cannelle et amandes) qu'on trempera discrètement dans un thé chaud. *Via Portico d'Ottavia, 1 (Ghetto) Tél. 06 687 86 37 Ouvert dim.-jeu. 8h-19h30, ven. 8h-16h ou 17h*

Bella Napoli (plan 2, B3). Oui, *Bella Napoli* ! *Sfogliatelle* aussi croquantes et savoureuses que celles des meilleures pâtisseries napolitaines, babas au rhum, *pastiera* (gâteau de Pâques, à base de ricotta et de blé concassé). Pour ceux qui prolongent leur voyage vers le sud, c'est un avant-goût de ce qui les attend et pour les autres, une invitation à revenir. *Corso Vittorio Emanuele II, 246 (Piazza Navona) Tél. 06 687 70 48 Ouvert tlj. 6h30-21h*

Antonini (plan 4, D1). Dans ce bar-*pasticceria-gelateria* du Prati, beaucoup de monde, pas de touristes, essentiellement des connaisseurs et des habitants des alentours résidentiels... Vous garderez un souvenir ému du *montebianco* (meringue, vermicelles de marron glacé, crème Chantilly) et des glaces maison (en particulier celle au melon) à consommer sur place ou à emporter. *Via Sabotino, 21/29 (Prati) Tél. 06 37 51 78 45 Ouvert tlj. 7h-21h*

Où savourer une *grattachecca* ?

Gelato, sorbetto, granita, grattachecca, cremolato... Ceux qui raffolent des desserts glacés vont être comblés. Les Romains ont inventé tout un lexique pour décrire les crèmes glacées et les mélanges de glace pilée avec des jus de fruits ou du sirop... sans parler des dizaines de parfums ! On mange des glaces de 7 à 77 ans et à n'importe quelle heure, mais en hiver, vous risquez de ne croiser que des touristes dans les *gelaterie* ! À partir de 1,50€.

Giolitti (plan 2, D2). Si l'on devait juger un établissement à la longueur de la file qui se tient devant la caisse, Giolitti serait probablement en tête de liste. *Gelateria* historique, elle gâte les amateurs de crèmes glacées depuis 1900. On trouvera la glace peut-être un peu trop sucrée, un peu trop crémeuse... mais la chantilly maison est un vrai délice. *Via degli Uffici del Vicario, 40 (Panthéon) Tél. 06 699 12 43 www.giolitti.it Ouvert tlj. 7h-1h30*

☺ **San Crispino 2 (plan 2, F2).** San Crispino a ses inconditionnels, y compris parmi les gourmets d'outre-Atlantique qui lui ont décerné le titre de meilleure *gelateria* romaine (*NY Times*) ! Et on ne peut qu'approuver, petite coupelle à la main (on ne vous servira pas la glace dans un cornet, prétextant qu'elle serait moins bonne). Les connaisseurs vous conseilleront la *lampone* (framboise) ou la *susina* (prune) ou d'autres parfums, moins classiques : sabayon au marsala, le *San Crispino* (crème au miel), la crème à l'armagnac, au whisky ou au Malpighi, du nom d'un fameux vinaigre balsamique de Modène ! Pour ceux qui n'aiment pas les crèmes glacées, les sorbets sont tout aussi renommés. *Via della Panetteria, 42 (Fontaine de Trevi) Tél. 06 679 39 24 Ouvert mer.-lun. 12h-0h, fermé 15 jan.-14 fév.* **Succursale** *Via Acaia, 56 (San Giovanni), Via Bevagna, 90 Via Della Panetteria*

Gelateria A. Cecere (plan 2, F2). Quand vous aurez jeté par-dessus vos têtes toutes vos pièces dans la fontaine de Trevi et fait des vœux pour revenir vite dans la Ville éternelle, il ne vous restera que les crèmes glacées au sabayon de Cecere pour sacrifier à tous les rituels romains ! *Via del Lavatore, 84 (Fontaine de Trevi) Tél. 06 679 20 60 Ouvert mars-déc. tlj. 10h-2h*

Tre Scalini (plan 2, C3). Manger une glace sur la piazza Navona, devant la fontaine du Bernin, a sans doute quelque chose de suranné... mais si c'est pour un *tartufo* (une bombe... crème glacée au chocolat avec de gros copeaux de chocolat noir) de ce bar-*gelateria*, il faudra mettre ses principes au vestiaire. C'est presque exclusivement pour cette spécialité que l'on viendra ici parce que c'est cher et que le bar en soi n'a pas d'intérêt. *Piazza Navona, 28/30 Tél. 06 68 80 19 96 Ouvert jeu.-mar. 9h-0h Fermé jan.*

Il Palazzo del Freddo di Giovanni Fassi (plan 3, C3). Si l'établissement a un côté Belle Époque qui séduit encore, les desserts glacés sont décevants et le service, toujours impatient (mais, diable, comment choisir vite devant tant de parfums !). Un conseil, optez plutôt pour la glace de riz au lait, qui mérite à elle seule le détour. *Via Principe Eugenio, 65/67 (Esquilin) Tél. 06 446 47 40 Ouvert tlj.12h-0h*

☺ **De Angelis (plan 1, A1).** Vous pouvez prendre comme prétexte, pour venir jusqu'ici, de visiter les catacombes de Priscilla, toutes proches, ou alors la Villa Ada ou encore le quartier de Coppedè... mais si vous êtes sans complexe, la seule mention du *cremolato* De Angelis suffira. À la différence de la *grattacchecca*, le *cremolato* est fait à base de glace râpée, mélangée à des jus de fruits frais (et non de sirops). On recommande café et citron et, en saison, melon, fraise, mûre, kiwi, myrtille, figue et framboise. *Via di Priscilla, 18/20 (Salario, près du parc de la Villa Ada) Tél. 06 86 20 07 24 Ouvert mer.-lun. 6h30-0h*

☺ **Sora Mirella (plan 5, E1).** La reine de la *grattachecca*, connue comme le loup blanc pour son "*speciale superfrutta*" : kiwi, melon, fraise. *Angle lungotevere degli Anguillara et Ponte Cestio (Trastevere) Ouvert mars-sept. tlj. 11h-2h*

Chiosco Testaccio (plan 5, D4). Créé dans les années 1930, le lieu s'est un peu modernisé au fil des ans mais le résultat est toujours aussi bon. Incontournables : la *grattachecca* au tamarin ou au citron-coco (*lemoncocco*). *Via Giovanni Branca à l'angle de la via B. Franklin (Testaccio) Ouvert mai-15 sept. tlj. 12h-1h30*

Fonte d'Oro (plan 5, D1). *Grattacheccaro* depuis plus d'un siècle, Fonte d'Oro mélange des morceaux de fruits frais au sirop. Absolument bondé l'été... *À l'angle du lungotevere Sanzio et de la piazza Belli (Trastevere) Ouvert tlj. 10h-2h*

☺ **Sora Maria (plan 4, C1-2).** Sans doute l'une des *grattachecce* les plus fréquentées de Rome, en particulier le soir tard. Mélange d'agrumes et de fruits tropicaux avec de gros morceaux de fruits frais. *À l'angle de la via Trionfale et de la via Telesio (Prati) Ouvert tlj. 17h-2h*

Où prendre un *aperitivo* ?

Quand les beaux jours reviennent, l'heure du crépuscule coïncide avec celle de l'*aperitivo* et, traditionnellement, c'est sur le Campo dei Fiori qu'on se donne rendez-vous. Les places sont chères sur les terrasses mais ça va, ça vient... et s'il y a vraiment trop de monde, sachez que les alentours, vers la piazza Navona, sont tout aussi agréables (piazza del Fico, vicolo della Pace, via della Fossa). On parle d'ailleurs du *Triangolo delle bevute*, le "Triangle des boissons", itinéraire de bar en bar dans le centre historique.

Vineria Reggio (plan 2, C4). La terrasse la plus courue, toutes générations et styles confondus, où se mêlent Romains et touristes. Bons vins et petites gourmandises accompagnés de tartines, olives... *Campo dei Fiori, 13 Tél. 06 68 80 32 68 Ouvert lun.-sam. 8h30-2h*

Taverna del Campo (plan 2, C4). Ses fougasses farcies (trévise et gorgonzola, aubergine et mozzarella, jambon fumé et mascarpone, charcuterie, légumes...) font courir les gourmands à la sortie du bureau. Bons vins blancs, à partir de 2€ le verre. En dépit de la foule, le personnel a su rester très accueillant. *Campo dei Fiori, 16 Tél. 06 687 44 02 Ouvert tlj. 7h30-2h, fermé lun. en hiver*

☺ **Bartaruga (plan 2, E4).** Situé sur une des plus jolies places de la ville, devant la fontaine des Tortues, ce bar reste un des favoris parmi les VIP du show-business mais aussi parmi des groupes d'intellos alternatifs. Du velours rouge, des miroirs et des lumières tamisées... Un de nos bars préférés. *Piazza Mattei, 9 Tél. 06 689 22 99 Ouvert lun.-sam. 15h-2h*

Le Bain Art Gallery (plan 2, E4). Dans un style minimal-chic qui a beaucoup de succès, ce bar-restaurant s'est installé dans un ancien *palazzo* du XVIe siècle. Velours et canapés confortables pour l'apéro et ambiance très détendue. DJ live. *Via delle Botteghe Oscure, 32-33/a Tél. 06 686 56 73 Restaurant ouvert mar.-dim. 12h-15h30 et 20h-2h ; café ouvert mar.-dim. 12h-2h*

Antico Caffè della Pace (plan 2, C3). Ce café plutôt tranquille la journée (cf. Où boire un espresso) est pris d'assaut le soir, surtout les week-ends. "Voir et être vu" serait l'adage qui conviendrait le mieux au public noctambule qui rôde ici, invariablement équipé du dernier accessoire à la mode (lunettes de soleil, téléphone portable ou Palm). Consommations un peu chères (comptez de 5€ à 6€). *Via della Pace, 3/7 (Piazza Navona) Tél. 06 686 12 16 Ouvert tlj. 9h-2h*

Bar del Fico (plan 2, C3). Autre bar incontournable du *Triangolo delle bevute*. Un peu retiré, à l'ombre de l'immense figuier qui borde la placette, il est envahi jusque très tard par une foule de jeunes Romains et de touristes. *Piazza del Fico, 26/28 Tél. 06 686 52 05 Ouvert tlj. 6h30-2h*

Jonathan's Angels (plan 2, C3). On serait tenté de résumer ce bar-bazar et toutes ses ambiances feutrées à ses toilettes de luxe : statues, chapiteaux, un brin de *santeria* afro-cubaine et une fontaine antique dont on dit qu'elle porte bonheur si vous y jetez des pièces. Partout ailleurs, des fresques à l'effigie du patron (vous n'aurez aucun mal à l'identifier). Très jeune et très branché. *Via della Fossa, 16 Tél. 06 700 16 03 Ouvert tlj. 0h-2h*

☺ **Enoteca Il Goccetto (plan 2, B3).** Vous pouvez grignoter, ou même dîner léger, mais le mieux est de se laisser conseiller par le patron pour découvrir un de ces vins dont il a le secret accompagné de quelques tranches de fromage ou d'olives. Vins au verre, prix tout à fait corrects (comptez 10€ pour un verre et une tartine). *Via dei Banchi Vecchi, 14 Tél. 06 686 42 68 Ouvert lun.-sam. 11h30-14h, 18h-23h30h*

Riccioli Café (plan 2, D2). Sur une adorable petite place, à l'écart de la foule caricaturale de la piazza Navona, ce bar-restaurant sélect a mis à l'honneur le sushi à l'italienne (poissons et légumes). Seul hic, c'est un peu cher mais, visiblement, la clientèle branchée du lieu n'en a cure. *Piazza delle Coppelle, 10/a (Piazza Navona) Tél. 06 68 21 03 13 Ouvert tlj. 12h-2h*

Bar de l'Hotel d'Inghilterra (plan 6, C4). Cocktails très prisés par la jeunesse dorée romaine. C'est romantique et très classe. *Via Bocca di Leone, 14 (Tridente) Tél. 06 69 98 11 www.hoteldinghilterra.it*

Bar de l'Hotel de Russie (plan 6, C4). Vous ne pourrez peut-être pas offrir à votre dulcinée une nuit dans cet hôtel de luxe mais l'adresse est incontournable en été, pour un rendez-vous en tête à tête dans ses jardins féeriques, éclairés çà et là par de gros lumignons, et parfois bercé par des airs de musique classique. *Via del Babuino, 9 (Tridente) Tél. 06 32 88 81 www.roccofortehotels.com*

Café Renault (plan 3, A2). Premier café high-tech de Rome, tout en acier chromé et lignes design : un rien trop branché mais pas désagréable. *Via Nazionale, 183/b (Quirinale) Tél. 06 47 82 44 52 www.cafe.renault.it*

Caffè della Scala (plan 5, C1). Dans une petite rue tranquille, ce bar est bien connu des noctambules. Cocktails, bons vins au verre et bonnes bières. *Via della Scala, 4 Tél. 06 580 36 10 Ouvert tlj. 16h-2h*

Bar San Callisto (plan 5, C2). Si ce bar ne paie pas de mine sachez que c'est pourtant un lieu mythique du Trastevere, traditionnellement perçu comme un bar de gauche, qui réunit artistes et intellos. Quant à l'addition, vous pouvez également compter sur des "prix militants". *Piazza San Callisto Tél. 06 589 56 78 Ouvert lun.-sam. 6h-2h30*

Où aller au cinéma ?

Après des décennies d'abandon, les années 1990 ont vu les cinémas romains rénovés, agrandis et à nouveau fréquentés. Entre 1993 et 1998, le nombre d'écrans a doublé, notamment grâce à l'ouverture de multiplexes en périphérie ou à la restauration de salles existantes. Reste qu'il est difficile de voir un film étranger en VO, les Italiens étant les champions du doublage (véritable industrie qu'ils maîtrisent à merveille mais qui navre les puristes). Dans la capitale, quelques options néanmoins, avec des cinémas d'art et d'essai qui continuent de projeter des classiques ou font découvrir les films récents dans leur langue. Vous trouverez les programmes et les horaires dans la presse (*Il Messaggero, La Repubblica, Roma c'è*).

Azzurro Scipioni (plan 4, D2). Le plus connu des cinémas d'art et d'essai, décoré de bric et de broc, fonctionne comme une association culturelle. Ici l'usage veut que les balayeurs du quartier et les enfants entrent toujours gratuitement et, le premier jour du mois, c'est gratuit pour tout le monde. Une carte de fidélité (6€) permet de revenir chaque semaine, le même jour, voir les classiques (Fellini, De Sica, Visconti...), ou découvrir le dernier opus du propriétaire des lieux, Silvano Agosti, sorte de Jean-Pierre Mocky local (6€ la séance). *Via degli Scipioni, 82 (Prati, métro Ottaviano-San Pietro) Tél. 06 39 73 71 61 www.azurroscipioni.com*

Nuovo Sacher (plan 5, D3). Nanni Moretti, le Woody Allen italien vénéré par les Français, a racheté cette salle pour faire face à la décadence de la distribution cinématographique à Rome, le baptisant du nom de son gâteau préféré, la *Sacher-Torte*. Les chefs-d'œuvre du cinéma indépendant, de Kiarostami à Ken Loach en passant par les jeunes réalisateurs italiens, sont présentés en VO les lunidi et mardi. Festival de courts métrages en juillet et projections en plein air en été. Pour les fans, un coin librairie où vous pourrez acheter DVD et cassettes vidéo. Tarif plein, 7€ ; tarif réduit, 4,5€ (a.-m. en semaine et mer. toute la journée). *Largo Ascianghi, 1 (Trastevere) Tél. 06 581 81 16*

Pasquino (plan 5, C1). Le cinéma le plus actif et le plus ancien dans la bataille pour les films en VO (tlj. et à toutes les séances). Tarif plein à 6,20€ ; tarif réduit à 4,13€ (a.-m. en semaine et mer.). *Piazza Sant'Egidio, 10 (Trastevere) Tél. 06 58 33 33 10*

Où boire un verre en écoutant de la musique ?

Alexanderplatz (plan 4, C2). Ce club de jazz a accueilli les meilleurs musiciens, d'Italie et du monde entier. Cuisine créative et bonne ambiance. Réservation recommandée. *Via Ostia, 9 (Vatican) Tél. 06 39 74 21 71 Ouvert tlj. 21h-2h*

La Palma. Cet oasis atypique qui fonctionne comme une association culturelle (carte annuelle à 1,55€) accueille aussi bien les grands noms que les inconnus du monde de la musique. Jazz contemporain, world music, rock expérimental…Comptez 20€. *Via G. Mirri, 35 (Casalbertone) Tél. 06 43 59 90 29 www.lapalmaclub.it Ouvert lun.-sam. 22h-1h*

Ombre Rosse (plan 5, C1). Une terrasse très recherchée, des concerts de jazz en fin de semaine, un public hétérogène… Selon l'heure, vous croiserez les gens du coin venus pour déjeuner ou boire un café ou toute une faune noctambule qui ne se prend pas trop au sérieux. *Piazza Sant'Egidio, 12 (Trastevere) Tél. 06 588 41 55 Ouvert tlj. 8h-2h sauf dim. matin*

Jazz Café (plan 2, C2). Canapés aux formes futuristes, atmosphère newyorkaise, musique électro live au rez-de-chaussée et discothèque à l'étage. Brunch le dim. matin à partir de 11h. *Via Zanardelli, 12 (Piazza Navona) Tél. 06 686 19 90 Ouvert tlj. 12h-15h30, 22h30-3h*

Où assister à un concert ?

Auditorium-Parco della Musica. Inauguré le 21 avril 2002 avec Patti Smith, les sœurs Labèque ou encore le violoniste Nigel Kennedy, le parc de la Musique imaginé par Renzo Piano est un magnifique complexe de 3 salles (de 700 à 2 700 places) complétées par une arène pour les concerts en plein air pouvant accueillir 3 000 personnes. Situé au nord de la piazza del Popolo (à 2km environ), le parc est le plus grand auditorium d'Europe. Renzo Piano a voulu que chaque genre musical, de la musique de chambre au rock, trouve son amplitude. Les formes arrondies des 3 salles se fondent néanmoins dans le paysage grâce aux matériaux choisis : travertin, brique rouge et bronze qui rappellent les couleurs romaines. *Viale Pietro de Coubertin, 30 Métro ligne A, station Flaminio puis tramway nº2 Bus nᵒˢ 910, 53, 217, 231 Tél. 06 80 24 12 06 pour les visites Tél. 06 80 24 23 51 pour les concerts Ouvert tlj. 8h-20h www.musicaperroma.it*

Où aller danser ?

Si les bars et les terrasses se serrent dans le centre historique et alentours, les clubs et discothèques sont plutôt disséminés, dans le Testaccio ou à San Lorenzo.

Alpheus. Ce club très connu, sur 3 niveaux (jazz et blues, latino, rock), est à l'origine d'une des soirées les plus courues de Rome : la *"mucca assassina"* (la "vache assassine") sous les auspices de drag-queens exubérantes et du renommé cercle de culture homosexuel Mario Mieli. *Via del Commercio, 36 (Testaccio-Ostiense) Tél. 06 574 78 26 www.alpheus.it Ouvert ven.-sam. 22h30-4h, dim. 21h-2h30*

Ketum Bar (plan 5, D5). Déco indochinoise, nouvelle cuisine exotique, musique expérimentale… et du beau monde. *Via Galvani, 24 (Testaccio) Tél. 06 57 30 53 38 Ouvert tlj. 8h-2h*

Caruso (plan 5, D5). Musique latino, *cantautores* cubains ou *salseros* des Caraïbes. Concerts live ou DJ. *Via di Monte Testaccio, 36 (Testaccio) Ouvert mar.-dim. 21h30-2h*

☺ **Ex-Magazzini.** À deux pas des anciens dépôts alimentaires, ce club ouvert à tous les vents accueille DJ, comédiens et musiciens. Petit marché aux puces le dimanche. *Via dei Magazzini Generali, 8 bis (Ostiense) Tél. 06 575 80 40 www.exmagazzini.com Ouvert mar.-dim. 19h30-2h, sam. 19h30-4h*

☺ **Goa.** C'est la boîte à la mode : DJ italiens et du monde entier triés sur le volet dans une atmosphère cosy (lumières tamisées et bougies). *Via Libetta, 13 (Ostiense) Tél. 06 574 82 77 Ouvert mar.-dim. 0h-3h30*

Classico Village. Éclectisme absolu autour des 3 ambiances (ethnique, house, concerts ou expos…) de cette boîte installée dans une ancienne fabrique. On croise la faune la plus variée : tous âges, tous sexes. *Via Libetta, 3 (Ostiense) Ouvert jeu.-sam. 21h30-2h*

La Suite (plan 5, D3). "La" boîte du Trastevere. Plus sélecte et fréquentée par un public moins dévergondé et un peu plus âgé qu'ailleurs (30 ans et plus). Beaucoup de vedettes… *Via degli Orti di Trastevere, 1 (Trastevere) Tél. 06 58 6 1 88 88 Ouvert mar.-sam. 0h-4h*

Il Qube. Immense club, sorte de site industriel recyclé, sur trois niveaux, dans une atmosphère décadente. Soirée *"muca assassina"* le vendredi (soirée gay) parmi les incontournables des night-clubbers romains. *Via di Portonnaccio, 212 (Tiburtino) Tél. 06 438 54 45 Ouvert ven.-dim. 22h30-4h*

Piper. Boîte "historique" (depuis 1965) mais qui reste toujours à l'avant-garde. Entièrement rénovée, dans une ambiance "ethnique-chic", le meilleur de la musique électro du moment, défilés, installations et concerts. "Stomp night" le samedi (ethno-house). *Via Tagliamento, 9 (Nomentano) Tél. 06 855 53 98 www.piperclub.it Ouvert mar.-dim. 22h30-4h30 Fermé en été*

☺ **Locanda Atlantide.** Immense espace multimédia ouvert à la musique, au théâtre, à la danse, à la photographie, à la littérature, etc. Ici, on cultive la différence, on la promeut et toutes les suggestions sont les bienvenues. *Via dei Lucani, 22/b (San Lorenzo) Tél. 06 44 70 45 40 Ouvert mar.-dim. 22h-3h*

Centri Sociali, où s'initier à la culture No Global ?

Phénomène absolument extraordinaire, qui prend ces derniers temps des allures de contre-culture péninsulaire, les *centri sociali* pourraient ressembler à nos vieilles MJC (Maison des jeunes et de la culture) si ce n'est qu'on ne les doit pas à des initiatives de l'État. Politiques, oui, mais pas institutionnels ! Le mouvement No Global a fédéré son action autour du G8, qui s'est tenu en juillet 2001 à Gênes, et n'a cessé de croître depuis. Véritables foyers alternatifs, on y croise artistes engagés et nouveaux groupes de la scène underground. Pour faciliter l'accès au plus grand nombre, ces centres pratiquent des tarifs "militants". Le *Manifesto*, *La Repubblica* et *Roma* c'è recensent quotidiennement les événements qui s'y tiennent. Sur Internet (vecteur privilégié de ce mouvement), entre autres : www.ecn.org ; www.tmcrew.org ; www.tmcrew.org/franchom.htm ; www.wumingfoundation.com ; www.carta.org

Brancaleone D'abord squatté, ce *palazzo* est un pilier dans l'histoire associative romaine. Autogéré, il a contribué à ouvrir de nouvelles pistes multimédia alternatives, mélangeant langages et genres. Lieu de rencontre de diverses dynamiques culturelles et sociales, le centre propose cours de photo, de yoga ou de shiatsu, il met à disposition son studio d'enregistrement et son cinéma et accueille une des soirées les plus branchées de Rome, le vendredi, avec Agatha (www.agatha.org). *Via Levanna, 11 (Montesacro) www.agathaonline.it*

Forte Prenestino. Occupée depuis le 1er mai 1986, cette forteresse tentaculaire disperse ses différentes activités sur 13ha : une salle de cinéma, une salle de concerts, un salon de thé, une scène de théâtre, une brasserie, un gymnase et un atelier artistique (sérigraphie, piercing, tatouage, graphisme...). Autogéré, c'est un des centres les plus radicaux, il autoproduit des dizaines de supports culturels (livres, revues, fanzines, musique). *Via. F. Delpino (Centocelle) Tél./fax 06 21 80 78 55 www.forteprenestino.net*

Villaggio Globale (plan 5, C5). Occupant une partie des anciens abattoirs du Testaccio, ce centre accueille représentations théâtrales, festivals de cinéma, concerts (électronique, world, punk, reggae...), débats, cours de photo... Avec en plus un bar, un salon de thé, une *trattoria*, un restaurant exotique et même une petite auberge de jeunesse (10€/nuit) pour les militants de passage... *Lungotevere Testaccio, 1 Tél. 065 757 233 vglobale@ tiscalinet.it*

Bluecheese (plan 5, F5). Ancienne menuiserie, ancienne déchetterie, cet immense espace multimédia qui a rouvert en décembre 2001 se revendique à l'avant-garde de la culture techno : musique, expo, théâtre, vidéo, photo... et DJ venus de toute l'Europe. *Via Caio Cestio (Piramide-Testaccio) www.blue-cheese.it*

Où acheter des livres, des disques ?

Rinascita (plan 2, E4). Un peu vieillotte peut-être, mais néanmoins l'une des meilleures librairies de Rome. Rinascita Dischi, juste à côté, est réputée pour sa sélection musicale très pointue. Vendeurs experts et très serviables. *Via delle Botteghe Oscure, 2 (Piazza Venezia) Tél. 06 679 74 60/06 679 76 37 Ouvert lun.-sam. 10h-20h, dim. 10h-14h et 16h-20h*

Librerie Feltrinelli (plan 6, C4). Chaîne de librairies du nom de l'éditeur. Agréables et bien fournies même si le service est un peu rapide. *Via del Babuino, 39-40 (Tridente) ; Largo Torre Argentina, 5/a (Campo dei Fiori, Ghetto) ; Via V. E. Orlando, 84/86 (Esquilin) Tél. (Numéro vert) 800 56 29 27 www.feltrinelli.it Ouvert lun.-sam. 9h-20h, dim. 10h-13h30 et 16h-19h30*

RicordiMediaStores (plan 6, B4). La version "musicale" des librairies Feltrinelli. Colonnes d'écoute. *Via del Corso, 506 (Tridente) Tél. 06 361 23 70/06 361 23 31 Ouvert lun.-sam. 9h30-20h, dim. 10h-13h et 15h-20h*

Messaggerie Musicali (plan 6, B4). Livres, CD, DVD, presse internationale. Pratique, ouvert tard le soir et bon choix de nouveautés mais malheureusement pas très convivial. *Via del Corso, 472 (Tridente) Tél. 06 68 44 01 Ouvert lun.-sam. 10h-23h, dim. 10h-20h30 www.feltrinelli.it*

Mel Bookstore (plan 3, A2). Une librairie sur plusieurs niveaux, très active. *Via Nazionale, 254/255 (Termini) Tél. 06 488 54 05 www.melbookstore.it Ouvert lun.-sam. 9h-20h, dim. 10h-13h30 et 16h-20h*

Bibli (plan 5, D2). Une bonne librairie mais aussi un café où l'on peut déjeuner, un point Internet, une salle de concerts... Idéal pour paresser dans le Trastevere quand il pleut ou qu'il fait vraiment trop chaud. *Via dei Fienaroli, 28 (Trastevere) Tél. 06 588 40 97 www.bibli.it Ouvert lun. 17h30-0h, mar.-dim. 11h-0h*

Odradek La Libreria (plan 2, B3). Cette librairie militante tient son nom d'un petit éditeur tout aussi engagé. Philosophie, épistémologie, sciences de la communication, littérature contemporaine, science-fiction, avant-garde artistique, histoire des mouvements alternatifs... Dans une petite salle adjacente ont lieu régulièrement des présentations de livres et des débats. *Via dei Banchi Vecchi, 57 Tél. 06 683 34 51 www.odradek.it Ouvert lun.-sam. 9h-20h30*

Où faire son marché ?

Incontournables ! Aller au marché en Italie, c'est comme boire un cappuccino ou visiter la chapelle Sixtine : ça fait partie du voyage. Petits *alimentari* et marchés résistent encore à la grande distribution et à la "mondialisation" mais on ne sait pas encore pour combien de temps... alors autant en profiter. Pour les marchés de quartier c'est dans le Testaccio qu'il faut aller, le Trastevere ou à Prati. Un peu à l'écart du centre historique, quatre marchés tiennent le haut du pavé de la tradition. Mais vous trouverez également quelques *bancarelle* (étals) à peu près dans tous les quartiers. Fruits et légumes, un camion de poisson frais, un autre de charcuterie et fromages... mais les "vrais" marchés, plus importants, ont lieu sur des places ou dans des halles couvertes. Ils se tiennent en général du lundi au samedi, de 7h à 14h.

Campo dei Fiori (plan 2, C4). En lieu et place des exécutions capitales qui s'y pratiquaient autrefois (le moine Giordano Bruno, qui trône au centre de la place, y fut brûlé vif en 1600), on trouve aujourd'hui des étals de fleurs, de légumes secs, d'olives, de primeurs. Connu, certes, mais devenu trop cher en raison de son succès touristique.

Piazza Testaccio (plan 5, E4). Sur la place se serrent des kiosques bleus pratiquant des prix populaires.

Piazza San Cosimato (plan 5, C2). Dans le Trastevere, quelques kiosques et quelques marchands ambulants (fromage, charcuterie, boucherie) animent le quartier. Dans les rues des abords de la place (via Natale del Grande, via San Francesco a Ripa), on trouvera aussi de bons commerces où acheter des *mozzarelle* moelleuses, des pâtes fraîches, de la *porchetta* (viande de porc grillée aux herbes aromatiques), des saucisses, du jambon de montagne.

Marchés de Prati (plan 4). Il y a là deux marchés, celui de la piazza dell'Unità (plan 4, D3), couvert, dans une belle halle blanche, et celui de Trionfale (plan 4, B2, immense (via Andrea Doria, près du largo Trionfale). Si les touristes viennent jusque-là, c'est pour se rendre à Saint-Pierre, juste à côté... mais il y a des chances pour qu'au marché vous ne croisiez que des Romains, pris sur le vif de leur vie quotidienne. Les étals vous permettront de découvrir les dizaines de variétés de tomates (petites, allongées, vertes, etc.), de brocolis, d'artichauts, de pâtes fraîches, de fromages...

Nuovo Mercato Esquilino (plan 3, C3). Le plus exotique. Il se tient sous une une halle, toute neuve. Ça ne présente pas d'intérêt particulier pour faire ses achats, à moins d'avoir besoin d'épices ou de vouloir faire le plein de fruits, mais on n'a rien vu d'équivalent à Rome en terme de mixité : s'y côtoient vendeurs de charcuterie italienne et de viandes halal, vieilles mamies et jeunes sikhs, gitans et étudiants babas. Tout le quartier alentour est à l'image de ce marché, sorte de "Barbès" plus monumental, bordé d'arcades, s'étendant autour d'un parc jonché de vestiges antiques et planté de palmiers. Çà et là, des vendeurs à la sauvette, des magasins de tissus, des bijouteries, des bazars et quelques *alimentari*. À l'angle de la via Principe Amedeo et de la via Ricasoli

Où aller au marché aux puces ?

Porta Portese (plan 5, D3). Le plus célèbre de Rome. Dire que cet endroit relève de la caverne d'Ali Baba est un euphémisme : des CD gravés des derniè-res nouveautés internationales aux étals de charcuterie calabraise, en passant par les téléphones seventies, les jeans dégriffés, les gadgets *made in Taïwan*, les incontournables étals de bijouterie indienne, d'artisanat africain et de maroqui-nerie, les draps brodés, les dessous affriolants, les tableaux kitsch, les livres anciens – dont une foule de titres consacrés à Mussolini ou Néron... Ceux qui aiment marchander feront de bonnes affaires. Les autres traverseront la foule non sans difficulté et s'agripperont à leur sac à dos accroché à l'avant pour éviter d'être la proie des *scippatori* (pickpockets) ! *Via Portuense, parallèlement au viale di Trastevere Ouvert dim. 5h-14h*

Via Sannio (plan 3, C5). Les Romains ont déserté depuis un moment le marché de Porta Portese, devenu trop touristique, pour celui-ci. Fripes, vêtements neufs à bons prix, chaussures... *Via Sannio, à l'arrière de Saint-Jean-de-Latran (métro San Giovanni) Ouvert lun.-ven. 10h-13h30, sam. 10h-14h sauf nov.-avr., lun.-ven. 10h-13h30, sam. 10h-18h*

Où s'habiller à la mode italienne ?

La réputation n'est pas infondée : la mode italienne est bel et bien une des plus élégantes au monde. Si l'on remonte la **via dei Condotti**, à proximité de la piazza di Spagna, on réalise que toutes ces enseignes à consonance italienne ont désormais gagné le monde entier : Prada, Gucci, Valentino, Max Mara, Armani, Alberta Ferretti, Furla... Évidemment, à moins de se trouver à Rome au moment des soldes (janvier et juillet) ou d'avoir un budget illimité, vu les prix prohibitifs, on ne fera pas de razzias. Pour ceux qui recherchent l'efficacité, rendez-vous dans le quartier de Prati, vous y trouverez de nombreuses boutiques franchisées au fil de la **via del Corso**, au début de la via Tomacelli et sur la **via Cola di Rienzo**. Le centre historique autour de la **piazza Navona** regorge aussi de petites rues commerçantes qui feront le bonheur des *shopping-holic* : la fripe bon marché côtoie les nouveaux noms de la mode via del Governo Vecchio et dans les petites rues adjacentes. Les alentours du **Campo dei Fiori** alignent des magasins de maroquinerie vieillots, des boutiques de vêtements qui ont l'air de toutes se ressembler, des magasins de souvenirs où l'on peut quand même faire de bonnes affaires. Les boutiques sont généralement ouvertes du lundi au samedi de 9h à 13h et de 15h30 à 20h30.

Ethic (plan 6, B4). Plusieurs boutiques à Rome de cette marque qui joue avec les matières, les coupes, les touchers, les couleurs. Dans le paysage du prêt-à-porter, on n'a rien vu d'aussi réjouissant depuis longtemps ! *Via del Corso, 85 (Piazza di Spagna) Tél. 06 36 00 21 91 ; Via del Pantheon, 46-47 (Panthéon) Tél. 06 68 80 31 67*

TAD Concept Store (plan 6, C4). Comment ça ? Vous ne savez pas ce qu'est un *concept store* ? Voici l'occasion de le découvrir pour le meilleur et pour le pire... À deux pas de la piazza di Spagna, un immense espace entièrement dévolu à la "branchitude". Mode et accessoires signés, frisant la caricature, des expos, de la musique (tout ce que vous n'avez jamais entendu et que vous devriez déjà connaître), des chaussures exagérément chères, des fleurs et des cosmétiques, un coiffeur et un café. *Via del Babuino, 155a (Tridente) Tél. 06 326 95 11 www.taditaly.com*

Coin (plan 4, E2). Le seul grand magasin qui vaille vraiment le détour. *Via Cola di Rienzo, 255 Tél. 06 36 00 42 98*

Angelo di Nepi (plan 4, E2). Cette marque nous a vraiment impressionnés par son audace, son inspiration ethnique et la qualité de ses produits. C'est un peu plus cher mais on a le sentiment de porter quelque chose de différent. *Via Cola di Rienzo, 267/a (Prati) Tél. 06 322 48 00 ; via dei Giubbonari, 28 (Campo dei Fiori) Tél. 06 689 30 06 ; Via Frattina, 2 (Piazza di Spagna) Tél. 06 678 65 68 www.angelodinepi.com*

Bag House (plan 2, C4). Malgré son air démodé, on verra dans sa vitrine tous les grands noms actuels de la maroquinerie italienne : Coccinelle, Francesco Biasi, Mazzini. L'accueil est délicieux et on ne perdra pas patience si vous voulez essayer tous les modèles. De très bonnes affaires au moment des soldes. *Via dei Giubbonari, 34/35 (Campo dei Fiori) Tél. 06 686 40 36*

Mandarina Duck (plan 6, D5). Connu internationalement pour ses sacs résistants et aux lignes design. C'est à peine moins cher qu'en France mais les soldes sont intéressants. *Via Propaganda, 1 (Piazza di Spagna) Tél. 06 69 94 03 20 ; Via Cola di Rienzo 270-272 (Prati) Tél. 06 689 64 91*

Fausto Santini (plan 6, C5). Chaussures et sacs de rêve... C'est cher mais les cuirs sont souples et les coupes sont osées et éternelles à la fois. *Via Frattina, 120 Tél. 06 678 26 45*

Où acheter des souvenirs gourmands ?

Volpetti (plan 5, E4). Épicerie fine, crémerie, charcuterie et traiteur... L'institution plus que centenaire offre un choix incroyable de spécialités : artichauts à la romaine, petits champignons au vinaigre balsamique, légumes braisés, fromages, pâtes fraîches, tomates séchées, cèpes et une bonne sélection de vins... Idéal également pour se concocter un dîner sans trop se compliquer la vie mais aussi pour déjeuner sur le pouce. *Via Marmotta, 47/143 (Testaccio) Tél. 06 574 23 52 Ouvert lun., mer.-sam. 8h-14h et 17h-20h, jeu. 8h-14h www.fooditaly.com*

Castroni (plan 4, E2). Indémodable et épicurien : la plus belle épicerie de Rome, gigantesque pays de cocagne qui sent bon le café moulu, où vous pourrez faire le plein de réglisse de Calabre, de chocolats Baci Perugina (sorte de "rocher" avec une énorme noisette et du praliné), de vinaigre balsamique, de crème de truffe noire, de cèpes séchés... Et si vous êtes assailli par une envie d'exotisme, vous trouverez aussi du corned-beef argentin, des pickles de gingembre japonais ou des chutneys anglais. *Via Cola di Rienzo, 196 Tél. 06 687 43 83 Ouvert lun.-sam. 8h-20h www.castronigroup.it*

Franchi (plan 4, E2). Ce traiteur-charcutier-fromager rivalise d'abondance et de gourmandise avec son illustre voisin, Castroni. Que vous consommiez sur place ou que vous veniez pour faire le plein de salami, de mozzarella de bufflonne ou de pâtes fraîches, l'adresse vaut le détour. *Via Cola di Rienzo, 204 (Prati) Tél. 06 687 46 51, 06 686 45 76 Ouvert lun.-sam. 8h15-21h www.franchi.it*

Où acheter un maillot de foot de l'AS Roma ?

Les *tiffosi* de la Roma, les *Romanisti*, vous expliqueront avec enthousiasme que les "vrais Romains" ne peuvent pas être supporters de la Lazio, l'autre équipe régionale, plutôt soutenue par les villes qui entourent Rome. D'autres vous diront que ce n'est pas une question de géographie mais que l'enjeu est politisé : les *Romanisti* sont plutôt de gauche, les *Laziali* de droite. D'autres enfin, plus nuancés, font remonter leur attachement à leur enfance : si vous avez été initié par un *Romanista*, il y a des chances pour que vous le restiez ; si votre première année de foot, c'est la Juventus de Turin qui a gagné le championnat, vous ne risquez pas d'oublier cette équipe... À chacun ses justifications mais nous ne pouvons nier qu'à Monti, San Lorenzo, dans le Testaccio ou le Trastevere, centre populaire de Rome, on compte bien plus de *Romanisti* que de supporters de la Lazio. Pour se procurer un billet, rendez-vous dans les boutiques officielles mais attention... à moins qu'il ne s'agisse d'une rencontre mineure, tous les billets se seront envolés. Depuis quelques années, la Roma et la Lazio ont été tour à tour récompensées en gagnant le *scudetto*, le championnat d'Italie (la Lazio en 2000, la Roma en 2001, après dix-huit longues années de patience !), ces belles victoires n'ont fait que renforcer les supporters, toujours plus nombreux.

AS Roma Store (plan 2, E2). La boutique officielle de l'AS Roma. Pour ceux qui veulent s'équiper, du maillot de foot n°10 marqué Totti au mini-écusson avec la louve. *Piazza Colonna, 360 (Tridente) Tél. 06 678 65 14 www.asromastore.it*

Lazio Point (plan 3, B2). Une boutique aux couleurs de l'équipe en blanc et bleu. *Via Farini 34-36 (Termini) Tél. 06 482 66 88 www.lazio.com*

Stadio Olimpico. Dans ce stade qui peut accueillir plus de 80 000 personnes, les *Romanisti* occupent depuis toujours la *curva* sud (aile sud) et les *Laziali*, la *curva* nord. C'est évidemment là qu'on ressent le mieux la passion, voire l'hystérie collective qui anime les *tiffosi*, toutes générations confondues. Si vous craignez les mouvements de foule choisissez plutôt des places en tribune (Tevere ou Monte Mario), plus chères. Billets de 16€ à 70€ environ. *Viale dello Stadio Olimpico (nord de la ville) Tél. 06 323 73 33 www.sslazio.it*

Orbis (plan 3, B2). Vente de billets avec frais de réservation en sus. *Piazza Esquilino, 37 (Esquilin) Tél. 06 482 74 03/06 474 47 76*

Où trouver un *barbiere* ?

Bien que la mode des rasoirs électriques ou jetables ait gagné les Italiens, il reste toujours des aficionados pour vous expliquer que se faire raser chez le barbier n'a "rien à voir" ! Vous en trouverez un certain nombre à Rome, dans tous les quartiers, sous l'enseigne *"Barbiere"*.

Silvano Rossi (plan 2, C2). Situé dans un superbe *palazzetto* aux murs décrépits, il vaut le détour avec ses fauteuils de cuir rouge, son lustre, ses carreaux de céramique aux murs. Les filles pourront assister au spectacle, assises sagement sur une des chaises, tandis que les messieurs se feront raser de près et parfumer à l'eau de Cologne. Ambiance rétro assurée. *Via dei Portoghesi, 17 (Piazza Navona) Tél. 06 686 98 81 Ouvert mar.-sam. 8h30-18h30*

Où se faire tirer les cartes ?

La manie des Italiens de conjurer le sort en invoquant la Madone et les saints se conjugue à merveille avec toute une série de superstitions, à commencer par le mauvais œil (*malocchio*). Se marier ? Acheter un appartement ? Choisir la couleur de sa nouvelle voiture ? Les cartomanciens ont réponse à tout. Ainsi serez-vous peut-être surpris par le nombre de diseuses (et diseurs !) de bonne aventure que vous croiserez à Rome : la journée, sous les arcades face à la piazza Colonna, le soir, dans les parages de la piazza Navona...

Pina Reginè Cartomanzia (plan 5, C1). Pour ceux qui prennent la chose très au sérieux, dans le Trastevere, rendez-vous dans la boutique de Pina. On ne garantit pas la prédiction mais il est facile de la retrouver pour réclamer... *Via del Moro, 49 Tél. 339 275 85 39 Ouvert lun.-ven. 0h-18h, ven.-sam. 19h-0h*

Découvrir Rome

Autant annoncer la couleur d'emblée : après quelques jours et des kilomètres de pavés sous les pieds, des enfilades de fresques et de sculptures baroques, vous risquez d'être saturé d'informations et d'émotions. Pour éviter cet écueil, il vaut mieux accepter de ne voir que quelques lieux, faire une sélection préalable et se résoudre, souvent, à n'être qu'un touriste ordinaire au beau milieu d'une foule de semblables. Une possibilité est de renoncer à la tentation de voir les monuments incontournables pour se limiter à des sites "mineurs" (moins connus), se livrer, en flânant, au spectacle grandeur nature de ses rues et placettes...

Découvrir le centre historique

C'est l'un des plus beaux itinéraires de Rome, qui tourne le dos à Saint-Pierre et qui s'improvise comme une aventure personnelle et intime avec la ville. Notre conseil : fiez-vous à votre instinct et laissez-vous aller à la flânerie. Plus qu'ailleurs, vous aurez besoin de passer du temps dans ces parages, au risque, sinon, de n'en garder que des impressions de "carte postale".

Via Giulia (plan 2, B3-B4-C4). Si le quartier du Champ de Mars forme un triangle (de la via del Corso aux rives anguleuses du Tibre à l'ouest), la via Giulia, allant du **pont Amedeo Savoia d'Aosta** au **pont Sisto**, en constitue l'un des trois côtés. Elle est presque parallèle au Tibre, rappelant qu'elle a été un des axes majeurs de la ville, destiné à rapprocher le Vatican du Capitole au début du XVIe siècle. Aujourd'hui témoignent de cette époque églises et palais aux façades ocre et rouges alternant avec galeries d'art et antiquaires. Du nord au sud, remarquez, au début de la rue, l'**église San Giovanni dei Fiorentini** (XVIIᵉ siècle), dédiée à saint Jean Baptiste, patron de Florence (la colonie toscane à Rome s'était établie dans les environs). Plus en avant, au n°66, le **palais Sacchetti** et sa longue façade percée de fenêtres décorées. Si la porte est ouverte, vous pourrez tout au plus apercevoir la cour et le jardin à l'arrière mais on vous cachera le cycle de fresques que Salviati a consacré à la vie de David au premier étage du palais (vers 1553). Plus loin encore, deux églises, celle du **Spirito Santo dei Napoletani** et **Santa Maria di Monserrato**, au 151, attestent la présence des communautés étrangères à Rome (Napolitains, Espagnols...). Là on venait prier, et on logeait dans des auberges des alentours du Campo dei Fiori. Quand vous parviendrez presque au bout de la rue, vous croiserez à droite la **fontana del Mascherone** (du nom du masque qui la caractérise) et apercevrez à gauche, au-delà du mur, la façade postérieure du palais Farnèse, une magnifique loggia. Remontez la via del Mascherone pour atteindre la piazza Farnese. *Église San Giovanni dei Fiorentini Via Giulia Ouverte tlj. 7h30-19h30 Église Spirito Santo dei Napoletani Via Giulia Ouverte tlj. 7h30-19h30 Église Santa Maria di Monserrato Via Giulia, 151 Ouverte lun.-sam. 13h-13h30, dim. 9h30-13h30*

Piazza-Palazzo Farnese (plan 2, C4). Les Romains vous railleront peut-être à ce sujet. À croire qu'ils en veulent encore à la France d'occuper le plus beau palais particulier de Rome ! On peut comprendre leur agacement... mais il s'agit d'une très vieille histoire. Les ambassadeurs de Louis XIV fréquentaient déjà le lieu qui est devenu officiellement en 1875 le siège de l'**ambassade de France** et de la prestigieuse École française de Rome. La place peut sembler un peu sévère, surtout en comparaison du joyeux désordre qui règne à deux pas, sur le Campo dei Fiori, mais, à la nuit tombée, elle est moins intimidante, se faisant salon ou décor de théâtre. Cette austérité s'est peut-être trouvée accentuée par la restauration récente, un peu trop léchée, qui n'a concerné jusqu'ici que la façade. Commencé par Antonio da Sangallo en 1510 pour le cardinal Alexandre Farnèse, le palais initial prend vite de l'ampleur quand ce dernier accède au trône pontifical. Devenu pape sous le nom de Paul III (1534-1549), il demande à Michel-Ange de poursuivre les travaux. À la mort du maître, en 1564, Giacomo Della Porta prend la relève et achève l'édifice. La **cour intérieure** est un chef-d'œuvre d'élégance, presque un musée d'architecture à ciel ouvert où l'on retrouve superposés les trois ordres classiques (dorique, ionique et corinthien). À l'étage, les salons rivalisent de splendeur : à la fin du XVIᵉ siècle, Salviati, Zuccaro et surtout les frères Annibale et Agostino Carrache ont peint à fresque des scènes mythologiques avec une virtuosité et une vivacité rarement vues ailleurs. Ceux qui n'auront pas la chance de visiter le palais et de lever les yeux sur les trompe-l'œil des Carrache viendront se consoler le soir en glanant çà et là des percées sur la grande galerie illuminée. Pour entrer, il suffit de réserver sa place lors des visites guidées hebdomadaires (voire organisées plusieurs fois par semaine). Une pièce d'identité vous sera réclamée à l'entrée. *Piazza Farnese, 67 Tél. 06 68 60 11 www.france-italia.it*

Palazzo Spada (plan 2, B4). La placette qui enserre le palais Spada raconte en partie l'histoire de ce bâtiment. D'abord parce qu'elle porte le nom des premiers propriétaires des lieux, la famille Capo di Ferro, qui fait élever le *palazzo* (1549-1559), ensuite parce que la conception architecturale est centrée autour de la famille Spada, propriétaire à partir de 1632, à laquelle l'usage de la place était réservé (d'où un décor en trompe l'œil sur les bâtiments d'en face). La place devenait ainsi une "pièce" supplémentaire du palais. De la même manière, si l'on ne s'en tient qu'à la façade, on déchiffrera encore d'autres moments de cette histoire : la série de statues en stuc est l'exemple le plus réussi à Rome d'une mode qui s'était répandue en Europe à partir de Fontainebleau grâce aux artistes italiens qui travaillaient pour François Ier. On reconnaîtra aussi les symboles des Spada ("épée" en italien, et le cheval). C'est cette famille, en la personne du cardinal Bernardino Spada, qui a laissé l'empreinte la plus profonde en chargeant Borromini, au XVIIe siècle, de réaménager le palais. L'architecte baroque sera l'auteur d'un couloir qu'on découvre juste à la gauche de l'entrée : la perspective portant son nom est un "trompe-l'œil" architectural dans la mesure où la galerie ne mesure pas plus de 9m alors qu'elle donne l'impression d'en faire plus de 20 ! Le tour est parfaitement réussi grâce à la combinaison du sol incliné et de la voûte en descente. À l'intérieur, stucs et fresques toujours inspirés de Fontainebleau ornent de riches appartements (ne se visitent pas). On peut cependant admirer la **collection Spada**, galerie de peinture des XVIIe et XVIIIe siècles dont les œuvres sont peu connues mais attestent les exigences de ces mécènes qui, n'ayant jamais été papes, ne pouvaient s'offrir les plus grands peintres, mais choisissaient des artistes qui s'appliquaient à imiter – au moins dans leurs sujets – leurs maîtres. *Piazza Capo di Ferro, 3 Tél. 06 687 48 96 Ouvert mar.-dim. 8h30-19h30*

Campo dei Fiori (plan 2, C4). Les abords du Campo dei Fiori fonctionnent comme un filet : dès que vous mettez les pieds dans ses rets, vous serez irrésistiblement drainé vers son centre. Les flux de piétons vous conduisent et vous sentez que tôt ou tard vous déboucherez sur cette place qui est le véritable cœur de Rome. Elle n'a pas le caractère monumental des autres grandes places romaines (piazza di Spagna ou piazza Navona, par exemple) mais elle fonctionne comme une charnière entre la Rome populaire et la Ville éternelle. Elle se veut ancrée dans le quotidien, avec son marché de primeurs, ses étals de fleurs de courgettes, de roquette sauvage, de pousses de chicorée, de petits calamars... Pas une église, pas un palais ne la bordent mais, à leur place, des *vinerie* (bars à vins), des troquets bondés, une boulangerie où la pizza *al taglio* (à la coupe) n'en finit pas de sortir du four, une crémerie, une charcuterie réputée... Le symbole le plus imposant de cette victoire de la laïcité sur l'Église est la **statue de Giordano Bruno**, philosophe porté au bûcher par l'Inquisition en 1600 pour avoir prétendu que la philosophie et la magie étaient supérieures à la religion. La controverse ne s'est pas dissipée une fois le philosophe disparu : en 1889, quand la statue est inaugurée, républicains et partisans du pape s'affrontent une fois encore. En mémoire de cet épisode et des autres exécutions capitales qui s'y sont tenues, la place est aussi connue comme "place de la Tolérance". Il y a quelques années encore, le Campo dei Fiori était aux mains de la population commerçante des environs et les rumeurs sur la présumée dangerosité des lieux allaient bon train (problèmes de salubrité, de prostitution ou de petit trafic de drogue – qui sont bien peu de choses en regard de la réputation de débauche qui y régnait pendant des siècles, notamment à la Renaissance, quand près de 50 000 prostituées hantaient les rues !). L'entreprise de réhabilitation n'a pas encore concerné toutes les rues et des "vignettes" surgies d'un autre âge feront écho à des visions imaginaires colportées par des romans comme *La Storia* d'Elsa Morante. Sans trop d'efforts, vous associerez le nom des rues aux métiers qui les bordent : les boutiques de vêtements se suivent **via dei Giubbonari** (tailleurs de vestes !), on trouve encore des fabricants de valises **via dei Baullari** (*baule* est une malle)... mais les chapeliers de la via dei Cappellari ont été remplacés par des restaurateurs de meubles anciens et il n'y a plus d'artisans de la laine via dei Pettinari. Quant à Campo dei Fiori, "champ des fleurs", on peut émettre deux hypothèses sur l'origine de ce nom : abandonné au Moyen Âge, le quartier était sans doute devenu un champ de mauvaises herbes et de fleurs sauvages... On dit aussi que la femme de Pompée (qui était à l'origine de la place, en bâtissant un théâtre et un temple en 61 av. J.-C.) s'appelait Flora.

Chiesa Santa Barbara dei Librai (plan 2, D4). En tournant le dos à Giordano Bruno, quittez la place par la gauche, empruntez le passage via del Biscione ; vous aboutirez sur la via di Grotta Pinta. Cet endroit a quelque chose de magique, comme si on passait de l'autre côté du miroir : ici, pas un bruit, oubliée l'effervescence du Campo dei Fiori. Les maisons populaires qui bordent la rue font comme un mur de protection entre un univers et l'autre et, surtout, elles suivent la courbe de la *cavea* du théâtre antique ! Par la via Chiavari, vous parviendrez via dei Giubbonari : à mi-hauteur de la rue, vous tomberez sur une placette minuscule, en retrait à gauche, encadrant une toute petite église, Santa Barbara dei Librai, qui a l'air chapeautée par l'énorme dôme de Sant'Andrea, juste derrière.

Chiesa Sant'Andrea della Valle (plan 2, D4). Célèbre à plusieurs titres, cette église de la fin du XVIᵉ siècle servira de modèle à toute l'Europe catholique. C'est d'abord son dôme qui attire l'attention puisqu'il est le plus haut de Rome après celui de Saint-Pierre. Les amateurs d'art lyrique se rappelleront sans doute que c'est ici que se déroule le premier acte de *La Tosca* de Puccini. Contemporaine de la Contre-Réforme, elle a été conçue autour d'une seule nef centrale où seraient rassemblés les fidèles assistant au miracle de la transsubstantiation. À l'époque, les murs de la nef étaient nus, reportant sur la croisée et l'abside toute l'émotion esthétique grâce à un décor foisonnant confié aux meilleurs artistes du XVIIᵉ siècle. Deux écoles se sont opposées dans cet exercice. Giovanni Lanfranco, chargé en 1630 du décor de la coupole, accentue l'extraordinaire impression de profondeur en recourant au trompe-l'œil. Originaire de Parme, l'artiste reprend les principes des coupoles peintes un siècle plus tôt par le Corrège : vues d'en bas les figures peintes par Lanfranco apparaissent dans un grand souci de réalisme, dégagées des ondulations de l'architecture. Le Dominiquin, son concurrent, a réalisé les pendentifs (les évangélistes) et les fresques de la voûte du chœur, selon une ligne plus classique, où la peinture découle de la sculpture. *Corso Vittorio Emanuele, 6 Tél. 06 686 13 39 Ouvert tlj. 7h30-12h et 16h30-19h30*

Largo Torre Argentina (plan 2, D4). Il y aura bien un moment, au cours de votre séjour, où vous serez pris dans l'étau de ce carrefour, coincé entre voitures, bus et tramways vous conduisant vers le Trastevere. Jetez un œil sur les vestiges à ciel ouvert visibles à cet endroit : l'**Area Sacra Argentina** est un complexe de temples datant de l'époque républicaine (de 250 à 100 av. J.-C.). On voit encore quelques colonnes et les fondations d'un temple rond et de trois temples rectangulaires. Quant aux nombreux chats errant au milieu des pierres, ils ne font pas seulement partie de la carte postale romaine : tout à côté s'est établi un foyer qui les nourrit et les soigne. On recense ainsi dans les parages près de 500 chats abandonnés chaque année qui ne demandent qu'à être adoptés. En face, le **Teatro di Roma-Argentina** qui borde la place est une institution historique : en 1816, c'est là qu'on a joué pour la première fois *Le Barbier de Séville*. De nos jours, plus d'opéra mais un programme exigeant de théâtre, danse ou poésie. *Teatro di Roma-Argentina Largo Torre Argentina, 52 Tél. 06 68 80 46 01*

☺ **Ghetto (plan 2, D4).** Il est presque insolite de constater que, dans le bastion de la chrétienté, les juifs ont sans doute été plus en sécurité qu'ailleurs. Attestée depuis le Iᵉʳ siècle av. J.-C., la communauté juive de Rome est la plus ancienne d'Europe même si sa présence ininterrompue n'a pas été sans épreuves. La protection du pape s'est ainsi systématiquement exprimée en pièces sonnantes et trébuchantes. D'abord établie dans le Trastevere, la communauté passe de l'autre côté du Tibre et se resserre sur 1ha quand le Ghetto est institué, en 1556, coïncidant avec la Contre-Réforme, marquant ainsi physiquement la séparation des populations juive et chrétienne. La longue période d'enfermement, qui s'achèvera avec l'Unité italienne et la démolition des murs d'enceinte, a été synonyme de déclin pour le quartier. Le 16 octobre 1943, une rafle conduit plus de 1 000 juifs à Auschwitz. On dit que cette proportion aurait été nettement plus élevée sans la résistance et la solidarité de civils et de prêtres romains, alors qu'il a fallu attendre presque cinquante ans avant que le Vatican ne revienne sur ses responsabilités et sur le silence criminel dont il a été coupable. Cette histoire mouvementée se lit dans ses murs dénués d'unité architecturale. On a reconstruit çà et là et démoli ailleurs, sans beaucoup de scrupules. Mais il y règne une atmosphère troublante, où les *palazzi* du Moyen Âge côtoient les boutiques kascher, où les vestiges de l'Antiquité font écho à une synagogue. On a le sentiment, peut-être plus qu'ailleurs, que la communauté et ses traditions se sont fondues dans le paysage, tant et si bien que tout le "folklore" lié habituellement aux quartiers juifs d'Europe s'y retrouve de manière moins marquée.

Via del Portico d'Ottavia (plan 2, D5-E5). À l'entrée de cette rue, arête principale du Ghetto, du côté du fleuve, vous serez d'abord interpellé par les grilles protégeant les fouilles actuellement en cours. Des percées dans les bâches de protection vous permettront de glaner quelques éléments d'information sur les sous-sols du quartier. Juste en arrière-plan de ces fouilles, sur un niveau supérieur, les vestiges du **portique d'Octavie**, bâti par Auguste en 23 ap. J.-C. en hommage à sa sœur, sur les ruines d'une ancienne colonnade qui s'ouvrait sur un complexe religieux. Restauré par Septime Sévère après l'incendie de 191, l'ensemble a été intégré dans l'**église Sant'Angelo in Pescheria**, fondée en 755, dont le nom rappelle que sur son parvis se tenait le plus grand marché au poisson de Rome. De l'autre côté de la rue se dresse la synagogue, un bâtiment aux formes arrondies et presque orientales construit à la fin du XIXᵉ siècle.

Synagogue-Musée d'Art juif (plan 2, D5-E5). Depuis un attentat antisémite en 1982, l'accès à la synagogue n'est permis que dans le cadre de la visite guidée au départ du musée d'Art juif contigu. Les collections mettent en relief les épreuves qui ont jalonné l'histoire de la communauté, des décrets pontificaux interdisant certaines professions aux objets retrouvés dans les camps de concentration. *Lungotevere Cenci Tél. 06 684 00 61 Ouvert sept.-avr. : lun.-jeu. 9h-19h30, ven. 9h30-13h30, dim. 9h-12h ; mai-août : lun.-jeu. 9h-19h30, ven. 9h-13h30, dim. 9h-12h*

Piazza Mattei (plan 2, D4-E4). La découverte de cette place est une des émotions fortes du vieux centre romain (pour peu qu'elle ne soit pas envahie de voitures qui l'investissent comme parking !). Les palais la bordant donnent une idée de son passé aristocratique, affichant leurs façades comme un décor de théâtre, mais son tracé incertain et, surtout, **la fontaine des Tortues** : lui confèrent une fraîcheur et une gaieté peu habituelles. La fontaine, d'une facture incroyablement gracieuse avec ces jeunes garçons poussant des tortues vers le jet d'eau, est attribuée à Taddeo Landini, sur un dessin de Giacomo Della Porta. La légende veut que les deux artistes aient exécuté le chef-d'œuvre en une seule nuit, vers la fin des années 1580, pour que le commanditaire, le duc de Mattei, ruiné et méprisé par les siens, regagne l'estime de son père. On dit aussi que les tortues (aujourd'hui des copies, les originales ayant été dérobées) sont dues au Bernin, qui les aurait ajoutées au XVIIe siècle. À quelques pas, à l'angle de la via Funari et de la via Caetani, vous pourrez jeter un œil au *cortile* (cour) du **palais Mattei di Giove**, exemple le plus monumental d'une mode en vigueur au début du XVIIe siècle, où les marbres antiques valorisaient la décoration intérieure. Ici, sarcophages romains encastrés dans les murs, datant des Ier et IIe siècles ap. J.-C., stucs et sculptures ornent jusqu'aux escaliers du palais. L'endroit abrite aujourd'hui le Centre italien des études américaines. C'est à quelques mètres de là, sur la **via Caetani**, à mi-chemin exactement entre le siège du Parti communiste italien (via delle Botteghe Oscure) et l'ancien siège de la Démocratie chrétienne (piazza del Gesù), qu'Aldo Moro a été retrouvé mort le 9 mai 1978, assassiné par les Brigades rouges.

Museo Nazionale Romano-Cripta Balbi (plan 2, E4). Cette section du Musée national romain flambant neuve est installée dans l'édifice contigu au théâtre de Balbo (un petit théâtre datant du Ier siècle ap. J.-C.). Dans ce qui était autrefois la crypte du théâtre, des panneaux développent l'histoire du bâtiment, tout en strates superposées, de l'Antiquité à nos jours... Un condensé saisissant et pédagogique d'histoire urbaine ! *Via delle Botteghe Oscure, 31 Tél. 06 489 035 01 Ouvert mar.-dim. 9h-19h*

Chiesa del Gesù (plan 2, E4). Ce n'est pas un hasard si, en pénétrant cette église, vous avez la sensation d'un "déjà-vu". On trouve en effet dans toute l'Europe des églises baroques de ce type... mais il faut savoir que celle-ci est à l'origine des autres. En 1540, la Compagnie de Jésus, fondée par Ignace de Loyola, devient l'ordre le plus efficace de la Contre-Réforme, évangélisant les terres lointaines des nouveaux mondes. La petite église dont elle dispose à Rome ne reflétant plus le prestige de l'ordre, elle sera reconstruite dans les années 1580. Sobre, elle est conçue comme un immense espace nu centré autour de l'autel. Dans la seconde moitié du XVIIe siècle, le père Olivia, nouveau général des Jésuites, demande aux peintres les plus célèbres de faire du Gesù un bâtiment exemplaire, qui traduirait l'immense triomphe de l'ordre et de l'Église catholique. Le résultat est éloquent. Les fresques de Baciccia (1676-1679) le long de la nef, sur la coupole, dans la voûte du chœur et dans l'abside se prolongent jusqu'à se fondre dans les figures allégoriques en stuc modelées par Raggi. Dans le transept gauche, l'autel consacré à saint Ignace par Andrea Pozzo est le plus riche de Rome, couvert de marbres polychromes, d'or et d'argent. À la sortie de l'église, sur la droite, ne manquez pas les Chambres de Saint-Ignace, ne serait-ce que pour l'incroyable couloir en trompe l'œil exécuté par Pozzo. *Piazza del Gesù Tél. 06 69 70 01 Ouvert tlj. 6h-12h30, 16h-19h* **Chambres de Saint-Ignace** *ouvertes lun.-sam. 16h-18h, dim. 10h-12h www.gesuiti.it*

Galleria Doria Pamphilj (plan 2, E3). On se sentirait presque à court de super-latifs quand il s'agit d'évoquer cette visite. Vous avez là en effet une des plus belles collections privées de Rome, constituée par une famille majeure de l'aris-tocratie romaine. Un cadre éblouissant. Les salles restaurées en 1996 et réamé-nagées dans l'esprit du XVIIIe siècle servent d'écrin à un fonds remarquable : Carrache, Raphaël, Velázquez, Titien, le Caravage, le Guerchin, Guido Reni, les peintres flamands, des tapisseries… et de magnifiques paysages du Lorrain. Vous pourrez compléter la visite par celle des appartements privés richement décorés (tapisseries, mobilier ainsi que d'autres chefs-d'œuvre picturaux). Rejoignez la piazza della Minerva par la via Piè di Marmo (du nom du gigan-tesque pied de marbre d'une statue romaine). *Piazza del Collegio Romano, 2 Tél. 06 679 73 23 www.doriapamphilj.it Ouvert ven.-mer. 10h-17h*

Chiesa Santa Maria sopra Minerva (plan 2, E3). Cette église surprend à plusieurs titres : avant tout parce que c'est la seule église gothique de Rome. Ceci s'explique par la situation papale du XIVe siècle : les papes installés à Avignon n'ont pratiquement pas construit à Rome. La structure de cet édifice dominicain est restée telle quelle sauf sa décoration intérieure (ajout du XIXe siècle dans un style néomédiéval !). Cela dit, deux belles réussites à ne pas manquer : la chapelle privée de la famille Aldobrandini, reflétant le passage du maniérisme au baroque avec ses marbres entrelacés et les peintures de Barocci (XVIe siècle) et surtout, à droite, la chapelle Carafa, la plus importante après la chapelle Sixtine, confiée en 1490 à Filippino Lippi (fils de Filippo Lippi), contemporain de Botticelli, à la peinture nerveuse, inquiète et exaltée (remar-quez les anges). C'est là qu'est enterré le pape Paul IV, grand animateur de la Contre-Réforme, qui contraignit le peintre Daniele da Volterra à couvrir les nus du *Jugement dernier* de Michel-Ange. C'est lui encore qui fit poser un voile de bronze sur le Christ, sculpture de Michel-Ange visible dans cette église. À la gauche du chœur, au fond d'un passage, se trouve la tombe modeste du pein-tre dominicain Fra Angelico, auquel certains attribuent la *Madone à l'Enfant* qui se trouve dans la chapelle. Sur le parvis, d'autres curiosités : "il Pulcino" ("le poussin") della Minerva, plus petit obélisque de Rome, qui surmonte un éléphant sculpté par le Bernin pour Alexandre VII (rien d'exotique, puisque l'animal a été choisi pour symboliser la sagesse et comme un modèle d'abstinence sexuelle !). Sur la façade, des indications marquent les crues historiques du Tibre (jusqu'à 20 m !). *Piazza della Minerva, 42 Tél. 06 679 39 26 Ouvert tlj. 7h-19h30*

Pantheon (plan 2, D3). À lui seul, le Panthéon cumule plusieurs records : c'est le monument de l'Antiquité romaine le mieux conservé ; sa coupole est la plus grande voûte jamais réalisée en maçonnerie, rivalisant de peu avec le dôme de Saint-Pierre, et enfin c'est l'un des lieux les plus visités d'Italie. Au-delà de ces données presque mathématiques, sa découverte a quelque chose de magique, en raison de l'harmonie de ses dimensions ou encore de la lumière pénétrant par l'oculus... D'ailleurs, chaque visite est singulière, selon la foule qui s'y presse, selon l'heure du jour... L'accès étant libre, nous vous conseillons d'en profiter pour y venir plusieurs fois. L'inscription sous le fronton semblait attribuer la construction du bâtiment à Agrippa ("Agrippa fit construire ce temple") tandis que le sceau retrouvé sur les briques indiquait qu'il s'agissait en fait d'une "restauration", entreprise par Hadrien dans les premières années de son règne (118-125 ap. J.-C.) sur les vestiges d'un précédent panthéon datant de 25-27 av. J.-C. Son originalité réside dans la fusion, jusqu'alors inédite, d'un temple grec (rectangulaire) avec la forme caractéristique des thermes romains (circulaires). Quant à son extraordinaire longévité, on la doit sans doute au fait que le bâtiment fut transformé rapidement en église (dès 609). Cela ne lui épargna cependant pas d'être périodiquement spolié ou même transformé : le Bernin avait ainsi imaginé deux campaniles de chaque côté du Panthéon, qui ne seront retirés qu'en 1883. À la même époque, le pape Urbain VIII Barberini s'empare du bronze cernant le portail pour réaliser le baldaquin qu'il commande au Bernin. Par ailleurs, au sujet des portes, même les historiens de l'art ne s'accordent pas pour dire si oui ou non ce sont encore les originales ! Les colonnes, elles, le sont toutes (sauf une provenant des thermes de Néron). À l'intérieur, le sol est lui aussi en grande partie d'origine ; les marbres les plus précieux ont été choisis, disposés en une alternance de formes géométriques. Les niches autour qui accueillaient autrefois des statues de dieux sont devenues les chapelles des grands hommes : Raphaël (dont l'épitaphe souligne que le génie de l'artiste a vaincu la Nature et que, désormais, c'est lui que les artistes copieront), Annibale Carrache, Perino del Vaga et les rois d'Italie Vittorio Emanuele II et Umberto I. Alors que la partie inférieure de l'édifice, construite avec des matériaux lourds et résistants, s'enfonce massivement dans le sol, la partie supérieure est plus légère. Un diamètre de 42m environ, pour une hauteur égale : cette équation est le secret de la parfaite harmonie des proportions et inspirera plus tard Bramante pour le dôme de Saint-Pierre. L'oculus, de 9m de diamètre, n'est pas couvert mais le jeu de vents et de courants a été si bien pensé qu'il n'y tombe jamais que quelques gouttes ! On dit aussi qu'Hadrien, féru d'astronomie, l'aurait voulu ouvert pour en faire une sorte d'observatoire céleste. Avant d'aller lézarder sur une des terrasses bondées ou de prendre un café à la Tazza d'Oro ou au Sant'Eustachio, attardez-vous sur la place : vous y retrouverez le modèle de la fontaine avec obélisque (qui provient du temple d'Isis, comme celui de la piazza Minerva tout à côté), si représentative du baroque et du Bernin, avec l'opposition entre nature et artifice, entre Église et paganisme. *Piazza della Rotonda Tél. 06 68 30 02 30 Ouvert lun.-sam. 9h-19h30, dim. 9h-18h*

☺ **Chiesa Santa Maria Maddalena (plan 2, D2).** À deux pas du Panthéon, vous serez sans doute frappé par cette incroyable façade incurvée. Conçue au début du XVIIIᵉ siècle par Giuseppe Sardi, elle apparaît tout en mouvement où la matière, comme "pliée", trahit nettement l'influence de Borromini. On pense ici aux travaux du philosophe Gilles Deleuze qui parlait du baroque comme de "l'art du pli" (*Le Pli*, 1988) : le "pli qui va à l'infini", les lignes géométriques se complexifient, le clair s'oppose à l'obscur ou joue avec lui... L'intérieur de cette église, négligée à tort par les touristes, et offrant une sorte d'échantillon artistique de la période baroque, est caractérisé par une décoration foisonnante : l'orgue déborde d'angelots sculptés et de bois dorés, le plan central tend à se fondre dans le plan longitudinal... Ne manquez sous aucun prétexte la sacristie, l'une des plus belles de Rome avec ses armoires en bois travaillé dont les rainures donnent presque l'illusion d'une peinture. *Piazza della Maddalena, 53 Tél. 06 679 77 96 Ouvert tlj. 8h30-12h et 16h-19h*

☺ **Piazza-Chiesa Sant'Ignazio (plan 2, E3).** Encore une place, encore une église... Sans lassitude, on vous parlera de cet immense décor de théâtre, s'affichant sur l'une des plus importantes églises romaines avec celle du Gesù. D'un côté, la simplicité et le classicisme de la façade, dont les dimensions lui confèrent une allure grandiose ; de l'autre, une place rococo, presque frivole, avec ses maisons toutes semblables : l'ensemble a été pensé en 1727 par Raguzzini, architecte borrominien travaillant tout en concaves et convexes. À cette époque, on ne conçoit déjà plus les monuments comme tels mais comme un véritable urbanisme, qui respecte aussi les alentours. L'intérieur de l'église réserve une surprise : la décoration a été confiée à Andrea Pozzo. Détournant les contraintes financières qui l'obligaient à renoncer à la coupole, cet artiste jésuite élabore, en plus des fresques de la nef et du chœur, une "fausse" coupole en trompe l'œil faisant illusion quand on s'en approche progressivement. *Piazza Sant'Ignazio Tél. 06 679 44 06 Ouvert tlj. 7h30-12h30 et 15h-19h30*

Piazza Colonna (plan 2, E2). Voilà une place que vous repérerez aisément, avec la **colonne de Marc Aurèle** en son centre. Érigée entre 180 et 196 pour commémorer les victoires de l'empereur contre les Germains et les Sarmates à la frontière du Danube, cette colonne est moins raffinée que son aînée, la colonne Trajane (113). Au sommet se trouvait autrefois une statue de l'empereur, remplacée en 1589 par celle de saint Paul. En face, l'austère **palais Chigi** (1562-1630) est aujourd'hui la résidence du président du Conseil (actuellement le Cavaliere Berlusconi), ce qui explique le ballet de voitures officielles et de véhicules de police envahissant régulièrement la place.

Palazzo di Montecitorio (plan 2, E2). Là où autrefois avait lieu la crémation des empereurs se dresse aujourd'hui la Chambre des députés. Le palais affiche deux façades bien différentes : la première en date, baroque, commencée en 1650 par le Bernin pour le pape Innocent X et achevée en 1694 par Carlo Fontana ; et l'autre, plus récente, dans le style Liberty, que l'on doit à Ernesto Basile en 1887. Initialement, le pape y installe les tribunaux ; sous Napoléon, le palais accueille la préfecture ; en 1870, quand Rome devient capitale du nouvel État, la Chambre des députés s'y établit. On aménage tant bien que mal les bâtiments existants, recouvrant la cour d'une verrière pour la transformer en hémicycle, chaud en été, glacial en hiver. Les députés attendront presque un demi-siècle avant que des travaux d'agrandissement ne soient entrepris, après un concours remporté par Basile. Une fresque monumentale peinte par Giulio Aristide Sartori (1908-1912) ponctue l'hémicycle d'épisodes marquants de l'histoire nationale.

Piazza di Montecitorio Tél. 06 67 60 45 65 www.parlamento.it Visite guidée (en italien) le 1er dim. du mois 9h-18h Fermé en août Tenue correcte exigée Se munir d'une pièce d'identité

Chiesa San Luigi dei Francesi (plan 2, D3). Comme son nom l'indique, l'église Saint-Louis-des-Français est celle de la colonie française de Rome, qui l'acquiert en 1478 et engage des travaux de reconstruction qui ne s'achèveront qu'en 1589. Le résultat est assez austère et sombre, en dépit du travail de décoration entrepris entre 1756 et 1764... mais peu de touristes font cas de ce défaut, fascinés par la cinquième chapelle à gauche. Tous viennent admirer les trois tableaux du Caravage consacrés à la vie de saint Mathieu (1599-1602), marquant un tournant dans la manière du peintre : plus soucieux alors de réalisme, l'artiste instrumente les clairs-obscurs et la couleur pour charger de densité dramatique certaines figures ou scènes de l'histoire sacrée. Ne vous laissez pas complètement emporter par ce tourbillon et n'oubliez pas d'aller voir le délicieux cycle de fresques que le Dominiquin a consacré à la vie de sainte Cécile (1615-1617) dans la deuxième chapelle de droite. Quelques tombeaux, encore, rappellent la présence française : Claude Gellée (le Lorrain), Pauline de Beaumont (la maîtresse de Chateaubriand) et de nombreux soldats tombés pendant les campagnes d'Italie. *Piazza San Luigi dei Francesi Tél. 06 688 271 Ouvert lun.-mer., ven.-dim. 8h30-12h30, 15h30-19h, jeu. 8h-12h30*

Palazzo Madama (plan 2, D3). Ce sont les Médicis qui ont laissé leur empreinte dans ce palais, occupé depuis 1871 par le Sénat italien. Reconstruit pour la famille florentine à la fin du XVIe siècle, l'édifice a accueilli Catherine de Médicis, future reine de France, mais ce n'est pas Madame qui a laissé son nom : il s'agit en fait de Marguerite d'Autriche, épouse d'Alexandre de Médicis. Alors que l'hémicycle de Montecitorio est lumineux, celui du Sénat est plus austère mais renferme un bel ensemble de fresques datant de la fin du XIXe siècle, représentant des épisodes d'histoire romaine. *Corso Rinascimento Tél. 06 67 061 www.senato.it Visite guidée (en italien) le 1er sam. du mois 10h-18h*

Chiesa Sant'Ivo alla Sapienza (plan 2, D3). Histoire de parachever vos connaissances borrominiennes, ne manquez pas cette église (1643-1660) qui joue des surfaces concaves et convexes à l'infini, de la façade au sommet de la coupole, s'achevant en spirale et imitant presque la tour de Babel. Tournis assuré. *Corso Rinascimento, 40 Tél. 06 686 49 87 Ouvert dim. 9h-12h*

Piazza Navona (plan 2, C3). À première vue, on hésiterait à dire laquelle, de la piazza Navona ou de la piazza di Spagna, symboliserait le mieux le centre de la Rome éternelle. Historiquement, la piazza Navona remporte haut la main ce titre. Vue du ciel, sa forme est encore plus évidente et suggère son origine : il s'agit en effet du premier stade de Rome, édifié par Domitien entre 81 et 96. Les bâtiments alentour ont été progressivement élevés le long des gradins qui entourait l'arène (la *cavea*), réservant l'immense espace central pour des festivités. Cet exemple éloquent de continuité urbaine montre à quel point la ville a su perpétuer les usages, sans pour autant se figer : aujourd'hui, le prestige de la place tient justement à ces contrastes entre monumentalité et popularité. Les Romains s'y donnent rendez-vous, les touristes lézardent sur les terrasses et en décembre, jusqu'à l'Épiphanie, y a lieu la foire de la *Befana*, sorte de marché de Noël où sont vendues toutes sortes de babioles dont les enfants raffolent. Quant au nom Navona, il dérive du latin *in agone* (déjà hérité du grec *agon*, "combat", "compétition") et aussi de *nave* ("bateau"), rappelant la forme de la place ou encore les naumachies, représentations de combats navals qui la transformaient en bassin. La scénographie monumentale est, elle, due à l'initiative du pape Innocent X Pamphilj, qui remodèle la place dans les années 1650 en l'honneur de sa famille. L'église, d'abord consacrée à sainte Agnès, martyre paléochrétienne, devient une chapelle privée de la famille. Les *palazzi* attenants, tous propriétés des Pamphilj (dont on voit les armoiries – une colombe avec un rameau d'olivier – jalonner les fenêtres), sont redessinés pour encadrer harmonieusement la façade baroque. En face, au centre de la place, s'élève la colossale fontaine des Quatre-Fleuves, sculptée par le Bernin.

Fontaine des Quatre-Fleuves (plan 2, C3). Achevée en 1651, la fontaine est l'une des chefs-d'œuvre du Bernin, au sommet de son art. Il réalise le pari fou, assez typique de l'architecture baroque, de "suspendre" un obélisque sur du vide. La grotte de rocaille sur laquelle il est posé est creusée, servant d'appui aux statues des quatre fleuves : le **Nil** (dont le visage est voilé parce que, à l'époque, on ne savait pas où naissait sa source), le **Gange** (avec des figues de Barbarie – *fichi d'India* en italien), le **Danube** et le **Río de la Plata**. Les mauvaises langues disent qu'en fait le Nil se voile la face pour ne pas voir l'église dessinée par Borromini, grand rival du Bernin… ou encore que le Río de la Plata, la main tendue, se protège de Sant'Agnese de peur de la voir s'effondrer sur lui ! Ces médisances n'ont aucun fondement puisque l'église est postérieure à la fontaine. L'ensemble a bien sûr un sens : l'Église (représentée par la colombe et l'Esprit saint – rameau d'olivier) triomphe sur le Paganisme (l'obélisque égyptien), sur le Péché (le serpent) et sur le Monde entier (les principaux fleuves). C'est aussi le triomphe des Pamphilj dont on retrouve la présence sur toute la place. Au sud de la place (en face de l'ambassade du Brésil) se dresse une autre fontaine, dessinée par le Bernin pour Olimpia, épouse du frère d'Innocent X, qui voulait, elle aussi, avoir directement sous ses fenêtres un des chefs-d'œuvre du sculpteur. Par souci de symétrie, au XIXᵉ siècle, on a rajouté l'autre fontaine à l'extrémité nord de la place. Une petite parenthèse au sujet des **obélisques** : vous avez déjà dû en voir un certain nombre (à Saint-Pierre, piazza del Popolo, au Panthéon, piazza della Minerva, etc.). Ça n'est pas un hasard : les obélisques ont été rapportés d'Égypte par les Romains mais furent abandonnés dans Rome. On doit à Domenico Fontana, architecte du pape Sixte V, d'avoir réussi à relever en 1586 celui se trouvant devant Saint-Pierre. Une fois le procédé découvert, les autres ont été déplacés très rapidement. Sur les 17 ou 18 obélisques du monde, 13 se trouvent à Rome !

Chiesa Sant'Agnese in Agone (plan 2, C3). La première surprise que vous réserve cette église est sa taille : alors que la façade laisse penser que c'est une grande église, l'intérieur est ramassé sur un plan octogonal serré. En 1652, Innocent X charge les frères Rainaldi de réaménager le sanctuaire de sainte Agnès, martyre morte en 250, qui a vaincu les flammes du bûcher auquel elle a été condamnée pour s'être exposée nue dans un lupanar. Elle a fini poignardée. Le pape et les architectes ne s'entendent pas et Borromini prend le relais des travaux, retravaille le plan initial et décide de donner toute l'importance et l'amplitude à la coupole. Pierre de Cortone, l'un des artistes les plus aimés à Rome, peintre officiel de nombreux papes (Urbain VIII, Innocent X), est chargé des fresques qui recouvrent la coupole. Les pendentifs sont l'œuvre de Baciccia, dont on dit souvent qu'il est l'égal du Bernin en peinture, aussi volubile, usant de la même souplesse. *Piazza Navona Ouvert lun.-sam. 9h-12h et 16h-19h, dim. 10h-13h et 16h-19h*

Palazzo Massimo alle "Colonne" (plan 2, C3). De la place, en allant vers le corso del Rinascimento par la via della Posta Vecchia, vous tomberez nez à nez avec un palais (1532-1536) qui appartient à la famille Massimo, sur une placette située à l'écart. Il s'agit de la façade postérieure du bâtiment tandis que la façade principale, concave et en bossage, donne sur le corso Vittorio Emanuele II. Il était alors assez fréquent que les façades soient décorées de fresques, ici bien conservées, en alternance avec des bustes d'empereurs. Cette propriété privée ne se visite pas, sauf le 16 mars, où l'on commémore le mira-cle qui se produisit ce jour de 1584, quand le fils de Fabrizio Massimo fut ressuscité par saint Philippe Neri. La placette fait office de "sas" entre le centre historique et les percées monumentales engagées après que Rome est devenue capitale de l'Italie, en 1870 (corso Rinascimento, corso Vittorio Emanuele II, via Nazionale...). Difficile d'imaginer le quartier avant l'éventrement, avec ses palais hérités du Moyen Âge ou de la Renaissance... *Piazza dei Massimi (juste au sud de la piazza Navona), entrée par le corso Vittorio Emanuele II, 141 Ouvert uniquement le 16 mars 7h-13h*

Chiesa Santa Maria della Pace (plan 2, C2). Si vous trouvez la porte fermée, vous aurez une bonne excuse pour entrer dans cette église par le cloître, première œuvre romaine de Bramante, au tout début du XVIe siècle. L'église, elle, date de 1482 mais a été plusieurs fois remaniée, notamment au XVIIe siècle, quand Alexandre VII demande à Pierre de Cortone de la restaurer. C'est à lui qu'on doit la façade précédée d'un portique à colonnes. À l'intérieur, la **chapelle Chigi** attire tous les regards avec ses quatre sibylles peintes par Raphaël en 1514. Il avait achevé les Chambres deux ans plus tôt à Saint-Pierre, et Michel-Ange la chapelle Sixtine, aussi l'influence du maître toscan sur cette composi-tion est-elle indéniable. *Vicolo dell'Arco della Pace, 5 Tél. 06 686 11 56 Ouvert mar.-ven. 10h-12h45 et lun. 16h30-17h50*

Chiesa Nuova (plan 2, B3). À l'origine de cette église, on trouve la confédéra-tion de l'Oratoire, fondée par le Florentin Philippe Neri en 1561. Devenue très populaire à Rome, elle est officialisée en 1575 par le pape Grégoire XIII qui lui offre l'église Santa Maria in Vallicella. Du temps de Neri (qui meurt en 1595), le bâtiment reste très sobre mais, après 1640, l'intérieur est entièrement paré de fresques et de marbres. On commande au jeune Rubens trois tableaux pour le chœur tandis que Pierre de Cortone se charge de l'abside, de la nef et de la coupole. Canonisé en 1622, saint Philippe Neri a sa chapelle à gauche de l'au-tel. Comme une grande part du culte des Oratoriens consistait à méditer en écoutant de la musique sacrée, un concours est lancé en 1637 pour la création d'un oratoire consacré aux exécutions musicales. C'est Borromini qui le remporte. Le lieu est utilisé aujourd'hui encore pour des concerts. *Piazza della Chiesa Nuova Tél. 06 687 52 89 Ouvert tlj. 8h-12h, 16h30-19h*

Via dei Coronari (plan 2, B-C2). Pas d'église ni de monument à signaler mais une flânerie dans une rue qui a gardé son charme, un peu à l'écart de l'effervescent *Triangolo d'oro* ("triangle d'or", quartier branché autour de la via della Pace). À la fin de la Renaissance, c'était dans ces parages, jusqu'aux contreforts de la via Giulia, que logeaient les voyageurs, les marchands et les ecclésiastiques en visite, dans des auberges cossues ou des *locande* plus modestes. Aujourd'hui les plus fameux antiquaires de la ville ont pris la place des vendeurs de chapelets (*corone*) et autres souvenirs destinés aux pèlerins passant par là pour se rendre au Vatican. Poussez la balade jusqu'à la via dei Soldati, la via dell'Orso et la via dei Portoghesi.

Museo Napoleonico (plan 2, C2). Pour les bonapartistes nostalgiques, un musée qui présente les collections cédées à la Ville par les descendants de Napoléon, les Primoli. On retrouve l'esprit d'un palais aristocratique du XIXᵉ siècle, des portraits de la famille, des uniformes et des pièces historiques sur le Premier et le Second Empire. *Piazza Ponte Umberto I, 1 Tél. 06 68 80 62 86 Ouvert mar.-sam. 9h-19h, dim. 9h-14h*

Palazzo Altemps-Museo Nazionale Romano (plan 2, C2). Commencé au XVᵉ siècle, remanié deux siècles plus tard, ce magnifique palais a été restauré en 1997 pour accueillir une partie des collections d'antiques. Au palais Altemps est allée la célèbre collection réunie au XVIIᵉ siècle par le cardinal Ludovisi tandis que les thermes de Dioclétien, le palais Massimo et la crypte Balbi exposent d'autres pièces. Ces collections archéologiques comptent parmi les plus importantes au monde. *Piazza Sant'Apollinare, 46 Tél. 06 683 35 66 Ouvert mar.-dim. 9h-19h45*

Chiesa Sant'Agostino (plan 2, D2). On raconte que quelques ornements de la façade, une des toutes premières de la Renaissance romaine (1483), seraient sculptés dans des pierres pillées au Colisée. À l'intérieur, deux chefs-d'œuvre : au-dessus de la troisième colonne de gauche, *Le Prophète Isaïe*, de Raphaël, peint en 1512 et fortement influencé par l'art de Michel-Ange, et, dans la première chapelle de gauche, une émouvante *Madone des Pèlerins* peinte par le Caravage en 1603-1605. Vous ne résisterez pas à l'expression de tendresse infinie dans le regard de la Vierge face aux indigents qui viennent à ses pieds. *Piazza di Sant'Agostino Tél. 06 68 80 19 62 Ouvert tlj. 8h30-11h45, 16h15-18h*

Biblioteca Angelica (plan 2, D2). Juste à côté de Sant'Agostino, vous pouvez visiter la salle de lecture de la Biblioteca Angelica, une des premières bibliothèques romaines ouvertes au public dès le XVIᵉ siècle. Ses murs sont couverts de livres anciens, qui forment comme des tapisseries : ici sont conservés près de 20 000 volumes, manuscrits, incunables, estampes et cartes anciennes. *Piazza di Sant'Agostino, 8 Ouvert lun.-ven. 8h30-18h, sam. 8h30-13h30*

Découvrir le Capitole et ses musées

Piazza Venezia (plan 2, F4). Un point de repère dans la ville : c'est ainsi qu'on pourrait résumer le rôle de cette place colossale, tentaculaire, dominée par le monument à Victor-Emmanuel II. De la Villa Borghese ou même du belvédère du Trastevere, c'est, avec Saint-Pierre, ce que vous reconnaîtrez en premier. Pour le piéton, rien de plus bruyant et encombré... quant à l'automobiliste, attention aux sens uniques, à la vitesse et aux agents de la circulation (cf. Mode d'emploi).

Monument à Victor-Emmanuel II (plan 2, F4). Affublé de tous les noms d'oiseaux (outre la "machine à écrire", on lui connaît aussi le sobriquet de "pièce montée" ou encore "pissotière de luxe"), il est devenu, tant bien que mal, lui aussi emblématique d'une certaine Rome monumentale. Jamais un monument n'aura connu un tel acharnement, ni autant de détracteurs. On lui reproche tout et le reste : d'être colossal, pompeux, d'avoir rompu avec l'harmonie des alentours, de faire de l'ombre au Capitole, d'écraser la basilique Santa Maria in Aracoeli... et même de jurer avec la tonalité ocre de la ville, lui dont le marbre blanc ne s'est pas patiné aussi bien que le travertin. Sa construction, décidée en 1878 pour rendre hommage au premier roi de l'Unité italienne, Vittorio Emanuele II, tarde à s'engager, tant et si bien que l'architecte en charge du projet, Giuseppe Sacconi, finira usé avant l'heure, agonisant en maison de repos. Inauguré en 1911 pour célébrer le cinquantenaire de la nation, les travaux se poursuivront vingt ans durant, jusqu'à le transformer en "autel de la Patrie", où sera inhumé le Soldat inconnu, en souvenir des victimes de la Première Guerre mondiale. La lecture iconographique nous apprend que les fontaines encadrant l'ensemble représentent l'Adriatique et la Tyrrhénienne ; audessus se dressent les statues de la Force, la Concorde, le Sacrifice et le Droit. Sur le premier palier, les Cortèges triomphaux du Travail et l'Amour de la Patrie convergent vers la déesse Rome... le tout formant l'arrière-plan architectural de la gigantesque statue équestre de Victor-Emmanuel II. À elle seule, cette statue résume l'ambition du projet : tout en bronze, elle pèse plus de 50t et l'on dit de son ventre qu'il aurait accueilli jusqu'à 40 ouvriers autour d'une table. Les amateurs d'émotions fortes et de panoramas vertigineux graviront les marches pour découvrir une vue de Rome inédite, libérée, justement, de l'encombrant monument. À l'intérieur, le **Museo Centrale del Risorgimento** accueille aussi d'importantes expositions temporaires (Monet, Kandinsky, Magritte, Klimt...) et le **Sagrario delle Bandiere**, musée des Drapeaux, une collection sur l'armée italienne. *Piazza Venezia/Via di San Pietro in Carcere Tél. 06 699 17 18 Ouvert mar.-dim. 10h-16h Museo Centrale del Risorgimento Ouvert mar.-dim. 10h-18h*

Palazzo Venezia (plan 2, E4). Voulu en 1451 par Pietro Barbo alors qu'il n'était que cardinal, ce palais se transforme en demeure pontificale lorsque son propriétaire, grand amateur d'art, devient pape (Paul II). À sa mort, les travaux se poursuivent et l'ensemble est attribué aux ambassadeurs vénitiens jusqu'à la fin du XVIIIe siècle (d'où son nom). Au fil des siècles, le lieu gagne en prestige et galons : siège de l'administration française en 1806 (sur ordre de Napoléon Ier), il accède à la notoriété internationale en 1929, quand Mussolini y installe ses bureaux jusqu'en 1943, haranguant les foules depuis son balcon. Les collections initiales ont progressivement été augmentées, se spécialisant dans le domaine des arts appliqués : émaux, bronzes, marbres, faïences, mobilier ecclésiastique, argenterie, bijoux, tissus précieux, chefs-d'œuvre du Moyen Âge et de la Renaissance ainsi que des pièces remarquables issues de donations, comme cette collection d'ébauches de sculptures monumentales en terre cuite (entre autres du Bernin) ou ces tableaux du XIVe siècle. *Via del Plebiscito, 118 (Piazza Venezia) Tél. 06 69 99 43 18 Ouvert mar.-dim. 8h30-19h30*

Chiesa San Marco (plan 2, E4). Cette basilique présente sa magnifique façade Renaissance, avec ses six grandes baies cintrées et son campanile roman (XIIᵉ siècle). Fondée en 336, entièrement reconstruite au IXᵉ siècle, elle a ensuite été remaniée à plusieurs reprises, notamment au XVᵉ siècle par le cardinal Pietro Barbo, initiateur du Palazzo Venezia voisin. L'intérieur abrite un beau plafond à caissons portant l'emblème de Paul II ainsi qu'une mosaïque dans l'abside (IXᵉ siècle). *Piazza San Marco, 48 Ouvert tlj. 7h30-13h, 15h-19h*

Chiesa Santa Maria in Aracoeli (plan 2, F4). Encaissée entre l'énorme Vittoriano et l'architecture grandiose de la place du Capitole, cette église peine à se faire remarquer, en dépit de sa belle façade ocre contrastant avec la blancheur du marbre voisin. La légende veut que l'Enfant Jésus soit apparu à l'empereur Auguste qui lui consacra un autel (*ara*, "autel") à cet emplacement. De cette époque, nulle trace. L'église remonte au XIIIᵉ siècle, édifiée par les Franciscains. À l'intérieur, remarquez son pavement et ses ambons cosmatesques (décor géométrique en marbre) des XIIIᵉ et XIVᵉ siècles et son plafond peint relatant la victoire chrétienne sur les Turcs, à Lépante en 1571. La première chapelle à droite est couverte de fresques splendides de Pinturicchio (fin du XVᵉ siècle), narrant des épisodes de la vie de saint Bernardin de Sienne. Enfin, sachez qu'une des croyances romaines les plus populaires est liée à cette église : dans une chapelle voisine de la sacristie, vous pourrez peut-être voir la statuette de l'Enfant Jésus (Santo Bambino), dont on dit qu'elle guérit les malades et ressuscite les morts. À voir les lettres qui s'amoncellent, alors même que la statuette originale a été volée et remplacée par une copie, on se dit que la foi a ses raisons que la raison ignore... Le 24 décembre, le long des 124 marches qui conduisent à l'église, des bougies sont allumées, accompagnant la foule des fidèles, précédant la venue du célèbre poupon qu'on porte sur un trône et qu'on vient remercier, jusqu'à l'Épiphanie, pour sa bienveillance. *Piazza del Campidoglio, 4 Tél. 06 679 81 55 Ouvert tlj. 6h30-17h30*

Capitole (plan 2, F5). Une des promenades les plus émouvantes de Rome, une véritable plongée dans l'histoire de la civilisation romaine ! Que ceux que les visites archéologiques ennuient d'emblée rangent leurs *a priori* : ici, bien que l'état de conservation des sites ne permette pas toujours à la réalité de l'époque de surgir avec la vivacité d'autres lieux (tel Ostia Antica), il règne une sérénité mêlée de grandeur que seule le *Caput Mundi* – le centre du monde – pouvait inspirer. Pour éviter de se retrouver en rangs serrés sous un soleil de plomb, tentez la visite aux premières heures de la journée. Été comme hiver, le coucher de soleil qui fond en une lumière rose orangé sur les environs est un moment exceptionnel (depuis la via dei Fori Imperiali, par exemple).

Piazza del Campidoglio (Capitole) (plan 2, F5). En 1536, à l'occasion de la visite de Charles Quint, le pape Paul III charge Michel-Ange d'aménager l'ensemble et de donner à la capitale de la papauté une place monumentale, conçue comme une terrasse sur la ville. En dépit des contraintes qui s'imposaient (une statue équestre au centre, des dimensions réduites et les vestiges de deux édifices construits aux XIIᵉ et XVᵉ siècles), l'artiste toscan parvient à donner de l'ampleur à l'ensemble et un caractère grandiose qui consacrent cette scénographie comme une des plus belles de Rome. Cette réussite tient en quelques décisions majeures : transformer les deux bâtiments préexistants et en construire un troisième, au pied de l'église Santa Maria in Aracoeli. À la mort de Michel-Ange, en 1564, les travaux viennent à peine d'être engagés. Un siècle et trois architectes plus tard, la place est achevée, conforme pour l'essentiel au projet initial. On y accède en montant les marches de la **Cordonata**, flanquée des statues de Castor et Pollux. Une fois en haut, face à vous s'élève le **Palazzo Senatorio**, qu'occupe aujourd'hui la mairie de Rome. À droite et à gauche se trouvent respectivement les façades symétriques du **Palazzo dei Conservatori** et du **Palazzo Nuovo**, l'ensemble formant les Musées capitolins. Quant à la statue équestre de Marc Aurèle (161-180 ap. J.-C.), ce n'est qu'une copie, l'original se trouvant à l'abri derrière une vitrine du Palazzo Nuovo.

MUSEI CAPITOLINI (plan 2, F5). Le plus vieux musée public au monde ! On doit aux papes (depuis Sixte IV, en 1471) d'avoir initié et enrichi ces collections d'art de l'Antiquité à la Renaissance et de les avoir ouvertes au public en 1734. Restaurés à l'occasion du jubilé, ces musées sont désormais reliés en sous-sol, permettant l'accès aux vestiges du *Tabularium* d'où la vue sur le Forum romain est à couper le souffle. Vous pouvez, au choix, commencer la visite dans l'une ou l'autre aile. Sachez que la collection du Palazzo Nuovo, surtout consacrée à la sculpture, se visite plus rapidement que l'autre – mais n'en est pas moins incontournable. Enfin, si vous êtes à Rome pour plusieurs jours et que vous souhaitiez voir aussi la **Centrale Montemartini** (qui rassemble une collection d'antiques, cf. Découvrir Rome hors les murs), vous pouvez obtenir un forfait plus avantageux combinant les deux entrées (valable une semaine).

Palazzo Nuovo. Au rez-de-chaussée vous pourrez voir la statue équestre originale de Marc Aurèle et la fontaine de Marforio ainsi qu'une belle statue de Minerve et au premier, dans la galerie, la statue *Vieille femme ivre*, troublante de réalisme, et la statue colossale d'Hercule. La **salle des Colombes** tient son nom d'une mosaïque exceptionnelle représentant ces oiseaux s'abreuvant, datée du Ier siècle ap. J.-C. et provenant de la Villa Adriana à Tivoli. Le travail du marbre est si minutieux, les couleurs si nuancées, qu'on confondrait la mosaïque avec de la peinture (dans la même salle, un autre exemple figurant deux masques de théâtre). Le **cabinet de Vénus** abrite une seule sculpture, *Aphrodite surprise, sortant du bain* (IIe siècle ap. J.-C.), touchante de pudeur. La **salle des Empereurs** et celle **des Philosophes** alignent des dizaines de bustes. À vous de comparer les différentes coiffures et l'évolution de la mode (tresses, boucles, barbe, crâne rasé…) ; malheureusement aucune indication ne permet de les distinguer, néanmoins vous pourrez vous faire aider par les gardiens pour repérer Trajan, Hadrien, Cicéron ou Homère. Le **Grand Salon** contient plusieurs œuvres mythologiques (*Apollon à la lyre, Centaures…*). La **salle du Faune** doit son nom à une sculpture en marbre rouge illustrant la divinité, ivre. Dans la même section, remarquez dans les angles les statues de deux jeunes garçons, l'un étranglant une oie, l'autre portant un masque, qui symbolisent le passage à l'âge adulte. Enfin, dans la **salle du Gladiateur**, le *Galate capitolin* à la moustache, réplique d'une statue grecque du IIIe siècle av. J.-C. montrant un Gaulois blessé, mourant, et *Amour et Psyché*.

Palazzo dei Conservatori. Le *Tabularium* d'où vous pourrez profiter du panorama spectaculaire sur le Forum romain donne accès à ce musée. À ce niveau, d'autres vestiges ont été mis au jour (la "salle du Bourreau" qui était en fait une prison, ainsi que le temple de Veiovis). La collection qui vous attend au premier étage est bien différente de celle du Palazzo Nuovo. Ainsi, dans la **salle des Horaces et des Curiaces** (les fresques murales évoquent cette histoire), vous découvrirez une tête colossale en bronze de Constantin, une statue en bronze doré d'Hercule et deux sculptures, opposées. L'une, en marbre blanc, représentant Urbain VIII, est l'œuvre du Bernin (1640), caractérisée par cette exceptionnelle souplesse et ce mouvement dans les drapés. L'autre, Innocent X, lui faisant face, est l'œuvre d'Algardi (1650), en bronze. D'autres scènes (la fondation de Rome ou l'enlèvement des Sabines) sont illustrées sur les murs de la salle suivante, dite des Capitaines. Plus loin, dans la **salle des Triomphes**, vous croiserez une des célèbres figures qui a donné lieu à tant de répliques : *Le Tireur d'épine* (Iᵉʳ siècle av. J.-C.). Dans la même pièce, ne manquez pas la buste dit de Brutus (IIIᵉ siècle av. J.-C.), celui-là même qui eut le courage de condamner à mort ses enfants pour trahison. Incontournable ensuite, la *Louve*, symbole de la Ville éternelle, qui date du Vᵉ siècle av. J.-C. et dont les jumeaux, Romulus et Remus, ont été ajoutés au XVIᵉ siècle. Une curiosité dans la **salle des Oies**, le buste de Michel-Ange (XVIIIᵉ siècle), dont on dit qu'il a été sculpté d'après la figure du maître sur son lit de mort, et une impressionnante *Tête de Méduse*, du Bernin. Enfin, dans la **salle d'Hannibal**, les amateurs de bande dessinée sauront lire les fresques (début du XVIᵉ siècle) relatant la bataille entre Rome et Carthage et notamment la scène où Hannibal, vêtu à l'orientale, est monté sur un éléphant. Au deuxième étage, la **Pinacothèque capitoline**, dernière étape de la visite, conserve quelques œuvres majeures de la peinture des XVIIᵉ et XVIIIᵉ siècles, en particulier dans la **salle de sainte Pétronille** : un troublant *Saint Jean Baptiste* du Caravage, *Romulus et Remus* par Rubens, et le monumental *Enterrement de sainte Pétronille*, où l'inhumation et l'entrée au paradis de la sainte sont représentés dans un même élan. Au passage, ne manquez pas les portraits de Van Dyck dans la galerie Cini, la salle Pietro da Cortona et celle des peintres bolonais. *Piazza del Campidoglio Tél. 06 39 96 78 00 www.musei capitolini.org Ouvert mar.-dim. 9h30-19h*

Découvrir le Forum et le Palatin

FORO ROMANO (plan 7, A2-B2). L'adage dit qu'il faut rendre à César ce qui est à César. Le Forum a donc été "rendu" aux Romains depuis peu, leur permettant d'investir le lieu librement, presque comme autrefois. Et il n'est pas rare de les croiser, au beau milieu des touristes, le samedi ou le dimanche, en famille ou en amoureux. Car c'était de ça qu'il s'agissait en d'autres temps : le Forum était au cœur de la vie sociale des Romains de l'Antiquité, à la fois foyer spirituel, lieu de commerce et de sociabilité... Au VIIIᵉ siècle av. J.-C., ce qui n'était alors qu'une vallée marécageuse servait de nécropole aux habitants des environs. Il fallut attendre les rois étrusques, dont Tarquin l'Ancien, au VIᵉ siècle av. J.-C., pour que des travaux d'assainissement (la *Cloaca Maxima*, réseau d'égouts) rendent le lieu habitable. Pavé, cet immense espace disponible a donc été le berceau de la ville, s'enrichissant progressivement d'un certain nombre de bâtiments, de statues, de colonnes, de temples et de sanctuaires, d'arcs de triomphe qui témoignaient de la grandeur et de la prodigieuse ascension de Rome. Saccagé par les invasions barbares, investi comme un lieu de forteresses au Moyen Âge, pillé puis abandonné, à la Renaissance, le site n'a guère plus l'air que d'un pré où paissent de paisibles vaches (le Campo Vaccino, le "champ aux vaches"). C'est seulement au début du XIXᵉ siècle, sur ordre de Napoléon, que les archéologues entreprennent des fouilles. Avant de pénétrez les lieux, profitez du panorama qui s'étend à l'arrière du Capitole et d'où, en surplomb, vous situerez nettement la **Via Sacra**, qui s'enfonce tout droit jusqu'au centre du site. *Accès par le largo Romolo e Remo (parallèle à la via dei Fori Imperiali), la via San Gregorio (qui longe le Forum en partant du Colisée) et la piazza Santa Maria Nova, 53 (devant le Colisée) Tél. 06 699 01 10 Ouvert tlj. 9h-16h30 et 9h-18h en été Visite guidée en anglais et en italien, audioguides français.*

Basilica Æmilia. L'accès par la via dei Fori Imperiali vous porte d'abord sur les ruines de cette basilique (179 av. J.-C.), dont le tracé qui subsiste exprime bien mal ce que fut autrefois ce lieu : un immense espace couvert précédé d'arcades, divisé en quatre nefs abritant à la fois des activités commerciales et politiques. Restaurée plusieurs fois à la suite d'incendies dévastateurs n'ayant laissé que peu de vestiges, cette basilique civile a servi de modèle aux églises chrétiennes.

Curie-"Comitium". L'aspect actuel du siège officiel du Sénat correspond aux différentes réfections, notamment après l'incendie de 283 ap. J.-C. et la dernière restauration, en 1930. L'intérieur, grandiose, laisse cependant difficilement imaginer ce qu'était le lieu quand y prenaient place de chaque côté entre 300 et 600 sénateurs. Les deux bas-reliefs exposés là ne s'y trouvaient pas à l'origine : les scènes de bienfaisance qu'ils illustrent, entre Trajan (98-117) et ses citoyens, se déroulent sur le Forum, restituant une image de la vie antique. Du *Comitium*, autrefois articulé à la Curie, il ne reste presque rien. S'y tenaient les assemblées de citoyens, venus là entendre les magistrats qui s'adressaient au peuple depuis des rostres, nom qu'on avait donné par extension aux tribunes dont le soubassement était décoré d'éperons de bronze arrachés aux navires ennemis (rostres). La seule trace parvenue jusqu'à nous est le *Lapis niger* ("pierre noire"), une stèle de marbre noir sur laquelle une inscription rapporte la malédiction entourant cet endroit précis, peut-être liée à la mort de Romulus. *À l'angle de la basilica Æmilia, en allant vers le Capitole*

Arc de Septime Sévère. Édifié en 203 ap. J.-C. pour célébrer la victoire de l'empereur sur les Parthes, c'est le monument le mieux conservé de cette partie du Forum. Haut de presque 21m, il illustre plusieurs scènes des campagnes militaires d'Orient. L'inscription qui chapeaute l'ensemble est dédiée à Septime Sévère et à son fils Caracalla. La quatrième ligne, effacée et récrite, mentionnait aussi Géta, l'autre fils, tué par son frère après la mort de leur père. *Au pied du Capitole, juste à gauche de la Curie*

Rostres impériaux. À proximité de l'arc, il reste peu de traces des rostres après la démolition du *Comitium* vers 50 av. J.-C. ; les nouvelles tribunes, en forme d'hémicycle, ont été inaugurées un peu plus loin puis agrandies une nouvelle fois par Auguste, sans doute pour effacer le souvenir funeste des têtes de proscrits exposées là (dont celle de Cicéron !), victimes des épurations de 43. Deux éléments symboliques importants se trouvaient à quelques mètres : l'*umbilicus urbis*, le "nombril de la ville", et le *millarium aureum*, marquant le km 0 des routes au départ de Rome. À l'arrière se détachent les huit colonnes restantes du **temple de Saturne**, d'abord utilisé comme trésor public (au Ve siècle av. J.-C.). La colonne solitaire qui se dresse à deux pas des rostres, dite de Phocas, est un des derniers monuments honorifiques du Forum : elle a été dédiée par le pape Boniface IV à l'empereur byzantin Phocas en 608 pour le remercier de lui avoir donné le Panthéon, qui deviendra une église.

Basilica Julia. Élevée par César et Auguste au Ier siècle sur l'emplacement d'une ancienne basilique, elle n'a rien gardé de sa grandeur passée, hormis ses dimensions (109m de long, pour 40m de large, qui abritaient 5 nefs). Plus en avant dans le Forum, trois colonnes corinthiennes appartenait au temple de Castor et Pollux, "sauveurs de Rome", dont la légende rapporte qu'ils étaient apparus aux soldats qui bataillaient en 499 av. J.-C., les conduisant vers la victoire.

Temple de Vesta-Maison des Vestales. En continuant, on croise ensuite le temple de Vesta, déesse gardienne du feu domestique, et la maison des Vestales, chargées de l'entretenir. Cette fonction était d'abord destinée aux filles du roi, et plus tard à quelques filles issues de familles patriciennes, dont on exigeait qu'elles gardent leur virginité jusqu'à 30 ans, sous peine d'être enterrées vives. La forme du temple évoquerait la hutte circulaire qui abritait le feu sacré de la cité, alors même que Rome n'était qu'un village. *Via Sacra*

Temple d'Antonin et Faustine. De l'autre côté de la via Sacra, ce temple honore la mémoire de l'empereur et de son épouse (morts respectivement en 161 et 141). Abritant depuis le XIe siècle une église, transformée en 1602, le temple forme un ensemble étonnant avec ses colonnes antiques qui précèdent la façade.

Temple de Romulus. Rien à voir avec le cofondateur de Rome. Celui-ci a été élevé par Maxence pour son fils mort en 309. La porte en bronze, encadrée par deux colonnes de porphyre et un linteau de marbre, est d'origine. Une partie de l'arrière est aujourd'hui occupée par l'église Santi Cosma e Damiano.

Basilique de Maxence et de Constantin. Installée en surplomb, cette basilique majestueuse a été commencée par l'empereur Maxence en 306 et terminée par son rival Constantin en 312. Trois nefs immenses s'étendaient sur 6 000m^2 et étaient surmontées d'un toit dont les tuiles de bronze ont été réutilisées au VIIe siècle pour Saint-Pierre. Il faut imaginer l'ensemble, décoré de marbres de toutes les couleurs, de statues, de colonnes et de stuc doré. Ce modèle a nourri l'imaginaire de nombreux architectes de la Renaissance, Bramante entre autres, qui s'en inspira pour son projet de reconstruction de Saint-Pierre.

Arc de Titus. Cet édifice doit sa relative conservation au fait d'avoir été intégré aux fortifications médiévales. Érigé en 81, à la mort de l'empereur, il célèbre les faits d'armes de Vespasien et de son fils Titus en Palestine, notamment la destruction de Jérusalem en 71.

"Antiquarium" du Forum. Installé dans l'église San Francesca Romana, il expose sculptures, parures funéraires, bas-reliefs, etc., trouvés sur le site archéologique.

PALATIN (plan 7, B2). Des sept collines, c'est la plus célèbre, le berceau de la ville, là où Romulus et Remus ont été allaités par la louve. La légende raconte que les jumeaux ont fondé Rome à cet endroit, le 21 avril 753 av. J.-C. Curieusement, l'histoire rejoint le mythe puisque c'est aussi de cette époque que datent les plus anciennes traces de constructions humaines retrouvées par les archéologues... Devenu un quartier résidentiel sous la République, le Palatin se transforme sous l'impulsion des empereurs qui viennent tous s'y installer : Auguste, Tibère, Caligula, Domitien, Néron, les Flaviens, Septime Sévère... d'où la série de vestiges de valeur qui nous sont parvenus ainsi que l'étymologie du mot palais (du latin *palatium*). Sachez enfin qu'avec ses pins parasols, ses jardins et sa vue exceptionnelle sur plusieurs points de Rome, la promenade au Palatin est une des plus magiques qui soient. Avant de vous engager dans la visite du site archéologique proprement dite, si vous venez du Forum romain, vous croiserez les jardins Farnèse sur la droite. *Accès par la via di San Gregorio, 30 et piazza di Santa Maria Nova, 53 Tél. 06 39 96 77 00 Ouvert tlj. 9h-1h avant le coucher du soleil*

Orti Farnesiani (plan 7, A2-B2). Créés au XVIe siècle par le cardinal Alessandro Farnese, ces jardins occupent l'ancienne Domus Tiberiana (dont subsistent entre autres une galerie souterraine, le cryptoportique, avec des traces de peintures, de mosaïques...) et comptent sans doute parmi les plus vieux parcs botaniques d'Europe. *Via dei Fori Imperiali Ouvert tlj. 9h-1h avant le coucher du soleil*

Site archéologique du Palatin. Vous croiserez d'abord les vestiges d'une de trois "cabanes" découvertes en 1948, sans doute les plus anciennes constructions de la ville (VIIIe siècle av. J.-C.). À droite, le **temple de la Magna Mater** ou de Cybèle (191 av. J.-C.) atteste le culte qui était voué à la déesse orientale au moment de la seconde guerre punique (219-202 av. J.-C.) après que les oracles eurent intimé aux Romains l'obligation de fonder à Rome un temple en son honneur sous peine de perdre la guerre... En descendant vers la gauche, on rejoint un groupe de maisons de la fin de la République dont l'une était probablement celle de l'épouse d'Auguste, Livie, et dont les parois intérieures sont ornées de fresques bien conservées. Plus loin, on pénètre le complexe monumental bâti par Domitien à la fin du Ier siècle ap. J.-C., qui deviendra résidence des empereurs. La **Domus Flavia** abrite la dimension publique du palais, notamment les salles où l'empereur accordait des audiences et celle où étaient donnés les banquets (*triclinium*). La **Domus Augustana** voisine était, elle, la demeure privée de l'empereur. L'*Antiquarium*, coincé entre les deux maisons, occupe un ancien monastère ; y sont exposés les matériaux issus des fouilles du Palatin : fragments de cabanes de l'âge du fer, poteries, fresques, sculptures, reconstitution d'un village primitif... Le **stade**, situé à droite de la maison, est un édifice qui devait être assez majestueux. Un portique sur deux niveaux, décoré de statues et de fontaines, entoure un terrain ovale (aménagé plus tard), sans doute destiné à des spectacles privés ou peut-être utilisé comme manège ou jardin.

Découvrir les Forums impériaux et le Colisée

Fori Imperiali (plan 2, F4 et plan 7, B1). C'est César, à la fin de la République, au Ier siècle av. J.-C., qui entreprend d'agrandir le Forum romain, devenu trop petit pour un empire aux dimensions universelles. Ce qui apparaît d'abord comme une simple extension se traduit ensuite par un véritable enjeu de pouvoir, un lieu où les empereurs voudront tour à tour laisser leur propre empreinte. Les Forums deviennent donc un immense complexe public, qui concentre les lieux symboliques et les activités commerciales, politiques et juridiques de la cité. Abandonnés et ensevelis au Moyen Âge, les Forums ont été redécouverts au moment où Mussolini, qui se voulait l'héritier de ses illustres prédécesseurs, perce la via dei Fori Imperiali, démolissant le quartier médiéval des alentours. L'artère monumentale devait exalter les grandeurs de la Rome antique, modèle absolu du régime fasciste, et servir de cadre aux nombreux défilés reliant la piazza Venezia au Colisée. Attention, on ne visite pas les Forums impériaux comme on visite le Forum romain : les vestiges sont à ciel ouvert mais l'on n'y accède pas directement. Clôturés, il sont néanmoins visibles depuis la via dei Fori Imperiali ou les rues avoisinantes. En toute fin d'après-midi, à l'heure du crépuscule, c'est une promenade agréable, juste avant de passer de l'autre côté, vers le quartier de Monti, et s'enfoncer dans les ruelles populaires pour prendre un apéritif... Actuellement, un musée des Forums impériaux est en projet, qui rassemblerait dans le complexe des marchés de Trajan les objets issus des fouilles, des maquettes et des circuits pédagogiques *in situ*... *Via IV Novembre, 94 Tél. 06 679 00 48 Ouvert mar.-dim. 9h-17h et 9h-18h en été*

Forum de César. Il demeure bien peu de choses de ce forum, le plus ancien de tous : à peine quelques colonnes reconstituées, un fragment de corniche, et quelques dalles qui soulignent le socle du **temple de Venus Genitrix** (Vénus Mère, dont César se prétendait l'héritier), consacré en 46 av. J.-C. en remerciement de la victoire sur Pompée. Difficile d'imaginer la splendeur passée, le double portique de colonnes où se trouvaient les boutiques et la place dominée par la statue équestre de l'empereur...

Forum d'Auguste. Avec le **temple de Mars Ultor** (le Vengeur), c'est le deuxième des Forums impériaux, construit après la victoire sur Brutus et Cassius, meurtriers de César, à la bataille de Philippes en 42 av. J.-C. Le mur monumental qui subsiste encore témoigne de la volonté de l'empereur d'isoler le forum de Suburre, un taudis malfamé qui s'étendait à l'arrière.

Forum de Vespasien. Il s'étendait de la Torre dei Conti (tour médiévale élevée sur les ruines de l'enceinte du Forum, à proximité de la via Cavour) à l'église Santi Cosma e Damiano, qui occupe la bibliothèque du Forum. Si l'église est ouverte (tlj. 8h-13h, 15h-19h), jetez un œil aux splendides mosaïques des VIe et VIIe siècles de l'abside. C'est encore à l'intérieur de l'église que vous pourrez voir la partie la mieux conservée du temple de la Paix, élevé par Vespasien entre 71 et 75 ap. J.-C. pour célébrer la victoire de Jérusalem.

Forum de Nerva. Peu de traces, comme pour les autres : Domitien, qui le fait bâtir, ne le verra pas achevé et c'est Nerva qui l'inaugure, en 97 ap. J.-C. Il ne subsiste presque rien du temple dédié à Minerve après que le pape Paul V l'eut saccagé au XVIIe siècle pour récupérer ses marbres.

Forum de Trajan. Le dernier des Forums, celui de Trajan, édifié entre 107 et 113, est le plus grand et le mieux conservé de tous, bâti avec le butin rapporté de la campagne de Dacie (*grosso modo*, l'actuelle Roumanie). En son temps et même après la mort de l'empereur, ce forum est devenu un des principaux centres politiques et administratifs de la cité, particulièrement imposant avec la **basilique Ulpia** (nom de famille de Trajan), la plus grande jamais construite à Rome (17m sur 60m). Située en son centre, elle était divisée en cinq nefs dont vous pouvez apercevoir deux des quatre rangées de colonnes qui les séparaient. Deux bibliothèques (grecque et latine) fermaient l'ensemble, encadrant la célèbre **colonne Trajane**, construction délirante qui déroule, sur 200m de marbre, les moindres détails de la victoire contre les Daces. Imaginez qu'à l'époque les bibliothèques étaient surmontées de terrasses où il était possible de s'attarder en regardant les mille et uns détails des bas-reliefs peints. En effet, rien n'arrêtait Apollodore de Damas, le plus célèbre architecte de l'époque, auteur de l'ensemble du forum : le Syrien était assez fou pour déplacer des tonnes de terre, aplanir des collines ou en élever ailleurs ! Au-dessus de la porte d'entrée, une inscription explique d'ailleurs que la colonne symbolise "la hauteur de la montagne qui fut détruite pour faire place à de si grands monuments", soit 38m de haut. Pour la colonne, il a imaginé un escalier intérieur qui conduit au sommet, éclairé par 45 meurtrières (ouvrez l'œil, elles sont presque invisibles). L'empereur, évidemment, est largement représenté sur les reliefs (pas moins de 60 fois !) et, jusqu'au xvie siècle, une statue de lui couronnait même l'ensemble… En 1587, le pape Sixte V devait être irrité de tant de redondance et lui préféra une statue de bronze de saint Pierre ! *Via dei Fori Imperiali*

Marchés de Trajan. En remontant les escaliers de la via Magnanapoli, juste à côté du forum de Trajan, on arrive devant un ensemble monumental de briques rouges, construit en hémicycle sur trois niveaux. Moins extravagants que les autres projets d'Apollodore de Damas, ces marchés étaient une extension "utilitaire" du forum, destinés à la fois à entreposer des denrées alimentaires gérées par l'État et à la vente au détail de toutes sortes de produits. Des dizaines de boutiques couraient le long des deux premiers niveaux tandis que le dernier niveau s'ouvrait sur la Via Biberatica, encore assez bien conservée, dont le nom indiquerait qu'elle était bordée de débits de boissons. Nos centres commerciaux n'ont décidément rien inventé !

Arc de Constantin. En allant vers le Colisée, vous croiserez cet arc, le plus grand et le mieux conservé de tous. Élevé en 315 ap. J.-C., ce monument tardif célèbre la victoire de Constantin sur Maxence au pont Milvius en 312. Intégré dans les fortifications médiévales, il en a été dégagé à la fin du xviiie siècle. De loin, il est du plus bel effet, avec ses proportions harmonieuses et sa riche décoration sculptée. De près et si vous avez l'œil un peu exercé après quelques visites archéologiques, vous remarquerez que, pour la plupart, il s'agit de bas-reliefs provenant d'anciens monuments (du forum de Trajan ou de l'arc de Marc Aurèle…). Les sculptures contemporaines, plus grossières (sur les piédestaux des colonnes par exemple), trahissent le déclin de Rome, qui perdait progressivement sa fonction de capitale au profit de Constantinople. *Piazza del Colosseo*

Colisée (plan 7, C2). Paris a sa tour Eiffel, Rome son Colisée. Sa silhouette blanche se détachant sur le ciel rouge du crépuscule est sans doute le cliché romain le plus récurrent. Ce monument symbolise bien plus qu'une prouesse architecturale, il est aussi le témoin d'un certain nombre de poncifs qui courent sur la civilisation romaine : "Du pain et des jeux", "Ave César !", "Ceux qui vont mourir te saluent !"... Actuellement en cours de restauration (mais ouvert à la visite), le Colisée devrait rendre accessibles, courant 2003, les tunnels souterrains d'où les fauves étaient lancés dans l'arène et recevoir des aménagements pour devenir, à l'occasion, à nouveau un lieu de spectacles (certes moins sanglants que ceux de l'Antiquité). Commencé en 72 sous le règne de Vespasien, achevé en 80 par son fils Titus, l'**amphithéâtre Flavien** (du nom de leur dynastie) est le premier de cette importance, bâti en pierre pour ne plus être la proie des flammes. Son appellation vient en fait de la statue colossale de Néron qui se trouvait à proximité, le Colisée (*Colosseo* en italien) ayant été élevé à l'emplacement d'un ancien lac artificiel où se trouvaient les jardins de la Domus Aurea du tyran. De 80 à 523, ce sont des milliers de festivités sanglantes qui se sont tenues ici, pour le plus grand bonheur des spectateurs (entre 50 000 et 70 000 personnes) qui pouvaient accéder gratuitement aux gradins, à condition d'être "accrédités" : en effet, à l'entrée d'une des 76 portes, il fallait montrer une "carte" de terre cuite sur laquelle étaient précisés la porte, l'étage et le niveau du gradin. La *cavea* (l'ensemble des gradins), aujourd'hui en partie écroulée, était divisée en plusieurs secteurs : en bas se trouvaient les sénateurs, plus haut les prêtres, les magistrats et les diplomates étrangers et enfin, tout en haut, le peuple. Aux femmes étaient réservés des gradins de bois, plus hauts encore. La comptabilité sordide liée à ces manifestations rapporte qu'à l'occasion de l'inauguration, qui dura cent jours, 2 000 gladiateurs et 5 000 fauves ont été sacrifiés. Quand Trajan rentre victorieux de la campagne de Dacie, ce sont 10 000 gladiateurs et 11 000 fauves qui sont massacrés en un mois ! Il faut garder en tête que ce sont ces moyens-là qui permettaient aux empereurs de s'attirer les faveurs du peuple et d'exalter leur toute-puissance. Quant aux gladiateurs (prisonniers de guerre, condamnés à mort ou pauvres hères désespérés), la plupart d'entre eux ne connaîtront jamais la célébrité. Si par chance l'un d'entre eux a été aussi brave qu'un taureau de corrida, la foule l'acclame et l'empereur lève le pouce : il sera épargné, soigné et vivra ses vieux jours à l'abri. La **façade extérieure**, répartie sur trois niveaux atteignant 57m de hauteur, est sans conteste monumentale avec sa succession d'ordres (dorique, ionique puis corinthien) ; l'intérieur, tel qu'il est aujourd'hui, est un peu décevant. Difficile d'imaginer les gradins, difficile aussi d'imaginer le *velarium*, cette fabuleuse invention, encore objet de controverses : pour protéger les spectateurs des intempéries ou du soleil, une immense toile était tendue, soutenue par des mâts hissés au sommet de l'édifice (sur le quatrième niveau de la façade, à moitié conservé). Pour ce faire, on faisait appel à un détachement de la marine impériale, dont pas moins de 1 000 hommes étaient affectés à la manœuvre. L'autre astuce architecturale, reprise jusqu'à nos jours dans les stades, concerne le système complexe d'escaliers, les *vomitoria*, qui permettaient aux spectateurs d'entrer et sortir en quelques minutes... *Piazza del Colosseo Tél. 06 39 96 77 00/06 700 54 69 Ouvert tlj. 9h-16h30 Visites guidées tlj. en anglais ou italien et audioguides en français. Forfait combinant la visite du Colisée et du Palatin*

Domus Aurea (plan 7, C2). Ne vous aventurez pas à visiter la "Maison dorée" sans avoir au préalable réservé : en effet, après des années de restauration, elle a été rouverte en juin 1999, limitant l'accès à de petits groupes (durée : 1h).

Attention aux différences de température, surtout en été : sachez qu'à l'intérieur la température ne dépasse pas 12°C ! La fascination entourant la Domus Aurea tient pour partie à l'histoire tragique qui est la sienne. Au cours de l'été 64, un incendie dévastateur ravage Rome ; les soupçons se portent sur l'empereur lui-même, Néron, qui aurait provoqué le sinistre pour disposer d'une immense superficie dans le dessein de bâtir une résidence royale jamais égalée. Véritable ville dans la ville, la maison est imprégnée de symbolisme solaire (orientation astronomique, lumière...) célébrant ainsi l'empereur qui s'identifiait au soleil. Maisons, monuments, statues venues de Grèce et d'Asie, jardins, lacs artificiels recouvraient 800 000m², le tout baigné d'or ! En 68, après le suicide de Néron, commence une période longue de plusieurs siècles qui verra le palais saccagé, négligé, oublié. Les empereurs qui lui succèdent s'empressent d'effacer les moindres traces du tyran, réduisant les vestiges à une peau de chagrin. Vespasien fait construire le Colisée, Trajan bâtit les thermes. Au XVIᵉ siècle, lors-qu'on découvre une partie de la Domus Aurea enfouie sous terre, c'est à peine si l'on sait de quoi il s'agit. Les grottes couvertes de fresques passionneront les artistes de la Renaissance, notamment Raphaël qui s'en inspire, donnant nais-sance au style grotesque, mot dont on oublie souvent le sens premier. Déjà pillée à l'époque impériale, la Domus Aurea n'a survécu que dans quelques descriptions historiques (Suétone) et dans ses copies de peintres, quand les fresques et les mosaïques étaient encore parfaitement visibles. Demeurent quelques traces à peine des revêtements précieux, des marbres provenant des carrières de tout l'Empire, des bronzes et des panneaux d'ivoire qui recouvraient les plafonds de la centaine de pièces fouillées... Aujourd'hui, la visite tient sur un parcours éblouissant de 200m, restituant la grandeur passée, dans une tren-taine de pièces et de couloirs labyrinthiques situés dans une partie de la villa qui n'était pas la demeure impériale proprement dite mais une série de "logements de fonction" destinés aux courtisans. *Viale della Domus Aurea Tél. 06 481 55 76 **Réservation** 06 39 96 77 00 Ouvert mer.-lun. 9h-19h45*

Découvrir le Celio

Verdoyant et apaisé, le Celio (plan 7, C3-4) s'étend à l'est du Palatin, suivant un axe qui va du Colisée à la basilique du Latran. De nombreuses églises ponctuent le parcours, rompu çà et là par des enclaves bucoliques qui donnent un air romantique à l'ensemble.

Chiesa San Gregorio Magno (plan 7, C3). Remanié de fond en comble selon le goût baroque du début du XVIIᵉ siècle, ce couvent ne laisse pas deviner sa très longue histoire, remontant au VIᵉ siècle. On doit sa fondation en 575 au pape Grégoire le Grand, qui décide de la construction d'un monastère dans sa propre demeure. De cette époque, à peine quelques indices : dans la chapelle à droite de l'autel, un siège en marbre du Iᵉʳ siècle av. J.-C. que Grégoire aurait utilisé comme trône au moment de son pontificat et en haut de la nef, à gauche, dans la chapelle Salviati, une fresque très ancienne figurant la Vierge, qui selon la tradition aurait parlé à saint Grégoire. Les plus belles pièces du couvent se trou-vent dans trois petites chapelles à la gauche de l'église, avec de magnifiques fresques du Dominiquin et de Guido Reni. *Piazza di San Gregorio, 1 Tél. 06 700 82 27 Ouvert tlj. 9h-12h, 15h-18h*

Chiesa Santi Giovanni e Paolo (plan 7, C3). Pour gagner l'église, empruntez la voie Clivus Scauri, petite rue qui a gardé son nom depuis l'Antiquité. Les vestiges d'anciennes maisons romaines précèdent des arches médiévales jalonnant les contreforts de l'église, juste avant une placette qui compte parmi les endroits les plus enchanteurs de Rome et sutout complètement méconnue des itinéraires touristiques. L'église elle-même est un peu décevante : fondée au ve siècle sur les ruines des maisons de deux soldats romains chrétiens, Jean et Paul, martyrisés sous Julien l'Apostat en 362, elle a été endommagée par les Goths et les Normands et reconstruite au début du xie siècle. On doit aux restaurations des années 1950 d'avoir rendu ses airs médiévaux à l'extérieur mais l'intérieur reste marqué par une décoration du xviiie siècle toute chargée de stucs et dorures. Ne manquez pas les vestiges mis au jour sous l'église (escalier à la droite du chœur) : on y visite les premiers lieux de culte chrétiens, où des fresques expriment avec candeur le syncrétisme des origines, quand la mythologie côtoyait la religion nouvelle. *Piazza Santi Giovanni e Paolo, 13 Tél. 06 700 57 45 Ouvert tlj. 8h30-12h, 15h30-18h*

Chiesa Santa Maria in Domnica (plan 3, A5). Pour rejoindre l'église il faut prendre la via San Paolo della Croce qui longe la **Villa Celimontana**, aujourd'hui parc public. S'il fait chaud et que vous êtes fatigué, n'hésitez pas à faire une halte à l'ombre de ses grands arbres. Au bout de cette rue, les vestiges de l'**arc de Dolabella** (du nom d'un consul romain) s'ouvrent sur la place de l'église. De cette visite, vous retiendrez la magnifique mosaïque de l'abside, parmi les plus belles de Rome, qui date de la fondation de l'église, au ixe siècle. Cette Vierge à l'Enfant est représentée entourée d'une foule d'anges tandis que le pape Pascal Ier, commanditaire de l'œuvre, est à ses pieds, un halo de lumière encadrant son visage signifiant qu'il était encore vivant. *Via della Navicella, 10 Tél. 06 700 15 19 Ouvert tlj. 9h-12h, 15h30-18h*

Chiesa Santo Stefano Rotondo (plan 3, A5). Celle-ci a la particularité d'être une des plus vastes et des plus anciennes églises de plan circulaire. Fondée au ve siècle, elle était censée imiter le Saint-Sépulcre. L'intérieur a sans doute perdu une grande part de la magie qu'il devait avoir au tout début après que Nicolas V dut réduire ses dimensions en 1453 : l'anneau extérieur des trois nefs primitives menaçait de s'écrouler et fut alors muré. Les fresques sont plus récentes : on doit à Grégoire XIII (1572-1585) d'avoir fait peindre un incroyable martyrologe, comportant des scènes très cruelles. *Via di Santo Stefano Rotondo, 7 Tél. 06 42 11 91 Ouvert lun. 15h30-18h, mar.-sam. 9h-13h, 15h30-18h*

Chiesa Santi Quattro Coronati (plan 3, B5). Sur la place, au bout de la via Santo Stefano Rotondo, prendre la via Celimontana, qui croise un peu plus haut la via dei Santi Quattro. Si vous approchez par l'arrière de l'église, vous comprendrez vite que l'abside a tout d'une anomalie architecturale. Une fois de plus, on doit cette fantaisie à la sauvagerie des Normands qui ont saccagé l'édifice primitif, fondé au ive siècle. Restaurée au début du xiie siècle, elle a été diminuée et les nefs latérales supprimées, d'où cette abside incongrue ! À l'intérieur, ne manquez pas le pavement cosmatesque et surtout le cloître du xiiie siècle extrêmement gracieux. Tout à côté, la **chapelle San Silvestro** renferme un cycle de fresques (xiiie siècle) illustrant la légende de l'empereur Constantin, malade de la lèpre et guéri par le pape Sylvestre, reçu ensuite comme un souverain à Rome. Si l'intérêt artistique est relatif, ces peintures ont le mérite de rendre compte d'une polémique qui a tourmenté tout le Moyen Âge, au sujet de la suprématie de la papauté sur le pouvoir politique. Pour accéder à la chapelle, demandez la clé aux religieuses du couvent qui vous la donneront contre une petite obole. *Via dei Santi Quattro, 20 Tél. 06 70 47 54 27 Ouvert tlj. 6h15-19h30h* **Cloître et chapelle** *ouverts tlj. 9h-12h, 16h30-17h45*

Basilica San Clemente (plan 3, B4). Si, à Rome, on parle souvent de rappropriation des vestiges anciens pour bâtir de nouveaux sites, en voici un exemple éloquent : une basilique du XIIIᵉ siècle avec une façade baroque, élevée sur les décombres d'une église paléochrétienne, elle-même construite sur d'anciens édifices romains ! Le scénario ressemble à tant d'autres : l'église primitive, fondée au IVᵉ siècle, a été détruite au cours des invasions normandes, reconstruite au XIIᵉ siècle sur les bases anciennes et enfin remaniée au XVIIIᵉ siècle... et ce n'est qu'en 1857 qu'on découvrira les traces de l'église inférieure. Au niveau supérieur de la basilique, c'est la magnifique mosaïque de l'abside qui attire toute l'attention (*Le Triomphe de la Croix*, datant du XIIᵉ siècle) où les couleurs vives surgissent sur le fond or. À droite de l'entrée, ne ratez pas la **chapelle Sainte-Catherine**, peinte à fresque par Masolino vers 1420 (sans doute assisté de son élève Masaccio). De la sacristie, un escalier descend dans l'église inférieure, qui renferme à la manière d'une véritable galerie d'art des fresques des IXᵉ et XIᵉ siècles. Les murs de soutènement et les colonnes destinées à renforcer la basilique supérieure brouillent aujourd'hui ce qui était le plan initial : un narthex, trois nefs, une abside. Du vestibule à la nef centrale, les fresques s'étirent comme une bande dessinée illustrant le Miracle de saint Clément et la Translation de son corps du Vatican à la basilique. Dans la nef, on retiendra celles développant le rocambolesque épisode de saint Clément, quatrième pape de la chrétienté, poursuivi par les hommes de Sisinnius, préfet de Rome dont l'épouse était chrétienne. Le préfet fait irruption dans l'église pendant une messe donnée par le pape. Aveuglé par la lumière divine, il ordonne à ses serviteurs de s'en prendre au pape... en vain. Eux aussi seront piégés et, au lieu de kidnapper le pontife, ils emportent une colonne ! L'histoire est pittoresque mais, au-delà des qualités picturales, il faut remarquer les inscriptions en langue vulgaire (et non pas en latin) comptant parmi les plus anciennes traces de ce type. Au fond de cette église, un autre escalier mène plus en sous-sol jusqu'aux vestiges des édifices romains préexistants : deux bâtiments du Iᵉʳ siècle et un *mithraeum* du IIIᵉ siècle, époque particulièrement favorable à l'expansion des cultes orientaux. *Via San Giovanni in Laterano Tél. 06 774 00 21 Ouvert lun.-sam. 9h-12h30, 15h-18h, dim. 10h-12h30, 15h-18h*

Latran (plan 3, C5). Cette place monumentale est aussi massive et imposante que celle de Saint-Pierre... et pour cause : la basilique Saint-Jean-de-Latran a été la première cathédrale de Rome, avant même celle du Vatican, offerte par Constantin au pape en 313, avec des terrains dans les alentours où fut bâti le **palais du Latran**, demeure officielle des papes jusqu'à leur fuite à Avignon au XIVᵉ siècle. Quand Grégoire XI rentre à Rome en 1377, le palais est si dégradé qu'il décide de s'installer à Saint-Pierre. Remanié au XVIᵉ siècle et aujourd'hui restauré, il abrite le vicariat de Rome (fermé à la visite). Vous pouvez vous approcher de l'entrée et jeter un œil à la cour, entourée d'une galerie à arcades magnifiquement peinte. Sur la place s'élève l'**obélisque** le plus ancien et le plus haut de Rome (47m de hauteur), datant du xve siècle av. J.-C., qui ornait au ive siècle l'arête centrale du Circus Maximus.

Basilica San Giovanni in Laterano (plan 3, C5). Son aspect actuel est le résultat de multiples pillages et incendies qui ont précédé les aménagements et les restaurations effectués entre le xvie et le xixe siècle. La façade, que vous ne risquez pas d'oublier avec les quinze statues colossales qui la surmontent, date du xviiie siècle, œuvre de l'architecte Alessandro Galilei. Les battants en bronze des portes seraient ceux de la Curie (ancien Forum romain). L'intérieur a gardé la ligne que lui avait donnée Borromini entre 1649 et 1659, avec ses cinq nefs dont celle au centre, toute théâtrale, avec son plafond en bois sculpté et ses arcades jalonnées de niches dans lesquelles ont été placées des statues des douze apôtres. À la croisée du transept, un baldaquin (xive siècle) surplombe l'autel où seul le pape peut dire la messe. Partout ailleurs, stucs, marbres polychromes, fresques et dorures se superposent pour magnifier le lieu. Le bras gauche du transept s'ouvre sur un **cloître** superbe, œuvre des Vassalletto au début du xiiie siècle, très raffiné avec ses colonnettes jumelées ornées de mosaïques (entrée payante). En sortant sur la place, ne manquez pas le **baptistère San Giovanni in Fonte**, petit édifice octogonal fondé par Constantin au ive siècle et remanié par la suite. L'intérieur, bordé de quatre chapelles, exalte le sacrement du baptême, fresques et mosaïques à l'appui. *Piazza di San Giovanni in Laterano, 4 Tél. 06 69 88 64 33 Basilique ouverte tlj. 7h-18h30 Cloître ouvert tlj. 9h-18h Baptistère ouvert tlj. 8h-12h30 et 16h-19h*

Chiesa Santa Croce in Gerusalemme. La légende raconte que Constantin fait élever cette église en 320 pour accueillir les reliques rapportées de Jérusalem par sa mère, Hélène. Remaniée au Moyen Âge, son aspect actuel est le fruit des transformations engagées en 1743 par Domenico Gregorini. La façade convexe suivie d'un atrium ovale forment une entrée originale, prolongée à l'intérieur par l'alternance de colonnes antiques et de piliers du xviiie siècle. Remarquez aussi le pavement cosmatesque. Vous pouvez poursuivre la visite en descendant par l'escalier se trouvant à la droite de l'abside et donnant accès à la **chapelle de Sainte-Hélène** ornée d'une extraordinaire mosaïque attribuée à Melozzo da Forli (xve siècle). À la gauche du chœur, un escalier vous mènera à la **chapelle des Reliques**, construite dans les années 1930. En forme d'inventaire à la Prévert, nous vous dirons qu'y sont conservés : trois morceaux de la vraie Croix, un clou, un morceau de l'inscription INRI, deux épines de la couronne du Christ, un doigt de saint Thomas, un morceau de la croix du bon larron... *Piazza di Santa Croce in Gerusalemme, 12 Tél. 06 701 47 69 Ouvert tlj. 7h-19h*

Découvrir le Circo Massimo et les thermes de Caracalla

Piazza Bocca della Verità-Santa Maria in Cosmedin (plan 5, F2). Cette place qui fut autrefois le *forum boarium*, le "marché aux bœufs", réunit aujourd'hui tous les ingrédients de la "carte postale romaine" : deux temples antiques, une église romane, une fontaine baroque et des pins parasols... Son nom, place de la "bouche de la vérité", vient de l'église voisine, **Santa Maria in Cosmedin**, fondée au VIᵉ siècle et agrandie au VIIIᵉ siècle par les Grecs. Cette "bouche" est en fait une plaque d'égout antique, conservée sous le portique de l'église ; selon la légende elle devait engloutir la main de tout menteur qui s'y aventurerait. Le campanile du XIIᵉ siècle, avec sa superposition de baies s'élevant jusqu'au ciel, est l'un des plus réussis du genre à Rome. La sobriété intérieure de l'édifice est relevée par un magnifique pavement et un mobilier cosmatesques. Tout à côté, vers le Tibre, le **temple de la Fortune Virile** (IVᵉ ou IIIᵉ siècle av. J.-C., remanié au Iᵉʳ siècle av. J.-C.) aurait été dédié à Portunus, dieu du port fluvial voisin, tandis que le petit temple circulaire situé plus au sud, dit de Vesta, est en fait dédié à Hercule Vainqueur (IIᵉ siècle av. J.-C.). *Église ouverte tlj. 9h-19h*

Circo Massimo, le Grand Cirque (plan 5, F2). Situé au cœur de la vallée de la Murcia, avec le Palatin d'un côté, l'Aventin de l'autre, le *Circus Maximus* est sans doute le plus ancien cirque de Rome. Pour certains, il remonterait au VIIᵉ siècle av. J.-C., quand le roi étrusque Tarquin l'Ancien décide d'un emplacement pour les courses de chars. D'autres associent le lieu au rocambolesque épisode de l'enlèvement des Sabines, femmes de la cité voisine de Rome enlevées par Romulus et les siens. Le chef romain eut recours à ce stratagème pour repeupler Rome qui manquait de femmes, invitant les Sabins et leurs filles à une grande fête au cirque. L'épisode déclenche la guerre entre les deux peuples et nourrira, des siècles durant, l'imaginaire des peintres. Cela dit, c'est bien à partir du Iᵉʳ siècle av. J.-C. que le lieu se développe, avec des travaux d'agrandissement engagés par César, permettant à près de 30 0000 spectateurs de prendre place dans les gradins. De toutes les manifestations, ce sont les courses de chars qui étaient les plus spectaculaires : avec ces quadriges élancés autour de la *spina* – arête centrale longue d'environ 340m – qui devaient faire sept tours dans le sens inverse des aiguilles d'une montre. Aujourd'hui, le lieu est plutôt désert, fréquenté de temps à autre par des babas cool ou des amateurs de foot venus s'entraîner. Il arrive néanmoins que s'y rassemblent des foules dignes des courses d'autrefois, comme à l'occasion de la victoire de l'AS Roma en 2001 (1 million et demi de personnes) ou lors de la gigantesque manifestation organisée par les syndicats en mars 2002 (3 millions de personnes qui convergeaient vers le Circo Massimo !). *Via del Circo Massimo*

Terme di Caracalla (plan 7, C5). Dire que nous, les "modernes", n'avons rien inventé, relève vraiment du poncif lorsque l'on visite des lieux comme celui-ci. Bâtis entre 212 et 235 et utilisés jusqu'au VIᵉ siècle, ces thermes sont exceptionnels et les mieux conservés de Rome. Vous risquez d'être surpris par les formidables dimensions du site et par l'organisation fonctionnelle de ce qui ressemble fortement à nos centres de remise en forme, si ce n'est qu'à Rome l'accès était bon marché. Les thermes de Dioclétien, construits à la fin du IIIᵉ siècle, étaient certes plus grands (14ha contre 11 pour ceux de Caracalla) mais ils n'ont pas été conservés comme tels (transformés depuis en musée ou en églises, cf. Découvrir l'Esquilin et Monti). Les thermes de Caracalla pouvaient accueillir près de 1 600 personnes : outre les baigneurs, on croisait aussi des musiciens, des comédiens, des vendeurs ambulants... en plus du nombreux personnel chargé des soins (masseurs, épileurs...). Le parcours consistait en général à passer d'abord par le gymnase où l'on s'exerçait et transpirait. Une fois le corps frotté et huilé, on entrait dans différents bains, d'abord chaud, puis tiède et froid, avant de se rendre à la bibliothèque par exemple, pour se reposer. En un mot comme en cent, et pour reprendre ceux du poète Juvénal, les thermes se devaient de cultiver l'adage *Mens sana in corpore sano*, "Un esprit sain dans un corps sain". Sachez qu'en plus des magnifiques mosaïques visibles sur place il y en a d'autres, et non des moindres (la mosaïque des Athlètes par exemple), conservées aux musées du Vatican. *Viale Terme di Caracalla, 52 Tél. 06 575 86 26 Ouvert lun. 9h-13h, mar.-dim. 9h-16h (18h30 en été)*

Chiesa Santi Nereo e Achilleo (plan 7, C5). À côté des thermes, ne ratez pas cette petite merveille médiévale et notamment la mosaïque du IXe siècle de l'arc triomphal. Les fresques du XVIe siècle sont une illustration de violence de la Contre-Réforme. Personnes sensibles s'abstenir : on y voit des figures tranchées en deux et d'autres mises au chaudron bouillant... Vous pouvez vous adresser au sacristain pour qu'il vous fasse visiter. *Viale Terme di Caracalla, 28 Tél. 06 575 79 96 Ouvert Pâques-octobre : mer.-lun. 10h-12h et 16h-18h*

Découvrir le quartier de l'Aventin

☺ **Monte Aventino (plan 5, F3).** À Rome, les collines se suivent... mais ne se ressemblent pas. Quand vous vous serez échappés de la foule du Capitole ou du Palatin, quand vous en aurez assez de l'effervescence festive du Testaccio, allez trouver refuge à l'Aventin. Ici, "tout est luxe, calme et volupté". Baudelaire ne nous en voudra pas de lui emprunter ces vers : c'est tout le quartier qui a l'air suspendu, repoussant à l'horizon l'agitation citadine. Une promenade indispensable au crépuscule, jusqu'à la piazza Ugo La Malfa, quand le ciel rougeoie, se confondant avec la couleur ocre des vestiges du Circo Massimo...

Parco Savello (plan 5, E3). Amateurs de clichés romantiques, préparez vos objectifs. Orangers, cyprès, pins parasols et rosiers... Ce jardin ravissant, autrefois propriété de la famille Savelli qui s'y était établie au XIIIe siècle, s'étale en terrasse au-dessus du Tibre et sert de décor à un des plus beaux couchers de soleil sur la ville. *Via di Santa Sabina Ouvert tlj. jusqu'à la tombée de la nuit*

Chiesa Santa Sabina (plan 5, E3). Fondée au Ve siècle, cette église témoigne avec splendeur de ce que pouvaient être les basiliques des premiers temps de la chrétienté. L'intérieur, lumineux, sobre, a été dépouillé de son apparat baroque au cours des restaurations du XXe siècle. De l'époque primitive subsistent peu d'éléments mais non des moindres : la porte centrale en bois de cyprès où 18 panneaux illustrent des scènes de l'Ancien et du Nouveau Testament, la mosaïque, juste au-dessus de la porte, et les fragments de frise en marbres polychromes courant le long de la nef et dans l'abside. Les Dominicains, à qui l'église appartient encore, lui sont particulièrement attachés puisque c'est ici que saint Dominique a présenté la règle fondatrice de l'ordre au pape Honorius III en 1222. Si c'est ouvert, jetez un œil au joli cloître (XIIIe siècle). *Piazza Pietro d'Illiria, 1 Tél. 06 574 35 73 Ouvert tlj. 7h-12h, 15h30-19h*

Piazza Ugo La Malfa (plan 5, F3). Si la place des Chevaliers de Malte vous fait penser à une gravure, vous avez de l'intuition. Dessinée en 1765 par Piranèse, architecte à ses heures perdues mais surtout graveur, elle accumule toute une série d'éléments (trophées, stèles, obélisques et monstres) renvoyant non seulement à l'imaginaire de l'artiste mais aussi à l'ordre de Malte qui siégeait là. L'ensemble a un côté insolite qui ne manque pas de charme, surtout si vous regardez par le trou de la serrure du prieuré, au n°3 de la place, pour voir surgir, comme par magie, le dôme de Saint-Pierre !

Petit Aventin-Chiesa San Saba (plan 5, F3). Le Petit Aventin, c'est le nom que l'on donne au petit sommet le plus proche des thermes de Caracalla, de l'autre côté du viale Aventino et séparé du reste de la colline par une légère dépression. Les villas patriciennes ont précédé les thermes et il reste encore quelques vestiges de ce temps-là. Le quartier alentour tire son nom de l'église romane San Saba, dans la rue du même nom. Sa façade est précédée d'une élégante loggia à arcades du XVe siècle mais c'est à l'intérieur, dans la sacristie, que vous découvrirez l'élément le plus insolite : des fresques datant des VIIe et VIIIe siècles, représentant des visages de moines (venus du Moyen-Orient), à qui l'église appartenait alors. *Via San Saba ou piazza Bernini, 20 Ouvert tlj. 10h-12h, 16h-18h*

Découvrir le Testaccio

S'il est une colline au Testaccio (celle des "tessons"), elle n'a rien à voir avec les sept autres collines mythiques de Rome. L'identité de ce quartier est fortement liée aux projets d'habitat populaire qui s'y sont développés au début du XXe siècle et aux abattoirs ayant fourni du travail à de nombreux habitants. Depuis leur désaffection dans les années 1980, les noctambules ont pris la relève, faisant du Testaccio une étape incontournable des nuits romaines. La journée, vous serez surpris de croiser si peu de touristes. Profitez-en pour faire votre marché (piazza Santa Maria Liberatrice) et pour jeter un œil aux curiosités architecturales du coin.

Via Marmorata (plan 5, E3-4-5). Si vous entrez dans le quartier du Testaccio par le Tibre, vous longerez cette rue qui borde le quartier au nord, devenue presque un boulevard, toujours encombré de voitures… Son nom rappelle qu'ici était apporté le marbre débarqué à l'*Emporium*, le port fluvial juste à côté, pour être taillé sur place par les marbriers. Sur la gauche, ne ratez pas la **Poste**, bel édifice rationaliste, conçue en 1933 par Adalberto Libera (architecte, entre autres, de la Villa Malaparte à Capri) et Mario De Renzi.

Pyramide de Cestius (plan 5, F5). Juste à côté de la **Porta Ostiensis**, d'où partait la Via Ostiensis, qui menait à l'ancien port de Rome, surgit ce monument un peu kitsch, inspiré des modèles égyptiens en vogue à Rome après la conquête de l'Égypte en 30 av. J.-C. Longtemps connue comme la *Meta Remi* (la "tombe de Remus"), elle est en fait le mausolée de Caïus Cestius, un magistrat mort en 12 av. J.-C. On ne connaît pas grand-chose du personnage si ce n'est quelques détails contribuant à lui forger une image de mégalomane : par disposition testamentaire, il précisa en effet que la pyramide devait être bâtie en moins de 333 jours après sa mort. Techniquement, rien à voir avec la construction des pyramides égyptiennes : haute de 36m, elle est bâtie en briques recouvertes de dalles de marbre. Et il est inutile d'être tenté par une exploration macabre au cœur de la chambre funéraire, la porte est toujours fermée… *Piazza di Porta San Paolo (Métro Piramide)*

Cimetière protestant (plan 5, E5). Le poète Shelley ne croyait pas si bien dire quand il écrivait qu'il y avait de quoi tomber amoureux de la mort pour être inhumé dans un endroit si doux (*"It might make one in love with death, to be buried in so sweet a place"*). Tant et si bien qu'il y fut enterré, un an après la disparition de son ami Keats emporté par la tuberculose en 1821. Le nom correct de ce cimetière est en fait Cimitero Acattolico, c'est-à-dire réservé à tous les non-catholiques. Demandez le dépliant à l'accueil pour découvrir les tombes illustres, comme celle de Julius, le fils de Goethe, ou celle d'Antonio Gramsci, fondateur du Parti communiste italien. *Via Caio Cestio, 6 Ouvert tlj. 9h-16h30 www.protestantcemetery.it*

Monte Testaccio (plan 5, D5). Au sud du cimetière protestant, en descendant la via Caio Cestio, vous apercevrez une butte haute d'une trentaine de mètres. Cette colline tout à fait artificielle s'est formée au fil des siècles par le dépôt des tessons des amphores que l'on jetait là (que l'on estime à 86 millions !)... Rien de moins qu'une véritable décharge publique ! Au Moyen Âge, les pentes telles que celle-ci étaient le prétexte à une fête paillarde plutôt sinistre, où des cochons, des sangliers ou des taureaux étaient précipités vers le bas dans une charrette. Les animaux qui survivaient finissaient quand même mal, empalés sur une pique au sommet de la butte... Ne vous aventurez pas avec pioche et seau en plastique à la recherche de tessons pour votre collection d'antiques, l'accès est formellement interdit ! *Via Zabaglia, 24*

Ex-Mattatoio, Anciens Abattoirs (plan 5, D5). Quand on arrive pour la première fois piazza Giustiniani, on se demande si le bâtiment qu'on a là n'est pas une gare. L'entrée monumentale, avec ses arches et ses statues, laisserait presque croire qu'à l'arrière attendent les trains. Il n'en est rien. De l'âge d'or des abattoirs demeurent la figure du taureau qu'on abat, sculptée au-dessus de la porte, et l'inscription *"Stabilimento di mattazione"* (littéralement "Établissement d'abattage"). Construits entre 1887 et 1892, les abattoirs qui ont fonctionné presque un siècle durant ont été progressivement abandonnés au début des années 1980. Cette implantation a fortement marqué le quartier qui, outre le travail qu'elle fournissait aux habitants des environs, a aussi largement contribué à une tradition culinaire encore en vogue avec de nombreuses recettes à base d'abats (Cf. Manger dans le quartier du Testaccio). Aujourd'hui, l'ensemble est réhabilité et fait l'objet de plusieurs projets : à la fois maison de repos pour personnes âgées, école d'architecture, centre d'expositions, galeries d'art... Attention, les environs sont toujours très animés le soir (toute la via del Monte Testaccio, qui part des abattoirs et contourne la colline, est bordée de restaurants, de clubs et de bars) mais pas très rassurants la journée. Si vous vous promenez seul, soyez vigilant. *Piazza Giustiniani*

Découvrir le Trastevere

Er core de Roma : "le cœur de Rome" (en dialecte !), voilà à quoi prétend le quartier du Trastevere. Aujourd'hui, avec un peu d'objectivité, on peut faire tomber quelques mythes. D'abord, celui qui consiste à dire que c'est le quartier des "Romains de souche" : depuis toujours (déjà sous l'Antiquité), c'est là qu'arrivent les étrangers en quête de bonne étoile. Le deuxième lieu commun concerne sa population : ce n'est plus le quartier le plus peuplé ni le plus populaire de la capitale. Si, juste après guerre, les Transtévérins étaient 55 000, ils ne sont plus que 15 000. Créateurs, étrangers de passage, militants de gauche et alternatifs de tous bords ont donné, à défaut d'une nouvelle âme, une nouvelle réputation au quartier, relayée par les restaurants dernier cri, les bars à vins à la mode et les boutiques design. Le Trastevere décroche le pompon *by night*, seuls le Testaccio ou San Lorenzo seraient susceptibles de contrer ses ambitions nocturnes. Au petit matin, une fois évanouies les figures blafardes de la nuit, le quotidien reprend sa place, le marché et les rues commerçantes retrouvent leur clientèle d'habitués. Une frontière néanmoins, celle qui coupe le quartier en deux, de chaque côté du viale di Trastevere : à l'ouest, le repaire des touristes convergeant vers la piazza Santa Maria in Trastevere (plan 5, C1), et à l'est, des ruelles isolées, une atmosphère tranquille autour de San Francesco a Ripa (plan 5, D3).

Piazza-Basilica Santa Maria in Trastevere (plan 5, C1). L'image forte qu'on retient de cette place est la façade scintillante de mosaïques qui surplombe la fontaine de Carlo Fontana (1602), point de ralliement à toute heure de la journée. En saison s'ajoutent les musiciens qui font grincer leurs mandolines pour les touristes attablés en terrasse, des gitanes espérant gagner quelques pièces et des gamins jouant au foot. En poussant la porte de la basilique, vous basculerez dans un autre univers. C'est l'une des premières églises romaines en honneur de la Vierge. Le sanctuaire primitif remonterait au IIIe siècle mais le bâtiment actuel est l'œuvre d'Innocent II au XIIe siècle. C'est à lui qu'on doit les magnifiques mosaïques de l'abside. Dessous, celles réalisées par Pietro Cavallini en 1291 rompent avec l'hégémonie de l'influence byzantine. La perception de l'espace et des volumes change, les figures sont plus réalistes, l'artiste travaillant la mosaïque comme une fresque. En levant la tête, vous ne pourrez que vous pâmer sous le plafond, œuvre du Dominiquin, tandis qu'en la baissant, vous remarquerez le beau pavement cosmatesque. *Tél. 06 581 48 02 Ouvert tlj. 7h30-21h*

Farnesina (plan 2, B4). Comme souvent à Rome, l'histoire de ce lieu tient du feuilleton à rebondissements. À l'origine des magnificences qui s'y trouvent, le goût prononcé pour l'art du mécène Agostino Chigi, qui commande en 1509 une villa à son compatriote siennois Peruzzi. Abandonnée à la mort du propriétaire, la villa passe aux mains des Farnèse en 1580 puis à l'État italien en 1927. Ami et principal commanditaire de Raphaël, Chigi lui demande de décorer la villa. Les temps ont passé, les banqueroutes se sont multipliées mais les fresques dessinées par Raphaël et ses disciples demeurent. Au premier étage, dans la salle des Perspectives, vous découvrirez l'un des plus beaux décors en trompe l'œil jamais exécutés. Peruzzi est parvenu à faire oublier les murs, donnant l'illusion de la campagne romaine et des principaux monuments de la ville. *Via della Lungara, 230 Tél. 06 68 80 17 67 Ouvert lun.-sam. 9h-13h*

Palazzo Corsini (plan 2, B5). Ce palais achevé en 1758 renferme au premier étage une partie des fonds de la Galerie nationale d'Art antique (l'autre est exposée au palais Barberini). Les inconditionnels du Caravage iront admirer le *Saint Jean Baptiste* et les toiles de ses disciples. L'immense jardin qui s'étend à l'arrière, autrefois parc de la villa, est devenu le jardin botanique de Rome. *Via della Lungara, 10 Ouvert mar.-dim. 8h30-13h30 Jardin ouvert mar.-sam. 9h-17h30*

Chiesa San Francesco a Ripa (plan 5, D3). Édifiée au XIIIᵉ siècle à l'emplacement de l'ancien hospice San Biagio, où saint François d'Assise s'est arrêté lors de son séjour à Rome en 1219, l'église a été entièrement remaniée vers 1680, suivant les canons baroques en vigueur. Deux chefs-d'œuvre à ne pas manquer : dans la première chapelle à gauche, *La Naissance de la Vierge* de Simon Vouet, fortement influencé par le Caravage, et, trois chapelles plus loin, *La Bienheureuse Louise Albertoni*, sculptée par le Bernin (1671-1674). Comme pour *L'Extase de sainte Thérèse* à Santa Maria della Vittoria, l'artiste parvient à rendre l'agonie de manière ambiguë. La bienheureuse semble en extase, enveloppée dans un drapé de marbres qu'accentue la lumière indirecte. *Piazza San Francesco d'Assisi, 88 Tél. 06 581 90 20 Ouvert tlj. 7h-12h, 16h-19h*

Quartier de Ripagrande (plan 5, D3-E2). Près de l'église, sur le largo Ascianghi, dans un immeuble assez austère, vous pourrez vous offrir une séance de cinéma, au Nuovo Sacher, qui appartient à Nanni Moretti (cf. Où aller au cinéma). À gauche, la rue qui débouche sur le Tibre et sur la **piazza di Porta Portese** est envahie, le dimanche matin, par le marché aux puces (cf. Où aller au marché aux puces). L'imposant bâtiment ocre bordant les quais, **San Michele**, une ancienne institution de bienfaisance créée au XVIIᵉ siècle, abrite le Ministero dei Beni Culturali (Culture et Patrimoine). En remontant le quartier vers l'île Tibérine, vous croiserez quelques vestiges du Moyen Âge (notamment piazza in Piscinula, la **basilique San Benedetto**, la plus petite église romane de Rome, ou autour de la **basilique Santa Cecilia**). Malgré quelques tavernes populaires (**via dei Vascellari**), on a bien des difficultés à imaginer l'effervescence qui devait régner le long de ces quais quand les barques chargées de marchandises en provenance d'Ostie venaient accoster à Ripa Grande.

Janicule (plan 5, A-B1). Voyageurs, encore un effort ! Quelques rues tortueuses et en montée ou quelques escaliers pour parvenir sur cette splendide terrasse, d'où la vue s'étend sur la Rome médiévale et baroque et même, par temps clair, sur les monts Albains au loin. La colline reste marquée par le souvenir des combats féroces de 1849 qui opposèrent les partisans de la République romaine menés par Garibaldi aux troupes françaises qui occupaient la ville. Une immense statue équestre lui rend hommage au milieu de la promenade du Janicule (passeggiata del Gianicolo), sur le **piazzale Garibaldi**. Là, chaque jour, un coup de canon sonne midi. De cet endroit aussi, le panorama au crépuscule est spectaculaire. À droite de l'église San Pietro in Montorio s'élève le **Tiempietto**, dessiné par Bramante en 1508, premier monument de la Renaissance à imiter les formes de l'Antiquité classique.

☺ **Villa Doria-Pamphilj (plan 5, A2).** C'est l'un des plus vastes parcs de Rome (près de 185ha) mais aussi le plus enchanteur. Giambattista Pamphilj, élu pape sous le nom d'Innocent X, charge les architectes Algardi et Grimaldi d'aménager une villa sur des terrains qu'il venait d'acquérir. Le délicieux petit **casino blanc**, à proximité de la via Aurelia, précède un parterre "à l'italienne" contrastant avec les alentours plus sauvages. À la tombée du jour, la lumière rose qui tombe sur l'horizon de pins parasols laisse à peine deviner les contours du *palazzetto* aux volets clos. Il vous faudra plusieurs visites pour découvrir les vallons, cascades, grottes et l'étang environnants. Ceux qui logent à Trastevere et sont amateurs de jogging devraient être gâtés ; en quelques minutes, ils seront à la porte du parc : une fois parvenus au belvédère du Janicule, à côté de San Pietro in Montorio, il suffit de rejoindre la Porta San Pancrazio. Une des entrées est à l'intersection des rues Aurelia Antica et San Pancrazio. *Ouvert tlj. de l'aube au coucher du soleil Accès Bus n°271 au départ de la station Travestere*

Découvrir le Vatican

0,44km² : ce tout petit chiffre a bien du mal à résumer les va-et-vient de l'histoire et l'influence qu'exerce encore le Vatican, en la personne du pape, bien au-delà des limites de ce territoire. Les accords du Latran ont statué en 1929 sur les rapports qu'entretiendraient désormais l'Église et l'État italien. Le pape règne ainsi sur cette minuscule enclave mais reste en dehors de la vie politique de la péninsule. La visite du Vatican donne l'idée d'un monde à part, avec ses gardes suisses qu'on dirait venus d'un autre âge, sans doute aussi photographiés que la garde royale britannique. L'indépendance de l'État peut sembler anecdotique au regard des quelques vestiges de son ancienne puissance : un émetteur radio (105FM, Radio Vaticano, qui diffuse aussi des journaux en français et en anglais), une poste réputée pour son efficacité et ses jolis timbres (avis aux philatélistes !), un organe de presse (*L'Osservatore Romano*), une gare de marchandises, un héliport…

Cité du Vatican (plan 4). Aucun permis de visite n'est requis pour accéder à la basilique ou aux musées mais sachez qu'il faut prévoir une bonne journée… et une tenue correcte au risque d'être refoulé à l'entrée. Pour obtenir des renseignements, s'inscrire aux visites guidées, acheter des timbres… rendez-vous au bureau d'informations touristiques. *Piazza San Pietro Tél. 06 69 88 16 62 www.vatican.org Ouvert lun.-mar., jeu.-sam. 8h30-18h45, mer. 12h30-18h45*

Piazza San Pietro (plan 4, C4). C'est au Bernin qu'on doit cette prouesse architecturale ! En 1656, le pape Alexandre VII lui demande de tracer une place qui devait permettre au plus grand nombre de voir le pontife bénir les fidèles depuis le balcon de la basilique, tout en conservant l'obélisque du cirque de Néron dressé là depuis 1586. Le projet définitif est un gigantesque théâtre ovale, bordé d'une quadruple colonnade pouvant abriter les processions ou le passage des carrosses. Aujourd'hui, 6 millions de personnes foulent la place chaque année, le point d'orgue étant atteint lors des apparitions dominicales du pape (à midi, lorsqu'il est à Rome). Deux suggestions pour parvenir devant la basilique : la plus classique consiste à emprunter la via della Conciliazione, percée dans les années 1940 sur une idée de Mussolini pour relier le centre-ville au Vatican. De cet endroit, la façade de la basilique vole presque la vedette à la coupole, engloutie derrière la série de 140 statues surmontant la colonnade. L'autre accès est celui qui part de la station de métro Ottaviano (ligne A). Longez la via Ottaviano jusqu'à la piazza del Risorgimento ; de là, empruntez la via del Mascherino jusqu'aux murs du Vatican qui marquent la frontière qu'on ne perçoit pas de l'autre accès. Derrière ces murs s'étire la quadruple colonnade que vous traverserez avant d'embrasser laplace, grandiose, d'un seul regard.

Basilica San Pietro (plan 4, C4). L'histoire de la basilique Saint-Pierre pourrait faire l'objet d'un feuilleton à rebondissements. C'est Constantin, premier empereur chrétien, qui est à l'origine de la première basilique à cet endroit, juste au-dessus de la tombe de l'apôtre Pierre, en 313. L'édifice a tenu bon, tant bien que mal, jusqu'au xve siècle, époque à laquelle les papes, de retour d'Avignon, décident de reconstruire une basilique sur les vestiges de l'édifice paléochrétien. Pendant un demi-siècle, la question du plan va opposer les architectes les plus en vue : de Bramante, en 1506, à Michel-Ange, en 1547, on passera alternativement d'un plan en croix grecque à un plan en croix latine, etc. Bien que ne cachant pas son mépris pour Bramante, Michel-Ange décide finalement de respecter le projet initial et opte pour un plan en croix grecque. Quand il meurt, en 1564, à l'âge de 87 ans, la coupole est à peine engagée et ne sera achevée qu'en 1590. Si l'ouvrage est mené à bien en respectant la plupart des consignes du maître, le plan sera quand même modifié... en une croix latine : la nef est en effet allongée pour accueillir un plus grand nombre de fidèles. Plus tard, c'est la façade qui sera l'objet de controverses. Confiée à Carlo Maderno en 1607, elle sera poursuivie par le Bernin qui ajoute deux tours, si impopulaires qu'elles seront démolies à peine édifiées. Cependant, personne ne contestera à l'artiste sa conception de la place. Le **portique** qui précède l'intérieur de la basilique abrite une mosaïque attribuée à Giotto (vers 1298), déjà présente dans l'édifice paléochrétien. Cinq portes donnent accès au sanctuaire : remarquez celle qui est à l'extrême droite, la **Porta Santa** (elle n'est ouverte que tous les 25 ans, à l'occasion des jubilés), et celle du milieu, héritée de l'ancienne basilique. Bien qu'il s'agisse du plus grand édifice religieux au monde, on perçoit peu ce gigantisme en entrant. La juxtaposition de marbres polychromes, de dorures, de sculptures et de mosaïques adoucit les lignes et atténue les dimensions colossales de l'ensemble. D'emblée, c'est la patte du Bernin qui attire toute l'attention : son imposant **baldaquin**, haut de 29m, couronne l'autel pontifical et la tombe de saint Pierre, jouant le rôle de pivot autour duquel s'articulent tous les espaces. C'est du Panthéon que provient le bronze qui a servi à le couler, épisode à l'origine d'un célèbre dicton : *Quod non fecerunt barbari, fecerunt Barberini* – "Ce que les barbares n'ont pas fait, les Barberini l'ont fait" (le pape Urbain VIII, commanditaire du baldaquin, est un membre de la famille Barberini). Le Bernin réalise encore d'autres pièces pour la basilique : des statues de saints dans les niches des pilastres qui soutiennent la coupole, la **chaire de saint Pierre** dans l'abside et les monuments funéraires d'Urbain VIII et d'Alexandre VII, respectivement dans l'abside et à gauche dans le transept. À droite, juste après l'entrée, vous n'aurez sans doute pas manqué la *Pietà*, sculptée par Michel-Ange en 1500. Elle est désormais protégée par une vitre depuis qu'un déséquilibré l'a mutilée dans les années 1970. C'est la seule œuvre signée par l'artiste (sur le manteau de la Vierge), peut-être pour dissiper les rumeurs qui attribuaient cette merveille à d'autres. Enfin, remarquez encore les monuments funéraires signés Canova : celui de Clément XIII dans le transept droit (daté de 1788-1792) et ceux des derniers Stuarts, à gauche au début de la nef centrale (1817-1819). Enfin, juste avant la croisée du transept, toujours dans la nef (dernier pilier droit), se trouve une statue médiévale de saint Pierre dont le pied est poli par les baisers des fidèles. Tout près, un escalier mène aux **grottes** qui renferment les tombes des papes et de divers saints. La visite ne serait pas complète sans l'ascension de la coupole : les courageux s'y attaqueront à pied (quelques centaines de marches), les autres prendront l'ascenseur. Attention au vertige : vue plongeante sur la Ville éternelle ! *Piazza San Pietro*

Tél. 06 69 88 16 62 Ouvert lun.-mar. et jeu.-sam. 8h30-19h Entrée gratuite dans la basilique et dans les grottes mais l'accès à la coupole est payant

MUSEI VATICANI (plan 4, C3). Vous parviendrez aux musées du Vatican en quelques minutes de la place Saint-Pierre, en remontant la via di Porta Angelica et en longeant les murs vers le nord. Ne vous laissez pas décourager par la queue, il y a toujours du monde, même en semaine, même en plein hiver, même très tôt le matin ! Autant dire la vérité : il y a de fortes chances pour que vous ne soyez pas seul à admirer les merveilles de la chapelle Sixtine ou les Chambres de Raphaël... C'est même plutôt la cohue qui vous fera avancer d'une pièce à l'autre. Le moindre mal consiste à être parmi les premiers à l'ouverture pour se rendre directement à la chapelle Sixtine. Vous reviendrez ensuite sur vos pas pour profiter calmement des autres collections des musées, en faisant peut-être une sélection au préalable sans quoi la visite serait interminable. Enfin, n'hésitez pas à vous adresser au personnel des musées, qui vous orientera. *Viale Vaticano Tél. 06 69 88 38 60 Ouvert nov.-mars : lun.-sam. 8h45-13h45 ; avr.-oct. : lun.-sam. 8h45-16h45 (la billetterie ferme 1h plus tôt) Ouvert et gratuit le dernier dim. du mois (8h45-13h45) Entrée 10€ plein tarif, 7€ tarif réduit*

Chapelle Sixtine. Combien de fois avez-vous vu des fragments de ces fresques reproduits ailleurs, en carte postale ou en affiches... ? Et pourtant, la surprise et l'émotion sont intactes. D'abord en raison des dimensions : une salle rectangulaire de 40m de long sur 13m de large, haute de plus de 20m, avec un plafond de 1 000m². C'est précisément la voûte qui sera confiée à Michel-Ange entre 1508 et 1512, alors même que les côtés de la chapelle avaient déjà été décorés à partir de 1477, sous la direction du pape Sixte IV. Celui-ci avait fait appel aux meilleurs artistes toscans et ombriens (Botticelli, le Pérugin, Pinturicchio, Ghirlandaio...) pour une série de fresques destinées à établir un parallèle entre la vie de Moïse et celle du Christ. Au plafond, Michel-Ange a rendu universelle la représentation de *La Création et la Chute de l'homme*. Enfin, *Le Jugement dernier* (1534-1541), ultime décor réalisé à la Sixtine, fut encore confié à l'artiste florentin, après le sac de Rome en 1527. Cet événement marqua profondément l'atmosphère de la scène, jugée scandaleuse à l'époque, empreinte des tourments de la vie séculaire. D'autres polémiques, plus récentes, ont concerné la rénovation de la chapelle. Achevée en 1992, la restauration des couleurs a plongé dans la stupeur plus d'un admirateur de Michel-Ange. Comment était-il possible que ces tonalités presque acides aient été l'œuvre de l'artiste ? Habitués à des couleurs brunâtres (dues entre autres à l'encens utilisé lors des cérémonies qui avaient lieu dans la chapelle), on découvrait après des teintes originelles qui paraissaient improbables. Et pourtant, cette restitution n'a pas été difficile : sous la pellicule de saleté, l'œuvre de Michel-Ange était préservée. Si l'on pense au fameux Tondo Doni, exécuté à la même époque, on y retrouve les mêmes tons que ceux de la voûte. Quant au *Jugement dernier*, sa réalisation coïncide aussi avec la Contre-Réforme, moment où l'Église s'interroge sur ses propres responsabilités. Après le concile de Trente, elle sait que, pour reconquérir les fidèles, elle ne doit se montrer infaillible. Pie V exige de Michel-Ange qu'il couvre les nus de la fresque et qu'il donne un sens plus moral à l'ensemble. L'artiste, en guise de pirouette, lui répond qu'un tableau est vite "raccommodé" et qu'il corrigera sa fresque aussitôt le monde rétabli dans sa bonne moralité. Cette transformation n'aura lieu qu'une fois l'artiste mort, en 1564. Un de ses proches, Daniele da Volterra, se voit alors confier la tâche de "rhabiller" les nus. Cette retouche sera conservée au moment de la restauration, comme témoignage des tergiversations de l'Église mais également parce que la couche d'origine était endommagée. Quant au bleu intense de l'œuvre, il est dû à une coquetterie de Michel-Ange : quand il peint la voûte, il n'est pas encore l'artiste reconnu qu'il deviendra ensuite, ce qui implique qu'on lui verse un forfait n'incluant pas les matériaux, restés à ses frais. Au moment de l'exécution du *Jugement dernier*, devenu très célèbre, il est payé pour son œuvre mais les matériaux sont à la charge des papes. L'artiste impose alors que le bleu soit uniquement du lapis-lazuli moulu, indifférent à la dépense que cela implique !

"Chambres" de Raphaël. Appelé par Jules II pour décorer ses appartements, l'artiste illustre dans la Chambre de la Signature les disciplines essentielles : sur la voûte s'y retrouvent la théologie, la philosophie, la poésie et le droit auxquels correspondent les scènes sur les murs latéraux. *L'École d'Athènes* (1510-1511) représente ainsi la sagesse antique : sous les traits de Platon se cache Léonard de Vinci, sous ceux d'Héraclite, Michel-Ange, et Raphaël s'est mis en scène lui-même avec un bonnet noir, à l'extrême droite de l'ensemble. Suivent la Chambre d'Héliodore, qui célèbre la gloire de l'Église, et celle de l'Incendie du Borgo, dont Raphaël n'aurait réalisé que les dessins, tout comme pour la Chambre de Constantin, exécutée par Giulio Romano.

Pinacothèque et autres collections. La pinacothèque conserve une des collections les plus riches d'Italie. On regrette un peu que ces chefs-d'œuvre soient si peu mis en valeur... Difficile de retrouver les pièces essentielles mais ne manquez pas les premières salles, consacrées au *Quattrocento* (Melozzo da Forlì, Pinturicchio, Fra Angelico, le Pérugin...) puis les œuvres de Raphaël suivies de tableaux majeurs du XVIIe siècle (dont une troublante *Mise au tombeau* du Caravage). Le **Musée égyptien** témoigne de l'égyptomanie qui saisit l'Europe vers le milieu du XIXe siècle, même si nombre de ces pièces décoraient déjà les villas romaines de l'Antiquité. Le **musée Pio-Clementino** abrite quelques sculptures incontournables : le *Laocoon*, l'*Apollon du Belvédère* et l'*Ariane endormie*, formant au XVIe siècle la collection d'antiques la plus célèbre d'Europe. Pour ceux qui disposent encore de temps et en fonction de l'ouverture (aléatoire) de certaines salles, sachez que la **Bibliothèque apostolique** abrite une magnifique collection de papyrus. En revenant sur vos pas, vous remarquerez sans doute la quarantaine de cartes géographiques dans la galerie du même nom, datant des années 1580. Toutes les régions italiennes y sont représentées. Suit une collection de tapisseries sur des dessins de Raphaël. Les plus assidus iront encore voir les statues, bustes et bas-reliefs romains de la **galerie Chiaramonti**, les chefs-d'œuvre du Musée étrusque ou du Musée chrétien.

Jardins du Vatican. Du sommet de la coupole de Saint-Pierre, vous aurez une vue plongeante sur ces magnifiques jardins. Une visite guidée de 2h permet d'y accéder. Attention, il est essentiel de réserver sa place à l'avance. *Tél. 06 69 88 44 66 Ouvert été : mar., jeu.-sam. 10h ; hiver : jeu., sam. 10h Entrée : 9€ Les visites ne sont assurées que si les conditions climatiques le permettent*

Découvrir les quartiers du Borgo et de Prati

Borgo-Via della Conciliazione (plan 4, D4). Toute la démesure du Vatican
semble s'évanouir à quelques pas, dans les ruelles médiévales du Borgo.
Aujourd'hui, ce quartier n'occupe plus qu'un petit territoire – un triangle allant
du château Saint-Ange à Saint-Pierre et à la piazza Risorgimento – qui restitue
l'atmosphère d'autrefois et laisse imaginer ce qu'étaient les alentours avant ce
que l'on appelle le "traumatisme de l'éventrement". Cette rupture correspond
aux travaux de percement du quartier, engagés par Mussolini en 1936, mais
dont le projet avait été maintes fois évoqué par les papes depuis le xve siècle. Il
s'agissait d'ouvrir la perspective de la place Saint-Pierre jusqu'aux berges du
Tibre en supprimant l'arête principale du quartier (la *spina*). La mise en scène
architecturale de la place, qui autrefois provoquait un véritable effet de surprise
au sortir de ce lacis de ruelles, perdait quelque peu de son sens. L'ouverture de
la via della Conciliazione, qui célèbre aussi, comme son nom l'indique, la
réconciliation entre le Saint-Siège et l'État italien, allait néanmoins faire de
nombreux dégâts et déchaîner les passions. En dépit du zèle avec lequel le
réaménagement est entrepris, il faut attendre 1950 pour que les travaux soient
achevés, au prix d'un certain nombre de démolitions (églises, *palazzi* historiques...). Ce qu'il en reste aujourd'hui (une atmosphère, quelques maisons
anciennes) est à découvrir absolument, en raison notamment du contraste entre
ces rues et le Vatican. Le quartier prend la couleur de la **muraille Léonine**,
percée çà et là de portes s'ouvrant sur des rues animées, des ateliers d'artisans,
des bruits et des gestes venus d'un autre âge. Rien de factice dans tout cela, y
compris dans le mélange des habitants : gardes suisses en dehors de leur
service, curés et Romains de souche. Si invraisemblable que cela puisse paraître, alors qu'on est à quelques mètres de Saint-Pierre, les hordes de touristes
oublient de traverser le Borgo, faisant de lui un quartier où il fait bon séjourner,
un peu à l'écart des adresses classiques mais bien relié (même à pied) aux
autres quartiers (Trastevere ou centre historique). De ce point de vue, le Borgo
n'a pas retrouvé sa vocation médiévale : au viiie siècle, c'était là qu'étaient
accueillis les pèlerins d'Europe du Nord venus prier sur la tombe de saint Pierre.
L'invasion des Sarrasins en 846 puis l'exil de la papauté à Avignon ont eu raison
de ces hospices (les *scholæ peregrinorum*) qui ne seront pas remplacés au
retour des papes, en 1377. En lieu et place sont élevés des palais, des institutions religieuses et des demeures privées où s'installe la petite bourgeoisie
vivant de ses activités avec le Saint-Siège (artisans, commerçants...).

Castel Sant'Angelo (plan 4, E4). L'histoire du château donnerait à elle seule
matière à une véritable saga : tour à tour mausolée, forteresse, demeure pontificale mais aussi caserne militaire, prison et musée ! Difficile, en une visite, de faire
le lien entre ces différents épisodes historiques mais là n'est pas non plus tout l'intérêt du site. Du sommet des terrasses se déploie l'une des plus belles vues sur
Rome : Saint-Pierre à l'ouest, le Janicule au sud et le centre historique avec le
Panthéon à l'est. Sans parler des dix anges sculptés par le Bernin et ses élèves le
long du pont qui mène au château ! Entre-temps, vous traverserez un espace
presque labyrinthique d'escaliers en colimaçon qui s'élèvent à partir du mausolée
d'Hadrien (134 ap. J.-C.), des salons aménagés par les papes du xve au xviie siècle,
couverts de fresques, de trompe-l'œil, de stucs et de dorures à foison et des collec-

tions d'armes anciennes, et vous pourrez voir le *Passetto* (actuellement en travaux), un couloir fortifié imaginé par Nicolas III au XIIIe siècle qui reliait directement Saint-Pierre au château et permit à plus d'un pape de s'enfuir. *Lungotevere Castello, 50 Tél. 06 681 91 11 Ouvert mar.-dim. 9h-20h (guichet fermé à 19h) Visite guidée du Passetto, en italien, sur réservation, les sam. et dim. à 15h*

Prati (plan 4, D2-3, E2-3). Voici un quartier qui vaudrait plus pour la curiosité sociologique qui le caractérise que pour son côté pittoresque ! Difficile d'émettre un jugement esthétique : on devine qu'il a grandi dans le sillage des grands boulevards haussmanniens, tant et si bien que c'est sans doute le plus parisien des quartiers romains. Ce qui a prévalu à l'édification de ces immeubles tous semblables, alignés le long de rues tracées au cordeau, n'est pas seulement un projet urbanistique moderne ; il s'agissait avant tout de loger les nombreux fonctionnaires qui émigraient du nord vers la toute nouvelle capitale (1870). Aujourd'hui, c'est un quartier résidentiel calme, où vivent en bonne intelligence intellectuels, professions libérales, cadres, commerçants et ouvriers. Plusieurs brèches pour entrer dans Prati : faire du shopping le long de la via Cola di Rienzo (cf. Où s'habiller à la mode italienne) et reprendre des forces dans une des *trattorie* populaires ou grâce aux appétissantes spécialités de la pâtisserie Antonini (cf. Où déguster une pâtisserie). Le marché est une autre porte sur le quotidien des habitants de Prati (cf. Où faire son marché).

Palazzo di Giustizia-Piazza Cavour (plan 4, F3). Posé en bordure du Tibre comme un immense vaisseau qui voudrait se donner de l'importance à l'ombre du château Saint-Ange, le *palazzaccio* (le "gros palais") n'est pas ce qu'il y a de plus réussi en termes d'architecture néobaroque. Bombardé de projecteurs la nuit, il a l'air amidonné, empesé, incongru. *Piazza Cavour (ne se visite pas)*

Découvrir le Tridente

Le Tridente en question, vu sur n'importe quel plan de Rome, vous apparaîtra nettement : de la piazza del Popolo s'élancent la via del Corso au centre, et les *vie* del Babuino et di Ripetta de chaque côté. Sous l'Antiquité, ce quartier était réservé aux courses de chevaux et aux entraînements militaires. Peu habité au Moyen Âge, il ne se développe qu'à partir du XVIe siècle, sous l'influence de plusieurs papes urbanistes qui changent radicalement ses allures. Le XIXe siècle signe une autre période de transformations, avec l'aménagement de la piazza del Popolo et des jardins du Pincio. La piazza di Spagna devient alors le repaire des "Grands Touristes", s'attirant le sobriquet de "ghetto des Anglais". Hôtels de luxe et boutiques raffinées se multiplient, repoussant les hôtels populaires vers la gare Termini, à peine construite (1867). Cette atmosphère cosmopolite et chic perdure encore, faisant du quartier une promenade incontournable, prisée par les Romains eux-mêmes depuis l'ouverture du métro dans les années 1980.

Piazza del Popolo (plan 6, B3-4). Depuis toujours, l'intelligentsia romaine se partage les cafés Rosati et Canova et, si leurs terrasses ne sont pas envahies, c'est de là que vous jouirez du meilleur point de vue. Devant vous se dresse la Porta del Popolo, qui correspondait à l'antique Porta Flaminia, aboutissement de la Via du même nom qui traversait l'Italie jusqu'au nord de l'Adriatique. En

1655, le Bernin est chargé de la restaurer à l'occasion de la venue de la reine Christine de Suède, accueillie triomphalement pour fêter sa récente conversion au catholicisme. *Felici faustoque ingressui* ("Pour une entrée heureuse et pleine de bonheur") : l'inscription gravée sur la porte était destinée à la reine mais de nombreux étrangers, notamment ceux du Grand Tour, la prenaient à leur compte, entrant dans Rome par cette voie. Au centre de la place, l'obélisque de Ramsès II, rapporté à Rome par Auguste, se trouvait dans le Circo Massimo jusqu'à ce que le pape Sixte V le fasse déplacer en 1589. C'est en ce point que convergent les trois rues du Tridente. Dans les années 1820, sous l'occupation napoléonienne, Giuseppe Valadier est chargé de revoir la conception de la place. C'est à lui qu'on doit sa forme ovale et la rampe qui zigzague jusqu'au Pincio, mettant un terme au problème de dénivellation entre la place et la colline.

Chiesa Santa Maria del Popolo (plan 6, B3). Une fois encore, c'est le Caravage qui fait se déplacer des dizaines de touristes jusqu'ici. Non que l'église Renaissance et ses nombreuses chapelles décorées ne vaillent la peine mais la chapelle Cerasi, à gauche de l'autel principal, ornée des *Crucifixion de saint Pierre* et *Conversion de saint Paul* du peintre, est le véritable joyau du lieu. Quand Sixte IV décide d'aménager la modeste chapelle bâtie en 1099 pour faire fuir le fantôme de Néron qu'on disait enterré secrètement là, il fait appel aux plus grands artistes. Pinturicchio et son école se sont chargés des fresques de deux chapelles (la première et la troisième à droite) ainsi que de la voûte du chœur et Raphaël a dessiné la chapelle Chigi en représentant Dieu et les planètes dans la position qu'elles occupaient le jour de la naissance du commanditaire, Agostino Chigi. *Piazza del Popolo, 12 Tél. 06 361 08 36 Ouvert lun.-sam. 7h-12h, 16h-19h, dim. 7h45-13h45*

Via del Corso (plan 6, B4-C5). À moins que vous ne soyez tenté par les dizaines de boutiques qui jalonnent la rue, vous fuirez sans doute devant la foule qui envahit les parages, notamment au moment de la *passeggiata*, vers 18h. Juste un mot donc, pour rappeler que c'est le long de cette voie qu'était organisé le carnaval à Rome jusqu'aux années 1870, avec de nombreuses courses (d'où le nom *corso*) d'hommes et toutes sortes d'animaux.

Mausoleo di Augusto (plan 6, B5). À voir ce monument étrange, qui ressemblerait presque à un bunker, livré aux herbes folles et dont les abords ne sont pas rassurants une fois la nuit tombée, on imagine difficilement qu'il était le tombeau le plus prestigieux de l'Antiquité romaine. Les marbres précieux et les statues qui l'ornaient ont, malheureusement, été pillés et les obélisques qui précédaient la porte d'entrée ont été déplacés au Quirinal et devant Santa Maria Maggiore. Après ses victoires lors des campagnes d'Égypte en 29 ap. J.-C., Auguste décide de se faire construire un mausolée sur le modèle de celui d'Alexandre. Au Moyen Âge, il est transformé en forteresse et plus tard en salle de concerts. Enfin Mussolini entreprend sa restauration, aménageant les alentours dans un style fasciste tout à fait classique. *Piazza Augusto Imperatore Visite sur autorisation Renseignements 8h-14h au 06 572 504 10*

Ara Pacis Augustæ (plan 6, B5). Tout comme le monument précédent, cet autel de la paix avait été élevé en l'an 9 ap. J.-C. pour célébrer la victoire d'Auguste en Gaule et en Espagne. À l'époque, il était situé un peu plus bas, à proximité de l'actuelle via del Corso, mais il fut reconstruit dans les années 1930 après de nombreuses fouilles. L'autel est un chef-d'œuvre de la sculpture romaine, avec une frise de feuilles d'acanthe courant tout le long de la partie inférieure et des scènes variées au niveau supérieur, représentant la famille impériale en procession ou des panneaux historiques et mythologiques. Ce monument fait actuellement l'objet de travaux confiés à l'architecte américain Richard Meier et, à terme, l'espace d'exposition devrait être agrandi et les alentours aménagés en espaces arborés et piétonniers. *Via di Ripetta/Lungotevere in Augusta*

Chiesa San Lorenzo in Lucina (plan 2, E1). Une oasis le long de la via del Corso… voilà, en deux mots, ce que vous réserve la piazza San Lorenzo in Lucina. Ses cafés sont parmi les plus prisés le dimanche matin pour éplucher la presse en mangeant une pâtisserie (chez Vitti, par exemple, cf. *Où boire un espresso*). La petite église sur la place a été reconstruite au début du XIIe siècle sur le site d'une église paléochrétienne. Restaurée en 1650, elle conserve un beau portique et un campanile romans. Si c'est ouvert, jetez un œil à la chapelle Fonseca, œuvre du Bernin, et aux toiles "caravagesques" de Simon Vouet dans la cinquième chapelle de gauche ainsi qu'au tombeau de Nicolas Poussin, mort à Rome en 1665. *Via in Lucina, 16/a Ouvert tlj. 9h-12h, 16h30-19h30*

Piazza di Spagna-Escaliers de Trinità dei Monti (plan 6, D5). C'est indéniable, les Italiens sont très forts pour les "mises en scène". Mais dans ce cas précis, on pourrait presque attribuer les bons points aux Espagnols et aux Français : la place tire en effet son nom de l'ambassade d'Espagne près du Saint-Siège mais elle aurait pu aussi s'appeler "place de France" puisque l'église de la **Trinità dei Monti** a été fondée par les Français. Au crépuscule, les deux campaniles de l'église se détachent du ciel, dominant la place du haut des escaliers. Fondée en 1502 à la demande de Louis XII, l'église semble être le prétexte du magnifique escalier qu'elle déroule à ses pieds. Louis XIV déjà avait voulu un escalier précédé de sa statue équestre mais les papes avaient trouvé l'initiative déplacée et peu respectueuse du pouvoir pontifical. Louis XV se contentera donc de financer le projet, repris sous Innocent XIII, et c'est l'architecte Francesco de' Sanctis qui mène à bien les travaux entre 1723 et 1728. Avant de descendre les marches, observez le **palais Zuccari**, au 28 de la via Gregoriana, qui part de l'église. C'est un bâtiment insolite, orné de monstres aux gueules béantes en façade, construit au début du XVIe siècle pour le peintre maniériste Federico Zuccari. Il abrite aujourd'hui la **Biblioteca Hertziana**, sans doute la meilleure bibliothèque au monde sur l'art italien. La *scalinata* (descente d'escaliers) de la piazza di Spagna est encadrée de *palazzi* rouges fermant la scène comme des rideaux. L'un d'eux – la Casina Rossa – a été la dernière demeure du poète Keats. Aujourd'hui, un petit musée est consacré à l'artiste et à son ami, Shelley. Tout en bas, la **Barcaccia** clôt la volée d'escaliers, scintillant sous les flashs des appareils photo. On hésite encore à attribuer la fontaine au Bernin ; il se pourrait en effet qu'elle soit l'œuvre de son père, Pietro Bernini, en 1627. L'étrange forme qui est la sienne, comme celle d'une barque échouée, rappelle qu'en 1598, après les inondations qui avaient envahi la ville, il ne restait sur la place qu'une curieuse barque ensablée. On pense que des années plus tard, quand le pape Urbain VIII commanda la fontaine, le sculpteur se serait inspiré de cette barque. D'autres affirment simplement qu'elle imite les fontaines antiques. Sachez en tout cas qu'il y a toujours beaucoup de monde dans les parages, surtout l'été, surtout le soir et que nombre de Romains s'y donnent rendez-vous puisque la sortie du métro est toute proche... Si vous êtes à Rome en mai, vous aurez la chance de voir des centaines d'azalées le long des rampes d'escalier. *Trinità dei Monti église ouverte tlj. 9h-12h, 16h-19h* **Palais Zuccari-Biblioteca Hertziana** *ne se visite pas* **Musée Keats-Shelley** *ouvert lun.-ven. 9h-13h, 15h-18h, sam. 11h-14h, 15h-18h*

☺ **Via Margutta (plan 6, C4).** On dirait presque qu'elle se cache, en retrait de la piazza del Popolo et de la piazza di Spagna, avec ses pavés, ses immeubles bas, ses cours arborées, ses fleurs timides. C'est sans doute ce qui lui donne tout ce charme, cet air "germanopratin", à l'écart des hordes touristiques qui évoluent à deux pas. Dans les années 1950 et 1960, c'était le repaire de la bohème romaine, le domaine de ceux qui écrivaient, peignaient, sculptaient, filmaient (Fellini y a vécu jusqu'en 1993)... Les artistes qui avaient élu domicile dans ses ateliers ont dû lever le camp devant la spéculation immobilière, mais demeurent aujourd'hui les galeries, quelques tapissiers, un restaurateur d'œuvres d'art, faisant écho aux antiquaires de la via del Babuino, sa parallèle.

Villa Médicis (plan 6, C4). Elle est le siège de l'Académie de France, qu'elle accueille depuis 1803. La noble institution, fondée par Louis XIV en 1666, avait pour ambition d'éduquer les jeunes artistes aux arts classiques. Malheureusement, n'entre pas qui veut (sauf à l'occasion des expositions) et il est dommage de n'en voir que la façade sur rue, plutôt austère, alors que la façade postérieure, avec une magnifique loggia, est tournée vers les jardins. *Via della Trinità dei Monti, 1 Tél. 06 67 711 www.villamedicis.it Ouvert occasionnellement*

Découvrir la Villa Borghese

À partir de la Renaissance, les grandes familles romaines prenaient leurs quartiers d'été dans des villas, bâties sur les hauteurs ou en dehors de la ville, pour échapper notamment à la malaria qui s'emparait du centre historique dès les premières chaleurs. Par villa, on n'entend pas seulement la demeure cossue (appelée alors *casino*, "petite maison") mais aussi tout le domaine adjacent, le parc. Celui de la famille Borghèse, l'un des plus vastes de Rome, s'étendait à l'arrière du Pincio, jardin romain remontant au IVe siècle. Aujourd'hui, le Pincio fait partie intégrante de la villa, réaménagé en 1814 par Valadier, à qui on doit aussi la piazza del Popolo que le jardin surplombe. À l'origine, le cardinal Scipione Borghese, neveu favori du pape Paul V, achète des terrains limitrophes à un modeste vignoble appartenant aux Borghèse depuis 1580, pour y bâtir une villa des délices qui symboliserait leur puissance. Les travaux commencent en 1608 et dureront jusqu'à la mort du cardinal, en 1633. Le *casino nobile* est au centre de cette fantaisie, destiné à accueillir les collections du cardinal. Autour, jardins, orangeraies, fontaines, statues, ruines antiques et une ménagerie qui n'ont été retouchés qu'à la fin du XVIIIe siècle par un descendant du cardinal, Marcantonio Borghese, qui ajouta le **jardin du Lac**, suivant les canons du jardin à l'anglaise. L'État rachète la propriété en 1901 et ouvre le parc au public. Amateurs de jogging, amoureux en goguette, touristes en pique-nique... ont aujourd'hui investi ce prestigieux poumon vert de la ville. Ceux à qui la visite en série d'églises et de musées aura donné le vertige ne seront pas apaisés : on parle aussi de la villa comme du "parc des musées" (pas moins de trois musées parmi les plus importants de Rome !).

Galleria Borghese (plan 6, F3). L'opiniâtreté du cardinal Borghèse aura marqué l'histoire. Son insatiable appétit d'œuvres d'art n'était jamais assouvi au point qu'il ne reculait devant rien : on raconte qu'il avait fait arrêter le Cavalier d'Arpin pour lui confisquer sa collection de tableaux (500 toiles !) ou encore le Dominiquin pour le forcer à lui vendre *La Chasse de Diane* réservée à un autre commanditaire. En dépit de ses méthodes peu délicates, on ne lui reprochera pas son manque de flair. Le mécène était capable de repérer les chefs-d'œuvre que d'autres rejetaient. Il en fut ainsi des peintures du Caravage, pièces maîtresses de la collection, achetées à bon prix après que les destinataires les eurent refusées, les jugeant décevantes ou scandaleuses. Au fil des siècles et des descendants, les collections se sont étoffées, sauf en 1807, quand Camillo Borghese, mari de Pauline Bonaparte, est obligé de céder les plus belles statues antiques (aujourd'hui au Louvre). Pour compenser cette perte, le mari lésé commande à Canova une sculpture de sa femme en Vénus, autre chef-d'œuvre (1805-1808) que l'on peut voir dans la première salle, et achète l'érotique *Danaé* du Corrège. C'est notamment pour éviter d'ultérieures dispersions que l'État devient propriétaire en 1902. Le rez-de-chaussée accueille quelques-unes des œuvres majeures de la sculpture, de la statue de Pauline aux représentations spectaculaires du Bernin : *L'Enlèvement de Proserpine* (1621-1622), *Apollon et Daphné* (1622-1625). Même les plus réticents jetteront les armes devant un tel génie ; on pourrait presque parler d'une sculpture "moelleuse" à voir la façon dont le Bernin a taillé le marbre pour rendre les effets de peau. Quand il sculpte Daphné fuyant Apollon, il capte le moment même où elle se métamorphose en laurier pour échapper à ses étreintes. La **salle du Faune** (salle 8) renferme pas moins de six toiles du Caravage ! On retiendra la *Madone des Palefreniers*, *David et la tête de Goliath*, un autoportrait en habit de Bacchus et le *Jeune garçon au panier de fruits*. Avant de monter à l'étage, jetez un œil aux jardins et reprenez votre souffle : la suite n'est pas moins riche ! Au premier est donc rassemblée la **pinacothèque**. Remarquez salle 9 les tableaux de Raphaël et de Pinturicchio, celui du Corrège et de Lucas Cranach, salle 10 les bustes du cardinal Borghèse sculptés à l'identique par le Bernin (un mauvais coup de taille du sculpteur avait abîmé le premier), les toiles de Rubens (salle 18) et surtout celles de Titien (salle 20). *Piazzale Scipione Borghese, 5 Tél. 06 854 85 77 www.galleriaborghese.it Ouvert 16 juin-15 sept. : mar.-ven. 9h-19h30, sam. 9h-23h, dim. 9h-19h30 ; 16 sept.-15 juin : mar.-dim. 9h-19h30 Réserver ses billets au préalable (entrées limitées) Tél. 06 32 810 www.galleriaborghese.it*

Museo Nazionale Etrusco di Villa Giulia (plan 6, C1). Précédant le cardinal Borghèse d'une cinquantaine d'années, le pape Jules III avait commandé aux architectes Vignola et Ammannati une villa d'été agrémentée de jardins et fontaines. En 1889, elle est transformée pour accueillir la plus grande collection italienne d'art étrusque, provenant majoritairement de nécropoles du Latium des Vᵉ et VIᵉ siècles av. J.-C. Plusieurs bas-reliefs, dont ceux de Pyrgi, témoignent de la tendance, en Étrurie, à imiter l'art grec et donc des liens qui unissaient les deux civilisations. La céramique rapporte des faits historiques ou des épisodes mythologiques et de nombreux objets (coupelles, ornements, bijoux), qui accompagnaient les morts dans leur dernière demeure, trahissent le quotidien de cet univers disparu. Une des pièces les plus importantes est un sarcophage, dit "des Époux", trouvé dans la nécropole de Cerveteri, où le couple de défunts est représenté souriant et serein, comme c'est souvent le cas dans la statuaire étrusque. On retrouve ce même sourire sur le visage d'Apollon, une statue de terre qui décorait le temple de Minerve à Véies, capitale étrusque. Ne partez pas sans passer par les jardins où se dresse encore le nymphée, décoré de statues, de mosaïques et de fontaines. *Piazzale di Villa Giulia, 9 Tél. 06 322 65 71 Ouvert mar.-dim. 9h-19h*

Galeria Nazionale d'Arte Moderna (plan 6, D2). L'ancien palais des Beaux-Arts (1911), aux allures néoclassiques pompeuses, accueille l'art des XIXᵉ et XXᵉ siècles, avec une nette prépondérance des artistes nationaux, dont peu ont dépassé les frontières. La visite vaut néanmoins la peine, surtout si vous êtes amateurs de Giorgio De Chirico et des mouvements avant-gardistes de tous genres. Quelques artistes de renommée internationale sont aussi exposés : Klimt, Kandinsky, Cézanne, Degas, Van Gogh... *Viale delle Belle Arti, 131 Tél. 06 32 29 81/06 323 40 00 Ouvert mar.-sam. 8h30-19h*

Découvrir le Quirinal

On dit que c'est sur la colline du Quirinal que s'étaient établis les Sabins, futurs alliés de Romulus au moment de la fondation de Rome. Aujourd'hui, ce n'est pas par fétichisme que tant de Romains s'y retrouvent le soir mais parce que le crépuscule est somptueux depuis la piazza del Quirinale, enveloppant la ville, jusqu'à Saint-Pierre, d'une chaude lumière. Autour, un quartier monumental structuré par de larges avenues épousant le relief, tout en montées et descentes, ménageant des percées dans le tissu urbain. Ainsi, quand on se trouve piazza delle Quattro Fontane face au palais du Quirinal, on voit à droite l'obélisque de Trinità dei Monti, à gauche, celui de Santa Maria Maggiore, devant, l'obélisque du Quirinale et, derrière, l'obélisque de Porta Pia. Sixte V (1585-1590), pape urbaniste et grand amateur de voies rectilignes, a voulu ces monuments à chaque extrémité (après avoir ouvert la via Felice, actuellement via Sistina-via delle Quattro Fontane-via Depretis, pour relier le Pincio à Santa Maria Maggiore).

Piazza Barberini. Carrefour peu apprécié des piétons, la piazza Barberini a perdu le charme qu'elle devait avoir avant l'éventrement des années 1870 qui a ouvert les *vie* del Tritone et Veneto. On raconte qu'avant ce traumatisme, notamment aux XVIIᵉ et XVIIIᵉ siècles, le quartier était le repaire des artistes, qui avaient là leurs ateliers, dans un cadre champêtre qui a totalement disparu. Aujourd'hui, hormis la fontaine du Triton sculptée par le Bernin (1642) et le point de vue, on passe rapidement, fuyant gaz d'échappement et bruits de moteur.

Palazzo Barberini-Galleria Nazionale d'Arte Antica (plan 3, A1). Vous êtes désormais familier de ce genre d'histoire à Rome : un pape – ici Urbain VIII – demande aux artistes les plus cotés de concevoir un palais qui exaltera la puissance de sa lignée, les Barberini). Engagés en 1627 par Maderno, les travaux seront poursuivis par le Bernin et Borromini à la mort de l'architecte, un an plus tard. Les deux artistes laisseront leur empreinte : le Bernin pour la façade côté jardin et pour l'escalier carré de l'aile gauche ; Borromini pour l'escalier ovale de l'aile droite et les fenêtres en trompe l'œil du deuxième étage. À l'intérieur, c'est une profusion de plafonds peints, stucs et dorures, qui éclate dans le salon principal, avec *Le Triomphe de la Divine Providence* de Pierre de Cortone (1632-1636) glorifiant sans demi-mesure le pape et sa famille. Aujourd'hui, l'un des plus importants musées de Rome occupe le palais, cédé à l'État en 1949. La Galleria Nazionale d'Arte Antica passe en revue l'art italien et européen du XIIIe au XIXe siècle, avec des œuvres majeures de Lippi, Lotto, Titien, le Tintoret, le Pérugin, le Caravage ou Nicolas Poussin, issues des collections privées des Barberini, de legs et des acquis ultérieurs de l'État. Ne partez pas sans avoir admiré : *La Fornarina*, traditionnellement attribuée à Raphaël (sans doute à tort), deux tableaux du Caravage dont un tragique *Judith tranchant la tête d'Holopherne*, un portrait de Beatrice Cenci par Guido Reni, la *Madone à l'Enfant* de Lippi, un portrait d'Érasme par le Flamand Quentin Metsys, les portraits d'Holbein et de Bronzino... *Via delle Quattro Fontane, 13 ou via Barberini, 18 Tél. 06 481 45 91 Ouvert mar.-dim. 8h30-19h*

Chiesa Santa Maria della Vittoria (plan 3, A1). Cette église baroque (1608-1620) d'apparence assez modeste renferme une réalisation majeure du Bernin, dans la chapelle Cornaro, quatrième chapelle de gauche : l'artiste a su rendre à *L'Extase de sainte Thérèse* (1646) le caractère flamboyant et ambigu qui transparaît dans les mots de la sainte relatant sa vision : "la douleur était si vive qu'elle m'arrachait des gémissements, mais la suavité qui l'accompagnait était si grande que je n'aurais pas voulu que cette souffrance me fût enlevée"... La conception de la chapelle tout entière participe de la scène, avec les membres de la famille Cornaro sculptés dans des loges, comme assistant au spectacle. Au-dessus, une lumière oblique s'échappant d'une fenêtre percée par le Bernin baigne la sainte de ses rayons diffus, accentuant l'effet d'extase. Ne partez pas sans avoir jeté un œil aux tableaux du Dominiquin (deuxième chapelle à droite) et à la *Sainte-Trinité* du Guerchin (troisième chapelle à gauche). *Via XX Settembre, 17 Tél. 06 482 61 90 Ouvert lun.-sam. 8h30-11h, 15h30-18h, dim. 8h30-10h, 15h30-18h*

Chiesa San Carlo alle Quattro Fontane. Première réalisation en solo de Borromini (1634-1641), cette petite église est un joyau du baroque romain. Qu'importe l'irrégularité du terrain ou les dimensions minimes réservées à l'église, l'artiste se moque des contraintes et en joue. Le résultat est étonnant : une façade qui rompt avec les lignes classiques, convexe dans sa partie inférieure, concave dans sa partie supérieure. À l'intérieur, autour d'un plan ovale, colonnes, stucs et murs ondulent jusqu'à une coupole qui paraît presque en lévitation, inondée de lumière et dont les caissons géométriques rappellent les alvéoles d'une ruche. *Via del Quirinale, 23 Tél. 06 488 32 61 Ouvert lun.-ven. 10h-13h, 15h30-18h, sam. 10h-13h, dim. 11h-13h*

Chiesa Sant'Andrea al Quirinale. Comme sur la piazza Navona, les rivaux Borromini et le Bernin sont amenés à travailler presque côte à côte sur des projets de même envergure. À quelques pas de l'église précédente se dresse la façade étroite de Sant'Andrea, commandée au Bernin en 1658. Le défi relevé par l'artiste est toujours le même : parvenir à un effet de grandeur dans un espace réduit. Les marbres polychromes de la partie inférieure contrastent avec les stucs blancs, les dorures et les percées de lumière de la coupole. On dit qu'à la fin de sa vie le Bernin venait souvent s'asseoir dans cette église pour la contempler, la considérant comme son œuvre la plus réussie. *Via del Quirinale, 29 Tél. 06 489 031 87 Ouvert lun., mer.-dim. 8h-12h, 16h-19h*

Palazzo del Quirinale (plan 2, F2). C'est Grégoire XIII, à la fin du XVIe siècle, qui met la première pierre à cet édifice conçu d'abord comme la résidence d'été des papes. Deux siècles plus tard, tous les grands architectes romains, de Fontana à Maderno en passant par le Bernin, auront travaillé dans ce somptueux bâtiment, devenu entre-temps palais pontifical. En 1870, le pape cède les clés du palais au roi de la nouvelle Italie. Depuis la chute de la monarchie, en 1946, le Quirinal est le palais présidentiel. *Piazza del Quirinale Tél. 06 469 91 www.quirinale.it Ouvert le dim. sauf les 21 et 28 décembre, 8h30-12h*

Fontaine de Trevi (plan 2, F2). Que vous veniez pour vous remémorer la célèbre scène de *La Dolce Vita* (film signé par Fellini en 1959), dans laquelle Anita Ekberg ondule dans la fontaine sous les yeux d'un Mastroianni hébété... ou pour vous livrer au rituel le plus romain qui soit (jeter une pièce par-dessus l'épaule en gage d'un retour dans la Ville éternelle), sachez que vous risquez d'être un peu déçu. Les cohues de touristes-photographieurs se font ici plus pressantes, vu l'espace réduit. Même s'il fait très chaud, il est déconseillé de jouer les divas dans l'eau. Cela dit, si vous parvenez à faire abstraction de la foule, vous réaliserez l'effervescence et l'audace de la mise en scène, typique du rococo, avec cette multiplicité de chevaux et de tritons, et la fusion entre roches naturelles et sculptures (idée héritée du Bernin). C'est d'ailleurs à lui que pense Urbain VIII pour un projet de fontaine mais il faudra près d'un siècle pour que celui-ci se concrétise et soit achevé par Niccolò Salvi (1732-1751). *Via della Pilotta*

Via Veneto (plan 6, E4-5). Mais où est passée la *dolce vita* ? Emblématique des années "douces" (décennie 1960), après les dures épreuves de l'après-guerre, la via Vittorio Veneto serpente aujourd'hui le long d'immeubles cossus, de ministères, de sièges de banques, d'hôtels de luxe et de restaurants chic. C'est Cinecittà (les studios de cinéma romains) qui avait "fait" la rue, la prenant pour décor de nombreux films dans les années 1950, logeant ses stars dans ses plus grands hôtels (le Majestic ou l'Excelsior) ; colportée par la foule d'Américains qui travaillaient dans les studios à l'époque, sa réputation fit le tour du monde. La promenade n'a guère plus d'intérêt, à moins que vous ne soyez nostalgiques des quartiers d'affaires de n'importe quelle ville d'Europe du Nord.

Découvrir l'Esquilin et Monti

Ce sont encore les papes urbanistes qui sont à l'origine des ruptures et des transformations dans l'histoire de ces quartiers situés à l'est de Rome, unis en un seul *rione* (district) jusqu'en 1874. Sixte V, d'abord et toujours, qui décide au milieu du XVe siècle d'inclure ce territoire à la ville. Sous l'Antiquité, villas patriciennes et temples occupaient les hauteurs mais les collines ont été progressivement abandonnées, livrées au Moyen Âge à quelques familles irréductibles qui élevaient des forteresses pour leur protection. Le pape fit percer la via Felice (segmentée sur plusieurs rues aujourd'hui), allant des escaliers de Trinità dei Monti jusqu'à l'église Santa Croce in Gerusalemme 3,5km plus loin. Ce vif intérêt pour le quartier tenait sans doute à la présence de la basilique Santa Maria Maggiore mais le pontife, doté d'un sens inné des affaires, avait aussi l'espoir de lancer économiquement les environs : il y transfère le marché au bétail et installe des ateliers de travail de la soie dans sa villa. Il faut attendre le percement des *vie* Nazionale (plan 3, A2) et Cavour (plan 3, A3) et la construction de la gare Termini (plan 3, C2) pour que le quartier change d'aspect. Pie IX (1846-1878) prendra le relais de son illustre prédécesseur. Au début du XIXe siècle, tout est construit, selon un canon monotone et uniforme d'immeubles ocre. Aujourd'hui, ces quartiers font office de lieu de transit au sortir de la gare, accueillant l'hôtellerie bon marché et les populations immigrées. La piazza della Repubblica, quant à elle, sert de ralliement à toutes les manifestations contestatrices. La gare Termini est le meilleur point de départ pour la visite de ce quartier. Telle qu'on la voit aujourd'hui, tout droit sortie d'une peinture de De Chirico, hybride d'architecture fasciste et d'architecture des années 1960, elle est le résultat d'un réaménagement de la première gare romaine, construite dans les années 1870. L'Exposition universelle de 1942 a été la première étape de cette transformation puis, en 1967, la superstructure comprenant aujourd'hui la billetterie, la salle des pas perdus et la galerie commerciale a été ajoutée.

Palazzo Massimo-Museo Nazionale Romano (plan 3, B2). Les festivités du jubilé ont été l'occasion d'un grand remue-ménage au Musée national romain, le plus important au monde en ce qui concerne l'art antique. Initialement rassemblées dans les thermes de Dioclétien, les collections sont désormais reparties dans plusieurs lieux : celui-ci, les thermes, le palais Altemps et la crypte Balbi. Dans ce palais de la fin du XIXe siècle, on a aménagé sur quatre niveaux des expositions de numismatique et d'art antique. La partie archéologique est particulièrement didactique et adaptée au jeune public. Les magnifiques fresques des villas romaines, au dernier étage, se visitent avec un guide (s'inscrire lors de l'achat du billet) et constituent le véritable joyau du musée. *Largo di Villa Peretti, 1 Tél. 06 48 90 35 01 Ouvert mar.-dim. 9h-19h45*

Terme di Diocleziano (plan 3, B1). Pour avoir un aperçu du gigantisme de ce complexe thermal ouvert en 305, il vous faudrait faire le tour de plusieurs édifices dans les abords de la piazza della Repubblica (plan 3, A1). Entrer par exemple dans l'église Santa Maria degli Angeli, pour retrouver le *caldarium* dans une des absides et le *tepidarium* dans une petite salle contiguë. Une des rotondes qui étaient situées le long de l'enceinte des thermes a servi à bâtir l'église San Bernardo (à l'angle de la via XX Settembre). Via Romita, à deux pas de la via Cernaia, vous ne pouvez pas manquer l'*Aula Ottogona*, qui a servi un temps de planétarium puis de cinéma, aujourd'hui magnifiquement restaurée, décorée avec des sculptures provenant de plusieurs thermes romains. Cela dit, ces fragments dispersés ne vous diront pas qu'à l'époque près de 3 000 personnes pouvaient travailler à leur épanouissement, suivant le principe de la *mens sana in corpore sano*. La partie principale des vestiges a été remaniée par Michel-Ange vers 1560, pour bâtir un complexe conventuel aujourd'hui partie intégrante du musée, où est exposée une importante collection épigraphique. Un conseil, profitez surtout de la structure elle-même, restaurée à l'occasion du jubilé, et ne manquez pas le cloître et le jardin des thermes. *Via Enrico De Nicola, 79 Tél. 06 39 96 77 00/06 47 82 61 52 Ouvert mar.-sam. 9h-19h, dim. 9h-13h30* **Aula Ottogona** *ouverte gratuitement mar.-dim. 9h-19h*

Basilica Santa Maria Maggiore (plan 3, B3). À l'origine de cette basilique, une des plus importantes de Rome, une légende qui veut que la Vierge ait indiqué au pape Libère (352-366) l'emplacement de sa fondation en faisant tomber de la neige au sommet de l'Esquilin dans la nuit du 5 août 356. Depuis, chaque année, on commémore à cette date le miracle avec des pétales blancs ou de la neige artificielle. Cet épisode est représenté sur les mosaïques du XIIIe siècle, le long de la loggia qui décorait la façade de l'ancienne basilique. L'histoire architecturale du bâtiment est complexe, soumise à de nombreux remaniements : pour résumer, le bâtiment originel, édifié un siècle après le miracle, dans les années 430, a été agrandi au XIIIe siècle puis systématiquement transformé jusqu'en 1750, date de l'adjonction d'une façade baroque dessinée par Ferdinando Fuga. À l'intérieur, les proportions initiales sont restées les mêmes, avec trois nefs majestueuses séparées par quarante colonnes ioniques. Les magnifiques mosaïques qui courent le long de la nef centrale datent du Ve siècle et relatent des scènes de l'Ancien Testament. Les mosaïques de l'arc triomphal sont de la même époque, tandis que celles de l'abside, représentant le couronnement de Marie telle une impératrice d'Orient, sont l'œuvre de Jacopo Torriti en 1295. On dit que l'or qui recouvre le plafond de la nef centrale, aux armes des Borgia, est le premier chargement rapporté du Nouveau Monde aux rois Ferdinand et Isabelle de Castille. Aux XVIe et XVIIe siècles, deux chapelles fastueuses sont ajoutées : à droite, la Sixtine, dessinée par Domenico Fontana pour Sixte V, recouverte de marbres polychromes, d'argent et de pierres précieuses ; à l'opposé, à gauche, la chapelle Pauline, où quasiment tous les peintres romains de l'époque ont travaillé (Lanfranco, Guido Reni, Maderno...). Ceux qui veulent observer de plus près les mosaïques de la loggia peuvent se rendre au baptistère, d'où part une visite guidée toutes les 10min. *Piazza di Santa Maria Maggiore Tél. 06 48 31 95 Ouvert tlj. 7h-19h*

Piazza Vittorio Emanuele II (plan 3, C3). Cette place était destinée à être au centre de l'immense projet immobilier de l'Italie unifiée dans les années 1880. Si elle n'a pas perdu sa prétention monumentale avec ses arcades et le beau parc qui la jouxte, ses vestiges antiques et ses palmiers, elle a été quelque peu délaissée. L'arrivée d'une communauté multiethnique dans les années 1980 a égayé les environs, ponctués désormais de magasins de tissus colorés et d'épiceries exotiques. Le soir, les parages sont moins animés et donc moins rassurants.

Chiesa Santa Prassede (plan 3, B3). Pour la petite histoire, sachez que saint Pierre aurait été hébergé par le sénateur Pudens, qui avait deux filles, Praxède et Pudentienne. À la mort des membres de cette famille si chrétienne, Pie Ier élève deux églises dédiées aux deux sœurs. Sur ce site, on trouve la trace d'un lieu de culte du Ve siècle mais celle-ci date du IXe siècle. Ses mosaïques carolingiennes sont spectaculaires, notamment dans la chapelle Saint-Zénon (à droite de la nef). *Via Santa Prassede, 9/a Tél. 06 488 24 56 Ouvert tlj. 7h30-12h, 16h-18h30 Fermé en août*

Chiesa Santa Pudenziana (plan 3, A3). "Petite sœur" de Santa Prassede, elle est surtout connue pour la mosaïque de son abside, une des plus anciennes de Rome (IVe ou début Ve siècle), représentant le Christ enseignant aux apôtres. Lors de remaniements aux XVe et XIXe siècles, cette mosaïque fut endommagée, comme la façade, qui conserve néanmoins belle allure. Subsiste aussi un campanile, ajouté à la fin du XIIe siècle. À l'intérieur, vous serez surpris par la richesse de la chapelle Caetani au fond à gauche : marbres et stucs à foison contrastent avec le dépouillement de la nef. *Via Urbana, 160 Tél. 06 481 46 22 Ouvert tlj. 8h-12h, 15h-18h*

Basilica San Pietro in Vincoli (plan 3, A3). Cette basilique aux abords moyenâgeux rassemble nombre d'amateurs. Il y a ceux qui viennent en pèlerinage (1er août) prier sur les reliques de saint Pierre : dans le reliquaire au-dessus de l'autel principal sont conservées les chaînes qui l'auraient ligoté dans sa geôle de Jérusalem (*vincoli* signifie "liens"). La tradition veut que, lorsqu'elles ont été remises au pape Sixte III (432-440), leurs maillons se sont miraculeusement soudés... Les autres, des touristes pour la plupart, entrent ici pour le colossal *Moïse* (1515) de Michel-Ange, prévu initialement par le pape Jules II pour son monumental mausolée. Mais querelles, mort du pape et reprise d'un projet plus modeste s'ensuivirent... tant et si bien que Michel-Ange qualifia la construction du monument (qui dura près de quarante ans) de véritable tragédie. *Piazza di San Pietro in Vincoli, 4/a Tél. 06 488 28 65 Ouvert tlj. 7h-12h30, 15h30-19h*

Découvrir Rome hors les murs

Centrale Montemartini-Musée (plan 1, A2). Un des lieux les plus inattendus : imaginez les chefs-d'œuvre de la sculpture classique répartis dans les salles de la première centrale électrique municipale, ouverte en 1912 ! Annexe des Musées capitolins, la collection d'antiques s'est installée sans crier gare le long des mastodontes de fer abandonnés. L'immense fossé qui sépare ces deux cultures semble ici rattrapé par l'esthétique : comme si les tuyauteries et les mécanismes n'étaient qu'une variante de la sculpture ! L'hellénisme qui traverse toute l'exposition tend à rendre une homogénéité à cette collection de 400 pièces (Ve siècle av. J.-C au Ier ap. J.-C.). *Via Ostiense, 106 Tél. 06 574 80 42 Accessible par métro (ligne B, station Garbatella) Ouvert mar.-dim. 9h30-19h30*

Basilica San Paolo fuori le Mura (plan 1, A2). Cette basilique commémore le martyre de saint Paul en 67. Constantin, le premier, a fait bâtir une église qui se trouvait initialement hors de la muraille Aurélienne, à 3km de la Porta San Paolo. Jusqu'à la construction de Saint-Pierre au XVIe siècle, c'était la plus vaste basilique de Rome, richement ornée de mosaïques et de fresques. Ces merveilles partent en fumée dans la nuit du 15 au 16 juillet 1823, lors d'un violent incendie. L'église reconstruite à l'identique conserve quelques fragments de l'ancien édifice : la mosaïque de l'abside, le *ciborium* gothique au-dessus de l'autel, le candélabre de marbre dans le chœur et les portes du XIe siècle ornées de scènes bibliques. En sortant, ne manquez pas le cloître, joyau de l'église, moins froid et moins léché, avec ses colonnettes torsadées, géminées, incrustées de marbres de toutes les couleurs. *Via Ostiense, 184 Tél. 06 541 03 41 Ouvert tlj. 7h-18h30 Métro ligne B, station San Paolo Basilica*

☺ **San Lorenzo (plan 1, B1).** Quartier ouvrier, quartier universitaire, quartier populaire : San Lorenzo a bon dos d'admettre tant d'adjectifs. Aucun ne le dénature puisqu'il s'agit d'un lieu marqué par le xxᵉ siècle. Le ghetto ouvrier des origines devient vite un repaire d'anarchistes qui résisteront à la peste brune, donnant à la gauche italienne un des épisodes mémorables de son histoire. Très endommagé par les bombardements de 1943, San Lorenzo est reconstruit préférant la ligne droite et le béton aux courbes et aux couleurs. Aujourd'hui, le territoire qui s'étire de la gare Termini au campus de l'université de la Sapienza et au cimetière du Verano compense son manque d'unité architecturale par une vitalité créative bouillonnante. Au fil de la balade, vous verrez des ateliers de céramistes, joailliers, peintres ou designers. Ces dernières années, intellectuels et étudiants ont rejoint leurs rangs, injectant l'énergie qui manquait encore pour faire de San Lorenzo un quartier incontournable, rallié par d'excellentes *trattorie* (cf. Manger dans le quartier de San Lorenzo). À l'entrée du cimetière, vers la Via Tiburtina, le sanctuaire de saint Laurent a subi en quelque sorte le même destin que la basilique San Paolo fuori le Mura : offerte par Constantin, reconstruite en moult occasions et restaurée au xixᵉ siècle, elle finit sous les décombres après les bombardements du 19 juillet 1943. Remise sur pied en moins de six ans, elle renferme encore quelques vestiges de son passé roman (campanile, pavement cosmatesque, mosaïques, *ciborium* et chaire). ***Basilique San Lorenzo fuori le Mura** Piazzale del Verano, 3 Tél. 06 49 15 11 Ouvert tlj. 7h30-12h30, 15h-19h*

Basilique-Catacombes Sant'Agnese-Mausolée de Santa Costanza (plan 1, B1). Ceux qui préfèrent éviter la foule des catacombes de la Via Appia viendront visiter celles de la via Nomentana. Agnès y trouva le repos éternel après son martyre et Constantine, fille de l'empereur chrétien, fit construire une petite basilique sur le site de sa tombe. Restaurée à plusieurs reprises, l'église abrite encore une splendide mosaïque du viiᵉ siècle dans l'abside, où la sainte sur le bûcher est entourée de deux papes. D'autres mosaïques du ivᵉ siècle couvrent la voûte de la galerie circulaire du mausolée de Constantine et de sa sœur Hélène (accès par le jardin). *Via Nomentana, 349 Tél. 06 861 08 40 **Basilique** ouverte tlj. 7h30-12h, 16h-20h **Catacombes** ouvertes mar.-sam. 16h-18h*

Galleria Comunale d'Arte Moderna e Contemporanea, ex-Birreria Peroni (plan 1, B1). Bel exemple de recyclage des sites industriels, la galerie installée dans une ancienne brasserie est aussi un des rares lieux d'expression contemporaine. On vous conseille de coupler la visite avec Sant'Agnese, située à 1,5km. Ceux qui ne sont pas fatigués iront prendre un bol d'air dans les jardins de la Villa Torlonia (via Nomentana, 70), ancien quartier général du Duce. *Via Reggio Emilia, 54 Tél. 06 67 10 79 00 Ouvert mar.-dim. 9h-19h*

Au fil de la Via Appia Antica

La Via Appia Antica (plan 1, B2) ou *Regina viarum* ("reine des routes") a changé le cours de l'histoire et permis à Rome de conquérir le Sud. En 312 av. J.-C., le magistrat Appius Claudius Cæcus donne son nom à la route qui relie Rome à Capoue, capitale de la Campanie. Dès 191 av. J.-C., la Via Appia atteignait Brindisi (530km), aux portes de l'Orient. Avant que la muraille Aurélienne ne soit bâtie, vers 270, la Via Appia débutait Porta Capena, près des thermes de

Caracalla. Après 270, c'était la Porta San Sebastiano qui en marquait le départ. De nos jours, le dimanche, les voitures sont obligées de s'arrêter à la porte, laissant les pavés lisses au seul profit des piétons et des cyclistes. Même s'il y a du monde, c'est sans doute le meilleur moment pour découvrir les nombreuses catacombes qui jalonnent les premiers kilomètres. L'usage voulait que les morts soient inhumés en dehors du *pomerium*, c'est pourquoi les routes romaines forment souvent de véritables nécropoles, variant selon les cultes et le statut social.

Catacombes de San Callisto. Le plus grand complexe funéraire paléochrétien, se développant parfois sur 4 étages et se déroulant sur 10km. En 1849, elles ont révélé la **crypte des Papes** où cinq pontifes du IIIe siècle furent inhumés. *Via Appia Antica, 110 Tél. 06 513 01 51 Ouvert 8h30-12h, 14h30-17h Fermé mer.*

Catacombes de Domitille. En s'écartant quelque peu de la Via Appia, il est possible de visiter ces catacombes (IIIe-Ve siècle), les plus grandes de la capitale, creusées à l'origine pour inhumer la nièce de Vespasien. *Via delle Sette Chiese, 282 Tél. 06 511 03 42 Ouvert 8h30-12h, 14h30-17h30 Fermé mar.*

Catacombes de San Sebastiano. Vous pourrez y voir se côtoyer des sépultures païennes et des sépultures paléochrétiennes. *Via Appia Antica, 136 Tél. 06 788 70 35 Ouvert 8h30-12h, 14h30-17h Fermé dim.*

Cirque de Maxence. Construit au début du IVe siècle, le cirque de Maxence pouvait accueillir jusqu'à 10 000 spectateurs. De la villa qui était contiguë, il ne reste presque rien mais le mausolée de son fils Romulus témoigne encore de ses dimensions imposantes. Le tombeau de Cecilia Metella (Ier siècle av. J.-C.), qui s'élève un peu plus loin, est le plus connu de la Via Appia. *Via Appia Antica, 153 Tél. 06 780 13 24 Ouvert mar.-dim. 9h-17h Tombeau de Cecilia Metella Via Appia Antica, 161 Tél. 06 780 24 65 Ouvert mar.-dim. 9h-17h*

À la découverte de l'EUR

Toute considération idéologique mise à part, l'architecture fasciste italienne a produit quelques monuments qu'il est intéressant d'aller voir. L'avantage à Rome, c'est que nombre d'entre eux sont rassemblés en un seul point, l'EUR (pour Esposizione Universale di Roma). Dans les années 1930, des projets d'expansion le long de la Via Ostiense se concrétisent en s'associant au souhait du Duce de commémorer les 20 ans de la marche sur Rome par une exposition "ouverte à toutes les sciences, à tous les arts, à tous les genres de travail et d'activité". Le nouveau quartier, qui s'appellerait E42, symboliserait la modernité, la toute-puissance du fascisme. Mais la guerre interrompt brutalement ces ambitions. Les bâtiments commencés dès 1938 sont à l'abandon et il faut attendre 1951 pour que des travaux reprennent. On décide alors de récupérer le site monumental pour en faire un centre destiné à accueillir les sièges des grandes entreprises et un quartier résidentiel. Aujourd'hui, le no man's land qui séparait l'EUR du centre historique est comblé, bien relié à la ville par le métro (ligne B).

Palais de la Civilisation du travail (plan 1, A2). Surnommé "Colisée carré" par les Romains, ce bâtiment colossal a été conçu par Guerrini en 1938. Cet immense cube blanc percé d'arcades sur six étages fait penser aux toiles de Giorgio De Chirico qui inspireront réellement les architectes vingt ans plus tard. À l'extrême opposé de la viale Civilta del Lavaro se dresse le **palais des Congrès**, œuvre d'Adalberto Libera (l'architecte rationaliste, auteur de la Villa Malaparte à Capri) en 1938. *Quadrato della Concordia, 9*

Musées de l'EUR (plan 1, A2). Au centre de l'EUR, la piazza Marconi accueille le **musée du Haut Moyen Âge**, le **Musée préhistorique et ethnographique** et le **musée des Arts et Traditions populaires** qui intéressera les superstitieux (collection d'ex-voto). Un **musée de la Civilisation romaine** expose entre autres des dizaines de maquettes, dont une de 200m de long qui restitue la ville sous Constantin. Le matériel provient des expositions d'avant-guerre, notamment de celle voulue par le Duce pour célébrer en 1937 le bimillénaire de l'empire d'Auguste, prédécesseur admiré. *Accès en métro (ligne B, EUR Fermi) ou en bus (n°s 170 de Termini via piazza Venezia ou 714 de Termini via Santa Maria Maggiore et piazza San Giovanni in Laterano) Musées ouverts mar.-dim. 9h-20h* **Musée du Haut Moyen Âge** *Tél. 06 54 22 81 99* **Musée préhistorique et ethnographique** *Tél. 06 54 95 21* **Musée des Arts et Traditions populaires** *Tél. 06 592 61 48* **Musée de la Civilisation romaine** *Tél. 06 592 61 35*

☺Ostia Antica

00119

Imaginez une immense Pompéi à l'embouchure du Tibre, sans l'ombre du Vésuve, sans l'émotion de la catastrophe qui fige instantanément, mais avec le sentiment d'un déclin pluriséculaire, d'un abandon qui n'a pris fin qu'avec les fouilles engagées à la fin du XIXᵉ siècle. Ce qui surgit dans ces ruelles, au détour de ces maisons à étages, des thermes ou du théâtre, c'est l'histoire apaisée d'une importante cité commerçante, de son quotidien, de ses 60 000 habitants. Première colonie de Rome, Ostie est fondée par les Romains au IVᵉ siècle av. J.-C. pour contrôler le cours du fleuve et s'imposer sur les peuples étrusques des alentours. La modeste forteresse militaire des débuts est transformée en chantier naval au moment des guerres puniques contre Carthage, au IIIᵉ siècle av. J.-C., et devient un port d'approvisionnement qui ne cessera de se développer jusqu'à l'Empire. Pour faire face aux difficultés d'abordage à proximité du fleuve, Trajan est contraint de construire un nouveau port. Ostie est alors progressivement réduite à un rôle d'entrepôt puis abandonnée à son isolement, ce qui permettra finalement qu'elle soit épargnée par les invasions et les saccages.

Ostia Antica, mode d'emploi

accès

EN VOITURE. Ostia Antica est située à une vingtaine de kilomètres de Rome Suivre les indications S8, via del Mare ou encore la via Ostiense.

EN TRAIN. Au départ de la gare Roma-Ostiense, les trains de banlieue, direction C. Colombo, desservent le site archéologique d'Ostia Antica. Attention, cette ligne, qui dessert également les plages d'Ostia, est bondée le week-end. **Trenitalia.** La gare Roma-Ostiense est reliée à la station de métro Piramide sur la ligne B. *Via della Stazione Ostiense Tél. 89 20 21 www. trenitalia.it*

Manger à Ostia Antica

S'il fait beau, saisissez l'occasion et emportez une glacière pour pique-niquer à l'ombre des pins ou sur les marches du théâtre antique ! L'autre option consiste à aller au bord de la mer pour manger du poisson. C'est bien meilleur qu'à Rome et même un peu moins cher !

prix moyens

Bastianelli al Molo. Un restaurant classique, où la cuisine est invariablement savoureuse, et que tous les Romains connaissent pour l'avoir fréquenté les dimanches après la plage ou pour satisfaire la moindre envie de poisson ou de fruits de mer. *Fiumicino, à quelques kilomètres de l'autre côté du Tibre Via Torre Clementina, 312 Tél. 06 650 53 58 Ouvert mar.-dim. midi et soir Fermé en jan.*

Découvrir Ostia Antica

Site d'Ostia Antica. L'entrée se fait le long de la Via Ostiensis. C'est là que s'engage le long *decumanus maximus* qui traverse Ostie de bout en bout. Il vous faudra au moins 3h ou 4h pour parcourir les vestiges (voire plus s'il fait beau, pour pouvoir éventuellement pique-niquer). Si vous parlez l'italien ou l'anglais, n'hésitez pas à vous munir d'un audioguide, les commentaires sont passionnants. *Via dei Romagnoli, 717 Tél. 06 56 35 28 30 Ouvert mar.-dim. 8h30-18h*

Quartier d'Hadrien. Sur la droite, jetez un œil aux thermes des Muletiers et aux pavements de mosaïques, décrivant le quotidien de la profession. Plus loin, sur la droite, suivez les indications qui mènent au **quartier d'Hadrien** (angle de la rue des Vigiles). Vous verrez le complexe des **thermes de Neptune** et la caserne des pompiers chargés de la police nocturne et de la lutte contre les incendies.

Théâtre antique-Place des Corporations. En revenant sur le *decumanus*, vous croiserez un monument majeur du site : le théâtre antique, flanqué de la place des Corporations. Construit par Agrippa au Ier siècle av. J.-C. et remanié deux siècles plus tard, il fut entièrement restauré en 1927. Il est parfois utilisé de nos jours pour des représentations exceptionnelles. La place, elle, est unique en son genre : une sorte de foire qui exposerait au quotidien l'ensemble des ressources commerciales d'Ostie. Les mosaïques témoignent toutes de la présence des corporations (d'armateurs ou de commerçants) qui avaient leurs bureaux dans une des 60 "pièces" se trouvant sous un immense portique.

Maison de Diane. Dirigez-vous vers la via di Diana, où se dressent encore de beaux immeubles à plusieurs étages, les *insulæ*, vous en aurez un bel exemple en visitant la maison de Diane, du IIe siècle av. J.-C., qui était probablement une auberge de voyageurs. Ces derniers pouvaient descendre presque en face au *thermopolium* (bistrot). Le petit musée, au bout de la rue, expose une partie des pièces retrouvées lors des fouilles.

Forum. En chemin vers le forum, via della Forica, allez voir les latrines. Vous ne serez pas déçu : ça ressemble à nos toilettes sauf qu'ici elles ne sont pas individuelles ; c'est un lieu public où l'on vient pour papoter et se soulager à la fois ! À proximité, l'autre établissement thermal d'Ostie, les **thermes du Forum**. Les vestiges du *Capitolium*, le principal temple de la religion romaine (dédié à Jupiter, Junon et Minerve), offrent de précieux renseignements sur les institutions du forum. Les marbres précieux qui ornaient ce bâtiment et d'autres (la basilique ou la curie, dont il reste peu de choses) ont été arrachés.

Thermes des Sept Sages. Non loin de la via della Foce (qui menait à l'embouchure du fleuve, aujourd'hui déplacée de quelques kilomètres), vous verrez la **maison d'Amour et Psyché**, du nom d'un groupe de statues issu de sa riche décoration. En passant par le **Sérapéion** (qui accueillait jadis le culte du dieu égyptien Sérapis), entrez dans les thermes des Sept Sages, un complexe architectural imposant où alternent des scènes de chasse et des fresques évoquant des philosophes grecs prodiguant des conseils d'hygiène : *Ut bene cacaret ventrem palpavit Solon* ("Pour bien aller du corps, Solon avait l'habitude de se palper le ventre").

Via delle Volte Dipinte. À 200m environ vers l'ouest, la Schola del Traiano était le siège de la corporation des charpentiers de marine, l'une des plus puissantes dans cette ville portuaire. À deux pas, l'Insula delle Volte Dipinte renferme des fresques du IIe siècle. Toutes les maisons alentour étaient sans doute les propriétés de familles huppées et s'articulaient autour d'un grand jardin.

☺ Tivoli

00019

Tivoli est l'une des plus belles excursions à faire en une journée au départ de Rome. Déjà très prisée dans l'Antiquité, l'ancienne *Tibur* offre d'un côté les vestiges d'une villa impériale monumentale – la Villa Adriana – dans un décor d'oliviers et de cyprès ; de l'autre, l'exubérance d'une villa Renaissance – la Villa d'Este – et de ses magnifiques jardins foisonnants.

Tivoli, mode d'emploi

accès

EN BUS. Les bus CO.TRA.L desservent Tivoli au départ de Ponte Mammolo (avant-dernière station de la ligne de métro B). Attention, par l'autoroute, le trajet est plus rapide mais le bus ne dessert pas automatiquement la Villa Adriana. **CO.TRA.L.** *Tél.* 800 150 008

EN VOITURE. Tivoli est située à 31km de Rome par l'autoroute A24 (sortie Tivoli) ou par la route nationale Tiburtina (S5). Le mieux est de s'y rendre en voiture, pour pouvoir s'arrêter d'abord à la Villa Adriana et rejoindre ensuite le centre de Tivoli et la Villa d'Este (à 6km).

informations touristiques

IAT Tivoli. *Largo Garibaldi Tél. 0774 31 12 49 Ouvert lun.-ven. 9h30-12h30*

Manger à Tivoli

prix moyens

Hotel-Ristorante Adriano. Inutile de vous compliquer la vie : si vous renoncez à l'idée du pique-nique sous les oliviers de la Villa Adriana, sachez que, juste à côté de l'entrée du site archéologique, il y a l'un des meilleurs restaurants de Tivoli. À la belle saison, il est possible de déjeuner ou dîner dans le jardin. À l'intérieur, le cadre est sobre et élégant (jolie vaisselle, mobilier ancien) et le service très attentionné. Ne ratez pas les pâtes fraîches faites maison et, si vous avez encore faim pour un *secondo*, goûtez la spécialité : gigot d'agneau de lait au genièvre. Hôtel à l'avenant (120€ pour une double). *Via di Villa Adriana, 194 Tél. 0774 53 50 28 Restaurant ouvert tlj. fermé dim. soir en hiver*

Découvrir Tivoli

Villa Adriana. On peut énumérer les raisons qui font que la villa est pour nous l'un des plus beaux parcs archéologiques d'Italie. D'abord le site, immense (120ha), sur les flancs des monts Tiburtini, entre oliviers et cyprès. Ensuite, évidemment, l'intérêt des vestiges. L'empereur Hadrien (117-138) voulait faire de sa résidence de campagne un "carnet de voyage" grandeur nature où il pourrait à loisir retrouver les monuments qu'il avait contemplés au cours de ses pérégrinations. Pour avoir une idée de ses ambitions démesurées, commencez par jeter un œil à la maquette qui se trouve dans un pavillon proche de l'entrée. La villa a connu des siècles de décrépitude, ses pierres servant souvent de carrière de luxe pour d'autres monuments, avant d'être redécouverte par Pirro Ligorio (1510-1583), architecte de la Villa d'Este. Ce qui nous est parvenu ne témoigne pas uniquement d'une collection monumentale ; il s'agissait d'une véritable petite ville. Dans l'ordre, vous franchirez la longue muraille dite du Pécile, précédant un jardin. À l'ouest, vous remarquerez les ***cento camerelle***, cent petites chambres réservées au personnel qui flanquent le jardin d'un côté. Longez-les jusqu'à croiser successivement deux édifices intéressants : les petits thermes et surtout les grands thermes. Plus au sud sur la droite, juste avant le Canope, se trouve le musée (actuellement en cours de restauration). Le **Canope**, majestueux bassin cerné par une élégante colonnade jalonnée de statues, était censé évoquer la voie maritime menant au temple de Sérapis à Canope, en Égypte. D'autres pensent que le bassin est une représentation de la Méditerranée tout entière : la Grèce est présente avec les cariatides (imitées du temple de l'Érechthéion, à Athènes), l'Égypte dans le nymphée du fond dédié à Sérapis et d'autres copies de statues (les Amazones ou la Vénus de Cnide) évoquent Éphèse et

Praxitèle. Au-dessus du Canope, la **tour de Roquebrune** domine toute la vallée ; suivent l'**Académie** (autrefois décorée de magnifiques mosaïques conservées aujourd'hui aux Musées capitolins), le **temple d'Apollon** et un petit théâtre. Redescendez ensuite par le Canope pour poursuivre la visite et dirigez-vous à l'est, vers la piazza d'Oro, le cœur du **palais impérial**, la partie la plus luxueuse de la villa, avec une salle à ciel ouvert qui devait servir de salle à manger d'été. Un beau vestibule la précède et, de chaque côté, les sols de deux salles sont encore couverts de mosaïques. À l'arrière se succèdent pièces de réception et chambres d'habitation qui débouchent sur la **cour des Bibliothèques**. Avant de vous éloigner vers l'est, entrez dans le **"théâtre maritime"**, à gauche. Au centre d'un îlot relié à la villa par deux ponts, Hadrien accédait à une villa en miniature où il se retirait quand il était fatigué des mondanités. Revenez à la cour des Bibliothèques et gagnez la terrasse dite "de Tempé", du nom de la vallée thessalienne qui a inspiré poètes et Muses. Pour finir, longez une allée bordée de cyprès qui mène au petit temple d'Aphrodite et au théâtre grec. *Via di Villa Adriana, 204 Tél. 06 39 96 79 00 Ouvert tlj. 9h-17h en hiver, 9h-19h30 en été*

Villa d'Este. Du point de vue de l'ambition folle et de la démesure, la Villa d'Este a bien des points communs avec la Villa Adriana. Nommé en 1550 gouverneur de Tivoli, le cardinal Hippolyte II d'Este (1509-1572), déçu de ne pas avoir été élu pape, s'installe dans le palais du gouvernorat qui était autrefois un couvent. Peut-être par vengeance, par souci de grandeur ou simplement parce qu'il était mécène, il charge l'architecte Pirro Ligorio de transformer le site qui célébrerait le faste de son lignage. Des travaux colossaux s'ensuivent pour aménager le terrain et le plier aux contraintes architecturales. À la mort du cardinal, la villa est inachevée mais ses descendants prennent la relève. Les magnifiques fresques maniéristes qui ornent les murs des appartements (œuvres de Zuccaro et Muziano entre autres) ne sont rien à côté des jardins : de la loggia ornant la façade postérieure, vous aurez une vue à pic sur cette féerie qui dévale la colline, dont l'entrelacs de fontaines et de massifs donnent le sentiment d'un pays rêvé ! Après moult restaurations, de nombreuses fontaines ont retrouvé leurs jets et, à entendre le bruissement de l'eau, on comprend que Liszt, Fauré et Ravel aient été inspirés par les mélodies des jardins. Entendez-vous le chant des oiseaux, les sons de trompette ou de bombarde qu'émet la fontaine de l'Orgue ? Avez-vous observé les figures effrayantes ou drôles de l'allée des Cent Fontaines ? Déambulez, entrez dans les grottes et descendez tous les paliers jusqu'au pied de la villa. *Piazza Trento, 1 Tél. 0774 31 20 70 Ouvert mar.-dim. 9h-1h av. le coucher du soleil (environ 16h en hiver, 18h30 en été)*

Découvrir les environs

Museo Archeologico Prenestino. Situé à Palestrina, à environ 20km au sud-est de Tivoli, le musée est installé dans un palais du XVIIe siècle sur le site d'un ancien sanctuaire dédié à Fortune, qui s'étageait autrefois sur les flancs de la montagne, en une succession de terrasses, de basiliques et de portiques. Ne manquez pas la fameuse *Mosaïque du Nil*, une des plus grandes mosaïques d'époque hellénistique (IIe siècle av. J.-C.), qui pavait autrefois l'abside de la cathédrale construite sur les vestiges du temple. *Piazza della Cortina, Palestrina Tél. 06 953 81 00 Ouvert tlj. 9h-19h*

Frascati

Village des Castelli Romani le plus proche de Rome (une vingtaine
de kilomètres à peine), Frascati est aussi l'un des plus complets du point
de vue touristique. Si vous êtes en voiture, l'idéal est de vous garer
sur la piazza Marconi, au pied des jardins de la Villa Aldobrandini.

CASTELLI ROMANI

Destination classique des *scampagnate* romaines (virées à la campagne) :
ces treize villages perchés sur les flancs des monts Albains, à une trentaine
de kilomètres de Rome, offrent de belles possibilités de promenade, des
paysages vallonnés, de bons vins DOC (frascati, velletri ou colli albani) et une
gastronomie qui fait frémir les amateurs de viande grillée ou de champignons.
Lieu de villégiature des familles fortunées, c'est aussi la région que les papes
avaient choisie comme résidence d'été dès le XVIIe siècle (à Castel Gandolfo).
Les Romains sont vraiment très enthousiastes lorsqu'ils évoquent les Castelli.
Mais si ces oasis sont une chance pour les citadins, surtout en été lorsqu'il fait
chaud, il faut savoir qu'en une journée l'itinéraire est parfois un peu ingrat
pour les touristes d'autant que tous les villages ne se valent pas.

Frascati, mode d'emploi

accès

EN TRAIN. Comptez 30min de trajet à partir de la gare Termini.
Trenitalia. La ligne FM4 conduit à Frascati et Albano Laziale. *Tél. 89 20 21*

EN BUS. Les bus CO.TRA.L pour les Castelli partent d'Anagnina (ligne de
métro A). Vous pourrez gagner l'un des villages mais il vous sera ensuite difficile
de rejoindre les autres étapes.
CO.TRA.L. *Tél. 800 150 008*

EN VOITURE. Tout l'intérêt des Castelli est de former un circuit d'environ 60km
au départ de Frascati. En voiture, de Rome emprunter la via Tuscolana (S215)
pour Frascati et Grottaferrata ou la Via Appia (S7) pour Castel Gandolfo et le lac
de Nemi au départ de la Porta San Giovanni, derrière le Latran.

informations touristiques

IAT. Situé au pied du parc de la Villa Aldobrandini, sur la place principale à l'entrée de Frascati. C'est là que vous demanderez une autorisation pour visiter les
jardins de la Villa Aldobrandini. Personnel très efficace. *Piazza G. Marconi
Tél. 06 942 03 31 Ouvert mar.-ven. 8h-14h, 15h-18h-lun., sam. 8h-14h*

Manger à Frascati

Le plaisir des bonnes choses est l'une des excellentes raisons de visiter les
Castelli, terroir à la cuisine rustique mais non moins savoureuse. Ariccia est le

berceau de la *porchetta*, viande de porc grillée avec des aromates (vous verrez des camionnettes stationnées sur le bord de la route) que l'on célèbre lors d'une *sagra* (kermesse) en septembre. Les champignons sont accommodés à toutes les sauces et le vin blanc compte parmi les meilleurs appellations du Latium.

prix moyens

Cacciani. Peut-être le rendez-vous le plus gourmet des villages des Castelli, et, en tout état de cause, une des plus connus. Recettes traditionnelles pour les *primi piatti* et *fritti* (légumes frits) croustillants et légers pour les plus gourmands. Le pain est fait maison et les desserts sont tous délicieux. *Via Diaz, 13 Tél. 06 942 03 78 Ouvert mar.-sam. midi et soir, dim. midi*

Manger dans les environs

petits prix

Antica Abbazia. Dans le village d'Albano (à 15km de Frascati), une belle adresse qui tient sans doute au charme du lieu. Autour du puits d'un ancien monastère, on vous servira des spécialités à base de produits du terroir : *orecchiette ai ramolacci* (chicorée locale plus amère), viandes grillées – agneau de lait et *porchetta* incontournables – ou encore de la mozzarella fumée, grillée et accompagnée d'artichauts. *Via San Filippo Neri, 19 00041 Albano Tél. 06 932 31 87 Ouvert mar.-dim. midi et soir*

prix moyens

☺ **Taverna dello Spuntino.** Tout est bon ! Les *antipasti* pour goûter la charcuterie régionale ou les fromages, les *primi* inspirés des recettes de la campagne (fèves, champignons, asperges agrémentés de poitrine fumée), les viandes (agneau ou porc), les petits gâteaux pour accompagner le café, les digestifs... L'accueil est attentionné et le cadre des plus agréables. Clientèle d'habitués et de bons vivants ! *Via Cicerone, 22 00046 Grottaferrata (à 3km de Frascati) Tél. 06 945 93 66 Ouvert mar.-sam. midi et soir, dim. soir*

La Briciola. Cet restaurant de Grottaferrata, qui a bâti sa renommée sur ses excellents produits frais, tient ses promesses. Goûtez notamment les légumes de Velletri et les champignons qui accompagnent les pâtes fraîches. *Via Gabriele D'Annunzio, 12 00046 Grottaferrata Tél. 06 945 93 38 Ouvert mar.-dim. midi*

La Cavola d'Oro. Les Romains eux-mêmes recommandent souvent cette adresse où vous vous régalerez d'excellentes spécialités régionales. Cuisine classique. *Via Anagnina, 35 00046 Grottaferrata Tél. 06 94 31 57 55*

Découvrir Frascati

Villa Aldobrandini. Si l'office de tourisme est ouvert, demandez une autorisation pour visiter le parc de la villa (c'est gratuit). Si c'est fermé, ne renoncez pas à la villa, il se peut qu'il n'y ait personne à l'entrée ou qu'on vous laisse passer sans plus de formalités (accès par la via Massaia, à gauche quand on est sur la place). L'édifice, bâti pour le cardinal Aldobrandini, neveu du pape Clément VIII, a été conçu à la fin du XVIe siècle par Giacomo Della Porta et achevé par Maderno et Fontana. Vous pouvez vous attarder devant ce beau panorama sur la plaine romaine mais le jardin à l'arrière, bien qu'un peu laissé à l'abandon, vous réserve quelques surprises baroques avec son théâtre d'eau, ses fontaines, ses cascades et ses grottes. À droite de la piazza Marconi, les jardins que vous voyez sont ceux de la **Villa Torlonia**, aujourd'hui devenus parc public. Le théâtre d'eau de Maderno a retrouvé sa splendeur après restauration, mais de la villa du XVIe siècle, bombardée en 1944, il ne reste rien.

Découvrir les environs

Abbaye de Saint-Nil. Quelques kilomètres à peine séparent Frascati du centre de Grottaferrata et, en suivant la rue principale, vous tomberez directement sur l'abbaye de Saint-Nil. Fondée en 1004, elle présente de beaux restes romans, en dépit des remaniements du XVIIe siècle et des restaurations ultérieures, notamment autour de l'église Santa Maria. Vous remarquerez le campanile du XIIe siècle, le portail byzantin en marbre (XIe-XIIe siècle) et la mosaïque qui surplombe la porte en bois, datant de la même époque. L'intérieur risque de vous surprendre, car l'abbaye est restée fidèle au rite byzantin grec de ses origines et il se peut que vous assistiez à une messe en grec. La décoration, elle, est complètement baroque, riche en ors et marbres polychromes. Seuls vestiges de l'église médiévale : le pavement cosmatesque, la mosaïque et les fresques du XIIIe siècle sur l'arc triomphal. Dans une chapelle au fond à droite, ne manquez pas le cycle de fresques du Dominiquin (1610), racontant la vie des deux saints fondateurs de l'abbaye, Nil et Barthélemy. *Corso del Popolo Tél. 06 945 67 34 Fax 06 945 93 09 Ouvert tlj. 6h30-12h30, 15h30-19h*

De Nemi à Castel Gandolfo. Pour vous rendre à Nemi, empruntez la route qui traverse **Rocca di Papa** et la route des Lacs (via dei Laghi) d'où vous aurez de magnifiques percées sur la campagne, en surplomb du **lac d'Albano**, et par temps clair jusqu'à la mer. **Nemi** est un site remarquable des Castelli : la bourgade perchée sur un éperon rocheux domine un lac sombre, formé au creux d'un cratère. Les cités latines alliées contre Rome avaient édifié, au nord du lac, un temple en l'honneur de Diane. On disait du lac qu'il était le "miroir de Diane" puisque le temple s'y reflétait mais la légende, rapportée par Ovide et Horace, est autrement plus romantique. La déesse, tombée amoureuse d'un jeune pêcheur, aurait perdu le goût de vivre après que celui-ci eut été frappé par la foudre lancée par Jupiter. Devenue si pâle et si triste, Diane fut transformée en lune et, chaque nuit, elle caressait de ses rayons diaphanes le visage de son amant gisant au fond du lac. Ne partez pas sans avoir sacrifié au rituel des fraises des bois, spécialité locale à déguster dans les cafés qui bordent le "belvédère". Attention, Nemi est particulièrement prisée les week-ends... Reprenez la route en direction de la S7 (Via Appia) vers Genzano di Roma jusqu'à **Castel Gandolfo**, qui attire pèlerins et badauds autour de la résidence d'été du pape. Le palais ne se visite pas et le bourg n'a pas grand intérêt si ce n'est que, du belvédère jouxtant l'église Santo Tommaso, on a une vue fabuleuse sur le lac d'Albano qui se détache sur le monte Cavo.

ROME ET LE LATIUM

Sabaudia et le Circeo   *04016*

De toutes les villes aménagées par le Duce dans les années 1920-1930, Sabaudia est la plus belle réussite de l'architecture rationaliste. Tant et si bien qu'elle porte bien son âge aujourd'hui et que ses lignes ne paraissent pas dépassées. Inaugurée le 5 août 1933, elle n'a rien renié de ses origines architecturales et sur la piazza del Comune se dresse encore le palais municipal flanqué d'une haute tour qui accueillait autrefois la "Casa del Fascio" (la "maison du Faisceau"). Une plaque rappelle l'histoire du lieu mais on a pris soin de retirer le médaillon à l'effigie de Mussolini. Il se peut que vous restiez de marbre devant ces angles droits et ces vestiges d'un autre temps mais vous ne serez sans doute pas insensible au site choisi pour la fondation de la ville : à quelques rues du centre, vous tomberez sur le lac de Paola, ourlé d'une épaisse végétation où trouvent refuge des aigrettes ou des hérons. Au-delà, une longue étendue de sable fin s'étire sur des kilomètres et annonce à l'horizon le promontoire du Circeo.

LE PARC NATIONAL DU CIRCEO

Une des plus belles surprises du Latium : un paysage naturel unique, qui sinue entre lacs côtiers, dunes, forêts et un promontoire qui s'engouffre dans des eaux cristallines. L'histoire du Parc est un peu celle de la province : en 1933, quand les marais sont bonifiés, personne ne pense à protéger le milieu naturel des flancs du mont Circeo. Un an plus tard, l'idée d'un espace préservé a fait son chemin et le Parc est inauguré. Spéculation immobilière et tourisme anarchique ont failli saborder l'identité du site mais, depuis les années 1980, le Circeo a retrouvé sa nature. Agrandi, englobant une forêt domaniale de 3 400 ha, quatre lacs côtiers, des dunes et la petite île de Zannone (oasis ornithologique), le Circeo est resté l'une des destinations favorites des Romains. Nombre d'entre eux y possèdent une résidence secondaire ou viennent y passer les week-ends. C'est aussi un lieu de transit pour gagner les îles Pontines (au départ de Terracina et San Felice Circeo). L'excursion peut se faire en journée au départ de Rome mais l'idéal est d'y passer la nuit, pour profiter des nombreux sentiers qui le traversent, des plages et goûter à sa savoureuse cuisine de la mer. Plus au sud, Terracina et Sperlonga sont deux bourgs balnéaires qui ont conservé leur caractère, avec d'un côté le centre médiéval, souvent perché au flanc de la colline, et de l'autre des plages de sable, envahies l'été, mais très agréables hors saison. Si vous disposez de peu de temps, limitez-vous à parcourir la côte entre Sabaudia et San Felice Circeo.

Sabaudia, mode d'emploi

accès

EN TRAIN. La ligne Rome-Naples dessert plusieurs villes du sud du Latium. Au départ de Termini, Tiburtina ou Ostiense, des trains rallient Sabaudia, Terracina ou Sperlonga *via* Priverno ou Fondi avec une correspondance en bus.

Trenitalia. *Tél. 89 20 21 www.trenitalia.it*

EN BUS. La compagnie CO.TRA.L dessert Sabaudia, Terracina et Sperlonga au départ de la station Laurentina (métro ligne B).
CO.TRA.L. *Tél. 800 150 008*

EN VOITURE. Nous vous conseillons la Via Appia (S7), bordée de pins parasols sur une bonne partie et qui longe les Castelli Romani ou alors la Via Pontina (S148), plus rapide et qui aboutit directement à Latina.

informations touristiques

Parco Nazionale del Circeo. Direction du Parc, centre d'informations générales sur le parc, musée, parcours didactiques... *Via C. Alberto, 107 Sabaudia Tél. 0773 51 13 85*
APT. Office de tourisme de la province de Latina. *Via Duca del Mare, 19 04100 Latina Tél. 0773 369 54 04 ou Piazza del Popolo Tél. 0773 348 06 72*
Pro Loco. Office de tourisme de San Felice Circeo. *Piazza Lanzuisi 04017 San Felice Circeo Tél. 0773 54 77 70*
IAT. Office de tourisme de Terracina. *Via Leopardi 04019 Terracina Tél. 0773 72 77 59*

Dormir dans les environs

prix moyens

La Foresteria del Borgo. À Priverno. Les moines cisterciens ne s'y étaient pas trompés lorsqu'ils ont choisi Fossanova pour implanter leur première abbaye en Italie. Aujourd'hui, quelques-unes des dépendances ont été aménagées en *agriturismo* et fournissent une des meilleures opportunités d'hébergement dans les parages. Veillez à réserver assez tôt (20 lits disponibles répartis en 6 appartements). Certaines formules (week-end) incluent la demi-pension au restaurant voisin, Il Forno del Procoio. *Via dell'Abbazia, 13 04015 Priverno Tél. 0773 93 90 73/349 804 73 98 Fax 0773 93 91 65*

Agricola La Pisana. Un studio et un appartement (équipés d'une kitchenette) ont été aménagés dans une dépendance de cette exploitation qui produit d'excellentes *mozzarelle*. Tout autour, un bosquet de chênes-lièges et un étang font office d'oasis ornithologique. Ceux que ça intéresse assisteront à la transformation du lait en mozzarella, tous les matins de 6h à 8h30. *Via Marittima II, milliaire 53 (à 1km environ de l'abbaye de Fossanova) 04015 Priverno Tél. 0773 93 95 23*

Manger dans les environs

petit prix

Trattoria "Grottino" da Gigino. À San Felice Circeo, un restaurant familial, sans prétention mais agréable. Attention, les quelques tables sont vite prises d'assaut par les habitués qui viennent ici en famille se lécher les doigts en mangeant les langoustines grillées ou la friture de poisson. Ne négligez pas les pâtes, laissez-vous conseiller par les patrons qui vous feront des *primi* sur mesure selon l'arrivage (asperges et coques, par exemple). Avec le café, si vous êtes chanceux, on vous fera goûter les croquants faits maison à base d'amandes. Enfin, si vous êtes nombreux, prévenez de votre arrivée pour être sûr de ne pas rester sur le carreau. *Piazza V. Veneto, 2 04017 San Felice Circeo Tél. 0773 5484 46*

prix moyens

Bottega Sarra 1932. À Terracina. Un restaurant renommé, bien noté par les guides gastronomiques, situé en plein centre historique. On y vient pour la cuisine de la mer mais aussi pour quelques spécialités de la campagne comme le ragoût de cabri accompagné de polenta. *Via Villafranca, 34 04019 Terracina Tél. 0773 70 20 45 Fermé lun.*

Il Geranio. Ce restaurant de Terracina s'est fait un nom en ne proposant que du poisson frais de "petit bateau". Pas de pisciculture donc mais des saveurs authentiques accommodées selon les recettes traditionnelles. *Via Tripoli, 36 04019 Terracina Tél. 0773 70 01 01 Fermé lun. en hiver*

Ratafià. Près de l'abbaye de Casamari (cf. Découvrir les environs), vous pourrez déguster une cuisine créative à des prix raisonnables. *Vicolo Calderoni, 8 03020 Casamari Tél. 0776 80 80 33 Ouvert midi et soir Fermé lun.*

Découvrir le Parc national du Circeo

San Felice Circeo-Monte Circeo. La route qui sépare Sabaudia et San Felice Circeo longe un paysage singulier de lacs, de marais et de forêts denses qui sont autant de refuges pour une faune variée (anguilles, daurades, renards, sangliers et nombreux oiseaux). San Felice, à l'ombre du Monte Circeo, étire ses maisons élégantes jusqu'au petit port de plaisance. Le centre historique n'a pas grand-chose à revendiquer mais ses rues sont plaisantes et aboutissent au belvédère d'où la vue sur la côte s'étend à la fois vers Sabaudia et les lacs, et de l'autre côté vers Terracina. Vous aurez sans doute remarqué les panneaux indiquant la route en lacet qui monte vers le sommet du Circeo (à 542m). Le nom du promontoire rappelle le mythe de Circé, magicienne qui attira Ulysse dans ses filets et qu'il lui fallut amadouer pour s'en libérer. Là-haut, le panorama sur le littoral et sur la plaine est vraiment spectaculaire. Aujourd'hui, le site protégé accueille du côté sud un maquis bas et parfumé (genièvre, romarin, myrte…) et, du côté nord-ouest, une forêt plus haute de chênes verts, de chênes-lièges et de charmes, coupée de genêts et de bruyères.

Découvrir les environs

Terracina. Contrairement à Sabaudia, Terracina et Sperlonga étaient déjà connues dans l'Antiquité. Des vestiges de villas impériales (celle de Tibère à Sperlonga) ont été mis au jour. Les deux cités bénéficient d'une position idéale sur le golfe, notamment Terracina d'où la vue, par temps clair, s'étend même jusqu'à Capri et Ischia. Au fil de ses rues, vous croiserez de beaux *palazzi* du XVIIIᵉ siècle et quelques traces d'époques plus anciennes comme l'amphithéâtre ou le marché romain. Au sommet du **mont Sant'Angelo**, à 3km du centre, se dressait le temple de Jupiter Anxur (nom étrusque de Terracina) dont les ruines sont magnifiquement éclairées de nuit. Le détour vaut aussi pour le panorama sur la plaine Pontine, le Circeo, les îles et, à l'ouest, Sperlonga et Gaeta.

Musée archéologique de Sperlonga. Située tout au bord de la mer, cette institution conserve d'importantes collections de sculptures du Iᵉʳ siècle av. J.-C. Vous pourrez prolonger la visite par la découverte de la grotte de Tibère qui avait été transformée en nymphée juste à côté de la villa. *Via Flacca km 16,6 04029 Sperlonga Tél. 0771 54 80 28 Ouvert tlj. 9h-19h30*

Abbaye de Fossanova. En 1135, pour remercier Bernard de Clairvaux qui l'a soutenu contre l'antipape Anaclet dans la lutte pour la papauté, Innocent II lui remet une abbaye bénédictine fondée au IXᵉ siècle. Le site de Fossanova convient idéalement aux contraintes de la règle observée par les Cisterciens : un site isolé où le dialogue avec Dieu ne serait pas troublé par l'agitation du monde extérieur. Les moines reconstruisent le monastère (1163) et l'église (1208) selon les lignes cisterciennes en vigueur en Bourgogne. Fossanova inspirera toutes les fondations ultérieures dans la péninsule avant de connaître un long déclin dès la fin du Moyen Âge, qui s'achève par le saccage des Français à la fin du XVIIIᵉ siècle. Les remaniements n'y ont rien fait : la sobriété du lieu, ses lignes pures, la force du paysage alentour perdurent et impressionneront fortement ceux qui sont encore imprégnés des ambiances baroques de Rome ou de Naples. À peine une rosace à l'intérieur de l'église, à peine quelques mosaïques sur le tympan du portail... Allez voir le cloître, le réfectoire, la salle capitulaire et aussi la *foresteria*, à l'arrière de l'abbaye, autrefois maison des hôtes et des pèlerins, où les murs d'une cellule exiguë ont vu mourir saint Thomas d'Aquin le 7 mars 1274. Dans les dépendances ont été aménagées des boutiques, un gîte (cf. Dormir), un restaurant et, dans l'ancien grenier, le pôle médiéval du Musée archéologique de Priverno. *De la Via Appia, prendre la S156 vers Frosinone. Suivre les indications pour Priverno puis Fossanova (à 5km de Priverno) Ouvert tlj. 7h-12h, 15h30-17h30 (19h30 en été)*

Sermoneta. Adossée au flanc des monts Lepini, Sermoneta est un petit bijou médiéval, presque un musée grandeur nature qui rompt singulièrement avec le paysage alentour qu'elle domine. Garez votre voiture à l'entrée du bourg et vagabondez à pied au hasard des ruelles où vous croiserez l'ancienne synagogue, la collégiale romane et son beau campanile et surtout le **château des Caetani**, belle forteresse de 1500 encore bien conservée.

Jardins de Ninfa. En descendant de Sermoneta par une route en lacet qui mène à Norma, il faut faire une halte à Ninfa. Fondée au VIIIᵉ siècle, Ninfa était autrefois une ville prospère, qui connut son heure de gloire avec la famille Caetani qui investit les lieux en 1297. Un sort fatal lui a valu le surnom de "Pompéi du Moyen Âge" – épisode qui remonte au XIVᵉ siècle – lorsqu'elle fit l'objet de représailles après qu'un des Caetani eut pris parti pour un antipape lors du grand schisme d'Occident. Comme si la punition n'était pas suffisante, la malaria frappe la cité et pousse ses habitants à fuir. Abandonnée pendant des siècles, elle a été redécouverte par un Caetani en 1921, bonifiée et son parc protégé. Depuis 1976, une réserve WWF de près de 800ha accueille plus de 150 espèces d'oiseaux. Les vestiges de l'ancienne ville jonchent le splendide jardin à l'anglaise, l'un des plus beaux d'Europe, interrompu par la rivière et par un lac romantique formé grâce à une digue du XIIIᵉ siècle. *Oasi di Ninfa 04013 Sermoneta **Réservation** Fondation Caetani à Rome Tél. 06 68 80 32 31 ou EPT Latina Tél. 0773 63 39 11 Nel Lazio, Comuni di Cori, Cisterna, Norma e Sermoneta (LT)*

Abbaye de Casamari. Située à moins de 20km de Frosinone (sur la S214, en direction de Sora), elle peut faire l'objet d'une visite en s'écartant à peine de l'autoroute Rome-Naples. Tout comme sa jumelle de Fossanova, Casamari a été fondée par des bénédictins, puis reprise par les Cisterciens en 1140 après intervention d'Innocent II et reconstruite en 1217. Une fois entré dans la cour du monastère (encore habité par une vingtaine de moines), vous découvrirez immédiatement la magnifique façade de l'église et le corps de bâtiments qui la jouxte (une pharmacie ancienne, une bibliothèque, une boutique où l'on trouve des plantes médicinales et la liqueur des moines). L'intérieur de l'église, dépouillé comme il se doit, surprend par la lumière d'or diffusée au travers des hauts vitraux d'albâtre. Sortez et rejoignez le beau cloître à colonnes jumelées, la salle capitulaire, le réfectoire et le jardin. Le musée (en cours de restauration) expose les découvertes des fouilles entreprises dans la région. À 9km, les bras du Liri s'écoulent en deux cascades assez spectaculaires, en plein centre d'une bourgade agréable, Isola del Liri. Si c'est l'heure, allez déjeuner ou dîner au Ratafià, une très bonne adresse dans les parages (Cf. Manger). *Contrada Veroli Tél. 0775 28 23 71 Ouvert tlj. 9h-12h, 15h-18h*

Viterbe

01100

C'est "l'autre cité des papes". Au XIIIᵉ siècle, alors que les querelles entre papes et antipapes divisent l'Occident, Viterbe sert de bastion de repli et joue un rôle majeur dans la péninsule. On la fortifie, on construit des palais, des églises, des places et les papes y sont élus. Après leur retour à Rome, en 1281, c'est le début d'un long déclin. Flânez dans le quartier San Pellegrino, allez prendre un café chez Schenardi, comptez les fontaines… Les traces de l'ancienne splendeur ne manquent pas, toutes placées sous le signe du péperin, une pierre volcanique grise et tendre, facile à sculpter. Dans les environs, de bonnes surprises à découvrir, entre curiosités naturelles et fantaisies baroques.

L'ÉTRURIE ROMAINE

Le mystérieux sourire étrusque a inondé la Tuscie – ancien nom étrusque de la province de Viterbe – et a laissé de magnifiques témoignages (nécropoles et musées de Tarquinia et Cerveteri). La géographie, elle, a donné quelques rondeurs au paysage : les lacs (Bracciano, Vico et Bolsena), cernés de doux vallons, annoncent déjà la Toscane et l'Ombrie toutes proches.

Viterbe, mode d'emploi

accès

EN TRAIN. Plusieurs trains par jour au départ de Rome (gares d'Ostiense, Termini ou Tiburtina vers les deux gares de Viterbe, Porta Romana ou Porta Fiorentini) en 1h45.
Trenitalia. *Tél. 89 20 21 www.trenitalia.it*

EN BUS. La compagnie CO.TRA.L dessert Viterbe au départ de la station Saxa Rubra (métro ligne A jusqu'à Flaminio puis *metroferro*).
CO.TRA.L. *Tél. 800 150 008*

EN VOITURE. De Rome, rejoindre le GRA (le périphérique) et prendre la Via Cassia (S2). Viterbe est à 75km ; comptez un peu plus de 1h de route. Il est aussi possible de prendre l'autoroute A1 (vers Florence, sortie Orte, 85km).

informations touristiques

IAT. *Via Maresciallo Romiti Tél. 0761 29 10 00 www.provincia.vt.it Ouvert lun.-sam. 10h-18h*

Dormir à Viterbe

Ne comptez pas sur une hôtellerie de charme bon marché. À proximité, plusieurs centres thermaux ont bénéficié de l'implantation d'hôtels de luxe mais, en plein centre, il y a très peu d'adresses (et aucune dans le quartier médiéval).

prix moyens

Hotel Leon d'Oro. Le meilleur rapport qualité-prix, situé à quelques minutes à pied des ruelles médiévales et juste en dessous d'un parking tranquille (piazza della Rocca) où vous devriez facilement trouver des places libres (veillez à acheter un coupon dans un kiosque pour les heures payantes, en journée). Les chambres sont petites et vieillottes mais c'est propre. Double de 50€ à 68€. *Via della Cava, 36/42 Tél. 0761 34 44 44*

Manger à Viterbe

Malgré sa proximité avec Rome, le nord du Latium conserve des traditions gastronomiques bien ancrées. *Minestre* de toutes sortes (soupes aux haricots secs, aux pois chiches et châtaignes, aux fèves...), pâtes fraîches, lapin chasseur, champignons avec la polenta ou les viandes en ragoût, des fromages de brebis et de la charcuterie... À cette cuisine rustique fait écho un large éventail de vins. Outre l'orvieto, il y a le fameux Est ! Est ! Est ! de Montefiascone, au goût sec et équilibré. Son prestige remonte au xiie siècle, lorsqu'un archevêque charge son échanson de sélectionner les vins des meilleures caves pour l'empereur Henri V. Les portes des bonnes tavernes sont marquées du signe "*Est* !" et, à Montefiascone, l'échanson découvre un vin si exquis qu'il s'emballe et répète trois fois la formule !

prix moyens

Enoteca La Torre. Pas moins de 1 500 étiquettes, 500 liqueurs, une soixantaine de vins au verre... La cuisine n'est là que pour rehausser le plaisir de découvrir ces nectars. *Via La Torre, 5 Tél. 0761 22 64 67 Fermé dim.*

La Zaffera. Un menu dégustation intéressant (mais il faut avoir faim) dans un des meilleurs restaurants de la ville installé dans un monastère du xiiie siècle. *Piazza San Carluccio, 7 Tél. 0761 34 42 65 Fermé dim. soir-lun.*

Manger dans les environs

petits prix

Villa Gambara. À Bagnaia (5km à l'est de Viterbe). Vous ne pouvez pas le manquer : c'est le grand restaurant à la sortie de la Villa Lante. Des menus bien conçus (à 11€ et 25€) pour découvrir les spécialités locales : *antipasti de pecorino* (fromage de brebis) et *bruschetta* aux cèpes (tartine grillée), pâtes au sanglier ou épeautre et fèves, *porchetta* (viande de porc grillée aux herbes) et, en dessert, fromage frais de brebis au miel... Accueil très chaleureux. *Via Jacopo Barozzi, 36 01031 Bagnaia Tél. 0761 28 91 82 Ouvert mar.-dim. midi et soir*

Trattoria Da Picchietto. À Bolsena (env. 35km au nord de Viterbe). Dans la vieille ville, une très bonne adresse pour goûter les célèbres anguilles du lac. En saison, des tables sont dressées dans une arrière-cour très agréable ouverte sur des *palazzi* d'un autre âge. *Via Porta Fiorentina, 15 01023 Bolsena Tél. 0761 79 91 58 Ouvert mar.-dim. midi et soir*

Découvrir Viterbe

Le centre historique se visite en quelques heures à peine. Attention, une fois la nuit tombée, les ruelles n'ont rien de rassurant, surtout dans le quartier médiéval.

Piazza Plebiscito-Palazzo dei Priori. C'est l'une des entrées monumentales à la vieille ville, qui se prolonge par la via Cavour jusqu'à la piazza della Fontana Grande qui, comme son nom l'indique, est ornée en son centre d'une belle fontaine du xiiie siècle. Le palais qui borde la place sur deux côtés est le siège des institutions municipales depuis les premières années du xvie siècle. Dans les salles, les magnifiques fresques (œuvre de Baldassare Croce à la fin du xvie siècle) viennent tout juste d'être restaurées. En chemin vers la piazza San Lorenzo, jetez un œil à l'église Santa Maria Nuova et, à sa droite, au cloître lombard, très bel exemple d'art roman (1080). *Palazzo dei Priori Ouvert lun.-ven. 8h-14h*

Palais des papes-Cathédrale San Lorenzo. En dépit des nombreux remaniements, cet ensemble de bâtiments est l'un des plus harmonieux de Viterbe. Le palais des papes a été bâti entre 1255 et 1267 à l'époque où Rome devenait un refuge incertain. L'exil des papes à Avignon et l'abandon définitif de Viterbe se sont soldés par une longue période de décadence. La restauration entreprise au xixe siècle a rendu ses caractéristiques à l'édifice, marqué par un mélange de lignes romanes et de fantaisie gothique comme cette loggia qui semble comme brodée de marbre. La façade de la cathédrale a été quelque peu défigurée par les transformations opérées à la Renaissance, mais son campanile lui donne belle allure (style gothique toscan du XIIIe siècle). À l'intérieur, vous remarquerez le beau plafond ainsi que les restes du pavement cosmatesque du XIIe siècle. *Piazza San Lorenzo Ouvert tlj. 8h30-12h et 15h-18h*

Quartier San Pellegrino. Ce lacis de ruelles qui cernent de beaux palais forme l'ensemble médiéval le plus remarquable d'Italie. C'est une alliance d'arcs et de colonnes, de fenêtres en ogive, de décorations subtiles des portails qui suspend le temps le long de la via San Pellegrino et dans les rues adjacentes.

Découvrir les environs

Santuario della Madonna della Quercia. La façade Renaissance de cette église austère ne laisse en rien deviner la présence un très beau cloître du XVe siècle. Ce sanctuaire rendait grâce à la Vierge, apparue près d'un chêne (*quercia*). Dans la sacristie est conservée une collection d'ex-voto du XVIIe siècle. *À 2km de la Porta Fiorentina (au nord de Viterbe) Tél. 0761 30 34 30 Ouvert tlj. 8h30-12h30 et 15h30-19h*

Sources thermales. À 3km au nord-ouest de Viterbe, des eaux thermales surgissent autour de Bulicame (suivre "Parco Bulicame" sur la strada Bagni). La légende veut qu'à cet endroit Hercule ait fait montre de sa force en enfonçant un pieu de fer que personne n'a été capable de retirer... excepté lui-même. Un jet d'eau bouillante jaillit alors des profondeurs ! De ces époques lointaines ne demeurent que quelques modestes vestiges mais les propriétés thérapeutiques de ces eaux, toujours aussi reputées (notamment contre l'arthrose et les rhumatismes), sont exploitées par plusieurs établissements. Vous pouvez aussi rechercher d'autres sources thermales, nichées dans des cavités naturelles d'argile accessibles librement. *Bagnaccio prendre la S2 puis à gauche la route pour Marta, strada Martana, continuer sur 800m et prendre le chemin de terre à gauche Piscina Carletti prendre la strada Tuscanese sur 3km puis, à la bifurcation, la strada Bagni Masse di San Sisto à la sortie "Viterbe Sud" de la superstrada.*

☺ **Villa Lante.** Toute l'exubérance de la Renaissance mise au service de la fantaisie du cardinal Gambara ! À voir ces jardins, on se dit que le prélat devait être un sacré farceur doublé d'un rêveur sans limites... Imaginez deux pavillons jumeaux séparés par une cascade de buissons taillés à l'italienne, des jets d'eau, des fontaines. Gravissez toutes les terrasses ; la vue n'est jamais la même. Si, au premier niveau, la nature semble domestiquée par l'homme, plus on monte, plus les figures des fontaines se font étranges, plus la végétation se libère et se déchaîne. Par ailleurs, Gambara avait conçu toute une série de plaisanteries aquatiques : par exemple, vous êtes assis au soleil sur un banc et vous vous faites arroser par une pluie inopinée, actionnée par les gardiens qui ont désormais pris le relais du cardinal pour les farces... S'il n'y a pas beaucoup de monde, profitez-en pour vous faire guider par les gardiens. *01031 Bagnaia (à 5km de Viterbe sur la S204) Ouvert avr.-sept. : mar.-dim. 8h30-19h30 ; oct.-mars : mar.-dim. 8h30-16h30 Tél. 0761 28 80 08*

Il Sacro Bosco di Bomarzo. Si vous avez été séduit par la Villa Lante, il y a de fortes chances pour que vous aimiez aussi ce parc surréaliste (rendu célèbre, à juste titre, par Dalí). Adossé à une petite bourgade tranquille, le jardin du duc Vicino Orsini (1523-1584) est hanté de figures bizarres, de visages grotesques, d'animaux fantastiques. *Località Giardino Prendre la superstrada en direction de l'A1, vers Orte ; à 13km, bifurcation vers Bomarzo Tél. 0761 92 40 29 Ouvert tlj. 8h-coucher du soleil*

Lac de Bolsena. La balade en voiture autour du lac, le cinquième d'Italie par sa taille mais le plus grand d'origine volcanique d'Europe, vaut vraiment la peine. L'itinéraire fait une boucle de 80km environ au départ de Viterbe. Faites une halte à **Bolsena**, garez-vous à l'entrée ou au sommet du bourg médiéval et parcourez à pied les rues qui serpentent autour de palais en surplomb du lac. Entrez dans la basilique consacrée à sainte Christine, martyre chrétienne du IVe siècle, morte noyée dans les eaux du lac. **Capodimonte** et son château imposant sont aussi aux premières loges pour le panorama sur les eaux noires. D'ici, on distingue parfaitement les deux îlots, aujourd'hui propriétés privées, autrefois résidence des papes (Bisentina et Martana). À **Montefiascone**, les amateurs de vin goûteront l'Est ! Est ! Est ! dont la réputation n'est plus à faire (cf. Manger).

Civita di Bagnoregio. De Bolsena, en vous éloignant à peine de la Via Cassia (S2), rejoignez **Bagnoregio** par des routes de campagne agréables et suivez les indications pour Civita, *"il paese che muore"* ("le village qui meurt"). Et dire qu'autrefois les deux bourgs ne faisaient qu'un, situé stratégiquement entre la Via Cassia et la Via Flaminia, que c'était un solide camp militaire et, au Moyen Âge, un centre administratif et religieux florissant. Et au XVIIe siècle, l'abandon, le déclin : inutile d'être géologue pour comprendre ce qui se joue sous nos yeux quand, du haut du belvédère de Bagnoregio, le regard tombe dans le vide, arrêté seulement par cette dent rocheuse, rongée de toute part. Civita n'est reliée à la nouvelle ville, Bagnoregio, que par un cordon ombilical de quelques dizaines de mètres, un pont piétonnier à l'histoire chaotique. Une couche de tuf volcanique friable, un socle argileux instable, quelques secousses telluriques, tels sont les ingrédients qui consument à petit feu Civita. L'antique place forte est en voie de réhabilitation grâce à l'activité de quelques irréductibles. Le palais communal a été transformé en *trattoria* rustique, quelques caves en bars à vins, la maison paroissiale en bed & breakfast. *À environ 10km de Bolsena*

Tuscania. À 25 km à l'ouest de Viterbe s'accroche une autre cité médiévale, surtout connue pour ses deux magnifiques églises romanes, mais aussi parce que le col sur lequel elle est bâtie, San Pietro, est depuis la nuit des temps un refuge pour l'homme. Les nombreuses nécropoles étrusques ont apporté la preuve de ces implantations. En venant de Viterbe, vous trouverez d'abord la **basilique San Pietro** (juste avant l'entrée du bourg), l'un des édifices les mieux conservés du haut Moyen Âge (VIIIe siècle). Les remaniements des XIe et XIIIe siècles et les aléas de l'histoire n'ont pas eu raison de sa sobre splendeur, préservant encore les chapiteaux médiévaux de ses colonnes, son pavement cosmatesque et une crypte du XIe siècle. Plus en avant sur la route vers le centre de Tuscania, vous croiserez l'**église Santa Maria Maggiore**. Contemporaine de San Pietro, elle renferme de magnifiques fonts baptismaux octogonaux (xiiiᵉ siècle) et des fresques de la même époque dans l'abside. Le centre historique ne manque pas d'intérêt même si la restauration entreprise après les dégâts du tremblement de terre de 1971 l'a quelque peu "muséifié". Les nécropoles de Vulci, ancienne capitale étrusque, situées à une trentaine de kilomètres, sont difficilement accessibles. Le Musée archéologique de la ville expose les découvertes issues des fouilles effectuées dans la région mais il sera peut-être plus intéressant d'aller directement à Tarquinia (musée et nécropole) ou à Cerveteri (nécropole). *01017 Tuscania Basilique Tél. 0761 43 64 86 Église Strada Santa Maria Tél. 0766 43 64 86 Ouvert 9h-13h, 16h-19h Musée Piazza Madona del Riposo Tél. 0761 436 209 Ouvert mar.-dim. 8h30-19h*

☺ **Tarquinia.** Si le nom vous dit quelque chose, c'est peut-être à cause de Marguerite Duras. Les *Chevaux ailés*, exposés au Musée archéologique, ont donné leur nom à un de ses romans, *Les Petits Chevaux de Tarquinia*, publié en 1953. Tarquinia est aujourd'hui la cité étrusque par excellence, située à 45km de Viterbe et 95km de Rome. Si vous voulez avoir une mince idée de ce qu'a été la civilisation au mystérieux sourire apaisé, il faut faire une halte ici. Comptez un après-midi au moins (ou une bonne matinée) pour visiter le **musée** et vous rendre ensuite sur la **nécropole étrusque** appelée "l'Area del Calvario" (un forfait acheté au musée comprend la visite des collections et celle des tombes). Outre les célèbres chevaux de terre cuite, on trouve des poteries qui attestent les liens étroits entre les Étrusques et les Grecs, des sarcophages, des sculptures, des tombes reconstituées... Le musée, installé dans un palais du xvᵉ siècle, renferme une des plus belles collections étrusques en dehors de Rome et du musée de la Villa Giulia. Quant à la nécropole, vous éprouverez peut-être ici des sensations d'explorateur en herbe. Les tombes ne sont pas toutes accessibles mais les 13 qui sont ouvertes sont somptueuses, couvertes de fresques aux couleurs vives ressemblant à des tapisseries, représentant des scènes de banquet, de chasse, des courses de chevaux... Du haut du plateau, vers la tombe n°3, vous aurez une vue superbe sur la plaine alentour. *Palazzo Vitelleschi Piazza Cavour 01016 Tarquinia Tél. 0766 85 60 36 Ouvert mar.-dim. 8h30-19h30 Nécropole (à 2km) Ouvert mar.-dim. 8h30-1h avant le coucher du soleil*

Cerveteri. Situé à 90km de Viterbe (et environ 50km de Rome), Cerveteri et sa nécropole (distante de 1km) comptent parmi les sites archéologiques les plus spectaculaires d'Italie. Les tombes de Tarquinia sont certes plus "artistiques" mais, à Cerveteri, le site est très émouvant, à l'abri des pins. C'est une véritable "cité des morts", avec ses rues et ses places, et ses tombes allant du viiᵉ au iiiᵉ siècle av. J.-C. *Via della Necropoli 00052 Cerveteri Tél. 06 994 00 01 Ouvert mar.-dim. 8h30-1h avant le coucher du soleil*

*Aucune expression ne sied mieux à la Campanie que celle que les Romains lui attribuèrent : "Campania Felix", "campagne heureuse". Pourtant, il est des cicatrices qui rappellent à ceux qui y vivent qu'ils doivent apprendre à défier la nature et à en conjurer les sorts. La colère du Vésuve éclate un jour d'août 79, figeant sous la lave les villes florissantes qui s'étalaient à ses pieds. Aujourd'hui **Pompéi** et Herculanum nous livrent le quotidien de l'Antiquité dans sa plus touchante intimité. Sur la côte napolitaine, l'histoire côtoie aussi la nature dans sa beauté la plus nue : **Sorrente** et **Amalfi**, accrochées aux flancs des monts Lattari ; **Capri**, Ischia et Procida, petites perles insulaires du golfe ; ou encore les terres ardentes des **champs Phlégréens**, adossés au volcan de la Solfatare... Et puis il y a **Naples**, où l'esthétique baroque des églises se prolonge dans les ruelles, se fait art de vivre, devient l'apologie du contraste, de la superstition, de la ferveur. Chérie par ses habitants comme aucune autre ville italienne, Naples pétille d'audace et de vivacité, renvoyant ses détracteurs à leurs préjugés, eux qui la croyaient définitivement corrompue et miséreuse.*

GEO**REGION**

Naples et la Campanie

Légendes des cartes

Cartes régionales

- Autoroute et 2x2 voies
- Route principale
- Route secondaire
- Autre route
- Zone urbaine
- ⊠ Aéroport
- •••••• Limite de province
- ● Site remarquable
- ▲ Sommet
- ⤨ Tunnel
- —·—·— Limite de Parc naturel
- ------ Liaison maritime

Plans de villes

- Axe principal
- Tunnel
- Voie ferrée
- Espace vert
- † Église
- Synagogue
- Cimetière
- Stade
- M Métro
- F Funiculaire

Naples

Sans jamais verser dans le passéisme, Naples s'est tournée délibérément vers son histoire. Depuis une dizaine d'années elle valorise en effet son identité, sa gouaille, son peuple qui faisait auparavant presque honte à l'affairisme du Nord. Affranchie, la ville a littéralement explosé. Elle affiche avec orgueil son appartenance à une civilisation méditerranéenne plurimillénaire, riche d'une variété de cultures et de descendances, des Grecs aux Bourbons. Des hommes et des femmes de bonne volonté ont retroussé leurs manches pour faire face à l'innommable saccage du paysage depuis l'après-guerre. Aucune éruption volcanique, aucun séisme n'avait jusque-là eu raison de la beauté du golfe. Dans une ville caractérisée de tout temps par la surpopulation, la spéculation immobilière s'était déversée telle une pieuvre de ciment. On a aussi dit de Rome, citant Fellini, qu'elle était "bonne mère", qu'elle vous prenait quand vous en aviez besoin, et vous laissait partir quand l'heure était venue. Naples n'est pas bonne mère. Elle vous bouscule et vous secoue, elle vous prend à partie. Elle est susceptible et prétentieuse et ne vous lâche plus.

LA RENAISSANCE DE LA VILLE

Ville où rien ne fonctionne, où l'administration est corrompue, ville mafieuse, ville dangereuse, ville insalubre… Depuis L'opération *Mani Pulite* ("mains propres") et l'action du président de Région Antonio Bassolino (maire de 1993 à 2000) qui ont su redonner confiance aux concitoyens, les idées reçues qui caractérisaient Naples tombent en lambeaux. Aujourd'hui, on a le sentiment d'un immense chantier, notamment dans le centre historique. Échafaudages, machines, grues sont les signes d'une renaissance qui passe d'abord par la consolidation de ses racines. Il ne s'agit pas de rebâtir une autre Naples mais de préserver celle qui a fait concurrence en d'autres temps à Londres ou Paris (Naples était la troisième ville européenne en 1850), de faire que ses habitants aussi la redécouvrent, enorgueillis par une beauté qui n'est plus seulement un mythe.

NAPOLETANITÀ

La magie de Naples tient aussi et surtout à cette alliance inédite ailleurs en Italie entre la ville et ses alliés, les Napolitains. On peut découvrir Rome ou Florence en faisant presque abstraction des Romains ou des Florentins ; la chose est impossible à Naples (ou il vous manquera une clé de lecture). Pour apprécier le baroque napolitain et le comprendre, il faut l'associer à la ferveur religieuse de ses habitants, une croyance exubérante et renouvelée qui défie les catastrophes naturelles, qui se nourrit de superstitions morbides. On a dit de Rome que ses habitants étaient devenus presque indifférents à la beauté qui les entourait, comme pour se défendre d'une histoire écrasante. Les Napolitains ne peuvent pas se défaire de leur ville, ils sont en communion constante avec le paysage qui l'entoure, ses murs, ses sous-sols, les reliques de ses saints patrons. Partout, même dans les quartiers les plus populaires ou dégradés, transpire une conscience autoproclamée de la dignité, de ce que veut

dire "être du Sud", être pauvre mais s'en sortir, être l'héritier d'une culture
qui fait fi des nouvelles lois.

UNE TRADITION GASTRONOMIQUE

Si l'idée que la cuisine d'une ville ou d'une région en dit beaucoup sur son
histoire, c'est encore plus vrai à Naples. Ancienne capitale d'un royaume,
centre culturel foisonnant, Naples se heurte à une infinie variété de contrastes
qui se traduisent surtout dans sa cuisine, mélange de recettes pauvres
et de savoir-faire nobles, de produits du terroir et de traditions importées.
L'une des conséquences massives et universelles de cette réussite est
l'exportation, jusqu'aux horizons les plus lointains, des spaghetti (ou pour
être précis dans le dialecte napolitain, des *maccheroni*) et de la pizza.
Les sauces peuvent paraître simples mais la qualité des produits locaux
est telle qu'elles prennent ici une tournure exceptionnelle... Oubliés,
les condiments sophistiqués et les recettes fantaisistes : les Napolitains
n'ont cure de renouveler les saveurs ou de troquer les vieux classiques d'antan
pour une nouvelle cuisine qui ne les rassasiera pas et les laissera nostalgiques
des plats préparés par leur mère et leur grand-mère. Naître napolitain,
c'est aimer manger. Cette évidence se double d'une autre, tout aussi
prégnante : aimer manger, certes, mais vanter la cuisine napolitaine
plus que toute autre au monde. Cette religion du *cibo* (la nourriture)
gagne tous les quartiers, des ruelles sombres de Spaccanapoli aux hauteurs
panoramiques du Vomero. Un conseil toutefois, pour dénicher un bon
restaurant, parmi toutes les *trattorie* et pizzerias que vous croiserez :
ne vous fiez pas aux nappes blanches et verres à pied comme élément
de qualité. La plupart du temps, le manque d'investissement dans le cadre
est compensé par une extrême générosité dans la confection des plats.
Une bonne méthode consiste à demander conseil aux Napolitains, sans
aucun doute les meilleurs experts en la matière.

Naples, mode d'emploi

accès

EN AVION. Situé dans le quartier de Capodichino, l'aéroport est à 7km du
centre-ville. De là, deux compagnies d'autobus desservent la ville. Achetez
l'artecard (cf. informations touristiques) ou un billet (environ 1,50€) aux
kiosques de l'aéroport.
Aéroport international de Capodichino (plan 1, B1). *Tél. 081 789 62 59*
www.gesac.it
ANM (plan 3, C2). Dessert la piazza Garibaldi (gare). Trajets quotidiens : lun.-
sam. de 5h30 à 23h40, départ toutes les 13min, dim. de 5h40 à 23h45,
départ toutes les 16min. *Tél. 081 763 11 11*
Station de taxi (plan 2, F3). Comptez environ 30€ jusqu'à piazza Municipio ;
veillez à ce que le taximètre fonctionne. *À la sortie du terminal*

EN TRAIN. La Stazione Garibaldi, gare de Naples, se trouve à l'est, en bordure
de la vieille ville. Elle est desservie par des trains rapides (Eurostar) en provenance des grandes villes du Nord et du Sud (Milan, Turin, Venise, Florence,

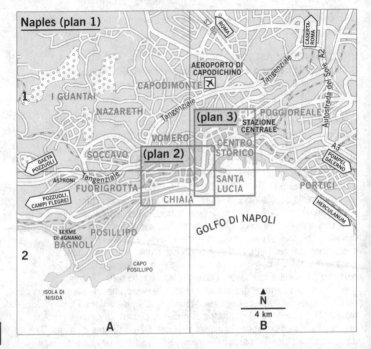

Naples (plan 1)

Rome, Bari, Reggio di Calabria). Pour gagner le centre-ville, prenez le métro (ligne 2) ou un taxi. Si vous voyagez léger et que votre hôtel est dans le centre historique, sachez qu'il vous faudra une petite demi-heure à pied pour gagner la piazza Dante.
Stazione Garibaldi (plan 3, C2). *Tél. 848 888 088 www.trenitalia.com*

EN BUS. La plupart des bus "longue-distance" partent et arrivent piazza Garibaldi. Attention, aucune ligne ne dessert Rome au départ de Naples.
Sita (plan 3, B4). Cette compagnie assure des liaisons entre Naples et les grandes villes du nord et du sud de l'Italie et certaines villes de France et d'Allemagne. *Vasco Immacolatella Vecchia (à proximité du Molo Beverello) Tél. 081 552 21 76*

EN VOITURE. Comptez 10h de Milan (780km) par l'autoroute A1, 2h30 de Rome (217km, par la même autoroute), 5h environ de Reggio di Calabria (470km, par l'A3 mal entretenue mais quasiment gratuite). Depuis Bari, comptez 2h30 (270km) par l'A16 et l'A14. Composez le 1518 pour obtenir des informations sur le trafic (gratuit).

orientation

Seuls les belvédères permettent d'embrasser toute la ville du regard car dans certains quartiers de Naples, les rues sont si étroites et les *palazzi* si hauts qu'il est difficile de repérer coupoles d'églises ou places qui pourraient servir de points de repère. Pour s'orienter : sachez que la ville est quasiment coupée en deux, séparée par la via Toledo (plan 3, A3-A4) avec côté est le **centre historique** qui s'étend jusqu'à la gare, côté ouest les **quartiers espagnols** qui montent jusqu'à la **colline du Vomero** (plan 2, C2) et en bordure de mer le quartier de **Chiaia** (plan 2, D4). Dans le lacis de ruelles de la vieille ville, la manière la plus simple de se repérer est d'avoir en tête les *decumani* parallèles (majeur, inférieur et supérieur) qui constituent les *vie dell'arte*, un itinéraire où l'on retrouve les principaux édifices. Parmi les monuments "phares", trois bastions s'imposent du Vomero au bord de mer : le **Castel Sant'Elmo** (plan 2, E2) en surplomb, à l'arrière de la chartreuse San Martino, le **Castel Nuovo** (plan 3, A4) à deux pas du palais royal, face au port d'embarquement pour les îles, et le **Castel dell'Ovo** (plan 2, F5) qui ouvre la longue promenade du *lungomare*. Au-delà de ces quartiers centraux s'étendent encore plus à l'ouest **Mergellina** et **Posillipo** (plan 2, B5), chic et résidentiels.

transports urbains

Le mensuel gratuit *Qui Napoli* renseigne sur les lignes qui desservent les musées. Avec artecard (forfait incluant transports en commun gratuits pendant 3 jours et entrées dans les musées), une ligne des Musées (LM) a été mise en place les week-ends et dessert les principales attractions culturelles et monumentales de la ville. Le billet *giranapoli* valable sur tous les moyens de transports coûte 0,77€/90min ou 2,32€/jour. On achète ces billets dans les bureaux de tabac, les kiosques à journaux...

MÉTRO. Le métro a été rénové et ses deux lignes prolongées. Elles relient uniquement le **centre historique** au **Vomero** (ligne 1) ou à **Chiaia** et **Mergellina** (ligne 2). Certaines lignes de type RER (la *Cumana* ou la *Circumvesuviana*) permettent de gagner les environs, Pouzzoles ou Herculanum par exemple.

FUNICULAIRES. Les funiculaires sont d'agréables moyens de transport, notamment pour vous rendre au Vomero. Pour chanter *funiculi-funicula*, il suffit d'emprunter l'un des **quatre funiculaires** de la ville : celui de **Chiaia** entre Chiaia et Vomero, le *funicolare centrale* relie la via Toledo au Vomero, celui de **Montesanto** la piazza Montesanto, dans les quartiers espagnols, au Vomero et celui de **Mergellina** le quartier de Mergellina à Posillipo.

TRAMWAYS. Quelques **tramways** fonctionnent encore, hérités des années 1930. La ligne 1 relie efficacement Poggioreale (à l'arrière de la gare Garibaldi) à la piazza Vittoria (au début de la Riviera di Chiaia).

BUS. Les lignes pour Posillipo sont de vrais tours panoramiques, qui surplombent le golfe : prendre les bus C9 ou C10 au départ de la Riviera di Chiaia (piazza Vittoria). La 152, qui relie la gare à Pouzzoles, longe le bord de mer.

TAXIS. Les taxis napolitains sont blancs et portent l'emblème de la ville sur leur portière. Ils sont tous équipés de taximètres. On trouve des stations dans la plupart des quartiers touristiques : piazza Garibaldi, piazza Municipio, piazza

Vittoria, via Partenope, via San Carlo, piazza dei Martiri... Cinq coopératives se partagent le marché. La prise en charge est de 2,60€ et la course minimale de 4,15€. S'ajoutent ensuite un certain nombre de suppléments (dimanches et jours fériés, bagages, courses vers ou depuis l'aéroport...).

Consortaxi. *Tél. 081 552 52 52*
Cotana. *Tél. 081 570 70 70*
Free. *Tél. 081 551 51 51*
Napoli. *Tél. 081 556 44 44*
Partenope. *Tél. 081 556 02 02*

circuler en voiture

Impossible d'imaginer faire la visite de Naples au volant d'une voiture au risque d'être victime du stress avant même d'être victime d'un accident. Même pour aller à Marechiaro ou à Posillipo, préférez les bus au départ du centre-ville. Si les mœurs routières se sont adoucies ces dix dernières années, elles n'en demeurent pas moins anarchiques pour un étranger : refus de priorité, irrespect de la signalisation, rues étroites, vitesse... Soyez excessivement vigilant et alerte. Prenez garde aussi à la sécurité de votre véhicule. Vous pouvez tenter de le laisser stationné à l'extérieur mais il risque d'être désossé en moins de 24h. Seule solution : un parking privé. Ils sont nombreux dans Naples, plus ou moins chers (négociez, surtout si c'est pour plusieurs jours). La plupart sont ouverts le dimanche et jusqu'à tard le soir (0h-1h).

Garage Cavour (plan 3, B2). Sa qualité est d'être bien situé : à deux pas du Musée archéologique national, au début de la via Foria. N'hésitez pas à négocier ; le prix est dégressif si vous y passez plusieurs jours. De 15€ à 24€ pour 24h. *Piazza Cavour, 34 Tél. 081 45 41 83*
Garage Ferraris (plan 3, C2). Situé dans une rue proche de la gare. *Via Stefano Brun, 20/21 Tél. 081 554 15 57*
Garage Turistico (plan 3, B4). À deux pas du port. *Via De Gasperi, 14 Tél. 081 552 54 42*
Garage Santa Chiara (plan 2, F4). Dans le quartier de Santa Lucia. *Via Pallonetto a Santa Chiara, 30 Tél. 081 551 63 03*

location de voiture

Pour pallier le risque de vol, les agences de location (à l'aéroport ou à proximité de la gare ferroviaire) vous proposent de parquer gratuitement votre véhicule dans un parking surveillé, ce qui constitue un gros avantage et une économie substantielle.

Europcar (plan 1, B1). *Aéroport de Capodichino Tél. 081 780 56 43*
Hertz. *Piazza Garibaldi, 91 (plan 3, C2) Tél. 081 20 62 28 Aéroport international de Capodichino (plan 1, B1) Tél. 081 780 29 71*
Avis. *Piazza Garibaldi (plan 3, C2) Tél. 081 554 30 20 Aéroport international de Capodichino (plan 1, B1) Tél. 081 780 57 90*
Maggiore. *Piazza Garibaldi (plan 3, C2) Tél. 081 28 78 58 Aéroport international de Capodichino (plan 1, B1) Tél. 081 780 30 11*

informations touristiques

Plusieurs antennes en ville mais l'essentiel de l'information qu'on vous fournira est rassemblée dans *Qui Napoli*, un mensuel gratuit disponible dans les offices de tourisme mais aussi dans les hôtels, certains restaurants ou bars... Vous y trouverez la liste actualisée des associations effectuant des visites guidées (par exemple une visite du quartier populaire de la Sanità ou une visite du golfe par la mer en minicroisière).

Artecard. Lancé au printemps 2002, ce pass est devenu une référence pour l'accès aux musées de la ville : un forfait valable 3 jours (13€ plein tarif , 8€ tarif réduit) qui comprend l'accès gratuit à tous les transports en commun de la ville (y compris les trajets vers l'aéroport), à deux musées au choix ainsi que l'accès à demi-tarif à l'ensemble des musées napolitains et au site archéologique des champs Phlégréens. Cette carte est en vente partout : offices de tourisme, musées, gare, aéroport, grands hôtels, agences de voyages... *Numéro vert 800 600 601 www.napoliartecard.com*

Azienda Autonoma di Soggiorno, Cura e Turismo (plan 3, A4). *Palazzo Reale Piazza Plebiscito Tél. 081 252 57 11 Fax 081 41 86 19 www.inaples.it Ouvert lun.-sam. 9h-20h, dim. 9h-15h Piazza del Gesù Nuovo (plan 3, A3) Tél. 081 552 33 28 Via San Carlo, 9 Tél. 081 40 23 94 Via Marino Turchi, 16 Tél. 081 240 09 11*

Osservatorio Turistico Culturale (plan 3, A4). Le bureau touristique de la mairie réserve un accueil efficace et très chaleureux. *Piazza del Plebiscito (sous la colonnade n°12) Tél. 081 247 11 23 Fax 081 764 59 32 www.comune.napoli.it Ouvert lun.-ven. 9h-15h, sam. 9h-13h30*

EPT (plan 2, E4). *Piazza dei Martiri, 58 Tél. 081 410 72 11 Fax 081 081 40 19 61 www.ept.napoli.it Ouvert lun.-ven. 9h-15h Stazione Centrale 081 26 87 79 Piazza di Piedigrotta 081 761 21 02*

représentations diplomatiques

Consulat de France (plan 2, D3). *Via Francesco Crispi, 86 Tél. 081 598 07 11 Fax 081 598 07 30 www.france-italia.it/consulat/naples*
Consulat de Belgique (plan 2, F3). *Via A. Depretis, 78 Tél. 081 551 05 35 Fax 081 551 21 14*
Consulat de Suisse (plan 2, E4). *Via dei Mille, 16 Tél. 081 410 70 46 Fax 081 40 09 47 vertretung@nap.rep.admin.ch*

urgences et hôpitaux

Police Secours. *Tél. 112 (Carabinieri) Tél. 113 (Polizia di Stato)*
Pompiers. *Tél. 115 (Vigili del Fuoco)*
Samu. *Tél. 118 (Ambulanza)*
Le service des urgences (*pronto soccorso*) des hôpitaux napolitains fonctionne 24h/24.
Ospedale Cardarelli (plan 1, A1). Le plus grand hôpital du sud de l'Italie. *Via Cardarelli, 9 (Capodimonte) Tél. 081 747 11 11*
Ospedale Santobono (plan 2, D1). Spécialisé en pédiatrie. *Via M. Fiore, 6 (Vomero) Tél. 081 22 05 79*

Guardia Medica-SOS Médecins. *Tél. 081 254 24 24 (Centre historique)/081 761 34 66 (de Chiaia à Posillipo)/081 578 07 60 (Vomero)*

banques

La majorité des banques sont désormais équipées de distributeurs automatiques acceptant la plupart des cartes internationales.
Banco di Napoli (plan 2, F3). *Via Toledo, 177/178 Tél. 081 792 11 11 Fax 081 580 14 36 Ouvert lun.-ven. 8h-13h30 et 14h40-15h50*

poste

Comme partout en Italie, il est possible d'acheter des timbres dans les bureaux de tabac (0,62€ pour une lettre de moins de 20g pour toute l'Europe).
Posta Centrale (plan 3, A3). *Piazza Matteotti (Centre historique, à proximité de la via Toledo) Tél. 081 552 05 02 Ouvert lun.-sam. 8h15-18h*

Internet

Pour ceux qui séjournent longuement à Naples, tentez de configurer votre ordinateur avec un accès Internet gratuit : www.libero.it, www.tiscali.it, www.kataweb.com, www.tin.it. Les autres se connecteront dans un des cafés Internet.
Intra Moenia (plan 3, A2). *Piazza Bellini, 70 Tél. 081 29 07 20 Ouvert tlj. 10h-2h*
Aexis Telecom (plan 3, A3). Comptez 1€/20min de connexion. *Piazza del Gesù Nuovo, 52/54 Tél. 081 019 77 25 Ouvert tlj. 8h-22h*
Clic Net (plan 2, F3). Comptez 2,50€/h de connexion. *Via Toledo, 393 Tél. 081 552 93 70 Ouvert tlj. 9h-2h*

presse

Les grands quotidiens internationaux sont disponibles à Naples dans les kiosques situés dans les quartiers touristiques. Le quotidien milanais *Corriere della Sera* et *La Repubblica* (à Rome) ont chacun un supplément napolitain.
Il Mattino. Le quotidien napolitain indispensable pour être au fait des informations locales (des faits divers aux événements culturels). *www.ilmattino.it*

marché et manifestations

Maggio dei Monumenti. Sachez que le mois de mai est idéal en termes culturels puisqu'à l'occasion de cette manifestation des dizaines de monuments habituellement fermés sont ouverts à la visite. Concerts, visites guidées, agenda des expositions... permettent aux Napolitains eux-mêmes de redécouvrir leur ville et attirent bon nombre d'étrangers. Renseignements dans *Qui Napoli*, le mensuel de l'office de tourisme (cf. informations touristiques).
Miracle de la liquéfaction du sang (plan 3, B2). Signe de bon augure pour la population qui se rassemble dans le Duomo, en mai et le 19 septembre, jour de sa fête. Selon le temps que prend la liquéfaction (entre 2min et 1h), le présage varie et s'aggrave : désastres footballistiques, tremblement de terre, éruption volcanique... (cf. Découvrir le centre historique).

Marché aux crèches (plan 3, B2). Sur la via San G. Armeno, en décembre.

précautions à prendre

Faites attention au **vol à l'arrachée** dont Naples s'est fait une spécialité. Ça n'est malheureusement pas un mythe et, si cet argument pouvait vous convaincre, sachez que les Napolitains ne sont pas moins victimes des *scippatori*. Seule façon de se prémunir, emporter le minimum, dans un sac en bandoulière ou une banane, éventuellement un sac à dos discret.

Dormir à Naples

Il a fallu attendre les années 1990 pour que Naples s'ouvre au tourisme et comble son retard en termes d'infrastructures hôtelières. Très curieusement, la ville est une destination séculaire, mais entre les lieux luxueux réservés à une certaine élite et les chambres spartiates voire glauques, il était difficile de tirer son épingle du jeu. Depuis une dizaine d'années, le bouche à oreille et la demande de chambres de catégorie moyenne grandissant, de nombreux bed & breakfast ont ouvert, notamment dans le centre historique de plus en plus coté, de mieux en mieux restauré. Ce principe a l'avantage de vous mettre en relation avec des gens du cru mais il peut aussi parfois se révéler onéreux. Pour résumer : il est plus facile de se loger, l'hébergement est vraiment de qualité, souvent très charmant, mais cher. Le centre historique n'est pas le lieu le plus paisible pour se reposer. Les quartiers du Vomero et de Chiaia ont l'avantage d'être plus calmes, de surplomber la baie (avec des vues spectaculaires) mais d'être aussi plus éloignés. À chacun ses priorités !

très petits prix

Ostello Mergellina (plan 2, B4). Une auberge de jeunesse vraiment réussie, propre et bien située. Les chambres ont été refaites et sont décorées d'un mobilier très sobre. Quelques doubles disponibles. Comptez 13€ la nuit, 15,50€ avec le petit déjeuner. *Salita della Grotta a Piedigrotta, 23 (Mergellina) Tél. 081 761 23 46 Fax 081 761 23 91 www.hostelloonline.org Réservation conseillée en été*

petits prix

Margherita (plan 2, D2). Tout le monde connaît cette pension. Le mythe tient en partie au fait qu'elle est l'une des rares adresses du Vomero, à deux pas de la chartreuse de San Martino, bien reliée au centre par les funiculaires, mais aussi parce que le service est constant depuis des années. Les chambres sont propres, situées dans un vieux *palazzo* désuet mais typique. Précipitez-vous au belvédère à côté de la chartreuse et allez voir le panorama sur la ville et le golfe. Comptez de 35€ à 60€. *Via Cimarosa, 29 (Vomero) Tél./fax 081 556 70 44*

Europeo (plan 2, D2). Sa grande qualité est d'être idéalement placé : près de l'université, entre le centre historique et le port. Une dizaine de chambres proprettes, refaites à neuf régulièrement, juste de quoi satisfaire les petits

budgets. Attention, le petit déjeuner n'est pas compris. Mais la piazza San Domenico n'est pas loin et les brioches de Scaturchio non plus ! Double de 45€ à 60€. *Via Mezzocannone, 109 (Centre historique) Tél./fax 081 551 72 54*

prix moyens

Ruggiero (plan 2, D3). Dans le même *palazzo* que le Pinto-Storey, cette pension de 18 chambres décorées avec éclectisme (objets orientaux avoisinant un mobilier ancien) affiche un bon rapport qualité-prix. Seule précaution à prendre : ceux qui ont un sommeil léger emporteront des boules Quies ou demanderont une chambre sur cour. Comptez de 70€ à 90€ pour une double. *Via G. Martucci, 72 (Chiaia) Tél. 081 761 24 60 Fax 081 66 35 36*

B&B Morelli (plan 2, E4). C'est à se demander ce qui peut se cacher derrière cette façade quelconque. La cage d'escalier ne rassure pas mais le propriétaire s'apprête à la restaurer rapidement… Bref, en dehors de ces préalables, le bed & breakfast de Massimo Musella est une adresse agréable, bien située, et récente. Air conditionné, double vitrage, TV et mobilier en bois… Ces quelques indices de confort et de bon goût se doublent de deux autres avantages : le petit déjeuner est compris ainsi qu'un service de lingerie. Double à 80€. *Via Morelli, 49 (Chiaia, à deux pas de la piazza dei Martiri) Tél. 081 245 22 91/338 357 63 14*

Soggiorno Sansevero (plan 3, A3). Comme les deux pensions suivantes, le Soggiorno Sansevero appartient aux Sansevero Resorts. Ici, six chambres vous attendent dans un *palazzo* historique de la piazza San Domenico Maggiore. 75€ pour une double sans sdb (95€ avec sdb), petit déjeuner inclus. *Piazza San Domenico Maggiore, 9 Tél. 081 790 10 00 www.albergosansevero.it*

Albergo Sansevero (plan 3, A2). Onze chambres lumineuses donnent sur un patio intérieur ou sur la rue (plus bruyant). Ceux qui lézarderont jusque tard dans la nuit sur les terrasses des cafés de la piazza Bellini n'auront qu'à traverser la rue pour rentrer. Tarifs cf. Soggiorno Sansevero. *Via S. Maria di Costantinopoli, 101 Tél. 081 21 09 07*

Albergo Sansevero-Degas (plan 3, A3). Encore une adresse au cœur de l'action. Certaines des neuf chambres de cette pension, où séjourna jadis Degas, donnent sur la flèche de l'Immacolata, juste devant l'église du Gesù Nuovo. Tarifs cf. Soggiorno Sansevero. *Calata Trinità Maggiore, 53 Tél. 081 551 12 76*

prix élevés

☺ **B&B Costantinopoli (plan 3, A2).** Une adresse à part, qu'on voudrait donner comme un vrai cadeau à ceux qui sont décidés à découvrir Naples autrement que par la seule visite des monuments et les étapes gastronomiques. Une seule chambre pour l'instant (une seconde est en travaux), immense, avec beaucoup de charme et de très jolis meubles anciens, une sdb moderne et la rencontre avec une famille exceptionnelle et cultivée… Le petit déjeuner autour de la table familiale (notez les céramiques anciennes au-dessus des fourneaux) donnera le ton de la journée qui commence au son des plus belles mélodies napolitaines. *Sfogliatelle*, brioches, fruits frais, café maison... Selon l'inspiration et la disponibilité de la maîtresse de maison, on se coupera en quatre pour vous faire découvrir des spécialités. Si vous avez besoin de conseils, on saura vous guider vers les monuments incontournables à proximité, et vers ceux, méconnus, qui méritent le détour. Si c'est complet, repliez-vous sur le B&B Donna Regina, c'est la même famille. Comptez 95€ la double. Réservation obligatoire. *Via Santa Maria di Costantinopoli, 27 Tél. 081 44 49 62 Fax 081 564 78 88 www.discovernaples.net*

☺ **B&B Donna Regina (plan 3, B2).** Imaginez un ancien couvent du XIVe siècle, à quelques minutes du Musée archéologique, de la cathédrale, du centre historique, restauré avec passion et un goût infini par une famille d'artistes (dont les œuvres ornent les murs de l'appartement). Trois chambres à peine, que se partagent des hôtes aux anges. Soignés comme des coqs en pâte, avec des petits déjeuners somptueux, à l'ombre d'une petite chapelle creusée dans une niche qui est aujourd'hui dans la salle à manger. Une adresse incontournable ! Double à 93€. Réservation vivement conseillée. *Via Luigi Settembrini, 80 Tél. 081 44 67 99 info@discovernaples.net www.discovernaples.net*

L'Alloggio dei Vassalli (plan 3, A3). En plein cœur du centre historique, dans une rue de caractère bordée de *palazzi* du XVIIIe siècle, ce bed & breakfast ne décevra pas les amateurs d'authenticité : en raison de sa situation mais aussi – et surtout – pour le charme qui s'en dégage, le soin et le goût qui ont été portés aux restaurations du lieu (céramiques traditionnelles, poutres apparentes, mobilier ancien...). Cinq chambres seulement pour une ambiance intime et préservée. Double de 92€ à 99€. *Via Donnalbina, 56 Tél. 081 551 51 18 www.bandbnapoli.it info@bandbnapoli.it*

grand luxe

Parteno (plan 2, F5). Un bed & breakfast très bien tenu, assez chic, à la décoration originale, dont certaines chambres donnent sur la mer (et au loin, par beau temps, sur Capri). C'est ce qu'il y a de moins cher sur le *lungomare* qui longe le golfe... Accueil très soigné par les propriétaires. De 110€ à 165€ la double. *Via Partenope, 1 Tél. 081 247 13 03 www.paterno.it*

Pinto-Storey (plan 2, D3). Une adresse très connue, pension Art déco favorite des intellectuels et artistes de passage, qui occupe depuis 1878 les deux derniers étages d'un *palazzo* près de la via Chiaia et de la via dei Mille. Les chambres ont été restaurées, gardant tout leur caractère. Profusion de plantes, vue panoramique pour certaines chambres et atmosphère distinguée pour un prix raisonnable dans cette catégorie. Comptez environ 125€ la nuit. *Via G. Martucci, 72 (Chiaia) Tél. 081 68 12 60 Fax 081 66 75 36 www.pintostorey.it*

Il Convento (plan 2, F3). Quatorze chambres au cœur des quartiers espagnols, aménagées dans un ancien couvent. Une des rares adresses dans le quartier, un lieu d'autant plus réussi qu'il a conservé son aspect patiné tout en étant très confortable. Comptez de 90€ à 160€ la double. *Via Speranzella, 137/a (Quartiers espagnols) Tél. 081 40 39 77 Fax 081 423 82 14*

☺ **Albergo del Purgatorio (plan 3, B3).** Nathalie de Saint Phalle se présente comme marchande de tapis. De magnifiques kilims réchauffent les sols de son immense hôtel-galerie d'art contemporain-appartement privé qui habite les murs historiques du Palazzo Marigliano en plein Spaccanapoli. Il fallait bien la ténacité, le sens du contact et le goût éclectique d'une exploratrice pour que ce projet aboutisse. Elle part de l'idée que les lieux particuliers se font de plus en plus rares. Alors elle restaure cet espace magnifique, toujours provisoire puisque tout est à acheter, et vend des nuits de souscription comme on vend un livre, par le biais d'une association où les membres tissent un réseau de voyageurs. Trois chambres superbes, où se côtoient exotisme, objets d'art contemporain, bibelots kitsch. Sur la terrasse immense, les lauriers roses et blancs... En devenant membre, vous obtenez aussi des nuits et vous soutenez les futurs projets (à Palerme, Istanbul, Sarajevo, au Caire...). Adhésion de 150€ à 700€ ouvrant droit à des nuits. Une fois ce nombre de nuits consommé, le tarif est de 77€ la double. *Via San Biagio dei Librai, 39 (Centre historique) Tél. 081 29 95 79 Réservation conseillée* **Association Locus Solus** *19, quai Bourbon 75004 Paris Tél. 01 43 25 04 67*

Hotel del Real Orto Botanico (plan 3, C1). La portion de la via Foria qui donne sur la piazza Carlo III recèle des merveilles insoupçonnées. En bordure du centre historique, à la frontière du quartier populaire de la Sanità, se dresse cet établissement, face au magnifique jardin botanique (cf. Découvrir la piazza Cavour et ses alentours). L'hôtel n'affiche que trois étoiles mais en mériterait bien une quatrième. Les chambres sont spacieuses, décorées avec goût (parquet, mobilier simple...) et, surtout, elles donnent sur les palmiers du jardin. Les sdb sont ultramodernes et vous n'aurez rien à craindre du bruit, les chambres étant toutes équipées de double vitrage. Si c'est possible, réservez une chambre aux étages supérieurs, la vue n'en sera que plus spectaculaire. N'hésitez pas à négocier les tarifs de séjour, notamment en août (basse saison). Comptez de 100€ à 130€ pour une double standard. *Via Foria, 192 (Centre historique) Tél. 081 442 15 28 Fax 081 442 13 46 hoteldelreal@hotmail.com*

Britannique (plan 2, E1). Un quatre étoiles tout ce qu'il y a de plus classique, très *british*, avec une vue plongeante sur le golfe depuis les hauteurs du Vomero. À la différence de certains hôtels de luxe plutôt impersonnels, celui-ci affiche une élégance d'un autre âge, teintée de nostalgie des colonies. Passez par Internet avant de réserver par téléphone, il y a parfois des tarifs promotionnels. De 130€ à 135€ la double. *Corso Vittorio Emanuele, 133 Tél. 081 761 41 45 Fax 081 66 04 57 www.hotelbritannique.it*

Portalba 33 (plan 3, A3). Un lieu hors normes que Pedro Almodovar n'aurait pas renié. La carte de visite à elle seule annonce la couleur : léopard et couleurs flashy ! Trois chambres à peine, mais immenses et différentes. On mélange les genres, le mobilier ancien et les tentures coloniales aux peaux de bêtes, aux œuvres de jeunes artistes... Cette touche si personnelle est celle des deux propriétaires, architectes, qui ont su restaurer cet espace dans un *palazzo* de la petite rue qui relie la piazza Dante à la piazza Bellini. On ne peut rêver mieux :

on est au cœur du centre historique, sans pâtir du bruit. Une envie de luxe, de chauffeur personnel, de coiffeur à domicile ou de soins esthétiques ? Qu'à cela ne tienne, sitôt souhaité, sitôt réalisé ! De 140€ à 160€ selon la chambre. *Via Portalba, 33 Tél./fax 081 549 32 51 info@portalba33.it www.portalba33.it*

Hotel San Francesco al Monte (plan 2, E1). Ce splendide couvent du XVIᵉ siècle, emblématique pour nombre de Napolitains, perché dans le quartier du Vomero, vient d'être restauré en un hôtel de charme. Sa soixantaine de chambres et de suites ont été aménagées dans les anciennes cellules du monastère franciscain, en surplomb de la baie, avec une vue spectaculaire. Comptez de 270€ à 280€ la double, selon la saison et les offres promotionnelles. *Corso Vittorio Emanuele, 328 (Vomero) Tél. 081 251 24 61 ou 081 423 91 11 Fax 081 251 24 85 reservations@hotelsanfrancesco.it www.hotelsanfrancesco.it*

Excelsior (plan 2, F5). S'il ne fallait en retenir qu'un seul, du long chapelet d'hôtels de luxe qui longent la via Partenope, en face du Castel dell'Ovo et fermant le golfe ouvert par le Vésuve à l'opposé, ce serait celui-ci. Il n'affiche peut-être pas cinq étoiles mais c'est encore une référence pour la jet-set ou les têtes couronnées. Toutes les chambres sont différentes mais inspirées par la Belle Époque, et la moitié d'entre elles bénéficient d'une vue spectaculaire en surplomb de la baie. Pour ceux qui séjournent à l'arrière, pas d'inquiétude : la *terrazza* sur le toit est accessible à tous et il est même possible de dîner (bonne cuisine méditerranéenne). Une chambre revient de 230€ à 280€. *Via Partenope, 48 Tél. 081 746 01 11 Fax 081 764 97 43 www.excelsior.it*

Manger dans le centre historique

Les quartiers autour de la via dei Tribunali fourmillent d'adresses où se restaurer, des plus rudimentaires (*alimentari* où l'on peut commander un panino, *friggitorie*, pizzerias…) aux plus traditionnelles. Le périmètre du centre historique est ici quelque peu élargi puisqu'il descend jusqu'au port.

très petits prix

Un Sorriso Integrale (plan 3, A2). Difficile de traduire le jeu de mots qui fonctionne en italien et qui n'a pas beaucoup de sens en français : un "souriz complet"… Les végétariens et ceux qui sont las des spécialités napolitaines trop riches se réjouiront de trouver cette association qui prépare chaque jour une cuisine méditerranéenne à base de produits bio. Quelques plats seulement, atmosphère très décontractée (encens et babas cool), un lieu de réunion écolo et une librairie thématique. *Vico San Pietro a Majella, 6 (angle piazza Bellini) Tél. 081 45 50 26 Ouvert lun.-sam. 12h-15h*

petits prix

La Campagnola (plan 3, B2). On se doutait que le cœur de Spaccanapoli, l'âme vibrante et populaire de la ville, devait cacher une *trattoria* comme celle-ci. Pour beaucoup (artistes, ouvriers, résidants…), elle est devenue leur cantine. Pour l'écrivain napolitain Erri De Luca, c'est l'une des dernières véritables *trattorie* en ville. Il faut passer la première salle encombrée d'un comptoir et fermée par des murs de bouteilles pour entrer dans l'arène. Le spectacle est mené par Giovanni Bufalino, patron depuis des décennies, et ses assistantes, en cuisine (ouverte). Courgettes à l'escabèche, salade de poulpe, anchois marinés, pâtes au poisson, paupiettes... Vous êtes prié de noter sur une feuille ce qui vous fait envie et vous serez servi en quelques minutes. Même si c'est la première fois que vous venez, on s'adressera à vous comme à un habitué. *Via dei Tribunali, 47 Tél. 081 45 90 34 Ouvert lun.-sam. midi* **Enoteca** *fermeture à 20h*

Tavola Calda Don Antonio (plan 3, A4). Si vous avez du mal à trouver cette "table chaude", dites-vous qu'il vous faudra marcher quelques minutes à partir du Molo Beverello (où appareillent les ferries pour les îles du golfe) en direction du Vésuve, tout en restant dans l'enceinte du port. Peu de touristes, ou alors ceux qui connaissent, quelques marins, quelques douaniers... La clientèle ne cherche pas le superflu et fait fi des tables en plastique et des nappes en papier pourvu que le poisson frétille encore avant de plonger dans l'huile de friture. Pour le dessert, les gourmands iront à la pâtisserie juste à côté goûter les *cannoli*, spécialité sicilienne qui arrive chaque jour de Palerme (sorte de gaufrette roulée, farcie d'une crème à base de ricotta, chocolat et écorces d'orange). *Piazzale Immacolatella Vecchia (port de Naples) Tél. 349 310 84 25 Ouvert tlj. 12h-16h*

Trattoria Casetta Rossa (plan 3, C3). Assis en terrasse, à l'abri derrière des cannisses, vous aurez devant vous la poupe massive d'immenses paquebots prêts à lever l'ancre pour des destinations exotiques. Cette *trattoria* a ses aficionados qui se déplacent jusqu'ici pour sa cuisine généreuse, à base de poisson et de fruits de mer bien sûr, mais aussi de viande et de légumes. La sauce tomate est légère, au bon goût de basilic et de tomates fraîches ; à eux seuls, les *primi* valent le détour. Pour ceux qui veulent déjeuner léger, ne ratez pas la salade de poulpe, jamais aussi tendres et délicats qu'ici. *Calata Villa del Popolo (port de Naples) Tél. 081 20 76 90 Ouvert lun.-sam. midi-16h et sam. soir*

Antica Osteria Pisano (plan 3, B2). Les Napolitains s'accordent pour trouver cette *osteria* idéale. Près du Duomo, dans un cadre sans prétention – mais agréable avec ses quelques tables en terrasse –, ils y trouvent les spécialités dont ils raffolent : des *antipasti* variés (légumes braisés ou à l'escabèche, anchois marinés...), des pâtes savoureuses, des plats mitonnés avec patience (ragoûts, morue...) par une famille très chaleureuse. *Piazzetta Crocelle ai Mannesi, 1 (angle de la via Duomo) Tél. 081 554 83 25 Ouvert lun.-sam. midi et soir*

Osteria Da Carmela (plan 3, A2). Pour ceux qui sortent du Musée archéologique national épuisés et affamés, cette *osteria* toute proche est l'adresse idéale. D'abord parce que vous pourrez vous asseoir dans un cadre reposant (non fumeur !) et que ses spécialités napolitaines feront plus que vous rassasier : buffet d'*antipasti*, *primi* aux coques et moules ou à la sorrentine (tomates et mozzarelle), bonne friture de calamars et de crevettes. *Via Conte di Ruvo, 11/12 Tél. 081 549 97 38 Ouvert lun.-sam. midi et soir*

L'Europeo (plan 3, B3). Aux environs du port et de l'université, un restaurant bruyant mais convivial qui rassemble quadragénaires en cravate et jeunes gens détendus autour des mêmes tables. La cuisine est toujours égale, sans aucune extravagance : *mozzarelle* de *bufala* et tomates cerises du Vésuve, *primi* classiques, omelette aux oignons, poivrons farcis et de bons fruits de mer. Les pizzas sont assez réussies. *Via M. Campodisola, 4/8 Tél. 081 552 13 23 Ouvert lun.-mer. midi et jeu.-sam. midi et soir*

☺ **La Cantina di Masaniello (plan 3, A3).** Sans doute notre adresse préférée ! On raconte que ces anciennes écuries étaient celles de Masaniello, le frondeur des quartiers populaires de Naples qui osa défier les Espagnols en 1647. L'endroit s'est assagi et n'a conservé des écuries que la structure voûtée. Pour le reste, madame est en cuisine, monsieur en salle, toujours de très bon conseil, notamment pour les excellents vins régionaux. Les recettes les plus traditionnelles, celles que les Napolitains rechignent à préparer désormais (parce qu'il faut du temps, de nombreux ingrédients…), sont encore à la fête ici : la *minestra maritata*, soupe "mariée" (où l'on marie les légumes à la viande de porc qui mijotent pendant des heures), les pâtes aux pommes de terre et à la *provola* (fromage légèrement fumé) ou aux haricots secs, viande braisée, poissons et fruits de mer grillés ou frits et les desserts appétissants (*pastiera* de Pâques, *cassata*…). *Via Donnalbina, 28 Tél. 081 552 88 63 Ouvert lun.-sam. midi et soir Fermé août*

prix moyens

Dante et Beatrice (plan 3, A3). Un restaurant aussi connu que la place qui l'accueille, à l'ombre de l'imposante figure de Dante. On y vient le dimanche en famille pour ses délicieuses fritures (on ne vous en voudra pas de les manger avec les doigts) et ses desserts traditionnels. *Piazza Dante, 44/45 Tél. 081 549 94 38 Ouvert jeu.-mar. 13h-15h30 et 20h-23h*

Il 53 (plan 3, A3). Le frère jumeau du restaurant précédent, sur la même place. Tout aussi classique, peut-être un peu plus chic, tout aussi bon et également ouvert le dimanche soir quand d'autres sont fermés. Ses atouts : les *antipasti*, infinis et vraiment savoureux, et une cuisine qui change au gré des saisons. *Piazza Dante, 53 Tél. 081 549 93 72 Ouvert tlj. midi et soir*

Mimì alla Ferrovia (plan 3, C2). Où goûter la véritable *parmigiana di melanzane* (sorte de lasagnes d'aubergines, spécialité de toute *mamma* napolitaine qui se respecte) ? Chez Mimì, près de la gare ! C'est un classique, toujours bondé, envahi par des habitués chahuteurs venus déguster les recettes de leur enfance, préparées avec des légumes à peine cueillis et les meilleurs produits locaux. Difficile de réserver, donc attendez-vous à faire la queue (ou venez tôt). *Via Alfonso d'Aragona, 19/21 Tél. 081 553 85 25 Ouvert lun.-sam. 12h-16h et 19h30-0h*

☺ **La Taverna dell'Arte (plan 3, A3).** Vous voulez savoir ce qu'on mangeait à la cour des Bourbons ? Qu'à cela ne tienne. La Taverna dell'Arte ferme sa porte une fois ses quelques tables occupées (pensez à réserver, les habitués sont assidus !) et traite ses convives comme des rois : *bucatini di ricotta e pecorino*, pâtes aux fèves ou aux artichauts, morue aux olives noires, pignons et raisins secs, calamars aux pommes de terre, saucisse farcie et grillée… le tout dans un cadre très inspiré, qui laisse beaucoup d'intimité. En saison, les tables en terrasse sont prises d'assaut. Voilà ce qui arrive quand les raffinements aristocratiques se frottent aux accents populaires ! *Rampe San Giovanni Maggiore, 1/a Tél. 081 552 75 58 Ouvert lun.-sam. 20h-23h*

Manger dans les quartiers espagnols et à Santa Lucia

La **via Toledo** marque la frontière entre le centre historique à l'est et les quartiers espagnols à l'ouest, territoires hérités de l'urbanisme rationnel du XVIe siècle qui devait faire face à une population grandissante et au logement des troupes des vice-rois d'Espagne. Cet axe qui va jusqu'à la mer au sud en passant devant le Palazzo Reale délimite un des côtés de la Naples royale qui s'étend vers l'ouest jusqu'à Santa Lucia. Quartiers contrastés, à la fois nobles et aérés en bord de mer, tortueux et populaires sur les hauteurs.

très petits prix

Trattoria Nennella (plan 2, F3). Immersion dans l'atmosphère des quartiers espagnols : on se retourne quand vous entrez, on vous dévisage (surtout si vous êtes seul, surtout si vous êtes une femme) et puis on vous oublie, on a mieux à faire (les pâtes n'attendent pas). Deux salles fonctionnelles : un néon, des tables, des chaises et c'est à peu près tout. Mais la cuisine est généreuse et vous laissera de bons souvenirs : pâtes aux haricots, saucisses grillées et blettes, un verre de vin blanc léger, un fruit et éventuellement un petit verre de *limoncello* glacé (digestif à base de citron). *Vico Lungo Teatro Nuovo, 104 Tél. 081 41 43 38 Ouvert lun.-sam. midi et soir*

petits prix

☺ **La Mattonella (plan 2, E4).** Les carreaux de céramique qui ornent les murs ont donné leur nom à cette *trattoria* traditionnelle qui occupe un ancien comptoir où l'on vendait de la morue. Aujourd'hui, ce poisson séché trône en bonne place sur la carte, au milieu d'autres spécialités dont les noms seuls devraient vous mettre l'eau à la bouche et vous faire chanter en napolitain : *ziti al ragù, spaghetti al sugo di calamari, pasta alle verdure, alice in tortiera, polpetielli all'ischiana*… Besoin de traduction ? On aurait l'impression de lever le secret sur ces recettes vertigineuses. Sachez seulement que c'est l'une de nos meilleures adresses. *Via Giovanni Nicotera, 13 Tél. 081 41 65 41 Ouvert lun.-sam. midi et soir, dim. midi*

Il Gobbetto (plan 2, F3). De la via Toledo, il faut monter un peu les flancs de colline sur lesquels file la via Sergente Maggiore, mais l'effort sera récompensé. Cette *trattoria* a de quoi requinquer les plus affamés : *minestre* (soupes épaisses) à base de légumes secs et de pâtes, *maccheroncini* "aumm aumm" (pâtes agrémentées de poitrine, de saucisse, d'aubergines, de tomates, de mozzarella et de parmesan !), poissons et desserts maison. *Via Sergente Maggiore, 8 Tél. 081 41 14 83 Ouvert mar.-dim. midi et soir*

prix moyens

La Chiacchierata (plan 2, F3). Littéralement, "l'endroit où l'on papote". Accessoirement, c'est aussi une *trattoria* tranquille qui mitonne de bons plats napolitains, des paupiettes d'aubergines, des *rigatoni* (pâtes courtes, rectangulaires) à la sauce tomate mijotée avec de l'échine de porc, du ragoût de poulpe et de calamars et des douceurs maison (tartes aux fruits, babas, liqueurs d'agrumes…). *Piazzetta Matilde Serao, 37 Tél. 081 41 14 65 Ouvert le midi uniquement et ven. soir Fermé 3 sem. en août*

Ciro a Santa Brigida (plan 2, F3). Ciro, c'est presque un monument historique ! En 1932, la famille Pace déménage : de la via Foria, aux abords du Musée archéologique et du quartier populaire de la Sanità où elle préparait déjà de savoureuses pizzas, elle s'installe via Santa Brigida, flairant qu'à proximité de la via Toledo, du théâtre San Carlo et du port, la clientèle serait plus exigeante et aussi plus aisée. Le pari était le bon. En préparant une cuisine napolitaine traditionnelle, avec des produits d'une fraîcheur irréprochable, Ciro a vu défiler tous les artistes et les têtes couronnées de la ville : D'Annunzio, Pirandello, Vittorio Gassman, Totò, Sophia Loren, le roi Farouk, Ingrid Bergman… C'est encore un peu ça, le snobisme et les paillettes en moins. La cuisine est invariablement bonne et l'ambiance aussi chaleureuse. *Via Santa Brigida, 71 Tél. 081 552 40 72 Ouvert lun.-sam. midi et soir*

La Bersagliera (plan 2, F5). Situé juste à côté du Castel dell'Ovo, dans le Borgo Marinaro (bourg maritime) de Santa Lucia, ce restaurant avec vue sur la mer, ouvert en 1919, a fait se rencontrer aux mêmes tables intellectuels, artistes et hommes politiques, sous la baguette d'une femme, la *padrona*, Emilia del Tufo. La clientèle reste toujours aussi chic et la cuisine traditionnelle. *Borgo Marinaro, 10/11 Tél. 081 764 60 16 Ouvert mer.-lun. midi et soir*

La Stanza del Gusto (plan 2, F4). On pourrait soupçonner Mario Avallone, le fougueux chef de ce restaurant, d'aller à contre-courant des normes gastronomiques napolitaines par simple goût de la provocation. Pourtant, s'il invente des fromages, s'il revisite les recettes les plus classiques avec une fantaisie sans limites, il le fait avec une passion et un professionnalisme que ses plats ne contredisent pas. Exigeant (il se charge lui-même du marché), inventif (le menu change tous les jours), il a même osé inclure dans la carte des vins des crus australiens ou sud-africains. Osé ? Disons qu'il bouscule les habitudes et pousse à la découverte, en privilégiant toujours la qualité. *Vicoletto Sant'Arpino, 21 Tél. 081 40 15 78 Ouvert mar.-sam. soir et le midi sur réservation Fermé août*

prix élevés

La Cantinella (plan 2, F5). Une des adresses les plus renommées en ville. C'est cher, certes, mais la cuisine est inspirée, mêlant les meilleurs produits locaux à une fantaisie qui ne dessert pas le savoir-faire traditionnel : sauce aux fleurs de courgette et moules, calamars et chou, lotte à la crème de crustacés, poisson et fruits de mer à l'*acqua pazza* (court-bouillon relevé), filet de bœuf bardé de foie gras d'oie en croûte de chou… Préférez néanmoins les recettes les plus simples

pour apprécier l'incroyable subtilité des saveurs. La Mia Cantina, la cave à vins du restaurant, compte parmi les plus fournies de Naples. *Via Cuma, 38/42 Tél. 081 764 86 84 Ouvert juin-oct. : lun.-sam. midi et soir ; nov.-mai : dim. midi uniquement Fermé 3 sem. en août Réservation conseillée le soir*

Manger sur la colline du Vomero

petits prix

Da Sica (plan 2, D2). Il faut espérer que les deux femmes qui sont aux fourneaux vivront assez longtemps pour que perdure le savoir-faire de cette *trattoria* très simple. Quelques plats au menu, dont un succulent *ragù alla genovese* (potée génoise à base de viande et de beaucoup d'oignons) et des *zuppe* (soupes épaisses) de légumes secs qui rassasient même les plus affamés. Les habitués viennent en troupes, venez tôt. *Via G. L. Bernini, 17 Tél. 081 556 75 20 Fermé lun.*

☺ **Osteria Donna Teresa (plan 2, D2).** En position stratégique, à mi-chemin entre le métro Vanvitelli et les stations terminus des funiculaires Centrale, Chiaia et Montesanto, cette *osteria* est sans doute la meilleure adresse du Vomero. La *signora* prépare des spécialités de la cuisine familiale napolitaine : pâtes et haricots, pâtes et pois chiches, *parmigiana di melanzane* (aubergines en lasagnes), paupiettes, morue, *alice in tortiera* (anchois poêlés avec du vin blanc)... *Il signore* vous vantera les talents de madame, insistant chaleureusement pour que vous goûtiez au moins un *primo* et un *secondo*. *Via Kerbaker, 58 Tél. 081 556 70 70 Ouvert lun.-sam. midi et soir Réservation conseillée le soir*

prix élevés

La Sacrestia (plan 2, B5). La Sacrestia remporte tous les suffrages des critiques gastronomiques. Et pour cause, les chefs jonglent habilement avec les traditions et les meilleurs produits frais... *Orecchiette* (pâtes courtes rondes en forme de petites oreilles) aux moules et aux courgettes, lasagnes aux fruits de mer et aux asperges, turbot farci, loup de mer aux petites tomates, tartelettes chaudes de pomme *annurca* (une variété très parfumée et juteuse, petite et rose, qui pousse dans la région) et agrumes glacés. La cave est à la hauteur de la cuisine. L'été, on peut faire des agapes en terrasse et jouir du magnifique panorama sur le golfe. *Via Orazio, 116 Tél. 081 66 41 86 Ouvert tlj. sauf lun. midi et dim. soir*

Manger en bord de mer

La mer pour seul horizon. En une ligne droite qui va de la Naples royale et file vers l'ouest en suivant le littoral, les quartiers de Chiaia et de Posillipo contrastés (décadents par endroits, monumentaux et résidentiels ailleurs) cachent quelques bonnes adresses.

petits prix

☺ **Da Nonna Anna (plan 2, C4).** Il vous faudra traverser les étals et les boutiques de maraîchers de cette halle marchande avant de tomber sur cette

cantine, tout ce qu'il y a de plus modeste (chochottes s'abstenir). On vous accueille dans cette *trattoria* comme un vieil ami. Toute la famille est là, vous sourit pendant qu'elle s'affaire, les uns aux fourneaux (l'impayable Nonna Anna), les autres en salle, au service. La cuisine est à l'image de cette atmosphère, généreuse et simple : *zuppe* de légumes secs, pâtes au four, *gatò* de pommes de terre, anchois, calamars, poulpe (selon la pêche)... Pour peu, on se croirait dans une de ces gravures napolitaines du début de siècle, où les *scugnizzi*, jeunes garçons des quartiers populaires, engloutissent leurs *maccheroni* avec leurs mains. *Via F. Galiani, 30 (dans le marché Torretta) Tél. 081 68 28 44 Ouvert lun.-sam. 12h-16h*

Osteria Castello (plan 2, D4). On ne peut rêver plus simple et plus efficace : des nappes à carreaux rouges et blancs, une effervescence qui rassemble des affamés venus de tous horizons et des spécialités classiques. Pâtes aux haricots et aux moules, *mozzarelle* grillées avec des calamars, légumes braisés, tarte *caprese* (chocolats et amandes), beignets... Le menu change au gré des saisons et des produits du marché voisin, donc si vous n'y voyez pas clair, faites-vous aider par le garçon. *Via Santa Teresa a Chiaia, 58 Tél. 081 40 04 86 Ouvert basse saison : mer.-sam. soir ; haute saison : lun.-dim. midi Fermé 3 sem. en août*

Osteria Da Tonino (plan 2, D4). Autant être prévenu : il vous faudra de la patience. La queue est longue, voire pénible, mais vous serez récompensé. Tonino et sa femme tiennent une des *osterie* les plus connues de Naples. Non sans raison ! Les habitués viennent pour retrouver l'incomparable goût de leur enfance dans une assiette de pâtes aux pois chiches ou aux lentilles, ou pour savourer de la morue ou du stockfisch. *Via Santa Teresa a Chiaia, 47 Tél. 081 42 15 33 Ouvert haute saison : lun.-sam. midi ; basse saison : lun.-ven. midi, sam. midi et soir Fermé août*

prix moyens

Trattoria Da Cicciotto (plan 1, A2). À cause de la vue sur le golfe et de ses abords résidentiels, Posillipo est devenu presque inabordable. Cicciotto est aussi bien situé que ses concurrents, en surplomb des eaux claires de Marechiaro, mais est un peu moins couru et un peu moins cher. La cuisine y gagne en authenticité et, à moins de n'avoir qu'une petite faim, on vous conseille de goûter aux *antipasti* de la maison (petits beignets et délices de la mer) avant de passer aux pâtes (au homard ou au crabe) et aux poissons – grillés ou frits – (selon la pêche, espadon, calamars...). Un détail et non des moindres : l'accueil, assuré par Cicciotto en personne, par ses fils ou sa femme, est vraiment chaleureux. *Calata del Ponticello a Marechiaro, 32 Tél. 081 575 11 65 Ouvert tlj. midi et soir*

La Cantina di Triunfo (plan 2, C4). L'ancienne cave à vins est devenue une *osteria* raffinée, où la cuisine change tous les soirs, selon l'inspiration, et s'en tient à quelques plats (deux *primi*, deux *secondi*) ficelés avec talent : pâtes et petits haricots blancs, crevettes en feuille de citron, rascasse et seiches au jus... Pour l'anecdote, il paraît que François Mitterrand y a dîné incognito lors du G7 en 1994. Réservez ou vous resterez sur le carreau, l'établissement disposant de peu de tables. *Riviera di Chiaia, 64 Tél. 081 66 81 01 Ouvert lun.-sam. soir Fermé en août*

Vadinchenia (plan 2, C3). "Je vais au Kenya", semble nous dire ce restaurant qui n'a d'exotique que le nom. Starck a conçu la déco minimaliste et Silvana et Saverio, les deux passionnés qui sont aux manettes, ont arrêté leur inspiration aux limites de la Lucanie toute proche. D'excellentes recettes, à base de poivrons et d'anchois, de ricotta, de pistaches et de gorgonzola, des mélanges inattendus et non moins dans le goût napolitain (anchois farcis à la *provola*...). Gardez-vous une petite place pour les desserts, tous délicieux : glace aux châtaignes, sauce au porto, ou un surprenant *pecorino* au miel et aux pistaches. *Via Pontano, 21 Tél. 081 66 02 65 Ouvert lun.-sam. 20h-0h Fermé août*

'A Fenestella (plan 1, A2). "La fenêtre", mais quelle fenêtre ! Situé à Marechiaro (littéralement là où la mer est claire), ce restaurant surplombe la baie. Les Napolitains le connaissent aussi en raison d'une chanson devenue célèbre, *A Marechiaro*, qui lui est liée. Comme on s'y attend, les spécialités de poisson sont toutes à conseiller, notamment les *linguine* (spaghetti plats) à la langouste ou au homard et les fritures de rougets ou de poissons de petit bateau. *Calata Ponticello a Marechiaro, 25 Tél. 081 769 00 20*

Où manger une pizza napolitaine ?

À Naples, on ne plaisante pas avec la pizza. Vous croyez déjà tout savoir sur ce qu'est une bonne pizza et, pourtant, ce mélange anodin de farine, d'eau, de sel, de levain, d'huile d'olive et d'ingrédients simples n'aura jamais eu le croustillant et le goût que vous lui trouverez à Naples. C'est d'abord une affaire de pâte, travaillée à la main, virevoltant devant le *pizzaiolo* dans une mise en scène spectaculaire. Ensuite, il y a la qualité des produits : les tomates de San Marzano, cultivées dans la région – à la pulpe dense et sucrée –, la mozzarella, l'huile d'olive, le parmesan râpé et le basilic. Enfin, il y a le four en brique, rigoureusement alimenté avec du bois et de la sciure pour atteindre une température avoisinant les 500°C, dans lequel la pâte gonfle à peine enfournée. Voilà pour la théorie ; quant au savoir-faire, il est aussi bien gardé qu'un secret de famille. Une bonne pizza napolitaine est fine, avec un bord bien cuit (mais pas brûlé) et doit pouvoir se manger avec les doigts, puisque la pizza est née comme un encas qu'on mangeait debout dans la rue, à n'importe quelle heure du jour. C'est aussi pour cette raison que, contrairement à d'autres villes italiennes où la pizza est réservée au dîner, les pizzerias napolitaines sont souvent ouvertes en continu dès 10h du matin. Le dernier détail concerne son prix. En comptant 5€ maximum pour une pizza margherita, vous dépenserez difficilement moins pour déjeuner ou dîner.

Di Matteo (plan 3, B2). Quand vous marchez dans la via dei Tribunali, il y a de fortes chances pour que l'odeur de pain et d'huile d'olive vous attire devant cette pizzeria. C'est l'une des plus célèbres, au cœur de Spaccanapoli, élevée au rang de monument après que Clinton est venu mordre dans une margherita en 1994, lors du G7. Des tables en Formica à l'intérieur, d'autres à l'étage et, invariablement, une file qui attend d'emporter des pizzas chaudes, petit en-cas qui tombe à point nommé. *Via dei Tribunali, 94 Tél. 081 45 52 62 Ouvert lun.-sam. 10h-0h*

☺ **D'è Figliole (plan 3, B2).** Tout Napolitain qui se respecte connaît cette adresse en plein centre de Spaccanapoli : la seule, l'unique, l'inimitable *pizza fritta* des sœurs Apetino (Giuseppina, Immacolata et Carmela), dignes héritières de leur arrière-grand-mère qui s'est établie en 1860. À la base, la pâte est la même sauf qu'elle est farcie (d'un peu de lard gras ou de saindoux, de ricotta et de mozzarella) comme un *calzone* (chausson) mais au lieu d'être enfournée, elle est plongée dans l'huile bouillante (fermez les yeux sur les calories). On obtient alors une demi-lune dorée et gonflée qu'on engloutit debout dans la rue ou assis aux quelques tables disponibles. Vous pouvez les demander plus ou moins grandes et farcies (même avec du Nutella). Une expérience qui tient du rite initiatique ! *Via Giudecca Vecchia, 39 Tél. 081 28 67 21 Ouvert lun.-ven. 10h-21h et sam. 10h-0h*

Pizzeria Oliva Ciro (plan 3, A1). Ceux qui pousseront leur curiosité jusque dans les ruelles populaires de la Sanità pourront faire une halte dans cette pizzeria, à l'image du quartier. Encombrée d'un autel avec une *madonna* en façade, elle accueille ceux qui font l'école buissonnière et qui ont une petite faim, les travailleurs de l'aube, les gourmands attirés par la chaude odeur de pain... Tables en Formica de rigueur dans une salle animée et très bonnes pizzas. *Via Arena della Sanità, 7bis Tél. 081 29 00 37 Ouvert lun.-sam. 10h-22h30*

☺ **Antica Pizzeria Da Michele (plan 3, B2).** *Maestri pizzaioli* depuis 1870. Dans la famille Condurro, ce sont cinq générations qui se sont succédé pour faire de ce modeste établissement le "temple de la pizza" ! Pas d'ingrédients fantaisistes : ici, c'est margherita (sauce tomate, mozzarella, basilic, huile d'olive) ou marinara (sauce tomate, ail, origan, huile d'olive). Ne soyez pas affolé par la queue à l'extérieur : c'est toujours bondé mais ça va très vite (si vous recherchiez un dîner romantique en tête à tête, il faudra repasser). Des photos anciennes, le buste de saint Antoine, protecteur du feu et des *pizzaioli*, un joyeux brouhaha et des serveurs d'une efficacité redoutable (pensez à leur laisser un pourboire en payant à la sortie). *Via Cesare Sersale, 1/3 Tél. 081 553 92 04 Ouvert lun.-sam. 10h-0h*

Trianon (plan 3, B2). Une pizzeria renommée qui doit sa célébrité aux pizzas géantes, les "roues de carrosse" (*ruote*), que tout le gratin des artistes napolitains qui jouaient au théâtre voisin venaient savourer. Aujourd'hui, c'est plus populaire mais les pizzas sont restées excellentes. À consommer avec une bière ou de l'eau pétillante... *Via P. Colletta, 46 Tél. 081 553 94 26 Ouvert tlj. 11h-15h et 18h30-23h*

Pizzeria Port'Alba (plan 3, A2). Entre la piazza Bellini et la piazza Dante, cette pizzeria fait le plein de couples, de familles, de touristes... C'est un peu plus "chic" et calme que les pizzerias du centre historique mais pas guindé pour autant. La pizza est savoureuse et, pour ceux qui se lasseraient, il y a aussi de bons plats (*antipasti* et *primi*). *Via Port'Alba, 18 Tél. 081 45 97 13 Fermé basse saison : mer.*

Sorbillo (plan 3, B2). Au commencement, il y avait Esterina, l'aînée de 21 frères qui ont presque tous versé dans la pizza. Un des frères, ou des neveux – on s'y perd –, a ouvert Sorbillo 2 à quelques encablures de l'original. La pizzeria, très aimée des étudiants, se résume à l'essentiel : une pièce assez grande pour contenir un four, un comptoir et quelques tables. Surtout, pas de distraction sur les murs : l'attention doit être tout entière vouée à la pizza ! Les amateurs de *calzoni* (pizza refermée comme un chausson) seront servis, ils sont délicieux. *Via dei Tribunali, 35 Tél. 081 45 90 63 Ouvert lun.-sam. midi et soir*

Lombardi a Santa Chiara (plan 3, A3). Un classique, près de l'église du Gesù Nuovo et du couvent de Santa Chiara. On s'y réunit pour fêter un événement, pour se retrouver entre amis ou en famille et avant tout pour manger de la pizza. Le service est efficace et accueillant et les non-adeptes trouveront une carte de spécialités (pâtes, viandes…) à leur mesure. Quelques fantaisies sont bien réussies : goûtez à la pizza "Lombardi" avec de la *provola vaccina* (un fromage de vache) et des tomates "de montagne" ! *Via Benedetto Croce, 59 Tél. 081 552 07 80 Ouvert mar.-dim. midi et soir*

Brandi (plan 2, F4). Un épisode mille fois rapporté a fait la fortune de la pizza margherita et de cet établissement : en 1889, la reine Marguerite de Savoie, en visite à Naples, fait venir au palais de Capodimonte le *pizzaiolo* Raffaele Esposito et sa femme, Rosa Brandi. Trois pizzas sont préparées : deux recettes anciennes, *alla mastunicola* (basilic, saindoux et fromage) et à la *marinara* (ail et origan) et une nouvelle recette, patriotique, aux couleurs du drapeau italien. C'est celle-ci qui a gagné les faveurs de la reine et le *pizzaiolo* avait là un nom tout trouvé pour sa nouvelle pizza ! La pizzeria est toujours là, au même endroit, et porte désormais le nom de jeune fille de Mme Esposito. La pizza est bonne (quoique bien plus chère qu'ailleurs) et, comme bien des monuments historiques, c'est souvent envahi de touristes. *Via Sant'Anna di Palazzo, 2 (angle via Chiaia) Tél. 081 41 69 28 Ouvert tlj. 12h30-15h et 19h30-0h*

Friggitorie, où manger sur le pouce ?

Pizza *al taglio* (à la coupe), panini sur mesure et beignets à emporter (rien à voir avec les *donuts*) tiennent le haut du pavé. À Naples, un arrêt dans une des nombreuses *friggitorie* ("friteries", littéralement des endroits où l'on frit les aliments – fleurs de courgette, pommes de terre, pizzas…) s'impose, pour l'incomparable légèreté des beignets (la pâte n'est qu'un mélange d'eau et de farine) et leur infinie variété : légumes (potiron, oignon, aubergines…), *arancini di riso* (beignets de riz farcis avec de la mozzarella et/ou de la viande), croquettes de pomme de terre… Emballés encore fumants dans un papier de fortune, ils se mangent sur le pouce. Attention, les *friggitorie* qui ont pignon sur rue sont sans doute plus sûres que celles improvisées avec un chaudron et une huile dont la couleur est douteuse. Comptez de 3€ à 5€ selon la quantité de beignets.

☺ **Friggitoria Vomero (plan 2, D2).** Peut-être les meilleures fritures de Naples. Tout y est : le goût, la consistance (croustillante à l'extérieur, moelleuse à l'intérieur), la variété (beignets de pâtes, courgettes, fleurs de courgette, aubergines, pommes de terre, oignons, potirons, beignets de riz farcis…). L'accueil est sec et sans chichi mais qu'importe, on vient juste se servir pour emporter un sac de beignets chauds qu'on ira manger devant le Castel Sant'Elmo, avec Naples étalée à ses pieds. *Via Cimarosa, 44 (Vomero) Tél. 081 578 31 30 Ouvert lun.-sam. 9h30-14h et 17h-21h30 (23h le sam.)*

☺ **Fiorenzano (plan 2, F2).** Inlassablement, depuis des années, Fiorenzano bataille pour le titre de "meilleures fritures" de Naples. Néophytes en la matière, nous sommes bien mal placés pour juger et il semblerait que les Napolitains eux-mêmes aient des points de vue divergents. Situé devant la station du funiculaire de Montesanto qui monte au Vomero, au cœur du marché coloré de la Pignasecca, on trouve à toute heure du jour et une bonne partie de la nuit d'excellents beignets de légumes (la vitrine fait rêver) à peine sortis du chaudron. En saison, ne ratez pas les artichauts. *Piazza Montesanto, 6 (Montesanto) Tél. 081 551 27 88 Ouvert lun.-sam. 7h30-0h*

Come... Coce (plan 3, B2). Le nom de cette *friggitoria* dit en deux mots hauts en couleur ("purée, ce que ça brûle... !" pour rester poli), ce qui arrive quand le beignet fumant sort de la friteuse pour aller tout droit dans la bouche. Précipitez-vous, ils sont très bons. *Via Foria, 181 (Centre historique) Ouvert lun.-sam. 10h-22h*

Da Corrado (plan 3, B1). En bordure du quartier de la Sanità, une authentique *friggitoria* à l'ancienne, encore en plein air. Assez spectaculaire ! *Via Michele Tenore, 2 (Sanità)*

Vaco 'e press (plan 3, A3). Située face à la statue de Dante sur la place du même nom, ce fast-food à la napolitaine a l'avantage de proposer toutes sortes de petits en-cas : pizzas, beignets et sandwichs corrects. Il porte bien son nom puisque, en dialecte, *vaco 'e press* veut dire "je passe en vitesse", je prends mes beignets au vol et je m'en vais ! *Piazza Dante, 87 (Centre historique) Tél. 081 549 94 24 Ouvert lun.-sam. 8h30-21h*

Timpani e Tempura (plan 3, A3). Plus moderne que les autres *friggitorie*, à la fois traiteur et épicerie fine, cette adresse est surtout renommée pour ses beignets de fleurs de courgette. *Vico della Quercia, 17 Tél. 081 551 22 80 Ouvert lun.-sam. 9h30-19h30 et dim. 9h30-14h*

Où déguster une pâtisserie ?

Dans aucune autre ville italienne, on aime autant les gâteaux. Le matin, dans les bars et pâtisseries de la ville, on trouve de petites brioches, et tard le soir, le dessert achève souvent un bon dîner. Un glossaire bref mais essentiel.

Babà napoletano : tout le monde connaît le baba au rhum mais personne ne sait que, à Naples, c'est une institution, au point de laisser penser que c'est là qu'on l'a inventé. En fait, la recette est sans doute polonaise, avec un transit par la France, ce qui explique qu'elle finisse à la cour du royaume de Naples. Débarrassez-vous des idées reçues au sujet du *babà* : ici, il est moelleux, au léger goût d'agrume, imbibé à point de rhum.

Mostacciuoli : biscuits secs confectionnés à Noël. À base de miel et d'épices, ils sont les lointains cousins de notre pain d'épice.

Pastiera : bien que ce soit un gâteau traditionnel pour Pâques, on le trouve maintenant toute l'année. Le fond est en pâte brisée et la farce est faite de boulgour, de ricotta, de cédrat et d'orange confits, parfumée à l'eau de fleur d'oranger.

Sfogliatelle ricce e frolle : c'est la reine des pâtisseries napolitaines, en version feuilletée ou brisée. La première est en forme de coquillage de pâte feuilletée croustillante et légère. La seconde est un petit chausson en demi-lune, à base de pâte brisée. La farce est la même, une crème de ricotta parfumée à la vanille et à la cannelle, avec quelques fruits confits. Attention, la *sfogliatella* ne supporte pas d'attendre. Elle est bien meilleure tiède et, dans tous les cas, elle ne se conserve pas plus de quelques heures.

Torta caprese : littéralement, tarte de Capri. C'est la spécialité de l'île, une tarte moelleuse aux amandes et au chocolat noir.

☺ **Scaturchio (plan 3, B3).** Quand Dominique Fernandez consacre un ouvrage sur le baroque de Naples à Saint-Pétersbourg (*La perle et le croissant*, 1995) son périple commence chez Scaturchio. La maîtresse de maison est d'ailleurs fière de vous montrer le passage en question. Cela dit, sans aller chercher les références littéraires, les Napolitains considèrent Scaturchio comme le véritable artisan de la tradition pâtissière. En dehors des *sfogliatelle*, sur lesquelles les querelles persistent encore, personne n'ose contester la première place à Scaturchio pour les autres spécialités, notamment le *babà* ou la *pastiera*. Goûtez aussi le *ministeriale*, un médaillon de chocolat noir avec une crème de liqueur, les *granite* au café ou au citron, le lait d'amandes fraîches... *Piazza San Domenico Maggiore, 19 (Centre historique) Tél. 081 551 70 31 Ouvert tlj. 7h20-20h40*

Pintauro (plan 3, A3). C'est à peine si l'on remarque cette petite pâtisserie le long de la via Toledo, enserrée entre mille et une boutiques de vêtements et de chaussures. Et pourtant, c'est un mythe pour ses délicieuses *sfogliatelle*. Les supporters de Pintauro trouvent qu'elles sont inégalées, que la pâte feuilletée est croustillante et légère, que la crème est parfumée, sucrée à point. À vous de juger. Ne vous en tenez pas là, les autres gâteaux (*babà* et biscuits secs) sont aussi goûteux. *Via Toledo, 275 (Centre historique) Tél. 081 41 73 39 Ouvert lun.-sam. 9h15-20h*

Attanasio (plan 3, C2). Près de la gare, situé stratégiquement pour ceux qui veulent faire provision de pâtisseries napolitaines tout juste sorties du four avant de partir. Très bonnes *sfogliatelle* qui ne font qu'approuver l'adage en dialecte : *Napoli tre cose tiene e belle : 'o mare, 'o Vesuvio, 'e sfugliatelle !* "Naples compte trois belles choses : la mer, le Vésuve et les *sfogliatelle* !" *Vico Ferrovia, 2/4 (Centre historique) Tél. 081 285 675 Ouvert mar.-dim. 6h30-20h Fermé 3 sem. en juil.*

Bellavia (plan 2, C2). Ceux qui n'iront pas jusqu'en Sicile iront au moins au Vomero dans cette pâtisserie spécialisée pour goûter un *cannolo* : c'est un "rouleau" de pâte (gaufre) farci de crème à base de ricotta, de pépites de chocolat et de fruits confits. *Via Luca Giordano, 158 (Vomero) Tél. 081 578 96 84 Ouvert tlj. saud lun. 8h-21h*

Augustus (plan 3, A3). Pâtisserie mais aussi *tavola calda* ("table chaude") où l'on trouve toute la déclinaison d'en-cas salés (pizzas, petits fromages épicés...), cette maison historique fondée en 1927 s'est taillé une réputation avec ses tartelettes aux fraises et ses gâteaux à la rose (en mai). *Via Toledo, 147 Tél. 081 551 35 40 Via Petrarca, 81/a (Centre historique) Tél. 081 575 47 82*

Où manger une glace ?

☺ **Otranto (plan 2, D2).** On monte surtout les collines du Vomero pour la glace d'Otranto. Certains parfums sont des best-sellers : noisette, nougat... Mais faites-vous guider par les personnes derrière les bacs ou vous hésiterez long-temps et la queue derrière vous pressera ! Si vous êtes invité à manger chez des Napolitains, il est de bon ton d'apporter de la glace, surtout si elle vient d'ici. *Via Scarlatti, 78 (Vomero) Tél. 081 558 74 89 Ouvert tlj.*

Gelateria della Scimmia (plan 2, F2). Autrefois, c'était la meilleure adresse pour déguster de la glace. Aujourd'hui elle reste une valeur sûre et elle est bien située. *Piazza della Carità, 4 (Centre historique) Tél. 081 552 02 72 Ouvert basse saison : tlj. sauf mer. 10h-0h ; le reste de l'année : tlj. 10h-0h*

Chalet Ciro (plan 2, B5). Les voitures se gareraient presque en triple file le soir pour acheter de la glace chez Ciro. Tout le monde connaît le "chalet" et c'est toujours l'effervescence. La glace est bonne mais crémeuse et très sucrée. *Via F. Caracciolo à l'angle de la via Orazio (Mergellina) Tél. 081 66 99 28 Ouvert jeu.-mar. 6h45-2h*

Remy Gelo (plan 2, C4). À côté du marché couvert de la Torretta, ce glacier décline toutes les versions de produits, de la *granita* à la crème glacée en passant par la *cremolata* (sorte de *granita* avec des jus de fruits frais) en des dizaines de parfums. *Via Ferdinando Galiani, 29/a (Chiaia, Mergellina) Tél. 081 66 73 04 Ouvert basse saison : tlj. sauf lun. 9h-0h ; le reste de l'année : tlj. 9h 0h*

Bilancione (plan 2, B5). Une *gelateria* traditionnelle, dont la renommée à Naples a dépassé les limites du quartier. Infinie variété de parfums, une glace crémeuse et sucrée à point, des sorbets fondants... En plus, la vue sur la ville et le golfe, de l'autre côté de la rue, est l'endroit rêvé pour finir votre cône. *Via Posillipo, 238/b (Posillipo) Tél. 081 769 19 23 Ouvert mar.-dim. 7h-0h*

Où prendre un espresso, un *shakerato* ?

Comme pour la pizza, vous apprendrez qu'à Naples on ne plaisante pas avec le café. On a encore en tête les déclamations définitives de certains Napolitains : *Noi Napoletani, siamo caffettieri* (Nous, Napolitains, peuple du café) ! L'école locale veut que l'on boive un verre d'eau avant d'avaler son café (la tradition palermitaine suggère, elle, le contraire). Ensuite, les usages sont variables : sucrer avant de verser le café dans la tasse, mélanger le sucre dans quelques gouttes de café, boire le café dans un petit verre... La plupart s'accordent pour dire que le café torréfié sur place est bien meilleur. Enfin, les rétifs à l'espresso, fort et serré, se replieront sur le large éventail de cafés (*shakerato* – frappé ! –, en *granita*, en cappuccino, parfumés à la noisette ou au chocolat...).

☺ **Bar Mexico.** Les experts ne jurent que par Mexico (prononcer Messico), bar-torréfacteur, faux modeste qui clame sur ses publicités qu'il est "l'un des meilleurs cafés au monde". On consomme debout au comptoir devant les garçons qui s'affairent, le tout dans une atmosphère parfumée de café moulu. Goûtez les mélanges spéciaux (Harem, au léger goût de chocolat, ou Moana) et faites vos provisions (paquets hermétiques ou boîtes). Plusieurs autres points de vente à Naples. *Piazza Dante, 86 (plan 3, A3) Via Scarlatti, 69 (plan 2, D2) Piazza Garibaldi, 72 (plan 3, C2) Tél. 081 556 58 65 Ouvert lun.-sam. 7h30-20h30*

Caffè Gambrinus (plan 2, F4). Un lieu historique, un monument à lui seul : sous ses plafonds blancs ornés de stucs et de dorures, les grands de ce monde, de Verdi à D'Annunzio, sont venus siroter un café. Aujourd'hui, c'est l'endroit où l'on se donne rendez-vous pour un apéritif avant l'opéra au San Carlo, ou alors pour faire une pause-pâtisserie après le shopping dans les rues voisines. De temps à autre sont organisées des rencontres culturelles. Terrasse agréable. *Piazza Trieste e Trento, 38 (angle via Chiaia, 1/2) Tél. 081 41 75 82 Ouvert toute l'année tlj. 7h-2h*

Intra Moenia (plan 3, A2). Quand les éditions Intra Moenia (littéralement, "à l'intérieur des murs") sont créées en 1989 pour valoriser la culture napolitaine, un café littéraire s'installe dans le même temps sur la piazza Bellini, près des Beaux-Arts et de la faculté de médecine, dans un quartier à l'époque abandonné le soir. C'est une réussite : on afflue de partout et le *gazebo* couvert est envahi en toute saison. D'autres suivront. Quand il fait froid, les salles à l'intérieur sont aussi agréables (surtout les tables en véranda). Jetez un coup d'œil à la partie librairie, vraiment soignée, avec de très belles cartes postales anciennes, des estampes... Renseignez-vous sur les soirées littéraires (lectures, signatures...). Pour ceux qui doivent relever leur courrier électronique, un ordinateur est disponible. *Piazza Bellini, 70 Tél. 081 29 07 20 Ouvert tlj. 10h-2h*

Caffè del Professore (plan 2, F4). Cet établissement est recommandé pour son café à la noisette (*nocciola*) ou au chocolat. Évidemment, les puristes ne comprennent pas cet engouement. *Piazza Trieste e Trento, 46 Tél. 081 40 30 41 Ouvert tlj. 7h-2h*

Gran Bar Riviera (plan 2, D4). Près de la mer, devant le parc de la Villa Comunale, ce café-bar-rôtisserie-pâtisserie a ses aficionados. Toujours ouvert, selon l'heure du jour ou de la nuit, on y voit passer une clientèle des plus diverses. Les petits choux sont une spécialité, les glaces sont bonnes, de même que les tous en-cas salés. *Riviera di Chiaia, 181/183 Tél. 081 66 50 26 Ouvert 24h/24*

Marina Corricella, Procida. Face à la mer, les maisons colorées de ce port pittoresque ont servi de décor aux films *Le Facteur* et *Le Talentueux M. Ripley*.

Partie de *scopa*, Naples. Inventé au XVIIᵉ siècle, ce jeu de cartes, très populaire dans toute l'Italie, se pratique à quatre, en individuel comme en équipe.

***Enoteca*, Rome.** Les caves à vins sont de véritable temples de l'œnologie italienne. À déguster au choix : frascati, valpolicella, barolo, taurasi, chianti, est ! est ! est !…

Macellum, Pompéi. Au cœur du forum, centre économique de la cité, le marché abritait boutiques et tavernes, ainsi qu'une zone destinée à la vente du poisson.

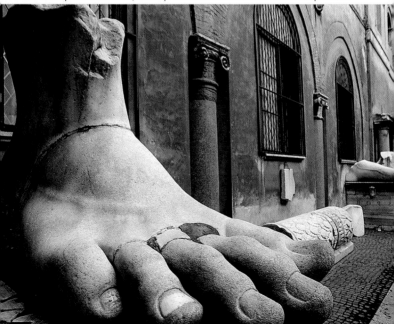

Statue de l'empereur Constantin, Rome. Symbole de la Rome Antique, cet imposant fragment est installé dans la cour du musée des Conservateurs.

Escalier conduisant aux musées du Vatican, Rome. Vertigineux, cet escalier
hélicoïdal fut dessiné en 1932 par Giuseppe Momo et sculpté par Antonio Maraini.

Tours génoises, côte du Salento. Jusqu'au XIXᵉ siècle, ces tours de guet en pierres permettaient d'alerter la population en cas d'attaque des pirates barbaresques.

Récolte de citrons. Les citrons cultivés de manière traditionnelle dans la région de Sorrente bénéficient d'un label : Dénomination d'Origine Protégée (DOP).

Magasin d'objet religieux, Naples. Les Italiens vouent un culte fervent à la Vierge ;
elle est couramment représentée sous forme de statuettes votives, les *madonnine*.

Les *sassi* de Matera. Habitations rudimentaires et églises troglodytiques ont été ici
creusées à même le tuf ; le site est inscrit au Patrimoine de l'humanité depuis 1993.

Vieille ville, Bari. Le 6 décembre, les pèlerins viennent ici célébrer le protecteur des enfants, saint Nicolas, dont on peut voir les reliques dans la basilique.

Enoteche e vinerie, où boire un verre de vin ?

Vous en verrez beaucoup, notamment à proximité des marchés. C'est à la fois un débit de vins où vous pourrez faire provision de bonnes bouteilles mais c'est aussi un lieu où s'initier aux meilleurs crus de la région en prenant un apéritif.

Enoteca del Buon Bere (plan 2, F5). Excellente sélection d'étiquettes locales et nationales. *Via Marino Turchi, 15 (Santa Lucia, à deux pas de la mer) Tél. 081 764 78 43*

Enoteca Gra.Pa.Lu (plan 3, A3). C'est un restaurant mais c'est avant tout une excellente cave. Très bons produits pour accompagner la dégustation des vins. *Via Toledo, 16 (Centre historique) Tél. 081 552 21 14*

La Barrique (plan 2, D4). Ce bar se réclame "association des amis du vin" avec ses assiettes de charcuterie et les salades attirent aussi les amis de la gourmandise. *Piazza Ascensione, 9 Tél. 081 66 27 21*

Enoteca Belledonne (plan 2, E4). La dernière *enoteca* à la mode, envahie de bo-bos. *Vico delle Belledonne a Chiaia, 18 Tél. 081 40 31 62*

Où écouter du *bel canto* ?

☺ **Teatro San Carlo (plan 2, F4)**. Un lieu mythique, une référence pour les amateurs d'art lyrique. Les puristes disent que "ça n'est plus ce que c'était" mais la programmation reste de haute volée. Les abonnés raflent toutes les places mais, en vous renseignant un peu à l'avance, vous aurez peut-être une petite chance (mettez-vous alors sur votre trente et un). Au pire, si tous les billets sont vendus, faites au moins une visite du théâtre. *Via San Carlo, 98/f Tél. 081 797 23 31 ou 081 797 24 12 www.teatrosancarlo.it*

Où sortir le soir ?

Pas de recommandations particulières sur les habitudes noctambules des Napolitains si ce n'est que ça commence très tard : on dîne vers 21h ou 22h, si on va au cinéma, on choisit la dernière séance et on ne met pas les pieds dans une discothèque avant minuit... Tout au bout de la nuit, vers 5h, au lieu de finir la fête avec un *cornetto* (croissant), on peut aussi choisir de manger un morceau de *pizza al taglio* (à la coupe) ! Guettez les festivals et les événements recensés dans la presse locale. Pour ceux qui veulent juste respirer l'air de la nuit napolitaine au milieu des autochtones, allez dans les environs de la piazza Bellini, dans le Borgo Marinaro de Santa Lucia, près de la mer, ancien quartier de pêcheurs qui a été réaménagé, passez de la piazza del Gesù Nuovo à celle de San Domenico Maggiore (toujours envahies), montez à la Certosa de San Martino pour le panorama sur la ville de nuit ou longez le *lungomare* (promenade du bord de mer) jusqu'à Mergellina.

Murat Live Club (plan 3, A3). Un club connu comme le loup blanc, qui a sa place dans les nuits napolitaines depuis des années. Concerts de jazz, *tammuriate* (variante napolitaine de la tarantelle), chanson italienne... Programmation éclectique et de très bonne qualité. *Via V. Bellini, 8 (angle piazza Dante) Tél. 081 544 59 19 Fermé juil.-août www.muratliveclub.it*

SudTerranea (plan 2, F2). Un nouveau venu sur la scène napolitaine, grand promoteur de musique ethnofolk ! *Tammuriate* et tarantelle mais aussi des rencontres, des concerts de musique africaine, du tango... Se renseigner au préalable pour la programmation. *Vico Primo della Quercia, 3 (à côté du cinéma Modernissimo) Tél. 081 552 21 14*

Kestè (plan 3, B3). Autrefois connu sous le nom de Vibes, ce café-bar venait à peine de renaître au moment de notre passage. Lourd héritage ! C'était l'endroit où officiait régulièrement Daniele Sepe, jazzman bricoleur avant-gardiste et engagé. Indépendamment de la programmation, la place est vraiment agréable, fréquentée par de nombreux étudiants des facultés voisines. *Largo San Giovanni Maggiore, 27 (Centre historique) Tél. 081 551 39 84 Fermé en août*

Officina 99 (plan 1, B1). *Centro sociale* autogéré, l'Officina est située dans une zone industrielle. Toute la scène alternative napolitaine passe par là. Concerts gratuits, ateliers, réunions militantes, rencontres culturelles... *Via E. Gianturco, 101 Métro Gianturco Tél. 081 734 90 91*

Où aller danser ?

Velvet (plan 3, A3). Trip-hop, jungle, house, break beat... Bar-discothèque, temple napolitain de la musique électronique qui fonctionne comme une association (il faudra vous acquitter d'une cotisation annuelle pour devenir membre). La programmation change tous les soirs ; téléphonez au préalable. *Via Cisterna dell'Olio, 11 (Centre historique) Tél. 347 866 12 89*

Arenile di Bagnoli (plan 1, A2). D'un côté, la mer, de l'autre, un corps de bâtiments industriels réaménagés qui donne un cachet incroyable à ce lieu littéralement pris d'assaut les soirs d'été. En journée, c'est un *lido*, une plage privée tout équipée (du parasol à la chaise longue) baignée d'une musique légère, un *chill-out* relaxant au soleil et au bord de l'eau. Le soir, c'est un bar, une discothèque et une scène de concerts transgenres (du rock alternatif à la disco des années 1970). *Via Coroglio, 14 Tél. 081 570 60 35 Ouvert tlj. 8h-3h*

Où faire son marché ?

C'est l'une des plus belles expériences de la vie quotidienne à Naples. Les marchés en disent plus sur la ville et ses habitants que bien des longs discours. Il faudrait pouvoir se poster en retrait et simplement regarder le spectacle qui se joue : le marchandage, les litanies en dialecte qui interpellent le chaland... Et puis il y a les étals, colorés et débordant de produits locaux. De nombreux marchés alimentaires se tiennent tous les jours tandis que certains marchés (de vêtements par exemple) n'ont lieu qu'une fois par semaine. Attention, soyez vigilant et n'emportez que le minimum nécessaire. Noyé dans la foule mais malgré tout perçu comme étranger, vous serez la proie des *scippatori* (pickpockets).

La Pignasecca (plan 2, F2). Marché alimentaire caricatural de tout ce que Naples peut avoir d'exubérant et de généreux : les étals débordent, rappelant que la terre de la Campanie est prospère. Fruits, légumes, poissons et fruits de mer magnifiques (notamment une variété de calamars allant de spécimens de quelques centimètres à d'autres atteignant presque 30cm). Pour ceux qui aiment les fritures, ne ratez pas Fiorenzano, une des meilleures *friggitorie* de la ville (cf. *Friggitorie*, où manger sur le pouce). *Via Pignasecca et rues alentour (au pied des quartiers espagnols, à proximité de la station de funiculaire de Montesanto) Tlj. 8h-13h*

Porta Nolana (plan 3, C2). On s'attendrait à voir ce marché sur le port mais c'est près de la gare qu'il se tient : c'est le marché aux poissons de Naples. Le 23 décembre, on y vient en famille faire ses provisions pour Noël et le marché dure toute la nuit. *À proximité de la piazza Garibaldi Tous les mat.*

La Sanità (plan 3, A1-B2). De l'autre côté de la via Foria, à proximité du Musée archéologique national, se tient tous les matins un marché de quartier à l'image des alentours : effervescent et bigarré. Un bon moyen de pénétrer dans ce quartier réputé "chaud" mais qui recèle de petites merveilles méconnues. *Via dei Vergini et via Sanità*

☺ **Il Mercatino di Posillipo (plan 1, A2).** Le marché le plus chic de Naples, celui qui contredirait presque tous les clichés et où daignent faire leurs achats même les *signore* du quartier résidentiel voisin. Quelques étals de fruits et légumes ouvrent l'immense allée bordée de pins parasols, mais tous ceux qui suivent sont exclusivement consacrés aux vêtements. Fripes, lingerie fine, linge de maison, maillots de bain… Soyez patient et fouillez, essayez : on fait de véritables bonnes affaires (attention aux contrefaçons). En plus, le cadre est magnifique, en surplomb de la mer ! Après l'épuisant shopping, allez faire une halte gourmande chez Cicciotto à Marechiaro (cf. Manger en bord de mer). *Viale Virgilio (direction Capo Posillipo) Jeu. mat.*

Borgo di Sant'Antonio Abate (plan 3, C2). Ce marché de Naples évoque un peu un souk. On y trouve de tout : des produits ménagers soldés, des imitations de cosmétiques de luxe, des copies de CD, des maillots de bain, de la lingerie, des vêtements de toutes sortes, des chaussures, des fruits et des légumes… *Via Sant'Antonio Abate, qui part de la via Foria, au niveau du jardin botanique et de l'Albergo dei Poveri jusqu'au Castel Capuano dans le centre historique Lun.-sam. mat. et a.-m.*

Il Mercatino di Antignano (plan 2, D1). Autrefois, ce marché ne vendait que des vêtements d'occasion. Aujourd'hui, on trouve de tout et on y fait de bonnes affaires. *Entre la via Mario Fiore et la piazza degli Artisti (Vomero) Lun.-sam. mat.*

Poggioreale (plan 1, B1). Amateurs de chaussures, à vos porte-monnaie : vous trouverez votre bonheur. Des dizaines de stands se sont installés dans ce qui était autrefois les abattoirs municipaux. Il faut savoir que Naples est quasiment la capitale italienne de la chaussure et que nombre de marques prestigieuses sous-traitent ici. Échantillons, surplus, collections des années précédentes…

N'hésitez pas à négocier les prix. *Via Nuova Poggioreale (au nord-est de la gare, tramway en direction de Poggioreale) Lun., ven., dim. mat.*

Où chiner ?

Fiera Antiquaria Napoletana (plan 2, C4). Mobilier, peintures, estampes, crèches anciennes, bijoux... Grande brocante chic et kitsch qui mêle de belles pièces anciennes, quelques imitations bien travaillées et un certain nombre de bizarreries dont nous nous garderons de juger leurs qualités esthétiques. *Viale Dohrn, Villa Comunale En général 3ᵉ et dernier week-end du mois 8h-14h Se renseigner au préalable Tél. 081 62 19 51/081 761 25 41*

Où acheter des souvenirs gourmands ?

Artisanat, spécialités locales, vins régionaux (cf. *Enoteche e vinerie*, où boire un verre de vin), sans oublier la mode, la musique traditionnelle... Naples ne manque pas de ressources pour varier les occasions de shopping. Quelques grands axes : la via Toledo, la via Chiaia jusqu'à la piazza dei Martiri et la via dei Mille, où se suivent boutiques franchisées et adresses d'exception.

Gay Odin. Sa devanture Liberty est incontournable. Signe de bon goût, les chocolats Gay Odin sont confectionnés à Naples depuis la fin du XIXᵉ siècle, par un confiseur suisse. Il est possible de visiter la fabrique d'octobre à mai, sur rendez-vous. ***Boutique*** *Via Toledo, 427 (plan 2, F3) Tél. 081 551 34 91 Via Roma, 214 Tél. 081 40 00 63* **Fabrique** *Via Vetriera, 12 (Chiaia) Tél. 081 41 78 43 Ouvert lun.-sam. 9h30-13h30 et 16h30-20h, dim. 9h30-13h30*

Gallucci (plan 3, A3). Une autre chocolaterie traditionnelle qui confectionne de succulentes gâteries. *Via Cisterna dell'Olio, 6/c (Centre historique) Tél. 081 551 31 48 Ouvert lun.-sam. 9h30-13h et 16h-19h*

Dolce Idea di Gennaro Bottone (plan 2, F4). Vous aurez bien du mal à faire votre choix parmi une multitude de chocolats et de petits gâteaux. Faites-vous conseiller et, si c'est possible, demandez à voir l'atelier de préparation de toutes ces gourmandises. *Via della Solitaria, 7 (Chiaia) Tél. 081 764 28 32 Ouvert lun.-sam. 9h-14h30 et 15h-20h*

☺ **Pasquale Esposito e Figli (plan 3, A1).** La dynastie Esposito s'est spécialisée depuis un demi-siècle dans la fabrication de *taralli*, ces biscuits salés dont raffolent les Napolitains, et dont la recette mêle saindoux, poivre et amandes. Goûtez aussi les *pagnotielli* (brioches rustiques). *Via della Sanità, 129/130 (Centre historique) Tél. 081 45 49 06 Via Santa Teresa degli Scalzi, 130 Tél. 081 544 46 89 Ouvert tlj. 7h-21h*

Leopoldo (plan 3, B2). Moins "artisanal" qu'Esposito, ce *tarallificio* (fabricant de *taralli*) a plusieurs boutiques en ville. Tout est bon, les biscuits salés comme la pâtisserie. *Via Foria, 212 (Centre historique) Tél. 081 45 11 66 Via Vittoria Colonna, 46 (Chiaia) Ouvert tlj. 7h-21h*

Arfé (plan 2, D4). Ceux qui veulent faire provision de spécialités locales sans se compliquer la vie iront chez Arfé, caverne d'Ali Baba qui entrepose une immense variété de charcuteries, de fromages, de vins, de pâtes (celles de Gragnano, fabriquées à l'ancienne à une quarantaine de kilomètres de Naples)... *Via San Pasquale a Chiaia, 31 (Chiaia) Tél. 081 41 18 22 Ouvert lun.-sam. 8h-13h45 et 16h30-20h Fermé jeu. a.-m.*

Codrington (plan 2, E4). Comptoir de produits importés et de spécialités, cette épicerie fine existe à Naples depuis 1886. Codrington est loin du stéréotype qu'on se fait des *alimentari*, supérettes qui ont résisté à la grande distribution, mais elle reste une référence pour les Napolitains. *Via Chiaia, 94 (Chiaia) Tél. 081 41 82 57 Ouvert lun.-sam. 9h-13h30 et 16h30-20h Fermé jeu. a.-m.*

Antica Latteria d'Angelo (plan 2, C4). Quand on a goûté les *mozzarelle di bufala campana*, il est difficile de se résoudre à celle, plutôt caoutchouteuse, que l'on trouve dans nos supermarchés. Si vous prenez l'avion, il n'est pas impossible d'en emporter dans vos bagages, d'autant qu'on recommande de la conserver à température ambiante (mais il faut la consommer très rapidement). Sinon, dévorez-la sur place ! *Via Ferdinando Galiani, 4 (Chiaia, Mergellina) Tél. 081 66 13 83 Ouvert lun.-sam. 7h-14h et dim. 9h-13h30*

☺ **Cremeria Gastronomia Rosticceria Angela (plan 3, A2).** À deux pas du Musée archéologique, une épicerie-traiteur-rôtisserie excellente, où tout est recommandé, de la charcuterie aux fromages en passant par les pizzas, les sandwichs faits sur mesure et les beignets. L'endroit a l'air anodin mais il est accueillant, toujours envahi d'une clientèle d'habitués, gourmets et cuisinières exigeantes. On vous fera des paquets de spécialités bien ficelés si vous voyagez. *Via Conte di Ruvo, 21/23 Tél. 081 549 96 60 Ouvert lun.-sam. 8h30-21h30*

Où trouver du café ?

Santo Domingo (plan 3, A3). Les amateurs de café ont deux adresses de torréfacteur dans leur carnet : Mexico (cf. Où prendre un espresso, un *shakerato*) et Santo Domingo. Torréfié à l'ancienne, au feu de bois, ce café embaumera votre cuisine et vous permettra d'emporter un peu de Naples dans votre valise. *Via Cesare Battisti, 23 (Centre historique) Tél. 081 552 15 13*

Où dénicher des santons et des crèches ?

☺ **Ferrigno (plan 3, B2).** Toute la rue San Gregorio Armeno vit dans l'attente du 8 décembre et de "l'ouverture" officielle de l'Avent. Ce jour-là, c'est à peine si on parvient à traverser la foule qui se déplace en famille pour acheter une nouvelle crèche ou compléter une ancienne. À Naples, les crèches de Noël sont un art à part entière et Ferrigno est l'un de ses plus fervents représentants. Ses *pastori* (santons) sont tous hérités du XVIIIe siècle, avec quelques figures propres à l'histoire de Naples (Totò, le *munaciello*, moine porte-bonheur qui hante les maisons, la "corne rouge" qui protège du mauvais œil...). Les *maestri*, Giuseppe et Marco, ainsi que leur famille peuvent aussi vous faire découvrir l'atelier-musée (se renseigner au préalable). Selon la taille et la facture, comptez de

2,50€ à 500€ par santon ! *Via San Gregorio Armeno, 8 Tél. 081 552 31 48
Ouvert jan.-sept. : lun.-sam. 9h-19h, dim. 9h-13h30 ; oct.-nov. : lun.-sam. 9h-
23h, dim. 9h-13h30 ; déc. : tlj. 7h30-0h*

Où acheter de la céramique ?

☺ **La Riggiola Napoletana (plan 3, A3).** La *riggiola* est à Naples ce que l'*azu-
jelo* est à Lisbonne : des carreaux de céramique qui ornent les murs ou les sols
depuis des siècles et dont la tradition se perd. Cette boutique est aussi un
"centre culturel" : on est capable de juger de la qualité d'une faïence et de l'associer à un céramiste, un savoir-faire, un siècle. Selon son histoire, selon son
état, le prix d'un carreau oscille entre 10€ et 80€ ! *Via Donnalbina, 22 (Centre
historique) Tél. 081 551 80 22 Ouvert lun.-ven. 9h-18h30*

Où s'habiller à la mode napolitaine ?

Napolimania (plan 3, A3). Pour ceux qui veulent des souvenirs "ultranapoli-
tains", tee-shirts avec slogans en dialecte, cartes postales, affiches... *Via
Toledo, 312 (Centre historique) Tél. 081 41 41 20*

Marinella (plan 2, D4). Une institution depuis 1914, que les grands de ce
monde connaissent et portent près du cou : Marinella a noué les cravates de
François Mitterrand et compte Jacques Chirac parmi ses clients. Don Eugenio,
le fondateur, était homme de principes : "C'est la somme de petits détails qui
fait l'homme élégant. Jamais une chemise bleu ciel le soir et jamais de cravate
rouge trop criarde." Trois tarifs : 80€ pour une cravate cousue, 90€ sur mesure,
95€ pour une cravate 7 plis en cashmere. Sachez que l'échantillonnage de
soies est renouvelé chaque semaine et qu'il faut compter quatre jours pour une
cravate sur mesure. Si vous préférez être tranquille, venez dès l'ouverture tôt le
matin. *Riviera di Chiaia 287 Tél. 081 764 42 14 www.marinellanapoli.it Ouvert
lun.-sam. 7h-13h30 et 16h-20h Fermé en été sam. a.-m. et 10 jours en août*

Fusaro (plan 3, A3). Après ou avant la cravate (cf. Marinella), il faut passer chez
Fusaro, créateur de chemises pour homme. Choix infini de tissus, de coupes, de
cols... pour un prix très raisonnable. *Via Toledo, 280 et 327 Tél. 081 41 29 96*

Où s'imprégner de la culture napolitaine ?

☺ **Stampa et Ars (plan 3, A2).** Oui, des estampes et des arts. Demandez à
Mario Raffone de vous raconter l'histoire de l'imprimé et de l'édition à Naples,
il est intarissable. À Naples, et particulièrement dans cette rue, il y a un véritable savoir-faire de l'imprimerie. Vous êtes ici chez le meilleur, celui dont le goût
n'a jamais fait d'erreurs. Estampes, cartes postales... *Via Santa Maria di
Costantinopoli, 102 (Centre historique) Tél. 081 45 96 67 Ouvert lun.-ven.
9h-19h et sam. 9h-14h*

Fonoteca (plan 3, A3). Une boutique de disques et cassettes où les vendeurs
connaissent par cœur les standards napolitains mais aussi les groupes alternatifs. Ils vous conseilleront et vous feront découvrir de la tarantelle, du rap

campanien ou des classiques intemporels. *Via Cisterna dell'Olio, 19 (Centre historique) Tél. 081 551 28 42 Ouvert lun.-jeu. 10h-22h, ven.sam. 10h-23h, dim. 10h-14h et 16h30-21h*

Libreria Feltrinelli (plan 2, E4). Megastore fonctionnel et très fourni. Musiques, livres, vidéo… Demandez le programme des rencontres (débats, signatures, concerts…). *Piazza dei Martiri (Chiaia) Tél. 081 240 54 11 Ouvert lun.-sam. 10h-23h, dim. 10h-14h et 16h-21h*

Libreria Colonnese (plan 3, A2). *Libri e altro*, c'est-à-dire non seulement des livres (anciens et neufs) mais aussi des cartes postales, des estampes, des photographies et, dans les bacs à l'extérieur, de vieux numéros des *Temps modernes*… L'atmosphère est un peu austère mais le lieu a beaucoup de cachet. *Via San Pietro a Majella, 32/33 (Centre historique) Tél. 081 45 98 58*

Loveri (plan 3, A3). Si vous rêvez d'emporter un *tamburiello* pour jouer de la tarentelle chez vous (attention au tapage nocturne !), vous trouverez ce qu'il faut dans une des boutiques Loveri. La rue est spécialisée en instruments de musique. Le conservatoire n'est pas loin et il n'est pas rare d'entendre les élèves répéter. *Via San Sebastiano, 8, 10, 72 et 74 (Centre historique) Tél. 081 29 67 54*

Cooperativa 'O Pappece. Bottega del Mondo (plan 3, A3). Globalisation, développement durable, écologie, agriculture biologique… Cette coopérative rêve d'un autre monde et s'y emploie activement en organisant des ateliers pédagogiques sur ce thème, en vendant dans sa boutique du monde de l'artisanat, des produits issus du commerce équitable, des disques et des livres. *Vico Monteleone, 8 (Centre historique) Tél. 081 552 19 34*

Découvrir le centre historique

Avant de s'engouffrer dans le "ventre" de Naples : si vous disposez de temps et que votre curiosité n'est pas irrépressible, limitez-vous, surtout en été, à des visites en **début de matinée** et en **fin d'après-midi**. D'abord parce que la plupart des sites ferment pour une longue pause à l'heure du déjeuner mais surtout parce que la promenade à Naples n'a rien de reposant. On a beau être ému par tant de contrastes et de beauté, on n'en est pas moins soumis au bruit incessant et à la pollution (et en été à une chaleur humide et étouffante). Ménagez-vous et faites des **pauses** sur les terrasses. La marche **à pied** (dans des chaussures confortables) devrait être le meilleur moyen de se déplacer.

☺ **SPACCANAPOLI-*DECUMANUS* INFÉRIEUR.** La rue qui fend Naples est le nom donné à l'ancien *decumanus* inférieur (qui partait de la piazza del Gesù Nuovo et qui arrive à l'emplacement actuel de la gare). Elle a donné son nom au quartier alentour et par extension à tout le centre historique mais, si l'on regarde Naples du haut du belvédère de la chartreuse San Martino, on voit distinctement une rue (plus longue que le *decumanus*), qui se déroule du pied de la chartreuse jusqu'à la gare quasiment, traverser le centre de part en part. C'est le ventre de Naples, là où l'âme de la ville prend racine, là où elle se repaît de superstitions, là où s'épanche sa langue mélodieuse. Les principaux axes du centre antique sont aujourd'hui des musées à ciel ouvert, repérables sous le nom de *Vie dell'Arte*, les rues de l'art. Il s'agit des *decumani* (inférieur, majeur et supérieur) ainsi que d'une partie du centre monumental (au départ de la piazza Plebiscito jusqu'à la piazza del Gesù Nuovo). *Monuments ouverts lun.-sam. 9h-14h (dim. mat. pour certains)*

Piazza del Gesù Nuovo-Chiesa del Gesú Nuovo (plan 3, A3). La place qui accueille cette église monumentale est l'un des lieux charnières de la ville. D'abord parce qu'elle articule la partie gréco-romaine, l'ancienne *Neapolis* qui s'étend à l'arrière, aux aménagements modernes, engagés sous la maison d'Anjou puis par le vice-roi Pedro de Tolède au milieu du xvıe siècle. Ensuite parce qu'elle sert aux Napolitains et aux étrangers de repère dans la ville grâce à l'imposante **flèche de l'Immacolata**, achevée en 1751. Haute d'une trentaine de mètres, elle fut dressée en mémoire des victimes de la peste de 1651 (un habitant sur sept). Quant à l'église, son étonnante **façade en pointes de diamant** raconte une partie de son histoire : elle était initialement destinée à un *palazzo nobile* appartenant à la famille Sanseverino (1470). Les Jésuites ont racheté le palais en 1584 et le transformèrent selon les canons de leur compagnie : l'intérieur déploie ses prouesses artistiques du sol aux chapelles et, bien que le décor foisonnant n'incite pas au recueillement, on ne se sent pas écrasé. Sur la droite, allez voir la chapelle destinée à Giuseppe Moscati (1880-1927). Ce médecin napolitain a sacrifié sa vie au soin des plus pauvres et on lui attribue plusieurs miracles. Quotidiennement, on vient porter des fleurs, caresser sa statue... Un peu plus loin, toujours sur la droite, on a reconstitué l'appartement du médecin, de la chambre à son cabinet. Les murs sont recouverts d'ex-voto et de lettres témoignant des miracles accomplis. *Piazza del Gesù Nuovo Tél. 081 551 86 13 www.gesuiti.it/moscati Ouvert tlj. 7h-13h et 16h-19h30*

☺ **Complesso di Santa Chiara (plan 3, A3).** Juste en face du Gesù Nuovo, ce couvent a retrouvé sa sobriété première, qui remonte au xıve siècle, après les ravages des bombardements d'août 1943 ayant réduit en cendres les aménagements baroques du milieu du xvıııe siècle. L'église et le couvent avaient été bâtis par Robert d'Anjou pour sa femme Sancia, très dévote, dans le pur gothique franciscain, et devaient accueillir les tombeaux de la famille angevine (encore visibles dans l'église). À gauche, on rejoint le **cloître**, chef-d'œuvre d'allégresse : Vaccaro, au xvıııe siècle, avait imaginé un jardin rustique avec pergolas et bancs recouverts de **majoliques** bleues, jaunes et vertes. S'il n'y a pas trop de monde, c'est le lieu le plus poétique de Spaccanapoli. *Via Benedetto Croce Tél. 081 552 62 09 Ouvert tlj. 7h-12h30 et 16h-19h Cloître et musée Ouvert tlj. 8h-12h40 et 16h30-20h*

Basilica di San Domenico Maggiore (plan 3, A3). En chemin vers la place San Domenico Maggiore, on longe des palais majestueux (si la porte est ouverte, jetez un coup d'œil aux cours intérieures) : au n°45, le Palazzo Carafa della Spina et au n°3, le palais Petrucci. La place, elle, est dominée par l'abside ocre de l'église, et surtout par des terrasses de cafés, dont celle de Scaturchio (cf. Où déguster une pâtisserie), sans doute l'une des meilleures pâtisseries traditionnelles. En dépit de ses allures de château médiéval avec ses extrémités crénelées, quasiment rien ne nous est parvenu de la forme primitive de cette église.

Bâtie au XIIIᵉ siècle, elle a fait l'objet de profonds remaniements. Quelques chapelles latérales (notamment la chapelle Brancaccio, la deuxième à droite) conservent néanmoins quelques pièces de cette époque (fresques). À droite du transept, ne manquez pas la sacristie et sa galerie de 45 cercueils où reposent les vice-rois et vice-reines d'Espagne et des dignitaires de la Cour. Le couvent adjacent a vu passer saint Thomas d'Aquin et le philosophe Giordano Bruno (1548-1600) qui a fini sur un bûcher à Campo dei Fiori à Rome. On raconte que le crucifix de la chapelle du même nom (7ᵉ chapelle à droite) aurait parlé à saint Thomas, lui demandant ce qu'il exigeait en récompense de ses écrits si fervents. Le saint aurait répondu en latin : "Rien d'autre que Toi, Seigneur." *Piazza San Domenico Maggiore Tél. 081 45 91 88 Ouvert tlj. 7h-12h et 16h-19h*

☺ **Cappella Sansevero (plan 3, A3).** Cette chapelle illustre avec une exubérance toute baroque la ferveur napolitaine qui tient presque de la morbidité ! Bâtie en 1590 pour abriter les sépultures de la famille Di Sangro, elle est transformée vers la fin du XVIIIᵉ siècle par l'un des descendants, Raimondo Di Sangro, qui commande des sculptures troublantes de réalisme (on ne se lasse pas de regarder l'incroyable transparence des voiles de marbre du ***Christ voilé***, le détail des corps, les drapés...). Raimondo est aussi passé à la postérité pour l'expérience macabre à laquelle il s'est livré : on raconte qu'il est parvenu à pétrifier le sang de deux écorchés vifs (deux de ses jeunes domestiques). Les âmes sensibles auront été prévenues, les autres descendront dans la crypte pour jeter un coup d'œil au résultat. *Entrée 5€. Via Francesco de Sanctis, 19 Tél. 081 551 84 70 www.ic-napoli.com/sansevero Ouvert lun., mer.-sam. 10h-17h40, dim. 10h-13h10*

Piazzetta Nilo-Chiesa di Sant'Angelo a Nilo (plan 3, B3). De la chapelle Sansevero, il faut redescendre vers le *decumanus* inférieur. À cet endroit, la via Benedetto Croce laisse place à l'effervescente via San Biagio dei Librai, encombrée d'étals d'antiquaires qui s'étirent jusque dans la rue. La piazzetta Nilo doit son nom à une statue que vous verrez sur le largo Corpo di Napoli, un peu plus en avant. Dans l'Antiquité, la ville abritait une importante colonie alexandrine qui vénérait le fleuve égyptien. Retrouvée mutilée au XVᵉ siècle, la statue a été restaurée et achevée en 1657. Entrez à droite dans l'église, connue aussi comme "chapelle Brancaccio", du nom du cardinal qui la fit construire à la fin du XIVᵉ siècle. Son tombeau, achevé en 1427 par les artistes florentins Michelozzo et Donatello, est l'une des premières œuvres de la Renaissance napolitaine. *Ouvert lun.-sam. 8h30-12h et 17h-19h, dim. 8h30-12h*

Via San Biagio dei Librai (plan 3, B3). Le long de la rue (dont le nom évoque la tradition libraire qui s'y tenait, à quelques pas de l'université), jetez un œil aux *palazzi* dont certains ont été restaurés. En s'engageant sur la via Santi Filippo e Giacomo, sur la droite, on aboutit au **monastère Santi Severino e Sossio**, l'un des complexes bénédictins les plus importants de la ville (fondé au Xᵉ siècle), aujourd'hui occupé par les archives d'État. À l'angle du vico San Severino se dresse l'ancien **mont-de-piété**, institution en place au XVIᵉ siècle pour secourir ceux qui étaient endettés. La chapelle, au fond de la cour, renferme *La Charité* et *La Fermeté*, deux troublantes sculptures du Bernin. À voir encore, au 121, le Palazzo Diomede Carafa et au 39, le Palazzo Marigliano (qui

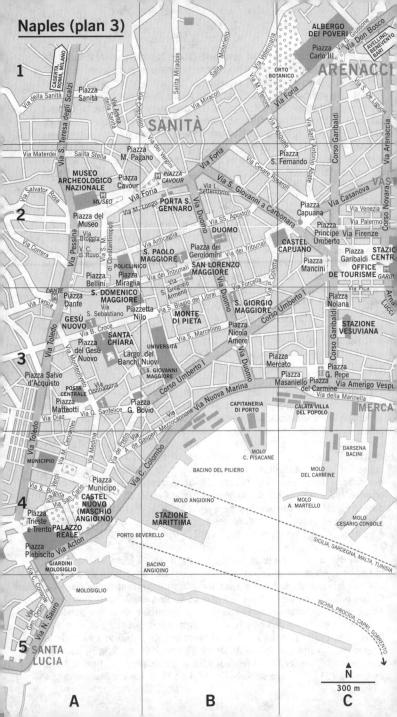

abrite l'Albergo del Purgatorio, lieu magique ; cf. Dormir à Naples). *Ces lieux ne se visitent pas, si les portes sont ouvertes, jetez discrètement un coup d'œil.*

☺ **Via San Gregorio Armeno-Chiesa San Gregorio Armeno (plan 3, B2).** À gauche de la via San Biagio dei Librai, vous remonterez une des rues les plus caractéristiques de Naples. Si vous êtes de passage en décembre, vous serez témoin d'un rituel napolitain extraordinaire : le **marché aux crèches**. Cet art traditionnel se déploie tout particulièrement dans ces échoppes et ateliers où s'empilent des centaines de santons de toutes tailles. Le reste du temps, c'est tout de même animé et certaines enseignes valent le détour (cf. Où dénicher des santons et des crèches). Ne ratez pas l'église San Gregorio Armeno, peut-être **la plus belle église baroque de Naples**, foisonnante de stucs dorés et de fresques, de boiseries incrustées ou peintes. Par le vestibule, on accède au cloître du couvent, datant de la même époque (1580), planté d'un verger d'agrumes. *Via San Gregorio Armeno, 1 Tél. 081 552 01 86 Ouvert tlj. 9h30-12h*

Chiesa di San Giorgio Maggiore (plan 3, B3). Presque au bout du *decumanus* inférieur, à droite dans la via Duomo, se dresse l'église San Giorgio Maggiore, fondée à la fin du IVe siècle, presque entièrement détruite par le tremblement de terre de 1640 et donc rebâtie dans le goût baroque. Les dernières traces de l'époque primitive sont encore perceptibles dans l'entrée (qui était autrefois l'abside), avec ses colonnes romaines aux chapiteaux corinthiens. *Via Duomo 237/a Tél. 081 28 79 32 Ouvert lun.-sam. 8h30-12h et 17h-19h30, dim. 8h30-13h30*

Palazzo Cuomo (plan 3, B3). En face de l'église San Giorgio Maggiore, vous remarquerez la façade austère du Palazzo Cuomo, siège du musée Filangieri (actuellement fermé). Le palais, bâti entre 1464 et 1490, était destiné à une famille d'artificiers florentins. Le bossage (rustique dans la partie inférieure, lisse dans la partie supérieure) rappelle d'ailleurs les palais de la cité toscane. La collection renferme de belles œuvres de Luca Giordano, Andrea Vaccaro, Federico Barocci…

VIA DEI TRIBUNALI-*DECUMANUS* MAJEUR. Paralèlle à la via Benetto Croce, la via dei Tribunali suit le tracé la voie antique est-ouest, le *décumamus maximus*.

Piazza Dante (plan 3, A3). Elle est véritablement à la frontière de la ville antique et des quartiers espagnols qui grimpent sur les flancs de colline à l'arrière. Restaurée ces dernières années, elle a retrouvé la monumentalité austère qui caractérise l'immense structure semi-circulaire de Vanvitelli (milieu du XVIIIe siècle). Au sous-sol, une station de métro ultramoderne a été aménagée. Hélas, en dépit de cet important dépoussiérage, la place est un peu désertée, au profit de sa voisine, la **piazza Bellini**, QG des étudiants des Beaux-Arts voisins (plan 3, A2).

Chiesa di San Pietro a Majella (plan 3, A3). De la piazza Dante, les quelques pas qui vous séparent de cette église sont parmi les plus agréables à parcourir : on baigne dans une atmosphère d'un autre âge le long de la via Port'Alba, qui s'ouvre par un arc et aligne une série de librairies anciennes (dont Guida, fréquentée autrefois par Barthes, Ungaretti ou Sciascia). Au sortir de cette petite rue, selon l'heure, il se peut que vous soyez entraîné par quelques notes venues des étages alentour. Le conservatoire de musique laisse échapper les gammes de ses élèves. Sur la gauche, la piazza Bellini et ses terrasses, devenues le point de repère d'une jeunesse bohème et branchée. Engagez-vous directement dans la rue San Pietro a Majella qui entame le *decumanus* majeur. L'entrée de l'église est immédiatement sur votre droite. Son nom rappelle le saint Pietro Angeleri, moine ermite des Abruzzes (la Majella est une de ses montagnes) qui a renoncé au pontificat. Le sanctuaire qui lui est dédié a été bâti entre la fin du XIIIe et le début du XIVe siècle. Il affiche encore de belles allures gothiques mais c'est le plafond de la nef et du transept qui attirera votre attention avec ses importants cycles de toiles, œuvres de Mattia Preti du début du XVIIe siècle. *Via San Pietro a Majella, 4 Tél. 081 45 90 08 Ouvert tlj. 7h-12h et ven.-sam.18h-19h*

Chiesa di Santa Maria delle Anime del Purgatorio (plan 3, B2). Certains *palazzi* sont des lieux troublants, un peu décadents mais très charmants. Cette église au nom éloquent ("Sainte Marie des âmes du purgatoire", *sic* !) est un autre témoignage du **culte des morts** et la manière vivace dont il s'exprime à Naples. Vous verrez les crânes de bronze au pied de l'escalier qui mène à la porte de l'église, souvent couverts de fleurs fraîches. Si c'est ouvert et que vous aimez ce genre d'ambiance, descendez voir l'**hypogée** qui rassemble encore de nombreuses sépultures. *Via dei Tribunali, 39 Ouvert lun.-sam. 9h-12h30*

Napoli Sotterranea (plan 3, B2). Ce ne sont pas des catacombes mais un parcours souterrain dans les entrailles de la ville antique, véritable voyage dans le temps. On descend jusqu'à 40m sous terre où sont encore visibles, dans les murs de tuf de la vieille ville, les signes d'une ville qui a près de 2 400 ans. Très instructif et émouvant mais les claustrophobes s'abstiendront. *Piazza San Gaetano, 68 Tél. 081 40 02 56 www.lanapolisotterranea.it Visites tlj., plusieurs fois par jour Se rendre directement sur place*

Chiesa di San Lorenzo Maggiore (plan 3, B2). Un monument qui dit toute l'histoire de la ville : la première église paléochrétienne, consacrée à saint Laurent, a été élevée au VIe siècle sur le site de l'ancienne agora grecque, devenue par la suite le forum. Au XIIIe siècle, la famille d'Anjou revoit l'abside dans le pur style gothique français puis la nef et le transept, en récupérant quelques éléments de l'Antiquité. Quelques séismes et catastrophes naturelles plus tard, on revoit encore l'église selon le canon baroque en vigueur. Ferdinando Sanfelice (1675-1748), auteur de quelques pièces architecturales audacieuses au XVIIIe siècle, aménage la façade en préservant le portail gothique. De tous ces remaniements, la façade est restée baroque mais l'intérieur a retrouvé ses allures gothiques, ce qui en fait un des espaces les plus solennels de la ville. Remarquez la série de tombeaux qui y sont conservés. Tout à côté, dans les murs du couvent francis-cain, ceux qui veulent en savoir plus sur cette superposition architecturale si singulière seront servis : l'archéologie a fait parler les sous-sols jusqu'à mettre au jour un marché, une boulangerie, une teinturerie... tels qu'ils étaient il y a deux mille ans. Boccace raconte dans son *Décaméron* (1343) que c'est à San Lorenzo qu'il rencontre Marie d'Aquino, fille de Robert d'Anjou mieux connue comme

Fiammetta dont il est tombé amoureux. Son ami Pétrarque a, lui, été l'hôte du couvent voisin. *Piazza San Gaetano Tél. 081 29 05 80 Ouvert tlj. 7h30-19h*

Chiesa e Convento dei Gerolomini (plan 3, B2). Cette petite église baroque commencée à la fin du XVIᵉ siècle témoigne des préceptes en vigueur chez les oratoriens, disciples de saint Philippe Neri. La foisonnante décoration intérieure devait inspirer la méditation. Pour ce faire, ils convièrent les grands noms de l'époque : Pietro Da Cortona, Guido Reni, Luca Giordano et Francesco Solimena. Le couvent adjacent (accès par la via Duomo, 142) renferme deux cloîtres magnifiques datant du XIIIᵉ siècle, l'un donnant accès à une bibliothèque monumentale (dont l'entrée est très limitée) et l'autre à une pinacothèque remarquable, qui présente des œuvres du XVIᵉ au XVIIIᵉ siècle. Attention, l'église est souvent fermée à la visite. Renseignez-vous à la pinacothèque. *Piazza dei Gerolomini, 107 Tél. 081 44 91 39* **Pinacothèque** *Ouvert lun.-sam. 9h-13h*

Chiesa Pio Monte della Misericordia (plan 3, B2). Amateurs du **Caravage**, précipitez-vous. Cette église octogonale, méconnue, abrite au-dessus de son autel central l'un des chefs-d'œuvre de l'artiste, *Notre-Dame de la Miséricorde* (1607). Une galerie à l'étage présente près de 150 œuvres appartenant à cette institution de charité. Juste en face, sur la placette Riario Sforza, vous remarquerez la flèche consacrée à saint Janvier – san Gennaro – patron de la ville, la première d'une longue série de ce type. Celle-ci commémorait l'éruption du Vésuve de 1631. *Via dei Tribunali, 253 Tél. 081 44 69 44 Ouvert lun.-sam. 9h-13h*

Du Castel Capuano à la Porta Capuana (plan 3, C2). En bonne logique, la **via dei Tribunali** ("des tribunaux") aboutit au palais de justice, qui siège dans le Castel Capuano depuis le milieu du XVIᵉ siècle. Cette imposante bâtisse, construite par les Normands en 1165, a été restaurée par la famille d'Anjou pour en faire sa résidence, occupée ensuite par la famille d'Aragon jusqu'au vice-roi Pedro de Tolède qui lui assigne cette dernière fonction. Derrière, l'imposante **Porta Capuana**, entourée de deux tours colossales de péperin, vestiges de l'ancienne enceinte, a pris la forme d'un arc de triomphe de marbre blanc à la fin du XVIᵉ siècle, sur volonté du souverain Ferdinand Iᵉʳ d'Aragon. Prolongement de l'effervescence de Spaccanapoli, ce quartier fourmille d'étals de vendeurs à la sauvette, d'échoppes populaires… À deux pas, dans le quartier de Sant'Antonio Abate, se tient quotidiennement un marché immense, très coloré et économique. Seule précaution : attention à vos sacs, les pickpockets sévissent.

VIA ANTICAGLIA-*DECUMANUS* SUPÉRIEUR. Certains monuments de ce quartier – réputé comme le moins dense des trois *decumani* –, parfois méconnus, comme l'église de Donnaregina ou celle de San Giovanni a Carbonara, valent le détour. Sur la première partie du parcours, vous croiserez quelques *palazzi* affichant encore leur grandeur, et des églises discrètes, malheureusement souvent fermées.

Duomo (plan 3, B2). Du *decumanus* (à cet endroit, via San Giuseppe dei Ruffi), prendre à droite dans la via Duomo. Au prime abord, la cathédrale de Naples n'a pas la monumentalité qu'on lui imaginait. Dans une ville où la ferveur religieuse se traduit tout en grandeur, on est presque déçu de découvrir sa façade du XIXe siècle encaissée entre des palais plutôt ordinaires. Son histoire chaotique, entre remaniements et catastrophes naturelles, lui a fait perdre l'harmonie gothique des origines (dont il ne reste en façade que les trois beaux portails) et ne laisse pas imaginer toute la splendeur qui attend le visiteur à l'intérieur. Élevée sur un sanctuaire paléochrétien consacré à sainte Restituta (devenu aujourd'hui une splendide chapelle) puis à sainte Stefania au Ve siècle, la cathédrale compense son manque de hardiesse dans l'architecture ou le décor par des chapelles adjacentes d'une richesse peu commune. À droite, la chapelle de **San Gennaro** – saint Janvier – patron vénéré de Naples, aussi appelée le **trésor**, renferme de nombreuses statues en bronze ou en argent, exposées en mai et en septembre lorsque se perpétue le miracle de la liquéfaction du sang. La plus célèbre d'entre elles, derrière l'autel, sur la paroi du fond, est un buste en argent doré datant du XIVe siècle, qui renferme le crâne du saint. Dans sa base sont conservées les deux ampoules qui contiennent son sang. Les plus grands artistes de l'époque (de Lanfranco au Dominiquin) y ont travaillé, exécutant le vœu des Napolitains de voir le saint remercié après une terrible épidémie de peste en 1527. Victime des persécutions de Dioclétien en 305, décapité à Pouzzoles, cet évêque de Bénévent a suscité un culte intense dès le VIIIe siècle lorsque son corps a été transféré à Naples et que le sang s'est remis à couler et a été recueilli. Inexplicablement, il continue de se liquéfier, au moins deux fois par an (en mai et le 19 septembre, jour de sa fête), signe de bon augure pour la population. Ne négligez pas les autres chapelles, surtout celles du fond, de chaque côté du transept, qui gardent encore leur structure et leur décoration gothiques, notamment la **chapelle Minutolo** et la **chapelle Tocco**. Quelques traces des églises paléochrétiennes sont encore visibles dans la **chapelle Restituta** (colonnes et fragments du pavement) ou dans le baptistère San Giovanni in Fonte (mosaïques de la fin du IVe siècle). *Via Duomo, 147 Tél. 081 44 90 97 Ouvert lun.-sam. 8h30-12h30 et 16h30-19h, dim. 8h30-13h30 et 17h-19h30*

Chiesa di Santa Maria Donnaregina (plan 3, B2). Attention, ce nom désigne deux églises : l'une, baroque, sur le largo du même nom, qui a été sévèrement endommagée par les bombardements de la Seconde Guerre mondiale ; l'autre, la Chiesa Vecchia, médiévale, située dans le vico Donnaregina tout à côté, a été reconstruite au XIVe siècle, après que le tremblement de terre de 1293 a détruit l'église initiale, fondée à la fin du VIIIe siècle. C'est celle-ci qui attirera votre attention, avec le **mausolée de la reine Marie de Hongrie** qui avait financé la reconstruction. Remarquez l'**abside gothique** et ses belles fenêtres géminées, ainsi que le plafond en bois peint. Au niveau supérieur, là où venaient prier les religieuses du couvent voisin, on peut encore admirer un **cycle de fresques** du XIVe siècle, attribué à Pietro Cavallini, l'un des plus connus et accomplis de Naples. *Largo et vico Donnaregina Tél. 081 29 91 01 Ouvert tlj. 9h30-12h30*

Chiesa di San Giovanni a Carbonara (plan 3, B2). Très aimée des Napolitains, cette église à la spectaculaire volée d'escaliers – encore l'œuvre de Sanfelice (1675-1748), architecte de nombreux *palazzi* et escaliers peu ordinaires du début du XVIIIe siècle) – se dresse au bout du *decumanus*. Le nom de cette rue rappelle qu'ici, au haut Moyen Âge, les ordures de la ville étaient incinérées. À l'initiative des Augustins, on entreprend, dès 1343, la construction d'une église et d'un couvent qui ne seront achevés qu'au début du xve siècle grâce à l'intervention du roi Ladislas, puis profondément remaniés au xviiie siècle et abîmés après les bombardements de 1943. Au sommet, un portail gothique donne accès à la **chapelle Sainte-Monique** qui renferme deux beaux tombeaux. L'entrée de l'église se fait à gauche de ce portail. L'intérieur se répartit entre plusieurs chapelles mais c'est le **monument funéraire de Ladislas** (1428), au fond du chœur, qui gagne tous les suffrages. Haut de 18m, il annonce les canons esthétiques de la Renaissance tout en étant essentiellement gothique. Passez entre les deux cariatides du mausolée pour découvrir le beau pavement de majoliques de la chapelle de Gianni Caracciolo. *Via Carbonara, 5 Tél. 081 29 58 73 Ouvert tlj. 9h30-13h*

RETTIFILO (plan 3, B3-C3). On appelle Rettifilo le **corso Umberto I**, la longue percée droite qui relie la gare (piazza Garibaldi) aux quartiers ouest de la ville (jusqu'à la piazza Bovio) depuis le début du xixe siècle. Du point de vue touristique, c'est un axe passant et commerçant qui est agréable, assez monumental, presque haussmannien ! Il flanque l'université, une immense bâtisse néoclassique du début du xxe siècle qui englobe le collège des jésuites (1593). Plus au sud, près de la mer, les nostalgiques des luttes révolutionnaires iront voir la **piazza Mercato**, lieu historique où a éclaté la révolte de Masaniello (plan 3, B3).

Chiesa di Santa Maria del Carmine (plan 3, B3). Vers l'est se dresse cette grandiose église gothique. Elle fut habillée au milieu du xviiie siècle d'une riche couverture baroque-rococo. Jetez un œil aux deux pièces qui déchaînent la vénération des Napolitains : un crucifix de bois du xive siècle conservé dans un tabernacle et surtout la *Madonna bruna*, derrière l'autel central, petite icône de style byzantin de la même époque que le crucifix, associée à de nombreux miracles. *Piazza del Carmine, 2 Tél. 081 20 11 96 Ouvert lun.-sam. 6h30-13h et 17h-19h30*

Découvrir la piazza Cavour et ses alentours

Légèrement en retrait du centre historique, on traverse des quartiers souvent délaissés par les circuits touristiques. Outre l'exceptionnel Musée archéologique, il compte des découvertes parmi les plus insolites de la ville, notamment dans le quartier de la Sanità, enfant pauvre de Naples, mal aimé et malfamé.

☺ **Museo Archeologico Nazionale (plan 3, A2).** C'est sans conteste la **plus grande collection d'antiquités classiques** au monde. Le bâtiment qu'il occupe était autrefois une caserne de cavalerie (1585) puis le siège de l'université (de 1616 à 1777). On doit à Ferdinand IV l'initiative d'un grand musée destiné à accueillir les trésors exhumés des fouilles de Pompéi et d'Herculanum et la collection Farnèse, héritée de sa grand-mère. Le fonds se répartit sur quatre niveaux. Au **sous-sol**, la **section égyptienne** et l'**épigraphie**. Au **rez-de-chaussée**, la sculpture grecque et romaine, notamment les pièces incontournables de la collection Farnèse : la **galerie des Tyrannicides** avec la stèle funéraire, *Harmodios et Aristogeiton* puis le *Doryphore* de Polyclète d'Argos, la *Vénus Callipyge* dans la galerie des Carrache, *Hercule et le taureau Farnèse...*

L'**entresol** est entièrement consacré aux **mosaïques de Pompéi** (dont le clou reste la *Bataille d'Alexandre*) et au **petit Cabinet secret** autrefois interdit à la visite. Aujourd'hui accessible au public (en nombre limité), sa récente restauration met en valeur ses incroyables pièces. Elles ne surprennent pas tant en raison de leur pornographie (modérée...) mais du rapport très familier des Romains vis-à-vis de l'érotisme. Les amateurs de numismatique iront observer les collections de médailles et de monnaies. Le **premier étage** rassemble, autour de l'imposante **Sala Meridiana**, les fresques découvertes sous la lave du Vésuve après l'éruption de 79. Quelques précautions : la visite du musée est passionnante mais elle peut devenir vite fatigante, donc prenez votre temps. Ceux qui aiment les visites guidées utiliseront l'audioguide (disponible en français), didactique et interactif. Inscrivez-vous à l'entrée pour la visite guidée du Cabinet secret. Renseignez-vous aussi sur les salles qui sont fermées au public : en raison d'un manque de personnel, certaines pièces sont parfois inaccessibles. *Piazza Museo, 19 Tél. 081 44 01 66 Ouvert mer.-lun. 8h30-18h*

Via Foria (plan 3, B2-C1). Cette rue sépare d'un côté le centre historique (à droite), de l'autre le quartier des Vergini et de la Sanità, populaires et animés. Cet "axe rouge", toujours encombré de voitures, bruyant et pollué, n'est pas agréable à traverser. Plus que jamais, soyez vigilants en raison des pickpockets qui opèrent en Vespa (on parle en connaissance de cause !). Chemin faisant, vous croiserez la **Porta San Gennaro** sur votre droite, qui représentait la seule entrée septentrionale depuis la fondation grecque jusqu'au xvie siècle. Plus en avant des églises (quasiment toujours fermées), une caserne. *À gauche en sortant du musée*

Orto Botanico (plan 3, C1). Fondé en 1807, c'est l'un des plus importants d'Europe, par l'importance des collections (variété des espèces cultivées). À voir : les cycadales (qui ressemblent à des palmiers mais qui n'en sont pas !), les palmiers, les innombrables plantes désertiques, les fougères, la serre d'orchidées, les orangeraies... *Via Foria, 223 Tél. 081 44 97 59 Ouvert à la visite lun.-ven. 9h-14h Téléphonez au préalable pour réserver. Dans le cas contraire, soyez aimable avec le gardien et demandez-lui la permission de visiter le jardin.*

Albergo dei Poveri (plan 3, C1). Près du jardin botanique, sur le même trottoir, se dresse la façade monumentale de l'Auberge des pauvres (359m de long, sur les 600m prévus à l'origine !). Construit à partir de 1751 sur ordre de Charles de Bourbon pour accueillir les pauvres du royaume, il n'a jamais été achevé. Il a accueilli pendant un temps le tribunal des mineurs puis a été voué à l'abandon.

☺ **Quartier de la Sanità (3, A1-B1).** Près du Musée archéologique, prendre à droite la via dei Vergini pour entrer dans le quartier. Ça n'est pas plus dangereux qu'ailleurs, même si certains Napolitains s'émerveilleront de votre audace. Pourtant, contrairement à certains endroits "neutres" (entendre qui ne sont pas sous la mainmise de la Camorra, la mafia locale), la Sanità est un quartier préservé, extrêmement animé et qui renferme quelques véritables perles. On y voit certes moins de touristes qu'ailleurs mais considérez cela comme une chance : vous serez au plus près de la vie quotidienne des Napolitains et aurez encore la possibilité de visiter des catacombes ou des *palazzi* sans être pressé par la foule. Ouvrez l'œil, on croise à certains coins de rue des vendeurs ambulants de *granita* au citron ou des kiosques d'*acquaioli* (des vendeurs d'eau, de sirops, de jus de fruits...). Les habitants se vantent d'avoir le quartier le mieux décoré au moment des championnats de football. Nulle part en ville vous ne verrez plus de drapeaux tricolores. Aux côtés de ces détails anecdotiques prévaut une certaine noblesse. Ici comme à Spaccanapoli, le dénuement côtoie quotidiennement la beauté. Du marché coloré des *Vergini*, entrez dans le *cortile* du **Palazzo dello Spagnuolo** (au n°19 du largo dei Vergini). Vous aurez un aperçu de la fantaisie zigzagante de Ferdinando Sanfelice : ses escaliers en "ailes de faucon" se répéteront dans toute la ville après 1735. Au bout de la via dei Vergini, là où la rue forme un Y, empruntez la rue de gauche, la via Arena alla Sanità. Au n° 2/6 se dresse l'autre bâtiment de **Sanfelice**, qui porte son nom. Là encore, deux *cortili* magnifiques (avec un beau jardin à l'arrière du second). Poursuivez le long de cette rue, jetez un œil à l'**église San Severo** et réservez votre admiration pour l'**église Santa Maria della Sanità**.

Chiesa di Santa Maria della Sanità-Catacombes (plan 3, A1). Construite par les Dominicains entre 1602 et 1613, c'est une de nos églises préférées : dimensions équilibrées, un autel surélevé qui épargne astucieusement l'accès au sous-sol préexistant (chapelle de San Gaudioso) et, surtout, ces **incroyables catacombes** ! Ne ratez cette visite sous aucun prétexte : moins connues que celles de San Gennaro (actuellement fermées), elles combinent l'ensemble des techniques d'inhumation. Leur origine est liée au culte voué à San Gaudioso, mort entre 451 et 452, arrivé d'Afrique à Naples après que son souverain l'eut chassé. On vous expliquera comment les corps étaient disposés dans l'attente de leur décomposition, on vous présentera les fresques et les mosaïques, allant du Ve au XVIIIe siècle. Une des explications les plus insolites concerne une méthode du XVIIe siècle : les corps étaient descendus dans des niches où ils demeuraient jusqu'à complet dessèchement. Ensuite, on enterrait le corps en récupérant le crâne qui était incrusté dans un mur. Sur ce mur, on peignait un costume censé représenter le défunt (une tenue d'avocat, une robe de grande dame...). Ceux qui veulent en savoir plus sur cette étrange fascination pour le culte des morts iront aussi visiter le **cimetière des Fontanelle**, tout près (via Fontanelle, 154). En sortant de l'église, levez la tête et remarquez la belle coupole de majoliques vertes et jaunes. *Église Santa Maria della Sanità* Piazza Sanità, 14 *Tél. 081 544 13 05 Ouvert lun.-sam. 9h30-12h30 et 17h-20h, dim. 9h30-13h30* **Catacombes** *Visites guidées tlj. 9h30-18h30*

Découvrir le centre monumental et les quartiers espagnols

Avec les travaux engagés par la famille d'Anjou à la fin du XIIIe siècle pour construire une forteresse, qui deviendra la nouvelle résidence royale de la famille d'Aragon, le centre de gravité politique et architectural délaisse la vieille ville et se déplace vers la mer. Les pouvoirs se succèdent et rivalisent d'audace et de grandeur pour laisser leur empreinte. Naples acquiert un autre visage qui lui permet d'être à la hauteur des grandes capitales européennes.

Piazza del Municipio (plan 3, A4). Cette immense place rectangulaire est un des points d'ancrage dans la ville : elle articule l'ouest et l'est, la mer et la terre, depuis le XVe siècle. Flanquée sur deux côtés de bâtiments imposants (dont le palais de l'hôtel de ville), bordée par le Castel Nuovo d'un autre côté, elle s'ouvre sur la mer et sur le Vésuve qui se détache en toile de fond. Elle fait actuellement l'objet d'importants travaux pour la mise en place d'une ligne de métro.

Castel Nuovo-Museo Civico (plan 3, A4). Les Napolitains l'appellent le *Maschio Angioino* ("bastion angevin"), ce qui éclaire sur les origines de ce château : Charles Ier d'Anjou avait fait construire une forteresse entre 1279 et 1282 dont seule la **chapelle palatine** nous est parvenue. Plus d'un siècle et demi après, la famille d'Aragon élève un autre château qui servira de résidence royale officielle (délaissant le Castel Capuano). Les nombreux ajouts ultérieurs ont disparu après l'importante restauration du début du XXe siècle. C'est de cette période aragonaise que date le magnifique arc de triomphe qui commémore la victoire d'Alphonse le Magnanime sur les Anjou en 1443. À l'intérieur, outre les **collections de peinture et des sculptures du XIVe au XXe siècle** du Museo Civico, il y a la remarquable **salle des Barons**, autrefois couverte de fresques de Giotto, où se tiennent encore les séances plénières du conseil municipal. *Piazza Municipio Tél. 081 795 58 77 Ouvert mar.-sam. 8h30-18h30*

Palazzo Reale (plan 3, A4). Ceux qui doutent encore que la grandeur de la cour napolitaine ait pu un jour rivaliser avec d'autres cours européennes trouveront dans ces fabuleux **appartements royaux** une réponse convaincante. Les travaux de construction avaient été engagés par les vice-rois espagnols en 1600, confiés à l'architecte Domenico Fontana, qui a officié à Rome pour le pape Sixte V. Le corps principal a été achevé en quelques années à peine, mais l'ensemble a été revu à de nombreuses reprises (au milieu du XVIIIe siècle par les Bourbons et au XIXe siècle, durant la période napoléonienne) et porte les traces de ces interventions dans le mobilier et le décor. L'accès aux appartements par l'extraordinaire escalier d'apparat (1651) vaut à lui seul la visite. Montesquieu en parlait comme du "plus beau d'Europe". À l'étage, les appartements surprennent autant par leurs dimensions et leur nombre (une trentaine de pièces) que par la richesse de l'ornementation. L'école napolitaine est bien représentée dans la collection de tableaux exposée (de Ribera à Giordano). Fresques et tapisseries sont tout aussi remarquables. À ne pas manquer : le **Teatrino di Corte**, petit théâtre privé dessiné par Ferdinando Fuga en 1768 et magnifiquement restauré, la **salle du Trône** (et la vue sur le golfe), la salle de la Pudeur, le salon d'Hercule, la chapelle Palatine, la crèche napolitaine traditionnelle et, si sa restauration est achevée, allez sur la **terrasse du Belvédère** où de magnifiques jardins suspendus font face au Vésuve et à l'île de Capri, visible par beau temps. Le palais abrite également la Bibliothèque nationale. *Piazza del Plebiscito Tél. 081 794 40 21 Ouvert jeu.-mar. 9h-20h* **Cour et jardin** *Ouvert tlj.*

Piazza del Plebiscito-Piazza Trieste e Trento (plan 3, A4). Le palais royal débouche sur une place monumentale, véritable mise en scène du pouvoir, conçue à l'époque de Joachim Murat, en 1809 : l'immense **église San Francesco di Paola** (inspirée du Panthéon romain), insérée dans une colonnade, fait face au palais royal. Elle n'a rien perdu de sa grandeur, en dépit de sa dégradation (graffitis et entretien sommaire) et des nombreux enfants qui ont trouvé là un terrain de jeux idéal. La place se prolonge naturellement vers la via Toledo au nord et s'ouvre sur la piazza Trieste e Trento, connue pour trois raisons : d'un côté le mythique Caffè Gambrinus (Cf. Où prendre un espresso, un *shakerato*), de l'autre le non moins mythique théâtre San Carlo et, en face, la Galleria Umberto.

Teatro San Carlo (plan 3, A4). À lui seul, le San Carlo cumule plusieurs records : construit en moins de trois cents jours en 1737 (quarante ans avant la Scala de Milan), il est entièrement réduit en cendres après un terrible incendie le 12 février 1816 et, là encore, est reconstruit en moins d'un an. Aujourd'hui **plus ancienne "salle à l'italienne"**, le San Carlo compte encore parmi les plus grands en termes de capacité d'accueil (3 000 spectateurs) et perpétue une tradition lyrique d'excellence (n'en déplaise aux mauvaises langues qui trouvent que "ça n'est plus ce que c'était"). Sa programmation fait honneur à son fondateur, Charles de Bourbon, qui souhaitait mettre Naples à la hauteur des grandes capitales musicales italiennes, Rome et Venise. Deux possibilités pour visiter le théâtre : avoir la chance exceptionnelle d'assister à un spectacle (Cf. Où écouter du *bel canto*) ou se rendre à l'une des visites guidées. *Via San Carlo, 98/f Tél. 081 797 21 23 www.teatrosancarlo.it Visites guidées selon disponibilité : se renseigner*

Galleria Umberto (plan 3, A4). De l'autre côté du Teatro San Carlo, un lieu tout aussi empreint d'atmosphère : la galerie de fer et de verre, construite en 1887 pour imiter la galerie Victor-Emmanuel-II de Milan, a symbolisé la Belle Époque napolitaine. En son centre, l'étonnante verrière atteint 57m de hauteur.

Via Toledo-Quartiers espagnols (plan 2, F3). Le long de la via Toledo (aussi appelée via Roma), la balade risque d'être chaotique, sauf en fin de soirée ou le dimanche matin : la principale artère de shopping est toujours extrêmement animée. Ouvrez l'œil et levez la tête ; entre les innombrables vitrines se détachent quelques entrées de *palazzi* dont les **majestueux *cortili*** font encore illusion. En son temps, quand le vice-roi Don Pedro de Tolède (1532-1553) la fit percer pour articuler les nouveaux quartiers de l'ouest à la vieille ville, elle était décrite par les voyageurs comme **l'une des plus belles rues d'Europe**. En remontant, vous remarquerez toutes les rues qui coupent perpendiculairement la via Toledo sur la gauche. Elles forment le plan d'urbanisme raisonné mis en place par le même Pedro de Tolède pour faire face à l'explosion démographique et l'accueil des troupes, d'où leur nom de quartiers espagnols. Les militaires ont laissé place aux familles les plus pauvres et les quartiers comptent aujourd'hui parmi les plus difficiles de la ville, cumulant les problèmes (chômage, insalubrité…). Pour le visiteur de passage, ces rues n'en restent pas moins fascinantes. Soyez discret mais n'hésitez pas à vous engouffrer dans ces ruelles, jusqu'au cœur de Montecalvario.

Découvrir la colline du Vomero

Sur les hauteurs de Naples, ce quartier résidentiel contraste avec l'incroyable densité et l'effervescence du centre historique. Cet itinéraire est aussi émouvant,

NAPLES ET LA CAMPANIE

grâce à ses fabuleux points de vue. Pour vous y rendre, empruntez l'un des trois funiculaires qui montent aux flancs de la colline et vous pourrez redescendre à pied jusqu'à Spaccanapoli par la *pedamentina* (accès juste en face de l'entrée de la chartreuse de San Martino).

Castel Sant'Elmo (plan 2, E2). En dehors des importantes **expositions temporaires d'art** qui se tiennent périodiquement dans ce décor exceptionnel, très bien restauré, le détour par le château vaut surtout pour la vue, qui se dégage depuis la piazza d'Armi (le toit du château). Forteresse bâtie au XIVe siècle sur le site d'une ancienne église vouée à Érasme (dont le nom finit par se résumer à Elmo), elle a été voulue par Robert d'Anjou qui avait saisi l'importance stratégique du site. Deux siècles plus tard, sous le vice-roi Pedro de Tolède, le bastion acquiert sa forme insolite, une **étoile à six branches** englobant l'ancienne construction. Elle devient alors une des citadelles les plus importantes du royaume. Ses cachots, à l'œuvre jusqu'au début des années 1960, ont détenu des prisonniers célèbres, de Tommaso Campanella de 1604 à 1608 aux révolutionnaires de la République napolitaine réprimée, au tout début du XIXe siècle. *Via Tito Angelini, 22 Tél. 081 578 40 30 Ouvert mar.-dim. 8h30-18h30*

☺ **Certosa di San Martino (plan 2, E2-E3).** Le site, la richesse de la collection, l'histoire du lieu en font un musée complet. On doit à Charles d'Anjou cette monumentale entreprise pour l'ordre des Chartreux, engagée en 1325 et achevée en 1368. Quelques siècles plus tard, sous Pedro de Tolède, on remanie l'ensemble selon les canons baroques, épargnant peu de son passé gothique. L'histoire fit le reste : l'occupation française (1806-1815) porte un coup d'arrêt à des siècles de développement artistique et culturel et démantèle le monastère. Les moines auront à peine le temps de retrouver leur chartreuse, pendant quelques décennies encore, avant d'être définitivement écartés par l'unification italienne qui décide de dissoudre l'ordre et d'aménager un musée. On découvre dans la cour sur la gauche l'église qui représente à elle seule un petit **musée de peinture et de sculpture** napolitaines des XVIIe et XVIIIe siècles. Regardez attentivement chacune des six chapelles, notamment celle consacrée à saint Bruno, fondateur de l'ordre (la 2e à droite), ou les sculptures de Sanmartino dans les dernières chapelles à droite et à gauche. Les voûtes de la nef ont été peintes par Lanfranco (1638-1640). L'autel est en bois doré et peint en imitation du marbre, écho aux imbrications polychromes du pavement de Cosimo Fanzago. Vous traverserez la sacristie et ses armoires marquetées en noyer puis un petit passage orné de fresques de Luca Giordano et de Stanzione avant d'aboutir dans la chapelle du Trésor (peintures de Giordano sur la voûte et une *Pietà* de Ribera sur l'autel). Rendez-vous au **grand cloître**, l'un des plus beaux d'Italie, éclatant sous le soleil. Comme pour l'église, Antonio Dosio a dessiné l'ensemble à la fin du XVIe siècle et Fanzago l'a achevé, ajoutant des crânes sculptés au sommet des balustrades du cimetière des moines. Au fil de la visite du musée, vous découvrirez d'autres cloîtres, plus petits et très charmants. La **pinacothèque** se répartit en plusieurs sections : peinture napolitaine du XIXe siècle, images et mémoires de la ville (depuis la domination de la famille d'Anjou jusqu'à l'unité italienne). À ce titre, ne ratez pas les toiles magnifiques de Domenico Gargiulo (mieux connu sous le nom de Micco Spadaro). L'**appartement du Prieur**, ancienne autorité spirituelle de la chartreuse, dont le patrimoine a été dispersé après l'occupation française, renferme de belles pièces (un triptyque de Jean Bourdichon et un chef-d'œuvre du Bernin père). De cet endroit, vous devriez accéder aux **jardins** qui s'étagent en terrasses et offrent un panorama magnifique sur la baie. Enfin, renseignez-vous pour savoir si la section des **crèches traditionnelles** est ouverte parce qu'elle est spectaculaire. *Piazzale San Martino, 5 Tél. 081 578 17 69 Ouvert mar.-dim. 8h30-18h30*

Villa Floridiana-Museo Nazionale della Ceramica (plan 2, D3). Savez-vous ce qu'est une union "morganatique" ? Il s'agit d'un mariage entre un prince et une femme de condition inférieure. Quand le roi Ferdinand Ier rentre à Naples après l'occupation française en 1815, il ramène son épouse morganatique, la duchesse de Floridia, et lui offre une villa, aujourd'hui devenue l'un des espaces verts les plus agréables de Naples. Favori des promeneurs et des joggers, le parc abrite le musée national de la Céramique, réputé pour sa collection de pièces orientales, notamment chinoises, et ses porcelaines européennes du XVIIIe siècle. *Via Cimarosa, 77 Tél. 081 578 17 76 **Jardin** Ouvert tlj. 9h-1h av. le coucher du soleil **Musée** Ouvert mar.-dim. 9h-14h*

Découvrir le *lungomare*

L'éperon formé par le quartier de Santa Lucia, l'ancien Borgo Marinaro (le bourg maritime), qui se prolonge jusqu'au Castel dell'Ovo, entame une des plus belles portions du golfe de Naples. Cette beauté se révèle telle une évidence depuis la mer ou alors depuis ces promontoires qui dominent le rivage.

Quartier de Santa Lucia (plan 2, E5-F5). Santa Lucia a su conserver son esprit de quartier malgré l'invasion de bars et de restaurants à la mode. Le meilleur moment pour y aller est l'heure de l'apéritif ou celle du dîner. Par temps clair ou au crépuscule, la promenade le long de la **via Partenope**, à l'ombre du **Castel dell'Ovo** et du rosaire d'hôtels de luxe qu'elle borde, est un moment délicieux. Le vieux bastion, lui, a encore fière allure : il a été construit sur une villa romaine par les Normands, agrandi par les Angevins et réaménagé à la fin du XVIIe siècle. Restauré dans les années 1970, il accueille des manifestations culturelles.

Riviera di Chiaia-Villa Comunale (plan 2, D4). Pour nombre de Napolitains, son nom est synonyme d'élégance. Pour d'autres, c'est l'endroit rêvé pour le jogging. Les vice-rois espagnols d'abord, puis Ferdinand IV en 1778-1780, prennent l'initiative d'une promenade qui mènerait à une fontaine monumentale en son centre. Longtemps, le site était "royal", les pauvres et les gens en haillons ne pouvaient y accéder. Inspirée des jardins des Tuileries à Paris, la Villa Comunale (nom du parc que borde la Riviera) a conservé son enceinte et les palais qui la bordent d'un côté n'ont rien perdu de leur superbe (palais des XVIIIe-XIXe siècles). Au n°200, vous remarquerez la **Villa Pignatelli**, belle demeure qui abrite des collections de mobilier, de porcelaines, d'arts décoratifs... Au centre de la Villa Comunale se trouve la *stazione zoologica*, aquarium réputé fondé en 1872. *Villa Comunale Ouvert haute saison : tlj. 7h-0h ; basse saison : tlj. 7h-22h ; Noël le matin uniquement*

NAPLES ET LA CAMPANIE

Quartier de Mergellina (plan 2, B5). Les courageux qui aiment les balades en bord de mer ne refuseront pas celle qui les porte à Mergellina, jusqu'au Palazzo Donn'Anna qui semble presque posé sur pilotis. À gauche, le rivage, ses barques de pêcheurs, ses bateaux de plaisance. À droite, les nombreux "chalets", kiosques où savourer d'excellentes glaces (cf. Où manger une glace). Plus loin dans le quartier résidentiel et verdoyant du Marechiaro, vous apercevrez un palais décrépit, dans des tons ocre qui rosissent à l'heure du crépuscule : ce palais, bâti dans le tuf en 1642 par Cosimo Fanzago (l'architecte de la chartreuse de San Martino) pour Donna Anna Carafa, a connu un destin tourmenté (il est d'ailleurs inachevé). Sa première propriétaire est morte de chagrin après que son mari l'a quitté. C'est une propriété privée mais, si vous êtes aimable et discret, il se peut que le gardien vous laisse jeter un œil à la vue qui se dégage depuis la terrasse. Plus haut sur la colline (accès par une longue volée d'escaliers), vous pouvez vous recueillir sur la tombe de Virgile et, tout à côté, sur celle du poète Giacomo Leopardi. *Parco Virgiliano Salita della Grotta, 20 Tél. 081 66 93 90 Ouvert mar.-dim. 9h-1h av. le coucher du soleil*

Mercato di Posillipo (plan 1, A2). Ceux qui aiment les marchés ne rateront pas celui de Posillipo, qui se tient tous les jeudis matin (cf. Où faire son marché). Ça n'a pas la gouaille du marché alimentaire de Pignasecca mais on y fait de bonnes affaires (vêtements dégriffés).

Découvrir Capodimonte

Aller à Capodimonte, c'est presque faire une *scampagnata*, une sortie à la campagne. Il s'agit de visiter le palais, la galerie et le parc (134ha !) d'une résidence voulue par Charles de Bourbon en 1734.

☺ **Museo-Galleria di Capodimonte (plan 1, A1).** Au-delà du pavillon de chasse adjacent au bois, le roi voulait un espace monumental apte à recevoir la collection qu'il avait héritée de sa mère, Élisabeth Farnèse. Les travaux s'engagent et durent près d'un siècle. La collection est exposée dès 1759, quand les douze premières salles sont aménagées. Joseph Bonaparte et Murat occupent le lieu pendant la parenthèse 1806-1815 et privent Capodimonte de sa fonction de musée. En compensation, le palais est encore embelli, les appartements richement décorés. Il fallut attendre 1957 pour que le musée rouvre avec ses collections d'origine, notamment la pinacothèque Farnèse. La visite se déploie sur deux niveaux. Au **premier étage**, 32 salles consacrées à la **collection Farnèse** qui rassemble les œuvres des grandes écoles italiennes et européennes du XVe au XVIIe siècle (Titien, Raphaël, Masaccio, Botticelli, le Greco, Bruegel, les frères Carracci...). Une autre trentaine de salles sont consacrées aux **appartements royaux**, presque encore intacts : salle 37, la table est dressée comme si les convives venus d'un autre temps allaient arriver d'un moment à l'autre. Ne ratez pas l'adorable petit salon de porcelaine de la reine Marie-Amélie (salle 52). Au **deuxième étage**, d'autres chefs-d'œuvre consacrés aux arts à Naples du XIIIe au XVIIIe siècle : tapisseries, peintures du Caravage, de Mattia Preti, de Ribera, de Luca Giordano, de Solimena... Mention spéciale pour la toute **nouvelle section d'art contemporain**, explosive à en juger le *Vesuvius* d'Andy Warhol, qui dénote dans ce paysage classique. Prévoyez éventuellement un panier pique-nique pour profiter du parc après la visite ! *Via Miano, 2 (Porta Piccola) Via Capodimonte (Porta Grande) Tél. 081 749 91 11* **Musée** *mar.-sam. 8h30-18h30, dim. 10h-14h* **Parc** *tlj. 9h-1h av. le coucher du soleil*

Catacombe di San Gennaro (plan 1, A1). Pour gagner les catacombes depuis la Sanità, rejoignez à l'ouest la via Teresa degli Scalzi et montez, montez ! Nous vous conseillons le bus (en direction de Capodimonte) ou le taxi car la côte est rude. D'autre part, la longue volée d'escaliers (à partir du rond-point Capodimonte) censée représenter un raccourci vers le musée est véritablement dangereuse (vraiment malfamée). Les catacombes de San Gennaro, situées en surplomb de la ville, à côté d'une église plutôt laide (supposée imiter Saint-Pierre de Rome...), remontent au IIe siècle et se développent sur deux niveaux. Fresques et mosaïques paléochrétiennes à profusion, sarcophages... Toujours en travaux de restauration, renseignez-vous au préalable. *Via Capodimonte, 16 Tél. 081 741 10 71 Visites guidées tlj. 9h30,10h15, 11h, 11h45*

Où se baigner ?

Marechiaro. C'est l'un des endroits dans Naples où la baignade est sûre. Il suffit de descendre dans la rade de Marechiaro, prendre une barque qui vous conduira sur un rocher inaccessible à pied et viendra vous prendre à heure dite. Vous pouvez aussi choisir un de ces *lidi*, clubs de bord de mer très bien équipés et bien fréquentés. Comptez alors entre 20€ et 30€ l'entrée. *À l'ouest de Naples après le quartier de Posillipo*

Où se distraire en famille ?

Città della Scienza. En allant vers Pouzzoles, vous tomberez sur cet imposant centre aménagé dans les murs d'une ancienne usine au pied de la colline de Posillipo. Ceux qui connaissent le musée parisien penseront à la Cité des sciences et de l'industrie : il y a dans ce lieu la même volonté de mettre la science à la portée de tous, particulièrement des enfants. La première section, sorte de "gymnase des méninges", éclaire notre environnement, les phénomènes naturels inexpliqués, l'évolution... Suivent un planétarium et une section consacrée aux technologies de communication ainsi que des ateliers pour les plus petits. *À l'ouest du centre de Naples, prendre la direction du stade San Paolo puis le viale Kennedy en direction de Coroglio. Via Coroglio, 104 Tél. 081 372 37 28 www.cittadellascienza.it Ouvert sept.-mai : mar.-sam. 9h-17h, dim. 10h-19h ; fin juin-fin août : mar.-jeu. 9h-17h ; nocturne ven.-dim. 17h-24h (téléphoner avant, les horaires peuvent varier)*

Une excursion aux champs Phlégréens

Les Grands Touristes qui ont parcouru les champs Phlégréens au XVIIIe siècle devaient partir à la recherche de la Sibylle de Cumes, espérant peut-être la voir surgir de ce paysage désolé et silencieux, au milieu des fumerolles... Pendant des décennies, tremblements de terre et gestion calamiteuse ont relégué ce site fabuleux en marge des itinéraires touristiques de la région. Depuis juin 2002, deux nouveaux sites (Rione Terra et le Parc archéologique sous-marin) ont été ouverts, affirmant la volonté de valorisation. Pour se rendre sur ces sites mieux vaut emprunter la ligne ferroviaire Cumana ou la Circumflegrea au départ de Montesanto (Rens. 800 00 16 16). En voiture, prendre la Tangenziale qui contourne le centre de Naples en direction de Pouzzoles. Comptez 30min de trajet s'il n'y a pas de trafic. *Sites accessibles avec l'artecard (cf. Naples, mode d'emploi, informations touristiques) ou avec un billet multiple valable 2 jours pour l'ensemble des sites des champs Phlégréens.*

LES SITES VOLCANIQUES. Connus dès l'Antiquité pour leurs sources termales et leurs solfatares (vapeurs sulfureuses), les champs Phlégréens constituent une vaste zone volcanique qui couvre 150km^2 (cf. GEOPanorama, Terre de volcans).

Terme di Agnano. Le cratère de l'ancien volcan des champs Phlégréens était inondé jusqu'en 1870, formant un lac. Asséché, ses anciennes sources ont rejailli et les vestiges antiques des aménagements thermaux romains sont apparus. Le site est assez beau et moderne, bien équipé pour soigner maladies respiratoires ou articulaires... et pour les soins esthétiques. *Sur la Tangenziale sortie "Agnano" Via Agnano Astroni, 24 80125 Agnano Tél. 081 618 91 11 www.termediagnano.com Ouvert toute l'année*

☺ **La Solfatare.** Quand vous serez sur le bord du cratère de ce volcan, vous comprendrez pourquoi on l'appelle la soufrière : l'odeur de soufre prend à la gorge ! Ce paysage lunaire, interrompu çà et là par les borborygmes du magma encore actif (d'où ce bruit sourd et caverneux) et des fumerolles atteignant 160°C, justifiera aussi que les Anciens y aient vu l'entrée des Enfers. Amateur d'émotions fortes, vous serez servi. C'est le site le plus spectaculaire des champs Phlégréens, situé à quelques kilomètres à peine du centre-ville de Pouzzoles. *À l'ouest de Naples, au-dessus de Pouzzoles Tangenziale sortie "Agnano-Solfatara" De Naples ligne 2 du métro ou bus 152 pour Pouzzoles Correspondance en bus depuis Pouzzoles Via Solfatara, 161 80125 Agnano Tél. 081 526 23 41 Ouvert tlj. 8h30-1h av. le coucher du soleil*

À LA DÉCOUVERTE DE POUZZOLES. Située sur un emplacement stratégique au cœur de la région phlégréenne, Pouzzoles qui fut occupée dès le VIIIe siècle av. J.-C., est la plus ancienne colonie romaine (194 av. J.-C.) et était destinée au contrôle alors de la côte. *En métro, la ligne 2 relie le centre de Naples à Pouzzoles. En bus, prendre à la gare la ligne 152. 80078 Pozzuoli Tél. 848 800 288 Ouvert tlj. 9h-1h av. le coucher du soleil sauf pour Rione Terra*

Rione Terra. Cet un ancien quartier de Pouzzoles, inhabité depuis 1971 est voué depuis à d'inlassables fouilles archéologiques qui n'ont pas encore révélé tous leurs secrets. Les premières découvertes sont visibles sous les fondations des édifices actuels, en un immense dédale qui prouve l'importance de cette ville. *Ouvert uniquement sam.-dim. 9h-19h. Réservation vivement conseillée (25 pers. maximum/visite) Tél. 848 800 288*

Temple de Sérapis. À côté du port, ce temple n'était pas un lieu de culte égyptien comme l'a laissé penser une statuette trouvée sur place, mais l'un des plus beaux exemples de *macellum* (marché) qui nous soit parvenu.

Grand amphithéâtre. Allez visiter le troisième amphithéâtre d'Italie par ses dimensions. Il pouvait accueillir jusqu'à 40 000 spectateurs ! Sa *cavea* et ses tribunes sont mal en point après les séismes mais la structure souterraine est bien préservée et a révélé les techniques permettant le levage des cages contenant les fauves destinés à entrer dans l'arène.

AUTOUR DE LA CITÉ BALNÉAIRE DE BAIES. Cet antique centre de villégiature, réputé pour ses installations thermales a subi l'affaissement du sol de la région et a été pour partie englouti par la mer. *Sites accessibles avec l'artecard (cf. Naples, mode d'emploi, informations touristiques) ou avec un billet multiple valable 2 jours (ou 3 jours s'il comprend aussi l'entrée au Musée archéologique national de Naples) pour l'ensemble des sites des champs Phlégréens.*

Parc archéologique sous-marin. Ce site exigera de vous que vous plongiez en petits groupes, bouteilles d'oxygène sur le dos, pour explorer le premier parc archéologique sous-marin en Italie, situé à Baies (Baia en italien). Cette Atlantide montre les anciennes villas patriciennes, submergées après des siècles de bradyséisme (*sic !*), un phénomène ravageur de petits tremblements de terre continus qui frappent l'ensemble des champs Phlégréens. Ceux que la plongée ne rassure pas pourront découvrir ces merveilles grâce à une installation où un plongeur retransmet depuis sa minicaméra sous-marine les images que les passagers de l'embarcation lui demandent de filmer. Le Parc archéologique se prolonge sur la terre ferme avec des vestiges impressionnants en terrasses (temples et thermes). La vue est spectaculaire et s'étend jusqu'au cap Misène qui ferme la baie. *Baies Tél. 081 854 57 84 Ouvert sam.-dim. sur réservation*

Museo Archeologico dei Campi Flegrei. À Baies, le château aragonais du milieu du XVIe siècle, qui surplombe la mer, abrite un Musée archéologique. Allez admirer les pièces exhumées lors de fouilles dans la région. *Château de Baies 80070 Baia Tél. 081 523 37 97 Ouvert mar.-sam. 9h-1h av. le coucher du soleil, dim. 9h-13h*

SUR LA ROUTE DE BAIES À CUMES. Faites une halte au bord du **lac de Fusaro** et jetez un coup d'œil à la charmante construction qui semble flotter sur l'eau. C'est la **Casina del Fusaro**, pavillon de chasse conçu par Vanvitelli en 1782 pour le roi Ferdinand IV. De Cumes et des origines de la cité, on ne sait pas grand-chose. Si ce n'est que son nom est associé à celui de la Sibylle, prêtresse d'Apollon qui répandait la peur en distillant des oracles proches du délire. Du haut de l'acropole où l'on voit les vestiges de deux temples (consacrés à Apollon et à Jupiter), il vous faudra redescendre pour pénétrer dans l'**antre de la Sibylle**, couloir de 130m de long sur 2,40m de large creusé dans le tuf. On peut émettre des doutes sur l'authenticité du lieu, mais on sait qu'il date du Ve siècle av. J.-C. La construction est fascinante, entre un tunnel et des catacombes (il a d'ailleurs été utilisé comme cimetière par les chrétiens). Il aboutit au fond de la galerie à une vaste pièce voûtée creusée de trois niches, appelée la chambre secrète, là où la Sibylle aurait rendu ses oracles. *Acropole À l'extrême ouest du golfe de Naples, après Pouzzoles Tangenziale sortie "Lago d'Averno" Via Montecuma 80070 Cuma Tél. 081 854 30 60 Ouvert tlj. 9h-1h av. le coucher du soleil (15h l'hiver)*

☺ Capri

Vous avez peut-être déjà tout entendu au sujet de Capri, le pire et le meilleur. Que l'été, on compte cinq touristes par habitant (soit 50 000 touristes sur une île longue de 6km et large de 3km), que Capri vous fait tout oublier (*dixit* Lénine), que Capri, c'est fini (*dixit* Hervé Vilard), que la grotte Bleue n'est qu'une immense supercherie destinée à renflouer les caisses municipales et à éloigner les hordes germanophones du centre historique pour quelques heures… Et pourtant ! Reléguez les idées reçues au placard et préparez-vous à vivre l'une des plus belles découvertes du golfe napolitain. On le dit du bout des lèvres pour ne pas brusquer les susceptibilités locales qui ont du mal à départager les trois îles, certains préférant Ischia ou Procida la sauvage, mais Capri est la perle du golfe, une île d'une beauté rare.

Capri, mode d'emploi

accès en bateau

L'île est très bien desservie au départ du **Molo Beverello**, le port d'embarquement pour les îles, en plein centre de Naples, juste en face de la piazza Municipio et du Castel Nuovo. Plusieurs compagnies assurent des liaisons vers les îles : il y a toujours un ferry ou un hydroglisseur sur le point de lever l'ancre (une trentaine par jour en été ; détail des horaires disponible dans *Qui Napoli*, le mensuel édité par l'office de tourisme et dans le quotidien *Il Mattino*). Comptez 40min en hydroglisseur et 1h20 environ en ferry. Les prix sont semblables d'une compagnie à l'autre mais c'est moins cher en ferry (environ 12€ l'AS en hydroglisseur). Il est aussi possible d'embarquer pour Capri au départ de Mergellina et même de Sorrente, d'Ischia ou de la côte amalfitaine. Se renseigner auprès des compagnies.

Caremar. *Molo Beverello Tél. 081 551 38 82*
Snav. *Molo Beverello Tél. 081 761 23 48 Mergellina Tél. 081 761 23 48*
NLG. *Molo Beverello Tél. 081 552 72 09*
Alilauro. *Molo Beverello Tél. 081 761 49 09 Mergellina Tél. 081 761 10 04*

orientation

L'île est de taille moyenne et il est possible de découvrir de nombreux sites en une bonne journée. Les ferries et hydroglisseurs arrivent tous à **Marina Grande**, le port de la ville de Capri. Le funiculaire vous emmène en plein centre de Capri. De là, vous pouvez partir à pied vers la **Marina Piccola** en passant par la **via Krupp**, vers la **Villa San Michele** ou la **Villa Jovis**, prendre un bus pour **Anacapri** (l'autre ville de l'île)…

se déplacer sur l'île

À votre arrivée sur l'île, allez faire la queue pour acheter des tickets de transport (valables sur tous les transports en commun de l'île, billet unique ou forfait d'une journée). Le **funiculaire** vous dépose dans le centre de Capri. Les lignes de **bus** relient Capri à Anacapri, Anacapri à Marina Grande, Capri à Marina Grande mais il y a aussi des bus entre Marina Piccola et Anacapri. Évitez le **taxi** : les routes de l'île, en lacet, sont étroites et assez encombrées ; ce ne sera pas forcément un gain de temps et, en plus, c'est assez cher. À Marina Grande, vous verrez aussi de nombreux **bateaux** amarrés qui proposent de faire le tour de l'île ou d'aller visiter la grotte Bleue (comptez environ 10€-15€/personne).

informations touristiques

Azienda Autonoma di Cura Soggiorno e Turismo (plan B1). *Administration : Piazzetta Cerio, 11 Tél. 081 837 04 24 ou 081 837 53 08 Fax 081 837 09 18 www.capriturism.com capriturism@capri.it*
D'autres bureaux sont situés à Capri même :
Azienda Autonoma di Cura Soggiorno e Turismo (plan B1). *Piazza Umberto I Tél. 081 837 06 86 capriturism@capri.it Ouvert haute saison 8h30-20h30, basse saison 9h-13h, 15h30-18h*
Azienda Autonoma di Cura Soggiorno e Turismo (plan B1). *Marina Grande (dans le port) Tél. 081 837 06 34*
Azienda Autonoma di Cura Soggiorno e Turismo (plan A1). *Anacapri Tél. 081 837 15 24*

saison

Méfiez-vous de l'été, c'est vraiment une saison noire pour visiter l'île en paix. Au **printemps** et au début de l'**automne**, il y a toujours du monde mais l'on parvient assez vite à semer les cohues et à se retrouver isolé au cœur d'un jardin parfumé qui sent l'agrume ou le jasmin. Préférez donc ces saisons. De novembre à fin mars, l'île semble hiberner. Quelques hôtels et restaurants restent ouverts, l'office de tourisme assure l'intérim et c'est peut-être l'unique occasion d'aller à la rencontre des vrais habitants de l'île, de jouir d'un café sur la Piazzetta pour le seul plaisir d'être là (et non pas pour tenter de démasquer les VIP sous leurs lunettes noires...).

Dormir à Capri

Si vous ne voulez pas vous presser, il vaut mieux décider d'emblée de passer une nuit sur place en sachant que l'hôtellerie *caprese* est souvent de luxe et qu'il faut s'y prendre tôt pour avoir une chambre.

prix moyens

Villa Eva (plan A1). Une excellente adresse, pour un prix très raisonnable. Eva et son mari Vincenzo ont aménagé sept bungalows indépendants, au cœur d'un jardin parfumé près du littoral où se niche la Grotta Azzurra. Vous irez à pied visiter la Villa Damecuta, voulue par Tibère, et rejoindrez le centre d'Anacapri en une balade d'une petite demi-heure (ou alors en navette). La personnalité hors du commun des propriétaires contribue beaucoup à la réussite du lieu. Double de 85€ à 100€. *Via La Fabbrica, 8 (Anacapri) Tél. 081 837 15 49 Fax 081 837 20 40 www.villaeva.com Réservation conseillée Fermé nov.-mars*

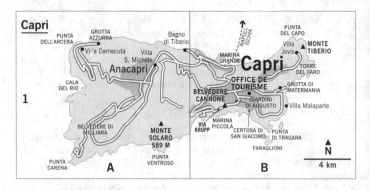

prix élevés

Da Gelsomina alla Migliera (plan A1). Une pension sympathique, à l'écart des autres hôtels de l'île. Située à une centaine de mètres du belvédère de la Migliera, au sud d'Anacapri, elle surplombe le phare de la Punta Carena. La balade jusqu'au centre-ville d'Anacapri (30min) vaut la peine mais, si vous préférez épargner vos forces, une navette fait l'aller-retour toute la journée entre la piazza Caprile et la pension. Le restaurant propose une savoureuse cuisine familiale, arrosée par un vin rafraîchissant ! Double de 105€ à 125€. *Via Migliara, 72 (Anacapri) Tél./fax 081 837 14 99 www.dagelsomina.com*

Villa Krupp (plan B1). Ici ont séjourné Maxime Gorki et son ami Lénine. C'était la maison du magnat allemand de l'acier, Krupp, transformée en un hôtel de charme, sans doute la meilleure adresse de l'île dans cette catégorie. En surplomb des fameux Faraglioni, rochers emblématiques de Capri, séparé de la mer par les jardins d'Auguste, l'hôtel est pris d'assaut l'été. Douze chambres seulement, à réserver le plus tôt possible. Comptez de 115€ à 145€. *Viale Matteotti, 12 Tél. 081 837 03 62 Fax 081 837 64 89 Fermé nov.-mars*

grand luxe

Luna (plan B1). Situé à l'arrière de la Piazzetta, non loin de la Villa Krupp, l'hôtel Luna surplombe la chartreuse de San Giacomo et la mer. Décor des chambres séduisant, mêlant art contemporain et style victorien, bien qu'un peu désuet. Piscine olympique au cœur des jardins… Cinquante-six chambres de 170€ à 365€. *Viale Matteotti, 3 Tél. 081 837 04 33 Fax 081 837 74 59 luna@capri.it www.lunahotel.com Fermé mi-nov.-mi-mars*

☺ **Punta Tragara (plan B1).** Un des plus beaux hôtels de l'île ! Dessiné par Le Corbusier dans les années 1920 (c'était alors une villa privée), il est situé juste à côté du belvédère de Tragara dont la vue plonge à pic sur les Faraglioni. Churchill lui-même a été l'un des hôtes de marque de la maison. Les 48 chambres ont été aménagées comme des minisuites qui s'ouvrent sur un balcon et ont été rénovées. On ne saurait trop vous recommander le coucher de soleil depuis la terrasse, les pieds dans l'eau chauffée de la piscine… Comptez de

260€ à 440€ la double. *Via Tragara, 57 Tél. 081 837 08 44 Fax 081 837 77 90 www.hoteltragara.com hotel.tragara@capri.it Fermé mi-oct.-mi-mars*

Manger à Capri

Ne vous faites pas trop d'illusions sur la cuisine. Comme souvent dans des lieux aussi touristiques, c'est cher et ça ne vaut pas les adresses familiales du centre historique de Naples.

prix moyens

Da Gemma (plan B1). *Trattoria*-pizzeria qui peut se vanter d'être une institution de l'île, près de la Piazzetta. On raconte que Graham Greene venait manger ici du temps où Nonna Gemma était encore en vie. Aucune extravagance et un bon rapport qualité-prix. *Via Madre Serafina, 6 Tél. 081 837 04 61 Ouvert mars-mi-jan. : mar.-sam. midi et soir (tlj. en août)*

La Savardina da Edoardo (plan B1). Du centre, il vous faudra marcher pendant 20min en direction de la Villa Jovis. On s'installe à l'ombre des orangers et on savoure une délicieuse cuisine du terroir, où presque tous les ingrédients proviennent du potager familial. Essayez les raviolis, le lapin mijoté au vin blanc et les *parmigiane di melanzane* (aubergines gratinées avec de la mozzarella et de la sauce tomate). *Via Lo Capo, 8 Tél. 081 837 63 00 Ouvert haute saison : tlj. midi et soir ; basse saison : mer.-lun. midi et soir Fermé fév. et nov.*

Il Cucciolo (plan A1). Conçu comme une terrasse sur le golfe de Naples, ce restaurant est situé près de la Villa Damecuta, à l'écart de l'effervescence des centres de Capri ou d'Anacapri. Les *antipasti* et les *primi* (pâtes) sont tous réussis. *Via La Fabbrica, 52 (Anacapri) Tél. 081 837 19 17 Ouvert juil.-août : seulement le soir ; mars-juin et sept.-oct. : midi et soir*

La Rondinella (plan A1). L'occasion de goûter une bonne cuisine locale (toutes les spécialités *caprese*, des raviolis au gâteau à base d'amandes et de chocolat...) en plein cœur d'Anacapri. *Via G. Orlandi, 245 (Anacapri) Tél. 081 837 12 23 Fermé en février*

Da Paolino (plan B1). Connu... mais devenu un peu cher. Ce restaurant a pour atout son cadre, un magnifique jardin de cédrats et de citronniers dont on se demande si ce sont ces fruits qui donnent l'excellent *limoncello* de la maison. Les *antipasti* sont très réussis, tout comme les plats de poisson ou de fruits de mer. *Via Palazzo a Mare, 11 (entre Capri et Marina Grande) Tél. 081 837 61 02 Ouvert mars-mai. : midi et soir ; juin-oct. : soir*

Où goûter une *torta caprese* ?

C'est la spécialité de l'île : un gâteau moelleux à base de chocolat noir et d'amandes (moulues et pilées puis toastées). Il ne doit pas être sec mais uniformément cuit. Tout un art de la nuance que peu de pâtissiers maîtrisent !

☺ **Pasticceria Alberto (plan B1).** Incontournable. La meilleure adresse de l'île (on n'ose pas dire la seule). De plus, c'est véritablement la plus belle entrée en matière sur Capri puisqu'elle est située juste à la sortie du funiculaire. *Torte individuelles ou plus grandes (bon à savoir, elles se conservent trois à quatre jours en dehors du réfrigérateur). Via Roma, 9/11 Tél. 081 837 65 24 Ouvert tlj. avr.-oct. Fermé le mardi nov.-mars*

Où dénicher des spécialités locales ?

Limoncello di Capri (plan B1). Une des plus anciennes adresses fondée par Nonna Vincenza Canale au début du siècle dernier. Ce digestif naturel, un peu sucré, qui se boit presque glacé, a gagné la péninsule et les tables italiennes du monde entier. Nulle part il n'a le parfum et le goût de celui de Capri. *Via Roma, 79 Tél. 081 837 55 61 www.limoncello.com*

Carthusia (plan B1). L'histoire veut que, en 1380, le prieur de la chartreuse de San Giacomo, informé d'une visite à l'improviste de la reine Jeanne d'Anjou, a cueilli un bouquet des plus belles fleurs de l'île. Au bout de trois jours, l'eau du vase était si parfumée qu'il est allé voir le moine alchimiste qui identifia le mystérieux parfum, celui du giroflier sauvage. Des siècles plus tard, en 1948, l'un des successeurs du prieur a redécouvert les formules des parfums et les a transmises à un chimiste piémontais, créant ainsi le plus petit laboratoire du monde. De nos jours, les parfums de Carthusia (qui veut dire "chartreuse") sont encore préparés selon les traditions anciennes. Notre préféré : Mediterraneo, à base de citron ! *Maison mère Viale Parco Augusto, 2/c Tél. 081 837 03 68 Autres boutiques dans le centre de Capri et à Anacapri www.carthusia.com*

Découvrir Capri et Anacapri

Une fois descendu du funiculaire qui relie Marina Grande à Capri, s'il y a du monde dans les parages de la Piazzetta (autre nom de la piazza Umberto I), cœur mondain et touristique de l'île, la meilleure option est de traverser rapidement le centre-ville et de s'échapper vers le sud. Prenez la direction de la via Vittorio Emanuele, à l'arrière de l'église Santo Stefano. En longeant tout droit cette artère commerçante, vous passerez devant l'hôtel Quisisana, l'hôtel historique de l'île (et terriblement cher), ouvert en 1845 comme sanatorium. Parvenu au bas de la via Federico Serena (qui prolonge la via Vittorio Emanuele), vous apercevrez les murs de la chartreuse de San Giacomo.

Certosa di San Giacomo (plan B1). Bâtie en 1371, quelques décennies après la chartreuse de San Martino, elle est conçue sur le même principe que son aînée (une église, deux cloîtres et l'appartement du prieur). Victime d'une histoire chaotique (incendies, pirates...), la chartreuse a prospéré jusqu'à l'interdiction édictée par Napoléon Bonaparte en 1807. Aujourd'hui, une partie de ses espaces a été réaffectée (école, bibliothèque municipale...) tandis qu'une autre a été abandonnée. Traversez la chartreuse rapidement (remarquez au passage l'ancienne église et la fresque du xive siècle en façade) pour rejoindre les jardins (accès par la porte du grand cloître). Évitez l'exposition des œuvres macabres du peintre allemand Wilhelm Diefenbach (1851-1913) qui a vécu à

Capri au début du xxᵉ siècle. Une fois dans les **jardins**, qui sentent le citron ou le pin, descendez au belvédère. La vue plonge jusqu'aux **Faraglioni**, trois rocs immenses emblématiques de l'île. Sachez qu'au cœur de ces roches se niche une espèce de lézard bleu unique au monde. *Viale Certosa Tél. 081 837 62 18 Ouvert mar.-dim. 9h-14h*

Giardini d'Augusto (plan B1). Depuis la chartreuse, rejoignez la via Matteotti qui mène à l'ouest vers ces jardins. Aménagés en terrasses, fleuris et foisonnants, les jardins sont situés plus haut que la chartreuse, ce qui fait que la vue du belvédère est plus impressionnante. À ce niveau, on voit très précisément le déroulé sinueux de la **via Krupp**. *Entrée libre Toujours ouvert*

☺ **Anacapri-Villa San Michele (plan A1).** Vous aurez vite fait le tour du centre d'Anacapri, plutôt agréable avec ses placettes (devant l'église Santa Sofia par exemple) et ses villas (la Casa Rossa, bâtie à la fin du xixᵉ siècle autour d'une tour aragonaise dans un style éclectique). De la piazza Vittoria, vous rejoindrez la Villa San Michele en prenant la via Capodimonte qui se prolonge par la via Axel Munthe. C'est indiscutablement l'une des plus belles découvertes de l'île. Gardez au moins 1h pour en profiter calmement. Médecin suédois éperdument amoureux de l'île, Axel Munthe (1857-1949) est sans doute le premier de ces étrangers qui désertent les mondanités du centre de Capri pour se retirer dans la campagne. Il consacre sa vie aux soins des plus pauvres et à la littérature, ce qui lui vaudra une reconnaissance internationale puisque son roman, *Le Livre de San Michele*, a été traduit dans plus de trente langues. Il rachète en 1876, sur le site d'une des douze villas de Tibère, les ruines de la chapelle San Michele et une ferme. Il lui faudra plus de quinze ans avant de voir son rêve réalisé. Les styles se croisent, faisant appel à des influences mauresques, mêlant des œuvres d'art à des sculptures classiques ou des vestiges archéologiques de l'île. La villa a été conservée telle quelle, avec son mobilier et ses jardins fleuris, par une fondation suédoise qui organise aussi une série de concerts de musique classique en été, à l'heure du crépuscule, les vendredis. La vue sur Marina Grande, à côté du sphinx égyptien qui borde une des terrasses, est digne des cartes postales. Si vous longez la villa, vous pouvez rejoindre Marina Grande par l'escalier phénicien (la scala Fenicia), qui est l'ancienne porte d'accès à Anacapri. Comptez 45min. *Accès en bus ou en taxi depuis Capri Via Axel Munthe Tél. 081 837 14 01 Ouvert haute saison : tlj. 9h30-1h av. le coucher du soleil ; basse saison : tlj. 10h30-15h30*

Où faire des excursions sur l'île ?

Villa Jovis-Monte Tiberio (plan B1). La balade – très facile et incontournable – est une des plus belles de l'île (comptez 1h depuis la Piazzetta), longeant des villas splendides, des jardins… Sortez du centre de Capri par la via Le Botteghe que vous prolongerez tout droit jusqu'au croisement avec la via Sopramonte. Un peu plus en avant, remarquez la délicieuse **chapelle de San Michele della Croce** qui date de la fin du xivᵉ siècle. Engagez-vous alors sur la via Tiberio sans jamais vous en écarter. Elle aboutit sur le site de la Villa Jovis. Sur le promontoire, vous découvrirez les vestiges d'une des douze villas de l'empereur Tibère qui a passé les dix dernières années de sa vie à Capri (de 47 à 37 av. J.-C.). Il reste bien peu de la grandeur qui caractérisait cet ensemble d'appartements, de thermes, à peine quelques immenses citernes au centre, destinées à recueillir les eaux de pluie. Approchez-vous (mais pas trop) du **Salto di Tiberio**, un promontoire long de 297m d'où l'empereur jetait ses victimes à la mer. Du sommet du **mont Tiberio**, là où se dresse une église du XVIIe siècle, par temps clair, vous aurez une vue magnifique sur tout le golfe de Naples, de Sorrente jusqu'à Procida en passant par le Vésuve ! À droite, la pointe de terre ferme que vous voyez est la **Punta della Campanella**, qui sépare d'un côté le golfe de Sorrente et de l'autre la côte amalfitaine. *Villa Jovis Via Tiberio Tél. 081 837 06 34 Ouvert tlj. 9h-1h av. le coucher du soleil*

☺ **Vers la Villa Malaparte (plan B1).** Cette balade part de la Piazzetta par la via Le Botteghe (comme si on allait vers la Villa Jovis) et, au croisement avec la via Sopramonte, suit la via Matermania. Si vous voulez allonger l'itinéraire, faites un détour par le **mont Tuoro**, d'où la vue sur la côte est magnifique, particulièrement sur la Villa Malaparte au loin, et revenez sur la via Matermania. Quand la route fait une fourche, à gauche, vous irez vers l'**Arco Naturale**, une arcade colossale percée dans la roche au cœur d'un paysage paradisiaque. À droite, on accède à la **grotte de Matermania** où l'on a retrouvé les traces d'un culte voué à la *Magna mater* (Cybèle). La route se prolonge à travers bois jusqu'à la Punta Massullo où s'élève la **Villa de Curzio Malaparte**, écrivain maudit (1898-1957) qui décide en 1938 de se faire construire une villa sur ce promontoire battu par les vents. Il confie le projet à l'architecte rationaliste Adalberto Libera et corrige les plans du maître pour donner libre cours à sa fantaisie (on lui doit, paraît-il, cet escalier trapézoïdal qui descend jusqu'à la mer et reste la seule voie d'accès à la villa). À sa mort, selon ses nouvelles convictions, Malaparte lègue sa villa à la république populaire de Chine. Elle a été le théâtre d'un des films de Godard les plus réussis, *Le Mépris* (1963). Elle est aujourd'hui le siège d'une fondation culturelle et ne se visite pas. Au lieu de revenir en arrière, continuer le long de la via Pizzolungo vers le belvédère de Tragara, juste au-dessus des **Faraglioni**, les trois rochers les plus célèbres de l'île. Prendre la via Tragara pour rejoindre le centre de Capri.

Monte Solaro (plan A1). C'est le point culminant de l'île, à 589m, d'où se dégage une vue impressionnante sur l'île, le golfe de Naples, le golfe de Salerne, et par temps clair les massifs montagneux de la Calabre. Depuis 1999, le télésiège qui part de piazza Vittoria a été remis en état et peut vous mener au sommet. Si vous tentez l'ascension à pied, comptez une bonne heure. *Télésiège du mont Solaro Via Caposcuro, 10 Tél. 081 837 14 28 Ouvert mars-oct. : tlj. 9h30-17h30 ; nov.-fév. : mer.-lun. 10h30-15h*

Grotta Azzurra (plan A1). Vous pouvez rejoindre la Grotta Azzurra, la célèbre grotte Bleue, en bus, par la mer ou à pied. Du centre d'Anacapri, un bus dessert la grotte, en passant par le site de la Villa di Damecuta, une autre villa voulue par Tibère (10min de trajet). Vous pouvez y accéder par bateau depuis Marina Grande. À pied, partez de la piazza Diaz en passant par la via Cava puis la via Pozzo. Ensuite, il vous faudra gagner la côte le long de la via Vecchia Grotta Azzurra (comptez 50min). Une fois parvenu à proximité de l'entrée de la grotte, de petites barques (3 ou 4 passagers) emmènent les visiteurs à l'intérieur. La grotte, poule aux œufs d'or de l'île, a été découverte en 1826 par un pêcheur du coin et un artiste allemand répondant au nom de Kopisch. Est-ce que ça vaut vraiment la peine ? S'il n'y a pas trop de monde et que vous avez du temps, c'est agréable, d'autant que cette lumière bleue est assez exceptionnelle. Tout à côté, allez jeter un œil aux vestiges de la **Villa di Damecuta**. Il reste encore moins de traces qu'à la Villa Jovis mais c'est un site qui a beaucoup de charme. *Ouvert tlj. 9h-1h av. le coucher du soleil Fermé quand les conditions météorologiques ne permettent pas d'accéder à la grotte en barque*

Belvedere di Migliara (plan A1). Pour ceux qui ne se lassent pas de marcher : d'Anacapri, la balade vers le belvédère de Migliara traverse le paysage le plus sauvage de l'île (comptez une bonne heure). La via Migliara démarre quasiment piazza Vittoria et descend tout droit au sud de l'île. En chemin, vous aurez une belle vue sur les flancs escarpés du **mont Solaro**.

Où se baigner ?

Via Krupp (plan B1). Cette rue colle à la roche et descend jusqu'à la mer, construite par l'héritier des aciéries allemandes en hommage à l'île. Vous constaterez que la voie est fermée par un portail de fer. Depuis des années, la municipalité promet de sécuriser l'accès à la mer par la via Krupp. Mais en faciliter l'accès contribuerait à rendre l'endroit trop populaire. Des alliés autochtones nous ont pourtant assuré que le passage n'était pas dangereux et que tous l'empruntent pour aller se baigner le long de ces criques rocheuses où l'eau est turquoise ! Vérification faite, voici nos recommandations : abandonnez l'idée d'y emmener les enfants. Ce n'est pas dangereux pour les adultes qui savent à la fois escalader un portail et nager correctement (il faut savoir gérer le ressac pour ne pas s'écraser sur les rochers !). Les autres s'abstiendront. Par respect pour ceux qui n'iront pas tout en bas, on n'en rajoutera pas trop sur la beauté du site. Une fois sur la via Krupp, on rejoint assez vite la Marina Piccola, où plusieurs *lidi* ont été aménagés pour la baignade.

Ischia

80070

Tout comme Capri ferme le golfe de Naples à la pointe de Sorrente, Ischia, précédée de Procida, le ferme à l'opposé, juste en face des champs Phlégréens. C'est d'ailleurs bien son origine volcanique qui la distingue de Capri et caractérise son paysage avec le mont Epomeo, volcan éteint qui culmine à 788m, et ses dizaines de sources thermales, qui valent à l'île d'accueillir des milliers de curistes toute l'année. Capri la frivole, l'île de la jet-set, et, à l'opposé, Ischia l'Allemande, avec ses eaux de jouvence pour soigner les rhumatismes ? Le contraste est un peu violent mais il n'est pas faux. En revanche, le grand avantage d'Ischia est sa taille : 46km² de superficie où chacun a sa place, y compris les plus jeunes puisqu'il y a des plages faciles d'accès pour la baignade. Elle a tout de même en commun avec Capri une végétation qui sent bon le pin, les agrumes et un climat presque idyllique onze mois sur douze. Ne désespérez pas de découvrir des sites magnifiques en une seule journée mais, si vous souhaitez prendre le temps, il vous faudra au moins deux ou trois jours. En saison, les Napolitains possédant un bateau à moteur vont souvent mouiller dans les parages de l'île, au bord de ses criques découpées.

Vous serez étonné de découvrir le golfe comme une autoroute où se croisent des dizaines d'embarcations. Les îles ne sont décidément qu'un prolongement de la ville.

Ischia, mode d'emploi

accès en bateau

Ischia est bien desservie au départ du **Molo Beverello**, de **Mergellina** et de **Pouzzoles**, à destination d'Ischia Porto ou Casamicciola Terme. Comptez 1h30 en ferry (2h si le ferry fait escale à Procida), 45min en hydroglisseur. Il est possible d'embarquer les voitures.

Caremar. *Molo Beverello Tél. 081 551 38 82 Pouzzoles Tél. 081 526 27 11*
Alilauro. *Molo Beverello Tél. 081 552 28 38 Mergellina Tél. 081 761 10 04*

se déplacer sur l'île

BUS. Sur place, si vous êtes sans voiture, le meilleur moyen de se déplacer est le bus. Deux lignes à retenir : la *circolare sinistra* et la *circolare destra*. La première fait le tour de l'île dans le sens inverse des aiguilles d'une montre, d'Ischia Porto à Casamicciola, Lacco Ameno, Forio, Serrara, Fontana et Barano d'Ischia. La seconde suit le même trajet dans l'autre sens. D'autres lignes (mini-bus) desservent directement Forio au départ d'Ischia Porto ou même Sant'Angelo. Munissez-vous de tickets avant de monter dans le bus auprès des kiosques à journaux, bureaux de tabac ou au terminus principal de la compagnie Sepsa, à Ischia Porto (où vous trouverez aussi un plan et les horaires détaillés).
Sepsa (plan B1). *Tél. 081 99 18 28*

BATEAU. Le tour de l'île peut aussi se faire en bateau.
Sogema (plan B1). *Tél. 081 98 50 80*

informations touristiques

Azienda Autonoma di Cura Soggiorno e Turismo (plan B1). *Via Isolino, Banchina Porto Salvo Tél. 081 507 42 31 Fax 081 507 42 30 info@ischiaonline.it www.ischiaonline.it Ouvert lun.-sam. 9h-13h30 et 15h-19h30* **Succursale** *à Ischia Porto, juste à l'arrivée des hydroglisseurs*

Dormir à Ischia

L'île est moins prestigieuse que Capri mais les tarifs de l'hébergement sont similaires. L'île a en effet une tradition d'établissements thermaux, il est difficile de trouver des adresses simples et économiques. Réservation indispensable.

prix moyens

Pensione Casa Garibaldi (plan A2). Dans la famille Di Lorio, demandez d'abord Giuseppina, la patronne, infatigable *mamma* qui prépare de délicieuses confitures. Et puis il y a Luisa, Maria et Franco qui s'occupent du jardin, des réservations, de l'accueil, de la piscine... À ce prix, c'est sans conteste la meilleure adresse. Comptez 67€. *Via Sant'Angelo, 52 (Sant'Angelo) Tél. 081 99 94 20 Fax 081 99 94 20 www.ischia.cc/casagaribaldi Fermé nov.-Pâques*

prix élevés

Il Monastero (plan B1). Une pension située dans un lieu exceptionnel, au cœur du château aragonais. La vue est magnifique. Double de 98€ à 110€. *Castello Aragonese, 3 Tél. 081 99 24 35 www.castelloaragonese.it*

Hotel Vittorio (plan B2). Un hôtel trois étoiles assez récent, bien équipé (piscines thermales, bains de boue...) et bien situé, au bord de la mer au sud de l'île. Accès par la mer ou par un chemin muletier (à bord d'une navette électrique !). Comptez environ 88€ pour une double. *Via Maronti, 71 à Barano d'Ischia Tél. 081 99 00 79 Fax 081 90 52 11 www.hotelvittorio.com*

☺ **La Villarosa (plan B1).** Un hôtel de charme dans une ancienne villa privée. Trente-sept chambres et des bungalows décorés avec beaucoup de goût et dispersés dans un jardin verdoyant. Sur le toit, un restaurant en terrasse ௷ embrasse la baie. Piscines et thermes restaurés. Double de 93€ à 118€. *Via Giacinto Gigante, 5 (Ischia Porto) Tél. 081 99 13 16/081 98 44 90 Fax 081 99 24 25 www.lavillarosa.it hotel@lavillarosa.it Fermé nov.-mars*

grand luxe

☺ **Hotel Punta Chiarito (plan A2).** Une des adresses les plus attractives de l'île en raison de l'incroyable site qui entoure l'hôtel : Punta Chiarito domine d'un côté la baie de Sorgeto et de l'autre celle de Sant'Angelo ! Seize chambres confortables dont sept équipées d'une kitchenette. Comptez de 140€ à 200€ la double. *À Sorgeto, Panza d'Ischia (au sud de l'île) Tél. 081 90 81 02 Fax 081 90 92 77 www.puntachiarito.it Fermé nov.-mi-mars Ouvert Noël-10 janv.*

Grande Hotel Mezzatorre (plan A1). Cinq étoiles et un goût infini pour cet hôtel magnifiquement situé, en retrait de Lacco Ameno, au bout d'un promontoire où se dresse sa tour crénelée rouge, datant du XVIe siècle. La soixantaine de chambres donne sur le parc de l'hôtel ou sur la mer, décorées dans des tons pastel. Complexe thermal modernissime. Comptez de 290€ à 500€ la double. *Via Mezzatorre, 13 (Lacco Ameno) Tél. 081 98 61 11 Fax 081 98 60 15 www.mezzatorre.com info@mezzatorre.it Fermé nov.-mars*

camping

Eurocamping dei Pini (plan B1). Un camping agréable et bien équipé, au milieu des pins. Possibilité de louer des bungalows à bon prix (40€-65€ pour deux). *Via Delle Ginestre, 34 (Ischia Porto) Tél. 081 98 20 69 Fax 081 98 41 20 www.ischia.it/camping*

Manger à Ischia

petits prix

Pietratorcia (plan A1). Peut-être la meilleure *enoteca* de l'île puisque son patron est l'un des plus fins producteurs de vins d'Ischia. On vous fera goûter plusieurs vins avec des fromages, des viandes froides et quelques hors-d'œuvre. Si vous réservez à l'avance, il est possible de dîner sur place de quelques spécialités locales. *Via Provinciale Panza, 267 (Forio) Tél. 081 90 82 06*

Pane e Vino (plan B1). Excellente *enoteca* qui vous fera découvrir les vins de l'île avec des assiettes gourmandes bien préparées (pain maison, fromages, charcuterie…) et quelques plats du jour très inspirés. *Via Porto, 24 (Ischia Porto) Tél. 081 99 10 46 Ouvert tlj. 10h-15h, 18h-24h (2h été) Fermé mer. en hiver*

Da Cocò (plan B1). Une bonne adresse pour goûter les spécialités de l'île : escargots, salade de poulpe, poisson au four ou braisé. *Piazzale Aragonese (Ischia Ponte) Tél. 081 98 18 23 Ouvert 12h30-15h, 18h-23h Fermé mer.*

prix moyens

Il Focolare (plan B1). Tenu par une famille nombreuse (neuf enfants tous sollicités par le restaurant), cet excellent établissement offre l'occasion unique de goûter à la cuisine du terroir, élaborée presque exclusivement avec des produits de la terre (escargots, lapin, sanglier, truffes...), le tout arrosé de vin local. *Via Cretaio al Crocifisso, 3 (Casamicciola) Tél. 081 90 29 44*

Da Peppina di Renato (plan A1). Le cadre de ces anciennes caves réaménagées est pour beaucoup dans la réussite du lieu qui ne désemplit pas et fait l'unanimité parmi les habitants. La cuisine est simple et toujours savoureuse : *bruschette* (pain de campagne grillé, accompagné de tomate, ail et origan ou d'autres ingrédients) et légumes braisés, viandes et crustacés préparés selon les recettes traditionnelles de l'île. *Via Montecorvo, 42 (Forio) Tél. 081 99 83 12*

Où boire un verre, manger une glace ?

Bar Calise (plan B1). La meilleure adresse pour les fondus de pâtisseries, de sucreries, de confiseries, de chocolateries ! Très bonnes glaces. Facile à repérer, il y a toujours du monde au bar... *Piazza degli Eroi, 69 Tél. 081 99 12 70 Ouvert tlj. 7h-2h*

Da Ciccio (plan B1). Ciccio revendique la palme des meilleures glaces. À vous de juger. *Via Porto, 1 (Ischia Porto) Tél. 081 99 13 14*

Bar Stany&Elio (plan B1). Les habitants connaissent le bar sous le nom "Bar Elio". En fait, Stany et Elio sont deux frères, Elio au bar et Stany aux glaces (les meilleures d'Ischia). *Via Castellaccio, 77 Tél. 081 99 76 68 Fermé nov.-fév.*

Découvrir Ischia

Ischia Porto-Ischia Ponte (plan B1). Entre les incessantes manœuvres des bateaux et les façades des hôtels qui se sont multipliés, on ne voit plus ce qui faisait le charme de ce port. À Ischia Ponte, la pression du tourisme est plus discrète et l'on peut profiter de quelques belles balades, au belvédère de Cartaromana mais surtout au **Castello Aragonese**, construit au xve siècle sur les vestiges de monuments antérieurs (cathédrale, églises et couvent). Du sommet, un panorama magnifique embrasse le golfe de Naples. *Castello Aragonese À l'extrême est d'Ischia Ponte, un ascenseur mène au sommet du château Tél. 081 99 28 34 Ouvert mars-nov. : tlj. 9h30-1h av. le coucher du soleil*

Monte Epomeo (plan A1). On accède au mont Epomeo depuis Fontana. Cet ancien volcan éteint culmine à 788m (du sommet, la vue sur Naples et sur l'île est impressionnante). Attention, ne vous laissez pas intimider par le sentier fermé par un panneau indiquant *strada militare*. C'est la seule voie d'accès pour le sommet et vous pouvez même vous rapprocher en voiture. La zone militaire commence après le bar-restaurant que vous croiserez en chemin. Là, il faut effectivement se garer et continuer à pied (3km, 40min) par le sentier qui monte à gauche du bar.

Sant'Angelo (plan A2). Plus facile d'accéder par la mer que par la route à ce charmant village de pêcheurs, perché sur un éperon rocheux qui sépare deux baies et devenu une station balnéaire charmante et très courue. Si vous ne pouvez pas vous y rendre par la mer, une route y descend entre Panza et Ciglio.

La Mortella (plan A1). Dans le village de Forio, allez découvrir ce jardin luxuriant qui abrite plus de 3 000 espèces de plantes du monde entier. C'est le fruit des fantaisies les plus folles d'un couple anglo-argentin, arrivé là dans les années 1940. En saison, des concerts y sont organisés et il y a aussi un salon de thé très *british* et très agréable. *À environ 3,5km au nord de Forio (à mi-chemin de Lacco Ameno) Via Calise, 39 (Forio) Tél. 081 98 62 20 www.ischia.it/mortella Ouvert avr.-mi-nov : mar., jeu., sam.-dim. 9h-19h Entrée 10€*

Punta Caruso (plan A1). Quand on laisse le gros bourg de Forio (et son église blanche, Santa Maria del Soccorso), la route vers Lacco Ameno traverse un des paysages les plus spectaculaires de l'île, avec le promontoire du mont Caruso à l'ouest. *Juste après la Mortella au nord*

Museo Archeologico di Pithecusa (plan A1). À Lacco Ameno, au pied du mont Vico, le Musée archéologique renferme des témoignages précieux de la colonie grecque de *Pithecusa* implantée sur l'île au VIIIᵉ siècle av. J.-C., entre autres la *Coupe de Nestor*, plus ancien poème connu. *Villa Arbusto, Corso Angelo Rizzoli, 210 Tél. 081 90 03 56 Ouvert dim.-ven. 9h30-13h, 15h-19h (16h-19h30 en été) En travaux de rénovation jusqu'en mars-avr. 2004*

Où se baigner ?

Un des grands bonheurs d'Ischia est de pouvoir se baigner et accéder facilement à des plages magnifiques. Pour les plages de sable, il faudra aller entre Lacco Ameno et Forio ou plus à l'ouest à Chiaia, ou plus au sud à Cava dell'Isola.

Plage de Montano (plan A1). La baie de Montano est sans doute la plus belle de toutes. La plage est au creux d'un paysage naturel paradisiaque. Vous remarquerez le **Fungo**, un rocher en tuf vert en forme de champignon qui donne un air insolite à la baie !

Plage des Maronti (plan A2). L'une des plages les plus populaires se situe sur la côte sud de l'île, entre Sant'Angelo et Barano. C'est la plage des "jeunes", envahie de Napolitains les week-ends. Autrefois, elle était très longue mais, depuis, la mer a repris ses droits.

Où se baigner dans des sources chaudes ?

Vasques naturelles de Sorgeto (plan A2). Plus caractéristique, la baignade dans les vasques naturelles de Sorgeto, tout près du village de Panza. En montagne, à la source, l'eau atteint 90°C mais, une fois parvenue plus bas, elle tourne autour de 32°C, ce qui n'est pas désagréable hors saison… *Située à l'ouest de l'île à 2km de Torre Sant'Angelo, on y accède au départ de Panza. Au bout de la route on descend dans l'eau par des escaliers.*

Où aller aux thermes ?

☺ **Giardini Poseidon (plan A2).** Ce sont des thermes magnifiques, immergés dans des jardins qui valent le détour à eux seuls. Saunas, une vingtaine de piscines, une plage privée... Même les résidants d'Ischia sont amateurs. Comptez 25€/journée incluant accès aux thermes, vestiaire, chaise longue, parasol, sauna, jets d'eau... *Via Mazella, Plage de Citara Tél. 081 98 71 11 Ouvert avr.-oct. : tlj. 8h30-19h*

Negombo (plan A1). Les thermes Negombo sont plus petits, plus chic aussi, que les Giardini Poseidon mais le cadre est très joli (plus de 500 espèces végétales exotiques !) et il y a une descente privée jusqu'à la plage de Montano. 27€ la journée (accès à toutes les piscines thermales, chaise longue). *Via di San Montano Tél. 081 98 61 52 Ouvert mi-avr.-mi-oct. : tlj. 8h30-19h*

Terme della Regina Isabella (plan A1). Si vous recherchez le *must* en termes de soins, allez aux thermes du magnifique hôtel Regina Isabella. Comptez de 25€ à 50€ la journée selon le traitement choisi. *Piazza Santa Restituta Tél. 081 99 43 22 www.reginaisabella.it Ouvert avr.-oct. : lun.-sam. 8h-12h et 17h-19h30*

☺ Procida
80079

À peine 4km² de superficie. En apparence, ce chiffre modeste dit bien peu de choses de la richesse de Procida. C'est la plus petite des îles du golfe mais la plus densément peuplée (10 000 résidents l'hiver, le double l'été), la plus méconnue aussi. On aurait envie de dire "tant mieux", parce que, jusqu'à aujourd'hui, c'est peut-être ce qui l'a préservée, ce qui fait encore sa chance et la destination idéale de ceux qui cherchent le calme, un contact privilégié avec la nature, loin du tourisme balnéaire moderne. Il y a bel et bien quelque chose de magique, un charme envoûtant qui tient peut-être à sa végétation (on dit que, si l'on plante un petit bâton à Procida, il poussera un rosier ou un citronnier), à sa cuisine, à la douceur et à la générosité de ses habitants, à son architecture, à ses petites baies découpées, à la ferveur religieuse qui secoue l'île à l'occasion du Vendredi saint...

PROCIDA, MUSE DES ÉCRIVAINS
Lamartine, échoué par hasard sur l'île en 1811, tombe amoureux de la jeune Graziella. Au moment de son départ, il lui promet de revenir mais ne tient pas sa promesse. La jeune fille meurt de tristesse et Lamartine écrit un roman, *Graziella*, qui raconte cet amour de jeunesse et sa découverte de Procida. Depuis, chaque année, on organise une fête pour élire la plus jolie Graziella de l'île. Après Lamartine, Elsa Morante : son roman *L'Île d'Arturo* (1957) gagne le Premio Strega, l'équivalent de notre Goncourt, avec le récit d'enfance d'un jeune garçon qui vit dans la solitude et grandit au contact de la nature de l'île. Pour beaucoup, Procida aura pour toujours les contours de ces personnages devenus mythiques.

Procida, mode d'emploi

accès en bateau

Procida est bien desservie au départ de Naples (Molo Beverello et Mergellina, comptez 30min à 40min en hydroglisseur, 1h en ferry), de Pouzzoles (30min à 40min en ferry) et d'Ischia.

Caremar. *Molo Beverello Tél. 081 551 38 82 Pouzzoles Tél. 081 526 27 11 ou Procida Tél. 081 896 72 80*

Snav. *Molo Beverello Tél. 081 428 51 11 Procida Tél. 081 896 99 75*

Procida Lines 2000. *Procida Tél. 081 896 03 28*

se déplacer sur l'île

En une journée, il est possible de faire le tour de l'île à **pied**. Sachez qu'il existe quatre lignes de **bus** qui desservent les principaux points d'intérêt de l'île ainsi que des **taxis** avec lesquels vous pouvez négocier un tour de l'île (comptez en moyenne 10€/personne). Il est possible de louer des **vélos** et des **scooters** (renseignez-vous à l'agence Graziella, cf. informations touristiques).

Sepsa (plan B1). Compagnie de bus de l'île. *Via IV Novembre Tél. 081 810 12 41*

Taxis (plan B1). *À Marina Grande (port) Tél. 081 896 87 85*

informations touristiques

Azienda Autonoma di Cura Soggiorno e Turismo (plan B1). *Via Roma (à Marina Grande, juste à côté de la billetterie Caremar) Tél. 081 810 19 68 Ouvert mai-sept. : lun.-sam. 9h30-13h et 15h30-19h ; oct.-avr. : seulement le mat.*

Graziella Travel (plan B1). Une agence bien plus efficace que l'office de tourisme. Munissez-vous de leur plan de l'île. Location d'appartements, de maisons, de bateaux à voile... *Via Roma, 117 (Marina Grande) Tél. 081 896 95 94 Fax 081 896 91 90 smile@isoladiprocida.it www.isoladiprocida.it*

Dormir à Procida

petits prix

Tirreno Residence (plan B1). Bungalows dans un jardin de citronniers, tout près du phare (à 100m !). Coin cuisine, petite terrasse, service de navette. Bon rapport qualité-prix. Selon la saison, comptez de 40€ à 84€ pour une double. *Via Faro, 34 Tél./fax 081 896 83 41 tirrenoresidence@iol.it www.tirrenoresidence.it*

prix moyens

Albergo Villa del Faro (plan B1). Quatorze chambres sans prétention, remises à neuf, au cœur d'un des plus beaux paysages de l'île, à deux pas de la Punta del Pioppeto et du phare ! Idéal pour se ressourcer et respirer loin de la foule. Comptez de 40€ à 100€ la double. *Via Faro, 40 Tél. 081 896 94 97 ou 081 896 93 06 Fax 081 810 17 91 www.procida.net/villadelfaro*

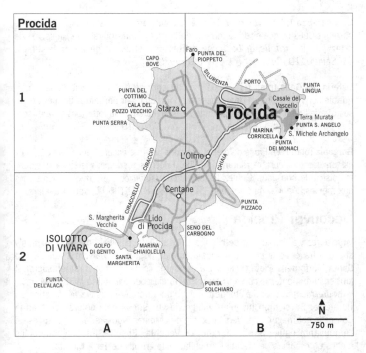

Procida

Hotel Crescenzo (plan A2). Situé sur la plage. Un hôtel bien tenu, ouvert toute l'année, qui fait aussi restaurant (demi-pension ou pension complète de qualité). De 62€ à 93€ la double. *Via Marina Chiaiolella, 33 Tél. 081 896 72 55 Fax 081 810 12 60 hotel_crescenzo@iol.it*

Casa Gentile (plan B1). Un charmant hôtel familial situé au début de la baie de Marina Corricella, ce village coloré qui servit de cadre au film *Le Facteur*. L'hôtel (rose vif) est au bord de l'eau, juste devant les barques des pêcheurs. Double de 70€ à 95€. *Marina Corricella, 88 Tél. 081 896 77 99 Fermé oct.-avr.*

B&B Le Terrazze (plan B1). Daria vous accueille dans sa belle villa, proche du phare, dans un cadre apaisant et familial. Deux chambres sont disponibles, décorées avec du mobilier ancien et des œuvres d'art. Profitez de la jolie terrasse sur le toit. 80€ la chambre avec un bon petit déjeuner. *Via Faro, 26 Tél. 081 896 00 62 www.discovernaples.net/procida.htm Réservation conseillée*

Manger à Procida

prix moyens

☺ **La Conchiglia (plan B1).** Très bonne *trattoria* pour goûter la cuisine locale sur la plage. Succulents *primi* et poissons. Vous pouvez vous baigner avant de passer à table. *Via Pizzaco, 10 (plage de Chiaia) Tél. 081 896 76 02 Ouvert fév.-nov.*

Lo Scarabeo (plan A1). Très bon restaurant, aménagé sous une pergola de citrons ! Cuisine locale, de la terre et de la mer (lapin, rougets, légumes...). Ne ratez pas les *fritelle di basilico*, petites omelettes au basilic irrésistibles. *Via Salette, 10 (Ciraccio) Tél. 081 896 99 18*

Osteria del Gallo (plan B1). Situé près du port, ce restaurant est d'une remarquable constance depuis des années au point qu'il fait partie des bonnes adresses que les habitants aiment partager. Les tagliatelle à la lotte (*pescatrice*) sont une pure merveille. *Via Roma, 82 (Port) Tél. 081 810 19 19 Ouvert ven.-mer.*

Gorgonia (plan B1). Fruits de mer et poissons presque encore frétillants ! Gorgonia est un des meilleurs restaurants de l'île. Recettes rustiques mêlées à quelques fantaisies de bon goût. Goûtez les savoureux *fagioli con le cozze*, haricots secs aux moules. *Via Marina Corricella, 50 Tél. 081 810 10 60 Ouvert oct.-mars*

Découvrir Procida

Vous aurez vite fait le tour de l'île mais il y a quelques sites qui valent qu'on s'y attarde. Traversez le port pour vous rendre au bout de la via Roma vers l'**église Santa Maria della Pietà** (XVIIIᵉ siècle, avec une coupole qu'on dirait en sucre). Il faut ensuite monter le **corso Vittorio Emanuele** pour parvenir à la **Terra Murata**, le bourg médiéval fortifié, fondé autour d'une première abbaye bénédictine au VIIᵉ siècle. En chemin jusqu'au village, la vue sur la baie colorée de Marina Corricella est magnifique. Vers la pointe des Moines, vous verrez les vestiges de l'émouvante **église Santa Margherita Vecchia**. Ensuite, allez découvrir les ruelles en escaliers de Marina Corricella, juste en bas de Terra Murata.

Abbazia di San Michele Arcangelo (plan B1). Fondée au XIᵉ siècle, elle a été profondément remaniée du XVIIᵉ au XIXᵉ siècle mais a conservé une belle architecture, en surplomb de la mer. Vous remarquerez le plafond en bois, orné d'une toile de Luca Giordano (1699) représentant l'archange Michel. L'abbaye renferme encore une collection précieuse de manuscrits dans une magnifique bibliothèque ainsi que des ex-voto. *Via Terra Murata, 89 Tél. 081 896 76 12 Ouvert tlj. 9h30-12h30 et 15h-18h (17h en hiver) Travaux de restauration en cours mais l'abbaye reste ouverte aux visites*

Marina Corricella (plan B1). Disposées en amphithéâtre sur la mer, les maisons se sont superposées les unes aux autres, avec leurs couleurs vives et leurs escaliers les reliant à la route au-dessus. On est sûr d'être en Méditerranée mais on ne jurerait pas du lieu : il y a quelque chose de grec, voire d'oriental dans ce paysage. *Du port, prendre la direction de la Terra Murata et redescendre de l'autre côté de la Punta dei Monaci.*

Où se baigner ?

Procida est idéale pour le farniente au bord de l'eau. La découverte de ses plages et de ses criques permet d'en faire le tour et de traverser ses villages colorés. Les amateurs de petites criques rocheuses iront se baigner sur la côte nord au phare à la **Punta del Pioppeto** (plan B1, accès assez facile) ou plus loin, à l'opposé, au sud-est, à **Punta Solchiaro** (plan B2). À partir du port, la première plage à l'ouest est la **Silurenza** (plan B1). Ce n'est pas la plus belle mais elle est vraiment située à deux pas, ce qui permet de prendre un dernier bain avant de rentrer à Naples. Son nom raconte une drôle d'histoire. On hésite entre deux versions : ce serait la déformation de Sir Lawrence, l'ancien propriétaire du terrain... ou celui de Zia Lorenza, qui vendait là les légumes de son jardin il y a un siècle. À l'extrême ouest, la **Cala del Pozzo Vecchio** (plan A1), peut-être la plus belle plage de l'île, rendue célèbre par *Le Facteur*. Juste à côté, au-delà de quelques rochers que les plus sportifs à la recherche d'isolement franchiront sans mal, la **Spiaggetta degli Innamorati**, la "petite plage des amoureux". Plus au sud, sur ce versant de l'île, l'interminable **plage de Ciraccio** (plan A1) est prolongée par Ciracciello (plan A2) et fait face à la petite baie de Chiaiolella (plan A2). Bordées par des *lidi* (établissements balnéaires), bars, restaurants, pizzerias, ce sont les plus animées de l'île. Elles donnent toutes sur l'**isolotto di Vivara**, le petit îlot rattaché à Procida qui est une réserve ornithologique. En remontant vers le nord, la longue **plage de Chiaia** (plan B1-B2), au bout de 182 marches, est une merveille, sauf les week-ends. Attention, de ce côté, le soleil se cache dès le début de l'après-midi. En remontant vers le port, la **plage de la Lingua** (plan B1) est une agréable plage de sable.

☺ Herculanum et le Vésuve

NAPLES ET LA CAMPANIE

Herculanum (Ercolano) a connu le même destin tragique que sa voisine Pompéi et, pourtant, les deux sites sont bien différents. D'abord par leur taille : Herculanum, en 79, était trois fois moins étendue que Pompéi. Cinq mille habitants y vivaient, sans doute beaucoup de la pêche, tandis que d'autres étaient venus s'y installer, attirés par la vue panoramique sur le golfe et par son climat salutaire. La bourgade était donc peut-être plus modeste de par sa superficie, ses activités de négoce ou son rôle public, mais elle possédait de somptueuses villas résidentielles qui témoignaient d'un artisanat raffiné et d'un faste aussi éloquent qu'à Pompéi.

UN TRÉSOR ENFOUI SOUS LES LAVES

Le scénario de la catastrophe diffère entre Pompéi et Herculanum : alors que, le 24 août 79, une pluie de pierres ponces ensevelit quasi instantanément Pompéi, la tragédie n'a frappé Herculanum que véritablement dans la nuit du 24 au 25. Une coulée de lave en fusion a recouvert la ville, repoussant ceux qui cherchaient à fuir par la mer sur la plage. Depuis les années 1980, on a découvert près de 250 squelettes à cet endroit. L'épaisseur de la coulée de lave avait parfois atteint 21 m. Ces différences ont nettement influencé les méthodes de fouilles, rendant celles d'Herculanum particulièrement fastidieuses. Mais cette couche de lave devenue comparable à du tuf a aussi protégé le site de l'érosion (infiltrations d'eau) ou des pillages. On a retrouvé des centaines d'objets de la vie quotidienne encore intacts, des meubles, des vêtements et même de la nourriture. C'est peut-être cela qui rend la visite d'Herculanum si touchante : on a presque l'impression d'entrer chez des gens qui sont sur le point de revenir chez eux.

Herculanum, mode d'emploi

accès

EN TRAIN. De Naples, le meilleur moyen d'y parvenir est la **Circumvesuviana**, ligne ferroviaire partant du corso Garibaldi (juste à côté de la gare) et desservant Ercolano en 20min (en semaine, un train toutes les 15min de 5h à 22h45). Le site archéologique est à 10min à pied de la gare (prendre la via IV Novembre). **Stazione della Circumvesuviana.** *Tél.* 081 772 24 44

EN VOITURE. Il faut prendre l'autoroute A3 direction Salerne et suivre les indications pour Scavi di Ercolano.

orientation

Gardez en tête la grille classique de l'urbanisme romain : trois voies parallèles qui croisent deux autres voies, soit trois *cardi* et deux *decumani* qui forment des îlots d'habitations, les *insulæ* (huit au total, plus le quartier suburbain où sont situés les thermes). Le site qu'on visite aujourd'hui ne représente qu'une partie de la cité antique, le reste étant enfoui sous des immeubles modernes.

Découvrir Herculanum

Scavi di Ercolano. Les principaux sites d'Herculanum se découvrent au cours d'un itinéraire dans les rues de la ville, que nous décrivons ci-après. La rampe surplombe l'ensemble du site archéologique et permet de repérer les grands axes. À l'entrée, des guides officiels vous proposeront leurs services, certains en français. Selon les jours et la disponibilité des gardiens, toutes les maisons ne sont pas ouvertes. Renseignez-vous au préalable. *Corso Resina, 6 80056 Ercolano Tél. 081 857 53 47 www.pompeiisites.org Ouvert 8h30-19h30 (nov.-mars 8h30-17h) Forfait (18€) valable 3 jours avec la visite des sites de l'Area Vesuviana (Pompéi, Herculanum, Stabies, Oplonti, Boscoreale) Tarif journée 10€, tarif réduit 5€*

Thermes suburbains. Après la billetterie, il vous faut descendre le long d'une rue bordée d'arbres jusqu'aux *terme suburbane*, qui se trouvaient alors à proximité du bord de mer, en dehors du centre-ville proprement dit. C'est là, avant le tunnel d'accès, qu'on a retrouvé les squelettes de près de 250 victimes qui étaient en train de fuir les coulées de lave. Les différentes pièces (*atrium*, *frigidarium*, *caldarium*…) ont gardé leurs belles décorations de stucs et de marbre. *Ouvert le mat.*

Maison des Cerfs. Cette demeure patricienne se trouvait autrefois en position panoramique, avec une vue dégagée sur le golfe. Son nom provient des sculptures exposées dans le jardin montrant un groupe de cerfs attaqué par des chiens. *Sur le cardo V*

Maison du relief de Télèphe. C'est une maison originale qui devait aussi par le passé bénéficier d'une belle vue sans pour autant gêner la maison voisine. Un bas-relief raffiné représente le pythe de Télèphe, fils illégitime d'Hercule. Plus en avant, vous croiserez une série de bâtiments plus modestes qui abritaient des boutiques : à gauche, le *thermopolium* le mieux achalandé de la ville, une épicerie qui vendait des boissons, des céréales et des légumes, et, à droite, le *pistrinum*, la boulangerie, qui a conservé son four et les meules qui devaient être actionnées par des mules. *De l'autre côté du cardo V, sur la droite*

Palestre. La palestre représentait autrefois un immense complexe destiné aux activités sportives. S'y déroulaient des jeux, des épreuves de natation, des exercices... On peut encore voir deux grandes piscines, dont celle creusée à même la roche au centre du péristyle, ornée d'une belle fontaine de bronze représentant une hydre à cinq têtes, monstre tué par Hercule. *Au croisement avec le decumanus inférieur et le cardo V, à droite*

Maison à l'Atrium corinthien. Les colonnes autour de l'*impluvium* central donnent une certaine élégance à cette maison. Marbre polychrome et fresques ornent encore les pièces principales. En continuant tout droit, vous croiserez le *decumanus* majeur, principal axe de la ville, où se tenait peut-être un marché (larges trottoirs et bornes fermant l'accès aux chariots). *Sur le cardo V*

Maison du Bicentenaire. Sur deux niveaux, richement décorée, elle appartenait aux Calatorii, l'une des familles les plus puissantes de la ville. *Sur le cardo V*

Maison de Neptune et d'Amphitrite. Elle tire son nom de la magnifique mosaïque colorée qui orne le nymphée à l'arrière de la maison. Dans cette maison à deux niveaux, le rez-de-chaussée était occupé par une taverne, la mieux conservée de la région (avec les amphores à vin sur les étagères). *À gauche, vers le cardo IV*

Thermes urbains, ou du Forum. L'établissement est divisé en deux parties, une pour les hommes et l'autre pour les femmes. Ces thermes sont magnifiquement conservés (surtout la partie réservée aux femmes avec des mosaïques représentant le dieu Triton). Dans les vestiaires, remarquez les tablettes destinées à accueillir les vêtements des usagers. *Juste en face de la Maison de Neptune et d'Amphitrite, de l'autre côté de la rue*

Maison Samnite. Sa décoration, très bien préservée, est soignée. Le portail est orné de beaux chapiteaux corinthiens et surmonté d'une galerie au premier étage. *Sur le cardo IV, à l'angle du decumanus inférieur*

Maison à la Cloison de bois. Sa façade est en très bon état, et vous verrez que ses dimensions et sa décoration magnifique reflètent la position de son propriétaire, sans doute un patricien. Son nom évoque l'émouvante cloison à trois portes qui sépare encore l'*atrium* du *tablinum* (la pièce où l'on négociait avec les clients ou les obligés). *Sur le cardo IV*

Maison à l'Hermès de bronze. Son nom renvoie à la statue de bronze du maître de maison qui accueille encore les visiteurs. *Sur le cardo IV*

Maison de l'Atrium aux mosaïques. Elle conserve de remarquables pavements en mosaïques et des salles ornées de belles peintures. Si elle est fermée, vous pouvez jeter un œil par le portail. *Sur le cardo IV*

Maison de la Grande Auberge. C'était sans doute la maison la plus importante du quartier. Contrairement à ce que son nom laisse supposer, ça n'était pas un hôtel mais une vaste demeure, ouverte sur un très beau jardin panoramique avec un portique. Au moment de l'éruption du Vésuve, la maison était en travaux, peut-être pour transformer l'ensemble en un immeuble commercial – ce qui confirmerait la montée de la classe marchande –, ou alors simplement pour réparer les gros dégâts causés par un tremblement de terre une quinzaine d'années plus tôt (en 62). *Sur le cardo III*

Maison d'Argus. Voici un autre exemple de maison patricienne très élégante. Son nom rappelle qu'ici se trouvait une fresque, aujourd'hui disparue, qui représentait le mythe d'Io et d'Argus. *Sur le cardo III*

Sacellum des prêtres d'Auguste. Ce monument était un temple voué au culte de l'empereur. Il est encore orné de belles fresques. Deux frères, A. Lucius Lulianus et A. Lucius Proculus, sont à l'origine de ces monuments. Ils offrirent un banquet somptueux lors de l'inauguration. Gagnez la sortie du site en revenant par le cardo V. *À l'extrême nord du cardo III*

Découvrir le Parc national du Vésuve

Parco Nazionale del Vesuvio. Le Vésuve est l'un des volcans les plus célèbres au monde, particulièrement intéressant du point de vue géologique. Assoupi, il ne se manifeste pas depuis 1944 mais les vulcanologues restent prudents, laissant planer un doute terrible sur les 70 0000 habitants qui vivent à proximité. Ceux qui veulent s'approcher du cratère, découvrir les dépôts des éruptions antérieures et la flore particulière (plus de 600 espèces) qu'ont générés les diverses roches volcaniques s'approcheront en voiture ou avec la *Circumvesuviana*. Des sentiers ont été tracés pour canaliser l'invasion des touristes (près de 200 000 par an), notamment à partir du village de San Sebastiano (là où sont basées les autorités du parc). Quand vous êtes au sommet (1 158m), par temps clair, on embrasse tout le golfe, de Naples jusqu'à Sorrente et les îles. La vue du cratère est d'ailleurs très saisissante (600m de diamètre, 200m de profondeur !), de même que la couleur de la pierre, sur les flancs du volcan, qui prend des reflets argentés selon la lumière. La meilleure époque pour la montée au sommet est mai ou juin. Si vous n'êtes pas rassurés, prenez un guide, qui vous indiquera aussi les fumerolles. *Suivre les indications "Parco Nazionale del Vesuvio" à la sortie "Torre del Greco" ou "Ercolano" (A3). Liaisons en bus depuis Pompéi et la gare d'Herculanum en 30min par les navettes des Transporti Vesuviani (Tél. 081 559 25 82).* **Parco Nazionale del Vesuvio** *Piazza Municipio, 8 80040 San Sebastiano al Vesuvio Tél. 081 771 09 25 www.parconazionaledelvesuvio.it* **Site** *ouvert tlj. 9h-2h av. le coucher du soleil*

Découvrir les environs

Il Miglio d'Oro. Le "mille d'or", c'est le nom qu'on a donné aux villas baroques construites dans les alentours de l'*area vesuviana*, entre Herculanum et Torre del Greco. Leur magnificence perdure, contrastant avec le paysage industrialisé. Les ténors de l'architecture napolitaine (Sanfelice, Vanvitelli ou Fuga) se virent confier la réalisation de ces imposantes demeures, avec parc et accès à la mer, pour le roi Charles de Bourbon (en 1738) à Portici. Les fruits des premières fouilles à Pompéi, Herculanum et Stabies ont été exposés là avant d'être transférés au Musée archéologique national. La Villa Campolieto, en plein centre d'Herculanum, abrite aujourd'hui l'organisme qui gère ces villas. *Villa Campolieto Corso Resina, 283 80056 Ercolano Tél. 081 732 21 34 Ouvert lun.-ven. mat. Visite des villas mar.-dim. 10h-13h*

Pompéi

C'est le site archéologique incontournable du sud de l'Italie, sans doute le témoignage le plus intéressant et le plus intime qui nous soit parvenu de l'Antiquité. Son destin tragique compte pour beaucoup dans cette appréciation : comme pour Herculanum, le fait que Pompéi ait été protégée de l'érosion et des pillages pendant des siècles tient à l'éruption du 24 août 79, lorsqu'une pluie de pierres ponces s'abat sur la ville, au rythme de 15cm par heure. Des coulées de lave achèvent de recouvrir la cité de 25 000 habitants, la réduisant à des siècles de silence et d'oubli. Attendez-vous à être surpris, voire agacé, par "l'industrialisation" du lieu. Si l'idée vous insupporte d'emblée, peut-être vaut-il mieux visiter Herculanum ? Restaurants touristiques et hôtels se sont multipliés dans les parages, ainsi que boutiques de souvenirs et camionnettes de boissons et sandwichs. Il paraît que l'ancienne Pompéi apporte 70% de ses ressources à la ville moderne.

UNE HISTOIRE DE FOUILLES

Le site a été redécouvert dès le xvie siècle mais les fouilles ont réellement commencé en 1748, de façon chaotique. Au lieu de déblayer systématiquement (comme on le fera un siècle plus tard), on a dégagé au fur et à mesure des pièces (objets d'art et peintures) qu'on exposait dans la villa royale de Portici. Désormais, les découvertes qui sont faites sont laissées *in situ* pour restituer au mieux la réalité du lieu tel qu'il était au quotidien. Aujourd'hui, sur les 66ha repérés, 45ha ont été fouillés et divisés en *regiones* et *insulæ* (quartiers et pâtés de maisons), selon une classification conçue par l'archéologue Fiorelli en 1858.

Pompéi, mode d'emploi

accès

EN TRAIN. Au départ de la station située corso Garibaldi à Naples, la *Circumvesuviana* dessert Pompéi en 35min.

Stazione Pompei-Scavi (plan C1). *À quelques mètres à peine de la billetterie*

EN BUS. Le bus n'est pas conseillé en raison du trafic.
Sita. Liaisons au départ de Naples depuis la via Pisanelli (près de la piazza Municipio) *Tél. 081 552 21 76*

EN VOITURE. À 20km de Naples. Sortez de l'autoroute A3 à Pompei-Scavi et garez votre voiture dans un parking gardé (près de la Porta Marina). Sachez que, si vous avez loué votre véhicule à Naples, les agences de location ont souvent négocié pour vous un stationnement gratuit à Pompéi. Renseignez-vous avant.

informations touristiques

À l'entrée, vous trouverez une documentation précise et très bien faite (en plusieurs langues, très pédagogique), comprenant un miniguide et une carte du site avec plusieurs propositions d'itinéraires, selon le temps dont vous disposez et votre intérêt. Ceux qui aiment être guidés peuvent se joindre à un groupe ou louer un audioguide (plusieurs langues disponibles).
Bureau de l'office de tourisme. *À l'entrée du site Porta Marina Numéro vert 800 013 350 www.pompeiisites.org Ouvert tlj. 9h-17h*

Découvrir Pompéi

Il faut compter une matinée bien remplie ou un bon après-midi pour visiter les maisons et monuments principaux. La meilleure période est le mois d'**avril ou mai**, et la fin de l'été, en **septembre**. S'il fait chaud et qu'il y a du soleil, emportez absolument une gourde (vous ne trouverez que quelques rares fontaines sur place) et un chapeau parce qu'il n'y a quasiment pas d'ombre. Pour vous sustenter, préférez l'option du pique-nique, si vous n'êtes pas trop chargé. Le site dispose d'une caféteria et d'un self-service qui servent une cuisine assez insipide.
Les principales curiosités de Pompéi s'égrènent le long d'un itinéraire dans les rues de la ville, que nous détaillons ci-après. N'oubliez pas à l'entrée de vous munir d'un plan du site ainsi que du petit guide de Pompéi réalisé par la surintendance archéologique. *Scavi di Pompei Via Villa dei Misteri, 2 Tél. 081 857 53 47 www.pompeiisites.org Ouvert avr.-oct. : tlj. 8h30-19h30 ; nov.-mars : tlj. 8h30-17h Billetterie fermeture 1h30 av. la fermeture du site*

Porta Marina (plan C2). L'entrée se fait par cet accès, la plus grande des sept portes mais sans doute la moins fréquentée à l'époque. Son nom rappelle qu'elle se tenait à proximité du port, auquel elle était reliée par un canal. Ce débouché sur la mer comptait pour beaucoup dans le développement florissant de la cité, en effet Pompéi était un centre commercial important qui fonctionnait comme un nœud de redistribution des biens.

Templo di Apollo-Basilica (plan C2). À gauche de la Porta Marina s'élève le temple d'Apollon, l'un des plus anciens sanctuaires de Pompéi (VIᵉ siècle av. J.-C., remanié par la suite). Sur les côtés du portique, on voit encore les statues d'Apollon et de Diane en archers (copies en bronze, les originaux sont à Naples). Juste en face, la basilique, à la fois tribunal et Bourse de commerce.

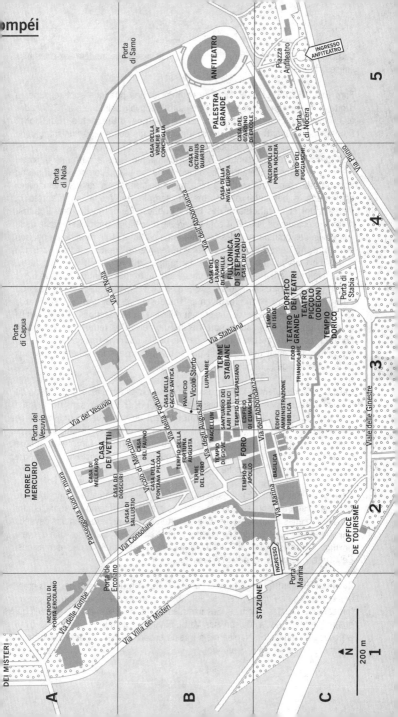

Son plan architectural rectangulaire à trois nefs a servi de modèle aux premières églises chrétiennes.

Foro (plan B2-B3). Les édifices de l'administration publique sont regoupés à droite, sur le forum. C'est là que s'exerçait le pouvoir politique par le biais des élections municipales. Jetez un œil à l'**édifice d'Eumachie** (Edificio di Eumachia), attenant au *comitium*, qui abritait sans doute un grand marché de la laine et le siège de la corporation des drapiers, blanchisseurs et teinturiers (les *fullones*), très puissante à Pompéi (Eumachie était la patronne de cette corporation). Une jarre était murée à l'entrée du temple où l'on pouvait uriner ou apporter son urine, qui servait à blanchir et dégraisser les étoffes. Remarquez également le bel autel de marbre du **temple de Vespasien** (Templo di Vespasiano) et le **sanctuaire des Lares publics** (Santuario dei Lari Publici), dieux protecteurs de la cité. À côté encore, le *macellum*, principal marché de la ville, avec des boutiques et des tavernes sous portique et un marché au poisson au centre. Au nord du forum se dresse le **temple de Jupiter**, dédié à la triade capitoline (Jupiter, Junon, Minerve). Le temple, qui remontait au IIe siècle av. J.-C., avait été sérieusement endommagé lors du tremblement de terre de 62 et n'était pas encore restauré lors de l'éruption du Vésuve en 79. Les **thermes du Forum** (Terme del Foro), relativement modestes par rapport aux standards romains, sont bien préservés. Ils étaient divisés en deux sections, pour hommes et pour femmes. De l'autre côté de la rue s'élève le **temple de l'Auguste Fortune**, consacré au culte de l'empereur par le *duumvir* (magistrat suprême) M. Tullius, qui avait peut être fait placer sa statue dans la niche latérale, aux côtés de celles de la famille impériale.

Casa del Fauno (plan B2). À proximité du forum, ne manquez pas la Maison du Faune. C'était la plus grande maison de Pompéi (2 970m² !), sans doute l'une des plus richement décorées. Son nom provient de la statue de bronze qui se trouve au centre de l'*impluvium*, dont l'original est conservé au Musée archéologique de Naples. C'est dans l'exèdre qu'on a retrouvé l'impressionnante mosaïque (plus d'un million de tesselles !) qui représente la victoire d'Alexandre le Grand sur Darius, roi des Perses. *Sur la via della Fortuna*

Casa dei Vettii (plan A2). Très populaire parmi les visiteurs (et donc toujours envahie), cette maison est connue pour ses magnifiques peintures représentant plusieurs scènes mythologiques. Elle appartenait à de riches affranchis devenus marchands, et illustre bien l'émergence de cette classe sociale, capable d'investir autant et aussi bien que l'aristocratie pour l'ornementation de ses maisons. *De l'autre côté de la via della Fortuna*

Casa dei Dioscuri (plan B2). Voici l'une des plus somptueuses et des plus grandes demeures de Pompéi, centrée autour d'un *atrium* corinthien couvert par un toit soutenu par des colonnes. Ses fresques ont été réalisées par les artistes qui ont peint celles de la Maison des Vettii. Plusieurs peintures sont aujourd'hui exposées au musée de Naples mais il reste encore de beaux panneaux dans le péristyle. *Sur le vicolo di Mercurio*

Casa della Fontana Piccola (plan B2). Elle abrite un délicat nymphée avec une fontaine, orné de sculptures et tapissé de mosaïques. Les murs du péristyle du jardin sont richement décorés de fresques représentant des paysages maritimes. *Sur le vicolo di Mercurio*

Casa di Sallustio (plan B2). Une des plus anciennes maisons de la ville. Elle a peut-être été transformée en auberge quelque temps avant la catastrophe, et conserve une partie de sa décoration. *Sur le vicolo di Mercurio*

Necropoli (plan A1). Sur la via Consolare, vous croiserez la porte d'Herculanum qui ouvrait la route vers la cité voisine. À côté se trouve la nécropole, le long de la via delle Tombe, témoignage d'une époque où les demeures des morts avoisinaient celles des vivants, en bordure de ville. Entre le milieu du Iᵉʳ siècle av. J.-C. et le Iᵉʳ siècle ap. J.-C., les défunts étaient incinérés et leurs cendres recueillies dans une urne qu'on murait dans la tombe.

Villa dei Misteri (plan A1). La Villa des Mystères renferme un cycle de fresques qui compte parmi les plus beaux qui nous soient parvenus. Bâtie à la périphérie de la ville, elle était rattachée à une exploitation agricole mais correspondait plus à un havre de paix où les classes aisées aimaient se retirer. La fresque qui a donné son nom à la maison orne le *triclinium* et représente un rite à mystères, c'est-à-dire un rite d'initiation féminine au mariage. Outre le quartier d'habitation qui donnait sur la mer, la villa comprenait un quartier réservé aux serviteurs près du pressoir à raisin.

Casa della Caccia Antica (plan B3). La Maison de la Chasse antique est un exemple classique de maison "à *atrium*", totalement organisée selon l'axe entrée-*atrium*-*tablinum* très richement décoré, ce qui permettait au visiteur de saisir d'emblée l'importance sociale du maître de maison. Les fresques ne sont pas toutes très bien conservées mais elles sont très variées. *Sur la via della Fortuna*

Panetteria (plan B3). Dans la "ruelle tordue", vous découvrirez la boulangerie, avec son four à bois et ses meules de pierre actionnées par des mules. Cette boulangerie appartenait sans doute à N. Popidius Priscus, qui habitait juste à côté au n°20. L'absence de comptoir de vente indique que le boulanger était probablement un grossiste ou qu'il vendait son pain grâce à des vendeurs ambulants. On a retrouvé 34 boulangeries à Pompéi. C'est au IIᵉ siècle av. J.-C. que la consommation de pain s'est répandue. *Sur le vicolo Storto*

Lupanare (plan B3). Celui-ci était le bordel le mieux organisé de Pompéi, avec dix chambres réservées aux clients et des latrines. Sur les murs, des illustrations représentent les différentes positions font figure de "mode d'emploi" ; on peut lire aussi des graffitis laissés par les clients rapportant les compétences de certaines prostituées. *Le long de la via degli Augustali, prenez à droite le vicolo del Lupanare qui, comme son nom l'indique, mène au lupanar.*

Terme Stabiane (plan B3). Les thermes stabiens sont bien plus grands que les thermes du Forum, qui intégraient aussi une palestre (espace d'activités sportives). Dans certaines pièces, les décorations en stuc polychromes sont bien conservées. *Plus en av. sur le vicolo del Lupanare*

Foro Triangolare (plan C3). Le forum triangulaire jouxte un vaste ensemble de temples et de théâtres comprenant le temple dorique, le grand théâtre (qui pouvait accueillir 5 000 spectateurs), le petit théâtre destiné à des concerts ou des déclamations poétiques et le temple d'Isis. *De l'autre côté de la via dell' Abbondanza*

Casa dei Ceii (plan B4). Elle est décorée avec des fresques évoquant les paysages égyptiens, selon les tendances des dernières années précédant la catastrophe. Juste à côté, arrêtez-vous à la *fullonica* de Stephani (à la fois filature, teinturerie et pressing…) et à la Maison du Laraire d'Achille, délicatement ornée. *Sur la via dell'Abbondanza ou à proximité immédiate*

Casa della Nave Europa (plan C4). La Maison du Navire Europe est dotée d'un magnifique jardin potager où poussaient des fèves, des oignons, des choux, de la vigne, des arbres fruitiers… Vous pourrez voir à côté le **jardin des Fugitifs** (Orto dei Fuggiaschi), l'une des découvertes les plus émouvantes du site puisqu'on y voit les corps moulés de quelques victimes qui tentaient de chercher une issue.

Anfiteatro (plan B5). Avant de regagner la sortie, allez admirer l'amphithéâtre, qui pouvait accueillir 20 000 spectateurs, et la grande palestre, gymnase destiné aux associations pour la jeunesse créées par Auguste. Les quelques maisons qu'il vous reste à découvrir sont encore différentes des précédentes, avec des jardins originaux, jalonnés de tonnelles et de petits bassins (Maison du Jardin d'Hercule ou du Parfumeur ; Maison de D. Octavius Quartio) ou alors des fresques d'une fantaisie inégalée (Maison de la Vénus dans une coquille). Vous pourrez sortir par la piazza Anfiteatro à proximité ou parcourir le chemin inverse vers la via dell'Abbondanza qui mène à la Porta Marina.

En allant vers Sorrente

Villa Arianna-Villa San Marco di Stabiæ. Non loin de Sorrente se trouvent deux sites, distants de quelques centaines de mètres, méconnus et désertés par les touristes, et qui méritent pourtant qu'on s'y rende : la Villa Arianna et la Villa San Marco de Stabiæ (aujourd'hui **Castellamare di Stabia**). Ces deux villas étaient des résidences patriciennes qui donnaient sur la mer (elle léchait le promontoire sur lequel elles étaient bâties). Elles étaient organisées comme de petites cités autonomes avec des thermes, des jardins, des nymphées, des piscines et des pièces somptueusement décorées. Le paysage urbain actuel qui s'étale en contrebas des villas est bétonné, tissé d'immeubles sans âme frappés par le tremblement de terre de 1980 et remis sur pied sans guère de moyens. Cette vision contraste d'autant plus avec la délicatesse de l'architecture antique, la préciosité de certaines fresques. Les gardiens, ayant très peu de visiteurs, se prêtent volontiers au jeu de la visite guidée. Ce sont eux qui nous ont expliqué que les fouilles sur place ont été interrompues (d'où l'échafaudage rouillé), faute de moyens. *À 12km au sud de Pompéi Sortir de l'A3 à Castellamare di Stabia,*

direction Sorrente. Prendre à droite vers Gragnano puis suivre l'indication
"Passeggiata Archeologica". Scavi di Castellamare Via Passeggiata Archeologica
Tél. 081 871 45 41 Ouvert tlj. 9h-1h av. le coucher du soleil

Sorrente
80067

Quand on laisse derrière soi l'autoroute A3 qui va vers Salerne pour
s'engager sur les petites routes en lacet de la péninsule sorrentine,
on découvre un des plus beaux paysages de la *Campania Felix*,
la Campanie fertile et paradisiaque louée depuis l'Antiquité.
C'est véritablement le Grand Tourisme des XVIIIe et XIXe siècles
qui a fait la fortune de Sorrente, dont l'élégance perdure dans
ses palaces perchés sur la falaise. La cité balnéaire – son centre-ville
et les bourgs voisins comme Marina Grande – se visite en quelques
heures à peine, mais la promenade est agréable, surtout en raison
de ses belvédères exceptionnels (notamment la terrasse de la Villa
Comunale) et de l'atmosphère surannée de ses rues, encore empreinte
de l'élégance de la Belle Époque. La route panoramique qui longe
la mer est magnifique, surplombant tout le golfe de Naples.

LES VERGERS DE LA RIVIERA SORRENTINE
Les oliviers centenaires et les plantations d'agrumes (particulièrement celles
de citron, dont la variété locale est très prisée pour le *limoncello*, digestif
qui se boit glacé) se cultivent en terrasses, modelant le paysage de la région
selon des techniques ancestrales : les arbres sont abrités sous des pergolas,
et protégés ainsi du vent de la mer ou du soleil trop vif par des toiles
que l'on retire au gré des saisons, ce qui permet d'avoir des fruits toute
l'année. Certains *limoneti* (vergers de citronniers) séculaires se visitent
comme des monuments classés et leurs fruits ont désormais obtenu un label
(une DOP, Dénomination d'origine protégée).

Sorrente, mode d'emploi

accès

EN TRAIN. Sorrente est le terminus de la *Circumvesuviana* (ligne ferroviaire au
départ du corso Garibaldi, à Naples).
Circumvesuviana. *Corso Garibaldi 80100 Napoli Tél. 081 772 24 44*

EN VOITURE. Il n'y a pas d'alternative à la S145, route nationale sinueuse et
pentue qu'on emprunte à la sortie de l'autoroute A3 Naples-Salerne à
Castellamare di Stabia. Les panneaux indiquent très clairement la direction de
la péninsule. Comptez plus de 1h30 de Naples sauf s'il y a du trafic. Sachez
que c'est la seule route qui dessert la péninsule mais que, pour beaucoup, c'est
aussi la voie d'accès à la côte amalfitaine. Les dizaines de bus qui s'engouffrent
sur cette route provoquent des bouchons dont on met parfois des heures à sortir.

EN BATEAU. Ferries et hydroglisseurs relient Naples à Sorrente (35min) ou Capri à Sorrente (20min).
Alilauro. *Molo Beverello Tél. 081 551 32 36*
Caremar. *Molo Beverello Tél. 081 551 38 82*

se déplacer le long de la riviera sorrentine

La riviera sorrentine comprend la partie occidentale de la péninsule qui sépare les golfes de Naples et de Salerne. Principales étapes : Sorrente, bien sûr, les cités balnéaires du littoral, mais aussi l'arrière-pays notamment Gragnano, capitale des *maccheroni*, ou les villages comme Sant'Agata sui due Golfi, qui surplombent les deux baies. Le scooter est peut-être le meilleur moyen de profiter de la côte si l'on veut éviter les embouteillages.
Rent a scooter. *Corso Italia, 210/a Tél. 081 878 13 86 Fax 081 878 50 39 www.sorrento.it Ouvert tlj. 8h-13h et 16h-20h30*

informations touristiques

Azienda Autonoma di Cura Soggiorno e Turismo de Sorrente. L'office de tourisme est assez efficace et dispose des listes d'appartements à louer, d'agences immobilières... Si vous le désirez, ils peuvent aussi s'occuper de votre hébergement à l'hôtel. *Via Luigi de Maio, 35 Tél. 081 807 40 33 Fax 081 877 33 97 info@sorrentotourism.com www.sorrentotourism.com*
Ufficio Comunale per il Turismo de Massa Lubrense. Quand il est ouvert (horaires aléatoires), c'est ici que vous devez vous rendre pour vous munir d'une carte très détaillée de la côte, où tous les sentiers de randonnée sont signalés. *Largo Vescovado 80061 Massa Lubrense Tél. 081 808 98 56 Fax 081 808 95 71 uffturistico@libero.it www.massalubrense.it*

Dormir à Sorrente

Nous n'avons pas été convaincus par l'idée de séjourner dans ces stations balnéaires courues où les établissements sont chers ; c'est pourquoi nous avons souvent opté pour des *agriturismi* en dehors des sentiers balisés, moins chers et plus authentiques, réellement au cœur du paysage et des traditions culinaires.

très petits prix

Hostello Le Sirene. Indubitablement l'adresse la moins chère de Sorrente ! Dortoirs de quatre ou six lits. Comptez 14€ à 16€ par personne. *Sorrente Via degli Aranci, 156 Tél. 081 807 29 25 Fax 081 877 13 71 www.hostel.it*

petits prix

Hotel Elios. Très bon rapport qualité-prix pour cet hôtel bien tenu, accueillant, situé à 15min à pied du centre-ville de Sorrente, mais tout près de Marina Grande. Seul souci, garer votre voiture ! Demandez conseil aux propriétaires, ils sauront vous indiquer les places libres. De 45€ à 60€ la chambre double. *Sorrente Capo, 33 Tél. 081 878 18 12*

Dormir dans les environs

prix moyens

La Pergola. Nicola Esposito vous reçoit dans son domaine biologique, planté de vergers de citronniers et d'oliviers, avec quelques animaux de basse-cour. *Agriturismo* bien équipé, avec plusieurs chambres et même de petits appartements. Comptez 63€ la chambre double. *Località Trarivi Via Tommaso Astarita, 80 80062 Meta di Sorrento Tél. 081 808 32 40 Fax 074 627 00 37*

Torre Cangiani. Au cœur d'un domaine de *limoneti* (vergers de citrons) pluriséculaires, cet *agriturismo* biologique offre un cadre exceptionnel. Les propriétaires vous feront découvrir leurs pergolas chargées de fruits d'or et vous expliqueront les étapes et les spécificités de cette culture. Une tour sarrasine du XVe siècle flanque le corps central, donnant beaucoup d'allure à l'endroit. Une seule chambre pour l'instant. *Località Vigliano 80061 Massa Lubrense Tél./fax 081 533 98 49 www.massalubrense.it Réservation conseillée*

La Ginestra. Huit chambres situées dans une villa de campagne du XVIIIe siècle, en surplomb du golfe sur la colline, à 9km de Vico Equense. *Agriturismo* biologique qui prépare une savoureuse cuisine du terroir, cette adresse ravira ceux qui veulent profiter de la nature et de la côte tout en échappant à l'hôtellerie moderne des stations balnéaires. Comptez de 72€ à 80€ pour une chambre double en demi-pension. *Via Tessa, 2 Località Santa Maria del Castello 80069 Vico Equense Tél. 081 802 32 11 www.laginestra.org info@laginestra.org*

prix élevés

La Conca del Sogno. Cette table réputée a depuis peu sept chambres simples, situées au bord de l'eau, devant l'une des rares petites criques de la région. Comptez 120€ la double, 90€/pers. en demi-pension et ne manquez pas le restaurant (30€-40€) et sa spécialité, le poisson en meringue de sel... *Baia di Recommone Via San Marciano, 9 Località Nerano Cantone 80061 Massa Lubrense Tél. 081 808 10 36 www.concadelsogno.it info@concadelsogno.it*

☺ **Le Tore.** La "ferme-auberge" Le Tore, un *agriturismo* biologique, est tenu par une armada de jeunes femmes dynamiques, qui ont hérité des savoir-faire de leurs mères et grand-mères et préparent sans doute une des cuisines les plus authentiques de la région. On est en pleine campagne, la mer est de chaque côté et les sentiers de randonnée partent directement de là. Pour se reposer, c'est l'endroit idéal. Le corps de bâtiment est une *masseria* ancienne restaurée, avec des chambres simples et spacieuses, parfois ouvertes sur une terrasse. Tout autour, citronniers, oliviers et un potager qui fournit la table de la maison. Surtout, choisissez la demi-pension. Tout est succulent, préparé avec le plus grand soin. Vous vous rappellerez leurs recettes de pâtes et leur viande grillée et vous pourrez faire provision de confitures, miel, huile d'olive et conserves en partant. Réservez à l'avance. Comptez 105€ la double, 155€ en demi-pension. *Via Pontone, 43 Località Sant'Agata sui due Golfi 80061 Massa Lubrense Tél. 081 808 06 37 Fax 081 533 08 19 www.letore.com info@letore.com*

Villa Erca. Pour les séjours un peu plus longs et pour ceux qui préfèrent se sentir vraiment chez eux, la Villa Erca, charmante demeure du XIXe siècle, propose quatre appartements en surplomb de la mer, dans le petit village qui vient juste après Sorrente. Belle piscine dans un jardin luxuriant. Comptez 1 050€/semaine pour deux personnes. *Via del Rosario, 2 80061 Massa Lubrense Tél. 081 808 96 20 Fax 081 28 97 80 www.ercachiena.com*

Manger dans les environs

Aucune autre région italienne, pas même la Toscane ou Venise, ne concentre autant d'étoiles et de restaurants gastronomiques classés. Il s'agit d'un tourisme efficace et de qualité mais extrêmement cher, voire luxueux. Certains restaurants n'hésiteront pas à vous facturer 150€ pour un repas qui ne vous laissera en bouche que le souvenir salé de sa note. Surtout, et on ne saurait insister davantage, privilégiez les *agriturismi*, qui préparent une cuisine authentique.

petits prix

Da Maria Grazia. Depuis trois générations, on prépare ici une savoureuse cuisine à base de produits locaux. *Antipasti* variés, viandes et poissons grillés sont au menu aux côtés de la *pasta con i cucuzzielli*, une recette qui a fait la renommée de la *trattoria* : courgettes et fromage frais sont les deux ingrédients de base mais, pour le reste, tout est dans le tour de main. En dessert, une tarte moelleuse aux amandes ou un délicieux *babà* maison, le tout arrosé de digestifs aromatiques. *Marina del Cantone Località Nerano Cantone 80061 Massa Lubrense Tél. 081 808 10 11 Ouvert tlj. Fermé soir basse saison*

prix moyens

La Torre del Saraceno. Gennaro Esposito et sa femme Vittoria se consacrent à leur passion depuis une dizaine d'années avec un talent désormais remarqué. Il y a d'abord le cadre (une ancienne tour sarrasine) et puis l'incroyable bonté du terroir qui les inspire, avec des produits locaux. Vient ensuite une fantaisie qui les pousse à tenter des mariages originaux mais de bon goût. *Via Torretta, 9 Marina di Seiano 80069 Vico Equense Tél. 081 802 85 55 Ouvert mar.-dim. midi et soir Fermé basse saison : dim. soir*

prix élevés

Taverna del Capitano. Située sur la plage, cette taverne aménagée dans une ancienne maison de pêcheurs est une autre adresse renommée de la région. La famille Caputo au complet donne son avis quand il s'agit de créer de nouvelles recettes, toujours inspirées du savoir-faire et des traditions de la *nonna*. Le menu change tous les jours, au gré des saisons et de la pêche. *Piazza delle Sirene, 10/11 Località Marina del Cantone 80061 Massa Lubrense Tél. 081 808 10 28 Fax 081 808 18 92 www.tavernadelcapitano.it Fermé fév., lun.-mar. midi*

Où manger une glace ?

Gelateria Davide. En plein cœur de Sorrente, dans une rue qui mène à la place principale, le meilleur glacier de la ville. *Via P. R. Giuliani, 39 Tél. 081 878 13 37*

Où acheter les meilleures pâtes artisanales ?

☺ **Pastai Gragnanesi.** Dans la ville où le procédé des pâtes sèches a été mis au point (cf. *Découvrir les environs*) une coopérative soucieuse de qualité produit peut-être les meilleures pâtes sèches au monde. Prenez rendez-vous si vous souhaitez jeter un coup d'œil au savoir-faire (le directeur, Antonio Marchetti, est intarissable sur le sujet). Juste à côté, une boutique vend les différentes sortes de pâtes au détail. Nos préférés, les modèles traditionnels en voie de disparition : les *paccheri* (lisses et rectangulaires), les *lumaconi* (de gros escargots), les *occhi di lupo* (littéralement, les "yeux de loup", sorte de penne lisses et plus rondes)... *Gragnano Via G. Della Rocca, 20 Tél. 081 801 29 75 pastai@ uniplan.it www.pastaigragnanesi*

Découvrir Sorrente

Chiesa San Francesco d'Assisi. Elle borde le jardin sur un côté. Son couvent attenant ouvre sur un joli cloître du xive siècle. *Marina Grande*

Piazza Tasso. La première chose que vous apprendrez en arrivant à Sorrente est que le Tasse (1544-1595) y né. Auteur d'une fresque monumentale en vingt chants, *La Jérusalem délivrée*, l'écrivain, qui a subi les foudres de la Contre-Réforme, a donné son nom à la place la plus célèbre de la ville, située en plein cœur.

Via della Pietà. Cette rue, qui part de la place Tasso, aligne encore de beaux palais médiévaux : au n°24, le **Palazzo Correale** et, au n°14, le **Palazzo Veniero** témoignent de la fin de la période byzantine et arabe.

Duomo. Cette cathédrale du xve siècle renferme quelques beaux détails, comme la marqueterie dans le chœur, typique de l'artisanat sorrentin. *Corso Italia*

Museo Correale di Terranova. Les peintures d'artistes locaux des xviiie et xixe siècles, des pièces archéologiques et du mobilier. Ces collections, qui ont été données par les comtes de Terranova, sont intéressantes pour saisir l'évolution de la cité, mais c'est surtout le jardin qui mérite le détour, planté de citronniers et de camélias qui surplombent la mer. *Via Correale, 50 Tél. 081 878 18 46 Ouvert mer.-lun. 9h-14h*

Découvrir les environs

Gragnano-Vallée des moulins. Gragnano est situé à quelques kilomètres de Castellamare di Stabia, sur une route traversant la péninsule par le massif des monts Lattari. La bourgade porte encore les traces du tremblement de terre de 1980. C'est à Gragnano que la technique de fabrication des pâtes sèches a vu le jour, notamment grâce à un microclimat idéal (un vent constant qui souffle à une température douce) et à la qualité de l'eau qui descendait du mont Faito. Depuis la fin du XIXᵉ siècle, on fabrique des *maccheroni*. Vous verrez peut-être en ville des photos anciennes où l'on voit la rue principale, la via Roma, envahie de cannes de bambou sur lesquelles les pâtes séchaient. On comptait autrefois jusqu'à 70 fabricants, il en reste cinq aujourd'hui. Le procédé artisanal s'appuie sur un savant mélange d'eau et de farine et sur l'utilisation de moules en bronze, qui permettent d'obtenir des formes de pâtes légèrement rugueuses. Le séchage doit être très lent (près de 50h, contre 30min à peine pour Barilla) et ne pas excéder une certaine température pour ne pas éliminer les bactéries de fermentation qui donnent leur goût aux pâtes. Certaines fabriques sont ouvertes à la visite (sur rendez-vous) et vous pouvez faire provision de pâtes dans les boutiques attenantes (cf. Où acheter les meilleures pâtes sèches). La "vallée des Moulins", à l'arrière de la ville, au cœur d'un paysage bucolique et rafraîchissant, compte encore quelques vestiges en bon état qui témoignent de l'ancienne activité (la farine provenait de ces moulins). *Sortir de l'A3 à Castellamare di Stabia, direction Sorrente. Prendre ensuite à droite la route vers Gragnano.*

Sur les traces d'Ulysse

Ceux qui aiment la randonnée trouveront des kilomètres de sentiers (22 itinéraires recensés, rens. office de tourisme de Massa Lubrense, cf. informations touristiques) traversant des paysages isolés, qui embaument du parfum des essences méditerranéennes (maquis, agrumes et oliviers). Autour de Massa Lubrense, le territoire triangulaire formé par la pointe de la péninsule constitue sans doute la plus belle réserve de paysages naturels des environs : la **terre des Sirènes**. La légende raconte que cette portion de côte était la demeure des sirènes qui ont envoûté Ulysse de leur chant. Hésitant entre le golfe de Sorrente et celui de Salerne de l'autre côté, la pointe de la péninsule se tourne alternativement sur l'un ou l'autre site, plus vert et boisé vers Sorrente, plus aride et sauvage vers Amalfi.

De Termini vers la Punta della Campanella. L'un des plus beaux parcours de la région reste accessible même aux petits marcheurs. Cette balade mène face à Capri, sur l'extrême pointe de la côte sorrentine, aujourd'hui protégée comme réserve naturelle (2h AR).

Nerano Cantone. D'autres balades sont à faire, vers Nerano Cantone, où une des seules plages de la péninsule est aisément accessible, à **Marina del Cantone** (et gratuite de surcroît), ou alors vers celle de **Capitiello**, dans la magnifique **baie de Jeranto** (accessible à pied en 45min par un sentier qui part de l'église de Nerano Cantone ou alors par la mer !). *À environ 12km au sud de Sorrente*

Convento Il Deserto. Depuis Sant'Agata sui due Golfi, un site qui porte bien son nom (on voit parfaitement les golfes des deux côtés de la péninsule), suivez les indications pour le couvent Il Deserto, tenu aujourd'hui par des religieuses bénédictines un peu récalcitrantes à laisser passer les visiteurs pour monter sur la terrasse (préférez l'après-midi). En général, en échange d'une petite offrande en espèces sonnantes et trébuchantes contribuant à l'entretien des lieux, elles ouvrent plus volontiers la porte. La vue est spectaculaire, surtout au crépuscule (mais à cette heure-là, vous risquez vraiment de déranger). *Départ de la randonnée à 9km au sud de Sorrente*

Amalfi

L'histoire singulière d'Amalfi a laissé dans l'ancienne république maritime quelques beaux témoignages de son illustre passé. Les premiers épisodes semblent chaotiques : romaine puis lombarde, elle se soulève en 839 et, se détournant définitivement d'un arrière-pays difficile à exploiter, elle instaure la première république maritime d'Italie. Jusqu'au XIIe siècle, elle exercera son pouvoir dans toute la Méditerranée, frappe sa monnaie, édicte des lois-modèles (les *tavole amalfitane*, code nautique du Xe siècle exposé au Musée municipal) pour les prochaines républiques maritimes, avant de céder devant la concurrence de Pise et l'invasion normande.

LA CÔTE AMALFITAINE

Plus chic que le versant sorrentin, la côte amalfitaine est beaucoup plus spectaculaire que sa jumelle péninsulaire. Son paysage découpé de falaises qui tombent à pic dans des eaux turquoise, avec ses bourgs colorés agrippés au flanc des monts Lattari, est vraiment singulier. Là est peut-être le secret de la richesse de cette presqu'île qui offre tant de contrastes sur quelques kilomètres à peine. Cette portion de littoral est restée relativement isolée jusqu'à l'après-guerre. Mais ici aussi, il faut s'interroger sur les conditions et les motifs de son séjour. Vous pouvez très bien faire l'excursion en une seule journée. Vous pouvez aussi décider de séjourner dans l'arrière-pays, à la campagne, à l'abri de la foule pour découvrir la côte à pied, par les nombreux sentiers de randonnée.

Amalfi, mode d'emploi

accès

EN TRAIN. Les trains n'arrivent pas jusqu'à la côte amalfitaine mais vous pouvez toujours prendre la *Circumvesuviana* jusqu'à Sorrente puis le bus qui dessert Positano et Amalfi.
Circumvesuviana. *Corso Garibaldi 80100 Napoli Tél. 081 772 24 44*

EN BUS. Évitez en revanche les bus entre Amalfi et Naples (c'est trop long) ; limitez-vous aux lignes qui desservent la côte.
Sita. *Naples Tél. 081 552 21 76 Amalfi Tél. 089 87 10 16*

EN VOITURE. En dehors de la S163 qui mène à Salerne, il y a aussi la S366 qui traverse les monts Lattari (par Gragnano jusqu'à Positano), plus sinueuse encore que celle qui passe par Sorrente. Le temps que vous épargnez d'un côté dans les embouteillages sera perdu de l'autre (trop de virages). Il est vrai que la route est magnifique (en dépit des tournants), permettant de découvrir les villages ou le golfe, mais elle reste impraticable quand il y a du trafic.

EN BATEAU. Une ligne d'hydroglisseur dessert Positano de Naples (Mergellina) et, en saison, de Capri à Positano. Une autre ligne dessert Amalfi et Positano de Salerne.
Alilauro. *Mergellina Tél. 081 761 10 04*
Coop. *Sant'Andrea (ligne Amalfi-Salerne) Tél. 089 87 31 90*

se déplacer sur la côte amalfitaine

La côte amalfitaine comprend la partie orientale de la péninsule tournée vers le golfe de Salerne. Les localités se succèdent au bord d'une route en lacet (la S163) : d'est en ouest, Positano, Vettica, Amalfi, Atrani, Ravello, Minori, Maiori et Cetera. Trois solutions pour se déplacer : les bus (qui relient la plupart des villes entre elles), le bateau (qui relie Positano à Amalfi ou Naples à Amalfi, par exemple) et la marche à pied. Dans l'idéal, il faudrait éviter l'été et les fins de semaine entre avril et septembre.

informations touristiques

Azienda Autonoma di Cura Soggiorno e Turismo. *Viale della Republica, 27 Tél. 089 87 11 07*
Azienda Autonoma di Cura Soggiorno e Turismo de Positano. *Via del Saracino, 4 84017 Positano Tél. 089 87 50 67*
Azienda Autonoma di Cura Soggiorno e Turismo de Ravello. *Piazza Duomo, 10 84010 Ravello Tél. 089 85 70 96 info@ravellotime.it www.ravellotime.it*
Azienda Autonoma di Cura Soggiorno e Turismo de Vietri sul Mare. *Piazza Matteotti 84019 Vietri sul Mare Tél. 089 21 12 85 www.comune.vietri-sul-mare.sa.it*

manifestation

Festival de musique classique. Depuis cinquante ans, Ravello accueille chaque été un festival de musique classique des plus renommés dans les jardins de la Villa Rufolo (info@ravellofestival.com www.ravellofestival.com).

Dormir à Amalfi

Les adresses de la péninsule sorrentine, notamment les *agriturismi*, valent pour la côte amalfitaine. Souvent situées à mi-chemin entre Sorrente et Positano, elles sont à l'écart des destinations touristiques, au calme et dans la nature, et sont un peu moins chères. Notez que l'hôtellerie à Positano, Amalfi ou Ravello est expérimentée, luxueuse, chère aussi, et souvent envahie.

prix élevés

Amalfi. Dans cette catégorie, le meilleur rapport qualité-prix. Aménagé dans une ancienne biscuiterie en tuf, l'hôtel est situé en plein centre, dans une rue proche du Duomo. Les quarante chambres sont simples et meublées sans prétention mais restent confortables. La famille qui gère l'hôtel est sympathique, chaleureuse et disponible. Selon la saison, de 75€ à 100€. *Via dei Pastai, 3 Tél. 089 87 24 40 ou 089 87 27 51 Fax 089 87 22 50 hamalfi@starnet.it*

La Conchiglia. Depuis plus d'un quart de siècle, la famille Torre tient cette sympathique pension avec des chambres confortables qui donnent toutes sur la mer. Proche accès à une plage privée. Attention, c'est un repaire d'habitués donc il faudra s'y prendre à l'avance pour réserver. 75€-100€ la double, 78€ /pers. en demi-pension. *Piazzale dei Protontini, 9 Tél. 089 87 18 56*

grand luxe

Luna Convento. La légende veut que, entre autres hôtes de marque, Simone de Beauvoir ait passé deux nuits dans cet hôtel. Elle aurait ensuite écrit à Sartre qu'elle n'en serait jamais repartie si le portier n'avait été aussi leste à rompre sa solitude. C'est véritablement un endroit de rêve, un ancien couvent à pic sur la mer. Le petit déjeuner est servi dans le cloître byzantin. La piscine, assez spectaculaire, est creusée dans la roche, en dessous de la tour sarrasine qui abrite le restaurant. 230€ à 500€ la double. *Via P. Comite, 33 Tél. 089 87 10 02 www.lunahotel.it*

Dormir dans les environs

prix moyens

Maria Luisa. L'adresse la moins chère de Positano. À ce prix, la chambre simple et propre en surplomb de la plage du Fornillo est plutôt une aubaine. Comptez de 65€ à 75€ la double. *Via Fornillo, 42 84017 Positano Tél./fax 089 87 50 23 Fermé nov.-fév.*

Villa Amore. La meilleure adresse de Ravello dans cette catégorie. Douze chambres, propres, lumineuses et donnant sur le golfe et les villages du bord de mer. Le petit jardin à l'arrière est agréable. À ce prix, on ne peut guère espérer mieux. 70€ à 78€ la double. *Via dei Fusco, 5 84010 Ravello Tél./fax 089 85 71 35*

prix élevés

Albergo Casa Albertina. Une adresse à découvrir, située dans un vieux *palazzo* du XIIe siècle qui s'agrippe au flanc du bourg, le dominant en hauteur. Une vingtaine de chambres décorées avec soin et beaucoup de goût. Dommage, la demi-pension est obligatoire. La cuisine est bonne mais pas exceptionnelle et, à ce prix, on aimerait avoir la possibilité de choisir. Comptez de 80€ à 110€ par personne en chambre double. *Via Tavolozza, 3 84017 Positano Tél. 089 87 51 43 Fax 089 81 15 40 info@casalbertina.it www.casalbertina.it*

La Lucertola. Vietri est la dernière étape de la côte amalfitaine, juste avant Salerne. Ça n'a pas le cachet des villages perchés sur la falaise mais c'est moins cher. Les chambres sont confortables (une partie refaite cette année) et, surtout, la cuisine du restaurant est peut-être la meilleure de la ville. 104€ à 114€ la double rénovée, sinon 93€ à 99€. *Via C. Colombo, 29 84019 Vietri sul Mare Tél. 089 21 02 55 lalucertola@study.tec.it*

Casa Cosenza. Un joli B&B, bien situé et tenu avec beaucoup de goût et d'élégance. Neuf chambres toutes différentes, ce qui implique aussi que les prix varient beaucoup selon le standing. Double de 100€ à 120€. *Via Trara Genoino, 18 84017 Positano Tél. 089 87 50 63 www.casacosenza.it*

grand luxe

Hotel Savoia. Ancienne villa privée, l'hôtel Savoia est géré depuis 1936 par la même famille. Situé en plein centre de Positano, à deux pas de la piazza dei Mulini où se serrent restaurants et boutiques de vêtements, il est bien équipé et ses chambres ont une jolie vue sur la mer (à 5min à pied) ou sur le versant opposé du bourg. Comptez de 100€ à 180€ pour une chambre double. *Via C. Colombo, 73 84017 Positano Tél. 089 87 50 03 Fax 089 81 18 44 info@ savoiapositano.it www.savoiapositano.it*

La Fenice. Costantino et son épouse accueillent leurs hôtes dans cette magnifique villa, accrochée à la roche, légèrement à l'écart du centre de Positano et en hauteur. Mobilier ancien, céramiques traditionnelles, terrasses en surplomb de la mer, une délicieuse piscine d'eau salée ainsi qu'un accès pentu à une petite plage privée. Les chambres se répartissent dans la villa ainsi que dans de petits cottages à proximité. Beaucoup de charme et de simplicité ! Comptez 125€ la double. *Via G. Marconi, 48 84017 Positano Tél. 089 87 55 13*

Palazzo Murat. Le beau-frère de Napoléon Bonaparte, Joachim Murat, nommé roi de Naples en 1808, a choisi ce *palazzo* du XVIIIe siècle comme résidence d'été, inondée de glycines et de bougainvillées. Aujourd'hui, c'est l'un des plus beaux hôtels de charme de Positano, au cœur du bourg et à quelques minutes de la Spiaggia Grande, la "grande plage". L'aile la plus ancienne abrite les plus jolies chambres, avec du mobilier d'époque et une décoration dans les tons pastel. En saison, le petit déjeuner en terrasse est la plus heureuse façon de commencer la journée. Le soir, des concerts de musique de chambre ont lieu dans le patio. Chambres de 3755€ à 425€ dans l'aile ancienne, de 235€ à 330€ dans la partie moderne. *Via dei Mulini, 23 84017 Positano Tél. 089 87 51 77 Fax 089 81 14 19 www.palazzomurat.it*

Le Sirenuse. Steinbeck se souvenait de cet hôtel en ces termes : "Nous sommes allés au Sirenuse, une ancienne demeure patricienne transformée en hôtel de première classe, d'une blancheur immaculée et d'une telle fraîcheur, avec une pergola sur les tables en terrasse. Chaque chambre a son petit balcon et s'ouvre sur cette mer bleue qui va jusqu'aux îles des Sirènes, où ces jeunes femmes chantent avec tant de douceur…" Tout est dit, si ce n'est que, depuis 1953, l'hôtel n'a eu de cesse de cultiver la beauté du lieu et de le rendre confortable, de conjuguer avec beaucoup de goût un mobilier ancien et les exigences du monde moderne. Le restaurant est une des tables gastronomiques de la région. Comptez de 280€ à 420€ la double standard… *Via C. Colombo, 30 84017 Positano Tél. 089 87 50 66 Fax 089 81 17 98 www.sirenuse.it*

Manger à Amalfi

prix moyens

Da Ciccio "Cielo, Mare e Terra". Une adresse *alla mano*, sans prétention, qui prépare d'excellents spaghetti en papillote. *Via Augustariccio, 17 Tél. 089 83 12 65 Fermé mar. et nov.*

Da Gemma. L'institution d'Amalfi ! Mario Grimaldi a repris les rênes de cette adresse fondée autrefois par sa mère Gemma, en conservant les secrets et l'amour pour la cuisine campanienne. Les connaisseurs sont intarissables sur la *zuppa di pesce* (une savoureuse et substantielle soupe de poisson) ou sur les *paccheri* (sorte de pâtes courtes et rectangulaires, confectionnées à Gragnano, de l'autre côté des monts Lattari) aux crevettes et à la lotte ! Réservez ! *Via Fra Gerardo Sasso, 10 Tél. 089 87 13 45 Ouvert jeu.-mar. midi et soir Fermé jan.*

prix élevés

Eolo. Une belle adresse, qui conjugue savoir-faire, traditions et tentations fantaisistes. Le mélange est réussi ! Les tables en terrasse sont agréables et surplombent la plage. *Via P. Comite, 3 Tél. 089 87 12 41 Ouvert tlj. midi et soir Fermé basse saison : mar.*

Manger dans les environs

Certaines tables d'hôte indiquées pour la péninsule sorrentine valent aussi pour la côte amalfitaine, notamment si vous séjournez dans les parages de Positano. Sur place, beaucoup d'adresses chères et parfois peu goûteuses.

prix moyens

Acqua Pazza. L'"eau folle", c'est le nom d'un court-bouillon très pimenté qui sert à cuire les poissons ou les fruits de mer, simplement arrosés d'un filet d'huile d'olive. L'endroit est sans prétention mais toujours pris d'assaut par les habitués (il faut dire qu'il y a à peine dix tables). Les *antipasti* sont tous meilleurs les uns que les autres et on serait prêt à parier qu'il n'y a pas un endroit sur la côte où le poisson est plus frais. Réservez bien à l'avance. *Corso Garibaldi, 38 84010 Cetara Tél. 089 26 16 06 Ouvert mar.-dim. midi et soir*

Cumpà Cosimo. La seule adresse bon marché de Ravello. La cuisine est honnête, en particulier les *secondi*, notamment les bonnes saucisses au fenouil... Évitez cependant les pâtes pour une fois, elles ne sont pas à la hauteur. La patronne est caricaturale à force de jovialité, surtout avec la clientèle américaine qui envahit l'endroit. *Via Roma, 44 84010 Ravello Tél. 089 85 71 56 Ouvert tlj. midi et soir Fermé basse saison : mar.*

O Capurale. En plein centre de Positano, cette *trattoria* vante les traditions avec un savoir-faire et une générosité peu commune. La spécialité de la maison : des pâtes aux tomates cerises, aubergines, olives et câpres. Simple et de bon goût !

Via Regina Giovanna, 12 84017 Positano Tél. 089 81 11 88 Ouvert tlj. midi et soir Fermé mi-oct.-mars.

Le Tre Sorelle. Situé en bord de mer, ce restaurant s'est fait connaître avec une recette toujours aussi réussie : les pâtes fraîches aux fruits de mer. L'endroit n'est pas désagréable, mais envahi en saison. *Via del Brigantibo, 27/29/31 84017 Positano Tél. 089 87 54 52*

Il Ritrovo. *Trattoria* rustique, située un peu à l'écart de la foule à Montepertuso, petit village à quelques kilomètres de Positano. On y mange très bien, été comme hiver, en terrasse ou près d'un feu de cheminée. Les produits locaux, des légumes aux volailles de la campagne ou au poisson pêché dans le golfe, sont les principaux acteurs de cette cuisine généreuse. Un minibus dessert le centre de Positano ; téléphonez à l'avance pour convenir d'un rendez-vous et réserver votre table. *Via Montepertuso, 77 84017 Positano Tél. 089 81 20 05 info@ilritrovo.com www.ilritrovo.com Ouvert nov.-mai Fermé mer.*

Où déguster une pâtisserie ?

La Zagara. Le lieu est toujours envahi, mais comment résister à cette magnifique vitrine de gâteaux et à la belle terrasse fleurie qui surplombe la baie ? Tout est fait maison, des glaces aux babas, et l'on ne saurait vous conseiller un parfum plutôt qu'un autre... *Via dei Mulini, 8 Tél. 089 87 59 64 Fermé en hiver*

Pasticceria Andrea Pansa dal 1830. Des citrons et des amandes, en veux-tu, en voilà. La maison est la spécialiste de ces fruits locaux, qu'elle prépare en gâteaux, en liqueurs ou en fruits confits. *Piazza Duomo, 40 Tél. 089 87 10 65*

Où trouver du *garum* ?

Sapori Cetaresi. Cette boutique, près du port, le long du corso Garibaldi, vend des anchois au sel, mais aussi la spécialité de Cetara, la *colatura d'alici*, sorte de *garum* local. Attention, c'est fort en goût ! *Corso Garibaldi, 44 Tél. 089 26 20 10 Ouvert tlj. haute saison : 10h-13h,16h-24h ; basse saison : mar.-dim. 10h-13h30, 16h-20h30*

Où acheter du *limoncello* ?

I Giardini di Ravello. Liqueurs artisanales et huile d'olive. *Via Civita, 14 84090 Castiglione Ravello Tél. 089 87 22 64*

Où trouver des céramiques de Vietri ?

Les Allemands ont relancé les traditions de la céramique à Vietri, du début du xxe siècle jusqu'aux années 1950. Visitez le **musée de la Céramique**, qui raconte cette histoire, et entrez dans les ateliers pour comparer les savoir-faire.

Museo Provinciale della Ceramica. Collections de céramiques religieuses, quotidiennes et de la période dite "allemande" (1929-1947) pendant laquelle des céramistes allemands se sont installés à Vietri. *Tonnetta di Villa Guariglia 84010 Raito Tél. 089 21 18 35*

Ceramica Artistica Solimene. Juste à l'entrée de Vietri, ne ratez pas cet atelier et ses céramiques colorées. La vaisselle est bon marché et vous changera de la porcelaine. *Via Madonna degli Angeli, 7 84019 Vietri sul Mare Tél. 089 21 02 43 Fax 089 21 25 39 www.solimene.com*

Romolo Apicella. C'est plus cher que chez Solimene mais c'est aussi plus traditionnel. Très jolie vaisselle. *Corso Umberto I, 166/168 84019 Vietri sul Mare Tél. 089 21 16 80 www.ceramica-romoloapicella.com*

Découvrir Amalfi

Le **Duomo** d'Amalfi, bâti au IXe siècle puis remanié aux XIIIe et XVIIIe siècles, témoigne de l'histoire de la ville, notamment dans les influences orientales de son campanile ou les arcs arabes du cloître du Paradis, auquel on accède par l'*atrium* de la cathédrale (Tél. 089 87 10 59 Ouvert haute saison : tlj. 9h-20h ; basse saison : tlj. 9h-19h). Allez jeter un coup d'œil aux fresques de la **chapelle du Crucifix** (flanc gauche du Duomo), cathédrale primitive d'Amalfi. En route vers Ravello, faites halte à **Atrani**, autrefois "banlieue chic" d'Amalfi. Les doges de la république maritime étaient intronisés et enterrés dans la petite **église San Salvatore dei Bireto**, achevée en 940 mais largement transformée au XIXe siècle. Autrefois, elle était ornée de portes en bronze venues de Constantinople en 1087, aujourd'hui conservées dans la **collégiale Santa Maria Maddalena** (uniquement ouverte le dimanche matin pour la messe).

Découvrir les environs

Les petits villages entre Positano et Amalfi se suivent et se ressemblent : bourgs de pêcheurs typiques et moins envahis par la foule mais cherchant à capter ces touristes qui ne font que passer vers des stations balnéaires plus courues.

Positano. La vue sur Positano depuis le belvédère de la route de Sorrente est encore ce qu'il y a de plus beau. Arrêtez-vous pour la jolie **église Santa Maria Assunta** et surtout son dôme couvert de majoliques (Ouvert tlj. 8h-13h et 15h-20h Tél. 089 87 54 80). Afin de ne pas repartir déçu, évitez le centre-ville, et descendez vite la via dei Mulini, bordée de boutiques de vêtements qui ont fait, autrefois, la fortune de la station balnéaire. Le mieux est encore, s'il ne fait pas trop chaud, de faire une balade jusqu'à la **plage du Fornillo** (depuis la Grande Plage), une jolie crique que surplombent deux tours de guet. *À 15km d'Amalfi*

Chiesa Maggiore de Vettica. L'église de Vettica, consacrée à saint Janvier, se dresse fièrement avec son campanile et son dôme recouverts de majoliques, comme c'est la tradition dans la région. Au passage, profitez du beau paysage formé par Vettica Maggiore et Praiano, qui se partagent le promontoire du Capo Sottile. *À 2,5km de Positano Ouvert tlj. : haute saison 8h-10h,18h30-20h ; basse saison 8h-10h, 17h30-20h*

Cetara. Ce petit village de pêcheurs à 16 km d'Amalfi n'a aucun attrait du point de vue touristique… et c'est précisément ce qui fait son charme. Ici, la vie continue, indifférente aux flux des cars qui s'engouffrent vers Amalfi. L'économie locale n'est pas portée sur les citrons mais sur les anchois, et plus particulièrement sur une spécialité héritée de l'Antiquité, le *garum* (intestins et restes de poisson macérés avec du sel), qui a quasiment disparu ailleurs.

Une échappée à Ravello

À 7km d'Amalfi, c'est la destination la plus élégante de la côte, reflet d'une histoire jumelle de celle d'Amalfi. En surplomb de la **vallée du Dragone**, du xe au XIIIe siècle, de riches marchands commerçaient avec l'Orient et la Sicile et ont laissé dans les murs de leur cité l'empreinte de cette ouverture vers la Méditerranée. Une fois le déclin entamé, Ravello ne s'est pas reconvertie et, pendant des siècles, a été préservée dans ses contours du Moyen Âge qui font aujourd'hui tout son charme. Vous serez surpris des contrastes opposant Ravello aux stations balnéaires de la côte. Ce paysage a convaincu maints artistes (de Wagner à Graham Greene) de rester un temps. La bourgade est rarement étouffante comme peuvent l'être Positano ou Amalfi.

Duomo de Ravello. C'est le premier monument à témoigner des relations étroites qui liaient Ravello à l'Orient : le portail de bronze sculpté par Barisano da Trani en 1179 est sous influence grecque (et ressemble à celui de l'église San Salvatore dei Bireto d'Atrani). Jusqu'aux années 1980, l'intérieur de la cathédrale était encore recouvert d'une décoration baroque indigeste, enlevée pour laisser place à la sobriété propre à sa forme primitive. La **chaire** (1272) et l'**ambon** (1130) sont les deux pièces les plus intéressantes, en marbre sculpté et incrustées de mosaïques. Sur l'ambon, vous remarquerez la scène de Jonas avalé et rejeté par la baleine, symbole de la mort et de la résurrection. À gauche de l'autel central, la **chapelle de saint Pantaleone** renferme une fiole de sang, relique du saint, qui se liquéfie chaque année, en théorie le 27 juillet, comme celui de saint Janvier à Naples. Dans la crypte, le **musée du Duomo** renferme des objets précieux, notamment un buste en marbre aux traits délicats (XIIIe siècle) de l'épouse du patricien Nicola Rufolo, commanditaire de la chaire. *Piazza del Duomo 84010 Ravello Tél. 089 85 83 11 Ouvert tlj. 9h-13h et 16h-20h*

☺ **Villa Rufolo de Ravello.** Elle doit son nom aux propriétaires du XIIIe siècle, les Rufolo, riche famille de banquiers qui, en pleine ère gothique, pouvaient se permettre quelques excentricités "orientalisantes" (notamment le cloître). Au terme d'héritages et de reventes malheureuses, la villa passe de main en main, progressivement abandonnée jusqu'à son rachat en 1851 par le botaniste écossais Francis Neville Reid. Il la confie à Michele Ruggiero, futur directeur des fouilles de Pompéi, et, ensemble, ils dessinent un fabuleux jardin, parcours extraordinaire entre vestiges antiques, formes mauresques et parterres fleuris qui surplombent le golfe. C'est ce jardin que Wagner, hôte de la villa en 1880, apparentera à celui de Klingsor dans son opéra *Parsifal*. Restaurée, la villa reste sans doute le monument incontournable de la côte amalfitaine. *Piazza del Duomo 84010 Ravello Tél. 089 85 76 57 Ouvert tlj. 9h-1h av. le coucher du soleil*

Villa Cimbrone de Ravello. La promenade est agréable, le long de la via San Francesco qui croise l'église du même nom, dont la légende dit que saint François lui-même l'a fait construire. Remaniée, elle conserve un joli cloître gothique. La Villa Cimbrone est aussi insolite dans son mélange d'éléments anciens et modernes. Rachetée au début du XXᵉ siècle par Lord Grimthorpe (l'architecte de Big Ben), elle a accueilli ce que l'Angleterre comptait d'intellectuels et d'écrivains, Virginia Woolf entre autres. La villa abrite aujourd'hui un hôtel. Les jardins sont plantés de camélias et de roses le long de pelouses et d'allées qui mènent à l'extrême contrefort de Ravello, sur un belvédère où la vue embrasse le golfe de Salerne. *À 15min à pied du centre de Ravello Via Santa Chiara, 26 84010 Ravello Tél. 089 85 74 59 Ouvert 9h-1h av. le coucher du soleil*

Randonner dans les monts Lattari

Il Sentiero degli Dei. Les vrais randonneurs devraient tenter le sentier des Dieux, quasi suspendu sur les flancs des monts Lattari, entre Positano et Agerola et qui traverse les plus beaux paysages de la côte et des villages épargnés par le tourisme (Nocella). Partez équipé et munissez-vous d'une carte des sentiers. *Rens. office de tourisme de Positano (cf. informations touristiques)*

Ravello. Passez à l'office de tourisme retirer la carte des sentiers, dont plusieurs traversent Ravello ou en partent, permettant de magnifiques promenades entre mer et montagne. *Rens. office de tourisme de Ravello*

Vallée des Moulins. À l'arrière de la cité d'Amalfi, les marcheurs iront découvrir cette vallée des Moulins qui se prolonge en vallée des Ferriere, autrefois poumon des papeteries installées en ville. *Rens. office de tourisme d'Amalfi*

Salerne

84050

Si elle n'est pas incontournable, une étape à Salerne n'en demeure pas moins une vraie bonne surprise. Ville industrielle peu attractive de prime abord, elle recèle un certain nombre de perles méconnues qui feront le bonheur de ceux ayant choisi d'y faire halte. Le front de mer a été réhabilité et le *lungomare* Trieste est aujourd'hui l'une des promenades les plus agréables de la ville. Le centre historique connaît aussi une période d'intense restauration.

Salerne, mode d'emploi

accès

EN TRAIN. Liaisons régulières en train depuis Naples.
Trenitalia. *Numéro vert 89 20 21 www.trenitalia.com*

EN BUS
Sita. Liaisons régulières en bus entre Naples (port Varco Immacolatella) et Salerne (gare centrale). *Via G. Pastore, 4 Tél. 089 386 67 11*

EN VOITURE. Par l'autoroute A3, Salerne est à 55km de Naples (plus de 1h en raison du trafic).

informations touristiques

Ente Provinciale per il Turismo. *Piazza Vittorio Veneto, 1 Tél. 089 23 14 32 www.salerno.city.com Ouvert lun.-sam. 9h-14h, 15h-20h*

Manger à Salerne

petits prix

Antica Pizzeria del Vicolo della Neve. La plus ancienne pizzeria de Salerne, toujours bondée et toujours bruyante. La pizza est délicieuse et les autres plats aussi (légumes assaisonnés, salades…). *Vicolo della Neve, 24 Tél. 089 22 57 05 Ouvert jeu.-mar. soir*

prix moyens

Al Cenacolo. Quasiment en face du Duomo, cette *trattoria* historique est la meilleure adresse pour goûter aux spécialités de Salerne. C'est convivial et la cuisine est l'affaire de vrais connaisseurs. *Piazza Alfano I, 4 Tél. 089 23 88 18 Ouvert mar.-dim. midi 13h-15h et 20h-23h45*

Découvrir Salerne

☺ **Duomo.** Une des grandes découvertes du sud de l'Italie. Par chance, cette magnifique cathédrale porte encore la signature de son fondateur, le Normand Robert Guiscard (1015-1085), qui la fit élever pour célébrer sa victoire sur les Lombards. Très endommagée par le tremblement de terre de 1688, elle a été restaurée à l'époque dans un style baroque lourd que les remaniements successifs s'empresseront de faire disparaître pour lui rendre ses allures romanes. À l'extérieur, on remarque d'abord la belle **porte des Lions**, en haut du grand escalier, encadrée par deux sculptures qui sont de véritables joyaux de l'art roman méridional. L'*atrium* cerné d'une colonnade antique est rythmé par une série d'arcades orientales soutenant une belle loggia polychrome. Une fois franchi le lourd portail de bronze (fondu à Constantinople en 1099), l'intérieur dépouillé se distingue surtout par quelques pièces exceptionnelles, comme ces deux **ambons** du XIIe siècle, le **candélabre pascal** ainsi que la **clôture** et le **pavement du chœur**. Les nefs latérales abritent elles aussi quelques éléments remarquables, comme le mausolée de la reine Margherita Durazzo, morte en 1412 (nef gauche). La crypte a conservé sa décoration baroque de marbres polychromes et de fresques qui encadrent les reliques de saint Mathieu. *Piazza Alfano I Tél. 089 23 13 87 Ouvert tlj. 9h-12h, 16h-19h (20h en été)*

Museo Diocesano. Le Musée diocésain renferme la plus vaste collection de tablettes d'ivoire du Moyen Âge chrétien, qui narrent 69 scènes de l'Ancien et du Nouveau Testament dans un style très influencé par l'art byzantin. *Piazza Plebiscito, 12 Tél. 089 23 91 26 Ouvert tlj. 9h-20h Actuellement en travaux*

Museo Archeologico Provinziale. Tirant parti du très beau cadre qui l'accueille, ce musée aménagé dans l'ancienne abbaye San Benedetto (qui comptait 36 couvents !) présente une collection de pièces illustrant l'histoire de la ville et de sa province, de la préhistoire jusqu'à la fin de l'Empire romain. *Via San Benedetto, 28 Tél. 089 23 11 35 Ouvert lun.-sam. 9h-1h av. coucher du soleil*

Via dei Mercanti. La rue des Marchands est la plus pittoresque de la ville, aujourd'hui bordée de boutiques chic, aménagées dans les *palazzi* décrépits du Moyen Âge. Il se peut que grues et marteaux piqueurs soient encore à l'œuvre, l'ensemble du quartier faisant l'objet d'un programme de réhabilitation.

Découvrir les environs

Abbazia della Santissima Trinità. De Naples à Salerne, en faisant un court détour par Cava' de Tirreni, on a intérêt à faire une halte à l'abbaye située à 4km du centre du bourg moderne (suivre les indications à la sortie de l'autoroute). Fondée en 1011 par Alferio Pappacarbone, devenu moine à 60 ans après son passage à Cluny (et mort, dit-on, à 120 ans !), l'abbaye bénédictine se dresse au cœur d'un paysage verdoyant et isolé, adossée à la roche. À l'époque, sa puissance s'étendait de Rome à Palerme, contrôlant près de 150 abbayes et 300 églises, relayée par une flotte qui commerçait avec l'Orient. L'église a perdu ses allures primitives sous la décoration baroque qui a été ajoutée au XVIIIe siècle mais conserve des pièces médiévales de grand intérêt, comme l'ambon cosmatesque du XIIe siècle. Vous remarquerez les majoliques de la salle capitulaire, les sarcophages romains du cloître et les fragments de fresques dans le cimetière lombard situé dans la crypte. Au **musée**, attardez-vous un instant sur le magnifique petit coffret en ivoire du Xe siècle. *Via Morcaldi 84013 Cava dei Tirreni Tél. 089 46 39 22 Ouvert lun.-sam 9h-12h, dim. 9h-10h30*

☺ Paestum et le Cilento

Le site archéologique de Paestum est l'une des plus belles expressions de la *Magna Grecia* dans la péninsule. Fondée au VIIe siècle av. J.-C. par des Grecs venus de *Sybaris* (aujourd'hui en Calabre, face au golfe de Tarente), la colonie, baptisée *Poseidonia*, dut évoluer rapidement si l'on considère les dimensions des monuments élevés à cette époque. Elle passe entre les mains des Lucaniens, peuple italique, à la fin du Ve siècle, puis devient une colonie latine qui prend le nom de Paestum en 273 av. J.-C. La malaria affaiblira durement la cité au Ier siècle ap. J.-C. qui essaie de se développer grâce à une petite industrie locale de parfum à base d'extrait de roses, avant de succomber définitivement sous le Bas-Empire.

LE CILENTO

La région qui s'étend au sud de Salerne jusqu'au golfe de Policastro est aujourd'hui comprise dans les limites du Parc national du Cilento, récemment institué. Méconnue, elle a pour grand atout d'être particulièrement sauvage, préservée de l'industrie du tourisme. Et pourtant son littoral n'a rien à envier à celui du golfe de Naples ! L'arrière-pays, plus vallonné, fait se succéder contreforts rocheux – venant mourir au bord de côtes découpées où l'eau est cristalline – et petits villages pittoresques qui surplombent la plaine de Paestum.

LA MOZZARELLA

Les troupeaux de buffles et de bufflonnes paissent dans les plaines du Cilento. Leur lait, une fois caillé puis travaillé à la main, file comme une pâte élastique qui est ensuite *mozzata* (coupée) pour donner les fameuses *mozzarelle* dont vous comprendrez ici que vous n'en avez jamais vraiment goûté auparavant. La mozzarella a gagné toutes les tables, même les plus chic, mais n'a jamais la saveur de celle que vous mangerez à Paestum et dans les environs, pour la bonne et simple raison que la "vraie" *mozzarella di bufala* entre difficilement dans le carcan de normes de l'Union européenne (conservateurs, etc.). L'idéal consiste à ne pas la réfrigérer, sachant cependant qu'elle supporte mal les températures dépassant 12°C.

Paestum et le Cilento, mode d'emploi

accès

EN TRAIN. Les trains desservent régulièrement Capaccio Scalo, la gare de Paestum, sur la ligne Naples-Salerne-Reggio di Calabria. De là, une navette vous conduira au site archéologique situé à 4km à peine.
Trenitalia. *Numéro vert 89 20 21 www.trenitalia.com*

EN BUS. La compagnie CSTP dessert Paestum au départ de Salerne toutes les heures de 6h30 à19h30.
CSTP. *Piazza della Concordia, 33 84100 Salerno Tél. 089 48 71 11 www.cstp.it*

EN VOITURE. Par l'autoroute A3 jusqu'à Salerne puis la S18 à Battipaglia, gros carrefour autoroutier. Attention, la route est mal entretenue et encombrée de camions. Prudence donc ! Comptez 37km de Salerne.

informations touristiques

Azienda Autonoma Soggiorno e Turismo. Situé sur le site archéologique de Paestum, le bureau de l'office de tourisme est tenu par des personnes de bonne volonté qui mettront à votre disposition des dépliants sur la région et vous indiqueront les itinéraires les plus intéressants. *Via Magna Grecia, 887 84063 Paestum Tél. 0828 81 10 16 Fax 0828 72 23 22 www.infopaestum.it*
Pro Loco de Palinuro. *Piazza Virgilio 84064 Palinuro Tél. 0974 93 81 44/11 47*

Dormir dans le Cilento

La région ayant été oubliée pendant des années, le peu d'infrastructures touristiques (comme à Paestum ou dans les stations balnéaires de la côte) défigurent le paysage. La solution est d'opter pour les fermes-auberges, bien équipées et où la cuisine traditionnelle est meilleure que dans les restaurants touristiques.

prix moyens

Al Frantoio. Cette coopérative agricole qui produit de l'huile biologique d'origine protégée (label de qualité !) vient d'ouvrir une excellente *trattoria* (cf. Manger). Partie intégrante d'un projet de développement durable, la coopérative compte aussi quelques chambres dans le village (perché à 800m, au pied du mont Stella qui culmine à 1 131m). Renseignez-vous pour organiser une halte dans les parages, découvrir la campagne et la côte (en particulier Punta Licosa, petit territoire lui aussi protégé). *Località Ortale 84070 San Mauro Cilento Tél. 0974 90 32 39 info@cilentoverde.com www.cilentoverde.com*

Azienda Agricola Seliano. La meilleure adresse à Paestum. Située à la sortie de Capaccio Scalo, à 3km à peine des vestiges des temples, cette exploitation agricole est tenue de main de maître par la baronne et son associé belge, personnage dans la lignée d'Hercule Poirot. Le site est un peu retiré de la route nationale, en pleine nature, entre champs d'artichauts et étables pour les bufflonnes de la maison (près de 400 têtes !). Le corps principal, un ancien manoir du XVIIIe siècle, a été restauré avec goût et toutes les chambres sont ouvertes sur le jardin. En saison, la piscine découverte est une aubaine (même si la mer n'est pas loin). Les produits du terroir (des *mozzarelle* aux légumes du potager) servent à confectionner une cuisine généreuse. Attention, si vous n'êtes pas ami des chiens, vous risquez d'être embarrassé... On n'a pas réussi à tous les compter ! Double à 50€, 70€ en demi-pension. *Via Seliano 84040 Capaccio Scalo Tél. 0828 72 36 34 Fax 0828 72 45 44 www.agriturismo-seliano.it*

prix élevés

Hotel Punta Licosa. Le seul hôtel implanté à proximité du parc protégé de Punta Licosa. Rien que pour cette raison, il mérite d'être mentionné. En été, il ressemble plus à une résidence (envahie d'anglophones) qu'à un hôtel, les familles venant y passer leurs vacances. Le reste du temps, c'est plus calme. Très bon équipement (piscine, court de tennis). L'entrée du parc est à quelques mètres à peine. Double à 75€. *Strada Provinciale 84060 Ogliastro Marina Tél. 0974 96 30 24 Fax 0974 96 34 15*

Azienda Agrituristica Sant'Agata. En surplomb sur la baie, entre Palinuro et Marina de Camerota, cette ferme-auberge dispose de sept chambres spacieuses (bienvenue aux familles) et confortables, avec un balcon ouvert sur le golfe, le tout plutôt bon marché. C'est une solution plus reposante que les hôtels du centre des stations balnéaires des environs. Le patron connaît la côte par cœur ; demandez-lui conseil pour les balades. Seul bémol, la cuisine n'est pas exceptionnelle. Comptez de 86€ à 96€ pour une double en demi-pension (114€ en juil.-août). *Via Sant'Agata Nord 84064 Palinuro www.agriturismosantagata.it Tél./fax 0974 93 17 16*

Manger dans le Cilento

Même si vous séjournez à l'hôtel, considérez l'option des *agriturismi* pour goûter aux produits du terroir. Hélas, les sites les plus touristiques offrent peu d'alternatives de qualité. On vous suggérerait presque l'option du pique-nique en faisant halte chez un de ces fantastiques producteurs de *mozzarella di bufala*. Un peu de pain, quelques tomates, et le déjeuner est fait.

prix moyens

Gelso d'Oro Da Nonna Sceppa. C'est la seule adresse honnête de Paestum. La cuisine est rustique et savoureuse, à des prix raisonnables. *Via Laura, 53 84063 Paestum Tél. 0828 85 10 64*

'U Saracino. En bord de mer, dans un bourg agréable à 10km environ de Paestum, un restaurant sans prétention qui prépare une bonne cuisine locale, surtout à base de poisson. *Via Trentova 84043 Agropoli Tél. 0974 82 64 15*

☺ **Al Frantoio.** Cette coopérative agricole a du mérite ! Outre son implication dans le développement durable de la région, elle s'investit dans la sauvegarde d'un patrimoine gastronomique en voie d'extinction. En allant à la recherche de ces recettes, la femme d'Antonio Marrocco (gestionnaire de la coopérative, médecin à ses heures perdues) s'est rendu compte que les cuisinières du Cilento ne valorisaient plus les traditions culinaires de leur terroir. Vive les lasagnes ? Que nenni ! Au-dessus du pressoir à huile, madame a donc décidé de s'atteler aux fourneaux pour remettre au goût du jour les pâtes fraîches aux haricots secs, aux fèves, aux pommes de terre... Le tout à peine assaisonné de la merveilleuse huile locale. C'est notre meilleur souvenir de la région ! Téléphonez à l'avance pour réserver. Prenez un peu de temps pour visiter aussi le pressoir et découvrir les procédés de fabrication de l'huile. Après des années de ténacité, l'huile du Cilento a décroché une DOP (Dénomination d'origine protégée) qui lui vaut de se faire remarquer pour son parfum et sa finesse. Goûtez également les figues blanches, elles aussi distinguées par une DOP ! *Località Ortale 84070 San Mauro Cilento Tél. 0974 90 32 39 www.cilentoverde.com Ouvert tlj. juin-sept. ; ven. sam. et dim. soir oct.-mai*

Antica Trattoria Valentone. Situé en plein centre de Marina de Camerota, ce restaurant traditionnel est l'adresse la plus renommée. Fidèle aux recettes typiques du Cilento, il propose une bonne cuisine de la mer mais aussi des spécialités de la campagne. *Piazza San Domenico, 3 84059 Marina di Camerota Tél. 0974 93 20 04 Fermé oct.-mars sauf fêtes de Noël*

Où visiter une exploitation de bufflonnes ?

☺ **Tenuta Vannulo.** Vannulo, littéralement "qui ne vaut rien". C'était le nom du lieu-dit marécageux mais il faut croire que ça n'a pas effrayé Antonio Palmieri, fondateur en 1988 de la plus belle exploitation de bufflonnes. La maison n'a que faire des récompenses et des appellations d'origine contrôlée distribuées aux autres exploitations. Elle compte sur son savoir-faire et ses exigences en matière de qualité pour fabriquer un produit qui se passe de reconnaissance. Ici, les bufflonnes sont chouchoutées, nourries au foin, soignées à l'homéopathie. Le lait n'est pas pasteurisé et la mozzarella fabriquée ici est hors concours. Imaginez qu'à 13h, les 300kg de fromage fabriqués chaque matin sont déjà écoulés.

Vannulo ne livre pas les restaurateurs. On attend juste de servir ceux qui viennent de bon matin (ou qui ont commandé). Jamais à court d'idées, Vannulo fabrique aussi des yaourts et des glaces à base de lait de bufflonne. Ne manquez pas la visite guidée, belle occasion de découvrir ces magnifiques bêtes et de voir les différentes étapes de fabrication d'un fromage quasi emblématique de l'Italie ! *Via G. Galilei, 10 84040 Capaccio Scalo (le long de la S) Tél. 0828 72 47 65 www.vannulo.it Visites guidées le mat. (se renseigner une semaine avant)*

Découvrir Paestum

Il faut arriver au crépuscule, et voir se découper la silhouette des trois temples de Paestum pour comprendre pourquoi le site était l'un des points d'orgue du Grand Tour, avec Pompéi, en Italie méridionale. L'ensemble est progressivement absorbé par une lumière rougeoyante où l'ocre de la pierre se confond avec la lumière du ciel. Du point de vue historique, son exceptionnel état de conservation et le fait que le site n'ait pas été "reconverti" ou supplanté par des installations ultérieures le rendent particulièrement important. On explique aussi cette "désaffection" par la malaria, qui frappait régulièrement les habitants, s'en allant petit à petit. Cette superposition de cultures et d'architectures rend la visite particulièrement enrichissante mais aussi confuse dans la mesure où aucun panneau ne vous assistera sur le site. Mieux vaut l'aborder par le nord (à droite de l'entrée), par le temple dit de Cérès (d'Athéna).

Le site et le musée. Pour commencer, abordez le **temple d'Athéna**, construit vers 500 av. J.-C., tout en lignes doriques (sauf quelques détails, comme une colonnade interne de style ionique). Comme ce fut souvent le cas, le temple a été réutilisé comme cimetière chrétien puis comme église au Moyen Âge. Plus au sud, l'**agora**, où se tenaient l'*héroon* et l'*ekklesiasterion*. Le premier était un sanctuaire dédié au fondateur mythique de la cité, épargné par les futurs occupants qui respectaient les lieux sacrés. Le second accueillait l'assemblée des citoyens qui votaient les lois et élisaient les magistrats. Avec l'occupation romaine, l'agora disparut et fut remplacée par un quartier d'habitations. Le **forum romain** prit le relais des fonctions civiques, juste un peu plus au sud. Il cumulait les attributs architecturaux classiques dont de nombreux vestiges témoignent encore : un amphithéâtre (aujourd'hui coupé en deux par la route), le trésor public flanqué du *comitium* (assemblée des magistrats) sur lequel un temple de la Paix a été construit, des boutiques, un laraire, une basilique et un *macellum* (marché). À l'arrière du temple de la Paix (connu aussi comme Temple italique), le long de la via Sacra, la piscine est le monument le plus intéressant du *gymnasium*. Vient ensuite le plus beau **temple**, dit "**de Neptune**", imposant par ses dimensions (près de 25m sur 60m), et peut-être en fait consacré à Apollon. Il a été bâti au milieu du Ve siècle, quand la cité connaissait une période florissante. L'équilibre des proportions et la maîtrise parfaite de la matière en fait l'exemple le plus abouti. À côté, le **temple d'Héra**, connu comme la basilique, est le plus ancien des trois temples (vers 530 av. J.-C.), aux lignes plus lourdes. On a longtemps cru qu'il s'agissait d'un édifice civil (le fronton s'était écroulé). Attardez-vous au **musée**, surtout pour deux ensembles : juste après l'entrée, les **métopes du trésor**, bas-reliefs qui ornaient le sanctuaire d'Héra à l'embouchure du fleuve Sélé et illustraient des chapitres grandioses de la mythologie grecque, comme les travaux d'Héraclès ou le suicide d'Ajax, et les métopes du Grand Temple. Les **peintures funéraires**, provenant des tombes lucaniennes (v⁰-ɪɪɪ⁰ siècle av. J.-C.), constituent l'autre attrait du musée, notamment celle de la *Tombe du Plongeur*, d'un raffinement hors du commun (480 av. J.-C.). Les scènes de banquet et de jeux étaient censées rendre la route du défunt vers l'au-delà plus agréable. Vous remarquerez la collection des ex-voto dédiés à Héra (symbolisant la fécondité). *Via Magna Grecia Tél. 0828 81 10 23* **Site archéologique** *Ouvert 9h-1h av. le coucher du soleil* **Musée** *Ouvert tlj. 8h45-19h sauf 1ᵉʳ et 3ᵉ lun., Noël et 1ᵉʳ jan.*

Découvrir les environs

☺ **Punta Licosa.** Au sud d'Agropoli, à proximité d'Ogliastro Marina, il est un parc naturel protégé, Punta Licosa, dont les quelques kilomètres de côte méritent d'être découverts. Tenue secrète par quelques privilégiés qui ont bâti d'imposantes villas, la côte rocheuse s'étend devant une mer turquoise. "Forcez" le portail situé à l'entrée du parc (hors saison, on vous laissera passer en voiture ; en été, il faudra passer à pied et prévoir discrètement le pique-nique) et engouffrez-vous sous les pins, dans le maquis méditerranéen qui borde les criques.

Où se baigner ?

Palinuro-Marina di Camerota. Les plages sont sauvages, désertes, libérées hors saison des établissements saisonniers qui s'installent en été avec l'artillerie de rigueur (chaises longues, parasols, bars...). Évitez soigneusement le mois d'août. Aussi bien à Palinuro qu'à Marina di Camerota, vous devriez pouvoir trouver des barques disposées à vous faire découvrir la côte par la mer jusqu'à la **Punta degli Infreschi**, plus au sud. L'arrière-pays, avec ses villages perchés, est un enchantement. À quelques kilomètres au nord, le site de **Velia** conserve encore quelques beaux témoignages de son histoire grecque (notamment la Porta Rosa, immense arc en plein cintre dans la muraille).

Caserta
81100

À une vingtaine de kilomètres au nord de Naples, Caserta se confond presque avec sa banlieue périphérique qui a tendance à se dilater toujours un peu plus. Surtout connue pour la Reggia – Versailles miniature voulu par le premier des Bourbons, Charles III –, la ville moderne a bien peu d'attraits. Et pourtant c'est bien dans le *casertano* que les Romains situaient la *Campania Felix*, terre prospère et fertile, grenier à céréales de l'Empire. De ce passé prestigieux subsistent quelques beaux témoignages, souvent oubliés des itinéraires touristiques et même méconnus des habitants.

Caserta, mode d'emploi

accès

EN TRAIN. Plusieurs trains desservent Caserta au départ de Naples (trajet 30min) **Trenitalia.** *Piazza Ferrovia Tél. 89 20 21*

EN BUS. Des compagnies de bus relient régulièrement Naples et Caserta. Départs depuis la piazza Garibaldi devant la gare.
CTP. *Numéro vert 800 482 644 ou 800 750 606*

EN VOITURE. L'autoroute A1 dessert Caserta en provenance de Rome (à 200km) ou de Naples (à 33km).

informations touristiques

Ente Provinciale per il Turismo. *Piazza Dante, 43 Tél. 0823 32 11 37 (Bureau dans la Reggia Tél. 0823 32 22 33)*
Pro Loco. *Capua Tél. 0823 44 80 84*
Pro Loco. *Sant'Agata dei Goti Tél. 0823 71 71 59*

Dormir, manger dans les environs

Évitez Caserta, un peu triste (surtout la ville moderne). Dans les alentours, la campagne offre quelques adresses "agritouristiques" de haute volée.

prix moyens

Mustilli. Perché sur un éperon rocheux, Sant'Agata dei Goti a le charme des lieux où le temps se fige. Héritier d'un famille de vignerons installée à Sant'Agata depuis 1500, Mustilli peut se vanter aujourd'hui de récolter les lauriers de son travail acharné pour des vins distingués par des AOC (greco, falanghina, conte-artus, piedirosso...). Au centre du bourg, Mustilli accueille ses hôtes dans une bâtisse XIIIe siècle qui a beaucoup d'allure. Les six chambres sont spacieuses et bien meublées. À quelques mètres de là, d'autres chambres ont été restaurées dans le palais familial (XVIe siècle) dont le sous-sol est creusé de caves (demandez à les visiter). La demi-pension est l'occasion de goûter les vins de la maison et de savourer une cuisine traditionnelle réputée. Seul bémol, hors saison, en semaine, vous risquez de vous retrouver seul à table et la cuisine a quelque chose de "réchauffé". Réservez donc bien à l'avance pour prévenir de votre arrivée ! Comptez 68€ pour une chambre double, 103€ en demi-pension. *Via dei Fiori, 20 Tél. 0823 71 74 33 Fax 0823 71 76 19 www.mustilli.com*

prix élevés

Masseria GiòSole. Juste avant d'entrer dans Capua, la *masseria* GiòSole est l'ancienne résidence de campagne de la famille Pasca di Magliano. Les descendants ont restauré la villa en conservant son cachet rustique et le beau mobilier d'époque, tout en maintenant l'exploitation agricole qui produit de délicieuses confitures, conserves de légumes, liqueurs, etc. Les chambres sont spacieuses et agréables, de même que les appartements destinés aux familles. La cuisine de saison suit les traditions locales. Selon le nombre de nuits passées sur place, le tarif est dégressif. Double de 84€ à 92€. *Via Giardini, 31 81043 Capua Tél. 0823 96 11 08 Fax 0823 62 78 28 www.masseriagiosole.com*

NAPLES ET LA CAMPANIE

Découvrir Caserta

Reggia di Caserta. Dire du palais royal de Caserta que c'est un petit Versailles n'est pas une figure de style puisque le roi Charles III demande en 1751 à l'architecte Vanvitelli de concevoir un palais qui rivaliserait avec le monument français, tout en étant l'expression du baroque napolitain. Vanvitelli ne verra pas le palais achevé, ni même Charles III, mais leurs enfants prendront la relève, Carlo Vanvitelli (qui met la dernière pierre à l'édifice en 1774) poussé par Ferdinand Ier, fils de Charles. Au total 1 200 pièces, 1 790 fenêtres (dont 143 sur la façade principale), un parc de 120ha... Le grandiose escalier d'honneur mène aux appartements, chapelle, salons, bibliothèque ainsi qu'à un petit théâtre, et il y a même une crèche traditionnelle. Marbres précieux, stucs et dorures à foison... L'ensemble est un peu indigeste par moments. Les jardins sont le prolongement naturel du palais, dans ce même esprit d'exubérance et de fantaisie. Perspectives et aménagements en terrasses interrompus par des fontaines mènent tout au fond à la Grande Cascade. À droite de la cascade, un délicieux jardin anglais dessiné à la demande de Marie-Caroline d'Autriche, épouse de Ferdinand IV. Soyez vigilant aux horaires d'ouverture ; il serait dommage de ne pas avoir le temps de visiter les jardins. *Via Douet, 2 Tél. 0823 44 80 84* **Appartements** *ouverts toute l'année tlj. 8h30-19h* **Jardins** *ouverts mar.-dim. 8h30-14h30 (17h été)*

Découvrir les environs

San Leucio. C'est ici que prit forme l'une des utopies préindustrielles les plus originales, aujourd'hui protégée et mise en valeur par l'Unesco. Ferdinand IV décida de modeler le complexe monumental de Leucio : le pavillon de chasse a d'abord été transformé en résidence royale puis en soierie. L'apparent caprice royal était en fait un véritable projet d'investissement à long terme. Devant le palais, tout un quartier ouvrier avait été aménagé à l'intention des "canuts", qui bénéficiaient pour l'époque d'une charte professionnelle avant-gardiste : hauts salaires, éducation, soins gratuits, retraites... ! Depuis la fabrique, située en surplomb sur le col de San Leucio, on embrasse toute la plaine *casertana*, y compris les jardins de la Reggia plus bas. La visite des appartements et de la soierie dévoile quelques curiosités (la salle de bains de la reine par exemple) et témoigne de la proximité des appartements royaux et des pièces consacrées au travail de la soie, devenue rapidement la référence d'excellence en Europe. *De Caserta, en route vers le petit bourg de Caserta Vecchia à 10km environ de la Reggia Tél. 0823 30 18 17 Fax 0823 30 17 06 www.belvederedisanleucio.it Ouvert mer.-sam. 9h-13h et 15h-18h, dim. 9h-18h Visite sur rdv*

Caserta Vecchia-Duomo. Le bourg médiéval est une des destinations préférées des Napolitains pour les *scampagnate* (sorties à la campagne), aussi attendez-vous à trouver les placettes bondées le soir ou les week-ends. Souvent négligée par les visiteurs de la Reggia, Caserta Vecchia mérite pourtant le détour (d'autant que la route en lacet qui y mène est particulièrement belle). Fondée au VIIIe siècle par les Lombards, elle a progressivement été délaissée pour la ville nouvelle, surtout après la construction du palais royal. La mise en scène un peu caricaturale du Moyen Âge n'enlève rien au charme de ses ruelles pavées. Sa

cathédrale, dédiée à San Michele Arcangelo, témoigne du croisement de cultures et d'influences artistiques : romane, elle a été fondée entre 1113 et 1153 mais a été remaniée un siècle plus tard dans un style arabisant. Le **campanile** et le **dôme** (XIIIᵉ siècle) sont remarquables, faisant alterner les couleurs de la pierre blanche, grise ou jaune. À l'intérieur, des colonnes à chapiteaux corinthiens divisent la nef principale en trois ailes. La décoration frappe par son raffinement, notamment le magnifique ambon, l'autel et le chandelier pascal. Se distinguent aussi quelques beaux tombeaux du XIVᵉ siècle, comme celui de l'évêque Azzone di Parma. Tout à côté, passez devant la petite **église de l'Annunziata** avant de parvenir aux vestiges du château.

Capua. Avec ses *palazzi* décrépits, son atmosphère douce et nonchalante, Capua (Capoue en français) a quelque chose de fascinant qui trahit une histoire noble. La Capua célèbre dans l'Antiquité était d'ailleurs située à quelques kilomètres de la ville actuelle (fondée par les Lombards au IXᵉ siècle). Si vous passez par là un lundi, vous serez témoin d'un marché coloré où goûter les *mozzarelle di bufala* produites dans les parages. À voir encore, le sanctuaire de Mithra et le récent **musée de Capua Antica**, très didactique. *Musée Via Roberto d'Angiò, 48 Tél. 0823 84 42 06 Ouvert mar.-dim. 9h-17h et 19h en été.*

Museo Campano. Ce musée est riche d'une collection unique au monde : les *matres matutæ*, figurines votives en tuf datant du VIᵉ au Iᵉʳ siècle av. J.-C. et destinées à remercier la déesse-mère pour une grossesse heureuse. Pour découvrir les autres pièces (céramiques étrusques et grecques, pièces lombardes...), faites-vous accompagner par l'un des gardiens, qui sera ravi de vous guider. *Via Roma, 68 81043 Capua Tél. 0823 96 14 02 Ouvert mar. 9h-14h, 15h-18h, mer.-dim. 9h-13h Fermé lundi et jours fériés*

Santa Maria Capua Vetere. Ce site témoigne de l'âge d'or que connut la ville sous l'Antiquité romaine, première destination de la Via Appia (avant qu'elle soit prolongée jusqu'à Brindisi). À l'époque de la seconde guerre punique (218-210 av. J.-C.), Capua trahit les Romains et fait alliance avec Hannibal. L'Empire ne lui en tiendra pas rigueur mais s'imposera à nouveau sévèrement, notamment en raison de ses greniers à blé, essentiels pour sa survie. Au Iᵉʳ siècle av. J.-C., grâce à son commerce et son agriculture, Capua était décrite comme "l'autre Rome" (Cicéron) et la ville la plus riche de la péninsule (Tite-Live). Un premier saccage est perpétré en 465 par les Vandales puis, en 856, les Lombards s'installent à proximité et fondent la ville nouvelle. L'amphithéâtre est encore là pour témoigner de cet âge d'or, sans doute le deuxième d'Italie par ses dimensions, après le Colisée. *À 4km au sud de Capua Piazza 1 Ottobre Tél. 0823 79 88 64 Ouvert mar.-dim. 9h-16h (18h en été)*

☺ **Chiesa di Sant'Angelo in Formis.** Cette basilique est un chef-d'œuvre de l'art roman en Campanie. Bâtie sur les flancs du mont Tifata au Xᵉ siècle, elle a été reconstruite par des moines bénédictins du mont Cassin, témoignant ainsi de leur art, après que l'abbaye de Montecassino a été détruite par un tremblement de terre en 1349. Les fresques qui recouvrent les nefs de l'intérieur héritent de la tradition picturale byzantine tout en la parachevant, dans un style très touchant (vous remarquerez l'expression des visages). Elles illustrent plusieurs épisodes de l'Ancien (dans les nefs latérales) et du Nouveau Testament (au-dessus des arcades de la nef centrale). Le Jugement dernier est représenté sur le revers de la façade. *À 5km à l'est de Capua Via Luigi Baia Tél. 0823 96 04 92 Ouvert tlj. 9h-12h, 15h-19h*

Sessa Aurunca. Ce village est à la frontière du Latium et de la Campanie. Fondée par les Aurunques, elle cède sous le joug des Samnites et des Romains. Son quartier médiéval a du charme, avec ses ruelles en pente qui entourent le **Duomo**, cathédrale érigée au XIIe siècle avec des vestiges de l'Antiquité (Ouvert tlj. 9h-13h et 17h-20h). L'intérieur est extraordinaire, témoignage d'un entrelacs de cultures et d'influences, arabes et byzantines (ambon, pavement, chandelier pascal, balustrade de la tribune…). À 2 ou 3km, le **Ponte degli Aurunci**, à 21 arches, est encore pavé d'immenses dalles volcaniques. *À 15km environ de Capua*

Sant'Agata dei Goti. Situé à l'est de Caserte, en route vers Bénévent, le bourg de Sant'Agata dei Goti surgit sur un éperon de tuf sur lequel se serrent ses vieux *palazzi* et les monuments hérités d'un passé mouvementé. Les historiens doutent de l'origine de la cité. S'agit-il de l'ancienne *Saticula* samnite ? Son nom rappelle l'invasion gothe de 553, avant que ne déferlent les Lombards. Outre la cathédrale reconstruite au XVIIIe siècle (il reste des éléments hérités de l'église romane originelle), ne manquez pas l'**église de Sant'Annunziata**, bâtie au XIIIe siècle et remaniée par la suite, qui conserve de belles fresques dans l'abside (le *Jugement universel*, vers 1430). **San Menna**, construite au XIIe siècle, arbore deux lions encadrant le portail roman et renferme de belles colonnes et une décoration cosmatesque sur la clôture et le pavement du chœur. **Sant'Angelo in Munculanis**, autre église du XIIe siècle récemment restaurée, témoigne des techniques d'inhumation de l'époque : on installait les défunts dans des niches souterraines (dans la crypte) en attendant que leur corps "coule" et se momifie. *À 20km de Caserta Prendre la Via Appia (557) vers Benevento, sortir à Maddaloni et poursuivre sur la S265 jusqu'à Sant'Agata dei Goti.*

Bénévent

82100

Proche du massif du Matese, Bénévent ressemble à beaucoup d'autres villes du sud de l'Italie : des abords industrieux et peu attrayants qui enserrent un centre historique méconnu, souvent magnifique et à l'écart des itinéraires touristiques. Vous en ferez le tour en quelques heures mais la ville peut s'avérer une étape agréable, point de départ d'excursions dans les environs.

UNE HISTOIRE TOURMENTÉE

De catastrophes naturelles (tremblement de terre de 1688) en bombardements (en 1943), les monuments de Bénévent ont souffert des aléas de l'histoire. Les Romains ne s'y étaient pas trompés, quand ils lui donnèrent ce nom, pour défier les mauvais augures de la *Maleventum* héritée des Samnites. Avec le prolongement de la Via Appia, Bénévent acquiert un rôle de "passeur" entre Rome et l'Orient. Entre 571 et 1033, elle est à la tête du duché lombard puis passe sous la coupe de Rome jusqu'à l'unité de l'Italie.

Bénévent, mode d'emploi

accès

EN TRAIN. Liaisons régulières avec Naples.
Trenitalia. *Numéro vert 89 20 21 www.trenitalia.com*

EN BUS. Une compagnie assure des liaisons avec Naples et Rome.
Compagnie Marozzi. Ligne Bari-Rome *via* Benevento. Arrêt devant le bar situé via Meomartini, 2000. *Rome Tél. 06 44 24 95 19 Naples Tél. 082 42 99 02 www.marozzivt.it/homepage.htm*

EN VOITURE. À 68km au nord-est de Naples et à 50km à l'est de Caserta. En voiture jusqu'à Caserte par l'A1 puis la Via Appia (S7) ou alors en sortant avant Caserte, à Caianello, où l'on s'engage sur la S372, bien entretenue.

orientation

Bénévent est une petite ville et vous vous rendrez vite compte que le centre historique et les monuments à visiter se parcourent aisément à pied, en quelques heures à peine. De la gare, il vous suffira de remonter le viale Principe di Napoli et de franchir le pont au-dessus du Calore pour gagner le corso Garibaldi, qui traverse la ville de part en part. Les quartiers les plus récents se sont étendus autour de ce noyau central.

informations touristiques

Ente Provinciale per il Turismo. Très efficace sur la promotion de la province, l'office de tourisme vous fournira cartes et dépliants. *Via Nicola Sala, 31 Tél. 0824 31 99 11 Fax 0824 31 23 09 www.eptbenevento.it*
Ente Provinciale per il Turismo. Un autre bureau est situé dans le centre historique. *Piazza Roma, 11 Tél. 0824 31 99 38*

Dormir à Bénévent

Ne pas s'attendre à tomber sous le charme de l'hôtellerie de Bénévent parce qu'il y a peu de choix (la ville reste un lieu de passage plus qu'une réelle destination). Mais l'escale pour une nuit y est agréable, l'accueil est chaleureux et, après avoir séjourné à la campagne, on peut apprécier de se retrouver en ville.

prix élevés

Grand Hotel Italiano. Le meilleur hôtel de la ville, classique, confortable, au service irréprochable. Tout près de la gare, il est en dehors du centre historique proprement dit mais il n'y a qu'à franchir le pont au bout de l'avenue, le temps d'une promenade de quelques minutes, pour se retrouver corso Garibaldi, l'artère traversant la vieille ville. Pas de parking privé mais, en principe, on trouve facilement à se garer le long de l'avenue. Selon la saison, de 62€ à 103€ la double. *Viale Principe di Napoli, 137 Tél. 0824 24111 www.hotel-italiano.it*

Manger à Bénévent

La cuisine de Bénévent est réputée pour ses pâtes fraîches, ses fromages du massif voisin du Matese, sa charcuterie et ses vins.

petits prix

Antica Cucina Pedicini. À deux pas du pont qui relie le centre historique à la gare, ce restaurant familial et populaire met d'accord les amateurs de pizza et ceux de poisson. Bons *primi* (aux coques, aux fruits de mer...) ou *secondi* (daurade au four, friture) et pizzas croustillantes (*margheritissima* à la *mozzarella di bufala* et aux tomates cerises). Rien n'a l'air de contrarier les affamés, ni le bruit ni l'écran géant qui retransmet les matchs de foot régionaux. *Via Grimoaldo Re, 16 Tél. 0824 21731 Ouvert mar.-dim. 12h-15h et 19h-0h*

Da Nunzia. Dans le quartier médiéval, un restaurant pour goûter toutes les spécialités régionales (pâtes fraîches maison, viandes, saucisses). *Via Annunziata, 152 Tél. 0824 29431 Ouvert lun.-sam. 13h-16h et 19h30-0h*

Traiano. Près de l'arc de Trajan, une adresse classique, un lieu sans prétention mais agréable, qui met un point d'honneur à servir une cuisine familiale inspirée des recettes traditionnelles. *Via Manciotti, 48/50 Tél. 0824 25013 Ouvert 12h-15h30 et 18h-0h sauf mar., Noël, 1ᵉʳ janvier et Pâques*

Où trouver du *torrone* et de la Strega ?

Impossible de quitter la ville sans avoir fait provision de *torrone*, le **nougat traditionnel**, qui est ici un des meilleurs d'Italie. Les spécialistes vous expliquent qu'il ne s'agit pas seulement de savoir-faire mais que le miel local et les noisettes de la région sont pour beaucoup dans le parfum de ce nougat. Bénévent est aussi connue pour son digestif, la Strega, une **liqueur locale à base d'herbes et d'épices** que l'on trouve désormais de Milan à Palerme.

☺ **Pasticceria Sassano.** Certaines variétés de nougats griffés "Sassano" sont très connues : le *torrone alla mandorla*, classique nougat blanc aux amandes, ou le Pio XII, du nom du pape, plus tendre. Et puis il y en a d'autres, que la patronne se fera un plaisir de vous présenter : le nougat dur enrobé de chocolat, le nougat tendre aux noisettes... Vous n'aimez pas le nougat ? Quel dommage... mais que direz-vous des biscuits secs à base d'amandes ou des gâteaux à la crème pâtissière ou à la chantilly (le dimanche)... ? *Viale Principe di Napoli, 20 Tél. 0824 25259 Ouvert mer.-lun. 7h-14h et 16h-21h (22h l'été)*

Pasticceria Ambrosino. Situé en plein centre, à quelques pas de l'université, ce café classique est toujours envahi par une foule d'étudiants et de touristes. Là aussi, délicieuses pâtisseries, confiseries – chocolats et *torrone* – et glaces, le tout fait maison. *Corso Garibaldi, 111 Tél. 0824 28546 Ouvert tlj. 7h-22h*

Alberti. Pour ceux qui veulent être efficaces, la maison Alberti, à l'origine de la célèbre Strega, a une boutique quasiment en face de la gare. On y trouve bien sûr la liqueur jaune conditionnée sous toutes les formes (petites et grandes bouteilles) mais aussi les spécialités de la maison, notamment de succulents petits carrés de nougat dur, aromatisé à la Strega et enrobé de chocolat noir. Pour la petite histoire, sachez que la Strega a donné son nom, depuis 1947, au prix littéraire italien le plus prestigieux (l'équivalent de notre Goncourt), remporté par Alberto Moravia, Elsa Morante, Cesare Pavese ou Umberto Eco. *Piazza V. Colonna, 8 Tél. 0824 54292 www.strega.it*

Découvrir Bénévent

Arc de Trajan. Il a été édifié en 114 ap. J.-C. Il est sculpté de reliefs très raffinés relatant l'histoire de Bénévent et les hauts faits de l'empereur romain.

Duomo. Peu d'éléments médiévaux ont survécu aux dommages de 1943. La façade et le campanile datent du XIIIe siècle. Remarquez la belle rosace, surmontée de sculptures d'animaux. *Piazza Duomo Ouvert tlj. 9h-13h et 17h-19h*

Théâtre romain. Inauguré par Hadrien, puis agrandi par Caracalla en 210, il accueillait près de 20 000 spectateurs dans la *cavea*, surlignée par une série de 25 arcades qui se répétait sur trois niveaux (seuls le premier et une partie du deuxième ordre nous sont parvenus). Au Moyen Âge, de nombreuses pièces (colonnes, chapiteaux) ont été employées pour la décoration d'autres monuments (l'église Santa Sofia par exemple). *Piazza Carlo Ponzio Telesino Tél. 0824 42 99 70 Ouvert tlj. 9h-coucher du soleil*

Chiesa di Santa Sofia. Achevée en 760 par le prince lombard Arechis II, elle appartenait à un ensemble bénédictin qui devint le plus important en Italie du Sud. Très abîmée en 1688, elle est restaurée mais ses fresques disparaissent sous l'habit baroque (il ne reste que quelques fragments dans les deux absides latérales). Elle retrouve son aspect original après une importante restauration dans les années 1950. L'intérieur est particulièrement singulier, associant un plan semi-circulaire à un plan semi-étoilé, ce qui lui confère des formes et des volumes différant selon les angles. *Piazza Santa Sofia*

Museo Archeologico del Sannio. Il a été aménagé à côté de l'église, dans les murs de l'ancienne abbaye. Outre la collection permanente (des pièces extraites des fouilles effectuées dans la région), vous ne manquerez pas le magnifique cloître roman du XIIe siècle dont les chapiteaux des 47 colonnes qui l'entourent sont tous différents les uns des autres. *Piazza Santa Sofia Tél. 082 42 18 18 Ouvert mar.-dim. 9h-13h*

En s'aventurant vers les monts du Matese

Ils culminent à 2 050m avec le mont Miletto, à la frontière avec la Molise, et constituent une belle échappée, particulièrement au printemps et au début ou à la fin de l'été. Hors saison, vous ne croiserez personne sur la route. Rejoignez **Piedimonte Matese** et suivez la route qui mène à la **Bocca della Selva** (littéralement, l'"antre de la forêt sauvage" !). Redescendez *via* **Pietraroia**, **Cusano Mutri** et **Cerreto Sannita**. *À 45km au nord-ouest de Bénévent*

Les Pouilles, riches et fécondes, s'étendent
en un long couloir baigné par deux mers,
Ionienne et Adriatique, du promontoire
du Gargano, au nord, jusqu'à l'extrême
Capo di Leuca, au sud. Véritable livre
ouvert sur l'histoire de la péninsule
et sur ses liens avec l'Orient, la région
révèle au visiteur les influences byzantine,
arabe, gothique ou baroque de ses
monuments. Partez à la découverte
de **Bari** et de son arrière-pays constellé
de "trulli", ces étranges petites maisons
chaulées au toit conique. Pénétrez au cœur
d'**Ostuni** "la blanche" ou de **Lecce**,
la "Florence du Sud". Longez, enfin,
les côtes découpées du **Salento**,
qui rivalisent, dit-on, avec les plus belles
plages de la Méditerranée.

GEOREGION

Les Pouilles

Légendes des cartes

Cartes régionales

═══ Autoroute et 2x2 voies
══ Route principale
── Route secondaire
── Autre route
▬ Zone urbaine
✈ Aéroport
······ Limite de province
● Site remarquable
▲ Sommet
⇌ Tunnel
—·—· Limite de Parc naturel
------ Liaison maritime

Plans de villes

═══ Axe principal
⊏ Tunnel
═ Voie ferrée
▦ Espace vert
✝ Église
✡ Synagogue
✚ Cimetière
▣ Stade
Ⓜ Métro
🅵 Funiculaire

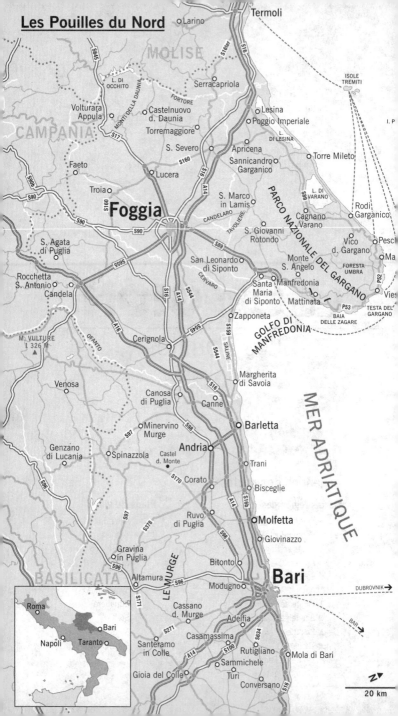

Bari

70100

Chef-lieu de la région et de la province du même nom, Bari a longtemps souffert de préjugés. Elle serait d'abord – après Naples – l'agglomération la plus dangereuse d'Italie, de par la présence d'une petite délinquance mafieuse. Tels d'autres ports de la côte est, Bari est aussi une ville de transit pour les milliers de *boat people* en provenance d'Albanie, du Kurdistan ou d'Afrique du Nord. Pourtant, vous découvrirez ici un lieu étonnant.
Un important désenclavement autoroutier, vers Naples et vers le nord, a accompagné la réhabilitation de certains quartiers désertés, valorisant ainsi un patrimoine culturel unique. Aujourd'hui, Bari peut se targuer d'avoir transformé un centre historique jusque-là négligé en l'un des lieux les plus prisés des *Baresi*. Si les ruelles tortueuses de la vieille ville constituent l'une des balades les plus plaisantes, le visage moderne, tout aussi agréable, se caractérise par des quartiers d'affaires coupés au cordeau, hérités de l'urbanisme dicté par Joachim Murat en 1813, vice-roi napoléonien.

L'HÉRITAGE DES CROISADES
Ouverte sur l'Adriatique, tournée vers l'Orient, Bari est héritière de la tradition des croisades, engagées sur son sol dès le XIe siècle. Le 9 mai 1087, 62 marins de retour de Myra (Asie Mineure) rapportent les précieuses reliques de saint Nicolas, ancien évêque de la ville au IVe siècle, qui se voit alors ériger une cathédrale à Bari. Cet événement n'était pas exceptionnel à une époque où nombre de villes maritimes se lançaient dans le commerce avec l'Est sous l'emblème de leur saint patron. Aujourd'hui, Bari cultive encore ce rôle de "passeur" entre Orient et Occident, notamment en organisant depuis 1930, chaque mois de septembre, une grande foire commerciale : la Fiera del Levante.

Bari, mode d'emploi

accès

EN AVION. L'aéroport de Bari-Palese, qui devrait être très prochainement modernisé, propose plusieurs vols quotidiens pour Rome et Milan ; quelques vols pour Florence, Catane, Bologne et Venise. Pour vous rendre dans le centre-ville, prenez un taxi (environ 20€), un bus (toutes les 50min) (4,13€), la navette mise à disposition des usagers d'Alitalia ou le taxi (25€ environ).
Aéroport de Bari-Palese. *À 11km du centre de Bari Tél. 080 583 52 04*

EN TRAIN. Bari est reliée aux principales villes italiennes : départ quotidien pour Turin, Milan (8h de trajet), Venise, Rome (environ 4h30), Bologne, Tarente, Naples... Ces mêmes lignes desservent Brindisi, Foggia et Lecce.
Stazione FS (plan B5). *Piazza Aldo Moro Tél. 89 20 21*

EN BUS. Des lignes de bus desservent la ville au départ de Turin (*via* Milan), Parme (*via* Bologne), Rome, la Sicile, etc.
Autolinee Marino (plan B5). Liaison Turin-Gallipoli, Parme-Gallipoli... *Guichet Piazza Aldo Moro, 15 (face à la gare) Tél. 080 311 23 35 www.marinobus.it*

Autolinee Marozzi (plan B5). Liaisons vers Rome, la Toscane… *Via Giuseppe Capruzzi, 226 (derrière la gare) Tél. 080 556 24 46 www.marozzivt.it/ homepage.htm*
Autolinee Scoppio. Liaisons pour la Sicile (départs et arrivées à Bari, place de la gare). *Piazza Cesare Battisti, 7 70023 Gioia del Colle Tél. 080 348 28 16*

EN VOITURE. L'A14 relie Bari au nord de l'Italie (*via* Foggia) et s'achève, au sud, à quelques kilomètres de Tarente. L'A16 relie Naples à Canosa di Puglia, à une soixantaine de kilomètres au nord de Bari.

orientation

La gare, **piazza Aldo Moro** (plan B5), limite d'un côté la ville moderne, quadrillée comme un échiquier, tandis que le **corso Vittorio Emanuele** (plan A3-B3) l'enserre de l'autre côté. Celui-ci s'ouvre sur le centre historique en forme de triangle.

transports urbains

TAXIS
Radio Taxi Nuova. *Tél. 080 554 33 33*

LOCATION DE VOITURE. Plusieurs agences de location automobile sont présentes à l'aéroport ou dans le centre-ville (près de la gare notamment) :
Europcar. *Aéroport de Bari-Palese Tél. 080 531 61 44*
Hertz. *Aéroport de Bari-Palese Tél. 080 531 61 71*
Avis. *Aéroport de Bari-Palese Tél. 080 531 61 68*
Maggiore. *Aéroport de Bari-Palese Tél. 080 531 61 80*

informations touristiques

APT (Azienda di Promozione Turistica) (plan B5). *Piazza Aldo Moro, 33/a (face à la gare) Tél. 080 524 23 61 Fax 080 524 23 29 Ouvert lun. mer. ven. et sam. 9h-13h, mar. et jeu. 9h-13h, 15h-17h*
Assessorato al Turismo Regione Puglia (plan C4). *Via Bozzi, 45/c Tél. 080 540 11 11 Fax 080 540 47 84 Ouvert lun. mar. et ven. 7h30-13h30, mer.-jeu. 15h30-18h*

marché

Un marché de quartier se tient du lundi au samedi sur la **piazza del Ferrarese** (plan B3).

Dormir à Bari

prix élevés

Hotel Costa (plan A5). Cet hôtel vient de décrocher sa troisième étoile grâce à une récente restauration. À proximité de la gare, il est un peu moins cher que les autres et bien tenu. De 75€ à 90€ la double. *Via Crisanzio, 12 Tél. 080 521 90 15 Fax 080 521 00 06 www.hotelcostabari.com*

☺ **Hotel Boston (plan A3).** Situé dans une rue parallèle au corso Vittorio Emanuele, à deux pas du centre historique, c'est la meilleure adresse de Bari. Moderne, confortable et accueillant, cet établissement a pour seul inconvénient de ne pas être équipé d'un parking. Les plus inquiets iront stationner dans un parking privé, les autres trouveront sans doute de la place dans la rue, tout à fait tranquille. Compter 140€ la double. *Via Niccolò Piccinni, 155 Tél. 080 521 66 33 Fax 080 524 68 02 www.bostonbari.it*

Executive Business Hotel Bari (plan A3). Cet immeuble ultramoderne, situé en tête du corso Vittorio Emanuele, du côté de la piazza Garibaldi, allie les fonctionnalités du standing international à la commodité de son emplacement. Environ 115€ la double. *Corso Vittorio Emanuele, 201 Tél. 080 521 68 10 Fax 080 524 51 78 www.executivebari.it*

Manger à Bari

petits prix

☺ **Terranima (plan A4).** Les propriétaires ont voulu recréer ici, sans trop d'artifices, l'atmosphère des villages d'antan. Vous apercevrez le barbier, les portes anciennes et les outils d'autrefois. La cuisine, à l'image de ce concept, est attentive au savoir-faire du passé, mais ajoute un soupçon de fantaisie variant au gré des saisons et de la pêche. On peut commencer par exemple avec un surprenant *carpaccio* de courgettes relevé à la *grana* (variété de parmesan, plus salée) et poursuivre avec l'un des succulents *primi* de pâtes fraîches (*trofie* au pesto de fleurs de courgette...). Accueil chaleureux. *Via Putignani, 213/215 Tél. 080 521 97 25 Ouvert lun.-sam. midi et soir, dim. midi*

Le Credenze (plan B2). Niché en plein centre historique, ce restaurant est l'une des adresses favorites des *Baresi*. Au menu, délicieuses pâtes fraîches aux légumes (dont les fameuses *orecchiette e cime di rape*, pâtes aux feuilles de raves), poissons et fruits de mer pêchés dans les environs. *Via Verrone, 25 (angle Arco Sant'Onofrio, 14) Tél. 080 524 47 47 Ouvert jeu.-mar. midi et soir Fermé lun. et mois d'août*

Où boire un verre, déguster une pâtisserie ?

Stoppani (plan A3). La pâtisserie la plus cotée de Bari depuis 1860. Vieilles dames et garçonnets viennent ici savourer gâteaux, confiseries et biscuits. À l'heure de l'apéro, le lieu se transforme en un bar très couru. *Via Roberto da Bari, 79/81 Tél. 080 521 35 63 Ouvert tlj. 7h30-14h et 15h45-20h45*

Où acheter des pâtes, des biscottes *pugliese* ?

Il Salumaio (plan A3). Cette épicerie fine rassemble les meilleurs produits de la *Terra di Bari* : vins, huiles, pâtes, fromages, charcuterie... Les pâtes artisanales

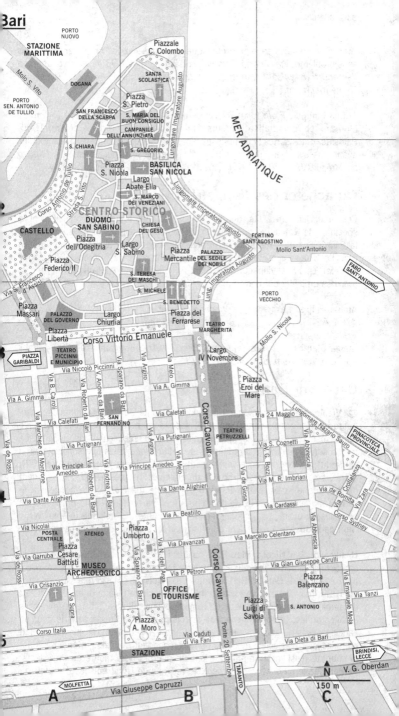

sont conditionnées sous vide pour que vous puissiez les rapporter chez vous sans problème. *Via Niccolò Piccinni, 168 Tél. 080 521 93 45 Autre boutique à l'aéroport www.ilsalumaio.it Ouvert lun.-sam. 8h30-13h30 et 17h-21h30 Fermé mar. a.-m.*

Antico Panificio Fiore (plan B2). À deux pas de la Chiesa del Gesù, à l'ombre d'un arc, ce *forno* habite les murs d'une ancienne église datée de l'an 1000. Pains de toutes sortes (y compris les fameuses biscottes *pugliese*, qu'on mouille avant d'assaisonner d'un filet d'huile d'olive et de sel), fougasses... *Via Palazzo di Città, 38 Tél. 080 521 65 39 Ouvert ven.-mer. 7h-14h et 16h-21h*

Où acheter des *fischietti* ?

Ces sifflets en terre cuite, que vous trouverez dans toutes les Pouilles, sont la spécialité de **Rutigliano**, petite bourgade située à quelques minutes de Bari sur la S634. Les plus traditionnels représentent des coqs (symboles de virilité), mais l'on trouve aussi toutes sortes de personnages (de 1,50/2€ à 70€ selon le modèle). Le 17 janvier, jour de la Saint-Antoine, l'usage veut que l'on offre à sa dulcinée un sifflet qui portera bonheur à son amour.

Atelier Filippo Lasorella. *Via Vincenzo Chiaia, 67 70018 Rutigliano Tél. 080 476 27 27 Ouvert lun.-ven. 8h-13h et 15h-19h30*

Atelier Giambattista Gara. *Via Aldo Moro, 7 70018 Rutigliano Tél. 080 476 13 15 Ouvert lun.-sam. 9h-13h et 17h-20h*

Découvrir Bari

☺ **Vieille ville.** La promenade la plus charmante de Bari. Commencez votre balade le long du **mur d'enceinte**, face à la mer, qui relie le fortin de Sant'Agostino (plan B2) au château (plan A2). Au crépuscule, une lumière ocre tombe sur la vieille ville, lui donnant des allures orientales que son histoire ne contredit pas. Un des accès est constitué par la **piazza Mercantile** (plan B2), autrefois centre commercial, bordée de quelques insignes *palazzi* : le bâtiment de la Douane et surtout le **Palazzo del Sedile dei Nobili**, qui accueillait le conseil municipal en 1600 (aujourd'hui propriété privée). À côté du Sedile, un peu plus en avant, une colonne et un lion sculpté (la **"colonne infâme"** ou le **"lion de la Justice"**) rappellent qu'on ligotait ici bandits, ruinés et usurpateurs.

Basilica di San Nicola (plan B2). La basilique, bien plus importante que la cathédrale, renferme les reliques du saint patron, Nicolas, rapportées en 1087 par 62 marins de Bari (cf. Bari, L'héritage des croisades). La crypte est consacrée en 1089, mais l'ensemble est achevé plus d'un siècle plus tard, en 1197. C'est l'exemple le plus emblématique du roman apulien qui mêle plusieurs influences architecturales. L'imposante **façade à trois portails** se dresse dans la cour de l'ancien palais du gouverneur byzantin (Corte del Catapano), en fonction à Bari entre le Xe et XIIe siècles. Aux trois portails répondent **trois nefs intérieures**, dont la sobriété n'est interrompue que par un plafond doré ajouté au XVIIe siècle. Remarquez le *ciborium* et, derrière, le magnifique **trône épiscopal d'Élie** (du nom du premier évêque à avoir conservé les reliques, à l'origine de l'édification de la basilique), daté de 1105 et très influencé par l'art byzantin, tout en marbre, posé sur un "tapis" de mosaïque. Les **absides latérales** renferment quelques beaux tableaux des écoles toscanes et umbrines du xvᵉ siècle tandis que l'**abside centrale** est dominée par le tombeau de Bona Sforza de Pologne, duchesse de Bari (fin du xvιᵉ siècle). Dans la **crypte**, vous observerez de près les détails des chapiteaux des colonnes (romans et byzantins). L'autel de pierre garde précieusement les reliques vénérées par de nombreux pèlerins (venus même des Balkans ou de Russie), notamment à l'occasion de la fête de saint Nicolas du 7 au 9 mai. Ancêtre du Père Noël, ce dernier est avant tout le protecteur des enfants (il en aurait ressuscité du saloir d'un boucher qui les avait coupés en morceaux), mais aussi celui des femmes à marier et des marins. *Piazza San Nicola Tél. 0805 73 71 11 Ouvert tlj. 7h30-12h45 et 16h-18h30 (20h dim.)*

☺ **Duomo di San Sabino (plan A2).** La cathédrale de San Sabino, édifiée entre 1170 et 1178 sur les vestiges de l'ancienne cathédrale byzantine, a retrouvé ses allures romanes après une restauration en profondeur qui a effacé les ajouts baroques ultérieurs. La première église avait été entièrement rasée par Guillaume le Mauvais, le bien nommé, en réponse à un mouvement de rébellion des habitants. De l'église primitive, on voit encore à l'intérieur une **chaire** reconstituée et un **trône épiscopal** derrière le *ciborium*. La crypte conserve, outre les reliques de saint Sabin (autre saint patron de Bari), l'**icône byzantine de la Madone Odegitria** ("celle qui montre le chemin"), peut-être rapportée d'Orient au vιιιᵉ siècle. Levez les yeux et partez à la recherche du bestiaire étrange (monstres, dragons à écailles, serpents, sphinx...) ornant la façade, les fenêtres (notamment celle de l'abside), la rosace et les portails. Le palais épiscopal adjacent abrite un **musée de la Cathédrale**, connu pour sa remarquable collection de parchemins, en particulier l'**Exultet** (lu à Pâques), qui atteste une tradition en vigueur dans tout le sud de l'Italie entre les xᵉ et xιιιᵉ siècles : le parchemin, richement illustré et coloré, était déroulé depuis le haut de l'ambon par le diacre qui lisait le texte, à l'envers par rapport aux illustrations, restées visibles pour les fidèles. *Duomo Piazza dell'Odegitria Tél. 080 521 06 05 Fermé pour travaux jusqu'en 2005 **Musée de la Cathédrale** Largo San Sabino, 7 Tél. 0800 521 00 64 Ouvert jeu. 9h30-12h30, sam. 9h30-12h30 et 16h-19h Autres jours sur réservation uniquement*

Castello (plan A2). On doit à Frédéric II (1220-1250) d'avoir fortifié toute la côte des Pouilles, depuis le promontoire du Gargano jusqu'à Otrante. Roi bâtisseur, il était plus porté sur les châteaux forts que sur les cathédrales, au grand dam de l'Église qui l'a excommunié après qu'il a failli à sa promesse de partir en croisade une fois couronné (royaumes de Sicile et de Germanie) ; il finira par céder et gagnera la Terre sainte en 1228. Quadrilatère posé au bord de la mer depuis le xιιιᵉ siècle, le château a été construit sur les vestiges d'une ancienne citadelle normande. Plus tard, au début du xvιᵉ siècle, la duchesse Isabelle d'Aragon en fait sa résidence, l'agrandit et le renforce de bastions aux angles et de remparts. Avec les Bourbons commence une longue période de décadence, qui voit le château servir d'abord de caserne, puis de prison. Aujourd'hui, il abrite la Surintendance du Patrimoine des Pouilles ainsi que la glyptothèque, qui conserve les moulages en plâtre des plus importants monuments régionaux,

LES POUILLES

conçus pour l'Exposition universelle de Rome de 1911. *Piazza Federico II di Svevia Tél. 080 528 61 11 www.castelli-puglia.org Ouvert toute l'année jeu.-mar. 8h30-19h30*

Ville moderne. Le corso Vittorio Emanuele (plan A3-B3) trace la frontière de deux univers : d'un côté le labyrinthe des ruelles de la vieille Bari, de l'autre un échiquier de rues presque parfait, *palazzi* Liberty (Art nouveau), boutiques chic… Le Borgo Nuovo, ou Borgo Murattiano, a été voulu par Joachim Murat au début du xixe siècle, mais il affiche indéniablement l'empreinte de l'architecture néoclassique d'une époque postérieure (plutôt vers la fin du siècle). Quelques bâtiments à voir : à la sortie de la gare (plan B5), après la piazza Aldo Moro, s'ouvre la piazza Umberto I, avec l'**Ateneo** (1887), siège de l'université, et le **Musée archéologique** (fermé pour restauration) (plan A4). Trois théâtres forment un triangle d'or entre le corso Cavour et le corso Vittorio Emanuele : le prestigieux **Teatro Petruzzelli** (1898-1903), sur le corso Cavour (plan B4), présente une incomparable façade rouge pourpre, ravagée par un terrible incendie en 1991. Après une dizaine d'années d'atermoiements, sa reconstruction est en cours. Plus en avant, juste à l'entrée du vieux port, se trouvent le **Teatro Margherita** (1914), à l'abandon, dans le style Liberty (plan B3), et enfin, sur le corso Vittorio Emanuele, encore actif, le **Teatro Piccinni** (1854), qui partage ses locaux avec l'hôtel de ville (plan A3). Le long du *lungomare* Nazario Sauro, quelques édifices illustrent parfaitement l'architecture fasciste des années 1920, comme le **Palazzo dell'Acquedotto Pugliese** (1921), derrière le Petruzzelli (plan B4), ou encore le **Palazzo della Provincia** (1935), qui abrite aujourd'hui la pinacothèque – outre des artistes locaux, on verra ici quelques belles toiles de Bellini, des frères Vivarini, de Véronèse, de Luca Giordano, de Vaccaro… (Via Spalato, 19 Tél. 080 541 24 24 Ouvert mar.-sam. 9h30-13h et 16h-19h, dim. 9h-13h). Dans le même genre, les **pavillons de la Fiera del Levante** (360 000m²), à l'ouest. Au-delà, la ville s'étend en 17 quartiers rayonnant à partir de la gare. Nostalgiques et amateurs iront jeter un œil au **Stadio San Nicola**, dessiné par Renzo Piano pour le Mondial de foot en 1990, aux allures de soucoupe volante géante (58 000 places).

Sur la route des cathédrales médiévales

Duomo de Conversano. Conversano est l'une des plus jolies bourgades des Pouilles. La cathédrale, juste à côté du **monastère San Benedetto** (xie siècle), remonte à la fin du xie et au début du xiie siècle. On doit aux Normands de l'avoir commencée mais elle a subi de profonds remaniements au cours des siècles, agrandie ou entièrement restaurée à la suite de nombreux incendies. Dans la nef de gauche, jetez un œil à l'**icône de la Madone de la Fontaine** (xiiie siècle), patronne de la ville. Dans celle de droite, remarquez le **crucifix en bois** du xvie siècle. *À 26km de Bari sur la S634, ou par la belle route du littoral S16 via Mola di Bari*

Cattedrale d'Altamura. Parce que la ville abrite la seule cathédrale voulue par l'empereur Frédéric II, l'étape à Altamura se révèle intéressante. Fondée en des temps immémoriaux (âge du bronze), la cité a succombé sous le joug des Sarrasins et c'est un souverain souabe qui la refonde, en 1230, rassemblant à l'abri de ses hautes murailles (d'où son nom) une population bigarrée, de confessions diverses. Commencée en 1232 sur le site de l'ancienne acropole, la cathédrale trahit plus ses origines angevines que souabes : en fait, elle dut être reconstruite après le séisme de 1316 puis remaniée au XVIe siècle. De cette époque datent les deux imposants **campaniles** de pierre brune, encadrant une magnifique **rosace** à quinze rayons du XIVe siècle. Observez attentivement les innombrables détails qui fleurissent autour du **portail** sculpté (XIVe-XVe siècle), représentant des scènes du Nouveau Testament, et encadré par deux lions, animaux assez caractéristiques du bestiaire artistique apulien. *À 40km au sud de Bari par la S96*

Cattedrale de Bitonto. La cathédrale de Bitonto est, avec celles de Trani et de Bari, l'une de nos préférées, en raison de sa situation dans le centre historique de la ville, un des mieux préservés des Pouilles. Consacrée à saint Valentin, elle remonte au XIIIe siècle, fidèle au modèle dont elle s'inspire, San Nicola de Bari. Influences normandes, bénédictines et orientales se conjuguent ici dans une belle harmonie, dégageant quelques audacieuses tentatives architecturales comme la **loggia** qui court tout le long des arcades sur les côtés. À l'intérieur, l'**ambon** sculpté par Nicolaus en 1229 est l'un des chefs-d'œuvre du genre : le bas-relief serpentant sur le flanc de l'escalier représente sans doute Frédéric II et sa famille, prêts à partir en croisade (la sixième, en 1228-1229). L'aigle raffiné, sculpté dans la partie supérieure de l'ambon, symbolise à la fois saint Jean et le pouvoir impérial. Un ensemble de monstres et autres animaux fantastiques orne les chapiteaux des colonnes de la **crypte**. *À 15km à l'ouest de Bari par la S98*

Cattedrale de Ruvo di Puglia. Cette cathédrale (Xe-XIIIe siècle) est l'un des exemples les plus aboutis du roman apulien. Sa façade lisse et grise n'est interrompue que par une belle **rosace** à douze rayons et trois **portails**, dont celui du centre encadré par deux lions. Le **campanile**, un peu à l'écart, remonte à l'an 1000. Il faisait d'abord office de tour défensive puis de prison. *À 30km au nord-ouest de Bari par la S98*

Duomo d'Andria. Deuxième ville de la province de Bari par sa population, Andria a conservé quelques beaux monuments. Sa cathédrale date du début du XIIe siècle, bien qu'elle ait été réaménagée au XVe siècle et restaurée récemment. Elle abrite, dans sa crypte des IXe-Xe siècles, les **tombeaux des épouses de Frédéric II**, Yolande de Brienne (morte en 1228) et Isabelle d'Angleterre (morte en 1241). *À 48km de Bari par la S98*

Cattedrale de Canosa di Puglia. Rien que pour le magnifique **trône épiscopal** de la cathédrale San Sabino, on vous conseillerait de faire halte à Canosa di Puglia. Œuvre du sculpteur Romualdo (fin du XIe siècle), la chaire est sculptée dans une pierre polychrome qui a perdu ses nuances colorées avec le temps. L'édifice, quant à lui, fut érigé au début du XIIe siècle mais, après plusieurs incidents dont le tremblement de terre de 1689, il dut être reconstruit au début du XIXe siècle. D'emblée, comme dans d'autres monuments de ce type, c'est le **bestiaire** de figures imaginaires qui fascine. Ici, les deux éléphants stylisés, soutenant le trône, sont indéniablement inspirés par l'art musulman. Du transept, une porte s'ouvre sur le **tombeau de Bohémond de Hauteville**. Cette chapelle est l'une des plus singulières constructions romanes des Pouilles ; son architecture tout entière rappelle l'histoire de ce personnage, héros de la première croisade, mort à Antioche le 7 mars 1111. Sa coupole, posée sur une structure de plan carré, évoque le petit temple qui surplombe le Saint-Sépulcre de Jérusalem. Les influences orientales côtoient le style pisan dans une belle harmonie, et ce jusque dans la **porte de bronze**, fondue à la fin du XIe siècle. *À 70km de Bari par l'A14 ou la S98*

Duomo Vecchio de Molfetta. Daté de la fin du XIIe siècle, le Duomo Vecchio de Molfetta se distingue par trois **coupoles** pyramidales, qui coiffent la nef centrale, et deux hauts **campaniles**, à l'arrière. *À 25km au nord de Bari par la S16b*

☺ **Cattedrale de Trani.** Trani est aussi connue comme "l'Athènes des Pouilles". Sa cathédrale blanc et rose, tel un vaisseau amarré au port, est l'une des plus parfaites réalisations de l'art médiéval. La pierre est un marbre local, couleur ivoire mais parcouru de veines jaunes et rouges. Consacrée à saint Nicolas le Pèlerin (pèlerin de Dalmatie mort en 1094 après avoir été martyrisé au cours de son pèlerinage), elle est située à l'écart de la vieille ville, presque coupée du monde dans un splendide isolement. Évidemment, c'est le **campanile** qui la distingue avant tout, haut de près de 60m et néanmoins vertigineux de légèreté, posé sur un arc d'où l'on voit la mer. Commencée en 1097, elle a été édifiée sur une ancienne église et il fallut plus d'un siècle pour l'achever (en 1250). L'entrée se fait aujourd'hui par une des **deux cryptes** : la première ressemble à une forêt de colonnes ornées de chapiteaux tous différents, et la seconde, sous la nef, témoigne de l'église paléochrétienne (mosaïques du VIIe siècle). En **façade**, les bas-reliefs représentent des cohortes de monstres et d'animaux étranges entremêlés. Les **anciens vantaux en bronze** de la porte, travaillés à la byzantine comme des panneaux en ivoire, œuvre de Barisano da Trani en 1180, ont été restaurés et sont exposés à l'intérieur de l'église (Ouvert lun.-sam. 8h15-12h15 et 15h15-18h30, dim. 9h-12h15 et 16h-19h). *À 40km au nord de Bari par la S16b*

Duomo Santa Maria Maggiore de Barletta. Tout comme ses voisines, Barletta a hérité du Moyen Âge l'un de ses plus beaux monuments. La cathédrale Santa Maria Maggiore décline différentes architectures : romane dans sa première partie, elle a été achevée dans un style gothique (presbytère et abside) au XIVe siècle. *À 52km de Bari par la S16b*

Où visiter des grottes marines ?

Polignano a Mare. Cette bourgade aux couleurs méditerranéennes est la patrie de Domenico Modugno (mort en 1994), chanteur des années 1960 qui s'est distingué avec son universel *"Volare, ooooooh, cantare, ooooooooh, nel blu, dipinto di blu..."*. Perchées au bord de la falaise (70m de haut), les maisons surplombent une succession de grottes creusées dans la roche, dont la plus belle est la **Grotta Palazzese**, où l'on peut aussi accéder *via mare*, en barque. *À 30km de Bari par la S16*

Sur le plateau des Murge

Castel del Monte. Fascinant octogone posé sur le plateau des Murge, le château de Frédéric II n'a rien d'un château fort banal. Somme ésotérique qui répète à l'infini le chiffre 8, ce monument voulu par l'empereur à la fin de sa vie (vers 1240) n'a ni fossé, ni pont-levis, ni souterrains… Et, même s'il est isolé, il reste facilement accessible. Toutes les hypothèses ont été émises à son sujet, sans qu'aucune ne parvienne à convaincre. On a parlé d'un projet idéal, sans aucun enjeu particulier sinon d'être un rêve concrétisé. D'autres y voient plutôt un pavillon de chasse monumental ou alors le lieu même où Frédéric II pouvait se consacrer à sa passion, la fauconnerie. Ces propositions, conjuguées à la culture du souverain imprégnée d'ésotérisme, achèvent peut-être d'expliquer pourquoi il ne s'agit pas d'une construction ordinaire. Quant à l'omniprésence du chiffre 8, elle aurait plusieurs origines : l'octogone était lui même flanqué de 8 tours octogonales à chaque angle ; on trouvait 8 chambres à chacun des deux étages dont le couloir suivait un parcours octogonal… Cette figure dérive peut-être de l'étoile musulmane à 8 branches qui fait référence à l'équilibre des cosmogonies, au mouvement continu de l'univers. D'autres y ont vu la somme des chiffres de la naissance de Frédéric II (26/12/1194) ou le nombre de lettres de son prénom, sans parler des chrétiens qui voient dans le 8e jour, après les 6 premiers de la Création et le samedi, une nouvelle ère éternelle, jour de la résurrection du Christ et des hommes. Aujourd'hui dépourvu de la décoration qui l'ornait (pavements de mosaïques arabisantes, marbres), le château n'en demeure pas moins grandiose, particulièrement à l'heure du crépuscule, quand sa silhouette se découpe à l'horizon. Expositions temporaires. *À 50km de Bari par les S98 et S170 Tél. 0883 56 99 97 Ouvert tlj. 9h-18h30 l'hiver, 10h-19h l'été*

En s'aventurant vers le golfe de Manfredonia

Salines de Margherita di Savoia. Entre les provinces de Bari et de Foggia, les salines de Margherita di Savoia (rebaptisées ainsi en hommage à la première reine d'Italie, en 1879) sont les plus grandes d'Europe. À la fin de l'été, durant la récolte (près de 500 000t, soit la moitié de la production nationale), le paysage bourgeonne de dizaines de hautes collines de sel, qui, le soir venu, reflètent toutes les nuances du crépuscule. *À 66km de Bari par les S16 et S159*

Parco Nazionale del Gargano. Ce promontoire, qui s'échappe du reste des Pouilles vers l'est, constitue presque une île, parfaitement distinct du territoire contigu, la plaine du Tavoliere. Socle de calcaire troué de grottes et déformé par des falaises, il était autrefois entièrement recouvert de végétation. Aujourd'hui, la **Foresta Umbra** n'en occupe plus qu'une toute petite portion (moins de 15%). Pins d'Alep, hêtres, chênes-lièges, chênes verts, érables… s'agrippent à la roche à plus de 800m d'altitude. La meilleure façon d'aborder le parc est d'y accéder par le sud *via* **Monte Sant'Angelo** (796m d'altitude sur un éperon rocheux). La route qui longe la côte de **Mattinata** jusqu'à **Vieste**, la *provinciale* P53 (P52 après Vieste), est de toute beauté et vous permettra de découvrir quelques-uns des plus beaux sites du Gargano. Elle est jalonnée de falaises et d'arches naturelles, notamment la **Baia delle Zagare**, sans doute l'une des plus belles plages des Pouilles, et la **Cala San Felice**, tout près de Vieste, à **Testa del Gargano**, où l'on nage au creux d'un arc imposant. De Vieste à **Peschici**, les plages sont aussi belles mais plus fréquentées et sélectes. Évitez d'emprunter cette route en plein mois d'août : embouteillage assuré... *À 110km de Bari par les S16, S159 puis S89 après Manfredonia Via S. Antonio Abate, 121 71037 Monte Sant'Angelo Tél. 0884 56 89 11 Fax 0884 56 13 48 www.parcogargano.it*

☺ Les îles Tremiti
71040

Au large de l'Adriatique, cinq îles, comptant 350 habitants sur 3km^2, émergent à 20km de la côte du Gargano : San Domino, San Nicola, Capraia, Cretaccio et La Vecchia. Méconnues, laissées aux seuls amoureux de la nature (l'archipel a été classé "Réserve marine protégée"), les îles Tremiti sont accessibles en très peu de temps et fournissent le prétexte à une échappée absolument incroyable. Ici, la mer n'a jamais été aussi bleue et transparente et, en une journée, on a tout le loisir de faire le tour en barque, de découvrir quelques-unes des plus belles grottes ou de lézarder au soleil sous l'œil des albatros.

Les îles Tremiti, mode d'emploi

accès en bateau

Rejoindre **Termoli** par l'A14 ou **Rodi Garganico**, **Vieste**, **Peschici** ou **Manfredonia** par la S89. Plusieurs compagnies maritimes effectuent la desserte des îles Tremiti en ferries ou en hydroglisseurs, mais c'est de Termoli que partent le plus grand nombre de bateaux. La traversée dure de 50min (de Termoli, en hydroglisseur) à 2h (de Vieste, en ferry). Si vous êtes en voiture, sachez que vous devrez la laisser au port (par prudence, vous pouvez la laisser dans des parkings gardés, à proximité). Le ferry vous débarque sur l'île San Nicola et vous devrez prendre une barque pour rejoindre San Domino, juste en face. **Adriatica di Navigazione.** *Ditta A. Galli e Figlio Corso Manfredi, 4/6 71043 Manfredonia Tél. 0884 58 25 20/58 28 88 Intercontinental Viaggi S.R.L. Corso Umberto I, 93 86039 Termoli Tél. 0875 70 23 45 (billetterie du port) Ditta Cafiero Emilio Via degli Abbati, 10 Tél. 0882 46 30 08 71040 Isole Tremiti Gargano Viaggi Piazza Roma, 7 71019 Vieste Tél. 0884 70 85 01/70 73 93 www.adriatica.it* **Navigazione Libera del Golfo.** *Di Brino Viaggi Corso Umberto I, 23 86039 Termoli Tél. 0875 70 39 37/704 48 59 billetterie du port) Biglietteria N.L.G. San Nicola 71040 Isole Tremiti Tél. 0882 46 34 42 www.navlib.it*

informations touristiques

Pro Loco. Cet office de tourisme vous guidera pour trouver quelques chambres disponibles en B&B, notamment sur l'île San Nicola, dépourvue d'hôtels. *Piazza Castello, Isola San Nicola Tél. 0882 46 30 63 Ouvert mai-sept. : lun.-sam. 8h-14h*

Dormir sur les îles Tremiti

prix élevés

San Domino. Un 3 étoiles qui en vaut 4 : 26 chambres dans une belle villa toute blanche, située à l'écart du centre de San Domino. Dépaysement et calme garantis. De 80€ à 130€. *Via Matteoti 1, Isola San Domino Tél. 0882 46 34 30/46 34 04 Fax 0882 46 32 21 domino@tiscalinet.it*

Il Gabbiano. Une adresse classique située au centre du bourg : ce 4 étoiles tout confort propose 40 chambres dans un ensemble de corps de bâtiments qui s'intègre parfaitement au paysage (de 100€ à 176€ la double). Le restaurant offre par ailleurs une cuisine simple mais savoureuse, à base de spécialités de la mer. *Piazza Belvedere Tél. 0882 46 34 10 Fax 0882 46 34 28 gabbiano@hotel-gabbiano.com www.hotel-gabbiano.com*

Manger sur les îles Tremiti

petits prix

Al Torrione. L'établissement le plus authentique de l'île San Nicola. La patronne cuisine avec passion et générosité les recettes traditionnelles des Tremiti : laissez-vous guider ! Terrasse très prisée. *Via Marconi, Isola San Nicola Tél. 0882 46 30 92 Réservation conseillée*

prix moyens

Il Pirata. Ce restaurant, un classique désormais, toutefois un peu trop touristique en été, est considéré comme le meilleur de l'île. Situé sur la plage, il fait aussi office de relais, colportant aux uns et aux autres les dernières nouvelles de l'île. Cuisine exclusivement à base de poisson et de fruits de mer. *Cala delle Arene, Isola San Domino Tél. 0882 46 34 09/46 32 53*

Découvrir les îles Tremiti

Pour ceux dont le temps est compté, le mieux est de s'embarquer sur l'un des bateaux qui attendent les touristes pour le tour de l'**île San Domino**, la plus étendue des cinq (2,8km sur 1,7km). Vous pourrez alors prendre magnifiquement la mesure de l'archipel, découvrir les plus belles plages, voir la **grotte des Violettes** (*Grotta delle Viole*), **des Hirondelles**… L'autre possibilité est de vous empresser de gagner l'une des plages en traversant les **forêts de pins d'Alep** pour vous poser, sortir palmes et tubas (pas de harpon, la pêche est interdite !) ou lézarder au soleil. La **plage du Village du Touring Club italien**, constituée de rochers aménagés avec des terrasses en bois, est une bonne option hors saison. Ailleurs, c'est moins confortable, mais plus isolé. N'oubliez pas des chaussures en plastique pour marcher dans l'eau (gare aux oursins !) et soyez prudents avec le ressac. Quand le soleil décline, allez jeter un coup d'œil au village fortifié de l'**île San Nicola** (1,6km sur 450m). Centre administratif de l'archipel, cette dernière abrite, hormis son vieux **château** des

XIVe et XVe siècles, une **ancienne abbaye fortifiée** du IXe siècle (aujourd'hui inaccessible), s'agrippant à la roche.

La vallée d'Itria

La vallée d'Itria est une terre fertile où poussent en abondance vigne, oliviers et amandiers. Ici, le paysage de la campagne est constellé d'étonnantes constructions appelées *trulli* (du latin *turris* ou *turriculla*, "petite tour" ; ou du gréco-byzantin *torullos*, "coupole"), sortes de petites maisons chaulées aux toits coniques. L'origine de cette architecture, circonscrite dans ce petit pays, est incertaine. Quelques-uns y ont vu la trace évidente des liens qui unissaient la région au Moyen-Orient au temps des croisades – telle la Syrie avec ses maisons "en pain de sucre" –, d'autres rappellent une anecdote liée au seigneur Giovanni Acquaviva d'Aragon : en 1635, ce dernier aurait incité les paysans installés sur son fief à bâtir "à sec", c'est-à-dire sans ciment, pour éviter de payer l'impôt sur les nouvelles constructions au royaume de Naples. Les maisons étaient ainsi rapidement démontables en cas d'inspection du gouvernement. Inscrite au Patrimoine mondial de l'humanité, la ville d'Alberobello est la capitale du pays des *Trulli*. Aujourd'hui, si le site est devenu quelque peu artificiel, le paysage a gardé toute sa singularité et sa féerie.

LES *TRULLI* : UNE ARCHITECTURE PARTICULIÈRE
La structure de base d'un *trullo* est presque toujours identique : chaque pièce est surmontée d'un toit conique (qui pouvait servir de grenier), les murs et le toit composant un ensemble parfaitement isolant, aussi bien du bruit que des variations de températures. Tout comme les symboles peints à la chaux sur les toits (croix, candélabres à sept branches, cœurs, symboles de divinités…), les différents types de pinacles renvoient à des origines sacrées (chrétienne, grecque, hébraïque) ou tout simplement à la superstition populaire. On en voit ainsi en forme de croix, d'étoile, de boule, de triangle, etc.

La vallée d'Itria, mode d'emploi

accès

EN TRAIN. Vous pouvez emprunter les trains des Ferrovie del Sud-Est dont la ligne Bari-Martina Franca-Tarente passe par toutes les localités de la vallée. **FSE.** *Numéro vert 800 07 90 90*

EN VOITURE. Située presque à mi-distance entre Bari et Brindisi, la vallée d'Itria est desservie par des routes nationales bien entretenues. On a le choix entre la nationale de la côte (S16 au départ de Bari, prolongée par la S379 de Fasano à Brindisi) et les belles routes de l'arrière-pays, souvent moins encombrées l'été (S172, *strada dei Trulli*, Ostuni-Locorontodo).

informations touristiques

IAT Casa d'Amore (Informazioni e Attenzione al Turista). Situé dans la première maison à avoir été bâtie à la chaux et au mortier (contrairement aux *trulli*), sur la principale place du village, à deux pas de l'hôtel Lanzillotta. *Piazza Ferdinando IV 70011 Alberobello Tél. 080 432 51 71 Ouvert lun.-ven. 9h-13h et 15h-18h, sam. 9h30-12h30 (et 15h-18h en été)*
Pro Loco. Office de tourisme. *Via Monte Nero 70011 Alberobello Tél. 080 432 28 22 Fax 080 432 77 77 Ouvert lun.-ven. 9h-13h30, 16h30-19h30*
APT (Azienda di Promozione Turistica). *Piazza Roma, 35 74015 Martina Franca Tél. 080 480 57 02 martinafranca@pugliaturismo.com Ouvert lun.-ven. 9h-13h et 15h-18h, sam. 9h-12h (17h-19h en été)*

manifestation

Festival de la vallée d'Itria. Ce festival de musique lyrique renommé se tient entre la mi-juillet et la mi-août (30e édition en 2004). Rens. au palais ducal de Martina Franca. *Tél. 080 480 51 00 festivaldellavalleditria@tin.it*

Dormir dans la vallée d'Itria

prix moyens

Hotel Lanzillotta. Situé de l'autre côté de la Zona dei Trulli, sur la place principale d'Alberobello, cet hôtel est aménagé dans un beau *palazzo* blanc. Les chambres n'ont pas l'originalité des *trulli*, mais sont calmes et bien tenues. Double à 57€. *Piazza Ferdinando IV, 31 70011 Alberobello Tél. 080 432 15 11/11 79 Fax 080 432 53 55*

☺ **Trullidea.** Si vous devez séjourner à Alberobello, pourquoi ne pas opter pour l'un des quinze *trulli* aménagés au cœur de la Zona dei Trulli ? Toutes les formules sont possibles : bed & breakfast, demi-pension, pension complète, location à la semaine, pour un couple ou pour une famille allant jusqu'à cinq ou six personnes… À vous de faire votre choix ! Chaque *trullo* a été restauré dans les règles de l'art, avec charme et simplicité. Garez votre voiture au bas du quartier. *Via Monte Nero, 18 70011 Alberobello Tél./fax 080 432 38 60 info@trullidea.com www.trullidea.it*

Residence Giardino dei Trulli. Si le Trullidea est au complet, vous pouvez toujours vous replier sur cette agence qui fournit le même type de prestations, y compris des *trulli* à la campagne, près d'Alberobello. Restaurés et meublés, ceux-ci sont tout équipés et disposent, pour certains, d'un petit jardin. Il faut compter 388€-440€ le *trullo* pour une semaine pour deux personnes de juin à sept. et 439€-492€ pour une semaine pour deux personnes en juil.-août. *Via XXIV Maggio, 15 70011 Alberobello Tél. 080 432 13 30 Fax 080 432 14 58 www.giardinodeitrulli.it info@giardinodeitrulli.it*

prix élevés

La Fontanina-Ristorante Piccolo Hotel. Un établissement 4 étoiles, situé à quelques kilomètres de Ceglie Messapica, sur la route d'Ostuni, renommé pour la qualité de son accueil mais aussi, et surtout, pour la succulente gastronomie de son restaurant, aux mains de la même famille depuis deux générations. "Week-ends du goût" avec dégustation de spécialités (vins, fromages...). De 70€ à 90€ par personne en demi-pension. *Contrada Palagogna (strada provinciale Ostuni-Francavilla, km 9) 72013 Ceglie Messapica Tél. 0831 38 09 32 Fax 0831 38 09 33 www.lafontanina.it Ouvert mar.-dim. midi Fermé nov.*

Hotel dei Trulli. Un peu à l'écart du centre-ville, un véritable village de *trulli* du XIXᵉ siècle reconverti en hôtel de charme avec piscine. C'est cher, mais très reposant. Les vingt suites (avec sdb, terrasse...) sont disséminées dans une pinède, à l'écart du monde. Comptez 80€-110€ par personne en demi-pension. *Via Cadore, 32 70011 Alberobello Tél. 080 432 35 55 Fax 080 432 35 60*

Manger dans la vallée d'Itria

prix moyens

Trullo d'Oro. L'endroit vous paraîtra peut-être un peu touristique, mais les habitants eux-mêmes reconnaissent que c'est l'une des valeurs sûres d'Alberobello. La cuisine y est savoureuse : excellents *antipasti* (*bruschette*, légumes braisés, fromages...), dégustation de plusieurs *primi* (*orecchiette* maison, purée de fèves et chicorée amère...) et grillades (agneau, brochettes, saucisses...). *Via Felice Cavallotti, 27 70011 Alberobello Tél. 080 432 18 20 Fermé lun. et 7-31 jan.*

☺ **Il Poeta Contadino.** Auréolé du label "Ristorante del Buon Ricordo" (cuisine traditionnelle de haute volée), c'est incontestablement la meilleure adresse de la ville. Les spécialités de poisson et de fruits de mer ont fait sa renommée : paupiettes d'aubergines à la lotte et crevettes sur velouté de moules, loup de mer en croûte de pommes de terre et sauce au basilic *alla Leonardo* (du prénom du chef !), le tout dans un cadre très suggestif. *Via Indipendenza, 21 70011 Alberobello Tél. 080 432 19 17 Fax 080 432 19 17 www.ilpoetacontadino.it Fermé oct.-juin et lun.*

La Tana della Lepre. Le restaurant à beau s'appeler "la tanière du lièvre", il n'en demeure pas moins l'un des meilleurs endroits pour manger de l'agneau. Mais il s'avère aussi une bonne adresse pour les légumes braisés, les fromages frais de la région, les pâtes maison... *Via Alberobello, 178 70010 Locorotondo Tél. 080 431 52 47 Ouvert mar.-dim. midi et soir Fermé jan.*

prix élevés

☺ **Al Fornello da Ricci.** Plusieurs fois étoilé, ce restaurant est situé à l'écart du vieux bourg de Ceglie Messapica. À la carte, la famille Ricci met à l'honneur les meilleurs produits locaux, fournis par les *masserie* des environs : fleurs de courgette panées au fromage frais, melon et ricotta de chèvre salée... Suivent les *primi*, *lasagnette* aux anchois et aux olives, purée de fèves et chicorée amère, *tagliolini* aux champignons de la pinède. Les amateurs de viande grillée devront se réserver pour l'agneau (exceptionnel) ou les saucisses. L'accueil est convivial et on vous conseillera volontiers, notamment pour les vins, dont la cave creusée à même la pierre est l'une des plus exigeantes de la région. *Contrada Montevicoli (vers les grottes de Montevicoli) 72013 Ceglie Messapica Tél. 0831 37 71 04 Fermé lun. soir-mar., 1re quinzaine de fév. et sept.*

Où boire un café ?

Caffè Tripoli. Ce café historique de Martina Franca a pignon sur rue depuis 1911 et est connu pour ses irrésistibles *bocconotti alla crema di amarena*, gâteau farci à la crème pâtissière et aux cerises. *Via Garibaldi, 10 74015 Martina Franca Tél. 080 480 52 60 Ouvert haute saison : tlj. 6h-3h ; basse saison : tlj. 6h-13h et 15h-21h (ven.-sam. 1h)*

Découvrir la vallée d'Itria

Alberobello. La capitale du pays des *trulli*. La ville est divisée en deux quartiers – Monti et Aia Piccola – séparés par le largo Martellotta. Classé au Patrimoine de l'humanité en 1996, le bourg a fait l'objet d'intenses actions de préservation au point de perdre quelque peu son authenticité. Aujourd'hui, la **Zona dei Trulli** regorge de boutiques de souvenirs et de cartes postales qui ont pris la place des anciens occupants. À **Monti**, beaucoup ont délaissé les *trulli* au profit de pavillons spacieux et modernes. Ici, ce sont près de 1 000 *trulli* qui se serrent à flanc de colline sur une superficie de 15ha. Outre le *trullo* **siamois** (dont la légende raconte qu'il était partagé par deux frères épris de la même jeune fille), ne manquez pas de visiter le *trullo* **souverain** (*trullo sovrano*). Situé à l'autre bout de la ville, derrière le sanctuaire des saints Côme et Damien, ce dernier est en effet le seul à deux étages. L'**Aia Piccola**, moins monumentale (400 *trulli*), est davantage épargnée par la déferlante touristique. Sur la piazza del Popolo, de la terrasse, sur la droite, vous embrasserez d'un seul coup d'œil les deux quartiers et remarquerez les différents pinacles qu'arbore chaque petite maison chaulée. *À 54km au sud-est de Bari par les S100 et S604*

Locorotondo. Petit bourg parfaitement circulaire (d'où son nom), Locorotondo apparaît comme un mirage au sommet d'une petite colline. Serrées le long de rues concentriques, les maisons blanches tranchent avec les couleurs de la campagne environnante, verdoyante de vignes produisant, d'ailleurs, un vin blanc réputé du même nom (DOC). L'**église gothique Santa Maria della Greca**, monument historique, construite vers 1100 par le prince de Tarente, Pirro del Balzo, vaut également le détour. *À 9km d'Alberobello par la S172*

Martina Franca. Perle baroque, Martina Franca se distingue de l'architecture traditionnelle présente dans la vallée d'Itria. Ici, les *trulli* sont restés en bordure du bourg. Fondée en 1300 par Philippe d'Anjou, la ville ne connaît véritablement son apogée qu'aux XVIe et XVIIe siècles. Soutenue par la famille Caracciolo, elle devient un centre culturel important où se réfugient artistes et humanistes de l'époque. Sur la piazza Roma, le magnifique **palais ducal** (1668), qui abrite aujourd'hui l'hôtel de ville, renferme près de 300 pièces dont trois salles peintes à fresque, un théâtre... (ne se visite pas). De la piazza Roma jusqu'à la piazza Plebiscito, *palazzi* baroques se succèdent avant d'aboutir à la **basilique San Martino**, dont l'imposante façade (42m de haut) a retrouvé sa blancheur originelle après une soigneuse restauration. De la première construction gothique, il ne subsiste que le **campanile** (à droite), le reste de l'édifice remontant aux années 1747-1775. Soyez attentif au **portail**, chef-d'œuvre de sculpture, avec la figure de saint Martin à cheval, patron de la ville, offrant son manteau à un indigent. (Ouvert jan.-avr. et nov.-déc. : tlj. 7h30-12h et 16h-21h ; mai-sept. : tlj. 7h30-12h et 16h30-23h). Tél. 0804 30 65 36. *À 6km au sud de Locorotondo par la S172*

Ceglie Messapica. Situé à l'extrémité méridionale de la vallée d'Itria, Ceglie Messapica est une petite bourgade boudée des itinéraires touristiques. Pourtant, sa campagne luxuriante donne ses meilleurs produits à la gastronomie apulienne (cf. Dormir, Manger). Mais c'est aussi un joli bourg médiéval, marqué par sa **tour crénelée** du XIe siècle et la **coupole de son église** du XVIe siècle, lui donnant des allures orientales. La ville actuelle occupe l'antique *Cælia*, cité messapienne qui s'est développée aux IVe-IIIe siècles av. J.-C., indépendamment des colonies de la Grande-Grèce, jusqu'à ce que l'Empire romain la soumette. *À 35km environ au sud d'Alberobello par les S172 et S345*

Où visiter des grottes ?

Castellana Grotte. Découvertes en 1938 par le spéléologue Franco Anelli, les grottes de Castellana, creusées par les eaux, s'avèrent un fabuleux dédale de stalactites et de stalagmites. Il existe deux parcours guidés : le premier, long de 1km, dure environ 50min ; le second, qui aboutit à la grotte Blanche (70m de profondeur), est long de 3km et prend près de 2h. À l'aller, ce sont 265 marches d'escalier à descendre tandis qu'au retour un ascenseur se charge de vous ramener à la lumière du jour. Les grottes portent des noms rappelant les formes étranges ou les couleurs prises par la pierre : "grotte Noire", "caverne des Monuments", "caverne de la Chouette", "grotte de la Crèche"... *Piazzale Anelli 70013 Castellana Grotte (à 20km à l'ouest d'Alberobello, sur la S172) Tél. 080 499 82 11 Numéro vert 800 21 39 76 www.grottedicastellana.it* **Visites guidées** *haute saison : 1/h 8h30-19h ; basse saison : 1/h 8h30-13h*

Tarente

74100

Fondée par des colons de Sparte sur une ancienne implantation messapienne, l'antique *Taras*, alors capitale de la *Magna Grecia*, était renommée pour sa production de pourpre (colorant extrait des murex, sorte d'escargots de mer, qui servait à teindre les tissus royaux), ainsi que pour ses nombreuses écoles philosophiques. En 276 av. J.-C., la cité tombe sous le joug de l'Empire romain et devient *Tarentum*, modeste port de province après avoir été une véritable métropole de près de 300 000 habitants ! Goths et Sarrasins l'anéantissent et l'empereur byzantin Nicéphore Phokas la fera reconstruire en

967. Une longue période de décadence prend fin avec l'avènement de l'unité italienne qui voit s'installer à Tarente l'Arsenal militaire. Aujourd'hui, Tarente forme avec Bari et Brindisi le triangle méridional industriel qui devrait donner un contrepoids à la toute-puissance du nord de la péninsule. Si la sidérurgie, le pétrole et la cimenterie sont les activités principales, ces choix ont été, malheureusement, lourds de conséquences pour le paysage. La visite de la ville prend quelques heures à peine, mais mérite une halte au moins pour le centre ancien et le Musée archéologique.

Tarente, mode d'emploi

accès

EN TRAIN. Les trains de Trenitalia et de la compagnie régionale Ferrovie del Sud-Est desservent bien la ville vers le nord (Bari, Naples, Milan, Rome...).
Stazione FS. *Piazza della Libertà Numéro vert 89 20 21*
Ferrovie del Sud-Est. *Via Galese Tél. 099 470 44 63 www.ditutto.it/fse. La compagnie dispose également d'autobus Tél. 099 477 46 27*

EN BUS
Autolinee Miccolis. Liaisons vers Naples, Salerne, Potenza, Lecce, Brindisi... *Via per Statte, 7050 Tél. 099 470 44 51/735 42 24*
Autolinee Marozzi. Liaisons vers Rome, la Toscane... *Corso Umberto I, 67 Tél. 099 453 85 05*

EN VOITURE. Par l'A14 qui vient du nord (*via* Bari) puis la Via Appia (S7), qui traverse Tarente et aboutit à Brindisi. À l'ouest, la *Strada Ionica* S106 va jusqu'à Reggio di Calabria.

orientation

La ville aux trois visages, telle pourrait être la meilleure définition de Tarente : le **centre historique**, d'autant plus isolé qu'il est situé sur une île, la **ville moderne** et la **zone industrielle**, monstrueuse, qui freine trop vite la curiosité du voyageur.

informations touristiques

Ente Provinciale per il Turismo. Juste après le ponte Girevole, à proximité des jardins municipaux. *Corso Umberto I, 113 Tél. 099 453 23 92 Fax 099 453 23 97 apttaranto@pugliaturismo.com www.pugliaturismo.com Ouvert lun.-ven. 9h-13h et 15h-17h*

(APT) Azienda di Promozione Turistica. *Fax 099 452 04 17 apt2000@libero.it Ouvert lun.-sam. 9h-12h et 16h30-18h30 (17h-19h en été)*

marché

Marché aux poissons. Via Cariati, les pêcheurs vendent chaque soir l'arrivage du jour.

LES POUILLES

Dormir à Tarente

prix élevés

Hotel Palace. Situé de l'autre côté de la vieille ville, le long d'une avenue qui borde le littoral, cet hôtel moderne affiche un bon rapport qualité-prix. Les 73 chambres sont modernes et confortables, parfois dotées d'une véranda. Assurez-vous d'avoir une vue sur mer. De 75€ à 130€ la double. *Viale Virgilio, 10 Tél./fax 099 459 47 71*

Manger à Tarente

prix moyens

Al Faro. Les frères D'Amore portent bien leur nom : ils vouent une immense passion aux produits locaux et entretiennent un savoir-faire qui ne faiblit pas avec le temps. *Risotto* de la mer, *bucatini* à la sauce de poisson et autres fritures légères... : un classique. *Masseria Saraceno, contrada Leggiatrezze, Via Galeso Tél. 099 471 44 44/471 20 20 Ouvert tlj. midi et soir Fermé 15 jours en août et au Nouvel An*

La Fattoria. Ce restaurant a beau s'appeler "la ferme", c'est le poisson qui est ici à l'honneur. On annonce le menu à haute voix puisqu'il change presque tous les jours, selon l'arrivage de poisson frais. Moules gratinées, spaghetti *alle vongole* (palourdes), poisson frais grillé, frit ou en papillote... *Via Abruzzo, 9 Tél. 099 736 25 60 Ouvert lun.-sam. midi et soir Fermé 1 semaine en août*

☺ **Le Vecchie Cantine.** Située à quelques kilomètres au sud du centre historique, en direction de la route du littoral, cette *masseria* du XVIIIe siècle est une adresse exceptionnelle. D'abord pour le charme du lieu mais surtout pour la cuisine, véritable démonstration du savoir-faire et des spécialités locales : risotto aux oursins, cassolette de riz, pommes de terre et moules, *cavatelli* (pâtes fraîches) aux fruits de mer... Réservation conseillée. *Via Girasoli, 23 Località Lama Tél. 099 777 25 89 www.levecchiecantine.it Ouvert tlj. midi et soir l'été Fermé mer. et soir en basse saison sauf dim. et fêtes Fermeture annuelle jan.*

Manger dans les environs

petits prix

La Cantina di Papà Giro. Mobilier rustique en bois de noyer et pavement de pierre conservé du *palazzo* originel (1350) donnent tout de suite le ton de cette *trattoria*. Authenticité et convivialité sont les maîtres mots du lieu, valeurs que l'on retrouve dans une cuisine tout en générosité : *tagliolini* (pâtes fraîches longues) au potiron et aux cèpes, *cavatelli* (pâtes fraîches courtes) aux fèves et poitrine de porc, paupiettes et boulettes de viande de cheval... *Via Chiesa Matrice, 4 74023 Grottaglie Tél. 099 562 39 98 www.lacantinadipapagiro.com Ouvert tlj. midi et soir août et déc. ; autres mois fermé mer.*

☺ **Santa Sofia.** Dans une ancienne fabrique de céramique à l'abandon, Antonio Annicchiarico, talentueux designer, a réinterprété à sa manière l'histoire de la région. Les 400m² de salles voûtées accueillent sur leurs murs des tapis insolites "tissés" en mosaïque. Le patio est à cette image, détournant les matériaux locaux pour dresser un tapis d'Orient dont les tesselles de couleur proviennent des ateliers voisins. Pour ne pas jurer avec cette atmosphère, le mobilier est très sobre. Concerts (nouveau jazz, musiques du monde...), *enoteca* pour déguster les meilleurs vins régionaux... Quant à la cuisine, elle répond en écho à ce projet en proposant des recettes traditionnelles tournées vers la Méditerranée. Comptez 30€ pour dîner. *Via Leoncavallo (à l'angle de la via Santa Sofia) 74023 Grottaglie Tél. 099 562 39 27* **Restaurant** *ouvert mar.-dim. 19h-2h*

Où acheter de la céramique ?

Situé à 15km à l'est de Tarente, sur la Via Appia (S7), le village de **Grottaglie** est une halte essentielle pour les amateurs de céramique, bien qu'il ne reste qu'une soixantaine d'ateliers. Jarres et amphores de terre cuite, vaisselle, faïences, céramique artistique... : chaque atelier a sa spécialité. Pour en savoir plus, un **musée de la Céramique**, aménagé dans l'une des ailes du château, vous permettra de découvrir les traditions locales et leur évolution au cours des siècles. *Musée de la Céramique Tél. 099 562 02 22 Numéro vert 800 54 53 33 Fax 099 562 38 66 www.comunegrottaglia.it Ouvert toute l'année tlj. 9h30-12h30 et 16h-19h*

Ceramiche Nicola Fasano. Grand choix et très bon rapport qualité-prix. Incontournable, le service traditionnel du sud de l'Italie, un peu rustique, avec un coq au centre de l'assiette. *Via Caravaggio, 45 Tél. 099 566 10 37 www.fasanocnf.it Ouvert tlj. 9h-13h et 15h30-20h*

Francesco Fasano. Ce céramiste confectionne des jarres en série pour les producteurs des environs et propose quelques pièces exceptionnelles conçues, par exemple, par le designer Antonio Annicchiarico. *Via Leone XIII, 15 Tél. 099 562 28 85 Ouvert lun.-sam. 9h-13h et 15h30-20h et dim. mat. 9h-13h*

La Ceramica Vincenzo del Monaco. Les touristes viennent même du Japon pour visiter cet atelier et choisir sur pièce un service de table ! Vous pourrez aussi faire réaliser votre vaisselle à l'image de votre emblème familial. *Via Santa Sofia, 2/4 Tél. 099 566 10 23 Ouvert lun.-sam. 9h-13h et 15h30-20h*

Découvrir Tarente

Vieille ville. À moins que vous ne veniez du sud, vous aborderez sans doute Tarente par la vieille ville. Ça n'est pas tout à fait une île, puisqu'elle est reliée par deux ponts à la ville nouvelle d'un côté et la zone industrielle de l'autre. Elle sépare elle-même le *Mare Grande* du *Mare Piccolo*, deux sortes de lagunes. De l'époque faste de la Grande-Grèce, seules demeurent, dans la via Duomo à l'arrière du château, quelques **colonnes doriques**, vestiges d'un temple dédié à Poséidon datant du VIᵉ siècle av. J.-C. Le **château**, construction aragonaise marquée par quatre imposantes tours cylindriques (fin XVᵉ siècle), monte la

LES POUILLES

garde sur le canal qui relie le *Mare Grande* au *Mare Piccolo*. Cœur de l'île, la **cathédrale**, via del Duomo, est consacrée à **san Cataldo**, moine irlandais patron de la ville. Construite au XIᵉ siècle, c'est l'une des plus anciennes églises romanes de la région, que plusieurs ajouts baroques sont venus modifier. Aucune trace de l'édifice originel en façade, redessinée en 1713, mais les côtés trahissent encore le style roman. À l'intérieur, allez voir l'exubérante **chapelle de San Cataldo**, richement ornée de fresques, statues et marbres polychromes. La nef principale se distingue, elle, par son **plafond à caissons** du XVIIᵉ siècle, tout en contrastes avec la pierre brute des murs et des colonnes (qu'on dit provenir de temples païens de l'Antiquité). Au sol, près de l'autel, sont encore visibles des fragments de **pavement en mosaïques** de la première église.

Museo Archeologico Nazionale. Lieu de visite essentiel pour saisir l'importance de Tarente à l'époque de la *Magna Grecia*, il conserve l'une des plus belles collections de l'Antiquité. Malheureusement, l'établissement principal est en restauration et il semble qu'il faille encore patienter plusieurs années avant de pouvoir y accéder à nouveau. Pour l'instant, le rdc accueille des expositions temporaires. Une partie des collections permanentes sont tout de même visibles au Palazzo Pantaleo, le long de la mer, de l'autre côté du pont tournant (Ponte Girevole). Sont exposés de nombreux **vases**, qui permettent de comparer l'évolution de la céramique grecque, apulienne et romaine, ainsi que les "**ors de Tarente**", une fabuleuse collection de bijoux, parures funéraires retrouvées dans des nécropoles des environs (IVᵉ-Iᵉʳ siècle av. J.-C.). À voir encore, la **collection de figurines en terre cuite**, exceptionnelle par son nombre (le musée en conserve près de 400 000 !). Réalisées en série, elles représentent parfois des muses dansantes (les *tanagrine*) ou encore des déesses dont elles seraient les ex-voto. *Corso Umberto I, 42 Tél. 099 453 21 12 Fax 099 459 49 46 Ouvert ven.-sam. 8h30-14h **Adresse pendant les travaux** Palazzo Pantaleo, Lungomare Vittorio Emanuele II Tél. 099 471 84 92 Ouvert tlj. 8h30-19h30*

Où visiter des cryptes ?

Massafra. Entre le Murge et le Salento, la portion de territoire qui s'étend de Grottaglie jusqu'à Matera semble un immense tapis criblé de grottes et de ravins. Massafra s'agrippe ainsi au bord d'un "canyon" assez spectaculaire, la **Gravina di San Marco**. Le site est surtout connu pour ses cryptes basiliennes. À 1km, juste à la sortie du bourg, le **sanctuaire de la Madonna della Scala**, construction baroque de 1731 édifiée sur une crypte primitive du VIIIᵉ siècle, est un site surprenant d'abord en raison du paysage environnant, au bord du ravin et face à des dizaines de grottes, mais aussi grâce au bel escalier de 125 marches, de la même époque, qui descend jusqu'à l'église. Renseignements Tél. 099 880 46 95 *Visites guidées des cryptes basiliennes Rens. Pro Loco, Piazza Garibaldi, 8 74016 Massafra (à 15km au nord de Tarente sur la S7) Tél. 099 880 41 26 Réservation obligatoire pour les visites guidées Tél. 33 85 65 96 01*

☺ Ostuni

S'il n'y avait qu'un seul conseil à donner pour visiter Ostuni, ce serait d'y arriver le plus tard possible, voire à la nuit tombée, pour que la "cité blanche" vous apparaisse comme un mirage. Construite sur trois collines, elle se distingue par son bourg médiéval, le plus haut perché, dont les maisons blanches serrées le long de ruelles tortueuses s'échelonnent jusqu'à la cathédrale, au sommet. Vous l'aurez compris : de tout le sud de l'Italie, Ostuni réserve l'une des surprises les plus inattendues.

SOUS LE SIGNE DE L'OCCUPATION
On sait que le territoire d'Ostuni était déjà habité il y a près de 50 000 ans. Les traces d'urbanité les plus précises remontent aux Messapiens, mais l'histoire a ensuite fait d'Ostuni la proie de nombreux envahisseurs : après la chute de l'Empire romain commence une période de décadence qui voit la cité saccagée par les Lombards puis les Sarrasins. Au Xe siècle, les Byzantins en font un diocèse, avant que les Normands ne s'en emparent, laissant le château fort en héritage (XIIe siècle). La maison d'Aragon succède enfin aux Souabes et aux Angevins, initiatrice d'un nouvel essor économique et culturel.

Ostuni, mode d'emploi

accès

EN TRAIN. Ostuni est située sur la ligne ferroviaire Lecce-Brindisi-Bari. La gare d'Ostuni se trouve à 3km du centre-ville en direction de la mer, sur la route de Villanova. Des navettes la desservent au départ de la piazza della Libertà.
Trenitalia. Un train par heure pour Lecce, *via* Brindisi. *Numéro vert 89 20 21*

EN BUS
STP. Liaisons en bus pour Brindisi. *Tél. 0831 54 92 45 ou Numéro vert 167 23 20 42*

EN VOITURE. Légèrement en retrait par rapport au littoral, Ostuni est située à 35km au nord de Brindisi. Préférez la superstrada qui longe la mer (route bien entretenue à plusieurs voies) et qui relie Lecce à Bari (S379 et S16).

informations touristiques

Azienda Autonoma Soggiorno e Turismo. Le guide (gratuit) de la "route de l'Huile" (*Strada dell'Olio*) vous permettra de découvrir les différentes *masserie* des environs se consacrant à la production de l'huile d'olive Collina di Brindisi (label de qualité). *Corso Mazzini, 8 Tél. 0831 30 12 68 Ouvert lun.-ven. 8h-13h30 et 15h30-18h30 (17h30-20h30 en été), sam. 9h30-12h (9h30-20h30 en été)*

fête

Patron d'Ostuni, **sant'Oronzo** est fêté les 25, 26 et 27 août, en souvenir des miracles accomplis en 1657, lorsqu'il a sauvé les habitants de la peste.

Dormir à Ostuni

prix moyens

Orchidea Nera. Un établissement 2 étoiles campé au bord du centre historique aux tarifs corrects. *Corso Giuseppe Mazzini, 118 Tél. 0831 30 13 66 Fermé pour travaux de rénovation, se renseigner pour date de réouverture*

Dormir dans une *masseria*

Si vous disposez d'un véhicule, mieux vaut opter pour l'une des fermes-auberges traditionnelles des environs, appelées *masserie*, situées à quelques kilomètres à peine d'Ostuni et d'un excellent rapport qualité-prix.

prix moyens

Masseria Lo Spagnulo. Bon marché (31€ par personne en bed & breakfast, 45€ en demi-pension), cette *masseria* est une immense propriété entourée d'oliviers, à quelques minutes à peine d'Ostuni. Le premier propriétaire était un dignitaire espagnol qui la fit construire vers 1600. Aujourd'hui, l'ensemble est voué à l'hôtellerie, parallèlement à une activité agricole permettant de fournir les produits utilisés en cuisine. Les chambres sont spacieuses et agréables, meublées simplement mais avec goût. On regrette cependant que le lieu, victime de son succès, ait un air de club de vacances. En saison, une navette dessert la plage de Rosamarina à 4km. *Contrada Spagnulo (à 2km sur la S16 en direction de Fasano) Tél. 0831 35 02 09 Fax 0831 33 37 56*

Masseria Maccarone. Située à une vingtaine de kilomètres d'Ostuni avant d'arriver à Fasano, la *masseria* Maccarone est l'une des plus monumentales qui soient : on prend ici véritablement la mesure de ce qu'étaient ces haciendas fortifiées, isolées au cœur d'immenses oliveraies fournissant alors l'essentiel des richesses. Certains de ces oliviers, hauts de près de 10m, ont sans doute été plantés il y a sept siècles par des moines basiliens en fuite, qui s'étaient installés dans les environs et dont les grottes ont été à l'origine des premiers pressoirs. Dans cette propriété, aux mains de la famille Colucci depuis 300 ans, on peut encore visiter un pressoir souterrain du XIIe siècle, une petite église baroque, et assister aux différentes phases de production de l'huile d'olive (de novembre à mars ; dégustation sur réservation). L'immense "villa patronale" qui date de 1754 est une résidence privée, les hôtes étant logés dans une dizaine de petits appartements aménagés très simplement. Prix raisonnables : 65€-75€ l'appartement pour 3 pers., 75€-85€ pour 4 pers., 85€-95€ pour 6 pers. *Contrada da Carbonelli, 29 72015 Fasano Tél. 080 482 93 00/92 03 Fax 080 441 30 85 info@masseriamaccarone.it www.masseriamaccarone.it*

grand luxe

Masseria Marzalossa. Située entre Ostuni et Fasano, cette *masseria* dispose de sept chambres et d'une suite aménagées avec beaucoup de goût dans un immense corps de bâtiment du xviie siècle. Vergers d'orangers et de citronniers entourent une belle piscine, faisant du lieu un endroit idéal pour se ressourcer. La mer est toute proche et il vous sera même possible de jouer les propriétaires terriens en vous promenant en calèche dans l'oliveraie. Au restaurant, cuisine savoureuse à base de produits bio (40€). De 109€ à 124€ la double, de 124€ à 145€ la suite. *Contrada da Pezze Vicine, 65 72015 Fasano (S16) Tél./fax 080 441 37 80 masseriamarzalossa@marzalossa.it www.marzalossa.it*

☺ **Il Frantoio.** Le lieu est magique : un mas situé sur une oliveraie pluriséculaire, interrompue çà et là par des touffes de maquis méditerranéen. Son nom rappelle que c'est un pressoir souterrain du xvie siècle qui est à l'origine de cette construction. Aujourd'hui, l'huile d'olive qui est produite sur place (DOP) sert l'une des meilleures cuisines de la région. Recettes anciennes variant au gré des saisons, herbes sauvages et fleurs en salade, produits biologiques... Huit chambres sont aménagées dans l'aile xviiie siècle de la *masseria*, toutes différentes et décorées d'un mobilier d'époque. De 176€ à 196€ la double ; 49€ le repas, 29€ pour les enfants. Réservation obligatoire. *Au km 874 sur la S16 en direction de Fasano, à gauche, après 4km en venant d'Ostuni Tél. 0831 33 02 76 armando@trecolline.it www.trecolline.it Ouvert tlj. Fermé 10 nov.-10 fév.*

Manger à Ostuni

petits prix

Vecchia Ostuni. Amateurs de viande, voilà votre adresse : dans le centre historique d'Ostuni, ce restaurant rustique s'est spécialisé dans l'art et la manière de griller au four à bois la viande de Locorotondo, particulièrement les saucisses (de foie ou de porc), les côtes de veau, les brochettes d'agneau... On mange sur le pouce ou sur une des petites tables dressées en terrasse l'été. Environ 15€. *Largo Lanza, 9 Tél. 0831 30 33 08 Ouverte mer.-lun. midi et soir*

Osteria del Tempo Perso. Le "temps perdu", du nom de cette *osteria* située au cœur d'Ostuni, c'est le temps d'autrefois, celui des recettes traditionnelles généreuses qu'on se plaît à redécouvrir. Creusées à même le tuf, les deux salles sont fraîches, même en été. *Orecchiette* aux feuilles de raves, purée de fèves et chicorée sauvage, cardes à l'étouffée et croûtons, blé concassé et tomates fraîches, paupiettes en sauce, ricotta de chèvre et roquette, cuissot de cabri au four, au choix ! De 15€ à 20€ par personne. *Via G. Tanzarella Vitale, 47 Tél. 0831 30 33 20/48 19 Ouvert mar.-sam. le soir, dim. midi et soir*

prix moyens

Osteria Cantone. Cette table est aménagée dans une belle *masseria* du xviiie siècle. La cuisine, à base de produits des champs, varie au fil des saisons : blé concassé et champignons, minestrone de fèves, cabri au four... Environ

25€. *Contrada Fantese (à la sortie d'Ostuni en direction de Cisternino sur la S172) Tél. 080 444 69 02 Ouvert mar.-sam. le soir, dim. midi*

Découvrir Ostuni

Piazza della Libertà, remarquez d'abord la **haute flèche dédiée à sant'Oronzo** (1771, 21m de haut), saint patron d'Ostuni joyeusement fêté en août. En suivant la via Cattedrale, on aboutit au sommet de la colline, à 200m au-dessus du niveau de la mer. Largo Trinchera, la **cathédrale** (1469-1495) a été construite dans un style gothique tardif : en façade, trois portails en ogive, dont celui du centre surmonté d'une magnifique rosace à 24 rayons. L'intérieur, remanié des siècles plus tard, a un plafond recouvert de toiles du XVIIIe siècle.

Museo delle Civilizzazioni Preclassiche della Murgia Meridionale. Aménagé dans un ancien couvent de carmélites, ce musée accueille les résultats des fouilles entreprises dans la région et présente un précieux répertoire préhistorique, tel le squelette de Delia (vieux de 25 000 ans). On a retrouvé en 1991 les ossements de cette femme d'une vingtaine d'années, presque parvenue au terme de sa grossesse, et ceux de son fœtus, dans une grotte à Agnano, à 2km d'Ostuni. *Via Cattedrale, 15 Tél. 0831 33 63 83 Ouvert mar.-sam. 8h30-13h, jeu. 15h30-19h, dim. 10h-12h30 et 15h30-19h*

Découvrir les environs

Parco Archeologico-Museo Archeologico Nazionale d'Egnazia. Egnazia est l'héritière de *Gnathia*, ancienne fondation messapienne (Ve siècle av. J.-C.). Sous l'Empire romain, elle connaît une période d'essor (IIIe siècle av. J.-C.) qui la transforme en un important centre portuaire à la croisée des routes entre Rome, Brindisi et l'Orient. Aujourd'hui, Egnazia est surtout connue pour ses **vases noirs**, ornés de scènes quotidiennes ou de décors végétaux. Le musée recense ainsi une précieuse collection de vases, ainsi que des parures funéraires et des mosaïques romaines. *Frazione Savelletri Via degli Scavi, 87 73043 Egnazia (à 28km d'Ostuni par la S379 ou S16) Parc Tél. 080 482 90 56 Ouvert tlj. 8h30-1h avant le coucher du soleil Musée Tél. 0804 82 78 95 Ouvert tlj. 8h30-19h30*

Brindisi. Chef-lieu de province situé sur le littoral, Brindisi n'a toujours été qu'un point de passage entre Orient et Occident. Cité de fondation messapienne, elle se développe avec l'Empire romain qui en fait le terminus de la Via Appia et de la Via Traiana. Elle jouera encore ce rôle pendant les croisades, mais subit ensuite une longue période de décadence qui ne s'achèvera qu'au XIXe siècle avec l'ouverture du canal de Suez et la reprise du commerce avec l'Orient. En dehors du **Castello Svevo** construit par Frédéric II au début du XIIIe siècle, jetez un coup d'œil au **Duomo**, église romane datée de 1100 qui dut être reconstruite après le tremblement de terre de 1743. De l'époque originelle ne demeurent que quelques mosaïques. Tout à côté se trouve le **Musée archéologique**, renommé pour ses bronzes des IVe-IIIe siècles av. J.-C. (nombreux fragments de statues), retrouvés en 1992 dans les fonds marins à proximité de Brindisi. Si vous êtes en voiture, échappez-vous à 3km au nord du centre historique, sur la route de l'aéroport. Là se dresse la magnifique **église romane Santa Maria di**

Borgo del Casale, construite en 1320 par Philippe d'Anjou. Outre la façade, remarquez les fresques intérieures peintes au XIVᵉ siècle dans la pure tradition byzantine, notamment le *Jugement universel* de Rinaldo da Taranto dans la lunette du portail central. *À 35km au sud d'Ostuni par les S379 ou S16* **Musée archéologique** *Tél. 0831 56 55 07 Ouvert haute saison : lun.-ven. 9h-13h et 15h-19h, sam.-dim. 9h-13h Fermé basse saison : dim.*

Où se baigner ?

D'Egnazia à Brindisi, le littoral aligne de belles plages, souvent de sable fin, dont certaines encore préservées. **Savelletri**, au nord d'Ostuni, est la plus chic, souvent fréquentée par les VIP. Longue de 3km, la plage d'Ostuni, **Rosa Marina**, s'avère bien équipée (accès libre et *balneari* avec parasols et chaises longues), mais reste très prisée en été. En continuant vers le sud, **Specchiola** et **Pilone** sont deux belles plages de sable blanc, mais c'est à **Torre Guaceto** que vous trouverez la mer la plus transparente puisque le littoral a été classé "Réserve naturelle et aire marine protégée".

☺Lecce et le Salento

Les gens vivant ici se disent *Salentini* avant même de se dire *Pugliesi* ou, *a fortiori*, Italiens. Ici plus qu'ailleurs, le dépaysement est bouleversant. D'abord et surtout à cause de Lecce, celle qu'on appelle aussi la "Florence du Sud", capitale d'un baroque aussi riant et exubérant que le soleil qui illumine généreusement la ville. Et puis la côte, d'Otrante à Gallipoli, qui raconte une histoire plurical séculaire d'invasions et de conquêtes, où la mer baigne des criques et des plages encore préservées du tourisme. Le Salento enfin, dans ses traditions, dans sa langue aux accents grecs, qui n'a pas perdu la mémoire de son histoire, dans sa gastronomie savoureuse et dans les gestes saccadés des derniers "tarentulés".

LA TARENTELLE

À la fin des années 1950, Ernesto De Martino, anthropologue, part étudier un phénomène quasi circonscrit au Salento : le "tarentisme", ou "tarentulisme". Les victimes, suite à une piqûre d'araignée ou de serpent, tombaient dans une profonde dépression dont seule pouvait les tirer la *tarantella*, ou *pizzica*, une musique saccadée et répétitive, lancée au rythme du *tamburiello* (grand tambourin) et du violon. On allait alors prier saint Paul à Galatina et on dansait jusqu'à entrer en transe et tomber de fatigue. Considéré comme la première étude d'ethnopsychiatrie, le travail de De Martino, devenu une référence incontournable (*La Terre du remords*, Les Empêcheurs de penser en rond, Paris, 1999), montre qu'il s'agissait d'une façon de désigner ce qu'on appellerait aujourd'hui la dépression. Inconsciemment, les *tarantolati*, généralement des femmes à la vie éprouvante ou de jeunes gens déstabilisés par un choc, exprimaient leur mal de vivre au travers de cette "piqûre", réelle ou non. Si le tarentisme est tombé en désuétude, la musique qui servait d'accompagnement a fait l'objet d'une réelle redécouverte ces dernières années : on parle désormais de "néotarentisme". Au-delà de la volonté de préserver les traditions salentines, on réalise que la tarentelle est plus que jamais d'actualité, capable encore d'exorciser les nouveaux malaises des sociétés modernes.

LE BAROQUE *LECCESE*

La ville a connu apogées et déchéances depuis sa fondation par les Messapiens. C'est véritablement avec le concile de Trente et l'avènement de Charles IV que Lecce connaît sa Renaissance, devenue un point de jonction stratégique entre Orient et Occident. Au début du XVIIIe siècle, propriétaires terriens et clergé n'ont de cesse de transformer le visage de la cité, et c'est de cette époque que datent la plupart des prouesses architecturales faisant ressembler Lecce à Florence. Le baroque *leccese* se singularise surtout parce que la pierre qui a servi pour ses monuments est une variété de calcaire tendre, blanchâtre, prenant en vieillissant une belle couleur chaude, proche du doré. Plus facile à modeler, cette pierre a été à l'origine même de l'exubérance des artistes, qui ont fait de Lecce un véritable musée à ciel ouvert.

Lecce et le Salento, mode d'emploi

accès

EN TRAIN ET EN BUS. Lecce est le terminus des lignes de trains et de bus venant du nord *via* Bari et Brindisi.
Stazione FS. *Viale O. Quarta Numéro vert 89 20 21*
Mazzini Viaggi. Agence partenaire de plusieurs compagnies de bus proposant des départs quotidiens vers toutes les grandes villes du nord de la péninsule. *Piazza Mazzini, 78 Tél. 0832 30 19 26*

EN VOITURE. Lecce est bien desservie grâce à une superstrada en bon état (S613 qui part de Brindisi). Celle-ci se prolonge encore pendant une trentaine de kilomètres et permet de pénétrer le Salento plus au sud. La route de la côte, au départ de San Cataldo à 12km de Lecce, longe quasiment tout le Salento par le littoral (S611 qui se prolonge par la S173). Si vous êtes pressé, mieux vaut emprunter la S275 pour rejoindre Marina di Leuca.

informations touristiques

APT (Azienda di Promozione Turistica) (plan A2). Procurez-vous ici le journal gratuit *Salento in tasca* qui recense chaque semaine toutes les manifestations de la région. *Via Monte San Michele, 20 Tél. 0832 24 80 92 Fax 0832 31 02 38 aptlecce@pugliaturismo.com www.pugliaturismo.com*
IAT (Informazioni e Attenzione al Turista). *Piazza Castello 73028 Otrante Tél. 0836 80 14 36*
IAT. *Piazza Aldo Moro 73014 Gallipoli Tél. 0833 26 25 29*
GAL (Gruppo Azione Locale). Hébergement, maisons à louer, artisanat... *Casa Capo di Leuca Piazza Sant'Eufemia 73039 Tricase Tél. 0833 54 53 12 Fax 0833 54 53 13 gal@galcapodileuca.it www.galcapodileuca.it Ouvert lun.-ven. 9h-13h et 16h-19h*

fêtes

Deux fêtes sont incontournables pour découvrir la tarentelle : la **fête de saint Paul** à Galatina, le 29 juin, et celle de **saint Roch** (san Rocco), le 15 août à Torre Paduli, près de Ruffano.

Dormir dans les environs

prix moyens

Masseria Gattamora. Située à 3km des eaux cristallines de Porto Badisco, cette *masseria* répond à toutes vos attentes : un restaurant renommé et souvent bondé où savourer une bonne cuisine traditionnelle, et des chambres simples, mais bien aménagées, dans un cadre souvent exceptionnel. Ces dernières, décorées avec goût, occupent l'ancien pressoir. De 68€ à 96€ la double. Rajoutez 22€ par personne pour la demi-pension. *Via Campo Sportivo 73020 Uggiano La Chiesa Tél./fax 0836 81 79 36 www.gattamora.it*

Hotel degli Ulivi. Dans un style méditerranéen, cet hôtel situé à 400m de la plage fonctionne en été comme un vrai club de vacances (animations...). Idéal pour les familles ou ceux qui veulent faire des rencontres. De 64€ à 80€ la double. *Via Vecchia Castro, 10 73030 Castro Marina (sur la route du littoral vers Santa Cesarea Terme) Tél. 0836 94 30 37 Fax 0836 94 30 84*

Adriatico. Une vingtaine de chambres à l'écart, dans la campagne, à 3km de la plage. Comptez 75€ la double en toutes saisons. L'avantage de Tricase est d'être située à mi-chemin entre Otrante et Marina di Leuca, ce qui permet de découvrir chaque jour de nouvelles plages. *Via G. Tartini, 34 73039 Tricase Tél. 0833 54 47 37 Fax 0833 54 25 09*

prix élevés

Rosa Antico. Un hôtel agréable, sur les hauteurs d'Otrante, dans une villa du XVIe siècle entourée d'une orangeraie et reconvertie en 1990. Jusqu'à l'an dernier, seules 12 chambres étaient disponibles, aujourd'hui augmentées de 14 nouvelles chambres et d'une belle piscine. Attention, les tarifs ont tendance à passer du simple au double selon la saison... De 93€ à 120€ la double en haute saison. *S16 (au carrefour pour Lecce) 73028 Otrante Tél./fax 0836 80 15 63 info@rosaantico.it www.rosaantico.it*

Orsa Maggiore. Fonctionnel et confortable. Cet hôtel d'une trentaine de chambres tournées vers la mer cumule bien des avantages : situé sur la route du littoral entre Castro Marina et Santa Cesarea Terme, c'est une adresse idéale pour ceux qui veulent se reposer sans être trop à l'écart. Double de 60€ à 110€. *Via Litoranea per Santa Cesarea Terme, 303 73030 Castro Marina Tél. 0836 94 70 28 Fax 0836 94 77 66 www.orsamaggiore.it Ouvert toute l'année*

Hotel Terminal. En plein centre de Marina di Leuca, sur la promenade face à la mer, un hôtel moderne de 60 chambres confortables et bien équipées. Plage

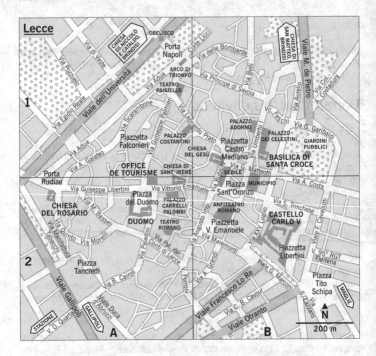

privée et accès aux services de la chaîne d'hôtels Caroli. Comptez 114€ la chambre double en toutes saisons. *Lungomare C. Colombo, 59 73030 Marina di Leuca Tél. 0833 75 82 42 Fax 0833 75 82 46 terminal@attiliocaroli.it www.attiliocaroli.it*

Manger à Lecce

petits prix

Trattoria Casareccia (plan B1). Comme son nom l'indique, c'est la cuisine familiale qui est ici à l'honneur : de savoureuses recettes salentines préparées avec générosité depuis soixante ans, ce qui en fait l'une des adresses préférées des habitants. Pâtes maison à la farine d'orge, pâtes et pois chiches, fèves et chicorée, calamars farcis, paupiettes de cheval… Comptez 20€-25€ environ pour un repas. *Via Col. A. Costadura, 19 Tél. 0832 24 51 78 Ouvert mar.-sam. midi et soir, dim. midi*

Alle Due Corti (plan B2). À mi-chemin entre la Porta Napoli et la piazza Sant'Oronzo, cette jolie *trattoria* du centre historique offre une excellente occasion de découvrir les recettes les plus anciennes de Lecce et de sa région : pâtes fraîches maison et pois chiches, *taeddha*, paupiettes d'aubergines en sauce… Comptez entre 20€ et 25€. *Via Leonardo Prato, 42 Tél. 0832 24 22 23 info@alleduecorti.com www.alleduecorti.com Ouvert lun.-sam. midi et soir*

prix moyens

Picton (plan A1). Un des meilleurs restaurants de Lecce. Cuisine salentine à l'honneur, revisitée par la fantaisie du chef, Antonio Piceci, un personnage haut en couleur : poissons, herbes sauvages, champignons, pâtes et pain maison... C'est aussi une *enoteca* où déguster les vins du Salento. *Via Idomeneo, 14 (près de la Porta Napoli) Tél. 0832 33 23 83 www.acena.it/picton Ouvert mar.-dim. midi et soir*

Manger dans les environs

petits prix

☺ **Aria Corte.** Notre meilleur souvenir du Salento ! Dans une petite bourgade située à quelques kilomètres de Castro Marina, Aria Corte est le royaume des *antichi sapori* ("saveurs du passé"), valorisées avec passion et générosité par Virgilio Verdicchia, le patron. Au menu, du blé concassé préparé avec des champignons ou des fruits de mer (spécialité locale), *orecchiette* à la sauce tomate et à la ricotta forte pour les *primi*. En *secondo*, espadon grillé, petites brochettes d'agneau, crevettes et seiches grillées... le tout arrosé d'un salice salentino, vin rouge puissant de la région. *Via Roma, 32 73030 Marittima Tél. 0836 92 02 72 Ouvert haute saison : tlj. ; basse saison : mar.-dim. midi et soir*

Rua de li Travaj. À quelques kilomètres de Marina di Leuca, ce restaurant n'est pas une adresse qu'on trouverait par hasard, au détour d'un chemin. Patù est un joli village mais, sans les indications des habitués, on ne serait jamais arrivé jusqu'ici. *Pizzica* en musique de fond, spécialités typiques de *lu capu* ("du cap", en dialecte) servies généreusement et atmosphère conviviale. Environ 15€ par personne. Réservation obligatoire. *Via Felice Cavallotti, 44 73053 Patù Tél. 349 058 45 31 Ouvert tlj. haute saison ; fermé mer. basse saison*

Clipper. En route vers le cap de Santa Maria di Leuca, ce restaurant est une bonne adresse pour savourer les recettes de poisson. Selon l'arrivage : pâtes et palourdes, pâtes et oursins, fruits de mer grillés ou frits... Ne manquez pas les *antipasti*, variés et succulents. *Via San Gregorio 73053 Marina di Patù Tél. 0833 76 52 04 Ouvert haute saison : tlj. ; basse saison : mer.-lun. soir*

prix moyens

Azienda Agrituristica Il Gonfalone. Cet *agriturismo*, situé en rase campagne, s'est fait une réputation parmi les gens du coin pour sa délicieuse "cuisine de la terre". Le menu à 22€ vous laissera pantois : légumes braisés, frits ou en sauce, fougasse aux pommes de terre et herbes, beignets traditionnels, fromage frais ; suivent les *primi*, orecchiette à la sauce tomate et ricotta forte, *maccheroncini* aux aubergines, saucisses grillées, saucisses et champignons... Cadre agréable et accueil chaleureux. Réservation obligatoire. *Situé à la sortie de Tricase à 2km sur la route d'Alessano, en direction de la crypte du Gonfalone Tél. 338 456 55 95/0833 77 21 88 Ouvert mar.-sam. soir*

Trattoria da Olga. Situé en dehors du centre historique de Gallipoli, juste devant la gare, cette *trattoria* est le rendez-vous des habitués. Les garçons s'affairent pour vous suggérer les plats du jour variant selon l'arrivage de poissons frais. Délicieuses *linguine* aux moules, palourdes et tomates fraîches, friture mixte de petits poissons, crevettes, calamars... *Via Bovio, 3 73014 Gallipoli Tél. 0833 26 19 82 Ouvert haute saison : tlj. ; basse saison : mar.-dim. midi et soir*

prix moyens

Acmet Pascià. Dans une ville aussi touristique qu'Otrante, ce restaurant tire bien son épingle du jeu. Le cadre est agréable, on dîne face à la mer, et la cuisine, à base de poisson et de fruits de mer, est réellement réussie, un peu plus inspirée que les recettes traditionnelles (risotto aux crevettes et au curry, pâtes aux oursins...). Évidemment, c'est un peu plus cher (de 30€ à 35€). *Via Lungomare degli Eroi 73028 Otrante Tél. 0836 80 12 82 Ouvert mar.-dim. midi et soir*

Masseria Gattamora. Si on a mentionné cette adresse pour son hébergement (cf. Dormir), cette belle *masseria* est aussi un bon endroit pour goûter la cuisine du terroir à base de produits de la mer et de la campagne. Le lieu est un peu guindé, surtout le samedi soir, quand il est pris d'assaut par la bonne société des environs... mais ça n'est pas déplaisant (chandelles, jolies tables dressées dans le jardin). De 20€ à 25€ par personne. *Via Campo Sportivo 73020 Uggiano La Chiesa Tél./fax 0836 81 79 36 Ouvert tlj. le soir*

Où boire un verre ?

Chatwin (plan B1). Cette adresse décalée, en plein centre historique de Lecce, fonctionne comme une association et un cybercafé (3€/h). Musiques du monde, café et thé, presse internationale, *travel literature* et une atmosphère qui change des cybercafés habituels, froids et fonctionnels. *Via Isabella Castriota, 8 Tél. 0832 27 78 59 www.chatwin-netcafe.it Ouvert toute l'année : mar. jeu. ven. et dim. 17h-0h, mer. et sam. 10h-13h30, 17h-0h ; en été, lun.-ven. 10h-13h et 17h-22h*

Où acheter des souvenirs gourmands ?

Pastificio Artigianale. Une des spécialités incontournables du Salento sont les pâtes fraîches. Ici conditionnées sous vide, elles supporteront sans mal votre trajet de retour grâce à l'emballage soigneux de Rosa Panico, la maîtresse des lieux. *Orecchiette*, *sagne*, *maccheroncini*... toutes les formes traditionnelles sont représentées. *Piazza Santa Lucia 73039 Tricase Tél. 0833 54 17 52 Ouvert tlj. 9h-14h et 17h30-20h30 Fermé mar. et dim. a.-m.*

Sapori del Salento. Une épicerie fine située dans le centre historique de Tricase, où vous trouverez une sélection de vins régionaux ainsi que des spécialités (conserves de légumes, pâtes...). *Via Madonna di Fatima, 6 73039 Tricase Tél. 0833 54 47 59 Fermé sam.-dim.*

Où acheter des figurines en *cartapesta* ?

La Casa dell'Artigianato Leccese (plan B1). Lecce est renommée pour ses personnages en *cartapesta* (papier mâché) et cette boutique propose un vaste choix. Outre cet artisanat, on trouve des céramiques, du bois sculpté...
Via G. Matteotti, 20 (angle via Umberto I) Tél. 0832 30 66 04 Fermé dim.

Découvrir Lecce

Prenez le temps de la balade – une bonne journée au moins –, mais évitez les grosses chaleurs. En dehors des monuments, laissez-vous porter et flânez au hasard des ruelles. Vous découvrirez que, à Lecce, même l'architecture quotidienne des maisons est baroque.

Piazza Sant'Oronzo (plan B2). Cette place n'est peut-être pas précisément le centre géographique de la ville mais elle en est véritablement le cœur. Jusqu'au début du XXᵉ siècle, elle était bordée de beaux palais datant du XIIIᵉ siècle, époque du commerce avec la république de Venise. Une fois les *palazzi* démollis pour faire place à la Banque d'Italie, on a découvert les vestiges de l'amphithéâtre romain contigu. Au centre de la place, la **colonne Sant'Oronzo** donne son nom à la place : remarquez surtout la partie inférieure, qui se trouvait originellement à Brindisi et marquait la fin de la Via Appia. Offerte à la ville de Lecce en 1528, elle a servi de base à la statue du saint qui la surmonte, datant de 1739. Quelques beaux monuments encadrent la place : le **Sédile**, construit en 1592, et la **chapelle Saint-Marc**, tout à côté, construite par la colonie de marchands vénitiens établis à Lecce au XVIᵉ siècle.

Anfiteatro Romano (plan B2). Il jouxte la piazza Sant'Oronzo qu'il envahit partiellement. C'est l'un des témoignages de l'Antiquité romaine les mieux conservés du Salento. Construit entre le Iᵉʳ et le IIᵉ siècle ap. J.-C., il pouvait accueillir près de 25 000 spectateurs. Redécouvert au début du XXᵉ siècle, il n'a pas été entièrement exhumé : seules sont visibles une partie des gradins et l'arène. Le reste de l'amphithéâtre gît plusieurs mètres sous terre, sous la place et l'église Santa Maria delle Grazie (1590-1606). *Piazza Sant'Oronzo*

☺ **Piazza del Duomo (plan A2).** Une des plus belles places d'Italie, conçue comme le salon d'un immense *palazzo nobile* qui conserverait derrière ses grilles quelque joyaux baroques ou un décor de théâtre. Imposant, le **campanile** de cinq étages, atteignant près de 70m (un des plus hauts d'Europe), reconstruit par Giuseppe Zimbalo entre 1651 et 1682, domine la place. Au sommet, l'artiste a imaginé une loggia chapeautée d'une coupole. La **cathédrale**, qu'il jouxte, était originellement une fondation normande de 1114. Zimbalo est aussi celui à qui échut le remaniement complet de l'édifice entre 1650 et 1670. Exceptionnellement, c'est la façade latérale qui attire l'attention : alors que la façade principale est plutôt sobre, celle du côté (vue par le passant qui entre sur la place) est digne de la réputation du baroque *leccese*, tout en exubérance. Fausse balustrade, statue de sant'Oronzo sous une arche : tout est fait pour renforcer la mise en scène et tromper l'œil du promeneur. À l'intérieur, beau plafond à caissons de bois peint. Au fond de la place se trouve l'**évêché**, construit entre 1420 et 1428, le long duquel court une belle galerie d'arcades surmontée de bustes de personnages célèbres. À l'ouest, le **séminaire** prolonge le **palais épiscopal**, œuvre de Giuseppe Cino au début du XVIIIe siècle. À l'intérieur, un cloître baroque renferme un beau puits. *Cathédrale Ouvert tlj. 6h30-12h et 17h-19h30 (16h-18h l'hiver)*

☺ **Basilica di Santa Croce (plan B1).** C'est l'expression la plus aboutie du baroque *leccese*. Œuvre de trois architectes qui se sont succédé (Gabriele Ricciardi, Cesare Penna et Francesco Zimbalo), sa construction court tout au long du XVIIe siècle (commencée en 1549, elle est consacrée en 1582 bien qu'inachevée ; il faut attendre 1689 pour son achèvement). Conçue en même temps que le monastère voisin (aujourd'hui occupé par la préfecture, il ne se visite pas), elle est l'initiative des Frères célestins. Dépouillée en 1807 quand les ordres sont supprimés, il faut attendre près d'un siècle et demi pour que des restaurations soient entreprises dans les règles, dont la dernière en date a rendu toute sa blancheur à la façade (années 1980). La lecture du monument n'est pas évidente, tant les détails abondent : le **niveau inférieur**, jusqu'à la balustrade, est rythmé par six colonnes dont les chapiteaux figurent un bestiaire fantastique (monstres, sirènes, harpies...). La **travée**, au-dessus, aligne divinités marines et figures féminines nues d'un côté, des anges au centre, et des lions de l'autre, symbolisant la foi. Treize personnages (Hercule, un griffon, la louve de Remus et Romulus...) surmontent l'ensemble, destinés à porter le poids du balcon. Le **deuxième niveau** est surtout marqué par l'imposante rosace flanquée de chaque côté par saint Pierre et saint Benoît, et par les allégories de la Force et de la Foi. L'intérieur à trois nefs se distingue par l'**autel** consacré à saint François de Paola (1641), œuvre de Francesco Zimbalo, orné de douze panneaux sculptés racontant des épisodes de la vie du saint. *Via Umberto I Ouvert tlj. 8h-13h et 16h30-20h30*

Chiesa S. Niccolò e Cataldo. Située au nord de la ville, à côté du cimetière, cette église est un autre bel exemple de syncrétisme architectural. À l'origine, il s'agissait d'une église normande construite en 1180. Sur le **portail**, arabesques et motifs géométriques dénotent une indéniable inspiration orientale tandis que l'arc supérieur est festonné d'un feuillage de style classique. La **coupole**, qu'on croirait byzantine, est cachée par une façade baroque, remodelée en 1716 par Cino qui y ajouta des statues mais prit le parti de conserver le portail roman. L'**intérieur**, sobre, montre encore quelques fragments de fresques des XIVe et XVe siècles. À côté, l'**ex-couvent des Olivétains**, aujourd'hui occupé par l'université de Lecce, présente deux beaux cloîtres baroques dont l'un abrite un baldaquin surmontant un puits. *Viale Cimitero Ouvert tlj. 8h-11h30*

Découvrir les environs

Otrante. Point le plus oriental de l'Italie, Otrante apparaît comme un mirage, telle une cité fortifiée hors du temps. Prise d'assaut en été, elle est devenue une destination prisée et sélecte, un tantinet snob, mais ne la méprisez pas pour autant. Romaine, byzantine, normande, aragonaise, elle a été convoitée, occupée, saccagée, reconstruite... L'épisode le plus marquant remonte à 1480 lorsque les Turcs s'en emparent, l'assiégeant pendant plus d'un an, laissant alors à Lecce tout le loisir de prendre l'avantage. Le centre historique narre cette évolution, au détour de ses ruelles entrelacées et de ses maisons blanches qui rappellent un peu la Grèce. Piazza Basilica, la **cathédrale**, fabuleux témoignage de l'époque normande voulu par Robert Guiscard en 1088, a supporté les réaménagements ultérieurs sans que son harmonie ne soit faussée (Tél. 0836 80 27 20 Ouvert tlj. 7h-12h, 17h-19h30, 15h-19h30 dim.). L'immense **"livre" de mosaïque** recouvrant le sol, long de 54m et large de 28m, est l'œuvre du moine Pantaleone (1166). Il narre les épisodes de la vie quotidienne des saints, mais aussi des légendes, le tout autant inspiré par les textes sacrés que par les superstitions de l'époque. Près de 600 000 tesselles ont été nécessaires à la réalisation de ce chef-d'œuvre. À quelques pas, l'**église San Pietro**, sur la place du même nom, est un petit bijou byzantin (x^e-xie siècle), malheureusement souvent inaccessible, qui abrite quelques fresques émouvantes (dont une belle Cène) de la même époque. *À 45km de Lecce par la côte (S543 vers San Cataldo puis route du littoral S611) ou par la superstrada intérieure (S16), voie rapide sans intérêt paysager*

Gallipoli. À l'opposé d'Otrante, du côté du littoral ionien, voici *Kalè Polis*, la "belle cité" d'après les anciens Grecs. Comme Otrante, elle est devenue ces dernières années une destination chic et où il fait bon se montrer et être vu. La vieille ville se serre au pied d'un imposant **château** du xvie siècle, comme une île, reliée à la terre par un pont faisant le lien avec la ville moderne. Comme d'autres cités du Salento, l'âge d'or de Gallipoli tourne autour des xviie et xviiie siècles : de cette époque date la **cathédrale Sant'Agata**, conçue, dans sa partie supérieure, par le même artisan du Duomo de Lecce, Giuseppe Zimbalo (Tél. 0833 26 19 87 Ouvert tlj. 8h-12h et 16h-20h). À l'intérieur, plusieurs tableaux des écoles napolitaines et salentines. Sur le lungomare Nazario Sauro, la **Chiesa della Purità**, qu'on voit même depuis la mer, fut érigée en 1650 (Ouvert tlj. en été 9h-12h30, 17h-21h30 ; en hiver 10h-12h, 16h-19h). En façade, remarquez le beau triptyque en majoliques. À l'intérieur, une décoration en bois et de nombreuses peintures d'artistes locaux. À voir enfin, entre la ville moderne et le bourg médiéval, la **fontaine hellénistique**, souvenir de la période magno-grecque, reconstruite en 1560 et récemment restaurée. *Depuis Lecce, 40km de superstrada bien entretenue (S101)*

Où se baigner ?

Si l'on parcourt l'extrême sud du talon de la botte, on découvre deux côtes bien distinctes qui se rejoignent au cap Santa Maria di Leuca : à l'ouest, **de Leuca à Gallipoli**, des plages de sable fin, souvent bien équipées et privilégiées par les familles avec des enfants en bas âge ; à l'est, **d'Otrante à Leuca**, de petites criques souvent difficiles d'accès, baignées par une eau turquoise et transparente. C'est évidemment le paysage le plus sauvage et plus beau, encore faut-il savoir bien nager ! Nos préférées : la **plage de Porto Badisco** (facilement accessible), celles de **Santa Cesarea** où jaillissent aussi des eaux sulfureuses utilisées par les établissements thermaux voisins, celle de **Castro Marina** (si la mer est calme, louez des barques pour caboter d'une grotte à l'autre), l'**Insenatura dell'Acquaviva à Diso** (gorge profonde de 200m : attention, l'eau y est fraîche !) et la plus belle, **Marina Serra** au sud de Tricase (criques rocheuses moins accessibles mais plus sauvages).

*Autrefois connue sous le nom de Lucanie,
la Basilicate est l'une des plus petites
régions d'Italie, enserrée entre la Campanie,
les Pouilles et la Calabre. À **Matera**,
ville troglodytique aujourd'hui inscrite
au Patrimoine de l'humanité, les "sassi"
(grottes) ont servi de refuge à des moines
basiliens qui les ont ornés de fresques
émouvantes, encore visibles dans les églises
rupestres. Ici, le paysage à lui seul raconte
l'histoire de la région : dur, parfois austère,
marqué par de longs sillons de terre brûlée,
mais fort aussi, à l'aune de ses habitants
qui ont dû résister à la misère
ou se résoudre à l'exode. Le visage riant
de la Basilicate, c'est **Maratea** et ses trente
kilomètres de côte en surplomb du golfe
de Policastro. Là, le littoral semble avoir
été préservé, un maquis dense et parfumé
alternant avec des forêts de pins sur les
flancs de montagnes qui viennent
s'évanouir dans l'eau.*

GEOREGION
La Basilicate

Légendes des cartes

Cartes régionales

══════ Autoroute et 2x2 voies
══════ Route principale
────── Route secondaire
────── Autre route
▪ Zone urbaine
⊠ Aéroport
······ Limite de province
● Site remarquable
▲ Sommet
⇌ Tunnel
─·─·─ Limite de Parc naturel
------ Liaison maritime

Plans de villes

═════ Axe principal
▐ Tunnel
═══ Voie ferrée
░ Espace vert
✝ Église
✡ Synagogue
Cimetière
Stade
Ⓜ Métro
Ⓕ Funiculaire

☺ **Matera**   *75100*

On entre dans Matera comme on entrerait dans une casbah… La vieille ville possède en effet cette réalité singulière qui fait émerger les coupoles d'entre les grottes, tandis que la ville moderne, ordinaire et sans charme, s'étire à ses côtés. Comme dans une coupe géologique, on voit la ville se superposer à la ville, l'histoire à l'histoire. Les *sassi*, ces quartiers troglodytiques aujourd'hui en voie de réhabilitation, composent un étonnant tableau minéral, autrefois laissé à l'abandon et insalubre. Classée au Patrimoine de l'humanité, Matera reste encore méconnue pour bien des touristes, une chance pour ceux qui s'apprêtent à la découvrir.

LES *SASSI* : UNE HABITATION ANCESTRALE

C'est l'histoire la plus extraordinaire de toute l'Italie du Sud, moins anecdotique que celle des *trulli* d'Alberobello, liée à un passé de fuites, de misère et de mysticisme. Le plateau des Murge, où s'étale Matera, est creusé de ravins et de torrents, percé de mille et une grottes de tuf, habitées dès le Paléolithique. Grecs et Romains ont tour à tour investi les lieux, à la croisée des routes commerciales, faisant de Matera l'une des étapes de la Via Appia. Aux VIIe et VIIIe siècles, les grottes deviennent le refuge des moines byzantins qui transforment leurs murs en chapelles, lieux de prière et de contemplation, inaugurant un nouveau type d'architecture souterraine qui trouve ici son expression la plus aboutie. Sous les Normands, la ville connaît une période d'essor, avec la construction du château et des remparts. La population augmente, contrainte d'occuper les grottes qui s'étendaient en dehors du périmètre des murs : elle investit deux amphithéâtres naturels, le Sasso Caveoso au sud et le Sasso Barisano au nord. Jusqu'au XVIe siècle, des témoignages disent combien l'habitat dans les *sassi* était harmonieux, en parfaite adéquation entre le relief et les nécessités de la vie sociale.

VERS UNE LENTE DÉGRADATION

À partir du XVIIe siècle, sous l'occupation espagnole, la ville décline, désormais inféodée à d'autres, plus puissantes. Le goût artistique de l'époque résume les *sassi* à une simple anecdote, dénigrant leur architecture pour ne s'en tenir qu'au style baroque en vigueur. Dès lors, ces quartiers sont méprisés, livrés à une population démunie croissante qui n'a d'autre choix que d'investir ces grottes laissées à l'incurie. Cette longue dégradation ne prend fin qu'à l'après-guerre, d'abord dénoncée par l'écrivain Carlo Levi, antifasciste turinois, dans son œuvre *Le Christ s'est arrêté à Eboli* (1945) : "C'est ainsi, qu'à l'école, nous nous représentions l'enfer de Dante. […] Les portes étaient ouvertes à cause de la chaleur. Je regardais en passant et j'apercevais l'intérieur des grottes, qui ne voient le jour et ne reçoivent l'air que par la porte. Certaines n'en ont même pas, on y entre par le haut, au moyen de trappes et d'échelles. Dans ces trous sombres, entre les murs de terre je voyais les lits, le pauvre mobilier, les hardes étendues. Sur le plancher étaient allongés les chiens, les brebis, les chèvres, les cochons. Chaque famille n'a, en général, qu'une seule de ces grottes pour toute habitation et ils y dorment tous ensemble, hommes, femmes, enfants et bêtes. […]

Je n'ai jamais eu une telle vision de misère, et pourtant je suis habitué, c'est mon métier, à voir chaque jour des dizaines d'enfants pauvres, malades et mal soignés. Mais un spectacle comme celui d'hier, je ne l'aurais même pas imaginé."

UN NÉCESSAIRE RÉAMÉNAGEMENT URBAIN

En 1952, l'écrivain est relayé par les politiques qui imposent, avec la loi De Gasperi, que les *sassi* soient évacués et leur population relogée. À cette époque, 15 000 personnes y vivent dans des conditions de salubrité catastrophiques. Un énorme projet d'aménagement est ainsi mis en place et confié aux mains des meilleurs urbanistes du pays pour créer de nouveaux quartiers en préservant la sociabilité propre aux *sassi*. Pourtant, c'est cette vie communautaire même qui disparaît sous l'artificialité. En 1993, l'Unesco se penche avec intérêt sur Matera en l'intégrant au Patrimoine de l'humanité, faisant des *sassi* l'objet d'un nouveau programme de réhabilitation.

QUEL AVENIR POUR LES *SASSI* ?

Si le site a aujourd'hui l'air d'un vaste chantier, on a du mal à l'imaginer dans une dizaine d'années, quand l'ensemble sera poli et léché, peut-être investi de boutiques de souvenirs ou d'hôtels chic. Comment réussir à sauver les *sassi* sans les livrer au seul usufruit des touristes ou d'une population qui n'y voit qu'une curiosité théâtrale ? Le paradoxe existe bel et bien, c'est pourquoi on ne peut que vous encourager à découvrir cette richesse fortement menacée.

Matera, mode d'emploi

accès

EN TRAIN. Une compagnie privée de chemins de fer, les Ferrovie Appulo-Lucane, dessert Matera au départ de Bari (entre 1h et 2h de trajet selon la ligne, plus d'une vingtaine de trains/jour).
Ferrovie Appulo-Lucane. *Piazza Matteotti Tél. 0835 33 28 61 www.fal-srl.it*

EN BUS. Les compagnies de bus Marino et Marozzi, présentes sur tout le territoire, desservent aussi Matera plusieurs fois par semaine (piazza Matteotti, devant la gare) au départ ou à destination de Rome, Turin, Milan, Bologne, Parme, Naples...
Autolinee Marino. *Altamura Tél. 080 3112335 www.marinobus.it*
Autolinee Marozzi. *Rome Tél. 0644 24 95 19 www.marozzivt.it*
Sita. Uniquement à destination de Tarente, Gioia del Colle... *Piazza Matteotti Tél. 0835 33 28 62*
Ferrovie Appulo-Lucane. La compagnie de chemins de fer dispose également de lignes de bus vers Bari ou Potenza. *Piazza Matteotti Tél. 0835 33 28 61 www.fal-srl.it*

EN VOITURE. Accès par la Via Appia (S7) depuis Tarente (70km), ou par les S96 puis S99 de Bari *via* Altamura (63km). Vous pouvez facilement descendre en voiture jusqu'au cœur des *sassi* et trouver une place où vous garer (suivre les indications).

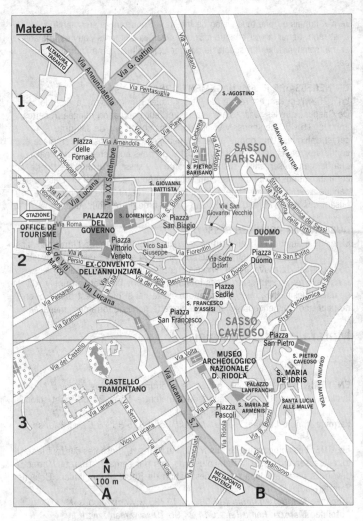

informations touristiques

APT (Azienda di Promozione Turistica) (plan A2). *Via de Viti De Marco, 9 Tél. 0835 33 19 83 Fax 0835 33 34 52 www.aptbasilicata.it Ouvert mar. mer. ven. et sam. 9h-13h ; lun. et jeu. 16h-18h*

Cooperativa Amici del Turista (plan B2). Cette institution propose des visites guidées dans les *sassi*, de la documentation, des cartes postales… *Via Fiorentini, 28/30 Tél. 0835 33 03 01 Fax 0835 31 22 94 www.materaturistica.it Ouvert lun.-sam. 9h-13h et 15h-19h*

SUN Sassi Urban Network. Cette agence qui gère le circuit de visite des *sassi* diffuse un plan très bien conçu et possède plusieurs points d'informations. *Via Casalnuovo, 15 (plan B3) ; église San Pietro Barisano (plan B1) ; via Madonna delle Virtù (plan B2) ; piazza San Pietro Caveoso l'été (plan B3) Tél. 0835 31 42 44 Fax 0835 31 00 21 www.sassi.info Ouvert tlj. 9h-13h et 15h-19h*

Dormir à Matera

prix moyens

☺ **Sassi Hotel (plan B2).** Encensée par tous les guides, cette magnifique adresse est située en plein cœur des *sassi* et on ne saurait abuser de superlatifs à son sujet. L'accueil est remarquable et le site à couper le souffle (toutes les chambres donnent sur le Sasso Barisano). Le propriétaire, un ancien ingénieur ayant travaillé à la réhabilitation des *sassi*, s'est lancé dans la restauration de plusieurs d'entre eux au moment de sa retraite pour les transformer en hôtel. Simplement blanchies à la chaux, les chambres sont séduisantes et, somme toute, que faudrait-il de plus face à une telle vue ? Si vous êtes chargé et que vous disposez d'une voiture, prévoyez de vous rapprocher au maximum de l'hôtel en arrivant par la via Amendola, la via Piave, la via d'Addozio, puis la via Fiorentini, où vous trouverez certainement une place de parking. Selon votre budget, vous choisirez entre les chambres doubles (85€ à 110€ avec balcon) ou un des lits des deux dortoirs (dix et quatre lits : 16€/pers.). Réservation vivement conseillée. *Via San Giovanni Vecchio, 89 Tél. 0835 33 10 09 Fax 0835 33 37 33 hotelsassi@virgilio.it www.hotelsassi.it*

prix élevés

Albergo Italia (plan B3). Situé à deux pas de la piazza Pascoli, d'où l'on a l'un des plus beaux panoramas sur les *sassi*, cet hôtel de 46 chambres, restauré récemment, est une solution raisonnable si le Sassi Hotel est complet. C'est un peu plus cher (98€ la double), mais l'ensemble a du charme et un confort honnête. *Via Ridola, 5 Tél. 0835 33 35 61 Fax 0835 33 00 87 www.albergoitalia.com*

Manger à Matera

petits prix

☺ **Il Terrazzino (plan A2).** Une aubaine ! Si le Sassi Hotel, dont on a chanté les louanges précédemment, avait un pendant du côté des restaurants, ce serait celui-ci. Depuis les terrasses qui prolongent trois salles creusées dans les caves d'un vieux *palazzo*, la vue plonge sur le Sasso Barisano. La carte décline toutes les spécialités de la cuisine *lucana*, dont les incontournables *orecchiette al tegamino* (pâtes maison cuisinées dans un plat en terre cuite, avec tomates, mozzarella et petites boulettes de viande), inventées par le premier chef de la maison, Giuseppe Giasi, et reprises dans tous les restaurants de Matera depuis. Ne ratez pas non plus la purée de fèves aux légumes amers (chicorée, blettes ou feuilles de raves), les pâtes fraîches en forme de feuilles d'olivier, simplement mélangées à de la tomate fraîche et de la roquette et surtout, comme *secondo piatto*, les grillades (agneau, saucisses, tripes...), le tout arrosé d'aglianico, un vin rouge tannique, généralement sec. Environ 5€-6€ pour les *primi*, 8€-9€ pour les *secondi*. *Vico San Giuseppe, 7 Tél. 0835 33 25 03/0835 33 41 19 Ouvert mer.-lun. midi et soir*

prix moyens

☺ **Trattoria Lucana (plan A2).** Poussez la porte de cette *trattoria*, située tout au bord du Sasso Caveoso, pour découvrir une cuisine authentique, préparée depuis des générations par la famille Sanrocco. Ici, dans les deux salles voûtées, les habitués se serrent dans un joyeux brouhaha. Suivez les conseils des serveurs et laissez-vous guider. Partagez les *antipasti*, copieux et variés, et réservez-vous pour l'un des *primi* : *cavatelli* (pâtes fraîches courtes) aux haricots secs et moules, lasagnes aux aubergines, *orecchiette* aux feuilles de raves, *cavatelli* à la chair à saucisse et aux chamignons... En *secondo*, goûtez aux classiques de la région : viande et saucisses grillées. Environ 25€-30€ pour un repas complet. *Via Lucana, 48 Tél. 0835 33 61 17 Ouvert lun.-sam. midi et soir*

Découvrir Matera

Palazzo Lanfranchi (plan B3). Le quartier du Piano (autour de la piazza Pascoli) recèle toute une série de monuments Renaissance et baroques, tel le Palazzo Lanfranchi. Cet ancien séminaire, construit entre 1668 et 1672, abrite aujourd'hui – entre autres – la **pinacothèque D'Errico** avec quelques belles toiles de l'école napolitaine des XVIIe-XVIIIe siècles (actuellement fermée pour restauration). *Piazza Pascoli, 1 Tél. 0835 31 98 25 Ouvert mar.-dim 9h-20h, lun. 14h-20h*

Museo Archeologico Nazionale Domenico Ridola (plan B3). Installé dans l'ancien monastère de Santa Chiara (XVIIe siècle), ce musée fondé en 1910 porte le nom d'un des premiers donateurs, archéologue et directeur des fouilles de la région. Il conserve d'importantes parures funéraires des nécropoles explorées dans les environs (datées du VIe-IVe siècle av. J.-C.), des céramiques (remarquables vases rouges), des objets décoratifs en bronze... *Via Ridola, 2 Tél. 0835 31 00 58 Ouvert lun. 14h-20h, mar.-dim. 9h-20h*

Duomo (plan B2). Le plus bel accès à la cathédrale est la via Duomo, tracée le long des anciens murs du Moyen Âge. Sur la piazza Duomo, une porte monumentale ouvre sur un beau panorama sur le Sasso Barisano. Voulue par l'évêque de Matera, la cathédrale a été construite entre 1230 et 1270 avec la pierre locale de la carrière de Vaglia. Ce beau monument a conservé à l'extérieur ses allures romanes, plus spécifiquement dans le style roman apulien régional (mêlant en fait plusieurs influences : lombarde, normande et même orientale). L'intérieur a cédé aux pressions baroques, totalement remanié aux XVIIe et XVIIIe siècles. La structure en croix latine a été maintenue (trois nefs), mais l'ensemble a renoncé à la sobriété originelle. Plusieurs chapelles latérales conservent quelques belles pièces, dont des **fragments de fresques médiévales**, tel *Le Jugement universel* à droite après l'entrée, ou, à gauche, la belle **statue de la Madone della Bruna**, patronne de la ville. Juste après, une **crèche en pierre**, datant de 1534, abrite de belles figures polychromes représentant la vie rurale de l'époque. *Piazza del Duomo Ouvert tlj. 9h-13h et 17h-19h*

LA BASILICATE

Découvrir les *sassi*

Points de vue. Quand bien même vous seriez muni d'un plan efficace (comme celui fourni par l'agence SUN, cf. Mode d'emploi, informations touristiques), il est probable que vous vous perdiez dans le lacis de ruelles qui montent et descendent à flanc de collines. Aucune contre-indication à cela, puisque tout l'intérêt des *sassi* réside justement dans le plaisir de s'y perdre, de découvrir au détour d'une maison une chapelle rupestre ou une boutique d'artisanat aménagée dans une grotte… Quelques panneaux jalonnent cependant les rues et vous permettront de repérer les principaux monuments (les églises notamment). Les deux *sassi* qui occupent la vieille ville se situent chacun sur un versant du ravin (Gravina di Matera) : au nord, le **Sasso Barisano**, au sud, le **Sasso Caveoso**. Pour commencer la découverte de la ville, le mieux est de vous rendre sur la **piazza Pascoli** (plan B3), de laquelle vous pourrez apprécier toute la sédimentation architecturale. Ensuite, vous pourrez parcourir la **strada Panoramica** (plan B1-B2) ou surplomber les *sassi* depuis la **piazza Vittorio Veneto** (plan A2). Point de jonction entre la ville moderne et le centre historique, cette place est flanquée de quelques beaux monuments comme l'ancien couvent de l'Annunziata (1734) (plan A2), qui abrite aujourd'hui la bibliothèque provinciale (ne se visite pas). *Visites guidées des sassi cf. Mode d'emploi, informations touristiques*

Églises rupestres. Près de 130 églises rupestres sont recensées à Matera, pour l'essentiel situées dans le Sasso Caveoso et quelques-unes seulement étant accessibles au public. Ne manquez pas celles du **Convicinio di Sant'Antonio** (plan B3) où quatre cryptes contiguës ont été creusées entre les XIVe et XVe siècles, dont trois ont conservé de belles fresques. **Santa Lucia alle Malve**, au bord du ravin et au bout du vico Solitario (plan B3), remonte aux premiers établissements des moines basiliens vers l'an 1000, ensuite relayés par des sœurs bénédictines. Les fresques datent du XIIe au XVIIe siècle. Juste à côté se trouve **Santa Maria de Idris**, patronne de l'eau ou plus littéralement "guide de la vie", flanquée de **San Giovanni in Monterrone**, autrefois baptistère de la première (plan B3). **San Pietro Barisano**, à l'opposé (plan B1) (prendre à gauche l'escalier qui monte de la via d'Addozio), affiche une façade du XVIIe siècle, elle-même adossée à une église-hypogée (demandez au gardien qu'il vous indique l'entrée). Chemin faisant, faites une halte à **San Nicola dei Greci**, qui remonte aux Xe-XIe siècles (plan B2). Un système de billet forfaitaire qui inclut l'entrée dans plusieurs églises a été mis en place. Renseignez-vous aux points d'informations SUN (cf. Mode d'emploi, informations touristiques). *Ouvert tlj. 9h-13h et 15h-19h*

"Nouveaux" quartiers. Les "nouveaux" quartiers sont l'interprétation moderne de l'univers troglodytique, aménagés dans les années 1950 dans le cadre de la loi De Gasperi (cf. Matera, Un nécessaire réaménagement urbain). À **Serra Venerdì** (dans la ville moderne, en partant du tribunal, longez le viale Europa et la strada delle Nazioni Unite), l'un des quartiers les plus anciens, on a tenté de reproduire l'organisation des *sassi* en construisant quelques maisons autour d'une placette. À **La Nera** (via La Nera, dans la ville moderne), les mêmes critères ont été pris en compte, en ayant recours à la pierre locale. **Spine Bianche**

(quartier contigu à celui de Serra Venerdì, dans les alentours de la via Nazionale) se démarque avec l'usage de la terre cuite et l'implantation de jardins communautaires. **La Martella**, situé à 8km à l'ouest de Matera (direction Grassano-Tricarico), est sans doute le plus connu de ces nouveaux quartiers. Aujourd'hui, il reste peu de choses du projet initial qui visait à faire coïncider les souhaits des habitants avec les caractéristiques du relief. Le quartier irradiait autour d'un noyau central occupé par l'église de San Vincenzo. Les maisons, sur deux étages, construites en pierre locale, comprenaient aussi une étable et un grenier.

Découvrir les environs

Parco delle Chiese Rupestri del Materano. Depuis 1978, le Parc archéologique, historique et naturel des églises rupestres du Materano regroupe 6 000ha de territoire protégés. Matera et Montescaglioso, à 19km au sud, forment les deux enclaves urbaines de cet immense parc, percé de mille et uns exemples d'habitats et d'églises, investis depuis le Néolithique. À 2km de Matera par la S7, la première église, **Santa Maria della Valle** (dite La Vaglia), très abîmée, est la plus grande de toutes et date du XIᵉ siècle (façade remaniée en 1303). De retour sur la Via Appia (S7), vous verrez après 2km un panneau annonçant le Parc des églises rupestres (2,5km). L'accès à ces églises est difficile (il n'y a pas toujours d'escaliers aménagés sur les pentes du ravin pour les visiter), c'est pourquoi nous vous conseillons de vous renseigner auprès de l'institution en charge pour vous joindre aux visites guidées. Continuez vers le **belvédère de Murgia Timone** : au bout de 6km environ, prenez à droite une route panoramique qui vous conduit tout droit à ce point de vue spectaculaire sur Matera et sur les *sassi*. *À 4km au sud-est de Matera par la S7 en direction de Laterza* **Ente Parco delle Chiese Rupestri del Materano** *Via Sette Dolori, 10 Matera (plan B2) Tél. 0835 33 61 66 Fax 0835 33 77 71 www.parcomurgia.it Ouvert tljl. 9h-13h et 15h-18h Nouvelle entrée en 2004 : Sassi, Santa Lucia*

Metaponto. Le **site archéologique de Metapontum** se trouve au croisement des routes S106 et S175. Les sources les plus anciennes situent la fondation de Metaponto comme colonie grecque au VIIIᵉ siècle av. J.-C. À cette époque, la cité était l'alliée commerciale de Sibari et de Crotone, principalement exportatrice de blé, mais, suite au saccage par les rebelles menés par Spartacus, elle s'affaiblit, jusqu'à tomber dans l'oubli. Les voyageurs du XVIIIᵉ siècle la redécouvrent et lancent une série de fouilles. Plus tard, la zone marécageuse est assainie et une ville nouvelle se développe dans les années 1950. Légèrement excentrés par rapport à la cité antique (à 5km en bordure de la S106 vers Tarente), les **Tavole Palatine** sont les vestiges d'un temple dorique dédié à Héra (VIᵉ siècle av. J.-C.). L'ensemble devait avoir fière allure, avec ses 36 colonnes cannelées (dont 15 nous sont parvenues, restaurées dans les années 1960). Certains ont voulu voir dans ces colonnes les pieds d'une table pour géants, d'autres, moins fantaisistes, rappellent que la cité a aussi accueilli Pythagore après qu'il eut quitté Crotone où il avait fondé une école philosophique. *Strada Statale Ionica, 106 75010 Metaponto Tél. 0835 74 51 41 Ouvert tlj. 8h-1h av. le coucher du soleil*

☺ **Maratea**

Il est une portion de côte qu'on n'attendait pas, quelques kilomètres à peine préservés du saccage et du béton par une route sinueuse qui descend à flanc de colline. Maratea se partage en deux entités distinctes : d'un côté, un bastion ancien accroché au mont San Biagio, de l'autre, un petit port pittoresque baigné par le golfe de Policastro. Entre les deux s'étale le maquis méditerranéen qui embaume, au printemps, des senteurs de romarin, de myrte ou de genêt. Perché tel celui du Corcovado de Rio de Janeiro, un Christ Rédempteur monte la garde en amont du village.

LE PARC NATIONAL DU POLLINO
Situé dans l'arrière-pays de Maratea, à la frontière de la Basilicate et de la Calabre, entre deux mers, ce Parc national a été institué en 1993. Il comprend la majeure partie des Apennins calabro-lucaniens, qui relient le littoral tyrrhénien au littoral ionien, dominés par le mont Pollino à 2 248m. Ses sommets comptent parmi les plus hauts du sud de l'Italie et l'on distingue deux importants massifs : à l'ouest, les Monti di Orsomarso, autour du village du même nom, de Verbicaro et de Cozzo del Pellegrino (1 987m), et, au centre du parc, le Massiccio del Pollino proprement dit. Avec près de 193 000ha, le Parc du Pollino est le plus vaste du pays, marqué par de forts contrastes entre des cimes enneigées jusqu'au mois de mai et des vallons plus doux, couverts de fleurs au printemps. Les paysages les plus variés y sont ainsi présents, des roches dolomitiques aux forêts de hêtres et de *Pini loricati*, une variété de pin qui résiste aux conditions rigoureuses de la nature. La faune est surtout représentée par l'aigle, le sanglier et, dit-on, par quelques loups. Des nécropoles préromaines à l'implantation de villages albanais, la culture du parc embrasse des siècles d'histoire et de traditions que des randonnées à pied vous permettront de découvrir, notamment de mai à novembre, quand le climat est clément. Renseignez-vous auprès du siège du Parc pour obtenir des cartes ainsi que les coordonnées de guides diplômés.

Maratea, mode d'emploi

accès

EN TRAIN. La liaison par chemin de fer est assez pratique : comptez 2h ou 3h de Naples (il y a un train toutes les heures).
Trenitalia. *Numéro vert 89 20 21*
Stazione FS. *Tél. 0973 87 69 06*

EN BUS. À éviter ! Les bus en provenance de Naples ou de Rome ne desservent pas directement Maratea : ils s'arrêtent à Lagonegro sur l'autoroute A3 et les correspondances vont jusqu'à Sapri où il vous faudra prendre un train pour Maratea.
SLA. *Viale Roma, 6 85042 Lagonegro Tél. 0973 210 16 www.slasrl.it*

LA BASILICATE

EN VOITURE. L'A3 est l'autoroute incontournable du Sud. Attention, jusqu'à Lagonegro, la route (une voie unique généralement) est en si mauvais état que vous n'aurez pas le loisir d'admirer le paysage. À la sortie "Lagonegro nord", la petite route nationale en lacet S585, qui descend vers Maratea et la mer, est sinueuse mais magnifique. Vous pouvez également continuer sur la S585 jusqu'à Castrocucco et revenir, au nord, par la S18.

informations touristiques

APT (Azienda di Promozione Turistica). *Piazza del Gesù, 32 Tél. 0973 87 69 08/0973 87 74 55 Fax 0973 87 74 54 infomaratea@aptbasilicata.it www.aptbasilicata.it Ouvert lun. 8h-14h, mar. 8h-14h et 15h-18h, mer. 8h-14h, jeu. 8h-14h et 15h-18h, ven.-sam. 8h-14h*
Sotto il Segno del Delfino. Si l'office de tourisme est fermé ou si vous préférez un service sur mesure, rendez visite à Susi Travisano. C'est elle qui anime, avec une énergie peu commune, ce groupement d'hôtels de la Basilicate. Elle connaît la région comme personne, vous poussera hors des sentiers battus et vous aidera à vous organiser. *Via San Nicola, 43 Tél. 0973 87 64 99 Fax 0973 87 66 95 hotelgroup.ildelfino@tin.it www.basilicatahotels.it Ouvert lun.-sam. 9h-13h et 16h-20h (18h en hiver)*
Ente Parco Nazionale del Pollino. Ce centre d'informations, siège du Parc, est situé à Rotonda, à 70km de Maratea. Vous y trouverez des renseignements, des cartes, des suggestions d'itinéraires et des propositions de visites guidées... *Palazzo Amato Via Mordini, 20 85048 Rotonda (rejoindre Lagonegro, prendre l'A3 et sortir à Castelluccio. De là, 12km sur une petite route vous séparent encore de Rotonda) Tél. 0973 66 93 11 Fax 0973 66 78 02 www. parcopollino.it www.parks.it/parco.nazionale.pollino Ouvert lun.-ven. 9h30-13h et 16h-17h30*

Dormir à Maratea

prix élevés

La Dimora del Cardinale. Si vous préférez l'authenticité d'un vieux centre histo-rique à la fonctionnalité d'une station balnéaire, c'est votre adresse. Seize chambres occupent une belle maison située au cœur du vieux bourg de Maratea. La mer n'est pas loin et on a l'avantage d'être à deux pas des meilleurs restaurants. Que ceux qui n'ont pas de voiture se rassurent, l'hôtel dispose d'un service de navettes vers les plages. Attention, si les prix sont très raisonnables hors saison (de 70€ à 90€ jusqu'à la fin juin), ils flambent en été (120€ en juillet et 160€ en août pour une double !). *Via Cardinale Gennari (à l'angle de la piazza Immacolota) Tél. 0973 87 11 19 Fax 0973 87 77 12 www.costadimaratea.com/dimoradelcardinale Fermé oct.-Pâques*

grand luxe

La Locanda delle Donne Monache. Un bel exemple de reconversion réussie : autrefois, La Locanda était un couvent de sœurs visitandines, ordre fondé par saint François de Sales en 1735. Vingt-trois chambres et six suites donnent sur les toits du vieux bourg de Maratea, en surplomb de la côte, et sur un poétique jardin parfumé de bougainvillées et de jasmin. Nombreux services et équipements : piscine, excursions... De 130€ à 300€ la double. *Via Carlo Mazzei, 4 Tél. 0973 87 74 87 Fax 0973 87 76 87 locanda@mondomaratea.it www.mondomaratea.it/ita/monache/monache.htm*

Manger à Maratea

prix moyens

Lanterna Rossa. Sur le port de Maratea, cette adresse est l'une des meilleures places pour déguster une cuisine de la mer : linguine aux coques, oignon rouge de Tropea, salade de Trévise et piment, pâtes fraîches accompagnées de petites seiches, tomates, olives noires et pignons, ou encore les penne *alla marateota*, avec du thon à l'huile, des olives et de petites tomates cerises... En *secondo*, des paupiettes d'espadon farcies de tomates séchées, d'olives, de raisins secs, de pignons, de la daurade en papillote, du loup de mer au court-bouillon épicé... Les gourmands garderont un peu d'appétit pour les desserts, tout aussi inspirés. Environ 25€ le repas. *Port de Maratea Tél. 0973 87 63 52 Ouvert haute saison : tlj. midi et soir Fermé basse saison : mar.*

prix élevés

Ristorante Taverna Rovita. Située dans le vieux bourg de Maratea, cette taverne rustique et conviviale prépare les recettes traditionnelles de Lucanie, d'infinis *antipasti*, des *primi* généreux, des viandes relevées de légumes braisés, des paupiettes... Environ 35€ à 50€ le repas. *Via Rovita, 13 Tél. 0973 87 65 88 Ouvert Pâques-nov., 8 déc.-7 jan. : tlj. 12h-14h30 et 19h-23h*

Zà Mariuccia. Un bon tuyau qui se transmet de génération en génération. On vient ici depuis des décennies pour les raviolis de ricotta à la sauce de viande d'agneau, mais aussi pour les fruits de mer, les homards, les desserts... Tables en terrasse et véranda l'hiver. Comptez environ 35€ à 40€ pour un repas. *Port de Maratea Tél. 0973 87 61 63 Ouvert Pâques-nov. Fermé lun., sauf en août, ouvert le soir uniquement*

Manger dans les environs

petits prix

Il Casale do Rodaro. Venanzio ne manque pas d'énergie pour tenir cet *agriturismo*. Viandes et légumes sont issus de la production de la maison, qui est scrupuleusement biologique. Cuisine de terroir donc, savoureuse et inspirée par les saisons : longue suite d'*antipasti* à base de charcuterie maison, de fleurs de courgette frites, pâtes fraîches aux cèpes et aux courgettes... Comptez environ 15€ pour un repas. *Sur la S585 au km 12,600 (à 20min de Maratea) Tél. 0973 82 64 90*

Dormir, manger en bord de mer

grand luxe

Hotel Gabbiano. Situé sur l'une des plus belles plages de la côte, la bien nommée Acquafredda ("eau froide" !), cet hôtel moderne, conçu comme une imposante villa (40 chambres), a l'avantage d'être extrêmement fonctionnel sans être dénué de personnalité. Grand confort, nombreux équipements (piscine, chaises longues et parasols, activités sportives...). L'endroit est idéal pour ceux qui rêvent de baignades. Comptez de 118€ à 198€ la double en demi-pension. *Via Luppa, 24 85046 Acquafredda Tél. 0973 87 80 11 Fax 0973 87 80 76 hotelgabbiano@tiscalinet.it www.hotelgabbianomaratea.it Ouvert de mars à novembre*

☺ **Romantik Hotel Villa Cheta Elite.** L'hospitalité de la famille Marsicano, premier propriétaire de cette villa cossue, a marqué les lieux au point que les successeurs, aujourd'hui menés par Stefania Aquadro, ont souhaité perpétuer ces traditions de convivialité. En surplomb de la mer, immergée dans le maquis, la villa couleur parme a été restaurée dans ses lignes Liberty originelles. Dans chaque chambre, un petit détail rompt avec la monotonie habituelle : le mobilier ancien, les draps brodés ou les jolies aquarelles. Aujourd'hui, la famille mise aussi sur le restaurant avec ses jolies tables dressées en terrasse ou dans une salle très intime. Le chef s'inspire des produits de saison pour créer une cuisine de tradition, relevée d'un soupçon de fantaisie : loup de mer mariné aux cèpes et piment frais, soupe de *cannellini* (variété de haricots secs blancs), daurade en croûte de pommes de terre, rougets au court-bouillon épicé, le tout accompagné de courgettes à l'escabèche, d'aubergines *alla parmigiana* (en gratin)... Comptez de 160€ à 250€ la double en demi-pension. *85046 Acquafredda Tél. 0973 87 81 34 Fax 0973 87 81 35 villacheta@tin.it info@villacheta.it www.villacheta.it Ouvert de mars à novembre*

Découvrir les environs

Monte San Biagio. Pour vous rendre au mont San Biagio (624m d'altitude), empruntez vers le sud la magnifique route panoramique qui part de Maratea en direction du sanctuaire du même nom (c'est indiqué juste à la sortie du village). Le **sanctuaire** a été fondé au VIᵉ siècle par des moines basiliens, sur les vestiges d'un ancien temple de Minerve (Tél. 0973 87 82 11 Ouvert lun.-sam. 9h30-12h30, dim. 16h-19h). Au sommet, du haut de ses 22m, la colossale **statue du Rédempteur** domine la baie depuis 1965. Du belvédère, le point de vue sur la côte est tout simplement spectaculaire. *À 4,5km au sud-est de Maratea par la S18 Sanctuaire Ouvert le dim. a.-m. (office religieux) Pour la visite, s'adresser au prêtre de Maratea*

Rivello. Ce bourg pittoresque est perché sur un éperon qui domine toute la vallée du Noce. L'histoire de ce village est assez curieuse : né d'une implantation de moines basiliens, il a ensuite été convoité par les Byzantins et les Lombards au milieu du VIᵉ siècle, sans qu'aucun ne réussisse à prendre l'avantage. Le partage se fit donc à l'amiable, les premiers occupant la partie basse de la cité, les seconds la partie haute. Cette division s'est aussi exprimée architecturalement, avec l'édification d'une église de rite latin et une seconde de rite grec-orthodoxe (jusqu'au XVIIe siècle), ainsi que d'autres monuments fortement inspirés par l'architecture byzantine. En saison, sur le bord des routes, vous verrez de nombreux stands improvisés offrant à la vente des fraises sauvages. *À 8km de l'A3 à la sortie "Lagonegro" sur la S585*

Où se baigner ?

Trente magnifiques kilomètres de calanques, de criques et de plages sont accessibles depuis Maratea. Le mieux est de vous fier à votre instinct et de vous arrêter là où bon vous semble. La plage la plus septentrionale de toutes, **Acquafredda**, est située au pied d'une montagne couverte de forêts de pins, entre grottes et petites criques de galets ou de sable gris-noir. Plus au sud vient ensuite **Fiumicello Santa Venere**, une des plus belles plages des environs, et enfin, après le petit port de Maratea, la **Marina di Maratea** et **Castrocucco**, à la frontière avec la Calabre. *À une dizaine de kilomètres de Maratea, le long de la S18*

*On a souvent dit de la péninsule qu'elle
était l'"épine dorsale" de la Méditerranée,
le lien entre le Nord et le Sud, et par là
même un carrefour de toutes les*
civilisations. *C'est encore plus vrai en
Calabre : Grecs, Romains, Byzantins,
Normands, Albanais et Espagnols s'y sont
installés tour à tour, par esprit de conquête
ou pour fuir la misère et l'oppression.
Ici, l'* **histoire** *se lit sur chaque aspérité, sur
chaque pierre, et résonne dans les dialectes
locaux, mêlant le calabrais au grec et
à l'albanais. Si certains qualificatifs
ne contribuent pas à redorer son blason
(parce qu'elle est pauvre, mafieuse,
bigote...), si le paysage semble le triste
souffre-douleur des politiciens, la Calabre
sait aussi se faire généreuse et hospitalière.
Bourgs byzantins, villages des minorités
albanaises ou grecques,* **Parcs nationaux**
*de la Calabre et de l'Aspromonte...
Aujourd'hui, portée par une jeunesse qui
rêve d'ouverture, la province calabraise
réserve plus de promesses qu'aucune autre
région italienne.*

GEOREGION
La Calabre

Légendes des cartes

Cartes régionales

━━━ Autoroute et 2x2 voies
━━ Route principale
━━ Route secondaire
── Autre route
▮ Zone urbaine
☒ Aéroport
⋯⋯ Limite de province
● Site remarquable
▲ Sommet
⨝ Tunnel
─·─· Limite de Parc naturel
------ Liaison maritime

Plans de villes

▬ Axe principal
⊏ Tunnel
⌗ Voie ferrée
▦ Espace vert
† Église
✡ Synagogue
▦ Cimetière
⬚ Stade
Ⓜ Métro
Ⓕ Funiculaire

Cosenza

87100

Première province de Calabre quand on vient du nord,
juste en dessous de la Basilicate, Cosenza s'avère l'une des étapes
les plus attrayantes de la région : ses monuments, d'abord, sont autant de
témoignages du rôle culturel que la ville endossa au cours de la Renaissance ;
sa situation géographique, ensuite, juste à l'entrée du massif de la Sila,
la "petite Suisse" calabraise, paraît privilégiée. Mais Cosenza se distingue
surtout par sa physionomie. La cité est littéralement scindée en deux par
le confluent du Busento et du Crati, laissant au visiteur le loisir de découvrir
ses deux visages : d'un côté, une ville moderne tournée vers l'avenir traversée
par le corso Mazzini, son artère commerçante ; de l'autre, un quartier
historique fait de toits décrépits, de coupoles anciennes, de vieilles ruelles
et de *palazzi* sans âge. L'arrière-pays, caractérisé par le massif de la Sila
et les contrastes inattendus de ses forêts ou par les petits villages des
communautés albanophones naufragées de l'invasion ottomane
au xve siècle, mérite également que l'on s'y attarde.

LE PARC NATIONAL DE LA CALABRE

Ceux qui imaginaient la Calabre comme une région aride risquent d'être
surpris. Entre Cosenza au nord et Catanzaro au sud, il est des forêts et des
vallons qu'on appelle la "petite Suisse" calabraise, classée "Parc national"
en 1968. Le Parc englobe deux petites zones. La **Sila Grande**, d'abord,
est le royaume du *Pino laricio*, une espèce endémique de conifère pouvant
atteindre 40m de haut. Certains troncs portent encore les entailles du siècle
passé, lorsque la résine était recherchée pour la fabrication d'essences.
Sur les flancs plus froids ou exposés au nord, les pins font place aux hêtres
ou aux châtaigniers. La **Sila Piccola**, ensuite, plus au sud, se singularise par
son sapin blanc. Le massif abrite enfin une faune protégée : une vingtaine de
loups hantent la forêt à la recherche de quelque chevreuil ou daim. Autrefois
victime de déboisements abusifs pour le commerce du bois, la Sila est
aujourd'hui bien entretenue, offrant aux marcheurs de nombreux sentiers de
randonnée (cf. Randonner dans le Parc national de la Calabre).

LA CALABRE ALBANAISE

En 1448, menés par le chrétien Giorgio Castriota Skanderberg,
de nombreux Albanais fuient leur pays, alors envahi par les Turcs,
pour s'installer en Calabre où ils réussissent à maintenir leur langue,
leur religion grecque-orthodoxe et leurs traditions. Témoignage
de l'extraordinaire brassage culturel qui a traversé le sud de l'Italie,
la communauté albanaise s'étend essentiellement au nord, dans une vingtaine
de communes, dont les plus importantes sont Lungro, San Demetrio Corone,
San Giorgio Albanese, Firmo ou Altomonte. Des minorités ethniques
du Sud (notamment les oasis *grecaniche* de la province de Reggio,
à l'extrême sud de la péninsule), les Albanais sont les plus nombreux.
On compte encore aujourd'hui 70 000 Calabrais parlant l'*arbëresh*,
l'ancien dialecte albanais.

Cosenza, mode d'emploi

accès

EN TRAIN. Des trains desservent la ville au départ de Naples ou de Reggio *via* Paola. Attention, la gare est située assez loin du centre-ville.
Stazione FS. *Piazza Matteotti Tél. 0984 482 33 Numéro vert 892 20 21*

EN BUS. La compagnie SAJ Autolinee assure des liaisons plusieurs fois par semaine entre Cosenza et Milan (11h de trajet ; env. 113€), Venise (11h30) et Lecce (4h30). Départs de Cosenza de la gare FS, piazza Matteotti. Par ailleurs, la société SIMET propose des liaisons pour Foggia, Pise, Rome, Turin, Vérone…
SAJ Autolinee. *Viale della Libertà, 62 87075 Trebisacce. Départ de Piazza Fera. Tél. 0981 50 03 31 info@saj.it www.saj.it Ouvert lun.-ven. 9h-13h et 15h30-19h, sam. 9h-13h*
SIMET. *Corso Mazzini, 133 Tél. 0984 769 07 www.bus.it/simet*

EN VOITURE. L'incontournable autoroute du soleil (A3), en travaux depuis des années, reste gratuite pour atteindre Cosenza.

informations touristiques

APT (Azienda di Promozione Turistica). *Corso Mazzini, 92 Tél. 0984 274 85 Fax 0984 273 04 Ouvert lun.-mer. 9h-13h et 15h-18h, jeu.-ven. 9h-13h*

Dormir à Cosenza

Tous les hôtels sont malheureusement situés dans la partie moderne de Cosenza. Il y a peu d'adresses, certaines se reposant sur leur réputation passée (à ce titre, évitez le Royal qui ne mérite plus ses 4 étoiles). À pied, on rejoint néanmoins le centre historique en quelques minutes.

prix moyens

Hotel Excelsior. Si le charme Belle Époque de la décoration perdure dans le hall d'entrée (ascenseur en bois, escaliers cirés, tapis rouges, lustres…), ne vous attendez pas à le retrouver dans les chambres, toutefois bien tenues. Préférez celles donnant sur rue qui, en dépit du bruit, sont les plus jolies. Double à partir de 52€. *Piazza Matteotti, 14 Tél. 0984 743 83 Fax 0984 743 84*

prix élevés

Hotel Centrale. Rénové en avril 2001, cet hôtel appartient à la chaîne hôtelière internationale Best Western, mais cultive cependant un style personnel, avec une décoration très design (moquette tigrée, fauteuils verts…). Situé dans une petite rue calme entre le corso Mazzini et le centre historique, le Centrale est sans conteste l'établissement le plus confortable de Cosenza. Double de 85€ à 110€. *Via del Tigrai, 3 (à l'angle du Viale Parco) Tél. 0984 757 50 Fax 0984 736 84 www.hotelcentralecs.it Promotions spéciales week-ends*

Dormir dans les environs

petits prix

Ostello della Gioventù Gran Canyon. Située à l'écart de Civita, cette auberge de jeunesse est ouverte à tous. Chambres simples, mais vue somptueuse sur les gorges du Raganello. Comptez 45€/jour en pension complète (spécialités *arbë-resh*). *Contrada Laxa 87010 Civita Tél./fax 0981 730 89 www.albergostellopol-lino.com (à partir d'août 2004 ouverture d'un hôtel de 12 chambres)*

Manger à Cosenza

petits prix

Per... Bacco ! Cette *enoteca* est la première de l'autre côté du pont Mario Martire sur le Busento et marque le début du corso Telesio dans la vieille ville. Un lieu prisé par les jeunes Cosentins pour son joyeux brouhaha et ses petits plats accompagnés de bons verres de vin. En été, privilégiez la terrasse, très agréable. *Piazza dei Valdesi, 3 Tél. 0984 79 55 69 Ouvert tlj. midi et soir*

prix moyens

Giocondo. Au cœur de la ville nouvelle, Giocondo n'a pas l'allure rustique des *trattorie* de la vieille ville, mais suit scrupuleusement les recettes traditionnelles calabraises. *Via Piave, 53 Tél. 0984 298 10 Ouvert lun.-sam. toute l'année*

Taverna l'Arco Vecchio. Peut-être l'une des meilleures tables de la ville ! Situé sur les hauteurs du centre historique, ce restaurant rassemble notables et familles venues célébrer une occasion particulière. Lasagnes aux blettes, *fusilli* à la sauce tomate et chair à saucisse... La cuisine est rustique et savoureuse. *Piazza Archi di Ciaccio, 21 Tél. 0984 725 64 Ouvert lun.-sam. midi et soir*

La Calavrisella. Une bonne adresse à l'extrémité du viale della Repubblica. *Antipasti* régionaux (délicieuses charcuteries pimentées...), pâtes maison à la tomate fraîche et à la tomme de brebis (*caciocavallo*) ou au ragoût de sanglier, cabri à l'origan et, pour les amateurs d'émotions fortes, paupiettes à base d'intestins d'agneau... *Via Gerolamo De Rada, 11 Tél. 0984 280 12*

Manger dans les environs

petits prix

Kamastra. Cette *trattoria*, campée sur la place principale de Civita, est un bon choix pour s'initier aux meilleures recettes de la tradition *arbëresh* cuisinées à base de produits locaux, tel le succulent jambon de montagne. *Piazza Municipio, 3/6 87010 Civita Tél. 0981 733 87 Fermé basse saison : mer.*

Agorà. À deux pas du précédent, ce petit restaurant, aménagé dans un *palazzo* du XIXe siècle, sert depuis une décennie de savoureux plats albanais. Ne ratez surtout pas les pâtes fraîches maison... *Piazza Municipio, 30 87010 Civita Tél. 0981 734 10*

prix élevés

La Locanda di Alia. Cette maison de tradition a récolté tous les lauriers avec une cuisine méridionale fidèle aux produits du terroir et agrémentée d'un soupçon de fantaisie. Le résultat est étonnant : des alliances inattendues mais subtiles, tels les spaghetti à la boutargue et aux pointes de blettes amères relevés au piment, ou les raviolis aux herbes aromatiques et à la ricotta servis avec des graines d'anis sauvage de la Sila et du parmesan. Les gourmets ne manqueront pas d'y faire une halte. *Via Jetticelle, 55 87012 Castrovillari Tél. 0981 463 70 www.alia.it Fermé dim.*

Où prendre un café, déguster une pâtisserie ?

Gran Caffè Renzelli. Depuis deux cents ans, ce café prestigieux reste une référence pour les amateurs de douceurs en tout genre. Le long du corso Telesio, dans la vieille ville, ou du corso Umberto, dans la ville nouvelle, c'est le lieu idéal pour faire une petite pause gourmande. *Corso Telesio, 46 Tél. 0984 268 14 Corso Umberto I, 1 Tél. 0984 270 05 www.grancafferenzelli.it Fermé sam. mat. en été, mar. en hiver*

Où acheter de la réglisse ?

☺ **Liquirizia Amarelli.** Si vous passez près de Rossano, ne manquez pas d'aller jeter un coup d'œil à cette fabrique vieille de plus de cinq cents ans. La famille Amarelli produit une réglisse pure, sans additif ni édulcorant, ou légèrement aromatisée à la violette, à l'orange, à la menthe ou à l'anis. Les petites boîtes en fer estampillées "Amarelli" et décorées d'images anciennes – que vous trouverez à la boutique – sont aujourd'hui exportées dans le monde entier. Un petit musée est également consacré à l'histoire de la famille et de la production. *Contrada Amarelli 87067 Rossano (S106) Tél. 0983 51 12 19 Fax 0983 51 05 12 www.amarelli.it **Boutique** ouverte haute saison : tlj. ; basse saison : lun.-sam. 7h30-20h30 **Fabrique et musée** Visites guidées sur rdv (Fabrique fermée en août) Site du musée : www.museodellaliquirizia.it*

Découvrir Cosenza

En dehors du **corso Mazzini**, qui regorge de boutiques à la mode, la visite de Cosenza se circonscrit à la vieille ville, de l'autre côté du fleuve Busento. On laisse derrière soi une ville moderne, presque découpée à angles droits, pour entrer dans un labyrinthe de ruelles tortueuses. Le **corso Telesio**, ancienne "route des marchands et des orfèvres", reste l'unique exception. Cette artère centrale, avec ses *palazzi* à l'allure chancelante, ses façades décrépites et ses petites maisons populaires, a beaucoup de caractère et se (re)découvre étonnamment chaque jour : religieusement silencieuse le dimanche matin, elle se fait effervescente en semaine autour des commerces, pour devenir littéralement bondée le samedi soir !

Chiesa San Francesco di Paola. Située légèrement en retrait du corso Telesio, de l'autre côté du Crati, cette église baroque remonte en fait à l'an 1510. Remaniée en 1720, puis après le séisme de 1854, elle conserve un remarquable triptyque du xvie siècle représentant la Vierge à l'Enfant entre sainte Catherine et saint Sébastien (dans l'abside, au-dessus de l'autel). À voir également : le tombeau en marbre d'un seigneur local (1593), juste après l'entrée. En poussant jusqu'au pont Alarico tout à côté, la vue embrasse les deux parties de la ville. *Corso Plebiscito puis piazza San Francesco*

Duomo. Bâtie au xiie siècle, cette cathédrale a connu une histoire tourmentée : tour à tour romane, gothique, baroque puis néogothique au xixe siècle, elle a retrouvé ses formes originelles, imposantes et dépouillées, après une longue restauration. Le tombeau en marbre d'Isabelle d'Aragon, morte en 1271 à Cosenza, en constitue l'œuvre la plus remarquable. La reine y est représentée avec son époux, Philippe III le Hardi, tous deux agenouillés devant la Vierge. Sur sa joue, une blessure rappelle la chute de cheval mortelle dont elle fut victime alors qu'elle ramenait de Tunis la dépouille de Saint Louis, emporté par la peste. Elle mourut peu après avoir mis son enfant au monde. *Corso Telesio*

Museo Civico Archeologico. Abrité par le palais de l'Accademia Cosentina, ce musée renferme de belles productions préhistoriques et romaines mises au jour dans les environs, telles ces parures des nécropoles de San Mauro di Corigliano et Torre Mordillo. *Piazza XV Marzo Tél. 0984 81 33 24 Ouvert lun. 8h-14h et 15h30-18h30, mar.-mer. 8h-14h, jeu. 8h-14h et 15h30-18h30, ven. 8h-14h*

Jardins de la Villa Comunale. C'est ici que se dresse la statue de Bernardino Telesio (1508-1588), philosophe cosentin naturaliste dont se réclameront par la suite Tommaso Campanella, Descartes et même Hegel ! *Piazza XV Marzo*

Chiesa San Francesco d'Assisi. Autour de la via del Seggio, vous découvrirez les plus anciennes bâtisses de Cosenza, serrées autour d'arcs, de petites cours et d'escaliers, datant du xve siècle. Au sommet de ce quartier se trouve l'église San Francesco d'Assisi, fondée au xiiie siècle et remaniée en 1657, d'où son habillage baroque. Outre le chœur en bois qui affiche quelques traces gothiques, ne manquez pas la chapelle de sainte Catherine, décorée de toiles de Borremans, représentant la vie de la sainte (1705). *À partir du corso Telesio, emprunter la via del Seggio vers le château. Via San Francesco d'Assisi*

Découvrir les environs

Rossano. Bastion du monachisme grec en Occident (on y comptait pas moins de sept monastères), citadelle byzantine puissante, Rossano a rayonné dans toute l'Italie du Sud pendant plus de cinq siècles (vi[e]-xie siècle). Aujourd'hui, la partie moderne, plus proche de la mer, est plutôt décevante, mais le centre ancien, donnant de belles perspectives sur les étendues d'oliviers, vaut bien une balade. Le **Duomo**, construit au xie siècle, a tant été remanié qu'il a perdu un peu de son charme d'antan. À l'intérieur, au troisième pilier de gauche, admirez la fresque d'une madone "achéropite" (non peinte par l'homme), qui serait apparue miraculeusement sur les murs de la cathédrale en construction au

IXe ou Xe siècle. Sur la piazza Duomo, le palais archiépiscopal abrite le **Museo Diocesano d'Arte Sacra**, célèbre pour son *Codex Purpureus Rossanensis*, une pièce exceptionnelle remontant au VIe siècle. Il s'agit d'un évangéliaire byzantin attribué à l'école de Césarée en Palestine, parvenu à Rossano au VIIe siècle. Ses 188 feuilles de parchemin teinté de pourpre (d'où son nom) racontent, en lettres d'or et d'argent illustrées de magnifiques miniatures, la Passion du Christ. La **Chiesa San Marco**, presque à la sortie de la vieille ville, reste le plus bel exemple d'architecture byzantine de Rossano : datant des Xe-XIe siècles, cette église se distingue par ses cinq petites coupoles chapeautant trois absides semi-circulaires. Des fresques qui devaient orner l'édifice il ne reste qu'un fragment d'une Vierge à l'Enfant. *À 99km au nord-est de Cosenza par l'A3, puis les S534 et S106 Museo Diocesano d'Arte Sacra Tél. 0983 52 52 63/52 02 82 Ouvert haute saison : tlj. 9h-13h et 16h30-20h ; basse saison : mar.-sam. 9h30-12h30 et 16h-19h, dim. et fêtes 10h-12h et 16h30-18h30*

Chiesa Santa Maria del Patire. Dans un site isolé d'une grande beauté qui surplombe la plaine de Sibari, l'église Santa Maria del Patire appartient à un ensemble monastique grec aujourd'hui en ruine. Elle conserve encore dans ses trois absides quelques éléments décoratifs de l'architecture normande, telles des incrustations polychromes. *À 18km à l'ouest de Rossano par la S106*

Corigliano Calabro. Ce petit village se visite essentiellement pour son église : la **Chiesa de Sant'Antonio** (XVe siècle, renovée au XVIIIe siècle) arbore une belle coupole couverte de majoliques jaune et bleu. *À 15km de Rossano par la S106*

Sibari. L'ancienne *Sybaris* a laissé bien peu de traces de son antique splendeur. Fondée autour de 715 av. J.-C. par des colons achéens, la cité était, avec Tarente, la plus ancienne et la plus importante colonie de la *Magna Grecia*. Deux siècles durant, la ville prospéra notamment grâce au commerce et à l'exploitation des terres fertiles qui l'entouraient. En 510 av. J.-C., sa rivale Crotone tira parti des troubles politiques qui la secouaient alors pour l'envahir et l'anéantir. Il faut attendre 444 av. J.-C pour voir la ville se relever : à cette date, les Athéniens fondent la nouvelle *Thourioi*, qui passe aux mains des Romains au IIe siècle av. J.-C. sous le nom de *Copia*, puis *Thurii*. Ce sont majoritairement les vestiges de cette cité qui ont été exhumés depuis le début des fouilles, en 1932. Le long de la route nationale 106, au km 25,4, tout un **quartier d'artisans** de la *Sybaris* originelle est ainsi visible, mais l'essentiel des fouilles réside juste après le fleuve du Crati, en allant vers Sibari, au **Parco del Cavallo**. Ici, plusieurs niveaux d'occupation ont été mis au jour, datant notamment de la période romaine (collège, amphithéâtre...). On a aussi retrouvé les traces de quelques habitations privées et de thermes (Ier siècle av. J.-C.). Avant de vous rendre sur les lieux, le **Museo Archeologico della Sibaritide** mérite un petit détour. Inauguré en 1996, il est aménagé dans un bâtiment très moderne à proximité du site et documente amplement les contacts répétés que la colonie entretenait avec les cités les plus raffinées de la Grande-Grèce, notamment Milet en Asie Mineure (céramiques, statues, ornementation funéraire...). *À 77km au nord-est de Cosenza par l'A3, puis la S534 Parco del Cavallo Tél. 0981 793 92 Ouvert tlj. 9h-1h av. le coucher du soleil Museo Archeologico della Sibaritide Località Casa Bianca Tél. 0981 793 91 Ouvert tlj. 9h-19h sauf 1er et 3e lun. du mois*

☺ **Civita.** *Çivit* (en *arbëresh*) est une destination méconnue et d'autant plus inattendue qu'elle ne figure sur aucun itinéraire touristique. Aux portes du Parc national du Pollino (cf. La Basilicate, Maratea), le village se dresse sur un éperon rocheux en bordure des **gorges du Raganello**, dans un paysage insolite qui rappelle les étendues rudes et sauvages du Far West. Pour accéder à ces gorges assez spectaculaires (plus de 700m de haut), partez du parking de Civita (indiqué), suivez le chemin cimenté et traversez le pont du Diable qui surplombe le site avant de gagner un sentier de terre. Ne manquez surtout pas le belvédère et son panorama vertigineux ! Sur la piazza Municipio, la place principale du bourg, le **Museo Etnico-Arbëresh** rassemble des collections émouvantes témoignant de la vie quotidienne, de l'artisanat local (tissage)... de la communauté albanaise. Chaque année, au printemps, la "Vallie", rassemblement de tous les *Arbëresh* du pays, est l'occasion de constater la vivacité de cette communauté et de ses traditions. *À 10km de Castrovillari sur la S105 en direction de Frascineto, puis de Fianina* **Museo Etnico-Arbëresh** *Tél. 0981 730 43/731 50 Ouvert haute saison : tlj. 16h-20h ; basse saison : sam.-dim. 17h-20h (autres jours possibles sur réservation)*

Castrovillari. Castrovillari est une bourgade charmante, notamment en raison de son centre historique résistant sur les hauteurs autour du château aragonais (1490). Jetez aussi un coup d'œil à la **Chiesa Santa Maria del Castello**, fondée au XIᵉ siècle, mais profondément remaniée par la suite (intérieur baroque de 1769). De ses origines, elle conserve encore deux beaux portails romans. Le **Protoconvento Francescano** a encore fière allure. C'est le premier couvent franciscain fondé en Calabre, en 1220, par Pietro Cathin, disciple de saint François d'Assise. Aujourd'hui devenu un centre culturel actif, vous pourrez y découvrir des expositions et bénéficier de visites guidées gratuites. Réservation conseillée. *À 72km au nord de Cosenza par l'A3* **Protoconvento Francescano** *Tél. 0981 252 66 proconvento@comune.castrovillari.cs.it Ouvert tlj. 9h-22h*

Morano Calabro. À quelques kilomètres à peine, ce petit village, adossé au massif du Pollino, a peut-être encore plus de caractère que Castrovillari avec ces maisons qui gravissent vers le sommet jusqu'aux ruines de l'ancien château normand. La coupole en majoliques de la **Chiesa San Bernardino** (XVᵉ siècle) se détache de ce paysage et renferme quelques belles pièces, notamment un polyptyque de Vivarini (1477). Enfin, la **Collegiata della Maddalena**, dans la partie basse du village, est une magnifique église baroque abritant une madone d'Antonello Gagini (1505). *À 7km au nord-ouest de Castrovillari sur la S19*

Randonner dans le Parc national de la Calabre

Parco Nazionale della Calabria. Des sentiers de randonnée ont été tracés dans la Sila (Grande et Piccola) et des centres didactiques aménagés dans chaque zone du parc. Empruntez la route panoramique S107 reliant Cosenza à Crotone et gagnez **Camigliatello Silano** (1 272m), la station la mieux aménagée du massif. C'est le point de départ de plusieurs excursions : vers le **lac de Cecita**, à une quinzaine de kilomètres à l'est, vers la magnifique **forêt de la Fossiata** ou directement vers la petite bourgade de **San Giovanni in Fiore** (1 049m), bâtie autour de l'abbaye Florense. Celle-ci, fondée en 1189, par Gioacchino da Fiore, s'inspire des monastères cisterciens (beau portail gothique en pierre). Dommage, la ville nouvelle, sans aucun charme, enserre un peu trop le cœur historique qui résiste bien mal à l'invasion. Une des plus belles étapes de la Sila Piccola, plus au sud, est **Lorica** (1 314m), joli village d'altitude préservé du tourisme qui se mire dans les eaux d'un lac artificiel, le **lac Arvo**, creusé dans les années 1930. Tout autour, les forêts denses de *Pini larici* donnent des airs scandinaves à cette bourgade de l'extrême Sud. De là, une route grimpe jusqu'au point culminant du massif, le **mont Botte Donato**, à 1 928m. On peut ensuite revenir vers **Spezzano di Sila**, entre Cosenza et Camigliatello, ou descendre du côté du littoral tyrrhénien, en passant par le col d'Ascione (1 384m), puis en suivant la S179 vers **Villaggio Mancuso** (1 289m), **Taverna** (521m) et **Catanzaro**. *Viale della Repubblica, 26 Tél. 0984 767 60 Fax 0984 710 93 www.parks.it/parco.nazionale.calabria Renseignements organisation administrative du parc Tél. 0961 74 43 04*

Crotone

88900

Cette ville-champignon émerge au cœur d'un paysage aride et ocre, presque inattendu en bord de mer. Ne vous laissez pas rebuter par son infrastructure bétonnée : Crotone est l'héritière de l'antique *Kroton*, fleuron de la Grande-Grèce dans la péninsule, fondée au VIIIᵉ siècle av. J.-C. et autrefois rivale de *Sybaris*. Aujourd'hui chef-lieu de province de plus de 60 000 habitants, la ville repose sur son industrie chimique et électrométallurgique. Le centre historique se résume à quelques monuments hérités du Moyen Âge, bâtis sur l'ancienne acropole grecque.

LA PATRIE DES PYTHAGORICIENS

C'est à Crotone que vécut le célèbre Pythagore dont le culte du nombre, qui fonde ses études en mathématiques, astronomie ou géométrie, déterminera l'évolution politique de la cité, lui inspirant rigueur morale et stabilité, à l'opposé de la corruption qui rongera son ennemie Sybaris. L'athlète Milon, disciple de Pythagore, six fois champion olympique et plusieurs fois couronné de victoires militaires, a lui aussi marqué l'histoire de Crotone. Ainsi, pendant la parenthèse florissante du VIᵉ siècle av. J.-C., la cité, devenue un centre médical important, domine toute la *Magna Grecia*, dépassant même Tarente pour ses échanges commerciaux. Mais une longue décadence commence après la perte du pouvoir des pythagoriciens au profit du parti démocrate : Crotone est, comme *Sybaris*, livrée aux Athéniens, puis aux Romains. Au Moyen Âge, Byzantins et Normands l'occupent, avant qu'elle ne soit inféodée aux Angevins, aux vice-rois espagnols, puis à la famille Ruffo.

LE GOLFE DE SQUILLACE

En dépit de tous les efforts mis en œuvre pour valoriser cette portion du littoral, le golfe de Squillace n'abrite pas toujours d'heureux aménagements balnéaires. Seuls quelques villages mieux préservés méritent le détour, à la fois pour le charme de leurs vieilles ruelles et pour la beauté des plages qui les bordent, tels Copanello, Soverato ou Badolato.

Crotone, mode d'emploi

accès

EN TRAIN. Plusieurs trains au départ des grandes villes du Nord desservent Crotone quotidiennement.
Stazione FS. *Via Stazione Tél. 0962 279 34*

EN BUS. La compagnie Autolinee Romano-Crotone dessert le nord de l'Italie (Rome, Florence, Bologne, Venise, Vérone) au départ du centre-ville (gare).
Autolinee Romano-Crotone. *Via Ruffo, 16 Tél. 096 22 17 09 Départ de Corso Mazzini*

EN VOITURE. Si l'on vient de Cosenza, la nationale 107 dessert Crotone par une route panoramique traversant la Sila (110km). La S106, bien moins tortueuse, longe le littoral et est accessible au nord à la sortie de l'A3 "Sibari-Spezzano Albanese" ou au sud à partir de Catanzaro.

informations touristiques

APT (Azienda di Promozione Turistica). *Via Torino, 148 Tél. 0962 231 85 Fax 0962 267 00 Ouvert lun. 9h-13h et 14h-18h, mar.-ven. 9h-13h*

Manger à Crotone

Curieusement, les produits qui se distinguent dans la cuisine *crotonese* ne sont pas issus de la mer mais de la campagne : la pastèque et les fromages, telles la tomme de brebis ou la ricotta salée. Les amateurs de poisson trouveront tout de même de bonnes *trattorie* en bord de mer (route de Capo Colonna).

prix moyens

Casa di Rosa. Situé près du vieux port, à proximité du château, ce restaurant est l'une des bonnes adresses de la ville. Frais en été, élégant mais sans prétention, il est ouvert sur la cuisine où sont préparés *risotti alla marinara* ou au citron et aux crevettes, linguine au pesto et aux palourdes, calamars grillés... *Via C. Colombo, 117 Tél. 0962 219 46 Ouvert lun.-sam. midi et soir*

Dormir, manger dans les environs

Plutôt que de passer la nuit à Crotone, mieux vaut se replier sur les environs : vous trouverez plusieurs hôtels, ainsi que des campings et des clubs résidentiels au Castella (Isola di Capo Rizzuto) ou à Capo Rizzuti.

prix moyens

Hotel-Ristorante Da Annibale. Voilà une adresse sympathique à plusieurs titres : l'hôtel est situé en plein centre du Castella, à 50m de la plage. Une vingtaine de chambres simples et confortables s'ouvrent sur un jardin où il est possible de déjeuner et de dîner. Le restaurant offre, sous la houlette de Maria Antonia, l'une des meilleures cuisines des environs : délicieuse charcuterie maison, pâtes fraîches au *ragù* (sauce tomate à la viande), grillades... et *pittanchiusa*, un gâteau farci de raisins secs, d'amandes et de noix. *Via Duomo, 35 88841 Le Castella Isola di Capo Rizzuto Tél. 0962 79 50 04 Fax 0962 79 53 84*

Découvrir Crotone

Museo Archeologico. La ville médiévale s'est construite sur l'ancienne agora grecque, faisant disparaître les dernières traces de l'Antiquité. Seul ce musée conserve quelques éléments sauvés de la destruction, telle une belle série de céramiques, une collection de numismatique ainsi que l'ensemble des fouilles du sanctuaire d'Héra. Remarquez ainsi le beau diadème d'or qui ornait la statue de la déesse, protectrice des femmes mariées. *Via Risorgimento Tél./Fax 0962 201 79 Ouvert mar.-dim. 9h-19h30 (sam. 23h en été) Fermé 1er et 3e lun. du mois*

Castello Aragonese-Museo Civico. Élevé en lieu et place de l'acropole antique au xvie siècle, l'édifice accueille aujourd'hui les salles du Musée municipal. Collection de blasons, d'artillerie des xviiie-xixe siècles, de costumes du Moyen Âge et de céramique traditionnelle du sud de l'Italie. *Piazza Castello Tél. 0962 92 15 35 Ouvert mar.-dim. 9h-13h et 16h-20h*

Découvrir les environs

Capo Colonna-Sanctuaire d'Héra. De ce sanctuaire situé en bord de mer, autrefois l'un des centres religieux les plus importants de la *Magna Grecia*, il ne reste qu'une seule et unique colonne sur les 48 qui entouraient initialement le temple dorique. Pillé au xvie siècle, certainement pour sa pierre, il devait aussi abriter d'autres trésors disparus, telles des statues ou des peintures attribuées à Zeuxis. *À 11km au sud-est de Crotone*

Riserva Marina di Capo Rizzuto. Près de 13 500ha de mer, comprenant huit promontoires du littoral sur 36km de côtes, ont été classés "Réserve marine protégée" en 1991. Investi depuis l'Antiquité, ce territoire porte aussi les marques de sa convoitise, comme l'indiquent les différentes tours de fortifications (xve-xvie siècle) qui rythment le paysage côtier au sud de Crotone. Ici, le maquis méditerranéen alterne avec les bosquets de chêne-liège et les pinèdes, ainsi qu'une variété de lis maritime, fleur aux pétales blancs poussant au bord de l'eau. Le centre d'informations de la réserve vous fournira des renseignements pratiques pour découvrir les fonds marins (cf. Explorer les fonds marins). *Piazza Ucciali 88841 Le Castella Isola di Capo Rizzuto (S106) Tél. 0962 66 52 54 Fax 0962 79 55 11 www.riservamarinacaporizzuto.it*

Santa Severina. En dépit de ses origines byzantines, c'est un **château normand** qui se découpe à première vue quand on approche du bourg. De par sa position dominante sur la vallée du Neto, la cité fut sujette à toutes les convoitises au cours de son histoire : Arabes, Normands, Angevins s'y succédèrent, laissant tour à tour leur empreinte. Les Normands reconstruisirent le château sur les vestiges d'un premier fort byzantin, aujourd'hui transformé en **musée**. Ce dernier abrite une section archéologique (fouilles entreprises dans les environs) et une section historique présentant l'évolution du château. Le **baptistère** (VIIe-VIIIe siècle), adossé à la cathédrale – et non pas situé en face, comme le veut la tradition –, est l'un des monuments byzantins les mieux conservés de Calabre : sa forme circulaire le rend particulièrement singulier. Enfin, la **Chiesa di Santa Filomena**, construite vers le XIIe siècle, est un bel exemple de l'architecture "byzantino-normande" : c'est surtout la petite coupole qui hésite entre les deux styles, rythmée par de fines colonnes orientalisantes. *À 28km au nord-ouest de Crotone par la S107* **Musée** *Piazza Campo I Tél. 0962 510 69 Ouvert tlj. 9h-13h et 15h-19h Fermé lun. basse saison*

Catanzaro. Cramponnée à un éperon rocheux à 345m au-dessus du niveau de la mer, cet ancien chef-lieu de province et de région bénéficie d'une position géographique privilégiée. Hélas ! comme d'autres villes de la région, Catanzaro pâtit d'un environnement industriel ou mal entretenu. À cela s'ajoute une histoire tumultueuse : en 1783 et en 1832, des tremblements de terre ravageurs anéantissent son passé médiéval. Quelques monuments isolés subsistent cependant dans le centre historique, telle la **Chiesa del Rosario**, bel exemple du baroque calabrais. Construite au XVe siècle et renovée après le tremblement de terre de 1783, celle-ci préserve quelques beaux tableaux anciens, des stucs et de jolies statues. Sur la via De Grazia, la petite **Chiesa di Sant'Omobono** vient tout juste d'être restaurée. Simple, presque dépouillée, elle fut fondée vers la fin du XIe siècle pour les chrétiens de rite orthodoxe, avant de passer aux mains de plusieurs fraternités, notamment la corporation des tailleurs à la fin du XVIe siècle. Le premier tremblement de terre la condamne et la voit se transformer en entrepôt de munitions pour les troupes françaises. Allez également jeter un coup d'œil aux **jardins de la Villa Trieste**, avec un superbe panorama sur la vallée du Musofalo : la vue s'étend par temps clair de la Sila Piccola jusqu'à la mer. Enfin, **Catanzaro Lido**, situé à une douzaine de kilomètres du centre historique, montre l'autre visage de la ville de Catanzaro, plus touristique et maritime. *À 70km au sud-ouest de Crotone par la S106*

Tiriolo. Offrant l'une des vues les plus envoûtantes de la région tournée sur les deux mers, Ionienne et Tyrrhénienne, ce petit village est aussi connu pour son artisanat, notamment ses châles tissés multicolores, les *vancali*, vendus sur les marchés de Nicastro. *À 20km au nord-ouest de Catanzaro sur la S19*

Chiesa della Roccelleta del Vescovo di Squillace. Non loin de Catanzaro, les vestiges d'une église se dressent au milieu des oliviers aux reflets argentés pour témoigner du passé de l'antique *Skylletion* grecque, devenue cité romaine en 124 av. J.-C. sous le nom de *Scolacium*. En fait, l'édifice a été bâti vers les XIe-XIIe siècles avec des matériaux provenant de l'ancienne colonie romaine. De cette époque ne demeurent que les murs colossaux de la nef, l'abside et quelques niches qui la décoraient. Tout à côté, un **parc archéologique** a été mis au jour, avec les vestiges d'un amphithéâtre romain, les vasques de thermes et quelques colonnes appartenant probablement au forum. Un *antiquarium* est ici en cours d'aménagement (fin des travaux non fixée). *À 15km au sud de Catanzaro sur la S106* **Antiquarium** *Tél. 0961 39 13 56*

Copanello. Copanello est peut-être la seule station balnéaire qui ait un peu de charme. Plus sauvage que d'autres (Soverato ou Badolato plus au sud, très connues), cette bourgade se niche au creux de la Côte des Orangers (*Costa degli Aranci).* Les eaux de ce côté du littoral ionien ont des reflets bleu-violet rappelant ceux qui baignent la Costa Viola. *À 18km de Catanzaro sur la S106*

Explorer les fonds marins

Riserva Marina di Capo Rizzuto. Pour mettre les fonds marins à la portée de tous, l'association qui gère la réserve marine de Capo Rizzuto propose des promenades en **bateau à coque transparente** ou des journées de **pêche** avec des professionnels. Un regroupement de clubs de **plongée sous-marine** offre aussi la possibilité aux amateurs de découvrir les plus beaux sites et de rencontrer sargues, mérous, thons ou barracudas. Comptez environ 15€/pers. pour accompagner les pêcheurs. *Piazza Uccialì 88841 Le Castella Isola di Capo Rizzuto Tél. 0962 66 52 54 (informations), 0962 79 60 29 (clubs) Fax 0962 79 55 11 www.riservamarinacaporizzuto.it*

Vibo Valentia
89900

Devenue chef-lieu de province en 1992, Vibo Valentia rassemble à elle seule les caractéristiques que l'on a pu relever pour d'autres villes calabraises : une cité partagée entre son passé, dont le centre historique est fortement imprégné, et la réalité du monde moderne, notamment marquée par l'exode rural et l'émigration massive de sa population depuis les années 1950, à l'étranger ou vers le nord de la péninsule.

UN ENVIRONNEMENT FRAGILE
Si la région a bénéficié de nombreux investissements pour l'aménagement de son territoire (autoroutes, viaducs, etc.), le résultat défigure souvent le paysage : il vous arrivera de découvrir un horizon turquoise, une baie découpée au creux d'une végétation luxuriante... au bord d'une cimenterie ou près d'un site industriel. Heureusement, quelques oasis naturelles ont été préservées, notamment près de la très prisée Tropea. L'arrière-pays a également son charme et permet, à l'écart des itinéraires touristiques, de découvrir une campagne cultivée d'oliviers et de vignes le long des Serre, massif de collines reliant l'Aspromonte à la Sila. Ici, les forêts denses sont exploitées pour la fabrication du charbon de bois et il n'est pas rare, depuis la route, de voir des meules en forme de dôme, encore fumantes.

Vibo Valentia, mode d'emploi

accès

EN TRAIN. Le train est pratique jusqu'à Lamezia Terme. Ensuite, il est possible de prendre des correspondances pour Vibo, Tropea...
Stazione FS. *Via Marina Numéro vert 89 20 21*

EN BUS. Plusieurs compagnies assurent des liaisons en bus vers d'autres villes calabraises ou vers les grandes villes italiennes.
Agenzia di Viaggi Capocasale-Autolinee Lirosi. Dessert Rome tous les jours, et, plusieurs fois par semaine, Bologne, Florence, Milan, Tarente... *Via Gagliardi, 43 Tél. 0963 54 76 97*

EN VOITURE. Depuis Cosenza, le plus simple est de suivre l'"autoroute du Soleil" (A3). Sortir ensuite à Sant'Onofrio (S522). Depuis Catanzaro, prendre la S280 pour retrouver l'A3, au bord du golfe de Sant'Eufemia.

orientation

La toponymie de la ville résume à elle seule des siècles d'histoire : "Vibo" vient de *Veip*, nom de la cité préhellénique, tandis que "Valentia" était celui attribué par les Romains installés sur l'ancienne colonie grecque *Hipponion*. Vibo est ainsi divisée en deux : d'un côté la ville moderne, où se croisent presque perpendiculairement rues et boulevards interrompus par des places ; de l'autre, au pied du château, le centre historique que l'on parcourt en quelques minutes.

informations touristiques

APT (Azienda di Promozione Turistica). *Via Forgiari Tél. 0963 420 08 Fax 0963 443 18 aptvv@tiscali.it Ouvert lun.-sam. 7h30-13h30 et 14h30-17h lun. et mer.*

marché, fête et manifestations

Marché de l'artisanat et de la gastronomie régionale. Le samedi, ne manquez pas dans le centre-ville l'un des marchés les plus colorés de la région.
Fête de la Fileja. Le 26 juillet, jour de la Sainte-Anne, on confectionne des pâtes à la main.
Kermesse. Folklore et présentation de spécialités régionales (15 août).
Sagra des plats typiques. Grande foire gastronomique (courant septembre).

Dormir dans les environs

Évitez de séjourner à Vibo. La ville ne manque pas de charme, mais les localités touristiques situées en bord de mer s'avèrent beaucoup mieux équipées.

prix moyens

Hotel Murat. L'hôtel de Pizzo que l'on préfère, situé face à la mer, en surplomb du château aragonais. Le *palazzo* qui l'accueille a encore fière allure, bordant les terrasses de café qui s'étalent presque en toute saison. Au mois d'août, vous ne trouverez le calme qu'aux premières heures de l'aube, à moins de réserver une des chambres qui donnent sur l'arrière. Pour une double, comptez entre 57€ en basse saison et 78€ en haute saison. *Piazza della Repubblica, 41 89812 Pizzo Tél. 0963 53 42 01 Fax 0963 53 44 69*

Hotel Villaggio Stromboli. Comptez sur le confort, la fonctionnalité et la vue sur mer et vous aurez résumé ce complexe touristique bien équipé (piscine, restaurant, animations...), mais à l'allure un peu trop moderne. Diverses possibilités de séjour : chambres, appartements, demi-pension ou pension complète. De 84€ à 120€ pour deux personnes en pension complète (184€ en août !). *San Domenica di Ricadi Capo Vaticano 89865 San Nicolo di Ricadi Tél. 0963 66 90 93/96 27 Fax 0963 66 92 56 info@hotelstromboli.it*

Hotel Grotticelle-Residence Esmeraldo. Au choix, l'une des 35 chambres de l'hôtel, situé sur l'une des plus belles plages de la Calabre, ou l'un des appartements de la Résidence Esmeraldo, bien équipés et agréables. Les deux établissements restent surtout prisés pour leur situation exceptionnelle, mais également pour leur ambiance très conviviale. Renseignez-vous sur les forfaits (demi-pension obligatoire au minimum). De 70€ à 134€ pour deux personnes. *Baia di Grotticelle Capo Vaticano 89865 San Nicolo di Ricadi Tél. 0963 66 31 57/39 00 Fax 0963 66 39 78 info@grotticelle.com www.grotticelle.com*

prix élevés

Hotel Terrazzo sul Mare. Cet hôtel offre un splendide panorama en surplomb de la baie. Ses 34 chambres bien tenues, sans extravagance, permettent de séjourner au cœur de la bourgade (le centre historique est à 50m à peine), tout en étant à proximité des plages. *Via Croce 89861 Tropea Tél. 0963 610 20*

camping

Paradiso del Sub. Bungalows et places de camping se partagent une portion du littoral qui ne trahit pas le nom de cet établissement, vraiment paradisiaque. Ne vous attendez pas au grand luxe, mais ceux qui sont à la recherche d'un site préservé seront ravis. Les bungalows se résument à une chambre avec sdb et un coin cuisine, à quelques mètres de l'eau. Des emplacements sont aménagés à l'ombre et les sanitaires communs sont irréprochables. Sur place, un restaurant prépare une cuisine simple et savoureuse. Selon le forfait, comptez, pour une nuitée, 8€ à 12€ par pers., et 43€ à 53€ par pers. (2 lits) en pension complète. *S522 au km 24 89868 Zambrone (juste av. Tropea) Tél. 0963 39 20 48/53/58*

Manger dans les environs

petits prix

Ristorante Medusa. Pizzo est connu comme port de pêche, notamment la pêche au thon, dont on fait de succulentes conserves à l'huile. Le restaurant Medusa est celui qui prépare les meilleures recettes de poisson, à base de thon bien sûr mais aussi, selon l'arrivage, de fruits de mer préparés au gril ou accompagnés d'un filet d'huile d'olive et de quelques petites tomates. La boutargue est aussi à l'honneur, notamment avec les spaghetti. Service très attentif. *Via M. Salomone 89812 Pizzo Tél. 0963 53 12 03/26 42 06 Ouvert haute saison : tlj. midi et soir ; basse saison : mar.-dim. midi et soir*

Azienda Agricola A Casa Janca. Une merveilleuse adresse, rustique et sans prétention, située dans une ferme-auberge qui valorise les produits de la campagne : soupe aux oignons rouges, *fileja* – pâtes fraîches – ou aux aubergines... Réservation conseillée. *Località Marilla 89812 Pizzo Riviera Prangi Tél./fax 0963 26 43 64*

Vecchio Forno. Très renommée, cette pizzeria propose les meilleures pizzas de Tropea à un prix défiant toute concurrence (de 2,30€ à 4,50€). De plus, elle est située à l'écart de la foule, dans une ruelle en coude qui part de la via dell'Indipendenza. Très agréable en été (on dîne dehors), même si beaucoup de monde attend. *Via Caivano 89861 Tropea Ouvert mi-avr.-fin sept. le soir*

prix moyens

Pimm's. Aménagé dans une pièce voûtée d'où la vue plonge sur l'eau en contrebas de la falaise, ce restaurant bénéficie désormais d'une réputation difficile à égaler. Les spécialités du terroir sont à l'honneur, de l'oignon rouge (*cipolla*) à la boutargue ou aux pâtes fraîches maison aux fruits de mer, pêchés dans les parages. Et, pour vous mettre en appétit : *orecchiette* à la morue, aux fleurs de courgette et à la ricotta, spaghetti aux anchois frais et aux pignons... *Largo Migliarese 89861 Tropea Tél. 0963 66 61 05 Ouvert toute l'année midi et soir*

Où manger une glace dans les environs ?

Gelateria Bar Ercole. Si Pizzo ne passe pas à la postérité pour avoir fusillé Murat, il y a des chances pour que la recette du *tartufo* ("truffe"), ce délicieux dessert glacé dont la ville a le secret, achève d'en faire la renommée. Et c'est chez Ercole que l'on déguste le meilleur. Au centre de cette glace au chocolat et à la noisette, un cœur fondant de chocolat... *Piazza della Repubblica 89812 Pizzo Tél. 0963 53 11 49 Ouvert haute saison : tlj. Fermé basse saison : mer.*

Bar Ariston. Avant d'avoir goûté les *granite* d'Ariston, vous ne saurez pas ce qu'est vraiment la *granita* : savant mélange de glace pilée, fondante, mélangée à des coulis de fruits frais... Tous les parfums sont délicieux, mais les plus réussis sont la mûre, le melon, la pêche, la fraise et le citron (2€). *Corso Vittorio Emanuele, 8/9 89861 Tropea Tél. 0963 628 20 Ouvert haute saison : tlj. 8h30-2h ; basse saison : jeu.-mar. 8h30-13h et 15h30-1h*

Découvrir Vibo Valentia

Duomo. Entièrement reconstruite entre 1680 et 1723 à la suite d'un tremblement de terre, la cathédrale baroque conserve un beau trio de statues de Gagini (xvie siècle) autour d'un autel monumental. *Piazza San Leoluca*

Castello Normanno-Svevo-Museo Archeologico Vito Capialbi. Outre le panorama qui se dégage de sa terrasse, le château est sans doute le plus beau monument de Vibo. Construit au xie siècle sur ce qui était auparavant l'acropole d'*Hipponion*, il a été plusieurs fois remanié et agrandi avant de servir de prison sous les Bourbons. Aujourd'hui, le Musée archéologique a été aménagé dans ses salles, présentant une collection passionnante de pièces antiques, issues des différentes étapes de l'histoire de Vibo – grecque, romaine et médiévale. *En surplomb du centre historique Tél. 0963 433 50 Ouvert tlj. 9h-19h30*

Découvrir les environs

Pizzo. Accroché à un éperon rocheux à 56m au-dessus de la mer, Pizzo doit à son histoire médiévale ses allures pittoresques et ses ruelles tortueuses. Un bon point de départ de votre balade pourrait être la piazza della Repubblica, qui borde le **château aragonais** (xvᵉ siècle) (ne se visite pas) où, le 13 octobre 1815, la course folle de Joachim Murat, mari de Caroline Bonaparte, s'est achevée dans le sang ; emprisonné, il fut ensuite fusillé alors qu'il tentait de reconquérir le trône du royaume de Naples. Demandez aux habitants de vous indiquer le chemin de la **Chiesa di Piedigrotta**, située à 1km du centre, creusée dans le tuf et sculptée à la fin du xıxᵉ siècle par Angelo Barone et son fils Alfonso. La légende veut qu'après un naufrage les marins, échoués dans une grotte sur le rivage, y auraient laissé un tableau de la Vierge qui ornait auparavant leur bateau. *À 13km au nord-est de Vibo Valentia par la S18*

☺ **Tropea.** La S522, qui sépare Pizzo de Tropea, vous permettra de découvrir l'une des plus belles portions du littoral calabrais, où les criques n'ont rien à envier aux plus belles plages des Caraïbes (cf. Où aller à la plage) ! Juchée sur le promontoire du Poro, la bourgade confond ses maisons ocre à la couleur du tuf. Station balnéaire réputée, Tropea n'a pas les défauts de ses qualités : la multiplication des villages-vacances n'a pas entaché le paysage et le tourisme reste mesuré, exception faite du mois d'août, absolument infréquentable. Dans l'histoire, la cité a toujours joué un rôle de premier plan dans la région, depuis l'Antiquité romaine jusqu'aux Normands et aux Aragonais, comme citadelle active contre les pirates. Ses monuments en sont autant de témoignages, que ce soit les beaux *palazzi* de la via Boiano (xvııᵉ-xvıııᵉ siècle) ou le **Duomo** aux allures normandes, restauré dans les années 1920 (de la piazza Ercole, prenez la via Roma jusqu'au largo Duomo). Élevée au xııᵉ siècle, la cathédrale fut ensuite profondément remaniée, retrouvant alors toute la noblesse de ses formes primitives. Elle conserve quelques pièces précieuses, tel un crucifix du xvᵉ siècle, une Vierge de Roumanie, patronne de la ville, proche du style byzantin mais plus tardive (xııᵉ siècle), ainsi qu'une belle statue de la Madone du Peuple, œuvre de Fra Agnolo da Montorsoli (1555). *À 25km au sud-ouest de Vibo Valentia par la S522*

En s'aventurant dans le massif des Serre

Certosa di Serra San Bruno. Méconnue bien qu'elle soit une visite incontournable pour les pèlerins, la chartreuse de Serra San Bruno est l'un des rares endroits où bénéficier d'un peu de fraîcheur. Établi en 1091 par saint Bruno, fondateur de l'ordre des Chartreux, le monastère originel a complètement disparu à la suite du tremblement de terre de 1783. Reconstruite dans le style néogothique au cœur d'une forêt luxuriante propice au recueillement, la chartreuse est aujourd'hui fermée à la visite. Cependant, un **musée** permet de divulguer au plus grand nombre quelques épisodes qui scandent la vie quotidienne des moines. Tout à côté, la **boutique** propose l'ensemble des produits issus des monastères italiens, dont des tisanes et des livres, ainsi que la fameuse liqueur française de la chartreuse de Voiron. À 1km environ, le **sanctuaire** accueille chaque lundi de Pentecôte des malades venus se baigner dans une fontaine, réputée pour ses vertus bienfaisantes. À l'arrière, la petite **Chiesa de Santa Maria del Bosco** a été élevée sur les vestiges de l'église que saint Bruno avait fait construire pour sa communauté. La sépulture du saint, le figurant endormi dans une grotte, un crucifix en main, indique : *Qui l'eremito pregò, trovò rifugio, fu sepolto* ("Ici, l'ermite a prié, a trouvé refuge et fut inhumé"). *Contrada Certosa, 1 89822 Serra San Bruno Tél. 0963 706 08 www.certosini.info www.museo.certosini.info* **Musée et boutique** *ouverts mai-oct. : tlj. 9h-13h et 15h-20h ; nov.-avril : mar.-dim. 9h30-13h et 15h-18h*

Stilo. Prenez le temps de découvrir Stilo car le village a beaucoup de caractère, sa basilique byzantine valant à elle seule le détour. Redécouverte en 1911 en parfait état de conservation, réchappée des séismes et autres tentatives d'appropriation normande ou baroque, l'église se dresse au pied de la colline, en surplomb du village. Si la **Cattolica** (du grec *katholikon*, titre que l'on attribuait à une église privilégiée possédant un baptistère) est connue, c'est aussi parce qu'elle témoigne de l'architecture caractéristique du monachisme basilien (rite gréco-byzantin) que l'on pourrait retrouver en Grèce ou en Arménie. Construite autour de la fin du xe siècle, son plan en croix grecque s'inscrit dans un carré, ménageant ainsi des volumes égaux, chacune surmontée d'une minicoupole. Tout dans cette église aux dimensions modestes trahit ses origines byzantines : sa structure, son plan surélevé, le décor polychromatique composé par la pierre sur les murs extérieurs, les cinq coupoles identiques, son orientation vers le littoral ionien, et même les quelques fragments peints des murs intérieurs. Montez les marches qui flanquent l'église pour jouir du beau panorama, entre mer et montagne. Si Stilo n'a, pour le reste, pas grand intérêt, vous remarquerez tout de même le **monument à Tommaso Campanella**, philosophe utopiste persécuté par l'Église, né ici en 1568 et qui trouva refuge en France en 1634, quelques années avant sa mort (1639). *À 37km au sud-est de Serra San Bruno Suivre la S110 qui traverse le massif des Serre, en longeant le mont Pecoraro, point culminant de la chaîne à 1 423m (attention aux virages serrés) ou prendre la même S110 de l'autre côté, à partir de la S106 qui part de Reggio et qui remonte le littoral ionien jusqu'à Crotone (15km de virages assez doux)* **Cattolica** *Ouverte tlj. 8h-20h*

Où aller à la plage ?

Particulièrement spectaculaires en raison de leur sable blanc et de leurs eaux limpides, les plages de **Tropea** ont beau être aisément accessibles et très fréquentées, surtout l'été, elles n'en demeurent pas moins magnifiques. Pour ceux qui préfèrent le calme et qui disposent d'une voiture, l'idéal est d'aller vers **Capo Vaticano**, à quelques kilomètres de Tropea vers le sud, où se succèdent des cales rocheuses et d'autres bordées de sable fin. Il vous est possible d'obtenir une carte détaillée du littoral à la Pro Loco de San Nicolo di Ricardi. Nos préférées : la **plage de Formicoli**, la **Piraino**, la **plage des Grotticelle**, juste après le phare de Capo Vaticano (où le panorama vous coupera véritablement le souffle), et **celle de Petrario**, dans la baie de Santa Maria. *Pro Loco Via Vaisette, 40 89865 San Nicolo di Ricardi Tél. 0963 66 31 19 prolococapovaticano @libero.it*

Reggio di Calabria

89100

Alexandre Dumas avait coutume de dire que, de temps à autre, Dieu prenait la Calabre dans ses mains, secouant les montagnes, les villes et les villages. Reggio, plus que toute autre ville, a été marquée par de violents séismes, le dernier remontant à 1908 et faisant 12 000 victimes. Ces fractures répétées ont provoqué la disparition presque totale des traces de son passé. Aujourd'hui, Reggio a des allures de ville haussmannienne qui lézarde en bord de mer et se mire dans le détroit de Messine, communément appelé "l'arc en ciel", en raison des camaïeux qui se forment à sa surface. Mais la cité est surtout connue pour ses fameux Bronzes, *i Bronzi*, deux magnifiques statues datant du ve siècle av. J.-C., retrouvées non loin en 1972 et censées représenter la beauté parfaite. Plus récemment, la valorisation du centre-ville, une véritable politique d'aménagement et la lutte ouverte contre la délinquance mafieuse qui paralysait Reggio ont permis aux habitants de se réapproprier leur ville. Ils ont trouvé en la personne d'Italo Falcomatà, maire admiré disparu prématurément en décembre 2001, une nouvelle raison d'espérer que Reggio devienne, avant Catanzaro, la capitale de la Calabre.

MESSINE, LA SIAMOISE DE REGGIO

La ville de Messine s'étale en face de Reggio di Calabria, sur la côte sicilienne, desservie par des dizaines de ferries et bientôt reliée au continent par un pont colossal, le plus grand du monde (3 890m), surpassant le Golden Gate ou même le pont qui relie les deux rives du Bosphore à Istanbul ! Ce projet pharaonique devrait commencer en 2005, pour s'achever en 2011.
Les plaisantins affirment d'ailleurs que ce qu'il y a de plus beau à voir à Reggio, c'est Messine. Quand la nuit tombe et que l'on se promène le long de la via Marina, fabuleux *lungomare* ("le plus beau kilomètre d'Italie" d'après Gabriele D'Annunzio), on serait tenté de leur donner raison. Au loin scintillent, comme une promesse, les lumières de Messine. En plein jour, un autre phénomène magique se produit : Messine donne l'impression de flotter dans les airs. On parle alors du "mirage de la fée Morgane".

LE PARC NATIONAL DE L'ASPROMONTE ET LES "OASIS GRECQUES"

Imaginez une pyramide colossale, haute de 1 955m (Montalto), posée à l'extrême sud de la péninsule, comme une dernière aspérité avant la mer, aspérité ayant donné son nom même au massif (*aspro* signifiant "âpre"). L'Aspromonte charrie autant de mythes que de beautés méconnues, repaires de mafieux et de preneurs d'otages, oasis naturelles, balcons sur la mer… La carte postale classique montre les pistes de ski de Gambarie et l'horizon bleu de la Costa Viola, en un seul et même paysage. Creusées de nombreux cours d'eau, les pentes du massif accueillent une flore dense par endroits, plus aride ailleurs (forêts de sapins blancs, de pins noirs, de châtaigniers et de chênes, maquis méditerranéen, quelques espèces rares comme la fougère tropicale *Woodwardia radicans*...). Loups, faucons pèlerins, hiboux et vautours sont les habitants du massif, protégés depuis que celui-ci a été institué "Parc national" en 1989. Outre les richesses naturelles, le Parc intègre aussi quelques villages pittoresques comme Mammola, Bova, Roghudi, Montalto, San Luca... dont certains font partie des dernières "oasis grecques" de la Calabre. On ne sait toujours pas précisément si ces communautés remontent aux colonies grecques de la *Magna Grecia* ou si elles sont d'origine byzantine. Comme les minorités *arbëresh* (cf. Cosenza, La Calabre albanaise), elles ont entretenu le souvenir des traditions et de la langue grecques.

Reggio di Calabria, mode d'emploi

accès

EN AVION. Vols pour Rome et Milan, Turin et Venise (directs ou *via* la capitale). **Aeroporto Tito Minniti dello Stretto.** *À 15min du centre en direction de la S106 Tél. 0965 64 32 97 www.sogas.it info@sogas.it*

EN TRAIN. Plusieurs départs par jour pour les grandes villes du Nord (Naples, Rome, Bologne, Florence...). **Stazione FS.** *Piazzale Garibaldi Tél. 0965 274 27 Numéro vert 89 20 21*

EN BUS. Départs de la gare centrale pour Rome, puis correspondances pour les grandes villes du Nord. **Autolinee Lirosi.** *Tél. 0965 575 53*

EN VOITURE. L'A3 aboutit à Reggio, de même que les nationales S106 (littoral ionien) ou S18 (littoral tyrrhénien). Reggio n'est pas très étendue, vous pourrez donc aisément vous déplacer à pied.

EN BATEAU. Plusieurs compagnies se partagent la desserte maritime de Messine ou des îles Éoliennes : **SNAV.** *Stazione Marittima Tél. 0909 24 91 99 Fax 0909 24 91 39* **Meridiano.** *Stazione Marittima Tél. 0965 81 04 14* **FS.** *Stazione Marittima Tél. 0965 81 76 75*

transports urbains

Taxis. *Via C. Colombo Tél. 0965 278 50 Piazza Duomo Tél. 0965 275 50 Piazza Garibaldi Tél. 0965 274 50*

informations touristiques

Peu serviables et mal équipés, les offices de tourisme de Reggio ne vous seront pas d'un grand secours. **APT (Azienda di Promozione Turistica).** *Via Roma, 3 Tél. 0965 89 25 12 Fax 0965 89 09 47 Ouvert lun. et mer. 9h-13h et 14h-17h, mar. et jeu.-ven. 9h-13h*

LA CALABRE

Uffici Informazioni Turistiche. *Corso Garibaldi, 329 Tél. 0965 89 20 12 Ouvert lun.-sam. 8h-13h45 et 14h-20h*

Abracalabria Travel. Mieux vaut vous replier sur cette agence, efficacement menée par Francesca et Domenico, un jeune couple qui se démène pour que tombent les préjugés sur Reggio et la Calabre. Pour ce faire, ils disposent d'une *squadra* de guides parlant aussi bien le français, l'anglais, l'allemand ou l'espagnol et prêts à partir avec vous à la découverte de la ville. *Via Giudecca, 5 (à l'angle du corso Garibaldi) Tél./fax 0965 81 77 09 abracalabriatravel@hotmail.com Ouvert lun.-ven. 9h-13h et 16h30-20h (sam. mat. en été)*

Dormir à Reggio di Calabria

En dépit de sa vocation touristique naissante, Reggio n'est pas une ville où l'on séjourne. Elle valorise encore mal ses atouts et sert surtout d'escale aux visiteurs en partance pour la Sicile. C'est pourquoi vous trouverez peu d'hôtels bon marché et bien tenus. Si vous n'êtes pas prêt à débourser un budget conséquent, choisissez plutôt de passer la nuit dans une des stations balnéaires de la Costa Viola, au nord de Reggio, ou en montagne.

prix élevés

Hotel Palace. C'est l'établissement le moins cher du groupe Reggio Calabria Hotels (qui comprend le Miramare et l'Elxcesior, deux 4 étoiles). Il possède 65 chambres fonctionnelles, situées dans un immeuble moderne à quelques pas du Musée archéologique. Standing international, aucune mauvaise surprise, mais ne cherchez pas le détail original. Double à 105€. *Via Vittorio Veneto, 95 Tél. 0965 264 33 palace@reggiocalabriahotels.it www.reggiocalabriahotels.it*

grand luxe

Grande Albergo Miramare. *Palazzo* à fière allure datant du début du xxe siècle, sur le *lungomare* face à Messine, cet hôtel est le plus beau de Reggio. Boiseries, décor élégant, vue panoramique, grand confort... Vous ne regretterez pas vos 150€ (pour une double) ! *Via Fata Morgana, 1 Tél. 0965 81 24 44 Fax 0965 81 24 50 miramare@reggiocalabriahotels.it www.reggiocalabriahotels.it*

Dormir dans les environs

petits prix

Albergo Le Sirene. La double à 45€ avec le petit déj. (48€ avec vue sur mer) : à ce tarif, n'espérez pas le grand luxe, mais pour séjourner à Scilla, on n'attend guère plus. Situé dans une rue tranquille, à deux pas de la plage et du *lungomare*, l'hôtel dispose d'une douzaine de chambres, propres et simples, sans prétention mais agréables. Réservation conseillée en été. *Via Nazionale, 57 89058 Scilla Tél. 0965 75 40 19/41 21 lesirene@svagocalabria.com*

Rifugio Montano Valle Spana. Situé à 1 000m d'altitude, ce refuge de montagne vient tout juste d'être inauguré. Outre la cuisine savoureuse qui y est préparée à base de produits du terroir (cèpes, fromages frais, charcuterie locale...), ce refuge est une base idéale pour découvrir le Parc national de l'Aspromonte. Pour l'instant, quatre chambres sont disponibles (deux grandes, deux petites, pour douze personnes maximum). *Contrada Valle Spana 89045 Mammola Tél. 0964 41 45 98*

prix élevés

U Bais. Antonio Giordano, heureux propriétaire du restaurant Grotta Azzurra situé sur le *lungomare* (cf. Manger), est désormais à la tête d'un hôtel, aménagé non sans originalité dans un beau *palazzo* à deux pas de la plage. La décoration est parfois hésitante, mais l'ensemble est bien tenu. Négociez les prix (120€-136€ environ pour une double). *Via Nazionale, 65 89045 Scilla Tél. 0965 70 43 00 Fax 0965 70 42 98 www.hotelubais.it info@hotelubais.it*

grand luxe

La Casa di Gianna. Ouvert depuis juin 2000, cet hôtel est véritablement l'adresse de charme de Gerace. Les dix chambres ont été restaurées et décorées avec du mobilier ancien, un linge de maison choisi avec goût... Le moindre détail a fait l'objet d'une attention toute particulière. Le restaurant de la maison vaut lui aussi le détour. Selon la saison, de 90€ à 170€ pour une double avec petit déj., de 130€ à 210€ en demi-pension. Un nouveau bâtiment (non visité), Casa nel Borgo, propose 14 chambres de 70€ à 90€ la double et 110€-130€ en demi-pension. *Via Paolo Frascà, 4 89040 Gerace Tél. 0964 35 50 24 Fax 0964 35 50 81 info@lacasadigianna.it www.lacasadigianna.it*

Manger à Reggio di Calabria

petits prix

Trattoria Pizzeria Giardini. C'est sympathique, bruyant, et c'est sans doute le meilleur balcon pour assister au spectacle de l'exubérante jeunesse calabraise. Les pizzas sont bonnes et il est possible de demander deux condiments diffé-rents sur chaque moitié. Soit, par exemple, une moitié aux fleurs de courgette et au jambon cuit, l'autre moitié aux oignons et au gorgonzola ! À midi, quelques plats de *trattoria*. *À l'angle du corso Garibaldi et de la via Colombo*

prix moyens

Baylik. Peut-être la meilleure adresse de Reggio pour goûter des spécialités à base de poisson. Ici, le *must* se résume à un ragoût d'espadon mais ne négligez pas les *antipasti* pour autant : ils sont exceptionnels ! Réservation conseillée. *Via Santa Caterina d'Allessandria (angle de Vico Leone) Tél. 0965 486 24 Fermé jeu. et 15 jours en août*

LA CALABRE

Manger dans les environs

prix moyens

Ristorante Grotta Azzurra. Une belle adresse située à Scilla, près du rivage. La cuisine de la mer, savoureuse, propose des spécialités à base d'espadon : mariné, en paupiettes, avec des pâtes... *Lungomare Cristoforo Colombo 89058 Scilla Tél. 0965 75 48 89 www.hotelubais.it Fermé lun. (sauf été) et déc.-jan.*

Vertigine. Ce restaurant campé dans la partie haute de Scilla porte bien son nom : vue plongeante sur la baie et son camaïeu de bleus. Cuisine de la mer bien réussie et accueil sympathique. Attention, le restaurant est parfois réquisitionné pour des mariages... *Piazza San Rocco, 14 89058 Scilla Tél. 0965 75 40 15 Ouvert juil.-août : tlj. midi et soir ; sept.-juin : mar.-dim. midi et soir*

Taverna Kerkyra. Un lieu favori des gourmets, qui lui reconnaissent les meilleurs produits locaux et un doigté de fantaisie qui vous transporte de l'autre côté de la Méditerranée, sur les rivages grecs : espadon farci à la menthe... *Corso Vittorio Emanuele, 217 89011 Bagnara Calabra Tél. 0966 37 22 60 Ouvert mer.-dim. midi et soir Fermé août-mi-sept. et Noël Réservation obligatoire*

Où manger une glace, déguster une pâtisserie ?

Gelateria Cesare. C'est un kiosque traditionnel, ouvert jusqu'au petit matin, toujours pris d'assaut. Sa réputation de la glace à la noisette n'est plus à faire. *Via C. Colombo, 2 (à l'angle de la piazza Indipendenza) Ouvert tlj. Fermé déc-jan.*

Pasticceria Caridi. Située en plein centre-ville, cette pâtisserie traditionnelle est renommée pour ses pâtes d'amandes en forme de fruits. *Corso Garibaldi, 183 Tél. 0965 89 21 63 Ouvert tlj. 9h-20h*

Bar San Francesco. C'est le secret bien gardé des Reggiens. Pour vous y rendre, il vaut mieux disposer d'une voiture : la rue Sbarre Centrali commence à l'est du centre-ville, juste après le pont San Pietro. Sur place, vous succomberez à toutes sortes de gourmandises : choux à la bergamote, pâtes d'amandes, biscuits secs (*zuzumelle, piparelli*)... Vous pourrez même demander aux vendeurs de confectionner des paquets bien fermés pour rapporter ces délices chez vous. *Via Sbarre Centrali, 599 Tél. 0965 547 16 Ouvert tlj. 5h-22h30*

Pasticceria Bar del Tocco. Qui aurait imaginé aller à Gerace pour savourer l'une des meilleures *granite* de Calabre ? Vous n'aurez que l'embarras du choix : melon, pêche, mûre... Les propriétaires sont tellement adorables qu'ils vous feront goûter leurs spécialités jusqu'à ce que vous trouviez le bon parfum. *Piazza del Tocco, 7 89040 Gerace Tél. 0964 35 60 28 Ouvert tlj. 6h30-2h*

Découvrir Reggio di Calabria

Lungomare. Cette longue promenade est l'une des plus belles réussites de Reggio, réhabilitée par le maire Italo Falcomatà, aujourd'hui disparu. Palmiers et magnoliers bordent une série de *palazzi* hérités du début du XXᵉ siècle, quand la ville dut faire face à une nouvelle reconstruction après le tragique tremblement de terre de 1908. Semblable aux expériences d'aménagement barcelonais ou génois, le front de mer a été rendu à ses habitants, intégrant le paysage du détroit de Messine comme un élément à part entière. Une plage "urbaine" a été aménagée, bien entretenue, permettant la baignade, ainsi qu'un amphithéâtre sur la mer où se tiennent des spectacles en saison. *Gelaterie* et cafés, où prendre l'apéritif après le rituel de la *passeggiata*, se succèdent, animés jusque tard dans la nuit, surtout les fins de semaine. *Front de mer*

Visiter le Musée national archéologique

Museo Archeologico Nazionale. C'est, avec celui de Naples et de Vibo, le musée le plus important du sud de l'Italie, surtout en ce qui concerne les collections témoignant de la *Magna Grecia*, la Grande-Grèce italienne, qui atteint son apogée du VIIIᵉ au Vᵉ siècle av. J.-C. Le bâtiment qui l'accueille, tout en travertin, a été conçu sous Mussolini et confié à Marcello Piacentini, un des principaux architectes du régime. Si la visite entière prend environ 2h, ne vous limitez pas à la seule découverte de la section d'archéologie sous-marine, point d'orgue des collections avec les Bronzes trouvés à Riace.

Au rez-de-chaussée. Il est consacré à la **préhistoire calabraise** et aux **colonies grecques** implantées dans le sud de la péninsule. L'intérêt de ces collections est de mettre en relief les échanges culturels qui se sont produits entre les colonisateurs grecs et les populations autochtones, donnant lieu à un art original. À cet étage, ne manquez pas les *pinakes*, des tablettes votives en terre cuite d'un raffinement exceptionnel, retrouvées au **sanctuaire de Perséphone à Locri**. Datant du Vᵉ siècle av. J.-C., ces ex-voto illustrent, entre autres, le mariage d'Hadès et de Perséphone. Cette dernière, fille de Zeus et Déméter, fut enlevée pour vivre aux Enfers avec Hadès. Sa mère parvint à convaincre Zeus de lui restituer sa fille sur terre six mois par an. Les deux déesses ont fait l'objet d'un culte fervent, lié aux rites de la fécondité de la terre, le mythe de Perséphone étant censé représenter le passage des saisons fertiles et verdoyantes aux saisons mortes de l'hiver. Remarquez aussi les **Dioscures**, deux groupes de sculptures colossales qui ornaient le **temple de Marasa à Locri** au Vᵉ siècle av. J.-C. Les deux jeunes cavaliers, soutenus par deux figures mythologiques, ont été identifiés comme les Dioscures qui auraient aidé les 10 000 soldats locriens à combattre les 130 000 Crotoniens ! Du **sanctuaire de Zeus à Marafioti**, admirez l'**Éphèbe à cheval**, soutenu par un sphinx anthropomorphe, ainsi que les **tablettes de bronze**, archives du temple ayant fourni de précieux renseignements sur l'organisation politique et religieuse de l'époque.

Au sous-sol. Avant de gagner les étages supérieurs, allez au sous-sol voir la **section d'archéologie sous-marine**. Deux découvertes fondent tout l'intérêt de cet étage : les **Bronzes de Riace** tout d'abord, retrouvés à **Riace Marina**, le long du littoral ionien, le 16 août 1972. Les deux statues, dépassant de peu la grandeur nature (2,05m pour l'une, 1,96m pour l'autre), ont fait l'objet d'une longue et soigneuse restauration à Florence avant de gagner le musée de Reggio. Il s'agit d'œuvres réalisées en Grèce au Vᵉ siècle av. J.-C., provenant vraisemblablement du même atelier, mais sans doute pas de la main du même artiste. En effet, bien que les techniques semblent être les mêmes, les styles diffèrent quelque peu. Le guerrier A, dit "le jeune", est d'une facture plus traditionnelle tandis que le guerrier B, dit "le vieux", accroche la lumière, comme si l'artiste s'était attardé sur les détails de la musculature pour attirer le regard, geste dénotant une certaine audace. Il est possible que ces statues aient été offertes pour célébrer une victoire militaire. Elles symbolisent en tout cas la beauté idéale selon les critères de l'Antiquité grecque et, au-delà, l'harmonie de l'univers. À **Porticello**, en 1969, une autre découverte fit la fortune de l'archéologie sous-marine calabraise : une magnifique tête sculptée en bronze, communément appelée la **tête du Philosophe** – bien qu'on ne sache pas précisément de qui il s'agissait –, provenant de l'épave d'un navire grec partiellement pillée. Datée du Ve siècle av. J.-C., cette pièce est considérée comme l'un des plus beaux témoignages de l'art grec et représente, avec une acuité particulière, la vieillesse et les changements physiques qui en découlent.

Au premier étage. Outre une riche **collection de numismatique** sont exposés les résultats des fouilles entreprises dans d'autres colonies grecques calabraises, notamment des ex-voto, le contenu de plusieurs nécropoles, de la céramique et des fragments retrouvés au **sanctuaire d'Apollon** (dont une belle tête en marbre).

Au deuxième étage. La **pinacothèque** se distingue surtout par deux tableaux d'Antonello de Messine (1460) et une huile de Mattia Preti, *Le Retour du fils prodigue*, datant des premières années de son séjour napolitain. *Piazza De Nava, 26 Tél. 0965 81 03 81 Ouvert toute l'année, tlj. 9h-19h Fermé les 1er et 3e lundis du mois*

Découvrir les environs

Pentedattilo. Non loin de Reggio, ce village se dresse comme une main ouverte sur des flancs de collines arides, au cœur d'un paysage digne du Far West américain. En fait, plus que le village, d'origine gréco-byzantine, c'est la roche sur laquelle il s'est construit qui est insolite : les maisons s'agrippent à l'ombre des éperons dressés vers le ciel qui ont pris la forme de cinq doigts, d'où son nom (du grec *pentadaktylos*). *À 25km de Reggio di Calabria par la S106, puis à gauche sur une petite route qui ne dessert que le village*

☺ **Gerace.** Petite merveille de la Calabre, fille du passé magno-grec, byzantin et surtout normand de la région. Situé à 12km de Locri par une route qui monte à flanc de colline, le centre historique a été bien préservé, tandis qu'un bourg plus moderne s'est établi en contrebas. À ne pas manquer, le magnifique **Duomo**, construit en 1045 par Robert Guiscard et plusieurs fois restauré, notamment au XIIIe siècle sous l'impulsion de Frédéric II. Cette cathédrale a retrouvé les allures dépouillées de ses origines, sans aucune trace des fresques qui l'ornaient, ses trois nefs étant rythmées par des colonnes provenant de l'antique Locri. On entre d'ailleurs par la crypte, la partie la plus ancienne de l'église (VIIe siècle), sans doute construite sur un ancien oratoire byzantin. Non loin, la **Chiesa di San Francesco** (1252), aux dimensions plus modestes, arbore un très beau portail gothique d'inspiration arabo-normande (Ouverte tlj. en août). L'intérieur, nu et solennel, est interrompu par un autel grandiose (XVIIe siècle), incrusté de marbres polychromes. Observez le raffinement de chaque détail, où l'on aperçoit même des vues de Gerace de l'époque, avec ses maisons et ses nombreux monastères. Le **sarcophage de Nicola Ruffo**, œuvre d'un disciple de

Tino da Camaino, date lui de 1372. Outre la Vierge et les anges qui veillent sur le défunt, on peut voir aussi saint Pierre et sainte Hélène à gauche, saint Paul et sainte Catherine à droite. Trois figures allégoriques soutiennent le tombeau : la Force, la Justice et la Tolérance. Enfin, n'oubliez pas de monter vers le château pour profiter du panorama sur Locri et sur la côte. *À 12km de Locri par la S111*

Costa Viola. De **Nicotera** à **Villa San Giovanni**, le littoral prend des reflets violets qui ont donné son nom à la côte, sans doute la plus belle portion maritime de la Calabre. C'est surtout la partie la plus méridionale de cette côte, celle qui commence à **Palmi** jusqu'à Scilla, moins de 30km, qui mérite le détour. Les bourgades ont plus de caractère, agrippées au flanc de la montagne qui s'évanouit dans une mer transparente. Évitez **Gioia Tauro**, sacrifiée à l'avantage du port qui s'est fortement développé ces dernières années. À **Scilla**, pensez à découvrir les deux facettes du village, de chaque côté du fameux rocher qui abritait le monstre à six têtes d'Homère, surmonté d'un château depuis le XVIᵉ siècle. De mai à la mi-juillet, la ville vit au rythme de la pêche à l'espadon : vous pourrez voir des dizaines de barques colorées, équipées d'un système de poulies pour lever ces poissons qui peuvent atteindre une taille colossale. *Suivre l'A3 depuis Reggio di Calabria*

Randonner dans le Parc national de l'Aspromonte

Parco Nazionale dell'Aspromonte. De nombreux sentiers sont balisés, notamment dans les environs de **Gambarie**, centre touristique du massif et station de sports d'hiver. Auprès du bureau du Parc national et du Club alpin, vous trouverez l'ensemble de la documentation pour partir bien informé. Ainsi, comptez 9h de marche AR de Gambarie au **Montalto** (1 955m) (balisage rouge et blanc) ; 5h de Gambarie au **mausolée de Garibaldi** (balisage rouge) ; 5h également de Gambarie au **mont Basilico** (balisage vert)... D'autres randonnées vous amèneront jusqu'aux **cascades Menta-Amendolea** ou dans les alentours de certains villages traditionnels de la Calabre (tel l'ancien "**sentier des Grecs**" qui traverse Mammola, Fiume Torbido, Passo Sella et Passo Limina). L'Aspromonte fait aussi partie du **Sentiero Italia**, long de près de 5 000km, qui traverse toute la péninsule du nord au sud. Au départ de Reggio, il passe par Gambarie, Polsi, le lac Costantino, San Luca, Pietra Cappa et Zervò (entre 3h et 7h de marche pour chaque segment). *Via Aurora 89050 Gambarie Tél. 0965 74 30 60 Fax 0965 74 30 26 www.parks.it/parcoaspromonte.it*

Club Alpino Italiano-Sezione Aspromonte. Pour préparer vos randonnées en montagne, dans le massif de l'Aspromonte, obtenir la carte des sentiers, des suggestions d'itinéraires... *Via Argine Destro Calopinace, 3 Tél. 0965 89 82 95 Ouvert mar. et jeu. à partir de 20h30*

Abracalabria Travel. Vous pourrez également vous adresser ici si vous cherchez un guide pour faire du trekking ou des balades à cheval dans le massif. *Via Giudecca, 5 (à l'angle du corso Garibaldi) Tél./fax 0965 81 77 09 abracalabriatravel@hotmail.com Ouvert lun.-ven. 9h-13h et 16h30-20h*

LA CALABRE

*Romans, beaux-livres, guides de voyage...
Continuez votre périple en (re)lisant le
troublant "Nom de la rose" d'Umberto Eco,
apprenez vos premiers mots d'italien,
sachez distinguer les différentes sortes
de pâtes ou de pizzas...* **Bibliographie,
glossaire, lexique** : *l'essentiel pour
approfondir vos connaissances sur l'Italie
du Sud, et un* **index** *pour une lecture
transversale.*

GEOPLUS

Pour en savoir plus

Bibliographie

CULTURE ET SOCIÉTÉ

Bernstein, S. et Milza, P. *L'Italie contemporaine : du Risorgimento à la chute du fascisme*, Armand Colin, Paris, 1995.
Calvi, F. *La Vie quotidienne de la Mafia de 1950 à nos jours*, Hachette, Paris, 1986.
De Martino, E. *Italie du Sud et Magie*, Les Empêcheurs de penser en rond, Paris, 1999 ; *La Terre du remords*, Les Empêcheurs de penser en rond, Paris, 1999.
Étienne, R. *La Vie quotidienne à Pompéi*, Hachette, Paris, 1977 ; *Pompéi, la cité ensevelie*, Découvertes Gallimard, Gallimard, Paris, 1987.
Georgel, J. *L'Italie au xxᵉ siècle 1919-1995*, La Documentation française, Paris, 1995.
Macchiarella, I. *Voix d'Italie*, Cité de la musique/Actes Sud, Paris, 1999.
Moatti, C. *À la recherche de la Rome antique*, Découvertes Gallimard, Gallimard, Paris, 1989.
Pécout, G. *Naissance de l'Italie contemporaine (1770-1922)*, Nathan, Paris, 1997.
Procacci, G. *Histoire des Italiens*, Fayard, Paris, 1998.
Teissier, B. *Géopolitique de l'Italie*, Complexe, Bruxelles, 1996.
Thuillier, J.-P. *Les Étrusques, la fin d'un mystère*, Découvertes Gallimard, Gallimard, Paris, 1990.

GASTRONOMIE

Bartolomei, M. et Kermoal, J. *La Mafia se met à table*, Actes Sud, Arles, 1986.
Capatti, A. et Montanari, M. *La Cuisine italienne, histoire d'une culture*, Le Seuil, Paris, 2002.
Collectif *Les Tables d'Italie, d'Aoste à Palerme*, Könemann, Cologne, 2000.
Ruggiero, D. *Saveurs de Naples et de Sicile, souvenirs culinaires d'un Italien new-yorkais*, Könemann, Cologne, 2000.

BEAUX-LIVRES

Cassanelli, R. *Maisons et monuments de Pompéi*, Citadelles & Mazenod, Paris, 1997.
Chastel, A. *L'Art italien*, Flammarion, Paris, 1999.
Colalucci, G. et De Vecchi, P. *Michel-Ange, la Chapelle Sixtine*, Citadelles & Mazenod, Paris, 1997.
Grimal, P. et Rose, C. *Églises de Rome*, Imprimerie Nationale, Paris, 1997.
Sanfilippo, M. *Rome*, Citadelles & Mazenod, Paris, 1999.
Stendhal *Voyages en Italie*, Diane de Selliers, Paris, 2002.

RÉCITS DE VOYAGE

Giono, J. *Voyage en Italie*, Folio, Gallimard, Paris, 1979.
Goethe *Voyage en Italie*, Bartillat Éditions, Paris, 2003.
Hersant, Y. *Anthologie des voyageurs français aux xviiiᵉ et xixᵉ siècles*, Bouquins, Robert Laffont, Paris, 1988.
Stendhal *Voyages en Italie*, La Pléiade, Gallimard, Paris, 1973 ; *Rome, Naples et Florence*, Folio, Gallimard, Paris, 1987.

LITTÉRATURE ITALIENNE

Ammaniti, N. *Et je t'emmène*, Grasset, Paris, 2001 ; *Je n'ai pas peur*, Grasset, Paris, 2002.
Bassani, G. *Le Jardin des Finzi-Contini*, Folio, Gallimard, Paris, 1975.

Camilleri, A. *La Forme de l'eau*, Pocket Noir, Paris, 2001.

De Luca, E. *Tu, mio*, Rivages Poche, Paris, 2000 ; *Trois chevaux*, Gallimard, Paris, 2001 ; *Montedidio*, Gallimard, Paris, 2002 ; *Œuvre sur l'eau*, Seghers, Paris, 2002 ; *Alzaia*, Rivages Poche, Paris, 2002.

Eco, U. *Le Nom de la rose*, Le Livre de Poche, Paris, 1983.

La Capria, R. *L'Harmonie perdue. Fantaisie sur l'histoire de Naples*, L'Inventaire, Paris, 2001 ; *Blessé à mort*, Le Seuil, Paris, 2002.

Loy, R. *Un chocolat chez Hanselmann*, Rivages Poche, Paris, 1998 ; *Madame Della Seta aussi est juive*, Rivages Poche, Paris, 2000 ; *Ay Paloma*, Rivages, Paris, 2002.

Lucarelli, C. *Almost Blue*, La Noire, Gallimard, Paris, 2001.

Malaparte, C. *La Peau*, Folio, Gallimard, Paris, 1973.

Morante, E. *L'Île d'Arturo. Mémoires d'un adolescent*, Folio, Gallimard, Paris, 1978 ; *Mensonge et sortilège*, Folio, Gallimard, Paris, 1987 ; *La Storia*, Folio, Gallimard, Paris, 1987.

Moravia, A. *Le Mépris*, Librio, Paris, 1995.

Ortese, A. M. *La mer ne baigne pas Naples*, Gallimard, Paris, 1993.

Pasolini, P. P. *Les Ragazzi*, 10/18, Paris, 1983 ; *Une vie violente*, 10/18, Paris, 1983.

LITTÉRATURE ÉTRANGÈRE

Ben Jelloun, T. *L'Auberge des pauvres*, Points roman, Le Seuil, Paris, 2000 ; *Le Labyrinthe des sentiments*, Points roman, Le Seuil, Paris, 2001.

Fernandez, D. *Porporino ou les Mystères de Naples*, Grasset, Paris, 1974 ; *La Course à l'abîme*, Grasset, Paris, 2003.

Fernandez, D. et Schifano, J.-N. *Le Volcan sous la ville, promenade dans Naples*, Plon, 1983.

Piersanti, G. *Rouge abattoir*, Le Passage, Paris, 2003 ; *L'Inconnu du Paris-Rome*, Le Passage, Paris, 2003.

Schifano, J.-N. *Chroniques napolitaines*, Folio, Gallimard, Paris, 1989 ; *Everybody is a Star, suite napolitaine*, Gallimard, Paris, 2003.

Vailland, R. *La Loi*, Folio, Gallimard, Paris, 1972.

GUIDES DE VOYAGE

Italie, Guides Gallimard, Gallimard, Paris, 2002.

Le Grand Guide de l'Italie, Bibliothèque du Voyageur, Gallimard, Paris, 2002.

Naples et Pompéi, Guides Gallimard, Gallimard, Paris, 2002.

Rome, Guides Gallimard, Gallimard, Paris, 2003.

Rome, Cartoville, Gallimard, Paris, 2002.

Rome, Spiral, Gallimard, Paris, 2001.

Glossaire

GÉNÉRALITÉS

Abside Extrémité de l'église située derrière le chœur ou le contenant.
Arc Courbe décrite par une voûte.
Arc en plein cintre Demi-cercle régulier ; s'oppose à l'arc brisé.
Arc triomphal Porte monumentale. Arcade séparant le narthex de la nef dans les basiliques chrétiennes.
Atrium Cour d'entrée entourée d'une galerie couverte.
Baldaquin Construction soutenue par des colonnes au-dessus d'un autel.

Bas-côté Nef parallèle à la nef centrale.

Basilique Dans l'Antiquité, espace à plusieurs nefs destiné à abriter des activités commerciales et judiciaires. C'est sur ce modèle que furent construites les premières églises chrétiennes.

Berceau Voûte créée par un arc en plein cintre.

Bossage Appareillage de moellons grossièrement équarris.

Caisson Division ornementale d'un plafond en compartiments.

Chevet Partie extrême de l'abside.

Ciborium ou ciboire Baldaquin qui recouvre le tabernacle du maître-autel.

Cintre Courbure continue d'une voûte ou d'un arc.

Comices Assemblées du peuple (curiates, centuriates et tributes).

Corbeille Partie évasée et ornée du chapiteau.

Cortile Cour intérieure.

Corinthien L'un des trois ordres classiques. La corbeille de la colonne est sculptée de feuilles d'acanthes.

Crypte Chapelle souterraine cachée, qui abrite le tombeau du saint.

Déambulatoire Galerie entourant le chœur.

Dorique L'un des trois ordres classiques. Sa colonne est dépourvue de base, son fût est orné de cannelures, son chapiteau est un tracé géométrique donnant l'idée d'un encorbellement.

Édile Magistrat romain chargé de l'administration de la cité.

Embrasure Ouverture oblique d'une baie.

Encorbellement Partie en surplomb d'un édifice.

Entablement Combinaison des parties principales supportées par la colonne (architrave, frise, corniche).

Exèdre Demi-rotonde garnie de bancs.

Forum Place publique regroupant les activités principales d'une ville romaine.

Frise Bande horizontale, entre la corniche et l'architrave.

Frontispice Façade principale d'un grand édifice.

Grotesques Décors muraux mêlant motifs végétaux et figures fantasques.

Hypogée Sépulture souterraine.

Ionique L'un des trois ordres classiques. Le chapiteau a deux volutes opposées symétriquement.

Jubilé Indulgence solennelle accordée par le pape pour l'Année sainte.

Modénature Relief sur une façade.

Narthex Vestibule d'une basilique chrétienne.

Nymphée Grotte naturelle ou artificielle décorant un jardin.

Oculus Fenêtre ronde.

Ordre Système architectural antique. Ce terme désigne également l'ensemble des parties qui composent la colonne et son entablement. Il existe cinq ordres architecturaux : les trois ordres classiques (dorique, ionique, corinthien) ainsi que le toscan et le composite.

Peinture romaine On classe en général la peinture murale romaine en quatre styles. Le premier style (IIe siècle et début du Ier av. J.-C.), influencé par la Grèce, est essentiellement architectural. Le deuxième style (fin de la République romaine) est caractérisé par l'emploi du trompe-l'œil : perspectives fuyantes et fausses architectures. Dans le troisième style (de l'époque d'Auguste à celle de Claude), les motifs décoratifs ornent les surfaces redevenues opaques, sur lesquelles s'inscrivent de petits tableaux. Enfin, avec les décorations de la dernière phase (de l'époque de Néron à 79), la peinture devient de plus en plus "impressionniste" dans la touche, avec une orientation vers le fantastique.

Pendentif Partie de voûte permettant de passer du plan carré du mur à la coupole.

Péristyle Colonnade qui fait le tour d'un édifice ou d'une cour.

Pilastre Partie visible d'une colonne carrée encastrée dans un mur.

Plan de l'église chrétienne Plan basilical, divisé en une ou plusieurs nefs parallèles ; plan en croix grecque (quatre branches égales) ; en croix latine (bras transversaux plus courts).

Pomerium Sillon qui délimite l'enceinte sacrée de la cité, interdite à l'armée, aux morts et aux temples de dieux étrangers.

Portique Passage, couvert ou non, soutenu par des colonnes. Le terme désigne également une avancée de colonnes devant l'entrée d'un édifice.

Questeur Magistrat romain chargé de la gestion des finances publiques.

Sacristie Annexe d'une église où sont déposés les objets du culte.

Schola cantorum ou maîtrise École des enfants de chœur d'une église, ou ensemble du chœur, dirigé par le maître de chapelle.

Stuc Composition de plâtre et de poussière de marbre servant pour décorer une surface ; par extension, le motif décoratif lui-même.

Surbaissé Se dit d'un arc ou d'une voûte dont la flèche est inférieure à la moitié de la portée.

Surhaussé Se dit d'un arc ou d'une voûte dont la flèche est plus grande que la moitié de la portée.

Tambour Assise cylindrique d'une colonne.

Triade capitoline Groupe de trois dieux, Jupiter, Junon, Minerve, qui a remplacé celui de Jupiter, Mars, Quirinus et qui est vénéré sur tous les capitoles du monde romain.

Tribune Galerie située au-dessus des bas-côtés.

Tympan Dans un temple, surface définie par la corniche et les côtés obliques du fronton ; dans une église, espace compris entre le linteau et l'archivolte d'un portail.

Vaisseau Espace intérieur d'une église.

Volute Spirale ornementale.

GASTRONOMIE

ANTIPASTI (ENTRÉES)

Bruschetta Pain frotté à l'ail, avec de l'huile d'olive et, en saison, des fèves fraîches ou du salami.

Carciofi alla giudea Artichauts frits à l'huile d'olive et au citron.

Carciofi alla romana Artichauts au vin blanc.

Caponata siciliana Ratatouille où poivrons et aubergines sont d'abord grillés sur la braise, puis mélangés à des câpres, des olives, du céleri.

Crostini Toasts.

Frittata Omelette.

Fritti misti Mélange de beignets.

Fritti vegetali Beignets de légumes.

Minestra Soupe épaisse.

Minestra maritata Soupe de légumes et viande de porc.

Puntarelle Cœurs de chicorée assaisonnés avec une sauce à l'ail et aux anchois.

Supplì Croquettes de riz farcies de viande et de mozzarella.

Taralli Biscuits salés et poivrés.

PASTA (PÂTES ET SAUCES)

All'amatriciana Sauce relevée à base de saindoux, oignons et lardons.

Alla carbonara Aux œufs et lardons.

Alla marateota Avec du thon, des olives et des tomates.

Alla pajata Aux intestins de veau de lait ou d'agneau.

Alla parmigiana En gratin.

Bucatini Spaghetti percés.
Fileja Pâtes longues faites à la main.
Fusilli Pâtes courtes entortillées.
Linguine Spaghetti plats.
Lumaconi Pâtes en forme d'escargots.
Maccheroni Spaghetti en napolitain.
Occhi di lupo Penne lisses et rondes.
Orecchiette Pâtes en forme de petites oreilles.
Paccheri Pâtes courtes, lisses et rectangulaires.
Parmigiana di melanzane Lasagnes d'aubergine.
Pasta paglia e fieno Pâtes colorées aux épinards et aux champignons.
Penne Pâtes courtes en forme de plume.
Ragù Sauce tomate et viande.
Rigatoni Pâtes courtes rectangulaires.

PIZZE (PIZZAS)
Calzone Pizza refermée en chausson.
Margherita Pizza sauce tomate, mozzarella et basilic.
Marinara Pizza sauce tomate, ail et origan.
Pizza al taglio Pizza à la coupe.
Pizza bianca Fougasse.

BEVANDE (BOISSONS)
Caffè corretto Café avec un doigt de grappa (eau-de-vie).
Caffè freddo Café glacé.
Caffè lungo/americano Café allongé.
Caffè macchiato Café noisette.
Caffè ristretto Café serré.
Latte macchiato Goutte de café dans un verre de lait.
Limoncello Digestif à base de citron.

CARNE (VIANDES)
Abbacchio Agneau de lait.
Coda alla vaccinara Queue de bœuf aux tomates et vin blanc.
Fiorentina Côte de bœuf cuite à la braise.
Involtini Paupiettes.

Porchetta Veau rôti et farci d'aromates.
Saltimbocca alla romana Escalope de veau enrobée d'une tranche de jambon et parfumée à la sauge.
Straccetti Bœuf sauté au vin blanc.

PESCE E FRUTTI DI MARE (POISSONS ET FRUITS DE MER)
Acqua pazza Court-bouillon relevé.
Baccalà Morue.
Baccalà in guazzetto Morue frite, accompagnée d'une sauce tomate aux anchois, raisins secs et pignons.
Vongole veraci Palourdes.
Vongoline Petites coques.

FORMAGGI (FROMAGES)
Caciocavallo Tomme de brebis.
Cacio e pepe Fromage de brebis au poivre.
Grana Sorte de parmesan, plus salé.
Pecorino romano Fromage de brebis.
Provola Fromage légèrement fumé.
Stracchino Fromage de vache très crémeux.

DOLCE (DESSERTS)
Babà napoletano Baba au rhum.
Cannolo Gaufrette roulée farcie de ricotta, chocolat, écorces d'orange.
Cornetto Croissant.
Cremolato Granité au jus de fruits.
Granita Mélange de glace pilée fondante et coulis de fruits frais.
Mostaccioli Biscuits secs à base de miel et d'épices.
Pastiera Gâteau traditionnel napolitain de Pâques, à base de ricotta et de blé concassé.
Pittanchiusa Gâteau farci de raisins secs, d'amandes et de noix.
Sfogliatelle rice e frolle Pâtisseries napolitaines à base de ricotta parfumée à la vanille et à la cannelle.
Torta caprese Gâteau moelleux aux amandes et au chocolat.

Lexique et phrases usuelles

LE B-A BA

Oui/non Sì/no
Aujourd'hui Oggi
Demain Domani
Hier Ieri
Je ne comprends pas Non capisco
Quelle heure est-il ? Che ora è ?
Che ore sono ?
S'il vous plaît Per favore,
per cortesia
Merci (beaucoup) Grazie (mille)
Pardon Permesso
Excusez-moi Mi scusi
Excuse-moi Scusami
Au revoir (tutoiement) Arrivederci ;
(vouvoiement) arrivederla
Bonjour Buongiorno
Bonsoir Buona sera

COMPTER

Un Uno
Deux Due
Trois Tre
Quatre Quattro
Cinq Cinque
Six Sei
Sept Sette
Huit Otto
Neuf Nove
Dix Dieci
Onze Undici
Douze Dodici
Treize Tredici
Quatorze Quattordici
Quinze Quindici
Seize Sedici
Dix-sept Diciassette
Dix-huit Diciotto
Dix-neuf Diciannove
Vingt Venti

Trente Trenta
Quarante Quaranta
Cinquante Cinquanta
Soixante Sessanta
Soixante-dix Settanta
Quatre-vingts Ottanta
Quatre-vingt-dix Novanta
Cent Cento
Mille Mille

TEMPORALITÉ

Le jour Il giorno
La nuit La notte
Le matin La mattina
L'après-midi Il pomeriggio
Le soir La sera
Lundi Lunedì
Mardi Martedì
Mercredi Mercoledì
Jeudi Giovedì
Vendredi Venerdì
Samedi Sabato
Dimanche Domenica
Janvier Gennaio
Février Febbraio
Mars Marzo
Avril Aprile
Mai Maggio
Juin Giugno
Juillet Luglio
Août Agosto
Septembre Settembre
Octobre Ottobre
Novembre Novembre
Décembre Dicembre

TRANSPORTS

Les bagages I bagagli
Les papiers I documenti
Le train Il treno
La gare La stazione
Le quai Il binario
L'avion L'aereo
L'aéroport L'aeroporto
L'autobus, l'autocar L'autobus,
il pullman
L'arrêt La fermata

La voiture La macchina
Une voiture de location Una macchina a noleggio
Le taxi Il taxi/tassì
La route La strada
L'autoroute L'autostrada
L'essence La benzina
La sortie L'uscita
La rue La via
Le cours, le boulevard Il corso
La ruelle Il vicolo
La place La piazza
Le périphérique Il raccordo anulare
La pharmacie La farmacia
L'hôpital L'ospedale
Pourriez-vous appeler un médecin, s'il vous plaît ? Pottrebbe chiamare un medico, per favore ?

À L'HÔTEL

Je voudrais une chambre pour cette nuit Vorrei una camera per questa notte
Je voudrais retenir une chambre pour le... Vorrei prenotare una camera per il...
Pour une personne Per una persona
Avec un lit double Con letto matrimoniale
Avec bain Con bagno
Avec douche Con la doccia

AU RESTAURANT

Je voudrais réserver une table Vorrei prenotare un tavolo
Pour deux, à l'intérieur/en terrasse Per due, dentro sala/fuori, all'aperto
Déjeuner Pranzare
Dîner Cenare
Hors-d'œuvre Antipasto
Poisson Pesce
Viande Carne
Légumes, accompagnement Verdura, contorno
Le verre Il bicchiere
La bouteille La bottiglia

Eau minérale (gazeuse) Acqua minerale
Eau plate Aqua naturale
Vin vino
Vin à la carafe Vino sfuso
Bière Birra
Fruits Frutta
Gâteau Dolce
Glace Gelato
L'addition Il conto

EN VISITE

Où est-ce, où se trouve... ? Dove si trova...?
Est-ce loin, près ? È lontano, vicino ?
À droite/à gauche A destra/a sinistra
Tout droit Dritto
Ouvert Aperto
Fermé Chiuso
Les jours ouvrables I giorni feriali
Les jours fériés I giorni festivi
Le billet Il biglietto
L'église La chiesa
Le palais Il palazzo
Les fouilles Gli scavi
Le musée Il museo
La galerie La galleria

SHOPPING

Des pantalons Pantaloni, calzoni
Une chemise Una camicia
Une jupe Una gonna
C'est trop grand, trop petit È troppo grande, troppo piccolo
La taille La taglia
Des chaussures Le scarpe
Un sac à main Una borsa
Un sac de voyage Un borsone, una valigia
Combien cela coûte-t-il ? Quanto costa ? Quanto viene ?
C'est trop cher È troppo caro
La poste La posta
Le timbre-poste Il francobollo
La lettre La lettera
La carte postale La cartolina

L'abonnement à GEO, c'est aussi...

• des privilèges réservés aux abonnés :

- **des voyages** spécialement conçus pour les abonnés *GEO*.
- **des invitations** à des manifestations culturelles incontournables.
- **Les Editions GEO** : des livres, CD-Rom, DVD, calendriers signés *GEO* et proposés à prix spécial abonné.
- **de nombreuses offres privilégiées** que les partenaires de *GEO* réservent à ses abonnés.

• des services pratiques :

- **le choix de la formule de règlement** : en paiement comptant ou en 2 fois.
- la possibilité de **recevoir *GEO* sur votre lieu de vacances** sans frais supplémentaires.
- un numéro de téléphone : le **0 825 06 21 80** pour avoir toutes les réponses aux questions sur votre abonnement et les privilèges *GEO*.

--- ✂ --- ✂ ---

BON D'ABONNEMENT à GEO

A renvoyer à GEO Service Abonnements - 62067 Arras Cedex 9
Tél. 0 825 06 21 80 - www.geomagazine.fr

❏ **OUI**, je m'abonne à GEO 1 an - 12 n⁰ˢ pour 45,40 €* (297,80 ᶠ) **soit une réduction de 13,40 € (87,90 ᶠ)** par rapport au prix de vente au numéro.

❏ Je paie en une fois, soit 45,40 € aujourd'hui.

❏ Je préfère payer en 2 fois, 22,70 € (148,90 ᶠ) aujourd'hui et 22,70 € dans 6 mois sur facture.

Je choisis mon mode de règlement :

❏ Par chèque ci-joint à l'ordre de *GEO*
❏ Par Carte Bancaire/American Express

⎿⎿⎿⎿⎿ ⎿⎿⎿⎿⎿ ⎿⎿⎿⎿⎿ ⎿⎿⎿⎿⎿   Signature :

Expire le : ⎿⎿⎿ ⎿⎿⎿

Voici mon adresse : ❏ M. ❏ Mᴹᴱ ❏ Mᴸᴸᴱ

⎿⎿⎿⎿⎿⎿⎿⎿⎿⎿⎿⎿⎿⎿⎿⎿⎿⎿⎿⎿⎿⎿⎿⎿⎿⎿⎿⎿⎿⎿⎿
NOM/PRENOM

⎿⎿⎿⎿⎿ ⎿⎿⎿⎿⎿⎿⎿⎿⎿⎿⎿⎿⎿⎿⎿⎿⎿⎿⎿⎿⎿⎿⎿⎿⎿⎿
NUMERO   RUE

⎿⎿⎿⎿⎿ ⎿⎿⎿⎿⎿⎿⎿⎿⎿⎿⎿⎿⎿⎿⎿⎿⎿⎿⎿⎿⎿⎿⎿⎿⎿⎿
CODE POSTAL   VILLE   GEO GAL 03

*Tarif valable jusqu'au 30 juin 2005

Index général

GEOPLUS

GEOPLUS

GEOPLUS

Index des cartes et des plans

PRISMA PRESSE.
Président Axel Ganz. GEO : Éditeur Johannes Werle. Direction éditoriale Jean-Luc Marty.
Développement des produits GEO : Directrice Dominique Fleurmont. Adjoint Pierre-Olivier Bonfillon.
Régie publicitaire : Prisma Presse 6, rue Daru 75379 Paris Cedex 08. Directrice de la publicité
Martine El Koubi. Tél. 01 44 15 32 79. Responsable de clientèle Évelyne Allain-Tholly.
Tél. 01 44 15 32 77. Fax 01 44 15 31 44.
LES NOUVEAUX LOISIRS / GUIDES GALLIMARD.
Président Antoine Gallimard. Direction éditoriale Nicole Jusserand. Responsable de collection
Frédérique Jubien. Éditorial GEOGuide Anne-Valérie Cadoret, William Fischer, Patrick Jézéquel, Virginie
Maubourguet, Odile Simon. Direction artistique Yann Le Duc. Conception graphique Anne Brézès,
Yann Le Duc. Maquette Frédéric Bony. Recherche iconographique Anaïck Bourhis. Droits internationaux
Gabriela Kaufman. Fabrication Sandrine Michel. Gestion Cécile Montier. Marketing Patrice Margotin,
Anne Assous, Pascale Luca. Partenariats Philippe Rossat, Manuèle Destors, Franck Fertille,
Jean-Paul Lacombe, Valérie Tolstoï. Presse Blandine Cottet. Tél. 01 49 54 42 91.
GEOGUIDE ITALIE DU SUD.
Auteurs Carole Saturno, Maud Pascali (GEOPanorama). Éditorial Odile Simon, Manuella Guillot. Lecture-
correction Agathe Roso. Mise à jour B.A.-BA, Brigitte Brisse, Yan Rodié-Talbère, Thomas Winock.
Crédits photographiques Couv.: © Wojtek Buss, Hoa Qui. II-III : © René Mattès. IV : © Wojtek Buss,
Hoa Qui. V : © Bruno Morandi, Hoa Qui. VI, ht : © Stanley Greene, Vu, bas : © P. Duval, Hoa Qui.
VII, ht : © C. Vaissa, Hoa Qui, bas : © Bruno Morandi, Hoa Qui. VIII-IX : Franca Speranza, Hoa Qui.
X, ht : © C. Valentin, Hoa Qui, bas : © Cyril Le Tourneur, Hoa Qui. XI, ht : © Mathieu Colin,
Hémisphères, bas : © Ferdinando Scianna, Magnum photos. XII : © Giulio Veggi, White Star, Hoa Qui.
XIII : © Bruno Morandi, Hémisphères. XIV-XV: © Bruno Morandi, Hémisphères. Cartographie
infographique Édigraphie. Remerciements Fabrizia Paltrinieri, Enzo Cagnazzo, Gilda Piersanti-Léger,
Laura Mazzella (et la famille Mazzella-Raffone), Juliette Perret, Renato, Roberta et Giuseppe Duva,
Stefano Pierguidi, Vittoria Brancaccio et Antonio Marchetti, Enzo Morreale et Claudia, Nathalie de Saint-
Phalle, Antonio Annichiarico, Anna Nacci et les familles Saturno, Saraceni, Raschella, Scuglia et Filia.
BOÎTE À LETTRES GEOGUIDE 5, rue Sébastien-Bottin 75007 Paris. geoguide@guides.gallimard.tm.fr

Prêtre dans une rue de Naples. Majoritairement catholique, la population italienne exprime une foi encore empreinte de superstitions et de rites antiques.

Naples, au pied du Vésuve. Cette destination, prisée des voyageurs anglais du XVIIIe siècle, est le port d'embarquement pour les îles d'Ischia, de Procida et de Capri.

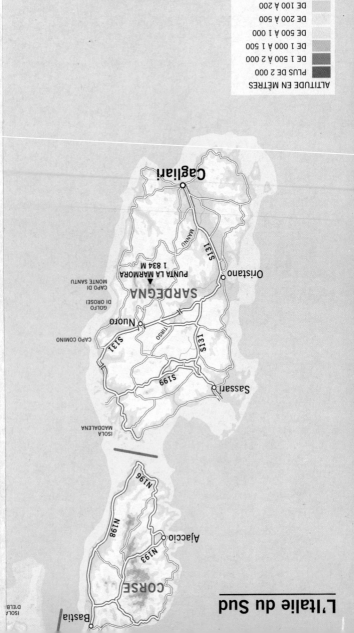

L'Italie du Sud

ALTITUDE EN MÈTRES

- PLUS DE 2 000
- DE 1 500 À 2 000
- DE 1 000 À 1 500
- DE 500 À 1 000
- DE 200 À 500
- DE 100 À 200
- DE 0 À 100

AUTOROUTE
ROUTE PRINCIPALE
AUTRE ROUTE

Cagliari

Oristano

SS131

SARDEGNA

PUNTA LA MARMORA
1 834 M

CAPO DI
MONTE SANTU

GOLFO
DI OROSEI

Nuoro

SS131

TIRSO

CAPO COMINO

SS199

SS131

SS131

Sassari

ISOLA
MADDALENA

CORSE

N196

Ajaccio

N198

N193

Bastia

ISOLA
D.ELB